U0917924

影响当今世界的重要思想人物

中国现代国际关系研究院
世界人物研究中心

时 事 出 版 社

主　编：李绍先　冯仲平

副主编：张焱宇

编　辑：高　瑞　张继业

撰稿者：（按文章顺序排列）

陈文鑫　梁建武　谭宏庆

程宏亮　付　宇　倪建军

陈晴宜　杨文静　徐　刚

张文宗　王剑南　方　华

杨　芳　王　莉　王朝晖

尚　月　胡梅兴　蒋　莉

樊小菊　马俊威　孙建红

郭春梅　骆永昆　陈庆鸿

宋清润　宋颖慧　李　莉

楼春豪　孙岩峰　杨守国

尚德良

序

笑看风云人未老

2012 年龙年吉祥！中国现代国际关系研究院世界人物研究中心的力作——《影响当今世界的重要思想人物》一书即将付梓，并该中心的学友们委托我为该书作序，实感荣幸！

世界是平面的，文化是流动的。登上时代舞台的重要思想人物，每人都手持“名片”，上书外交思想、治国方略、发展思路和管理思路等。每个名字都有一段历史：生于沧海横流的大时代，与历史机遇邂逅，心中有个目的地，时代为他绽放一段旅程，把他们打造成思想巨人、了不起的政治人才。

思想人物是时代的恩赐。英雄造时势，时势造英雄。讲的是主观意志与客观环境的关系。“时势”，是客观的、无穷变的。形势之顺、逆、治、乱，构成了时代达人在某个历史阶段的大舞台，利用其地位与影响，叱咤风云、践行理想、创造历史。相反，“人虽智而不遇时，无功”，其思想、理念、战略又因受时代条件所制约而困。

说其思想重要、重大，皆因这些人物对国家发展、国际战略、实力消长、大国关系的所思、所想、理论、学说都是不朽一则，能揭开新历史篇章，甚或驱动时代在一定意义上的变化。因而，重要思想人物，人是大写的人，言为结晶文字，造诣和价值极高。在中国古代思想史上，并没有思想家、思想者之类的称呼，只有圣人、贤人、哲人、诸子等等。称得上重要思想人物的，古今中外，凤毛麟角。重要不重要，靠的不是人为打造、眼球炒作；也不靠人脉、声望、金钱或舞台必需的掌声、好评、票数、作萌。靠的是力透纸背、影响深远的旷世力作。身前身后，国内国外，世人评说，全球“海选”，以思想言行筑起学术高地。

《影响当今世界的重要思想人物》一书中，数十位世界著名思想人物榜上有名，如“软实力之父”约瑟夫·奈，战略思想家李光耀、普里马科夫、中曾根康弘，古巴的革命“思想战士”费德尔·卡斯特罗等等。该院学者欲通过编著此书，带领读者去结识当前活跃在世界政治、经济、外交领域的“高富帅”人物：看看这个圈子里面的偶像是否真的“高”在人格品位、“富”在思想建树、“帅”在风趣横溢。基辛格曾说：领导人需要“51对49”的决断勇气，领导人最不可缺的品质是“勇气”和“品德”。相对于外表，构成气魄和德行的思想永远是最重要的。

大变动时代的重要人物与国家的发展航向命运相连。本书付梓的2012年是世界主要国家换届选举年。美、俄、日、韩等国选战正酣；希腊、埃及、利比亚诸国政潮此起彼伏，方兴未艾。民众期待出现能引领国家实现跨越，走向第二或第三次开国的领导人。人物的出现是应运而生、应时而进。而这个“运”和“时”，就是新时代对领导人的呼唤和渴求。

这些领导人物的登场，也将极大地刺激世界的思想与文化味蕾。借用当前时髦的“舌尖体”（舌尖上的中国）来讲，他们构成了“思想上的地球”。但看书中人物，他们善于思考、观察敏锐、眼光广博，比肩高手；其谈讲说述、滔滔不绝、风趣横溢。即推出文化盛宴、掀起思想波澜、再组地缘板块、重塑国际关系，以慰初衷。

他们之所以“重要”，是因有知识、有见识、有胆识；世界眼光、战略思维铸就其之重；他们之所以成为“人物”，有先天之材与后天之识相合而成。在此龙年之际，我们必须要提到中华卓越的军事学家蒋百里先生的传奇一生。蒋先生平生并未亲自指挥过一次战役，但他提出了系统的抗日战略理论。蒋先生逝世，黄炎培老先生在挽联中写道，“天生兵学家，亦是天生文学家”。两个“天生”道出了先天之才不是由谁刻意培养出来的。

同样的道理，这些思想人物再“重要”，也“克隆”不出第二、第三代。约瑟夫·奈、保罗·克鲁格曼、罗伯特·蒙代尔，号称“学界泰斗”、“明星学者”或“欧元之父”，其后人至多称为“星二代”、“商二代”，但绝对不敢有“思二代”、“哲二代”的光环。

学者非必为仕，而仕者必如学。求学者不一定做官，而为官者必须学习。建党大业、建军大业、建国大业中的政治家、战略家、军事家们知人善任、唯才是举，尊重、依靠、使用、延揽各类思想人物，从而吸收、了解治党、治国、治军所需的战略战术、用人之道、法律观念。所以，人物思想研究，从重要人物的思想研究切入，从治国理政者的思想来分析他们对国家战略乃至世界大势的推动。接触、剖析、研究的人物越多，就会感到这个世界越发璀灿。

丰草多华英，茂林多枯枝。地球各洲、各门学派、百花齐放、性格各异的数十名人物同登一张英雄榜，谋篇布局、行文润色，可能不尽完美。但其中道理足以让人明白，“人才为政事之本”。在中国国际地位日益提高、综合国力越发强盛的今天，进一步提高执掌国家机器精英群体的素质，越发为人们所认识及重视。

《影响当今世界的重要思想人物》一书，是该院30余位研究人员潜心研究的成果，亦是在向社会展示该院独具特色的人物研究实力。借小序的平台，我又结识了一批与书中人一般重要的学友，他们的魅力，来自对工作的认真和执着。应邀作序，乐而为之。

陆忠伟

2012 年端午于廊桥东里

目 录

北美篇

欧洲篇

俄罗斯篇

东亚篇

东南亚暨大洋洲篇

南亚篇

拉美篇

北美篇

"知识企业家" 弗雷德·伯格斯滕*

在国际经济领域，若细数当今世界上最有影响的学者和思想家，美国彼得森国际经济研究所所长弗雷德·伯格斯滕（C. Fred Bergsten）定会在这份不长的名单之列。他不同于"象牙塔"内坐而论道的学者，更像一名公共知识分子；他不仅善于制造思想，更长于推销思想，以至被冠以"知识企业家"的名号；[①] 他游走美国政、学两界，领导着一支卓越团队，建言献策，著书立说，试图以思想启迪民智、影响决策，某种程度上更像一名开放经济的"福音派传教士"。他曾是个人观点获引用次数最多的智库经济学家（1997—2005 年），不仅在富达投资《价值》杂志评选的"谁真正推动市场"的 50 人榜单中名列第 37，也曾荣登《今日美国报》"改变人们生活 10 人榜"。[②] 近来，年过七旬的他依然活跃在各种学术会议、媒体和国会听证会中，以各种方式用思想影响着奥巴马政府的对外经济决策。

---

* 陈文鑫，中国现代国际关系研究院美国研究所副研究员。

① Michael Mussa，"C. Fred Bergsten: Intellectual Entrepreneur"，*C. Fred Bergsten and the World Economy*，Peterson Institute，2006.

② 见彼得森国际经济研究所网站的专家介绍：http://www.iie.com/staff/author_bio.cfm?author_id=33。

一、从“优等生”到“智库掌门”

伯格斯滕1941年4月23日生于纽约布鲁克林，父亲卡尔·艾尔弗雷德·伯格斯滕是卫理公会教派牧师，母亲洛伊丝·H·柯克是位教师。在家庭重知尚教氛围熏陶下，伯格斯滕从小就对学习兴趣浓厚。高中毕业后，他远离家乡到密苏里州费耶特市中部卫理公会大学（Central Methodist University）就读，1961年以优异成绩获学士学位。在那里，他遇到人生伴侣、高他两届的学姐弗吉尼亚·伍德。1962年6月16日，两人步入婚姻殿堂并相伴至今。一路走来，弗吉尼亚在家庭和事业上给予伯格斯滕很大支持。约翰斯·霍普金斯大学高等国际问题研究院（SAIS）前院长杰茜卡·艾因霍恩（Jessica Einhorn）曾列举伯格斯滕成功的几大因素，其中之一便是“他娶了个好老婆”。[①] 成家当年，伯格斯滕获得塔夫茨大学弗莱彻法律与外交学院文科硕士学位，随后凭借伍德罗·威尔逊奖学金继续在该学院攻读法律与外交硕士学位（MALD）。1963年，22岁的伯格斯滕如愿以偿拿到学位，并进入国务院经济事务司工作，一干就是四年。因工作出色，1965年他荣获国务院颁发的“功勋荣誉奖章”。两年后，伯格斯滕离开政界，“旋转”进纽约对外关系委员会担任访问研究员。1968年他喜得贵子，翌年拿到弗莱彻法律与外交学院博士学位。同年尼克松上台，年仅28岁的伯格斯滕被基辛格延揽进国安会，出任其国际经济事务助理，负责协调对外经济政策。

20世纪70年代是伯格斯滕声名鹊起的十年。1971年，刚过而立之年的他转战学术圈，先后在美国著名智库对外关系委员会和布鲁金斯学会做访问学者，1972年起任布鲁金斯学会高级研究员。20世纪

---

① Michael Mussa, “C. Fred Bergsten: Intellectual Entrepreneur”, *C. Fred Bergsten and the World Economy*, Peterson Institute, 2006, p. 10.

70 年代正值全球经济秩序面临深刻变革之际，布雷顿森林体系难以为继，石油危机给美国经济造成重击。研究国际经济的伯格斯滕抓住机遇，不断出席国会听证，接受议员咨询；频频投书媒体，发表看法，影响舆论。其间，孜孜不倦的伯格斯滕迎来学术“黄金期”，每年至少出版一本著作。他的学术成就很快得到学界认可，顺利成为两大著名刊物《外交》杂志（1972—1977 年）和《国际组织》（1973—1977 年）编委。1974 年，他被《时代》杂志评选为美国“200 位青年领袖”之一。

1977 年卡特政府上台，伯格斯滕从其过渡团队中脱颖而出，出任负责国际事务的助理财长；1980—1981 年兼任负责货币事务的副财长，曾代表美国参加西方五国（G—5）代表大会和国际货币基金组织（IMF）有关“替代账户”等谈判。此外，他还出任“美国—沙特经济联委会”美方协调员，在第二次石油危机中参与制定应对危机之策。由于工作出色，1981 年他荣获美国财政部颁发的“杰出服务奖”。

1981 年，伯格斯滕离开美国财政部后，进入卡内基国际和平基金会，担任高级研究员。与此同时，他也开始筹划创办一家专门研究国际经济的研究所。其实，伯格斯滕创办国际经济研究所的想法由来已久。早在 1972 年，他便受福特基金会负责人委托，研究创办国际经济问题研究机构的可行性，并于 1973 年公开发表其研究计划。时隔八年，创办条件渐趋成熟。一方面，国际经济问题的重要性已为越来越多有识之士所认识。这其中包括他儿时玩伴、时任美国德国马歇尔基金会顾问的莱斯利·杰尔布（Leslie Gelb，后任纽约对外关系委员会主席）。杰尔布认识到国际经济问题越来越重要、美国缺少专门研究机构的现状，1979 年就建议德国马歇尔基金会创办一家专门从事国际经济问题研究的学术机构。基金会总裁同意此项建议，并向时任助理财长伯格斯滕抛来橄榄枝，邀其“共襄盛举”。另一方面，伯格斯滕此时已在政、商、学界积累了广泛人脉和良好声誉，尤其是国际经济领域的造诣更使他具有广泛的影响力和号召力。此后，在他与德国马歇尔基金会新任总裁弗兰克·洛伊（Frank Loy）共同推动下，国际经济研究所（2006 年更名为彼得森国际经济研究所）于 1981 年创立，伯格斯滕担任所长至今。

30 多年来，在伯格斯滕的领导下，该所网罗大批优秀经济学家，通过频频召开学术讨论会或政策会议，不断推出研究成果和现身媒体，对美国乃至全球经济政策产生重要影响，被誉为“全球最有影响力的智库”。在此期间，伯格斯滕还与美国前司法部助理部长帮办小爱德华·斯科特（Edward W. Scott，Jr.）、美洲发展银行前执行副总裁南希·伯索尔（Nancy Birdsall）于 2001 年共同创立一家关注国际发展的智库——全球发展中心。与此同时，他还兼任美国国会竞争力政策委员会主席（1991—1995 年）、亚太经济合作论坛名人小组主席（1993—1995 年）等要职。如今，伯格斯滕还是奥巴马政府总统贸易政策和谈判顾问委员会成员、美印贸易政策论坛私营部门顾问小组共同主席、美国进出口银行顾问委员会委员。2012 年底，伯格斯滕将卸去彼得森国际经济研究所所长一职，但仍会继续在政界和学界发挥影响。

二、“知识企业家”兼开放经济“福音派传教士”

作为全球著名经济学家和智库领导人，伯格斯滕身上具备多种成功特质：乐观豁达，有亲和力；既有纽约人的精明，也有传教士般的执著。

自幼受纽约商业气息熏陶，伯格斯滕精通“钱道”，练就超强筹款能力，连彼得·彼得森（美国前商务部长、雷曼兄弟前主席和 CEO）都赞其为“超级募款人”。[①] 国际经济研究所 7000 万美元投资

① “The Peter G. Peterson Institute for International Economic at Twenty-five”, Preface from http://www.iie.com/institute/25anniversary.pdf.

基金、获得建筑大奖的新办公楼经费等，均为伯格斯滕所筹。该所运作经费来源分散，包括慈善基金、私营公司和个人等，还有一大部分资金来自海外。目前，该所成员约50人，年预算1000万美元，加之委托研究项目资金，运营经费充足，为该所成果频出提供了良好保障。该所资深研究员迈克尔·穆萨评论说，伯格斯滕超强的募款能力不仅将同事们从募款任务中"解放出来"，还"显著增进"国际经济研究所的学术研究力量。[①]

的确，伯格斯滕把市场营销理念引入智库管理，曾被称为"终极智库企业家"或"知识企业家"，其中虽不无挖苦之意，但他倒乐在其中。他深谙经营媒体之道，国际经济研究所每周至少召开一次学术讨论会或政策会议，总不忘邀记者与会；他本人也常请记者到研究所吃饭、聊天。针对同行的微词，伯格斯滕坦应答道："对于千方百计接近媒体，我一点也不感到羞愧或难为情"，认为这是传达经济信息和影响政策的必要途径。[②] 此外，伯格斯滕的精明之处还表现在善于"个人营销"。他有一套自称"负责任夸大"（responsible excess）的研究"秘笈"，即夸大危险以吸引公众关注。凭此"秘笈"，他频频制造话题，不断推出广被引用的著作，本人也常成为媒体追逐的对象。

伯格斯滕坚信，开放的国际经济秩序造福所有国家。这不仅是其学术思想，也近乎其道德信念。因此，他利用各种场合宣传开放经济的好处，旗帜鲜明地反对各种形式的保护主义，表现出"福音派传教士"般的执著。任国际经济研究所所长30多年，他确定研究议程，带领团队把脉世界经济，为美国对外经济政策建言献策，百折不挠，锲而不舍。纽约对外关系委员会荣誉主席莱斯利·杰尔布就称道

---

① Michael Mussa, "C. Fred Bergsten: Intellectual Entrepreneur", *C. Fred Bergsten and the World Economy*, Peterson Institute, 2006, p. 2.

② Helene Cooper, "C. Fred Bergsten is an 'eminent person', as he will tell you," *Wall Street Journal* (Eastern edition), December 28, 1995, p. A1.

他“一如既往”的性格。因坚持“负责任夸大”的研究路径，伯格斯滕成为“凶事预言家”，常在世人未察觉之前预见危险，而许多预言最终并未出现。他为此常受批评家诟病。对于批评和攻击，他总是坦然相对，自言正因其对坏结果的预见才避免其出现，自己做的是“自我否定的预言”。

伯格斯滕精力充沛，爱好广泛，喜欢打篮球、摄影和潜水，其中篮球是其最爱。儿时，他父亲所在的纽约州新罗谢尔市圣约翰卫理公会教堂内有个室内篮球场，伯格斯滕常在那里打球，结识长其两岁的至交莱斯利·杰尔布。日后，两人都成为美国知名智库领导人，也都是华盛顿子弹队（即华盛顿奇才队）球迷，常年拥有该球队赛季门票。对伯格斯滕而言，篮球哲学的要义之一就是交友。上世纪90年代，他与时任美联储副主席艾伦·布林德（Alan Blinder）及几位财政部老友组成一个球队，每周一起打球。生性乐观、颇有人缘的伯格斯滕通过打篮球收获了不少友情，积累下厚实人脉。其篮球哲学的另一要义是“当团队领袖”。球场上的伯格斯滕总想当球队核心，老让别人给他传球，他也总能不负众望，成为球队得分王。国际经济研究所成立后，他延揽众多优秀人才组成一流团队，在工作中继续实践其“篮球哲学”。

三、主要理论观点

伯格斯滕学术成果丰硕，迄今共独著、合著和编著40部国际经济著作，如《美国的长期国际经济地位》（2009年）、《中国崛起：挑战与机遇》（2008年）、《美国与世界经济：未来十年美国际经济政策》（2005年）等。此外，他还在《外交》杂志发表十多篇文章，并常就国际经济领域问题在媒体上发表见解。综观其思想体系，贸易自由化理念是他的思想核心，由此生发出诸多原创性、前瞻性观点，对国际经济理论与实践做出重要贡献。

（一）"自行车理论"（Bicycle Theory）

20世纪七八十年代初，伯格斯滕提出"自行车理论"分析贸易自由化困境，指出全球贸易政策处于"动态不稳定"状态，使维持现状变得艰难：贸易体制要么向前走向自由化，要么向后退向保护主义。鉴此，多边贸易体制必须通过连续的自由化回合不断前行。否则，自由化措施间隔过久，将使保护主义思潮及其举措占据主导，导致贸易体制如同前进动力不足的自行车那样倒下。而谈判是维持贸易自由化不断前进的动力。该理论获得广泛认同，并推动国际多边贸易谈判一轮轮进行下去。

（二）"竞争性自由化"（competitive liberalization）

1996年，伯格斯滕在题为《竞争性自由化与全球自由贸易》的研究报告中首次使用"竞争性自由化"一词，回答为何有众多国家向消除贸易壁垒的方向迈进。在报告中，他建议美国通过与贸易伙伴达成双边、区域性多边与全球性多边贸易协定，在双边、区域及全球三个不同层次同步推动美国主导下的贸易自由化。他指出，"竞争性自由化"的竞争性特点具体表现为，美国通过与某地区一国达成双边自贸协定，赋予该国优惠贸易待遇，就会对同地区其他国家产生歧视性待遇。而该地区其他国家为消除这种贸易歧视也将主动与美国达成自贸协定，最终将促使以美国为中心的区域性自贸协定产生。同样，美国与一地区达成的区域性贸易协定也将给其他地区的国家带来贸易歧视，其他地区国家为消除歧视也会争取与美国签订区域贸易协定。这样，美国通过与不同地区达成区域性自贸协定，可确保其在全球各地区的贸易主导地位，最终促成美国主导下的、以世贸组织为基础的全球自由贸易制度产生。布什政府时期，"竞争性自由化"思想正式出现在美国贸易代表办公室官方文件中，成为美国全球贸易战略的组成部分。但是，它最终导致竞争性板块间的更大分裂，对全球贸易自由化进程产生严重消极影响。

（三）“汇率目标区”（Target Zone）理论

1985 年，伯格斯滕与威廉姆森（John Williamson）共同提出建立“汇率目标区”设想及行动计划。其基本指导思想是，用在世界贸易中占最大比重的工业国家货币来建立一个汇率目标区，“区”内设中心汇率（基本汇率）；在中心汇率附近确定汇率波动范围，令实际汇率变动不逾越该区域。该设想一经提出便引起很大反响。1987 年 2 月，七国集团中的六国财长在巴黎会议上将“汇率目标区”思想写入会议成果《卢浮宫协议》；1991 年，诺贝尔经济学奖（2008 年）获得者克鲁格曼在该“汇率目标区”方案基础上，创建首个规范理论模型，引发学界浓厚兴趣。

除上述原创性理论和设想外，伯格斯滕还提出一系列主张，例如：通过美元贬值减少美国贸易赤字；支持“贸易调整援助”（TAA）立法，对受到进口产品竞争而致损的美国相关产业的企业和个人提供救助；支持亚太自贸区方案等；都不同程度地影响着美国乃至世界的经贸政策走向。

金融危机爆发后，伯格斯滕于 2007 年 12 月在英国《金融时报》上发表署名文章，提议建立“特别提款权（SDR）替代账户”，即在国际货币基金组织（IMF）创立替代账户，各国将闲置的外汇资产存入其中，并获得相似数目的 SDR（或以 SDR 计值的证书）。它可用于平衡将来国际收支赤字及其他合法需要，还可通过相关账户赎回，或转付其他成员。这就避免了官方美元持有者在市面上将美元转为其他货币，而致美元贬值、其他货币走强的状况发生。[①] 2009 年 4 月，他再在《金融时报》撰文，支持中国人民银行行长周小川倡导的“超

---

① Fred Bergsten, “How to solve the problem of the dollar”, *Financial Times*, Dec 10, 2007, http://www.ft.com/intl/cms/s/0/75cb5f2e - a729 - 11dc - a25a - 0000779fd2ac.html#axzzlddjyS07a.

主权储备货币" 提议，指出国际社会应听取中国关于国际货币体系改革的倡议，认为替代账户机制是全球共赢的一种简单可行机制。[①]此后，伯格斯滕在《外交》杂志2009年11/12月号发表"美元与赤字"一文，重申建立SDR替代账户观点。[②] 他在文中指出，通过减少美元影响全局的作用并确立其他货币和SDR的国际地位，美国将有更多动力去限制自己的赤字，并使其他国家有能力不依靠积累盈余而增加储备。累积效应将使国际货币体系稳定的可能性更大，而未来爆发危机的可能性减小。

当前，为帮助美国早日摆脱金融危机的影响，伯格斯滕也向奥巴马政府提出特别建议，如支持自由贸易；在实施新支出计划时，不限制外国参与；与亚洲重要国家达成"跨太平洋合作关系"，阻止形成一个亚洲贸易集团；迅速推进布什政府遗留下来的贸易议程，包括与哥伦比亚和韩国的自贸协议等；在农业和制造业方面，追求市场开放倡议，坚持服务业在谈判中得到同等优先考虑；在气候变化方面，国际协议须包含积极的贸易元素，最好在WTO推行新"绿色准则"；迅速重启开放国际市场的进程，确保贸易再次推动产出增长；改革国际金融体系，推动欧元和人民币成为全球性货币。

四、"中美G2论" 首倡者

伯格斯滕对中国问题甚为关注，1997年曾获聘中国社科院荣誉研究员。在其主持下，中国问题现位居国际经济研究所重点研究的六

① ［美］弗雷德·伯格斯滕："为什么我们要听中国的货币提议?" 英国《金融时报》中文版，2009年4月13日，http://www.ftchinese.com/story/001025792。

② C. Fred Bergsten, "The Dollar and the Deficits: How Washington Can Prevent the Next Crisis", *Foreign Affairs*, Vol. 88, No. 6, November/December 2009, pp. 20–38.

大课题之首。2006 年，该所与美国战略与国际研究中心（CSIS）联合开展“中国：资产负债表”项目研究，全面分析中国崛起给中美关系以及整个世界带来的机遇和挑战。在该项目下，伯格斯滕与合作者相继推出《中国：资产负债表——世界现在需要对这个正在崛起的超级大国知道些什么》① 和《中国崛起：挑战与机遇》② 两本重要著作，全面分析中国经济、政治和外交发展状况及对全球形势的影响。此外，他在许多场合也就中国经济和贸易政策等问题发表诸多有影响的看法。综观其涉华论述和言论，可看出伯格斯滕思想的两大立足点：一是一贯坚持的经济自由开放理念；二是美国国家利益。

总体而言，伯格斯滕对中美合作态度积极。他对中美关系的基本看法是：第一，在经济和安全方面，中国对美国既是机遇又是威胁；第二，中国在多大程度上成为机遇或挑战并非一成不变，很大程度上取决于未来中美的政策选择和内在动力；第三，对于中国未来的决策，尽管美国政策能发挥作用，但其对华影响不应被过分强调；第四，一项负责任的对华战略应包括美国国内政策、外交政策和防御政策准备，以阻止中国走向与美国利益相背的方向；第五，两国的共同利益领域比双方潜在的利益冲突领域更加广泛和重要，继续保持建设型关系“顺应潮流、势不可挡”。更为至关重要的是，中美建设型合作关系对维护全球自由开放的经济秩序意义重大。

为推动中国与美国合作，伯格斯滕一方面给中国“戴高帽”，另一方面也不忘对中国“放狠话”。他给中国戴的一顶“高帽”就是“美中两国集团”（G2）构想。早在 2004 年底，伯格斯滕就率先提出将美中“两国集团”作为美国未来应着力培养的四组 G2 关系之一。

---

① C. Fred Bergsten, Bates Gill, Nicholas R. Lardy and Derek J. Mitchell, *China: The Balance—What the World Needs to Know Now About the Emerging Superpower*, New York: Public Affairs, 2006.

② C. Fred Bergsten, Charles Freeman, Nicholas Lardy and Derek J. Mitchell, *China's Rise: Challenges and Opportunities*, Washington D. C.: Peterson Institute for International Economics, 2008.

这四组 G2 关系分别为：美国—欧盟（世界最大经济体、欧元是全球主要货币）、美国—中国（世界经济火车头、未来东亚经济集团领导者）、美国—日本（中国的制衡力量）、美国—沙特（未来数十年将继续主导世界能源版图）。[①] 这成为美中"两国集团"构想的发端。2008 年 6 月，他在《外交》杂志 7/8 月号发表"平等的伙伴关系：华盛顿应如何应对中国的经济挑战?"一文，主张美中组成"两国集团"，"共享全球经济领导权"，并使中国在某种程度上取代欧洲。[②] 时值第四次中美战略经济对话（SED）在美国马里兰州安纳波利斯召开，其观点立即引起学界和政界瞩目。在 SED 闭幕第二天，善于推销思想的伯格斯滕抓住时机，在纽约对外关系委员会召开的媒体电话会上再次推销其美中 G2 构想。他强调，作为两个经济超级大国，美中应形成一个"非正式但目标明确"的集团，以有效而可持续的方式来共同管理全球经济，为全球经济发展提供基础；SED 是实现"两国集团"构想的"有益阶石"，但无法取得实质性成效，因为该机制是在现行经济体系框架内运作，而美国是该体系事实上的领导者，中国会认为美国试图"收编"而非真正想合作；把中国放在"负责任的利益攸关方"位置还不够，若想让中国负起更多责任，就必须让其成为真正的共同领导者。因此，他建议，SED 机制应进一步升级为"领导世界经济秩序的两国集团格局"。[③]

伯格斯滕的美中"两国集团"构想正式提出不久，以雷曼兄弟公司破产为开端的金融海啸波及全球。一时间，有关中美"共管世

---

① C. Fred Bergsten, "A New Foreign Economic Policy for the United States", *The United States and the World Economy: Foreign Economic Policy for the Next Decade*, Washington D. C.: Institute for International Economics, 2005, p. 22.

② C. Fred Bergsten, "A Partnership of Equals: How Washington Should Respond to China's Economic Challenge?", *Foreign Affairs*, Jul/Aug 2008.

③ C. Fred Bergsten, "How to Manage China's Challenge to the Global Economy", http: //www. cfr. org/publication/16601/how_ to_ manage_ chinas_ challenge_ to_ the_ global_ economy_ rush_ transcript_ federal_ news_ service. html.

界”和“两国集团”的话题在全球引起热烈反响，“中美 G2”一度成为继“负责任的利益攸关方”后最流行的中美关系术语。究其实质，“中美 G2”就是企图给中国戴高帽，让中国承担更多责任。

另一方面，伯格斯滕近年来在人民币汇率问题上也不断向中国“放狠话”，多次建议美国政府将中国列为“汇率操纵国”。2010 年 4 月，他在《外交政策》杂志发表文章，批评中国“操纵货币”的行为是一种“赤裸裸的保护主义形式”，建议奥巴马政府为促使人民币尽快和较大幅度升值采取“三位一体”的战略：首先，美国财政部报告应将中国定为“货币操纵国”，然后根据法律与中国就货币问题展开谈判。其次，谋求 IMF 做出决定，启动“特别”磋商机制，迫使中国同意改变货币状况。最后，在形成广泛联盟的情况下，要求世界贸易组织（WTO）组建一个解决争端的特别小组，以裁定中国是否违反对该组织承担的义务，并建议中国采取改正措施。[①] 同年 10 月，他在《华盛顿邮报》上再次呼吁采取上述措施，并建议美国买进以人民币计值的资产，以抵消中国购买美元资产的影响。他认为，中国“大肆干预”外汇市场造成人民币定值过低，给中国出口商品构成至少 20% 的补贴，由此给美国进口的所有中国商品构成至少 20% 的保护，使美国全球贸易赤字增加 500—1000 亿美元，失去约 50 万个就业岗位。中国此举会引发全球货币冲突，导致新一轮货币竞争性贬值，加剧全球大萧条。[②] 2011 年 10 月初，美国参议院程序性投票通过《2011 年货币汇率监督改革法案》立项预案，拟通过采取反倾销关税的办法惩罚中国“操纵”汇率。在美国多家重要媒体公开反对此项法案的情况下，伯格斯滕则站出来表示支持立场。

---

① “Beijing Is Key to Creating More U. S. Jobs”, *Foreign Policy*, April 14, 2010, http: //www. foreignpolicy. com/articles/2010/04/14/china_ the_ job_ killer.

② “What to do about China’s Currency?”, *Washington Post*, Oct. 10, 2010, http: //www. washingtonpost. com/wp-dyn/content/article/2010/10/08/AR2010100805677. html.

“地球卫士”莱斯特·布朗*

莱斯特·布朗（Lester R. Brown）是美国农业经济学家及生态学家，现任地球政策研究所所长。作为首次提出“可持续发展”概念的思想家，他忧思地球的现在和未来，以分析全球变暖、粮食短缺、水源枯竭和能源短缺闻名于世。曾被《华盛顿邮报》誉为“世界上最有影响的思想家之一”。2010年入选美国《外交政策》杂志评选的“全球顶尖思想家”榜单。

一、“农业是我一生最想做的事情”

1934年3月28日这个春意盎然的日子里，在美国新泽西州南部特拉华河附近布里奇顿的一个白人农民家中，属于白羊座的莱斯特·布朗降生了。年轻的父亲卡尔文·布朗欣喜不已，母亲迪莉亚·史密斯疲惫而满足。小两口经营着一个农场，主要种植土豆。童年时期的布朗酷爱看书，许多美国开国元勋在自家农场种植庄稼、饲养动物的

* 梁建武，中国现代国际关系研究院世界经济研究所研究员。

书籍让他回味无穷。他和弟弟每天在上学之余，都快乐地在自家农场负责给牛挤奶，工作量非常大。进入中学后，他 14 岁开始学习种西红柿，并与弟弟合作开办了一个西红柿农场。布朗的父亲对此并不反对，但条件是兄弟两人先要做完家务才能去经营自己的农场。农场规模不断扩大，大约 10 年后的 1958 年，也是西红柿农场经营的最后一年，农场年销售量超过 152 万磅，成为该州最大的西红柿种植农场。很多人都成为他们的雇工，包括他们的中学同学、流动性临时工等。自家农场磨练了布朗的管理才能，日后他曾表示："在华盛顿管理一家研究所，跟在新泽西南部管理一片番茄地没什么两样。"

布朗很喜欢种西红柿，甚至觉得可以一辈子种西红柿。他曾说："农业是我一生中最想做的事情。你们要知道它涉及土壤、气象、植物病理学、昆虫学、管理甚至政治。它是理想的跨学科专业。"[①] 1951 年他从布里奇顿高中毕业后，追随着理想进入罗格斯大学学习农业。大学期间，他成绩优秀，获得美国总统颁发的"天才奖"，1955 年顺利拿到农业科学学士学位。

大学毕业后的那年秋天，布朗参加了一个青年交流项目，远赴印度农村，评估印度五年农业计划。在这个收获季节，他在田间地头认真倾听周围农民的谈话并思考着相关问题。在印度的半年时间里，布朗详细考察印度与西方文明背景迥异的农业生产方式及其结构、规划，他发现印度粮食生产状况极其糟糕。他曾这样评价印度的考察生活："我在印度村子里住了半年，回来后发觉，种 40 年西红柿实在没什么意思。我要努力解决世界粮食问题。"可以说，印度之行彻底改变了布朗的人生方向。从那时起，布朗逐渐养成了与一般西方学者有所不同的思想方式及对粮食和人口问题的高度关注。

从印度回国后，布朗进入马里兰大学继续深造，并于 1959 年获得马里兰大学农业经济学硕士学位。此后，他进入美国农业部国际农

---

① De Leon David, *Leaders from the 1960s: A Biographical Sourcebook of American Activism*, Greenwood Publishing Group, 1994.

业局，从事世界农业分析工作。进入农业部4年后，他完成一项关于世界资源的研究。同时，他提出的“设法协助印度避免受到严重饥荒影响”的建议获得林登·约翰逊总统支持。自此，他开始积极推动印度的绿色革命，并很快升任全球事务常驻专家。1964年，布朗成为时任美国农业部部长奥维尔·弗里曼的国际农业政策顾问，翌年荣获农业部“卓越服务奖”。1966—1969年，他担任国际农业局国际农业发展处主任，主要负责促进不发达国家增加粮食生产。与此同时，他继续在哈佛大学肯尼迪政府学院深造并获得公共管理硕士学位。

为了能够更自由和全身心地投入农业研究，布朗1969年初辞职，成为一名自由研究人员。作为绿色革命的热情信徒，他认为绿色革命是自蒸汽机以来最重要的历史事件，积极协助建立海外开发理事会，希望用更好的种子和耕作方式帮助解决全球贫困和饥饿问题。

布朗一直保持着对农民、农村和农业的深厚感情。在多次采访中，他都坦言：“我是一个农民，我喜欢在农村生活”。[①] 每当西方社会以各种方式隆重地庆祝圣诞的时候，布朗都要回到落基山脉的农场，与前妻、女儿和女婿一起，以农庄里最淳朴的方式度过西方人生活中最重要的节日。

二、为挽救地球而行动

1974年，在洛克菲勒兄弟基金会50万美元资助下，布朗在华盛顿创办了非盈利性民间学术研究机构——世界观察研究所，从事农业与全球环境问题分析。这是第一个致力于分析全球环境事务的研究所，聚集了许多年轻有为的理想主义者，期望学有所用、成为专业通

① 李希光：“布朗和他的‘醒世新闻’”，《对外宣传参考》，1996年5月30日。

才，而不是狭隘的高级专家。目前，该研究所已发展成为一个著名的独立研究智库，拥有出色的环境信息库。世界观察研究所与其他环保组织的不同之处在于，它从不同学科的视角去分析问题，并把目标定为：在环境问题上对公众和政府进行教育并提出行动建议，而不是成为一个游说组织。

1984 年，布朗领导世界观察研究所创办《世界状况》刊物，每年发行一份《世界现状》年度报告，对地球的健康状况进行评估。该刊物从一开始就吸引了决策者和民间活动人士的重视。没多久，它的发行量就增加到 10 万份，而且被翻译成二、三十种语言在世界各地发行，被誉为全球环保运动的"圣经"。1986 年，依托研究所及个人研究成果，布朗被评为"世界最有影响力的思想家"之一，并获得麦克阿瑟基金会 25 万美元的"天才奖"。1988 年，布朗又创办《世界观察》双月刊，为世界观察研究所的研究文章提供发表平台。

2001 年 5 月，基于更宏大的思考，布朗再创一个新的非盈利性民间学术研究机构——地球政策研究所，并担任所长。该研究所力图为实现环境、经济可持续发展提供全新的研究视野和路线图。

布朗在研究生涯中笔耕不辍、著述颇丰。迄今为止，他出版的著作和合著 50 余本、专论 19 本，还发表了大量研究文章，作品被翻译成 40 多种语言出版。早在农业部工作期间，布朗就出版了《人、土地和粮食》（1963）、《增加世界粮食产量》（1965 年）等著作。而领导世界观察研究所期间，布朗的研究进入丰收期，他陆续出版了一系列涉及农业、粮食、土地及环境保护领域的著作。其中包括：《为了人类的利益》（1974 年）、《仅仅是面包》（合著，1974 年，获克里斯托弗奖）、《第二十九天》（1978 年，获 Ecologia Firenze 奖）、《凭空跃进》（合著，1979 年）、《建立可持续发展的社会》（1981 年）、《人满为患》（合著，1994 年）、《谁来养活中国》（1995 年）、《面临全球粮食短缺挑战的艰难抉择》（1996 年）、《超越马尔萨斯：人口挑战的十九个方面》（合著，1999 年）等。

在地球政策研究所，布朗的学术研究范围更为宽泛，眼光投向整个人类活动对环境的影响问题。在此期间，他出版了《B 模式：拯救地球 延续文明》(2003 年)、《生态经济：有利于地球的经济构想》(2001 年)、《地球不堪重负：水位下降、气温上升时代的食物安全挑战》(2005 年)、《B 模式 2.0》(2006 年) 等。这些著作获得了学术界和社会的广泛重视，也影响了许多世界领导人的思想和行动。当然，由于布朗的研究结果多为"预言"，而且是关系到整个地球生态系统的预言，他也时常因此引发从政府、学者、媒体到普通公众的广泛争议。

1986 年，美国国会图书馆收录布朗的文集时，评价他的著作"对全世界关于人口和资源方面的思想做出了有力影响"。2011 年布朗推出新作《世界的边缘：如何防止环境和经济崩溃》，分析快速上涨的粮食价格中地缘政治的影响。该书被英国《金融时报》评为"一本煽动人心的关于未来 10 年商界将面对的一些全球关键事务的初级读本。"多年来，评价独到研究，布朗获得世界各国大学颁授的 22 个荣誉学位和众多奖项，如美国麦克阿瑟天才学术奖、1989 年世界自然基金会金奖、1994 年日本蓝色星球奖、1997 年联合国环境奖等。马奎斯《名人录》(Marquis' Who's Who) 第 15 版将布朗列为"最杰出的 50 位美国人"之一，《华盛顿邮报》誉他为"世界上最有影响的思想家"，印度加尔各答《电讯报》称他为"环境运动宗师"。2012 年，他入选"京都地球馆名人堂"。[①] 该名人堂是以《京都议定书》的诞生地命名的，永久纪念为保护地球环境做出杰出贡献的人。

布朗对环保问题的热情不仅停留在著书立说上，日常生活中更是身体力行。他的著作几乎全用再生纸出版，并在研究所网站上提供电子版阅读，以减少纸张使用。如同中国当今的年轻人一样，年轻时的布朗也梦想有辆属于自己的车。但 30 年前，他就放弃使用私人汽车，每天步行或骑自行车上下班，认为下班时散步回家是一天中最惬意的

① Lester Brown, the President of EPI: http://www.earth-policy.org/about_epi/C32.

时光。同时，他还鼓励研究所的工作人员不开私家车上班。布朗收入不菲，时常还会获得社会各界颁发的奖金，但他一直维持简朴的生活，把所获大量奖金留给研究所做发展资金。

迄今，布朗一直过着俭朴生活，坚持环保饮食。自从1974年创办世界观察研究所以来，他就远离现代生活方式，如用手帕代替纸巾，每月电费消耗不到两位数。在华盛顿，他住单身公寓，不是买不起大房子，而是觉得没有必要浪费。业余时间，他则坚持最为环保的健身方式——跑步。2004年，他获得樱花10英里长跑70—74岁男人组第三名。此后，该项目入选美国全国竞标赛，2007年布朗在此项比赛中获得第四名。2009年，他参加75—79岁男人组樱花10英里长跑，获得第三名的好成绩。

布朗认为好生活的标准是让人感觉满足、幸福而安全，遂用一种近乎“苛刻”的生活方式诠释自己简单而执著的追求：“不想用一次性纸巾把森林变成垃圾，不愿让自己的奢侈和浪费加重地球负担，因为地球已经不堪重负”。如此忧思地球现在、未来的布朗经常痛心疾首地向媒体和读者呼喊：“如果不从根本上转变经济发展模式，不从根本上转向节约型消费模式，能源、资源将难以为续，生态环境将不堪重负，我们将难以向子孙后代做出交待。”

三、地球的明天——可持续发展观

20世纪50年代末至60年代，美国、欧洲经济在战后迅猛增长，占据世界经济主导地位。大规模、工业化生产方式、寅吃卯粮的消费方式风靡全球。在农业部完成世界资源项目研究后，布朗对以大量消耗地球资源的大生产、高消费经济模式产生怀疑和担心：“地球资源能满足这样的消耗吗?”在印度农村的半年生活给他留下永远的记忆，特别是印度农村那种适度生产、与自然和谐相处的村社生产模式对他影响很大。1970年以后，西方文化界兴起的后现代主义思潮对现代工业社会提出种种批判和反思，无不激荡着布朗的忧思。由此，他开始有系统、有目标地思考经济增长与资源环境的关系，思考人类社会与自然如何适应的问题，并把研究成果集结在《无国界的世界》等早期著作中。1981 年，布朗重磅推出《建立可持续发展的社会》一书，首次向全世界提出“可持续发展”概念。

布朗的可持续发展观可归纳为：其一，强调发展与环境的关系。可持续发展观从环境能力有限性的思想基点出发，认为只有在不破坏生态环境的条件下，经济社会发展才能够长期持续进行。因此，人类社会在发展过程中必须承担起维护生态环境平衡和地球上各类物种繁衍生息的义务，必须改变以环境恶化和生物灭绝为代价的经济发展模式和生活方式。其二，强调当代人发展与后代人发展的关系。可持续发展是能够世世代代持续下去的发展，当代人不应破坏生态环境并对自然资源进行掠夺性开发，也不应损害子孙后代的发展能力来求得自身发展。可持续发展观既重视当代人的发展，也关心后代人的发展，因而不同于只注重当代社会发展问题的传统发展观。其三，强调贫困、发展与环境的关系，认为发展应是全面、综合和公平的。①

可持续发展观的提出在全世界产生巨大影响。1987 年，世界环境与发展委员会在题为《我们共同的未来》报告中，将“可持续发展”作为一个关键性概念提出来，并给出明确定义。1992 年 6 月，世界环境与发展大会通过以“可持续发展”为主题的《21 世纪议程》等五个纲领性文件，标志着可持续发展观已得到世界多数国家认可。此后，1994 年 9 月、1995 年 3 月先后在开罗召开的世界人口与发展大会和在哥本哈根召开的世界社会发展首脑会议，继续对可持续发展问题进行深入讨论。这些国际会议的召开和国际协议的签署，大大加快了可持续发展观在全世界的传播，并获得当今国际社会的广泛认同。

---

① 张懿璇、王大明：“从抨击中理解，在争议中接受——莱斯特·布朗及其主要学术思想评介”，《自然辩证法通讯》，2007 年第 5 期。

随着研究不断拓展和深入，布朗开始通盘考量全球变暖、粮食、水和能源之间的关系，作为“可持续发展”的解决之道，2003年据此出版专著《B模式》。依据环境可持续发展理念，布朗提出“生态经济”学说，并在此基础上架构了理想的社会发展模式，即“B模式”（Plan B）。在书中，他首次提出将经济作为生态的子系统，以构建生态经济发展的新模式。此后，他在《生态经济——有利于地球的经济构想》一书中进一步加以阐述，尝试通过“生态经济”把过去分离的生态学和经济学结合起来，提出人类的经济思想必须重新加以确定。他认为，人类的经济活动自古是需要环境这一生态系统来承载或支撑的，只是由于过去人类社会生产力的发展水平相对较低，离生态系统的承载极限相距甚远而忽视了这一事实。目前，传统经济学的局限性和片面性表现出来，比如迄今的经济理论和经济指标对经济如何破坏和摧毁地球的自然系统不加理会、不做解释等等。架构生态经济的工作非常艰巨而又非常伟大，需要转变观念，如需要以一场能源和材料的革命性变化为前提，“让市场来说明生态学真理”——使产品价格包含生态成本，使许多环境问题能够借助市场机制自行得到解决。此外，布朗极力强调经济是地球的一个子系统，要为后代子孙保护地球。他在书中表示：“正如我们承认地球不是太阳的中心，为天文学、物理学及相关科学的发展廓清了道路。我们承认经济不是世界的中心，则为经济的可持续发展和人类状况的改善创造了条件。”“经济必须归属于生态这一理念似乎会让许多人，包括那些为政治或商业领导人做顾问的经济学家都会感到太激进。但是越来越多的证据显示，它是与实际结合得最好的独一无二的认识。”①

布朗认为，当今世界已经造出一种依靠过度消耗自然资本而使产出人为膨胀的泡沫经济，这就是现行经济模式——A模式，即以化石燃料为基础、以汽车为中心的“用后即弃型”经济。它的理论基础

① ［美］莱斯特·布朗著，林自新、戢守志等译：《生态经济：有利于地球的经济构想》，北京·东方出版社，2002年版，第4页。

是“环境是经济的一部分”，认为自然界取之不尽、用之不竭。由于人类对自然界无限制的索取和掠夺，废弃物日益增多，超出环境承载的阈值，致使自然界无法承担和消化，导致一系列危机不断涌现，自然灾害频繁发生，危及地球和人类生存。而A模式本身也无法继续实行下去，它违反了自然规律，必然遭到自然界严厉的报复。布朗主张以B模式取而代之，倡导以人为本、关注环境与生态，并将经济视为生态系统的一部分，以“环境中心论”取代“经济中心论”，以对待战争的方式和速度稳定人口与气候，使现行经济发展模式不至于陷入万劫不复的境地，在其崩溃之前构建起可持续发展的“生态经济”。

布朗指出，地球可持续发展的关键在于能源基础的根本性转变。未来，人类不能再以化石能源为基础，而应以新能源为基础。生态经济运作与发展的动力源将不再是石油、煤炭、天然气等化石燃料，而应该是得自于太阳的能源，如风能、太阳能、氢能、潮汐能等可再生能源，以及来自地球内部的地热能。在许多可再生资源利用方面，各个国家都有各自特点，各个国家可以利用自己的可再生能源优势来发展。

四、“谁来养活中国？”

20世纪60年代初，在美国农业部亚洲司做研究时，布朗开始涉及中国研究。他对这个封闭的大国充满好奇，而让他难以释怀的是，1978年中国改革开放后粮食产量持续增长，而同样进行经济改革的苏联的粮食产量却在下降，特别是1990—1991年粮食产量急剧下降。布朗发现研究这两个国家的经济改革如何影响粮食产量是件非常有趣的事情。自此，中国的粮食问题成为布朗最关注的问题之一。

作为世界粮食问题专家，布朗在关注日本、韩国粮食生产对外界过度依赖的因素时，惊奇地发现中国与这两个国家有相同的发展趋势。通过较长一段时期对中国进行比较研究，布朗1994年在《世界观察》杂志第9和第10期上，连载题为“谁来养活中国——来自一个小行星的醒世报告”的文章。这份报告长达141页，正是布朗的研究成果。1995年2月，布朗应挪威首相之邀在奥斯陆环境部长会议上发表演讲时，再次提及中国的粮食问题。同年，他出版《谁来养活中国》一书。在这本书中，布朗向全世界描述了一个令人恐惧的预测：中国人口基数大，人口急剧膨胀。随着城市化快速发展，农村人口向城市转移，饮食结构向肉蛋奶倾斜消耗的饲料粮飞速增长，促使中国总粮食需求急剧增加。与此同时，中国的粮食生产不能同步增加，因为随着气候变暖、水利设施老化，中国水资源日益短缺；东南沿海经济高速发展，工业化进程加速侵吞大量农田。而沿着东部和南部海岸约占国土面积1/3的河谷地带是中国粮食主产区，也是人口密集的地区。随着人口和工业经济同步增长，工厂、住房、道路、公路以及农作物种植都在争夺宝贵的土地资源。结果是，当中国最需扩大农田面积时，它却在缩小。预计中国在21世纪初期，将无法独自养活10多亿人口。这个结论也是布朗通过比较研究得出的。布朗通过比较中国、日本、韩国的工业化进程，发现它们都是在工业化之前就拥有繁密人口的。伴随社会工业化进程，建立工厂、城市化发展都会造成大量农田流失、粮食需求逐渐依赖进口。目前，韩国与日本70%的粮食依靠进口。由于类似原因，中国也发生相似变化。预计1990—2030年，中国一方面是粮食需求增长85%，另一方面是粮食减产20%，进而造成巨大的粮食产需缺口（3.66亿吨）。这意味着，中国到2030年国内粮食生产只能满足42.5%的需求，其余57.5%的需求要靠进口粮食来满足。

在《谁来养活中国》一书中，布朗率先将中国划为“消费国”，并提出两个发人深省的问题：一是中国将来是否有支付能力大量进口粮食？他的答案是肯定的。二是，若中国大量进口粮食，是否有哪国或哪几个国家能够足额提供？当然，世界上没有任何国家能够提供如此多粮食。他指出，对今后世界粮食供求影响最大的是中国，中国粮食的不足就是世界粮食的不足。中国未来的粮食大量短缺将导致世界粮价大大超过以往水平，全球各国的粮食安全将得不到保证。世界经济的未来已与中国经济的未来紧密地联系在一起。中国未来的粮食短缺将迫使其他国家政府重新估计自身的人口承载能力及其人口和消费政策。

如今，布朗当年提出的关于中国粮食和水资源短缺、农田减少、环境恶化、人口膨胀等问题变得越来越现实。他意欲通过出版《谁来养活中国》来让中国领导人意识到，在向工业化转型的过程中，中国可能也会出现日本、韩国这类问题。该书出版后，立即在世界上引起巨大反响，不仅在学界激起千层浪，而且令布朗本人及其学说也成为媒体焦点。包括《华盛顿邮报》、《洛杉矶时报》、英国《卫报》、BBC、日本《朝日新闻》、CNN、美联社、法新社等在内的几乎所有西方重要国际性报刊和新闻机构，都着重报道了布朗及其学说。这本书出版之际，恰逢“中国威胁论”流行国际政坛之时，布朗的言论遂被视为对“中国威胁论”的有力支持，布朗本人也被认作“中国威胁论”的代言人。

在中国，这本书更是掀起轩然大波，引发学者及政府的纷纷批驳。此后一段时间，布朗访问中国时，必然要与中国学者针锋相对地就中国粮食问题展开辩论，而中国人对布朗的态度也有很大变化。据其回忆，为《世界现状》年度报告中文版发行，布朗 1984 年第一次访问中国。当时的中国学者对他“很友善”，“轻松地谈论彼此研究和关注的话题。”布朗也对这种态度变化表示理解：从中国领导人角度来说，他们是出于一种政治关心，拒绝承认未来中国粮食供应需要依赖外国。但布朗强调，自己只是从学者的角度提出问题。

随着中国成为世界大豆主要进口国，中国逐渐从粮食出口国向进口国转化，并深深地影响世界粮食价格。这一趋势的发展已经证明布朗观点的正确性。由此，中国开始广泛关注生态和粮食问题，布朗访华的次数也逐渐增加。2002 年以后，他每年都要至少来中国一次。从那以后，布朗意识到自己对中国农业问题、环境问题、水资源和气候变化的分析研究对中国十分有用，而且逐渐被中国政府和学者认同。随着布朗的著作被更多地引进中国，中国学界和公众对他的了解也不断趋于全面和充分。目前，布朗的“可持续发展”观作为“科学发展观”的一部分，已经成为中国政府一项基本国策。

2001 年，布朗在《生态经济》书中又对中国的经济发展模式提出质疑：中国已经取代美国成为世界头号消费大国，如果沿袭过去美国的消费模式，其结果将是灾难性的。布朗还多次撰文警告，由于过度耕种、过度超采地下水和土地管理不善，跨越中国北部、西部和内蒙古西部，正在形成新的巨大干旱尘暴区，这将导致出现难以弥补的土地储备短缺问题。他认为，中国必须调整能源结构，尽可能使用清洁能源，同时注重土地沙漠化问题，以保持土地的可持续性。

布朗对中国的农业、经济、生态和发展等方面研究持续了近 30 年。他曾说过，中国是一个发展大国，以中国为例更有说服力，也更会受到世界关注，并表示在有生之年仍将继续研究中国。记得 1997 年布朗访华，笔者有幸在北京参加了一个 20 人的小型座谈会，亲耳聆听布朗先生演讲。时间虽已久远，但他对全球环境的深切忧虑让与会者难以忘怀。笔者依稀记得他强调的一个观点——“美国政府应该把环保纳入国家安全工作范畴”。此后，笔者虽然一直关注布朗的著述和访华报道，但并未系统学习和梳理过这位“地球卫士”的思想。而完成本文的过程，正是笔者对布朗思想的系统学习过程：面对干裂的地球、饥饿的人群，他用翔实数据和系统学说讲述着地球的危难，震撼人心。在地球政策研究所网页上，身为所长的莱斯特·布朗正在用深邃而充满智慧的目光，呼唤人们行动起来，拯救我们赖以生存的家园——地球。

“中美国”概念缔造者尼尔·弗格森*

英国著名历史学家尼尔·弗格森（Niall Ferguson）专注财政、经济及殖民史研究，现为哈佛大学历史系及商学院教授。作为少数横跨学术界、金融界和媒体的专家之一，他不仅学术成就突出，素以为帝国主义、殖民主义“正名”闻名，还兼任多家报纸和杂志撰稿人、英美电视台历史讲座主讲人和投资公司顾问，近年更因提出“中美国”（Chimerica）概念而名声大噪。2004 年，他入选《时代》周刊评选的“影响世界的100人”榜，被视为当前西方身价最高、影响最大的金融史学家。

一、最年轻的金融史学家

尼尔·弗格森出生于英国，毕业于名校牛津大学，曾在剑桥、牛津等多所著名学府任职，很早就奠定了在国内的学术地位。不惑之年，他又转往美国发展，开拓了更广阔的事业空间。

1964 年 4 月 18 日，弗格森出生于英国格拉斯哥，学生时代接受

---

* 谭宏庆，中国现代国际关系研究院美国研究所副研究员。

了严格的精英教育。1985 年，他以优等成绩自牛津大学曼达琳学院毕业后，写就了一份堪称完美的学者履历：1987—1988 年在德国汉堡和柏林任汉萨学者，1989—1990 年任剑桥大学基督学院研究员，1990—1992 年任剑桥大学彼得豪斯学院研究员及讲师，1992—2000 年任牛津大学耶稣学院现代历史系研究员和学生导师，2000—2002 年任牛津大学政治与金融史教授。2002 年后，弗格森转往美国发展，先任纽约大学商学院主任；2004 年又转往哈佛大学，担任历史系及商学院商业管理教授。目前，他还是牛津大学、斯坦福大学高级研究员和北德克萨斯大学欧洲研究中心及军事历史研究中心研究员。

在 25 年的学术生涯中，弗格森著书立说、笔耕不辍，先后出版《纸和铁》、《金钱关系》、《帝国》、《巨人》、《世界战争》等多部专著。学术上，他创造出一系列诸如“中美国”、“动荡轴心”等概念，引发一股股世界波；看似信手拈来地将国家财政数字和军事外交政策相结合，从而发现历史新现象，广受学术界和传媒界关注。行文中，弗格森文笔华丽，叙事独特，能用异常生动而流畅的语言深入浅出地阐述深奥的经济学原理和国际政治。现实里，他是少有的能够通过畅销书和电视成功推销个人观点的学术明星。更值得称道的是，弗格森在迈过不惑之年不久就占据学术高峰，在当今西方学术圈实为不易。

除专注学术领域外，精力旺盛的弗格森涉猎广泛，也是金融界和媒体圈的佼佼者。2007 年，一家英国对冲基金公司任命他为投资业务顾问，负责评估地缘政治风险及与投资决策有关的经济活动等问题，弗格森的顾问事业做得有声有色。多年来，他一直与媒体保持密切关系，先是担任《星期日电讯报》撰稿人，2007 年 10 月转而加盟《金融时报》，成为该报特约编辑。同时，他也长期担任《新闻周刊》固定撰稿人。此外，他还为英国第四频道撰写并制作了四部成功的电视纪录片《帝国》、《美国巨人》、《世界战争》和《货币崛起》。这些纪录片因为融入了弗格森扎实的学术思想，影响迅速扩大。

弗格森与年长自己 8 岁的妻子苏珊·道格拉斯（Susan Douglas）堪称志同道合的事业型夫妻。两人 1987 年结缘于《星期日电讯报》，弗格森时为该报撰稿人，苏珊则是该报编辑和新闻记者。苏珊个性较强，有自己的事业追求，曾在多份极具影响力的英国报纸担任编辑，现为一家杂志社主席。婚后，她仍定居英国牛津，并未夫唱妇随地陪伴弗格森前往美国生活。两人在家庭生活中注重夫妻平等以及与3个孩子平等相处。按英国风俗，女性婚后名字要冠以夫姓，弗格森则在自己的姓名中间加上妻子姓氏，变成"尼尔·道格拉斯·弗格森"，[①]以示对妻子的尊重。

事业上，苏珊这位"圈内专家"是丈夫名副其实的贤内助，令弗格森对媒体运作了如指掌。据说，弗格森每次接受重要媒体采访前，都会与苏珊做一番排练，宛如知名政客和影星。而弗格森的英俊外表和酷似娱乐明星的衣着派头也确实为他赢得"历史学的汤姆·克鲁斯"的称谓，不仅引来电视媒体竞相邀其出镜做嘉宾，也吸引不少喜好历史的年轻女性成为他的铁杆粉丝。

学术上的成功为弗格森带来巨额财富。据报道，目前其著作每本预支稿酬高达20万英镑。这使他跻身少数因学致富的学者行列。弗格森对此心安理得，因为他认为一个出色的学者就应该得到最大程度上的物质奖励。他曾这样描述当代学者："很多人坚信做学问就应该点着油灯谢绝一切访客。我对此完全反对。有一流的学问却过着清贫的生活，这是浪费我父亲给予我的昂贵教育投资。"[②]

二、西方霸权学理捍卫者

在西方学术圈，弗格森是典型的跨历史和经济两大学科的交叉型

---

① http://www.telegraph.co.uk/culture/tvandradio/3589461/Its-like-being-naked-in-the-street.html.

② [英] 尼尔·弗格森："名流学者的庞大视野"，http://book.ifeng.com/shupingzhoukan/special/duyao71/wenzhang/detail_2012_04/09/13746226_3.shtml.

学者。这使他常能不拘一格、不受主流观点束缚地提出常新思想。同时，作为一直在英、美两国发展的学者，弗格森的学术观点带有明显的“盎格鲁—撒克逊”倾向。

（一）为帝国主义、殖民主义正名

战后以来，随着帝国主义殖民体系土崩瓦解，帝国主义、殖民主义已臭名昭著。但弗格森却在多本著作中为之辩护。他不仅多方表达对大英帝国辉煌往事的无限迷恋，还坚信帝国依然是维持世界和平与经济繁荣的最佳政治形态。他在《巨人：美帝国的崛起和衰落》中毫不掩饰地宣称“从根本上支持帝国的存在”，认为帝国不仅带来统一的政治体系，也是维系经济一体化和自由贸易的最佳方式。尽管英帝国在殖民地罪孽累累，但整体上它积极推动了世界现代史进程和全球化。弗格森认为今天的自由贸易市场的基础就是由19世纪英帝国确定的，并将其命名为“英国式全球化”（Anglobalization）。他特别强调，如果没有英国的政治、法律、系统制度的话，亚当·斯密在《国富论》中提倡的经济秩序就不会广为传播；而代议民主政治制度也是由英国推广到全球，进而形成国际化制度。如果没有英国，二战的结果也会改变。与德国纳粹、日本军国主义相比，英国称得上是自由主义帝国（Liberal Empire）。

（二）盛赞美国是“最不邪恶”帝国

弗格森一直盛赞美国是世界上“最不邪恶”的帝国，认为人类历史就是一部帝国更替和兴衰史。即便是今天，世界还是主要以帝国争雄的局面存在：美国、俄罗斯和中国（虽然中国在经济和军事上早已不复帝国风范，但它继承了帝国版图且在事实上延续了帝国对内部不同民族的统治方式）。虽然美国以反抗英帝国统治为建国基础，并试图将这一理念贯彻到其政治和外交实践中，但美国也是从诞生之日起就具备了帝国基因：19世纪的西部扩张与一个帝国对领土的野心毫无二致；美国与西班牙之间的战争结局再次延伸了帝国领土和主权。虽然美国总统罗斯福当年坚决反对英国首相丘吉尔维持英帝国殖民体系的努力，但二战的结果是美帝国顺理成章地接过了英帝国的衣钵。弗格森虽然为此高歌欢呼，但也承认美帝国不是自己希望看到的最终形态。因为从美帝国崛起至今，美国政治家画地为牢，仅成就了一个自我否认的帝国（Empire in Denial）。换言之，美国做着帝国事业，却对此矢口否认。因此，美帝国与历史上其他帝国具有本质的不同：它的武力征服不是为了统治其他民族，而是迫使其他民族按照美国模式来治理自己。这也决定了美帝国是历史上最不邪恶的帝国。在弗格森看来，这也是美国在其他国家实行政权更迭以及入侵伊拉克具有合法性之根本。何况，帝国存在的时代（其他国家）就没有绝对主权。

在为美帝国模式高唱赞歌的同时，弗格森也认定在可预见的未来50年，美国霸权将长期存在，不会出现美帝国的真正威胁。与国际因素相比，美国国内因素对其霸权兴衰的影响更大。虽然欧洲经济一体化使其经济实力接近美国，但在军事和政治上不太可能对美国构成挑战；虽然中国经济增长迅速，但自由市场和政府性质本质上不可调和，其经济增长由此不会持续到超过美国。未来很长一段时间，美国依然将是人类历史上经济和军事最强大的国家。但是，美国两党和总统大选政治，对其任何海外军事行动构成巨大的内在掣肘：美帝国的统治者只看四年或八年，不会也不可能看更远。这是最令弗格森扼腕惋惜的地方，因为这决定了美国在帝国的道路上不会走很远。[①]

（三）担心债务危机导致美帝国衰落

在诸多内部挑战中，弗格森最担心债务危机可能导致美帝国走向衰落。2008年后美国陷入严重金融和财政危机，弗格森认为这可能是美国开始衰落的先兆。2009年，他在“危机中的帝国”一文中表

① 陈旭宇：“帝国还在继续”，http：//chenxuyu. blog. com/2007/12/。

达了这种担心。在文中，他指出，根据国会预算办公室（CBO）的报告，美国2009财年赤字逾1.4万亿，约为GDP的11.2%。但CBO预测，公众持有的联邦总债务（不包括政府组织，但包括国外持有者）将从2008年的5.8万亿上升到2019年的14.3万亿，即从占GDP的41%增至68%。到2039年，公众持有的联邦债务将达到GDP的91%。历史证明，与严重金融危机相伴而来的是严重的财政危机，即债务危机。而债务爆炸之后，会发生以下两件事之一：或者违约，不履行偿债义务；或者引发一场高通胀风暴，让债权人发疯。所有强大的欧洲帝国历史都经历过这一幕，而连续违约和高通胀通常是帝国衰落的明显征兆，这就是一个帝国如何衰落的图景。历史上曾有过许多先例，例如：西班牙的哈布斯堡王朝在1557年到1696年间，14次部分或全部债务违约，并因过度贪恋来自新世界的白银引发通货膨胀而崩溃；法国自大革命前到1788年，62%的皇家岁入用于支付债务利息；奥斯曼帝国走的是同样的路，1860年其债务利息加上分期偿债占年度预算的15%，到1875年则上升到50%；而大英帝国在两次世界大战的间隙，偿债利息消耗掉国家预算的44%，令其面对德国新威胁而欲重整军备时陷入极度财政困境中。这就是帝国衰落的命运方程式。因此，不进行彻底的财政改革，此方程式的下一个适用者就是美国。①

（四）开具资产重组“药方”应对经济危机

对于因金融危机所导致的当前西方经济大萧条，弗格森开出自己的药方，认为唯有进行资产重组才能结束目前的大萧条。他称，2008年以来西方遭遇的“大萧条”，实际上是一场过度负债危机。许多政府负债过多，许多企业也是如此。但凯恩斯主义者开出的药方却是

① ［英］尼尔·弗格森：“危机中的帝国”，美《新闻周刊》，2009年12月7日；转引自“乌有之乡”网站：http://www.wyzxsx.com/Article/Class20/200912/117822.html。

"赤字型财政刺激方案",反要制造更多债务。这张药方最可能在部分封闭的经济环境下起作用,但如今面对一个全球化的世界,各国政府间不协调的恣意挥霍更可能导致债券和外汇市场动荡,而非经济重新增长。他指出,更好的出路是削减而非增加债务,为此必须采取两项措施:第一步骤是必须重组那些不具备偿付能力的银行,由政府接管,在大额减记亏损后,进行大规模资本结构调整。债券持有人可能不得不接受债转股,或是20%的"折扣"(扣减所持债券的价值)。尽管这令债权人失望,但与雷曼兄弟公司破产所遭受的损失相比,简直微不足道。第二步骤是将美国的抵押贷款全面转换为利率更低、期限更长的合约。此举可能会被认为是对契约神圣性的侵犯。但有时候,公众利益要求我们一边尊重法治,一边违反它。19世纪时,政府通过所谓的"转换"过程,曾一再更改所发行债券的条款。考虑到市场利率和价格不断下跌,面息为5%的债券可简单更换为面息3%的债券,而这种做法也很少被打上违约烙印。目前,我们需要以同样方式有序转换可调利率抵押贷款,并将彻底改变的金融环境纳入考虑之中。为公平起见,对应的解决方案应是:政府控制的抵押贷款发放及担保机构房利美和房地美,为所有借款人提供同样的协议,永久性地降低多数美国家庭的月还款额。这几乎肯定会比此前出台的所有财政刺激计划(包括减税)都更能刺激消费者信心。只有大重组才能终结大萧条,且要尽快行动。[①]

(五)金融创新是国家发展的必要条件

作为一位致力于从金融角度解读历史演进与大国兴衰的金融史学家,弗格森认为金融创新和发展是一个国家走向现代化、走向民主富强不可或缺的必要条件。他称,金融创新是刺激全社会活力的触发点,离开了活泼的金融活动,就很难激发民众积极向上的动力。这种

① [英]尼尔·弗格森:"如何终结大萧条",http://www.ftchinese.com/story/001024497。

创造财富、保护财富的决心与行动，是推动一个社会走向民主、走向法制的强大动力。他在《货币崛起》一书中选择诸多实例，如从银行在荷兰诞生、政府债券在英国发展、股份制公司在荷兰诞生与股票交易、保险业在英国出现、房地产在美国普及等，纵论300年欧美金融发展史，得出如下结论：现代资本主义的发展时刻离不开金融，货币是现代社会的血液，甚至英国的君主立宪制和美国的诞生都是金融资本发展的结果。①

（六）西方统治世界的时代行将终结

面对大变革大调整的时代，弗格森对于世界实力格局正加速演变有自己的认识。他认为，世界经济实力正加速从西方向东方转移，西方统治世界的时代行将终结，但东方能否取代西方尚属未知。日本自明治维新开始效法西方；而从1950年代起，一批东亚国家跟随日本纷纷仿效西方的工业模式，至今已经取得巨大成效。今天，在世界经济论坛关于竞争力的评估中，新加坡位列第三，中国香港位列第十一，随后是中国台湾（第13位）、韩国（第22位）和中国大陆（第27位）。在全球制造业份额中，中国在过去十年间已经超过德国和日本，很快也将超过美国。中国最大城市上海已位列世界特大型城市的榜首，印度孟买紧随其后，但没有美国城市接近它们。2008年，中国、印度、日本和韩国的专利申请总数第一次超过西方。可以说，在某些方面，亚洲世纪已经来临。过去苏联虽然也是超级大国，但它从未走近经济上超越美国的这一刻。而现在来自东方的挑战者确是真实的，无论是在经济上还是在地缘政治上。世界正处于结束五百年西方统治的时代。②

---

① http://commu.dangdang.com/review/reviewlist.php? pid = 20644021.

② Niall Ferguson, "In China's Orbit", *Wall Street Journal*，转引自“从西方学者的视野看中国的崛起——哈佛大学尼尔·弗格森教授文章‘绕中国而行’”，http://blog.sina.com.cn/s/blog_6ad60f5c0100qv1j.html。

与此同时，弗格森对东方能否彻底取代西方秉持怀疑态度。他表示，在过去500年间西方是通过6大"杀手锏"获得相对于东方的优势：资本主义企业、科学方法、基于财产私有制和个人自由的法律和政治体系、传统帝国主义、消费者社会以及"新教"工作伦理和资本积累。中国作为亚洲世纪的引领者，已经复制了其中几项（如第一项和第二项），其他的可能正在吸纳过程中——辅之以某种"儒家"改良（帝国主义、消费和工作伦理）方法。只有第三项（西方的法律与政治形式），在这个一党专政的"人民共和国"中还没有任何兴起的迹象。中国是否真的需要民主制度才能实现持久繁荣还是未知数，未来十年很有可能给出这个问题的答案。但或许世界还要再等500年才能确定，在西方统治之外，真的存在另一种可行选择。[①]

三、"中美国"概念缔造者

近年来，中美两国经济联系日益紧密，成为国际学界及媒体关注的焦点话题。弗格森早于基辛格、布热津斯基等战略学家提出的相似说法，创造性地提出"中美国"概念，成为对中美经济关系最生动贴切的描述之一。这使其跃升为创造议题、引领中美关系研究方向的重要学者。

弗格森创造性地提出"中美国"概念，认为中美两国在经济上已形成一体，但同时又指出"中美国"时代行将结束。早在2007年金融危机之前，弗格森根据中美两国经济关系的状况，提出"中美国"概念。他称，中美已走入"共生时代"：美国是全球最大的消费国，中国是世界最大的储蓄国；双方合作方式是美国负责消费，中国负责生产。中美两个经济体加起来早已成为世界经济的关键推动力：

---

① ［英］尼尔·弗格森："全球力量格局向东倾斜的十年"，FT中文网 http://www.ftchinese.com/story/001030559。

两国国土面积占世界陆地面积13%，拥有世界大约1/4的人口。此外，从1998年到2007年，“中美国”贡献了全球经济产出的1/3和世界经济增长的2/5。对两国来说，“中美国”不但带给美国经济的持续繁荣，也使中国经济保持两位数的高速增长。然而，始于2007年的金融危机使两者的结合濒于破裂。由于债务和住房泡沫破裂，美国人将不得不戒掉对低息贷款和宽松信贷的依赖；中国也明白，再也不能指望负债累累的美国消费者以2007年前的规模购买中国商品。而且，中国对美元风险十分警惕，因为其价值近2万亿美元的储备资产主要由美元构成。历史上，除美国之外，没有哪个国家买入的美元超过中国，这使中国当局非常担忧。此外，中国国内市场的需求足以带动中国经济增长，它已有能力不再维持“中美国”这样的经济模式。因此，“中美国”时代已一去不复返。

中国崛起前景看好，但亦面临挑战

弗格森尤为关注中国的崛起，曾撰文表示，在26年时间里，中国进行了最大和最快的工业化革命，其GDP增长十倍。而英国在1830年之后，GDP增加4倍则花了70年。根据国际货币基金组织预测，中国在全球GDP的份额（以现行价格测算）将在2013年超过10%；高盛公司则预测中国的GDP将在2027年超过美国。针对中国新的宏大战略，弗格森用四个“更多”加以总结：消费更多、进口更多、投资海外更多以及创新更多。他认为，而每一个“更多”都会为中国带来可观的地缘政治红利。通过“消费更多”，中国可以减少其贸易盈余。在这个过程中，中国将与其主要贸易伙伴，尤其是新兴市场国家变得更亲密。而“进口更多”则使中国成为其他国家，如澳大利亚、巴西出口商品最有活力的新兴市场，这为它赢得了朋友。“海外投资更多”不仅令中国多样化战略变得有意义——旨在弱化遭受美元贬值风险的影响，也使得中国借助庞大和有影响力的主权财富基金，增强了自身金融实力。这些将导致其海军扩张野心计划变得充满理由。最后，“创新更多”有助于增强中国在世界的地位。根据皮尤调查中心最近一次调查显示，有46%的被调查者认为中国将"超越美国成为世界的主要超级大国"。[①] 但另一方面，弗格森谬称，中国的专制政治体制不可能造就帝国。中国正因环境问题、发展问题、地缘战略问题与东亚其他国家发生矛盾。而且，中国在2008年北京奥运会后，会在推进"本国优先"对外政策过程中，在东亚地区造成战略性危机。

① Niall Ferguson, "In China's Orbit", *Wall Street Journal*, 转引自"从西方学者的视野看中国的崛起——哈佛大学尼尔·弗格森教授的文章'绕中国而行'", http://blog.sina.com.cn/s/blog_6ad60f5c0100qv1j.html。

“全球化代言人”托马斯·弗里德曼*

托马斯·劳伦·弗里德曼（Thomas Lauren Friedman）是美国著名犹太裔记者、《纽约时报》专栏时评家，曾在 1983 年、1988 年和 2002 年三获普利策奖（两次国际报道奖、一次评论奖），2004 年成为该奖项的终身评审委员。他通晓阿拉伯语和希伯来语，研究范围涵盖中东问题、恐怖主义、全球化、气候变化、能源等众多领域，《世界是平的》、《世界又热又平又挤》等著作荣登畅销书榜；他在《纽约时报》上发表的专栏文章不仅引领美国舆论风向，而且多被全球 700 余种报纸同步转载。他的思想与观点常对各国政、经、学界产生广泛影响，获誉“有影响力的思想家”、“趋势大师”和“世界全球化主义者的精神教父”等称谓。

一、弗里德曼及其家庭

1953 年 7 月 20 日，弗里德曼出生在美国明尼苏达州明尼阿波利斯

---

* 程宏亮，中国现代国际关系研究院美国研究所助理研究员。

市郊区的一个中产阶级犹太人家庭。他为自己的出身感到自豪，时常在著作中提及。他的父亲哈罗德风趣幽默，当过一家滚珠轴承经销公司的副总裁。据弗里德曼回忆，童年时代，父亲常在下班后带他去打高尔夫球，甚至让他在正式比赛中做球童。这令他梦想长大后能成为职业高尔夫球手。尽管日后未能如愿以偿，高尔夫球却一直是弗里德曼最钟爱的运动项目之一。在他19岁时，父亲离世，母亲玛格丽特（2008年去世）带领长女雪莱、次女珍和小儿子弗里德曼共同挑起起家庭重担。日常生活中，她专心操持家务，业余时间兼职做会计；既做得一手好菜，也是位桥牌高手，曾获全美桥牌比赛终身大师奖。

弗里德曼曾向朋友讲述自己童年的故事，认为在父母眼中最聪明的孩子是姐姐雪莱，这一度让他生活在姐姐的"阴影里"。不过，在儿时伙伴看来，小弗里德曼却与众不同，因为其"兴趣远远超出那个年龄段所应思考的范围"。他们回忆称："当我们还不知何谓《今日》（美国上世纪50年代开播的著名电视节目）时，他已收看很久了。"弗里德曼自幼重视友情，至今仍与儿时伙伴维持着"铁关系"，甚至连好友新婚度蜜月他也常伴左右。

身为犹太人，弗里德曼在犹太成年礼之前，每周都要到犹太学校上满五天课。他虽然信仰犹太教，却不喜欢去教堂。在《从贝鲁特到耶路撒冷》一书中，他曾轻描淡写地提到："我13岁举行犹太成年礼后，对犹太礼拜堂便敬而远之了"。[①]

成年后，留着一撮小胡子、或面带微笑或陷于沉思的弗里德曼堪称工作狂人。作为《纽约时报》国际事务专栏作家，他的工作内容之一就是常年在国外考察。他非常享受每次海外旅行，认为"这是全世界最令人称羡的工作"。[②] 无论在飞机还是火车上，他随时都会

---

① ［美］湯瑪斯·弗里曼著，戚友譯：《從貝魯特到耶路撒冷》，時報文化出版企業有限公司，1998年版，第18页。

② ［美］Thomas L. Friedman著，蔡繼光、李振昌、霍達文譯：《了解全球化：淩志汽車與橄欖樹》，聯經出版事業公司，2000年版，第20頁。

用笔记本电脑记下所见所闻和奇思灵感。弗里德曼口才一流，常应邀到企业和大学演讲，出场费高达4万美元，是全美最有钱的媒体人之一。平日里，他清晨5点起床，5点半上网浏览全球各大报纸，自称是全世界惟一定期阅读《耶路撒冷邮报》网络杂志的人。如果要写专栏文章，他通常会在早上5点半到8点之间完成任务。身为彻头彻尾的爱国者，无尽的爱国情怀渗透在他每篇文章和每本著作中。他曾告诉女儿们，欢迎带任何同学或朋友到家里做客，不论是白人、黑人或粉红色人，也不论高矮胖瘦，唯一的前提条件就是所有来客都必须热爱美国。

弗里德曼有一个幸福的小家庭。他的妻子安·巴克斯鲍姆·弗里德曼生于1954年4月13日，是美国前第二大购物中心运营商General Growth Property（GGP）董事会主席马修·巴克斯鲍姆之女，通晓法语和意大利语。她曾在斯坦福大学学习经济学和历史，毕业后赴伦敦经济学院深造并获得国际关系专业硕士学位。期间，她与弗里德曼相遇相恋。1978年11月13日，两人在伦敦海德公园犹太教堂步入婚姻殿堂，随后安追随丈夫开始长达十年的常驻中东生活。他们的两个女儿奥丽（1985年7月28日出生）和娜塔莉（1988年4月20日出生）相继诞生在耶路撒冷。返回美国后，安当上教师，教授幼儿世界文化和地理知识，也教外国人学英语。她也曾从事过编辑工作，现为环保组织“保护国际”（Conservation International）董事会成员。2009年4月16日，GGP公司破产，创下美国史上最大规模购物中心运营商破产的纪录。但安继承了其家族近30亿美元的巨额财产，弗里德曼也“夫凭妻贵”，全家得以跻身全美最富有家庭之列。他们目前定居在马里兰州贝塞斯达一幢价值近千万美元的豪宅中。弗里德曼很疼爱妻女，称她们是自己笔耕不辍的动力源泉，一再在著作中向家人致意。①

---

① 参见维基百科 http://en.wikipedia.org/wiki/Thomas_Friedman。

二、卓尔不凡的记者生涯

弗里德曼是受人敬仰的中东问题专家、记者、专栏作家和思想者，他的思想通过专栏文章和著作传播全世界；他的文章因语言生动活泼、思想深入浅出而广受追捧；他的成就既源于兴趣，也源于其对热点问题的高度敏感和深入思考；他主张从小处入手去观察和分析问题，积少成多，直至掌握问题的全貌……这些因素的叠加，不仅让他成为记者中的翘楚，更实现了从记者向思想家的成功转型。墨西哥前总统、耶鲁大学全球化研究中心主任埃内斯托·塞蒂略称赞他“不仅有原创性观点、难以置信的观察和解读当下正发生之事的能力，而且拥有以通俗易懂、甚至幽默的方式表述观点的独特本领”。[①] 美国前总统克林顿赞誉他“是最有才华的记者之一，不仅关注正发生之事，而且能指出未来趋势，并用极富感染力的语言描绘它。”[②] 目前，他拥有多所美国大学授予的荣誉博士学位，同时被哈佛大学聘为客座教授。

（一）年少中东行开启兴趣之门

一般人可能需要十几年、几十年甚至穷尽一生才能找到自己的真正兴趣所在，可弗里德曼却幸运得多。他回忆道：“我现在的一切都源于十年级时的经历”。那是1968年圣诞假期，刚满15岁的弗里德曼跟随父母去以色列探望正在特拉维夫大学求学的大姐雪莱。这是他头一次走出国门，也是他第一次乘飞机。“这趟旅行改变了我的一

① Beth Brophy, “The Journalist As Globalist”, Oct. 31, 2005, http: //www. usnews. com/usnews/articles/051031/31friedman. htm.

② http: //voices. washingtonpost. com/ezra-klein/2009/12/the_ talents_ of_ thomas_ friedman. html.

生”，中东的所见所闻在他幼小的脑海中盘旋不去，“从那一刻起，再没有其他东西让我真正感兴趣了……我在1968年就知道，中东和我的关系比家乡明尼苏达更密切”。[①] 返回美国后，他疯狂地阅读一切与以色列相关的书籍，就连职业理想也从“成为高尔夫球手”转变为“当以色列问题专家”。

高二时，弗里德曼选修了哈蒂·M·斯坦伯格老师的新闻入门课，这是他平生惟一一次接受记者行当“专业训练”。哈蒂教学生们新闻报道基础知识及如何用专业方式思考问题，还鼓励学生们阅读《纽约时报》。日后，弗里德曼称她是“除家人外对我一生影响最大的人”。修完这门课后，他尝试成为校报记者，不过因为写不出好稿子而作罢。时任校报编辑、好友肯·格里尔甚至断言弗里德曼在新闻业上没有前途。不过，功夫不负有心人，不服输的弗里德曼在1968年终于成为校报记者。他发表的第一篇新闻稿是关于时任以色列将军沙龙（日后出任总理）在明尼苏达州发表演说一事。[②] 人生第一篇新闻稿报道的就是中东问题，这似乎预示着弗里德曼未来的职业方向和中东问题对其职业生涯的重大意义。

（二）大学生活奠定职业基础

1971年夏高中毕业后，弗里德曼在以色列度过整个假期。期间，他偶遇一些阿拉伯人，有机会接触阿拉伯语和阿拉伯世界。受此影响，上大学后，身为犹太人的弗里德曼出人意料地把阿拉伯语选为专业，先在明尼苏达大学求学两年，后转到布兰代斯大学继续学习。期间，他曾到希伯来大学和位于埃及开罗的美利坚大学各学习过一学期希伯来语和阿拉伯语。大学二年级时，父亲去世让他一度失去经济支

---

① ［美］湯瑪斯·弗里曼著，戚友譯：《從貝魯特到耶路撒冷》，時報文化出版企業有限公司；1998年版，第18—19頁。

② ［美］湯瑪斯·弗里曼著，戚友譯：《從貝魯特到耶路撒冷》，時報文化出版企業有限公司，1998年版，第19頁。

持，幸亏有家族朋友资助才得以顺利完成学业。1975 年，他以最优成绩完成在布兰代斯大学的学业，获得该校地中海研究专业文科学士学位。随后，他申请到马歇尔奖学金，远赴英国中东研究中心——牛津大学圣安东尼学院深造，并顺利获得中东现代史和政治学专业硕士学位。

在英国求学是弗里德曼人生的又一个转折点，他在那里邂逅对他未来事业成功至关重要的人生伴侣安。1976 年 8 月的一天，这对情侣在伦敦街头散步，突然被街边报摊上《旗帜晚报》（Evening Standard）的头条新闻吸引。那条新闻报道，时任美国总统候选人卡特向犹太选民承诺，一旦当选就立刻任命一位新国务卿取代基辛格。弗里德曼对此大为不解，因为基辛格是美国历史上第一位犹太裔国务卿。他激情澎湃地写了篇评论，后在安的帮助下发表在美国《纪事报》上，该报还付给他 50 美元稿酬。自此，弗里德曼找到未来的职业方向，正式开启爬格子的记者生涯。1978 年夏从牛津大学毕业后，他凭借发表的十几篇评论文章，成功地在合众国际新闻社伦敦分社谋到一份记者工作。①

（三）努力与机遇造就中东问题专家

弗里德曼中东事业的起点始于 1979 年。合众国际新闻社当时正计划向陷于内战烽火的黎巴嫩派驻一名记者。首位人选因曾在当地被劫匪打伤耳朵而拒绝赴职。已耗费 6 年时间研究中东问题、通晓希伯来语和阿拉伯语的弗里德曼尽管也担心安全问题，最终还是不愿意放弃成就中东研究的机会，勇敢接受任命，携新婚妻子共赴贝鲁特。日后，他在书中回忆刚抵达黎巴嫩时的情景称："我们住进饭店的头一晚就睁着眼睛躺在床上，听着窗外街上的枪声。这是我这辈子头一次

① ［美］湯瑪斯·弗里曼著，戚友譯：《從貝魯特到耶路撒冷》，時報文化出版企業有限公司，1998 年版，第 20—21 頁。

听到枪声”。[①] 尽管当地局势动荡不安，但对记者而言却意味着无尽的新闻来源。他发回大量有价值的新闻稿，并因此得到《纽约时报》的青睐。1982 年，他被《纽约时报》高薪挖走，成为该报常驻黎巴嫩特派记者，两年后转任该报驻以色列特派记者而常驻耶路撒冷。这使他打破了《纽约时报》“永远不许犹太人报道耶路撒冷消息”的内部不成文规定。

直至 1987 年底返回美国前，弗里德曼常驻中东近十年。“十年磨一剑”，他日后出版的专著《从贝鲁特到耶路撒冷》被公认为中东问题研究经典作品，不仅获美国国家图书奖，还被译为多种文字出版。多年来，他对中东问题的看法深刻影响了美国人对该问题的整体认知。德克萨斯州前州长安·理查德斯曾给予他很高评价，认为“弗里德曼用渊博的中东地区历史、政治、领导层和宗教知识深刻地影响了美国人对该地区事务的看法。在这方面，无人能出其右。”[②] 与此同时，弗里德曼在中东也声名鹊起，每次到访都能享有“摇滚明星般”待遇。《纽约时报》社论版前编辑、现专栏作家盖尔·柯林斯称“与托马斯在中东旅行就像与‘小甜甜’布莱尼一起逛商场那样幸福”。[③] 正是凭借中东问题报道，弗里德曼两获普利策奖，荣登个人事业的第一座高峰。

（四）全球化代言人

从中东回到美国后，弗里德曼开始攀登事业的第二高峰：深入思考和理解全球化。在先后担任《纽约时报》驻国务院和白宫通讯员及国际经济报道记者期间，全球化进程加速，世界经济结构发生深刻

① ［美］湯瑪斯·弗里曼著，戚友譯：《從貝魯特到耶路撒冷》，時報文化出版企業有限公司，1998 年版，第 22 頁。

② Beth Brophy, “The Journalist As Globalist”, Oct. 31, 2005, http: //www. usnews. com/usnews/articles/051031/31friedman. htm.

③ Beth Brophy, “The Journalist As Globalist”, Oct. 31, 2005, http: //www. usnews. com/usnews/articles/051031/31friedman. htm.

变化，逐渐形成生产和市场全球化、经济国际化的局面，各国相互依赖程度加深。记者的职业敏感和大量新闻素材让弗里德曼敏锐地捕捉到全球化和互联网对世界翻天覆地般的巨大影响，其关注视野也逐渐从微观的中东问题转向宏观的全球发展趋势问题，开始重点思考全球化问题。1995 年，他成为《纽约时报》创刊以来第五位外国事务专栏作家；1999 年，他出版以全球化为研究主题的第一本著作《凌志车和橄榄树》，该书被译为 27 种文字流传于世，弗里德曼凭此成为全球化问题专家。

2001 年"9·11"事件后，弗里德曼的注意力一度集中于西方与伊斯兰世界的冲突问题，其《经度和态度》一书就是他这一时期思考的成果。这一年，他也因深刻分析恐怖主义对世界的影响而第三次荣获普利策奖。与此同时，全球化依然是他关注的焦点。一次跟随《探索》频道赴印度班加罗尔录制节目时，当地一家软件公司的首席执行官形象地告诉他："当今世界竞技场已被夷为平地。"① 如此鲜活形象的语言激发了弗里德曼的灵感，他据此提炼出对全球化最直观的表述——"世界是平的"。紧接着，他以全球化为主题陆续出版了《世界是平的》（2005 年）、《世界又热又平又挤》（2008 年）两本著作。其中，《世界是平的》以丰富而生动的语言描述了全球化所带来的挑战和益处，曾连续 60 周高居《纽约时报》畅销书之列，2006 年和 2007 年又先后出版该书 2.0 版和 3.0 版。新书出版后，在世界范围内掀起一股股关注全球化的热浪，就连世界首富比尔·盖茨也赞誉该书是"所有决策者和企业员工的必读书"。

① ［美］托马斯·弗里德曼著，何帆等译：《世界是平的》，湖南科学技术出版社，2009 年版，第 6 页。

三、弗里德曼的思想探索

弗里德曼的研究涉及中东、全球化及其挑战、能源和气候变化、美国当下面临问题及未来发展方向等领域。其关注点的变化呈现出两个明显特征：一是与其工作变化轨迹相吻合，经历了从微观的中东问题到宏观的全球化问题，再回归到对美国自身的关注和思考的演变过程；二是其所思所想因源于日常新闻采访工作而与现实世界更为接近。其中，他的全球化思想格外引人注目，所提出的“世界是平的”但“又热又平又挤”几乎成为对全球化及其影响的最简洁表述。同时，身为忠诚的爱国者，尽管弗里德曼一度为全球化时代的到来和发展鼓与呼，但他始终未偏离全球化对美国产生何种影响这条研究主线，其对全球化的态度也大致经历了从乐观到失望的演变过程。一言以蔽之，他对全球化的深刻思考通过《凌志车与橄榄树》、《世界是平的》、《世界又热又平又挤》、《昨日辉煌：美国出了什么问题及如何回归》等著作系统地阐述给了读者。

（一）世界处于全球化进程中

在《凌志车与橄榄树》一书中，弗里德曼对全球化进行了初步探索，认为人类历经两波全球化浪潮。第一波全球化是19世纪中期到20世纪20年代末期，发生在主要工业国之间。其结果导致世界规模由“大”缩为“中”，但该进程被两次世界大战及冷战打断。冷战结束后，人类进入第二波全球化浪潮。其特点是科技不仅让传统民族国家和企业以前所未有的方法更深、更快、更便宜、更彻底地接触世界，而且让个人拥有了这种能力。世界规模进一步从“中”缩为

"小"，全球化是后冷战世界的典型特征。① 第二波全球化既拥有核心文化——美国化，这以苹果电脑和米老鼠等为代表；还拥有独一无二的科技特征——电脑化、微型化、数字化、卫星通信、光纤和互联网，这使得此波全球化因具有"整合"特点而区别于冷战时期的"分裂"特征。②

在研究中，他还发现一个奇特的现象：世界上任何两个拥有麦当劳的国家都未发生过战争，并据此提出"冲突预防黄金拱门理论"——若一国经济发展到其中产阶级规模足以支撑麦当劳营运网络的存在和持续运作，该国就成为"麦当劳国家"，其人民不喜欢战争，宁愿耐心排队买汉堡。③ 他虽然未完全排除两个都拥有麦当劳国家之间爆发战争的可能性，但认为全球化使世界经济加速整合，导致战争成本过于高昂，限制了国家发动战争的动机和能力，也为改变地缘政治提供了武力之外的新手段。④ 同时，弗里德曼认为此波全球化浪潮也造就了一个新时代，即以凌志汽车为代表的高科技和以橄榄树为代表的国家民族主义之间相互冲突与并存的时代。而美国作为全球化的最大受益者，有责任确保全球化能够持续发展。因此，管理全球化是美国无法回避的责任，也是其最大的国家利益所在。⑤ 他随即发出如下倡议：应发展以美国为中心且能够可持续化发展的全球化政治、全球化地缘经济及全球化地缘政治。⑥

（二）全球化推动世界变平

随着观察和思考逐步深入，弗里德曼在提出第二轮全球化具有

---

① Thomas L. Friedman, *The Lexus and the Olive Tree*, New York: Farrar, Straus and Giroux, 1999, pp. xiv – xvi.

② Ibid., p. 8.

③ Ibid., pp. 195 – 196.

④ Ibid., p. 204.

⑤ Ibid., p. 352.

⑥ Ibid., pp. 355 – 376.

“整合”特点的基础上，进而提出“世界是平的”著名论断，用以描述全球化的现状和未来发展趋势。首先，他放眼人类发展史，自我修正了“人类经历两波全球化浪潮”的观点，认为全球化其实经历过三个时代：1492 年持续到 1800 年的 1.0 版本，其动力是国家；1800 年前后到 2000 年的 2.0 版本，其动力是公司；从 2000 年开始的 3.0 版本，其动力则来自于个人。具体而言，3.0 版本将世界从“小”进一步缩至“微型”，把竞争夷为平地，而且为个人提供了在全球范围参与竞争与合作的机会，这是该版本独有的特征。[①] 他充满智慧地总结出“碾平世界的 10 大动力”，即柏林墙倒塌和微软操作系统出现；互联网世界的到来；大幅提高效率的工作流软件出现和应用；以社区开发软件、维基百科和博客为代表，每个人都能参与其中的“上传”活动；研发和生产的外包活动；将生产全部转移到另一地区和国家的离岸经营模式；全球供应链形成；以物流业巨头 UPS 为代表的内包运作模式；谷歌、雅虎和 MSN 提供的网络搜索服务；无线网和手机代表的数字移动技术。[②]

这十大动力又可细分为四大类：个人电脑的出现与普及；互联网和网络浏览器的出现及大规模应用；软件和传送协定革命使个人电脑和软件可协同工作；随着计划体制消亡和柏林墙倒塌，发展市场经济逐渐成为各国共识，人们开始把全球看作统一的市场、经济体和共同体，为全球采取共同标准铺平道路。这些因素使世界变得平坦，并形成一个无缝衔接及无障碍的全球市场。弗里德曼指出，世界变平的益处在于任何国家、地区甚至个人，只要具备一定条件就能有所作为；中国和印度在这方面堪称典范。

---

① ［美］托马斯·弗里德曼著，何帆等译：《世界是平的》，湖南科学技术出版社，2009 年版，第 8—9 页。

② 同上书，第 42—154 页。

（三）世界又热又平又挤

弗里德曼一度对全球化持乐观态度，突出表现在其对战争的认识上。他认为世界变平和全球供给链的形成将大幅降低传统地缘政治的威胁和战争爆发的风险。继“冲突预防黄金拱门理论”后，他在《世界是平的》一书中又提出“防范冲突的戴尔理论”，认为“平坦世界里的实时全球供给链成为地缘政治冒险主义的约束，这种约束比以麦当劳为标志的生活水平提高，对战争的约束更有力”，“全球供给链上的任何两个国家间绝不会爆发战争”。[①] 例如，中国大陆与台湾因形成供应链关系而难以轻起战端，中国与日本因紧密的双边经贸关系得以在亚洲共存。伊拉克、叙利亚、黎巴嫩、朝鲜、巴基斯坦、阿富汗和伊朗等国则因是非全球供给链的组成部分，可能在任何时间爆发战争并减缓或逆转世界的平坦化进程。[②]

有学者对弗里德曼这种乐观态度提出严厉批评，认为他是在刻意忽视全球化的负面效应。如，诺贝尔经济学奖得主约瑟夫·斯蒂格利茨虽认同《世界是平的》“是一部能让人以崭新方式审视世界的巨著”，但不同意其提出的任何有意愿之人“都能从全球化中获利”的观点。斯蒂格利茨曾明确指出，全球化并不意味着大家都能从中获利，甚至会为微软这种产业巨头从事全球垄断创造条件。全球化的固有特征之一就是强化发展中国家在国际舞台上的不平等地位，如美国通过国际谈判大力推动知识产权保护，其本质就是要求所有国家都遵循美国的专利保护法。这只能导致领先者更加领先，世界竞争舞台更加不平等。[③]

---

① ［美］托马斯·弗里德曼著，何帆等译：《世界是平的》，湖南科学技术出版社，2009 年版，第 470 页。

② 同上书，第 472 页。

③ Joseph E. Stiglitz，“Global Playing Field：More Level，but It Still Has Bumps”，*New York Times*，April 30，2005，http：//www. nytimes. com/2005/04/30/books/30stig. html? pagewanted = print&position = .

事实上，弗里德曼从未忽视全球化的负面效应，只是受“爱国情结”驱使，而把着眼点主要落在美国在全球化进程中会遭受何种冲击的问题上。一方面为回应批评者，另方面为继续深化自己的全球化思想，他在《世界是平的》升级版，特别是《世界又热又平又挤》[①] 中，以美国和当今世界面临的诸多挑战为主题，系统阐述了全球化的负面影响——又热、又平、又挤。概言之，“热”指全球变暖、冰川融化、海平面上升和自然灾害频发；“平”指一批新兴国家崛起，全球市场变平，中产阶级遍地开花，更多人尝试美式生活；“挤”则指人口快速膨胀。地球太热、太平、太挤“三合一”催生出“能源气候时代”，造成能源供应紧张、生态恶化、能源返贫现象加剧，石油专制被强化，气候变暖加速，地球变得更加危险不定。

（四）探索问题的根源

弗里德曼认为美国过度依赖石油是当今世界诸多问题的根源之一。他指出，美国过度依赖石油，不仅改变了全球气候，而且通过四种途径改变着国际体系。首先，美国被迫纵容反现代化、反西方文化、反妇女权利和多元化的伊斯兰激进组织存在，它们都因或明或暗受到沙特王室支持而长久生存。因依赖石油，美国政府不得不接受沙特王室的为所欲为。其次，助长了俄罗斯、拉美及其他地区的反民主势力。这些石油储量丰富的国家以石油为武器，反对并打击民主势力。他据此总结出“石油政治第一法则”：石油价格上升，自由化速度放缓；石油价格下降，自由化速度提速。第三，在全球范围内引发能源争夺和众多糟糕的国际问题。第四，美国大量购买中东石油，给反恐战争双方都提供了资金。由此，恐怖主义泛滥与美国对石油的依赖密切相关。美国为了石油不得不扶持沙特王室，但沙特王室为维护统治地位，利用其强大财力在伊斯兰世界推行保守思想，导致伊斯兰

① ［美］托马斯·弗里德曼著，王玮沁等译：《世界又热又平又挤》，湖南科学技术出版社，2009 年版。

文明无法有效适应现代化进程，并且催生恐怖主义及与西方对立情绪。受此影响，激进保守的"沙漠伊斯兰教"逐渐战胜适应现代化的"都市伊斯兰教"。

该如何解决这些问题呢？弗里德曼还开出了"药方"：大力发展可再生能源，降低全球石油需求量；迫使产油国推进国内经济多元化，促动国内人民以更具创新性的方式合作，最终给世界带来更好的政治环境。[①] 而针对美国，他则开出"大力推行绿色发展模式"的"良药"。弗里德曼认为世界已发展至一个转折点，能源匮乏、石油专制、气候变化及生物多样性丧失等问题极为严峻。[②] 人类若不立即有所作为，未来就得付出惨重代价。美国以传统能源为支撑点的发展模式弊端过多。若全世界都过上美国式生活，将给气候和生物多样性带来灾难性后果。[③] 有鉴于此，美国应成为"绿色美国"，启动划时代的"绿能革命"，将绿色能源作为经济的又一增长点，确立以绿色能源为代表、引领世界未来方向的新发展模式，将危机转化为无限商机。

弗里德曼特别强调，"绿色"不仅仅是简单获取电力的新方式，更是美国在"9·11"事件后因反恐战争重新获取国家力量和塑造道德权威的新途径。为此，美国政府应培养国人形成自觉、自愿和自律的"环保道德"，[④] 大力发展清洁电能和以智能电网技术为基础的能源互联网，提高能源利用率和资源生产力等，充分发挥有形之手的调控作用，并通过推出严格的环保法规、征收环保税、扶持环保产业等多种方式实现绿色革命。

---

① [美] 托马斯·弗里德曼著，王玮沁等译：《世界又热又平又挤》，湖南科学技术出版社，2009 年版，第 72—107 页。

② [美] 托马斯·弗里德曼著，王玮沁等译：《世界又热又平又挤》，湖南科学技术出版社，2009 年版，第 165 页。

③ 同上书，第 71 页。

④ 同上书，第 185 页。

（五）指明美国的发展方向

美国在“9·11”事件后以“反恐”为名，先后发动阿富汗和伊拉克两场战争。战争久拖不决及师出无名的伊拉克战争使美国国力和国际形象同时受损。而2008年爆发的金融危机不仅伤及美国自身，危机还扩散至全球。美国国内，失业率居高不下，经济复苏乏力，加之内政极化、两党恶斗不止，以致今日之美国已非昨日之美国。对国家前途无限担忧的弗里德曼长久思索着“美国应何去何从”这一重大问题。他清醒而痛苦地认识到，在后“9·11”时代，美国不仅正失去拥抱世界的本能，还从一个给人们带去希望的国度沦为一个输出恐惧的国度。[①]

弗里德曼与好友美国知名自由派学者迈克尔·曼德尔鲍姆一直保持着深入讨论外交事务和美国外交政策的习惯。近年来，两人发现讨论的议题虽仍旧始于外交政策，却总是终于国内政策问题。他们认为，美国在当今世界上扮演着重要且多半是建设性的角色，这依赖于美国社会、政治和经济的健康与稳定。然而，现实中的美国无论是经济还是政治领域都处于“不健康”状态，[②] 这令对美国未来充满乐观的两位好友也被迫成为“受挫的乐观主义者”。[③] 他们认识到，美国如何适应全球化、如何应对信息革命、如何处理日益恶化的财政赤字状况、如何处理日益增长的能源消费需求和恶化的气候状况这四大挑战将决定国家未来。[④] 而美国也未能像以往一样及时更新昔日保其“伟大”的五大要素：教育、基础设施、科研和发展以及适宜的规章制度。他们虽然无奈地慨叹当代美国人“是在暴风雨来临前拒绝雨

① ［美］托马斯·弗里德曼著，王玮沁等译：《世界又热又平又挤》，湖南科学技术出版社，2009年版，第7页。

② Thomas L. Friedman & Michael Mandelbaum, *That Used To Be Us: What Went Wrong with America and How It Can Come Back*, London: Little, Brown, 2011, p. xi.

③ Ibid., p. 7.

④ Ibid., p. 18.

伞的一代人”,[①] 但作为乐观主义者，仍建议美国人不要因此低估美国实力和影响力，因为“一个被强大的美国所塑造的世界尽管不完美，但无法被他者取代”,[②] 只要大力发展教育、鼓励创新、改革移民政策、实现规章制度的与时俱进，美国就能重现昨日辉煌。[③]

四、弗里德曼与中国

弗里德曼非常关注中国，1990 年起就常到中国采访。他在中国结交了一批朋友，目睹了中国民众日常生活发生的巨变。这为他客观而冷静地认识与分析中国提供了一手材料。他赞赏中国能够融入全球化并充分利用由此带来的各种机遇，同时亦担忧中国崛起给美国带来负面影响，呼吁美国积极应对这一“挑战”。

（一）中国是世界变平的因素之一

弗里德曼认为在全球化浪潮中，中国对外打开大门，不再自闭于世界，利用全球化浪潮获得迅速发展机会，进而成为世界变平的重要推动因素之一。而中国目前所取得成就均得益于高效的中央集权管理体系。这种体系可强行压抑各种利益之间的争斗和无政府行为，为国家政策做出统一部署，不管是从计划经济转向市场经济，还是加入世界贸易组织。在中国，政府决策效率高，领导人能够克服官僚主义障碍，彻底变革价格水平、规章制度、标准、教育、基础设施，以维护

---

① Thomas L. Friedman & Michael Mandelbaum, *That Used To Be Us: What Went Wrong with America and How It Can Come Back*, London: Little, Brown, 2011, p. 218.

② Ibid., p. 351.

③ Ibid., pp. 355 – 356.

国家长期战略发展利益。[①] 弗里德曼承认这种决策效率在欧美国家很难实现，恐怕要花几年甚至几十年时间。尽管他认为美国不应该、也不必、更不应希望“做一天中国”，[②] 但针对诸多美国政策“难产”情形，还是不由自主地发出希望美国“只做一天中国”的感慨。当然，作为对美式价值观颇为自豪的爱国者，弗里德曼也表示尽管中国在经济领域取得很大成就，但仍需推进政治体制改革。

（二）中国崛起是美国的“挑战”

随着中国快速崛起，弗里德曼开始担心中国将给美国人的工资和福利带来负面影响。他看到，中国作为全球化的主要受益者之一，正在教育、基础设施建设和新能源产业等方面快速追赶美国，而美国在这些方面却无多大进展。面对这种状态，他指出，中国的快速发展将导致世界能源供应紧张，美国需要发展“生态绿色主义”，施行“绿色新政”。全球环境的未来很大程度上将取决于中美合作，两国是否能联手应对气候变化问题令人质疑。为保证中国继续走绿色之路，美国应走在前面做出表率。

弗里德曼认定，中国的真正战略是“赶超欧美国家”，历史将见证中国经历“中国销售”—“中国制造”—“中国设计”—“中国梦想”的全过程。[③] 中国不仅想变得更富有，而且想变得更强大；不仅想学会制造通用汽车，还想成为另一个“通用汽车公司”，然后把竞争对手赶走。[④] 但是，他也冷静地表示，中国经济已和发达国家紧密地联系在一起，试图通过保护主义切断这种联系的做法将导致经济

---

① ［美］托马斯·弗里德曼著，王玮沁等译：《世界又热又平又挤》，湖南科学技术出版社，2009 年版，第 355 页。

② ［美］托马斯·弗里德曼著，王玮沁等译：《世界又热又平又挤》，湖南科学技术出版社，2009 年版，第 376 页。

③ ［美］托马斯·弗里德曼著，何帆等译：《世界是平的》，湖南科学技术出版社，2009 年版，第 111 页。

④ 同上书，第 349 页。

和地缘政治混乱，甚至给全球经济带来毁灭性打击。他据此向美欧建议，若想继续从中获益，就应该跟中国这头雄狮跑得一样快。[①]

2008年金融危机爆发以来，弗里德曼对中国的担忧有增无减。他把中国与上世纪80年代的日本对美国之影响进行比较，认为日本当时只在汽车和消费电子领域对美国构成威胁，也仅对底特律一座城市构成威胁，但今日之中国却对美国所有产业、所有城镇构成“全方位威胁”。日本只是美国在冷战期间经历的一次“龙卷风”，而中国和全球化则是美国在后冷战世界将不得不长期经历的破坏力最强之“五级飓风”。[②] 作为对美国前途充满信心的乐观主义者，他坚定认为，面对中国的发展势头，美国没必要“效仿中国”，中国的命运也无法决定美国的前途，而美国需要做的只是重新发现自我。[③]

① ［美］托马斯·弗里德曼著，何帆等译：《世界是平的》，湖南科学技术出版社，2009年版，第116页。

② Thomas L. Friedman & Michael Mandelbaum, *That Used To Be Us: What Went Wrong with America and How It Can Come Back*, London: Little, Brown, 2011, p. 13.

③ Ibid., p. 356.

“新自由主义”引领者阿尔·戈尔*

阿尔·戈尔是当代美国民主党内有重要影响的思想家、政治家和活动家之一，在连任克林顿政府副总统8年期间，成为上世纪90年代美国经济社会发展“黄金期”的主要缔造者之一。卸任后，他仍在民主党内和美国政坛拥有重要影响力，其许多思想主张都成为民主党和奥巴马政府内外战略的重要内容。

一、重量级民主党思想家与政治活动家

阿尔·戈尔（Al Gore）于1948年3月31日生于首都华盛顿的政治世家，其父老戈尔长期代表田纳西州出任联邦参议员，其母是美国历史上最早获得神学研究生学位的女性之一。戈尔信奉基督教新教，1969年毕业于哈佛大学。1970年涉足政坛后一帆风顺，1976年在田纳西州当选联邦众议员，连任8年后当选联邦参议员。1992年

* 付宇，中国现代国际关系研究院世界政治研究所副研究员。

作为克林顿搭档当选副总统，并连任8年。在任期间，他全力推动经济增长与转型，为美国经济赢得近10年的“黄金增长期”。2000年在总统大选中，他以微弱劣势输给小布什，成为美国历史上第四个赢得普选票却输掉选举人票的总统侯选人。

戈尔的政治生涯始于越战。在哈佛期间，尽管戈尔积极参加各种反战运动，但他毕业后还是选择入伍参战。对此，戈尔后来承认，尽管不支持政府陷入越战，但为了帮助父亲老戈尔竞选连任参议员，他不得不在入伍一事上向父亲做出妥协。虽然如此，老戈尔后来还是在竞选中落败。1969年8月，当刚跨出校门即披上戎装的戈尔返回哈佛向老师们告别，却发现同他一道参加反战运动的同学们明显疏远了他。戈尔后来在回议录中写道：“我清楚地感觉到他们对我的决定的反感、厌恶甚至是憎恨。”①

戈尔的越战生涯比绝大多数同龄人要幸运得多。由于受到多方关照，在接受两个月军事训练后，他就被派往阿拉巴马州军营任记者。因其文笔出色，他在1970年4月被评为所在军营的“月度优秀士兵”。直到1971年1月，戈尔才前往越南服役，成为1969届哈佛毕业生中少数几个应征前往越南的人。在越南仅待了4个月，戈尔就于1971年5月返回美国。虽然如此，戈尔在日后的演讲和著作中还是多次提到这段越战经历，并引以为豪。他写道：“我并不是越战中做得最多的人，也不是面临最多危险的人，但我将终生以我在越南的经历为荣”，尽管“我不会改变自己的反战态度，然而我却因为这些经历意识到美国的反战者并未真正理解南越人民对自由的渴望。当我在洗衣店、餐馆中碰到那些南越人时，他们的表现令我至今难忘。”②

---

① Melinda Henneberger, “On Campus Torn by 60's, Agonizing Over the Path”, *New York Times*, June 21, 2000, http://www.nytimes.com/library/politics/camp/062100wh-gore.html.

② Kevin Sack, “The 2000 Campaign: The Vice President Gore Tells Fellow Veterans He Is Dedicated to Military”, *New York Times*, August 23, 2000, http://www.nytimes.com/2000/08/23/us/2000-campaign-vice-president-gore-tells-fellow-veterans-he-dedicated-military.html.

返回美国后，戈尔拒绝了父母让其重回哈佛法学院深造的计划，设法获得洛克菲罗基金会的奖学金资助，进入一所神学院进修。戈尔后来在回议录中写道，他做出这样的决定是为了“更深入地探索人类精神世界的问题，特别是如何面对那些严重动摇我宗教信仰的社会不公问题。”① 这一时期，由于老戈尔在竞选连任中失败，戈尔也陷入人生第一个低潮期。他开始在业余时间频繁参与田纳西当地的青年运动，并自愿担任一家左翼自由派杂志的记者，专门负责调查和报道当地政府部门的腐败问题。他的一篇揭露当地政府在地铁招标中腐败问题的报道，还导致两名主责官员银铛入狱。

1974 年，在父母劝说和压力下，戈尔进入田纳西当地一所法学院学习，并立志毕业后成为律师，因为“律师比记者更能影响和改变美国社会”。② 戈尔并未完成法学院的学业，1976 年听从父母意见而决定子承父业，代替父亲参加国会选举，因为他健康清新的形象“更有利于击败共和党竞争对手”。对于这一决定，戈尔日后回忆，他也没有想到自己会做出这样的大胆决定，“从一开始我就决心不让父亲参加我的竞选，因为我要做我自己，而不是父亲操控下的竞选者。”③ 得知戈尔的决定后，戈尔妻子蒂珀（Tipper）也暂停攻读硕士学位，全身心地支持丈夫竞选。

1976 年，年仅 28 岁的戈尔在竞选中以 3% 的微弱优势击败共和党竞争对手，成为当时田纳西州在众议院最年轻的众议员。随后，他在 1978、1980、1982 年连续以逾 70% 的支持率胜选连任，成为当时民主党中最耀眼的政治新人。1984 年，共和党联邦参议院领袖霍华

---

① Julie Leiblich, “*On the Question of Faith: Born Again Gore Takes Open Minded Tack*”, Associated Press, Eugene Register-Guard, p. 3A.

② “Biography: Gore's road from Tennessee to the White House”, http://www.cnn.com/ALLPOLITICS/stories/1999/06/16/president.2000/gore.biography/.

③ Senate Historical Office, “Albert A. Gore, Jr., 45th Vice President (1993 - 2001)”, http://www.senate.gov/artandhistory/historycommon/generic/VP_Albert_Gore.htm.

德·贝克退休留下席位空缺，民主党推选戈尔出马。戈尔不负众望，成功当选联邦参议员。

在整个20世纪80年代，戈尔成为联邦参议院内最活跃的民主党人。他身兼能源和商业委员会、科技委员会成员，后出任这两个委员会主席，也曾为国土安全与政府事务、规则与政府行政、武装力量事务委员会成员。在参议院，他负责召开国会首次关于气候变化和全球变暖问题的听证会，并召集来自42个国家立法部门代表，共同拟定应对气候变化的全球“马歇尔计划”。

正当戈尔自身事业风生水起之时，民主党却在大选中接连受挫，1984年里根又在大选中获胜。作为民主党内青年才俊，戈尔率先与党内其他青年人共同反思民主党的政纲，吸收、借鉴了“里根主义”思想中的许多重要元素，被许多共和党人称为“温和自由派”。如在国内事务上，他明确反对堕胎和枪支买卖自由，反对在社会事务上过度多元化；在国际事务上，则赞成里根政府以实力为基础的对苏强硬战略，并投票支持第一次海湾战争。

1988年，年仅40岁的戈尔被推荐参加民主党总统候选人初选，成为当时最年轻的总统选举参选人。初选中，戈尔赢得12个南方州中的7个，在所有民主党参选人中名列第三。尽管最终未能获得党内提名，戈尔却充分展现了在南方各州中拥有的良好声誉，而这恰恰是当时的民主党所缺乏的。这时，凭借良好形象和温和的政治立场，他已经成为民主党的“未来之星”。

戈尔本来很可能成为1992年大选民主党总统候选人，但一场车祸却改变了他的生活轨迹。1989年4月3日，戈尔与爱子阿尔伯特参加完一场棒球比赛后突遭车祸，只有6岁的儿子身受重伤。这使戈尔身心遭受巨大打击，他在回忆录中称：“阿尔伯特被撞击力抛出30英尺远，当我跑向他身边时，他已经不能动弹，脸色变得苍白。”①

① Karen Tumulty，“Democratic Convention：The Women Who Made Al Gore”，*Time*，August 21，2000，http：//www.time.com/time/printout/0，8816，997752，00.html.

随后一个月内，戈尔停了一切活动闭门不出，深深地自责未能避免车祸。他写道，这件事“对我犹如一场脱胎换骨式的重生，使我深深地感觉到自己未能尽到一个父亲的责任。”[①] 1991 年 8 月，被许多人看好的戈尔突然宣布不参加1992 年总统大选：“我当然希望自己成为总统……但我也是一位父亲。我不能为了总统大选而再次放弃对家庭应尽的义务”[②]。

1992 年总统大选中，戈尔本打算拒绝克林顿要其做参选搭档的邀请，但出于反对老布什政府的全球变暖、医改等政策考虑，最终决定接受。对此，《纽约时报》评论克林顿—戈尔组合为“美国历史上最年轻的正、副总统搭档”，因为当时两人分别只有 45 岁和 44 岁。克林顿当选总统后，戈尔成为美国冷战结束后最有作为的副总统之一，参与并主持制定了这一时期美国内外几乎所有重要的大政方针，美国媒体也将戈尔称为克林顿的“首席顾问和最重要的搭档”。在对外事务上，戈尔主张削减美国冷战时期庞大的外交和军费开支，有选择性地承担国际责任，并推动全面削减海外驻军规模。在对内政策上，他主张将主要精力放在发展经济上，通过推动经济转型刺激经济增长、维持美国主导地位；首先提出大力发展知识经济，以实现经济长期稳定增长。

根据戈尔的主张，美国政府开始在全美加快推进建立信息高速公路。1993 年，戈尔主持制定了美国第一份信息高速公路建设行动规划，强调以建设光导通讯网等基础设施为抓手，构建知识经济赖以发展的“硬实力”支撑。同时，他强调大力夯实美国向知识经济转型的“软基础”，主张改革教育科研制度，重点资助中小企业和青年研究人员创业；大力开发信息网络、新能源等新技术，加大对互联网研

---

① Karen Tumulty, “Democratic Convention: The Women Who Made Al Gore”, *Time*, August 21, 2000, http://www.time.com/time/printout/0, 8816, 997752, 00.html.

② Gwen Ifill, “Gore Won't Run for President in 1992”, *New York Times*, August 22, 1991, http://www.nytimes.com/1991/08/22/us/gore-won-t-run-for-president-in-1992.html.

究和教育软件研发的投入；发展电子商务和远程教育体系，提高美国经济的全球竞争力。从整体看，戈尔领衔主导实施的经济战略调整，适应了冷战后美国社会、经济发展模式的转型，推动经济迅速转型：从冷战时期军工拉动为主的模式，转向知识经济引领的新模式，美国经济也由此实现长达十年的高速稳定增长。

2000年的总统大选是美国历史上最具戏剧性的一次大选，戈尔的政治道路也因此生变。作为民主党候选人，戈尔始终在民意支持率上领先共和党对手小布什。但大选投票日，佛罗里达州出现"计票风波"。最终，最高法院叫停重新计票程序，在大法官投票出现4：4平局情况下，首席大法官伦杰奎特投票支持小布什，使小布什得以当选美国总统。

落选后，戈尔成为名副其实的社会活动家，不但活跃于学界，当过哥伦比亚大学、洛杉矶加利福尼亚大学、费斯克大学和田纳西中部州立大学讲座教授，还积极参加各种政治和社会活动。2004年，他与克林顿、卡特等民主党内重量级人物共同为本党总统候选人克里参议员助选。2005年9月卡特里娜飓风过后，他租用两架飞机，从新奥尔良灾区撤出受困的270名平民，赢得广泛社会赞誉。2006年，戈尔推出亲自参与制作和演出的纪录片《难以忽视的真相》，描述工业化对全球气候变暖和人类生存的负面影响。此片在西方国家引起巨大反响，并赢得第79届奥斯卡金像奖最佳纪录片、最佳电影歌曲奖。此后，戈尔于2007年7月7日举办"Live Earth 全球抗暖化明星接力演唱会"，深获好评。因在应对气候变化问题上做出杰出贡献，戈尔与联合国政府间气候变化专门委员会共获2007年度诺贝尔和平奖。

在作为政治家实践着新自由主义思想的同时，戈尔也不断提出并完善其思想理论。他的著作《平衡中的地球：生态与人类精神》和《不愿面对的真相》是美国最早系统探讨"绿色政治"的专著，分别被《纽约时报》评为1992年和2006年"全美最畅销书籍"。2007年，他出版《对理性的攻击》一书，系统剖析布什当政以来的美国内外政治，并在此基础上提出系统的政策主张。2008年，戈尔新著

《复兴之路》问世，着重探讨了在全球性问题日益突显的世界上，美国应如何承担领导世界的责任。

目前，戈尔是美国潮流电视台（Current TV）公司主席、世代投资管理合伙公司（Generation Investment Management，LLP）主席、苹果公司董事会成员、Google 高级管理层非官方顾问及美国“保护气候联盟”（Alliance for Climate Protection）创始人兼主席。近期，他还加入 KPCB（Klein Perkins Caufield&Byers）风险投资公司，负责领导公司的气候变化应对小组。在 2012 年总统大选中，戈尔作为资深民主党人积极为奥巴马连任助选，鼓励选民继续支持民主党的改革政策，号召美国民众“向前看”；批评共和党总统候选人罗姆尼在美国社会经济领域上的保守态度，认为其政策主张只会使美国“重回老路，陷入更大停滞”。

二、新自由主义思想体系

戈尔属于民主党温和派，其思想体系既吸收了新保守主义对自由主义阵营的批评意见，又结合美国当前面临的内外问题，进一步发展了传统自由主义思想，对民主党特别是奥巴马政府的内外政策制定也有较大影响力。

（一）理性的多元文化主义

多元文化主义作为20 世纪60 年代黑人民权运动的产物，是新自由主义思想中的重要理念。它要求承认所有政治、社会和文化群体之间的平等地位，反对新保守主义倡导的给予新教文化和所谓的“传统价值观”以高于他者的特殊地位。戈尔在坚持多元文化主义的同时，也赞同新保守主义对其部分批评，承认一些“不健康的文化价值观”给美国社会带来了负面影响。但他理性地指出，应在承认个人自由的基础上，通过个人的理性选择和社会理性规劝（而非强制性的行政手段）解决这些问题。2008 年，他在所属的潮流电视台节目中公开批评小布什政府出台"禁止同性婚姻"的法令，认为这一问题更多涉及道德和个人选择问题，而不应简单地用行政和法律手段解决。

作为在少数族裔和各种弱势群体中拥有很高声望的政治家，戈尔曾选择犹太裔参议员利伯曼任其竞选搭档，主张政府应允许多元思想观念和文化在法律允许的框架内自由辩论，因为这种竞争是美国社会赖以进步的重要源泉。他认为，近 30 年来因电视广泛普及、各种大众媒体不断塑造普通市民的观念，美国民众日益丧失独立判断的能力和意志，对盎格鲁—萨克逊以外的文化越来越缺少包容，这将严重损害美国民主体制运行的质量。[①]

在此情况下，戈尔对互联网自由寄予很大希望，也因此成为美国最早促推互联网自由的政治家之一。在他看来，互联网自由普及，将使各种不同观点得到充分表达和碰撞，强化市民社会对政府的监督并提高美国民主体制运行的效能。2005 年，凭借过去 30 年推动普及互联网自由所做出的重要贡献，戈尔赢得素有"互联网奥斯卡"之称的"威比奖"（Webby Awards）评审委员会颁发的终身成就奖。戈尔发表获奖感言时表示，美国民主的未来依赖于互联网自由的拓展，因为它将使"美国社会真正成为能够包容各种观点和文化的大熔炉"。

（二）必要的政府干预主义

戈尔继承了传统的左翼自由主义思想，强调自由市场可能加剧社会内部不公，政府有必要干预市场运行，以使所有人都能得到应有的发展机会，并享受到足够的社会福利，防止贫富分化。他反对只把政府当作"被动应对问题的'守夜人'"的新保守主义观念，倡导政府

---

① Al Gore, *The Assault on Reason*, Penguin Press, 2007, p. 270.

更积极地承担社会责任，如制定更多保障黑人等少数族群权利的法规。他特别指出，近二、三十年以来，美国社会贫富差距明显拉大，以大型军工企业为代表的大公司通过向政治力量支付巨额捐款，大幅提升了在政治生活中的影响力。这种富人集团依靠财富取得政治影响力的趋势，容易使政治精英与富人集团结成既得利益集团，进而损害民主制度。鉴此，政府应加强对私人或私营机构政治捐款的管制。他提出具体措施：一是实施更积极的医疗政策改革。推进医疗改革、使更多下层民众享受医疗保障是戈尔最重要的政策主张，他不仅将此作为2000年大选的重要政纲，也推动民主党分别在2004年、2008年两次大选中将此列为竞选主要议题。戈尔认为，面对美国社会日益加剧的贫富分化，有必要进一步扩大医疗补贴范围，并使尽可能多的普通民众受益。他指出，由于过分看重市场调节作用，美国长期以来实行一种“公私混合的医保体系”，这种体系仅向65以上老人、收入低于最低贫困线以及某些重度终身残疾人提供医保，其余人都必须购买私营保险公司的医疗保险，产生了大批难以享受任何医疗保险的民众。他们既“不够穷”，也“不够老”，但任何大的经济和社会波动都足以使他们沦为入不敷出的“贫民”。[①] 解决这一问题的重要途径就是逐步实现“全民医保”，而这只能通过增加对富人征税才能实现。二是税收政策改革的重点应是减少中产阶级负担。戈尔倡导进一步减轻美国民众的税收负担，主张主要通过减少对中产阶级征税来实现。他明确提出实行“新民主党”税收理念，即继续减轻蓝领工人负担为重点，同时重点帮助中产阶级家庭提高收入和生活水平。他认为，政府的税收政策改革应增加对富人和跨国大公司课税，利用增加的税收进一步强化社会福利保障体系，特别是其对弱势家庭和中产阶级的保障，实现社会财富的二次分配。三是政府干预应同私人投资有

① Drummond Ayres, Jr.,“Political Briefing: Gore Is Followed By AIDS Protesters”, *New York Time*, July 2, 1999, http://www.nytimes.com/1999/07/02/us/political-briefing-gore-is-followed-by-aids-protesters.html.

机结合起来。一方面，戈尔主张继续扩大和完善政府干预经济社会发展，推动金融体制改革和产业结构调整，为未来经济发展提供良好的外部环境。另一方面，他也吸收新保守主义的部分理念，强调政府干预应主要起催化剂作用，而非直接介入和从事社会经济领域的工作。他认为，环保产业和知识经济创新是经济发展的希望所在，但这些领域的进步难以通过政府直接干预实现，应不断发挥中小企业和私人投资的创新作用。政府的角色主要是为私人投资和中小企业提供稳定的金融和财政支持。

（三）以权力为基础的新自由国际主义

戈尔秉承自由主义思想的核心并加以发展，站在批评新保守主义“仁慈的霸权主义”立场上，主张推行新自由国际主义对外战略。他强调美国应在“全球化、民主、美国的突出地位、集体解决问题”四大支柱下，维护和拓展在全球的安全与经济利益，并为此提出五大主张：

第一，有效、有节制地使用美国力量，反对新保守主义的对外过度扩张政策。尽管曾投票支持1991年伊拉克战争，但他对小布什政府以反恐为名于2003年发动以推翻萨达姆政权为目标的战争持坚决反对态度。2002年底，戈尔在一次演讲中表示：“虽然在1991年我是参议院中不多的支持海湾战争的民主党人之一，但目前伊拉克的形势与当时存在天壤之别。那时，伊拉克军队跨过国际边境，公然吞并了一个主权国家。而现在的中东，并不存在这样的严重状况。”[①] 他尖锐地指出，借口反恐过分扩大美国在中东的军事行动，将不可避免地过度透支美国的国家力量，“美国决不能把应对‘9·11’作为过度扩张的理由”。[②] 在《对理性的攻击》一书中，他则表示，新保守

① Speech given by Al Gore, “Iraq and the War on Terrorism”, http://www.commonwealthclub.org/archive/02/02-09gore-speech.html.

② Ibid.

主义者有意将美国对外扩张与基督教中的“天定命运”概念联系起来，给美国对外政策涂上浓厚的宗教色彩。这样做只能压制国内围绕对外政策走向的争论，并将美国带入更大的战略困境。

第二，在保持强大军事、政治实力的前提下，加强借重国际机制。一方面，戈尔强调美国继续“合理”增加军费开支，利用在信息通讯等领域的优势，加快在高技术基础上的军事革命，维持美国政治、军事优势。另一方面，他指出，任何霸权国的优势都必然随时间推移而损耗，难以长期维持。要长期维持则必须依赖国际机制，因为国际机制大多有利于国际体系的主导国家。即使将来美国权力受到削弱，也仍可依赖国际机制维持其在国际体系中的优势地位。为此，戈尔主张协调美国领导地位与盟国伙伴作用的关系，在国际关系中形成“以美国为主导的合作机制”和“盟国的集体参与”，甚至认为北约东扩应适时纳入俄罗斯。他对小布什政府任内美俄关系日益趋冷忧心忡忡，主张加强美俄关系并促推俄罗斯加快改革与核安全步伐。他呼吁政府在部署导弹防御系统问题上持“谨慎”态度，认为其目标应限定于朝鲜、伊朗等“无赖政权”，反对因此过分刺激俄罗斯；建议逐步削减美国核武库，并与俄罗斯加强在核军控问题上的磋商合作。此外，他强调在东亚逐步形成以美国为核心的同盟体系，以美日、美澳、美韩同盟为支柱，在东亚形成新多边框架，以“巧实力”维护美区域主导权。

第三，实行“前瞻性接触”外交，与大国合作应对气候变化、人道主义灾难等非传统安全挑战。对美国而言，全球气候异常不仅带来巨大危机，也提供了一个引领“绿色政治”、帮助世界摆脱环境灾难和重塑美国道德权威的机会。戈尔认为，美国应积极在温室气体减排谈判中做出表率。全球性环境污染与气候变暖已经成为国际社会面对的真正“战略性威胁”，他建议美、欧、亚加强合作，共同开发和使用环保技术；富国应承担更多国际责任，在资金和技术转移上向发展中国家提供更多帮助。2007 年，戈尔宣布将所获诺贝尔奖金全部捐献给“保护气候联盟”，并在声明中表示：“气候危机是一场整个人类面对的巨大挑战，但这也是将人类的全球意识提升到一个新境界的重要契机。”[①] 在2011年巴厘岛联合国气候变化大会上，戈尔成为美国非政府环保组织头号代言人。他公开抨击小布什政府的温室气体排放政策，明确提出美国政府应全面推动国内经济增长转型，建议最迟至2020年前将全美电能生产主要能源转化为风能和太阳能，以树立美国在国际合作中的领导地位。

第四，重视“软实力”作用。戈尔认为，国际政治虽然是各大国间围绕权力的博弈，但权力概念既包括物质层面因素，更包括道德权威等因素。而全球化正在改变国际秩序，使硬实力的作用相对下降，各国围绕软实力的竞争将更加激烈。新保守主义痴迷军事实力，只会导致美国对外政策的失误，引起他国更大反感。鉴此，美国应反对盲目使用武力，停止在反恐战争中虐待战俘和单边主义做法。戈尔多次表示，小布什政府大规模虐待阿富汗和伊拉克战俘，不符合美国对外战略长期恪守的价值观标准。他还公开批评小布什政府借口维护国土安全，大规模监控、窃听民众电话，认为这样做已“严重损害了美国政府的形象和公信力”。[②]

第五，美国既要强调扩展自由主义价值观是重要的对外战略目标，又应强调民主化是长期的历史过程。戈尔主张美国着力创建有益于扩展自由主义价值观的国际环境，逐步推动更多国家实行自由、民主的政治制度。相反，他认为通过使用武力等简单强制手段在世界范围内扩展民主的做法，将难以取得预期成果。美国应将传播西方民主政治和法治观念作为对外援助的先决条件，利用联合国等多边框架扩大美国价值观的影响。为此，戈尔主张美国尽快支付长期拖欠的联合国会费，强化对联合国事务的参与，特别是参与联合国人道主义干预

① Al, Gore, “Nobel Prize Acceptance Speech”, http://blog.algore.com/2007/12/nobel_prize_acceptance_speech.html.

② “Transcript: Former Vice President Gore's Speech on Constitutional Issues”, *Washington Post*, January 16, 2006, http://www.washingtonpost.com/wp-dyn/content/article/2006/01/16/AR2006011600779.html.

行动。他特别重视非政府组织和网络新媒体的传播动员作用，认为这将从根本上改变国际社会的政治生态，从而进一步强化自由主义价值观的扩展。

三、“可以塑造的中国”

作为自由国际主义的代表人物，戈尔对中国的看法总体上比较积极。他曾多次访华，主张一个强大、繁荣和开放的中国符合美国利益，美国应采取积极广泛的对华“接触”政策；认为那种将中国看成是美国现实或未来的敌人、有意孤立和妖魔化中国的做法是错误的，也不符合美国及国际社会的长远利益。

由于对华态度相对友好，戈尔曾无端遭到国内保守派猜忌。在1996年大选中，《华盛顿邮报》公开质疑中国驻美国大使馆向民主党竞选团队提供政治捐款。尽管此事后来被证明是空穴来风，但还是一度导致克林顿与戈尔的支持率大幅下滑。

2000年卸任副总统后，戈尔仍然高度关注中美关系的发展，并长期担任中美清洁能源务实合作战略论坛代表，其“中国观”在很大程度上代表了当前民主党内对华政策的主流观点。总体而言，他对华看法主要包括：其一，认为伴随经济迅猛发展，中国在美国对外战略中的分量正日益上升。戈尔指出，美国在诸多地区及国际事务中对中国的借重将不断加大，美中在反恐、贸易、环保、打击跨国犯罪、能源开发和可持续发展等领域具有巨大合作潜力，双方共同利益远大于分歧。未来，美中应积极致力于建立“健康、稳定的建设性合作关系”。

其二，中国正处在迅速发展的过渡阶段，随着经济社会改革不断深入，有可能接受更多的西方价值理念，从而全面融入西方主导下的国际体系。一方面，美国应积极推动与中国在政治、经济、社会、文化、军事等领域的交往，鼓励中国在进一步对外开放的同时，积极推动各领域改革。另一方面，戈尔也鼓吹通过施压和渗透等“强有力”手段，让中国“遵守承诺”，按所谓“国际规则”办事。在人权、西藏、宗教、经贸等“关键分歧领域”迫使中国做出让步，并通过非政府组织和信息网络推动中国国内自由民主价值观与公民社会的拓展。

其三，美国应继续坚持“一个中国”原则，支持台湾海峡两岸通过和平方式解决争端，维护地区及国际安全稳定。戈尔指出，台湾问题在美中关系中占有重要位置，提醒美国小心谨慎处理，防止因此损害美中关系大局。同时，他表示应继续履行《与台湾关系法》中规定的对台“防御义务”，赞同在适当条件下向台湾出售新式武器、维护台海两岸力量平衡，并鼓励两岸加强对话磋商。他主张对台海两岸都保持“压力”，实施对台政策上的“模糊”战略，既防止岛内台独势力铤而走险、滥用美国支持，又阻止大陆“激进和强硬力量”威胁“台湾安全”。他认为，在台湾问题上，美中都应为对方预留“余地”，在关键时刻“静悄悄地展示实力”要比大张旗鼓有效得多。

其四，强调应让中国承担更多“国际责任”。戈尔认为，作为全球第二大经济体，中国应在推动全球治理中扮演“更具建设意义”的角色。① 在气候变化问题上，美中作为温室气体排放量最大的两国，应“承担起历史责任”，实施更严格的排放监管政策。在国际经贸问题上，他认为中国应进一步扩大内需、开放市场，保障世界经济的平衡稳定增长。在地区热点和防止核扩散问题上，中国应加大对朝鲜、缅甸、伊朗等国家的工作力度，与美国等其他大国一道维护地区及国际局势稳定。

---

① Al Gore, “U. S. -China must lead fight against planetary emergency”, http: //edition. cnn. com/2007/world/Europe/12/10/gore. nobel/index. html.

四、为美国未来走向建言

毫无疑问，政治形象清廉的戈尔是近20年来美国民主党内最具影响力的活动家之一，目前仍是中左翼自由主义阵营和民主党内的领军人物。

进入21世纪以来，特别是面对“9·11事件”与金融危机的严重冲击，美国作为现有国际体系的主要领导者，不仅各领域变化全面加快，而且面临的内外挑战也有所上升。这些变化和挑战促使以戈尔为代表的自由主义阵营开始为正处于“十字路口”的美国寻找方向。对内，戈尔主张调整自由放任资本主义模式，加大政府宏观调控力度，推动美国经济向绿色、可持续发展转型。对外，他强调将美国领导下的多边主义作为维护霸权的重要途径。目前，戈尔的多数主张都为奥巴马政府和民主党所接受。2002年，他在演讲中系统批判“布什主义”的言论成为民主党人批评布什政府的基调言论。近年来，戈尔在诸多著述中提出了一系列变革美国内外政治主张，并身体力行地加以实践。由于这些主张迎合了多数民众渴望变革的需要，受到越来越多关注，就连老牌共和党右翼麦凯恩也曾表示认同戈尔部分“绿色政治”的理念。

戈尔在基层民主党人中享有很高威望，2004年和2008年都有不少民主党地方组织发起支持戈尔竞选总统的联署活动，但他公开宣布退居幕后。2004年，戈尔主持召开民主党全国代表大会，并向时任候选人约翰·克里提供600万美元私人捐款。2008年6月，戈尔婉拒要求其出山竞选后，明确表示将全力支持奥巴马。对此，美国媒体普遍认为，戈尔的支持对于弥合民主党内因奥巴马与希拉里之争带来的裂痕具有重要意义。同年底，奥巴马胜选后，戈尔与奥巴马和拜登会晤，就民主党政府未来的施政方向建言献策，并推荐朱棣文、卡罗·布朗等人加入未来政府。

2008 年金融危机爆发后，美国社会分化日益加剧，民主党与共和党之间的对立更加激化。面对新一代民主党政治家崛起，戈尔开始注意避免在敏感政治议题上公开表态。2012 年，在美国大选政治刺激下，美国各思想流派交锋日盛，以戈尔为思想代表的民主党人能否以变革为旗帜，带领美国摆脱国内外困境仍面临诸多掣肘，而围绕美国未来走向的较量、辩论仍会持续深化。

“新保守主义旗帜”威廉·克里斯托尔*

作为当代美国新保守主义阵营最知名的代表人物之一，威廉·克里斯托尔长期活跃在美国政坛与战略思想界。他继承和发展了其父老克里斯托尔以来的新保守主义理念，积极推动新保守主义成为当代共和党内的主流价值观和主要政策主张，是里根政府与布什父子执政时期共和党内最重要的智囊之一，对美国国内政治与外交的演变产生了深刻影响。

一、新保守主义思想领军人物

威廉·比尔·克里斯托尔（William Bill Kristol）又称小克里斯托尔，1952 年 12 月 23 日生于纽约一个富裕的犹太裔家庭。其父是已故犹太裔“新保守主义教父”欧文·克里斯托尔，其母格特雷姆·希赫尔法布既是美国知名文学家，也是早期新保守主义运动最著名的女性活动家。早在 20 世纪 60 年代，老克里斯托尔就在批判和继

* 付宇，中国现代国际关系研究院世界政治研究所副研究员。

承传统保守主义的基础上，系统提出和总结了新保守主义理念。

出身名门的小克里斯托尔从小接受了良好教育，1970 年从曼哈顿的一所犹太裔寄宿学校毕业后，进入哈佛大学深造。在哈佛期间，因为成绩优异，他提前一年获得学士学位。年仅 27 岁，他即拿到哈佛大学政治学博士学位，是当时哈佛最年轻的博士毕业生之一。学有所成后，小克里斯托尔先后在宾西法尼亚大学与哈佛大学肯尼迪政府学院等老牌名校研究和教授政治哲学及美国政治，为日后参政奠定了坚实的理论基础。

聪颖过人的小克里斯托尔并未把全部精力放在学术研究上，而是积极参加各种社会活动。早在哈佛读书期间，他就加入民主党联邦参议员的竞选团队，并成为当时民主党内小有名气的"笔杆子"之一。他读研究生时的室友阿兰·基斯（Alan Keyes）日后参选马里兰州参议员，而小克里斯托尔则担任其竞选主管，积累了宝贵的政治与选举经验。

与同时代许多新保守主义活动家类似，小克里斯托尔最初信奉的是民主党及其代表的自由主义理念。然而 20 世纪 70 年代美国在越南战场以及国内面临的诸多困境，使小克里斯托尔开始对自由主义大失所望，并转投共和党。由于家世显赫、才华出众，小克里斯托尔很快在共和党内获得重用。1985 年，年仅 33 岁的小克里斯托尔即成为里根政府教育部长威廉·贝内特的重要幕僚，开启自己的政治生涯。随后，他还加入老布什竞选团队，并在不满 36 岁时出任老布什政府副总统丹尼尔·奎尔办公室副主任。由于多谋善断、文笔犀利，他被戏称为"奎尔的大脑"。

1992 年，老布什在大选中出人意料地败给年轻的民主党候选人比尔·克林顿，小克里斯托尔作为老布什竞选团队骨干大受打击。在他看来，先后执政的里根政府与老布什政府奠定了美国赢得冷战的基础，却在竞选中遭到选民背弃。这使他下决心把主要精力转向研究并规划美国内外战略的未来走向上，逐渐成为共和党内重要的政治战略家与保守派思想家，被视为新保守主义思想运动在 20 世纪 90 年代中后期以来最重要的领军人物之一。

老布什卸任后，目睹共和党在长期执政过程中形成的种种弊病，以及美国社会正在发生的深刻改变，小克里斯托尔决心为共和党与美国寻找新的发展方向，并于1993—1994年担任“共和党未来计划”主席。在他推动下，共和党在1993年成功抵制克林顿政府的医改计划，而共和党新竞选纲领也成为引领本党在1994年中期选举中夺回国会控制权的思想保证。

1995年，在传媒大王罗伯特·默多克大力资助下，小克里斯托尔与新保守主义运动最著名的专栏作家约翰·保德哈莱茨（John Podhorez）共同创办了被誉为“新保守主义‘古兰经’与新保守派旗舰”的《旗帜周刊》杂志，并担任刊物主编。由于该刊时效性强、观点大胆犀利，很快吸引许多共和党内重量级人物为其撰稿。小布什政府国防部副部长沃尔福威茨、美国前驻联合国大使博尔顿等人就多次为该刊投稿，使其迅速成为华盛顿地区最具影响力的刊物之一。同时，该刊提出的许多观点都被共和党政府所采用。小布什执政期间，《旗帜周刊》被视为“了解小布什政府所思所想的窗口”。

在2000年和2008年共和党内两次总统候选人提名选战中，小克里斯托尔都是约翰·麦凯恩的坚定支持者。对此，他在接受美国公共广播公司（PBS）记者采访时表示，尽管麦凯恩年事已高，但其所具有的经验正是驾驭美国对外战略、应对新世纪复杂挑战所必需的。①在他的强烈建议下，麦凯恩赢得2008年党内初选后，选择当时名不见经传的阿拉斯加州女州长莎拉·佩林任搭档，共同与民主党的奥巴马—拜登组合角逐总统大选。当年麦凯恩竞选失利后，新保守主义理念受到广泛质疑与批评，小克里斯托尔则在多个场合进行回应。他表示，尽管新保守主义理念“不被大多数民众和专家所接受”，但美国在新世纪的国际地位只有依靠实力（特别是军事实力）和坚定的意

① “Frontline: the war behind closed doors, interviews William Kristol”, PBS, http: //www. pbs. org/wgbh/pages/frontline/shows/iraq/interviews/kristol. html.

志才能维持。[①]

1997年春，小克里斯托尔与新保守主义“高产作家”加里·施密特和罗伯特·卡根共同创建保守派思想库——“美国新世纪计划”，并出任主席和项目主管。根据小克里斯托尔与罗伯特·卡根拟定的原则宣言，“新美国世纪计划”内容主要涉及以下四个领域：一是关于在全球范围内推进民主与自由化的问题；二是促进有助于美国承担全球领导责任的军事现代化问题；三是推动建立有利于美国国家利益与价值观的国际秩序；四是强化美国与自由民主国家间的联盟，以及应对敌视美国国家利益与价值观的国家。该计划提出的一系列巩固美国全球霸权的主张，日后大都成为小布什政府奉行单边主义外交政策以及共和党对外战略主张的理论依据。

共和党有21位右派头面人物在思想库的成立宗旨上签字，其中就包括日后小布什政府的多位高官，如切尼（副总统）、拉姆斯菲尔德（国防部长）、沃尔福威茨（副国防部长）、多布里扬斯基（副国务卿）等。思想库成立伊始，小克里斯托尔就明确其目标是为新世纪美国对外战略提供指导性原则。尽管自2006年后“新美国世纪计划”的活动日益减少，但通过向共和党政要及小布什政府递交各种内部报告、资助新保守主义学者研究项目、在《华盛顿时报》、《旗帜周刊》等保守派媒体上发表言论，该思想库对政府决策和国内政治生活施加了巨大影响，被称为新保守主义运动最重要的“思想孵化器”和“新保守主义外交政策召集者”。值得一提的是，该机构的主要活动并非进行具体政策研究，而是联合持有共同外交和防务政策立场的各界力量，开展大规模宣传和卓有成效的政治游说活动，“定期就各种热点话题准备一页纸的备忘录，提出我们的观点，然后将它寄给华盛顿2000名最具影响力的人士”。

小克里斯托尔非常注重个人公众形象，经常出现在全美各大有影

---

① “Frontline：the war behind closed doors，interviews William Kristol”，PBS，http：//www. pbs. org/wgbh/pages/frontline/shows/iraq/interviews/kristol. html.

响力的媒体中，往往以美国传统价值观捍卫者面貌出现，颇受社会中下层民众关注和欢迎。自上世纪90年代初以来，他长期担任福克斯新闻频道的政治评论员，并是该频道名牌栏目“晚间（新闻）特别报道”的主要撰稿人。2007年以后，小克里斯托尔成为《时代》周刊专栏作家，2008—2009年期间还曾担任《纽约时报》特约撰稿人。

然而，由于政治立场和个性十分张扬，小克里斯托尔也多次引发外界对其言论的质疑。2008年，他在所主持的新闻专栏节目中，公开指责当时的民主党总统候选人奥巴马“仍在参加其前黑人牧师、曾多次发表种族主义言论的杰里迈亚·怀特的布道”。但这一指责很快被发现是子虚乌有，以致《时代》周刊公共编辑克拉克·霍伊特批评《时代》周刊雇用小克里斯托尔是一个“明显的错误”。[①]

二、新保守主义思想理论体系

作为新保守主义运动最重要的活动家与思想家，小克里斯托尔参加了近30年来共和党历届政府的政策设计，并于2002年首次提出“布什主义”的概念，鼓吹“9·11”事件带来了美国国内外战略深刻调整的契机，宣称美国已经和正在摆脱对外战略上的“临时性和懦弱无能”。

小克里斯托尔系统提出了一整套关于美国内政外交的理论体系。他认为，20世纪80年代里根和撒切尔在美英两国执政是新保守主义运动兴起的标志，而两人所代表的新保守主义理念可统称为“里根主义”。他将自己的思想主张看成是“里根主义”的延续和发展，自诩为“新里根主义的倡导者”。其思想体系主要表现在以下三个

① 相关评论参见网址：http：//www. nytimes. com/2008/01/13/opinion/13pubed. html? ex = 1357966800&en = ed6cd32f70c07c4e&ei = 5090&partner = rssuserland & emc = rss&pagewanted = all.

方面：

一是以传统价值观为基础的文化保守主义。小克里斯托尔认为，发端于20世纪60年代的美国“文化多元主义”严重冲击了美国传统文化权威，瓦解了美国社会的凝聚力。对此，他怀有强烈的道德使命感，认为道德和价值观问题已经成为当前美国社会最严重的问题，政府应进一步加强对社会和文化问题的管控。2005年，他曾公开反对布什总统提名哈里特·梅尔斯为联邦法官，认为梅尔斯主张的女权主义损害了美国社会的传统价值观，并最终促使小布什政府撤回提名。

小克里斯托尔指出，每个人都有局限性和缺点，盲目追求多元文化只会导致不健康价值观大行其道，并使之占据人们的思想、腐蚀社会道德标准，造成诸如离婚率飙升、毒品泛滥和由同性恋所引起的艾滋病广泛传播等问题。他认为，过度包容将会使美国人的国家和社会认同感进一步迷失，主张发扬和加强新教教义中所体现的传统价值观，以此提升美国公民的个人责任感，从而重建美国社会“和谐发展”的道德支柱。基于此，小克里斯托尔抛出了一套所谓的“有序自由论”。即民主过度可能导致社会无序和失范，在尊崇个人自由的同时，也要尊重权威和秩序的稳定性与连续性，并通过传统道德、伦理、宗教信仰、法律和秩序来维护自由民主体制的稳定和有序运转。

二是自由市场至上的小政府主义。2008年金融危机爆发后，小克里斯托尔多次公开批评奥巴马政府的医改与经济刺激方案，认为其损害了美国市场经济自由竞争的基础。他推崇自由市场机制，明确反对政府过度干预经济，认为不适当地扩大政府权力会引发一系列社会问题，同时还将侵害个人权利，导致民众对政府信任度降低。他着重强调，市场是经济运行的根本基础和最有效配置资源的手段，也是对抗集权专制、维护个人自由的最好屏障；政府（特别是联邦政府）只是消极应对社会问题的“守夜人”，只有有限、受约束的政府才能真正服务于社会。人们在才能、智慧、品德和性格等方面的差异带来经济地位不平等，这是一种自然现象，一个理想社会应是建立在此基础上的。为此，小克里斯托尔多次公开呼吁减少干预私人经济领域，在此基础上培育有利于公民自治的民间社团组织，推动公民个人真正成为美国社会的基础。他对政府推行的各类经济管制措施持有一种根深蒂固的怀疑态度，坚决反对征收遗产税等调节社会贫富差距的政策手段，反对因污染问题而向大公司课征过多费用，对提高最低工资标准、设立每周40小时工作时限以及保障劳动者工作稳定的法规也持消极态度。

三是“仁慈的霸权主义”。阐述美国外交战略是小克里斯托尔思想理论体系中的重中之重。早在1998年，他就联合其他新保守主义学者致信时任总统克林顿，要求政府继续老布什时期政策，加大对伊拉克施压力度。在这封信中，小克里斯托尔强调，萨达姆政权已经并将继续对美国及其盟友的国家利益造成严重损害，“消除伊拉克使用或威胁使用大规模杀伤性武器的唯一、可接受的战略是彻底解除伊拉克的这种能力。在近期，这意味着当外交手段不能发挥足够功效时，美国愿意使用军事力量加以解决。在远期，这意味着将萨达姆及其政权彻底赶下台”。[①]“9·11”事件后，小克里斯托尔发文表示：“我们正身处非同寻常的大转折时刻，因为我们正在创造一个新的美国对外政策。”[②] 在他看来，美国正迎来实施对外拓展的重要战略机遇期。2003年，他与劳伦斯·卡普兰（Lawrence Kaplan）合写“伊拉克的战争”一文，公开宣称美国反恐战争绝不仅限于在阿富汗打击塔利班，而应将其目标扩展到对伊拉克等“邪恶国家”进行必要的“政权更迭”。2004年，当美国在伊拉克的军事行动遭遇严重伤亡并引发国内批评时，小克里斯托尔再次挺身而出，为小布什政府的对外战略辩护。他甚至公开批评自己多年老友、时任国防部长拉姆斯菲尔德未

① “Letter to President Clinton on Iraq”, Jan. 26, 1998, http://www.newamericancentury.org/iraqclintonletter.htm.

② “Frontline: the war behind closed doors, interviews William Kristol”, http://www.pbs.org/wgbh/pages/frontline/shows/iraq/interviews/kristol.html.

能将驻伊美军人数增加到合理水平，以致“美国难以履行其在中东的责任”。[①] 他在《华盛顿邮报》上刊文称：“没有什么神秘的，只有一样东西能让伊拉克局势发生根本改观，即更多的美国军队。”[②]

尽管在小布什当选总统前，小克里斯托尔曾在共和党内公开批评布什缺少外交战略，但布什政府却成为践行新保守主义对外战略最卖力的一届政府。2002 年 1 月小布什发表《国情咨文》后，小克里斯托尔立刻撰文呼应，称该咨文标志着“布什主义”形成，从而第一次提出并阐发了“布什主义”这一概念。他甚至把这次国情咨文称为“20 年来美国总统最有力的讲话”。

在小克里斯托尔眼中，与传统霸权国家不同，美国是一个“全球性仁慈霸权”，其战略目标不仅出于自身利益考虑，更是为了维持一个和平、自由、民主的世界。他毫不讳言主张美国建立霸权帝国，接受采访时曾坦言道：“如果人们想要将我们美国称作帝国，那正合我意！”他严厉抨击克林顿及奥巴马等民主党政府实施的对外收缩战略，认为这将在“道德和战略上削弱自己”，以致国际社会特别是西方盟友对美国“捍卫自身利益以及迎接未来挑战的能力”产生怀疑。

小克里斯托尔认为，尽管美国在内政、外交领域遭遇了不少困难，但仍在经济、军事、文化、外交等领域拥有世界“唯一杰出的地位”。美国必须迎难而上，实行“新里根主义”，通过“澄清道义”和加强军事实力来维护美国全球霸主地位。因为只有进一步加强和维护美国的“全球领导地位”，美国才能更好地应对包括恐怖主义、新兴大国崛起在内的诸多挑战。因此，维持和加强霸权地位应该成为美国当前最重要的国家利益，并应主要从以下方面入手：

第一，不断加大国防投入，增强军事力量。小克里斯托尔认为，

---

① William Kristol, “The Defense Secretary We Have”, *Washington Post*, December 15, 2004.

② William Kristol and Rich Lowry, “Reinforce Baghdad”, *Washington Post*, September 12, 2006.

当前美国加强军事霸权地位的紧迫性不仅没有下降，反而在不断上升。这是因为只有继续维持甚至扩大军事领域的优势，美国才能继续在重要地区履行“关键制衡者”职能，才能更好威慑与牵制各种潜在敌人。美国越是清楚地向世界表明，任何想要赶超其军事力量的努力都是徒劳，那么潜在的挑战者就越可能放弃会给现有国际体系带来冲击的举动。从长远角度看，这实际是为美国节省宝贵的资源，因为制止一场战争的代价要比打赢一场战争的代价小得多。而这些都只有通过增加军费开支、加快“军事领域革命”来实现。

第二，尽管美国需要国际合作与支持，但仍需随时准备为国家利益而采取单边行动。尽管在解决国际问题时，美国将越来越依赖于多边合作，但美国作为一个负有特殊责任的“霸权国家”，决定其行动的根本因素应是国家利益，而非他国好恶。当国际组织和机制以及世界舆论不利于美国维护国家利益之时，美国应大胆坚持自己的对外政策并采取所有必要手段。2010 年以来，小克里斯托尔多次公开批评奥巴马政府的中东政策，指出美国必须对伊朗和利比亚采取更强硬政策，决不能因害怕由此造成地区动荡而畏首畏尾，因为“打击伊朗所造成的危害要远远小于伊朗在中东不断坐大、甚至拥有核武器所带来的危险”；在关键时刻，美国仍然要敢于采取单边行动，维护国家利益。

第三，美国对外战略应更加坚定地秉持自身的价值观和道德原则。一国所长期秉持的基本价值观和道德原则往往与其国家根本利益相一致，美国取得今天的国际地位绝非靠坐等国际形势的改变得来，而是通过积极在海外推广自己的价值观争取来的。若丧失对美国价值观的热爱，丧失对国家荣誉的渴望，美国将难以承担领导世界的责任，衰落也就指日可待。在 21 世纪“对自由历史具有决定意义的头几年中”，美国的任务就是要“在包括伊斯兰世界在内的全球范围内推广自由和公正原则”。2011 年初中东北非动荡发生后，小克里斯托尔不仅公开称赞西方国家对利比亚的干涉，并且在《旗帜周刊》上发表社论宣称，美国近 20 年来在穆斯林国家的军事干预不应被称为

"侵略"，而应被视作"解放"，因为其有效地传播了自由、民主等"普世价值观"。[①]"维基解密"事件发生后，小克里斯托尔更是即刻措辞严厉地称，阿桑奇等人的行为"严重损害了美国价值观的公信力"。

第四，为应对日益复杂的国际环境和严重威胁，美国必须继续做好采取"先发制人"策略的准备，特别是当面对行为走向难以预测的恐怖主义分子和"邪恶轴心"国家时，更应如此。尽管美国在伊拉克战争中"先发制人"后来被证明缺乏事实依据，但小克里斯托尔依旧认为，美国不应坐等危机恶化或麻烦临头，而应率先对敌方采取武力行动，因为"有利于和平、美国及其盟国与友邦的目标和价值观的"局面不会自动出现，而是需要美国及其西方盟国随时表现出"使用这种军事力量的能力和决心"，只有这样才能真正有效地预防各种危机扩大。

第五，超越反恐战争，建立符合美国利益的世界秩序。小克里斯托尔认为，美国在世界范围内推动反恐战争的目标决不仅限于清除恐怖主义。2002 年 1 月，他评论布什的《国情咨文》时提出"邪恶轴心"概念，并表示"美国所要做的决不仅仅是对具体威胁和问题做出反应，而是要进一步营造出能够避免出现这种威胁的国际环境"，通过积极利用反恐战争及其在现有国际秩序中的主导地位，努力塑造有利于美国国家利益的世界秩序。[②]

---

① William Kristol, "The Party of Freedom", *The Weekly Standard*, March 28, 2011, http://www.weeklystandard.com/articles/party-freedom_554820.html.

② See Wiiliam Kristol and Lawrence Kaplan, "*The War Over Iraq: Saddma's Tyranny and America's Mission*", Encouter Books, 2003.

三、对华强硬的“中国观”

小克里斯托尔作为当今美国新保守主义阵营的重量级思想家，其论著不可避免地对中国的走向给予高度关注。尽管他公开承认自己并非中国问题专家，但出于维护美国全球霸权的想法，仍对中国的发展持有深深疑虑。实际上，早在上世纪 90 年代初，他就多次公开反对给予中国贸易最惠国待遇，并推动国会成立对华政策研究小组，渲染中国将取代俄罗斯成为美国最大挑战的“中国威胁论”，害怕中国在亚洲发展成为能对美国霸权构成挑战的新兴大国，主张强硬对华。他的主要观点包括：

第一，中国对美国的挑战将日益加大。小克里斯托尔认为，伴随经济高速增长，中国未来可能成为美国在亚太甚至全球面临的主要对手，特别是中国日益增强的军事实力将对美国国家利益构成越来越大的冲击。但他也承认，美中并不像冷战时期美苏那样的敌人，因为现实利益使“美国需要中国，而中国也需要美国”。美国应该通过不断对华施压迫使中国做出让步，并以此引导中国未来的发展方向。为此，他宣称：“美国应该在语言和行动上都清楚地向中国表明，美国将遏制中国的对外野心。我们必须扭转军事开支不断下降趋势，因为中国领导人将美国国防开支增幅下降以及不愿继续承担过多国际责任视为软弱的表现。”①

对于如何看待中国经济近年来的迅猛增长，小克里斯托尔依然戴着冷战时代的意识形态有色眼镜写道：“相比于民主国家，中国和俄罗斯这样的专制主义国家更容易取得经济增长，使美国和西方的自由主义价值观受到严重挑战。”② 为此，他发出倡议，未来美国必须联

---

① William Kristol, “China Syndrome”, *Weekly Standard*, June 15, 2003.

② Ibid.

合其他西方民主国家加大对中、俄等新兴"专制主义国家"制衡。并就此提出行动建议：一要在经贸领域加大对华施压力度。小克里斯托尔将美国经济不景气归罪于中国的"不公平竞争"。他认为，长期以来中国通过人民币贬值、不正当使用美国知识产权等手段，在对美贸易中获得优势。因此，必须通过施压人民币加快升值、中国开放市场等手段，逼迫中国在世界经济中承担更多责任。他还公开批评奥巴马、克林顿等民主党政府未能在对华经济政策上"坚持原则"。二要在安全领域与美国的盟国及其他民主国家在亚太地区构建对华联合阵线，规范中、俄等新兴大国的发展方向。小克里斯托尔表示，尽管日本经济增长长期停滞，但在可预见的未来，日美同盟仍应是美国亚太战略最重要和最可靠的基石。因为只有建立了更强大牢固的美日关系，美国才能更好地实施对华战略。他反对将美中关系的重要性置于美日同盟之上，认为美国未来在亚太的战略重点应是进一步加强美日、美韩、美澳同盟关系，并进一步拓展同印度等民主国家的战略合作，从而建立以美国为核心的亚太同盟体系。他强调美国应在亚太提前布局应对中国崛起，因为面对中国这样一个快速崛起的大国，"事前遏制比事后弥补要重要得多"。三要在人权和意识形态领域加大对华施压力度。小克里斯托尔吸收了"里根主义"在人权领域的主张，鼓吹把在全世界范围内迅速推进和维持自由作为美国外交"最重要的目标之一"。他尤为强调在对华政策上将实力外交与人权外交相结合。早在1998年，他就与罗伯特·卡根合作撰文呼吁，意识形态领域的"软实力"是美国对华政策的重要砝码。文章称，当美国政府停止在意识形态领域对华施压时，中国政府"就会毫无顾忌地在国内加大对异议分子的镇压力度"。[①] 他在"中国综合症"一文中写道："尽管许多美国政府高官总是希望新一代中国领导人能够有助于推动中美关系更进一步"，但由于中国的"一党专政体制"，这些美好愿望总是面临各种变数，美国政府对此应该保持清醒的认知。他将中国

① William Kristol, "China Syndrome", *Weekly Standard*, June 15, 2003.

描绘成“世界上最具有压制性的政府”，因为中国政府目前仍在政治、经济、社会等领域实施“集权主义”统治。未来只有通过美国和其他西方国家的联合施压，才能真正迫使中国在社会政治改革问题做出让步。而对中国政府所作所为反应“软弱”，将是美国的“国家耻辱”。认为美国应进一步加大对中国国内政治异议人士、少数民族与宗教团体等反对派的支持。

第二，中国可能将长期处于未来走向难以确定的过渡阶段。尽管中国经济近年来取得巨大进步，但“专制主义的内在弱点”使其在国内外都将长期面临各种各样难以解决的挑战。因此，美国政府在奉行对华战略接触的同时，应该积极推动中国向有利于美国战略利益的方向发展。一方面，为了防止中国冒险采取挑战现存国际体系的政策，美国应该全面维持并提升对华军事优势。因为秉持现实主义的中国领导人只有在清醒地认识到美国的强大后，才不会主动尝试挑战现存国际体系。他认为，“现在正是美国政府重新审视对华政策的关键时刻”，美国介入中东绝不应以牺牲“东亚军事存在”和减少对华压力为代价。因为从长期看，这种减少和撤退将对美国国家利益造成“越来越危险”的影响。

针对中美在南海多次发生军事对峙，小克里斯托尔公开主张美国采取更强硬的军事行动予以回应。他曾与罗伯特·卡根合作撰文称，应明确将美国在南海的军事存在作为维护美国在东亚主导地位的重要环节，在南海问题上让步将导致多米诺骨牌式的“危险效应”，以致严重削弱美国在其东亚盟友心中的重要地位。

另一方面，美国应要求中国在现行国际体系中承担更大的国际责任，以引导中国未来发展方向。特别是在应对地区热点上，美国应要求中国在缅甸、朝鲜、伊朗等问题上承担更大责任，强调通过进一步加大对华施压，促使中国政府更多配合美国政府的要求，并推动这些国家不断“改善人权”并逐步放弃对国际社会的“挑战”。

四、小克里斯托尔与新保守主义运动的是非功过

自20世纪60年代登上历史舞台后，美国的新保守主义运动先后经历了三个发展阶段。第一阶段是从20世纪60年代末至70年代末的起始阶段，新保守主义运动逐渐发展成为美国社会政治生活中一支重要力量。第二阶段是从20世纪70年代末至冷战结束前后，这一阶段是新保守主义逐步与美国主流保守主义合流的阶段，其标志是"里根主义"诞生。第三阶段是从20世纪90年代末至今，其主要特点是形成了以"布什主义"为代表的美国对外战略理念。

小克里斯托尔作为新保守主义运动第三阶段的代表人物，在这一时期美国社会政治生活中扮演了重要角色。他参与里根政府和老布什政府内外政策制定，也是小布什当政期间多项政策的主要设计者之一。2000年，他与罗伯特·卡根组织编写了《当前的危险：美国对外政策中的危机与机遇》一书，对当年大选中的对外政策辩论施加影响。日后，书中的大部分主张都成为"布什主义"的思想来源。作为最早系统论述"对专制政权搞政权更迭战略"的思想家，小克里斯托尔也是小布什政府"邪恶轴心说"的重要推动者。2004年后，在小布什政府伊拉克政策受挫、共和党国内支持率不断下跌的巨大压力下，他坚持与参议员麦凯恩等人推动政府增加军费、不断扩大反恐战争规模。

2008年共和党大选失利后，小克里斯托尔与新保守主义运动在美国的影响力受削，但美国传统社会政治生态并未发生根本改变，以新保守主义思潮为代表的保守主义势力仍试图在社会政治生活中卷土重来。目前，保守派在西部、南部地区拥有广泛的社会基础。而且，奥巴马政府应对金融危机的一系列革新政策并未取得预想成果，而变革所带来的成本更是引起民众普遍不满。当前，美国社会围绕"富

人政治”、贫富差距等问题的论争日趋激烈，伴随2012年美国大选选战，这一争论更加白热化。

美国华裔学者裴敏欣指出，新保守主义治下的美国对外战略表现出三个重要特征：非黑即白的敌友划分，对美国基本价值观的自我圣化和对美国霸权与军事安全的绝对追求。[①] 与传统保守主义奉行的谨慎、节制、制衡的对外战略不同，新保守主义理念更加具有进取性，强调自由民主作为普适性的原则能够且应该被扩展到全世界，同时美国应在这一过程中发挥“无与伦比的作用”。然而，正如一枚硬币的两面，小克里斯托尔及其代表的美国新保守主义运动，不仅在“9·11”事件后推动美国全面加大在世界范围内扩张的力度，也使美国对外战略成本大大增加。小布什政府时期的副国务卿阿米蒂奇在反思“9·11”事件10周年的文章中承认，美国在21世纪的过度对外扩张大大消耗了整体实力，“使统治世界的能力严重削弱”，加快了俄、印、中等发展中国家的崛起。[②] 与其设想相反的是，尽管美国在冷战结束20年后仍然维持着相当于其他国家总和的高军费，却并未因此更加安全。美国的过度扩张使世界力量对比正加速向有利于新兴大国群体性崛起的新的多极化格局演进。

---

① Minxin Pei, “The Paradoxes of American Nationalism”, *Foreign Policy*, May/June 2003, p. 34.

② “世界改变了吗?”，日本《朝日新闻》，2011年9月8日。

"明星经济学家"保罗·克鲁格曼*

2008年诺贝尔经济学奖得主保罗·罗宾·克鲁格曼（Paul Robin Krugman）是天才经济学家、文笔犀利的《纽约时报》专栏作家和高产畅销书作者，现任普林斯顿大学经济学和国际事务终身教授。他主要研究领域包括国际贸易、国际金融和汇率变化理论等，曾因准确预言亚洲金融危机而闻名于世，更因特立独行吸引众多拥趸：不愿参政，反倒热衷议政；不甚了解中国经济，却多加指责；坚持学术独立精神，但又颇受争议……随着知名度不断飙升，他近年获誉无数。2010年入选英国《新政客》杂志评选的"全球50位最有影响力人物榜"和美国《外交政策》杂志评选的"全球百位思想家"；2011年入选美国权威财经杂志《彭博市场》年度"全球金融50位最具影响力人物榜"，其国际影响力已远超学界。

---

* 倪建军，中国现代国际关系研究院世界经济研究所副研究员。

一、杰出经济学家

克鲁格曼1953年2月28日出生于美国纽约长岛的一户中产阶级家庭。少年时代，克鲁格曼成为科幻文学大师阿西莫夫的崇拜者。当时，他最大的梦想就是像大师在《基地三部曲》中所描述的，用经济和社会力量来拯救文明世界。1970年，克鲁格曼以优异成绩考入耶鲁大学，主修经济学。同时，他也饶有兴趣地选修了大量历史学课程，并尝试以史学视角解读经济问题，这成为其后来学术研究的一大特色。克鲁格曼颇为留恋那段紧张而充实的大学生活，自言“不是小布什的那种耶鲁”。拿到硕士学位后，在耶鲁大学著名经济学教授诺德豪斯引荐下，他顺利进入麻省理工学院继续深造。1977年获得博士学位后，他回到耶鲁大学任教，开始了丰富多彩的理论研究和教学工作。

克鲁格曼最早崭露头角的时间是在1978年。当年7月，只有25岁的克鲁格曼将一篇关于垄断竞争贸易模型的论文提交美国国家经济研究局（NBER）举办的暑期研讨会，与会者都是全球最有影响力的经济学家。会上，当年纪轻轻、名不见经传的克鲁格曼开始宣读论文时，大家并没有在意。随着演讲逐步深入，与会专家被他独特的观点吸引，开始聚精会神地倾听其演讲。会后，各国专家对克鲁格曼的论文给予高度评价。克鲁格曼回忆当时的情景称，那是“生命中最美好的90分钟”。

1982年，克鲁格曼受哈佛大学教授、里根政府经济顾问委员会主席菲尔德斯坦邀请，出任经济顾问团国际经济学首席经济学家。首席顾问任上，他坚持用“简明的语言论述严肃的经济学问题”，并主持完成了1983年《总统经济报告》。然而，克鲁格曼生性耿直，非常厌恶华盛顿的政治权斗，很快就回到宁静的大学校园，游走于麻省理工学院、斯坦福大学等顶尖学府，一步步攀登学术峰巅。

随着研究不断深入，克鲁格曼针对新贸易和区域经济领域频频推出创新研究成果，并因此于1991年获得号称"诺贝尔奖风向标"的克拉克经济学奖。该奖项只颁发给不满40岁的杰出经济学家。1992年，克鲁格曼出任民主党总统候选人克林顿的竞选顾问，并助力克林顿成功当选总统。虽然此后媒体热议克鲁格曼是总统经济顾问的热门人选，但结果并非如此。克鲁格曼自言不适合那种职位，因为他不善于与人打交道；而外界则认为是其耿直性格妨碍了仕途发展。

2000年，克鲁格曼成为普林斯顿大学经济学和国际事务终身教授。对于如此年轻就成为终身教授，他并没有满足："跟世界上99%的人相比，我没什么可抱怨的。但我的参照对象是同辈中最成功的经济学家，我尚未成为他们中的一员。"

2008年，因在分析国际贸易模式和经济活动地域等方面所做的杰出贡献，克鲁格曼独享当年诺贝尔经济学奖，成为继萨缪尔森之后享此殊荣的最年轻经济学家。

二、蜚声国际的危机预言家

1994年，正当亚洲经济兴旺发展之际，克鲁格曼通过严谨的研究分析发现危机苗头，遂在《外交事务》杂志第6期上发表"亚洲奇迹的神话"一文，在对亚洲经济发展模式的一片赞扬声中率先提出质疑。他在文中指出，过去几十年东亚新兴工业化国家和地区经济高速增长并非什么奇迹，正如苏联经济在20世纪50年代高速增长一样，那主要依靠政府惊人的资源动员能力促成投入增长（劳动力和资本），而非得益于效率的提高。这种靠"流汗"而不是靠"创新"获得的经济增长难以持续。他将当时的"四小龙"（韩国、中国台湾、香港和新加坡）称为"缺乏技术含量的纸老虎"，认为东南亚地区迟早会进入大规模调整时期。两年后，克鲁格曼又在其《流行的国际主义》一书中预言亚洲经济危机即将爆发，因为所谓的"亚洲奇迹”是“建立在浮沙之上，迟早会幻灭”。[①] 1997 年当亚洲金融危机如“约”而至后，克鲁格曼在国际经济学界的名气更是如日中天。

对于2008 年次贷经济危机，克鲁格曼未能再次准确把握。对此，他在发表获得诺贝尔奖感言时自责道：“我没有事先了解到金融骨牌效应会到如此地步。此前虽然看出泡沫经济会破灭，会有许多痛苦，但未能了解这种痛苦会有多大。”他指出当前的金融体系已经超过1930 年代设立的抵挡危机的防御机制，认为经济学家本应该预料到在如此脆弱的防护机制下很可能出现另一个危机，但几乎没有人发现危机来袭。

随即，克鲁格曼对当时宏观经济学研究中的缺陷进行了深刻反思。[②] 他认为，2008 年金融危机前，经济学界存在盲目自满情绪，宏观经济学领域实现的是“虚假和平”，自认为已进入学科发展的黄金时期。如，麻省理工大学教授布兰查得认为“宏观经济学整体状况良好”，不仅长期论战业已结束，而且实现了“大范围的观点融合”。他指出，人们对美联储的宏观经济决策能力已到了近乎迷信的程度：宏观经学家存在的分歧，仅仅是一部分经济学家坚信自由市场经济绝对不会误入歧途，另一部分则认为经济可能不时偏离轨道，但是全能的美联储能够及时纠正其偏离繁荣之路。而随着大萧条记忆的消退，经济学家们又开始将包裹在炫目数学外表下的美丽幻象当作真理，认为资本主义是一个完美或近乎完美的体系。与此同时，华尔街薪金丰厚的工作机会也让主张自由市场经济的经济学家们，对导致资产泡沫和经济萧条的人类理性的有限性视而不见，对金融机构欺诈横行的问题故作沉默。

深入剖析了宏观经济学研究存在的问题之后，克鲁格曼又把目光

① ［美］保罗·克鲁格曼著，张兆杰等译：《流行的国际主义》，中国人民大学出版社，2000 年版，第 184 页。

② ［美］保罗·克鲁格曼：“为什么经济学家错的如此离谱”，《银行家》，2010 年第 7 期、第 9 期。

投注经济学的未来走向。他虽然认为目前难下定论，但相信经济学家们将学会与混乱的经济现实而非纯粹的理论模型共存。他认为，现实中的投资者绝非有效市场理论中的“冷酷的计算器”，投资者明显的非理性是与人类认知固有的缺陷紧密相连的。行为金融学发现人们往往过于关注小损失而非小收益，太急于从小样本中得到论断。比如，因为房价在过去几年中上升，就预测它们会持续上升。经济学家将不得不承认非理性而且往往是不可预测行为的重要性，明白市场变化受制于群体疯狂及非理性判断等诸多因素，市场泡沫实际上是经常出现的。故此，经济学应降低因迷信市场而力图拆除经济安全保障网的狂热。克鲁格曼明确指出，经济学正在重构，凯恩斯经济学仍然是西方应对衰退和萧条的最佳理论框架。它可以推动人们放弃对美联储的顶礼膜拜，开始认真探讨各种有效经济政策的合理组合。而新古典主义在历次经济大危机预测分析方面都彻底失败了。因此，经济学家必须放弃新古典主义“黑板经济学”所展示的由简单设定、优美模型、坚定结论构成的“纯粹的美”，那种美只是“灵巧炫目”而已。①

三、热衷时政的高产作家

克鲁格曼虽然属于学院派精英，但并不希望自己的影响仅限于学术界。作为一名思想活跃的博客写手、文笔犀利的《纽约时报》专栏作家和高产畅销书作者，他擅长用幽默、风趣、深入浅出的语言评论经济时政，吸引了众多普通读者，在国内外拥有广泛的影响力。早在获授克拉克奖时，评审委员会就高度评价了其文笔“可以媲美日

① ［美］保罗·克鲁格曼：“为什么经济学家错的如此离谱”，《银行家》，2010年第7期、第9期。

本的俳句、狄更斯的诗歌和马蒂斯的油画”。[1] 克鲁格曼的许多著作，包括《期望减少的年代》、《亚洲奇迹的神话》、《萧条经济学的回归》、《流行国际主义》、《大破解》、《一个自由主义者的良知》等，甚至连备受各国师生推崇的教科书《国际经济学》等都成为畅销书，为其赢得“平民经济学家”、“明星经济学家”等称谓。

此外，克鲁格曼的演讲才能也毫不逊色于其生花妙笔。他不仅是电视节目的明星嘉宾，还受邀在世界许多国家（包括中国）都做过精彩演讲。瑞典皇家科学院在授予其诺贝尔奖时就曾特别指出，克鲁格曼“作为精通教育学的演讲者和教科书作者受到高度评价”。

克鲁格曼虽然游离于华盛顿政治圈，却时刻不忘知识分子的责任，常言词犀利地针砭时弊。他曾嘲讽经济学家是“通过解释其他人为什么贫穷而自己变得富有”。2008 年 12 月，他在《纽约时报》上撰文，建言奥巴马总统“学罗斯福要趁早”，催其尽快实施经济刺激计划。他在文中进一步指出，上世纪 80 年代，里根政府曾提出“政府不能解决问题，政府本身才是问题”的口号，但现在“只有政府才能解决问题”。[2] 同时，他也在其名为“一位自由主义者的良心”的博客中，提醒奥巴马政府及其经济团队，当心“他们的经济视野因为与华尔街过分亲密而变得模糊了”。2009 年 1 月，他又在《滚石》杂志上发表致奥巴马总统的一份公开信，劝其大胆发挥政府的作用，不要畏惧被看作“马克思主义者”。当克鲁格曼积极议政的言行招致“为何不到政府中直接发挥作用”的诘问时，他一针见血地应答道：在华盛顿好的分析者并不被重视，“马屁精倒是如鱼得水”。

无论著书还是撰文，克鲁格曼不仅旗帜鲜明地支持民主党，还八年如一日地严词批评布什政府。他斥责小布什是历来撒谎最多的总

---

① 余淼杰：《拯救自由贸易——随诺贝尔奖得主克鲁格曼走出全球经济危机》，凤凰出版传媒集团，2009 年版，第 4 页。

② “自由放任与美国独霸时代走向终结——诺奖得主克鲁格曼评析金融危机与世界经济”，日本《读卖新闻》，2009 年 1 月 3 日。

统，从州能源危机、安然公司丑闻到所谓伊拉克拥有大规模杀伤性武器。他抨击小布什上台导致激进右派有效地控制了白宫、国会、多数法院及部分媒体，改变了克林顿政府正确的经济政策，采取了削减富人纳税、减少社会福利、发动伊拉克战争等错误政策等。这导致美国经济出现麻烦——经济衰退、预算由盈余转为赤字、经济丑闻频现、股市下跌、能源危机和环境恶化等。更甚的是，布什政府和新保守主义集团利用"9·11"事件为共和党谋取私利，不择手段地抹黑民主党，子虚乌有地诬陷某些民主党参议员与萨达姆有染。他也曾在"布什之后——新保守派的终结与民主党人的时刻"文章中，描述了保守派占领华盛顿并在经济繁荣时期分化美国社会的手段。由于丰厚的税收优惠，美国富人越来越富，企业盈利被投放到不为人知的领域……"相反，大多数雇员的薪水几乎跟不上通货膨胀的脚步"。他坚决主张回归罗斯福和杜鲁门所代表的价值取向，"为了像富兰克林·罗斯福带领美国参加第二次世界大战那样，诚实、有效地进行伊拉克战争，我们的做法至少要有一点儿像'新政'。"①

四、开拓性理论与思想

诺贝尔评奖委员会认为，克鲁格曼开拓性研究集中体现在1979年和1980年发表的有关新贸易理论的论文，以及1991年有关运用新方法研究经济地理学的论文。同时，他提出的战略性贸易政策理论和重新力推凯恩斯主义，都对政府决策产生重要影响。正如凯恩斯在其经典著作《就业、利息与货币通论》结尾中所言："经济学家与政治哲学家们的思想，无论对错，比一般人所认为的更有影响力。实际上，这个世界是被其他少数人统治的。那些自认为根本不受任何思想

① ［美］保罗·克鲁格曼："布什之后"，德国《商报》，2008年3月5日。

影响的实干家们，通常是某位已故经济学家的奴隶。那些掌权的人，自认为他们的思想来自天启，其实他们的思想是来自几年前的某位作家。我深信，与思想的逐渐渗透相比，既得利益的力量被过分夸大……或迟或早，危险的是思想，而非既得利益。”①

（一）不完全竞争与产品多样性理论

传统贸易理论是建立在比较优势基础之上的。国际贸易的动因在于国家之间在某些方面存在差异——要么是技术差异（英国经济学家大卫·李嘉图在19世纪初提出），要么是要素禀赋差异（瑞典经济学家赫克歇尔—俄林于20世纪20—30年代提出）。这些传统的国际贸易理论在20世纪60年代发展到峰巅，基于要素禀赋差异的模型逐渐成为本学科教科书的范本。然而，正当比较优势理论完全统治理论界时，人们发现，现实中越来越多的国际贸易模式与李嘉图和赫克歇尔—俄林模型预期的结果相背离，而所谓“产业内贸易”却获得大发展，特别是在发达国家之间。这意味着一国可能同时出口和进口或多或少相同的产品。比如，瑞典同时进出口汽车，可是与生产宝马汽车相比，生产沃尔沃汽车并不需要完全不同的技术或劳动力与资本组合。这说明比较优势理论存在缺陷。就此，克鲁格曼提出可以更恰当地解释贸易多样模式的新模型。②

1979年，克鲁格曼在《国际经济学杂志》发表了名为“收益递增、垄断竞争和国际贸易”的论文，构建出一个严谨而精炼的模型，系统阐明规模经济和消费者偏好多样性是如何创造新贸易的。具体而言，每个产业都有许多企业，生产有差异的产品。由于存在规模经济，一个国家不可能生产所有品种的产品。各个国家只专业化生产同

① ［英］约翰·梅纳德·凯恩斯著，陆梦龙译：《就业、利息和货币通论》，中国社会科学出版社，2009年版，第306页。

② 姚曦、林发勤译：“2008年诺贝尔经济学奖获得者保罗·克鲁格曼”，瑞典皇家科学院发布的《经济资料译丛》，2008年第4期。

一组产品内的某些产品，再通过产业内贸易，在减少自产商品花色的同时，增加国内消费者所获商品的品种。由于自产商品种类减少，一国能在更大规模上从事生产，从而提高生产效率和降低成本。由此，在产品生产中追求规模经济效应的根本原因，导致同一产业内必然出现双向国际贸易。因此，一个国家为世界市场专业化生产一种品牌的汽车，同时另一个国家生产另一种品牌汽车是有益的。此时，各国都得到规模经济优势，并以更低的价格和更高程度的产品多样性为世界范围内的消费者带来更多福利。① 这说明，推动国际贸易的动因，除了要素禀赋以外，还有另一个因素——由规模经济导致的产业内分工与贸易。克鲁格曼创新性地利用数学模型，首次清晰地阐述了这一新理论，一举奠定了自身在经济学界的地位。诺贝尔评奖委员会认为仅有 10 页篇幅的该论文，表达方式简洁明快；模型尽管简洁，但运用了特殊清晰的方式表达了关键机制。

（二）运输成本与贸易模式理论

1980 年，克鲁格曼在《美国经济评论》发表了题为"规模经济、产品差异与贸易模式"的论文，通过引入萨缪尔森式的冰山成本分析，严谨地论证本地市场效应，清晰阐释了瑞典经济学家林德 1961 年提出的困扰经济学界多年的问题：为什么会出现贸易格局偏好？他称，规模经济使得每种异质产品的生产集中在一个国家，再到国际市场上去交换。但是，哪个国家生产哪种产品呢？或者说，贸易量确定了，贸易的方向如何确定？克鲁格曼仅用一个本地市场模型就解答了林德疑问：如果两个国家对产品的偏好有很大差异，每个国家都会专业化生产在本国具有较大市场份额的那种产品，并且每个国家都会成为这种产品的净出口国；如果两国具有相同需求模式，那么较大的国家将会成为具有规模经济特征产品的净出口国。因此，国际分工与贸

① 梁琦："2008 年诺奖得主克鲁格曼学术成就评述"，《国际经济评论》，2008 年第 11—12 期。

易模式主要是由本国市场决定的，每个国家都倾向于出口具有较大国内市场的产品。克鲁格曼认为，在贸易商品数目多于要素数目时，两国商品生产和贸易存在较大不确定性，生产模式可能完全由偶然性的历史因素和政府计划所决定。他进而强调，相当一部分国际贸易，特别是经济特征相似国家之间的贸易，其产生原因主要是报酬递增形成的国际分工，而非国与国之间在资源禀赋上存在差别。①

（三）规模报酬与新经济地理理论

1991 年，克鲁格曼在《政治经济学杂志》上发表“规模报酬和经济地理”一文，被誉为新经济地理学的开山之作。他通过建立一个外围模型来解释，为何起初两个人口规模差不多的地区，会发生人口流动和企业迁移，最终形成一个工业化中心和一个农业外围区。在模型中，他假设有两个地区最初人口规模相近，随后假定这种均衡被人口流动打破，从而使一个地区人口略多于另一个。如果本地市场效应与实际工资的影响足够强大，最初人口变化的扰动将进一步刺激人口迁移到更大的区域。这将启动一个累积循环过程，移民人口增加和市场规模再次扩大，从而进一步提高实际工资和刺激移民。特别是当运输成本下降到一个阀值时，集聚的力量会骤增，出现“瞬间突变”。此时，新的均衡不再是原来情况，区域性的不平等内生作用，形成两个不同的中心。有时也会出现相反的变化：企业大量迁移会导致当地市场竞争更激烈，人口大量迁徙必须足够高的实际工资来维持，这也会产生企业从中心向外分散的动机。这种情况是否发生，则取决于运输成本、规模经济和消费偏好的复杂相互作用。克鲁格曼随后得出结论：一个经济规模加大的区域，由于前向和后向的联系，会出现一种持续的制造业集中现象。经济规模越大，集中越明显，运输成本越低，制造业在经济中所占的份额越大，在厂商水平上的规模经

① ［美］保罗·克鲁格曼著，黄胜强译：《国际贸易新理论》，中国社会科学出版社，2001 年版，第 14 页。

济也越明显，越有利于集聚。

该理论的思想渊源来自传统的区位理论，而克鲁格曼的贡献在于，用崭新的方法来研究古老问题，满足了主流经济学对严谨与形式的要求。克鲁格曼的分析使人们更好地理解了为何会出现城市化，快速膨胀的大都市被人口越来越少的农村地区所环绕，经济地理是如何演化为中心—外围结构，以及运输成本下降和技术报酬递减是如何强化这种趋势的。① 但是，这并不必然是唯一可能性。在不同条件下，促成分散化的力量也可能占主导地位，促进了更平衡的发展。克鲁格曼指出，尽管贸易是可能的，但仍然受到运输成本的阻碍。不同的是，劳动力可以自由转移到以实际工资和多样性产品来衡量的更高福利国家或地区。而公司的区位选择则意味着，在利用规模经济和节省运输成本之间的权衡。

（四）战略性贸易政策理论

克鲁格曼在其多篇战略性贸易政策文章中，常提及凯恩斯"强调经济思想对政策的重要影响"，指出政府决策会受到利益集团和政治因素的干扰，如果缺乏系统和深思熟虑的经济理论支撑，就会遭遇重重困难。② 他将产业组织理论与国际贸易相结合，深入阐述贸易政策与本国企业市场支配力之间的关系。他认为，由于国际市场上的不完全竞争和现代企业规模经济的存在，扩大国际市场份额以扩大生产并降低成本，成为企业在国际竞争中取胜的关键因素。③ 如果政府能够"识别"一些在边际上比其他部门更重要的"战略性"部门，即在该部门中劳动和资本能直接获得比在其他部门更高的回报，或者对经济的其他部门带来特殊利益的"战略性"价值（比如，高技术产

① 胡曙光："克鲁格曼经济思想评述"，《财贸经济》，2009年第1期。

② ［美］保罗·克鲁格曼著，海闻等译：《战略性贸易政策与新国际经济学》，中国人民大学出版社与北京大学出版社联合出版，2000年11月版，第4页。

③ 胡曙光："克鲁格曼经济思想评述"，《财贸经济》，2009年第1期。

业对经济其他部门的技术外溢），政府就应该采取“更积极”的贸易和产业政策，通过保护和补贴政策来增加本国战略性产业力量。传统的经济学观点认为，不存在“战略”部门，因为竞争会使任何不同部门之间同质的劳动或资本所获得的报酬趋同。但是，由于当今规模经济、经验优势以及创新的重要作用，某些产业的战略性地位愈发突出。[①] 面对战略性贸易政策带有一定保护主义色彩，克鲁格曼发出“避免其他国家贸易报复”的警告。同时指出，一些与贸易政策利害攸关的利益集团也能轻易地借口是“战略部门”，去支持那些有利于自己而对整个国家不利的政策。因此，实行战略性贸易政策是有风险的。

（五）复兴凯恩斯主义

克鲁格曼指出，我们处在一个新的萧条经济学时代，洞察大萧条的经济学家凯恩斯在当今的意义要比在以往任何时候都要大。[②] 有学者评论道，不能把克鲁格曼视为新凯恩斯主义者，他实际上更接近于老凯恩斯主义者。他们都坚持凯恩斯的宏观分析方法，有别于新凯恩斯主义者将凯恩斯的宏观分析微观化。[③] 即便如此，笃信凯恩斯主义的克鲁格曼对民主党人奥巴马上台寄予厚望，认为这位非洲裔总统能够执行体现凯恩斯经济思想的国家干预政策。他曾发表致奥巴马的公开信，劝其大胆发挥政府作用挽救和刺激经济，义无反顾地推进全民医疗保障；要大兴公共工程、向富人征税、提供全民医疗保障，扩大政府的作用以拯救美国经济。

与此同时，他也对奥巴马刺激经济的一些具体做法提出严厉批

① ［美］保罗·克鲁格曼著，海闻等译：《战略性贸易政策与新国际经济学》，中国人民大学出版社与北京大学出版社联合出版，2000 年 11 月版，第 21 页。

② ［美］保罗·克鲁格曼著、刘波译：《萧条经济学的回归和 2008 年经济危机》，中信出版社，2009 年版，第 180 页。

③ 方兴起：“保罗·克鲁格曼理论体系的二重性质”，《管理学刊》，2010 年第 4 期。

评，认为总统不应该救助“基本上是行尸走肉的金融体系”。这些批评言论显然惹恼了奥巴马，以致他在一次新闻发布会上略显恼怒地邀请克鲁格曼提出“更好的稳定银行系统方案”。克鲁格曼随即列举冰岛的例子，指出其他国家都拿纳税人的钱去救银行，冰岛反其道而行，让银行倒闭，反而扩大了社会安全网。多亏冰岛未加入欧元区，冰岛克朗才得以大幅贬值，利于经济复苏。

此外，克鲁格曼在国际货币经济学等方面也做出重要贡献。1991年，他根据美国著名经济学家威廉姆森 1985 年提出的汇率目标区方案，创立汇率目标区的第一个规范理论模型——克鲁格曼目标区理论及模型。他为此建立了一个新的研究货币危机的分析框架，认为政府试图维持固定汇率是不合理、也是不可能的。他认为，通过购买和出售大量货币，政府在短期内可以保持固定汇率。但是，理性投资者考虑到政府未来外汇储备枯竭的预期，将引发投机而袭击该国货币。克鲁格曼上述简单的模型抓住了货币危机的基本机制，极大地激发了日后相关理论的大量研究。

五、关注中国经济

近年来，克鲁格曼也如众多经济学家一样，不能不关注中国经济变化。他一方面称赞中国经济的巨大变化，另一方面也以美国“主流经济学家”身份，对中国经济发展提出个人的不同看法。昔日，在衰落的大英帝国和崛起的美国之间的利益冲突中，凯恩斯坚定地站在大英帝国一边。今日，克鲁格曼追随前辈的足迹，在和平发展的中国与霸权衰落的美国的利益冲突中，毫不犹豫地力挺美国。[①]

克鲁格曼作为侧重国际经济研究的经济学家，很早就注意到中国

① 方兴起：“保罗·克鲁格曼理论体系的二重性质”，《管理学刊》，2010 年第 4 期。

国际经济地位的变化。他认为，虽然美国对外关系在“9·11”后重点落在伊朗、伊拉克和阿富汗，但美国“最重大的外交政策问题，与远东而不是中东有关”，关键的问题尤其与“中国经济增长所带来的影响有关”。[①] 2005年，他敏锐地指出“中国影响世界经济的命运，一旦中国决定停止购买美国国债，美元会急剧下跌，利率会上升，房地产泡沫会破灭，这会使美国经济——世界经济的重要引擎之一立即停止运转。[②]

次贷危机爆发后，克鲁格曼指出，在他有生之年将会看到中国取代美国成为全球经济第一大国。他肯定当前中国在应对经济危机中的举措，称其“已取得非同凡响的效果”；表示与一些国家完全依赖市场自我修复不同，中国始终以积极的态度应对危机，并采取了切实行动。“中国所采取的行动，某种程度上正是我一直敦促奥巴马政府去做的——用大规模、大力度的刺激方案扭转经济颓势。”他也认为，中国将与美国、欧盟、印度一起在世界经济复苏中发挥关键作用。[③]

与此同时，克鲁格曼也直言不讳地指出中国经济的问题。他认为，中国经济增长的动力来自政府主导的大规模固定资产投资和人为压低劳动力成本，这种近乎重商主义的经济政策难以持久。相比较而言，更健康和可持续的经济发展应该来自消费和技术进步。[④] 中国如此巨大的贸易顺差不完全是比较优势的结果，它是政策的结果，不是市场自然的结果。

针对中国拥有巨额美元储备，克鲁格曼认为，是中国自己走进了“美元陷阱”。中国完全可以将外汇储备多元化，不必把自己拴在美

---

① ［美］保罗·克鲁格曼：“与龙打交道”，美国《纽约时报》，2008年1月4日。

② ［美］保罗·克鲁格曼：“中国手握世界经济命运”，《国际先驱导报》，2005年7月15日。

③ “自由放任与美国独霸时代走向终结——诺奖得主克鲁格曼评析金融危机与世界经济”，日本《读卖新闻》，2009年1月3日。

④ 余淼杰：《拯救自由贸易——随诺贝尔奖得主克鲁格曼走出全球经济危机》，凤凰出版传媒集团，2009年版，第126页。

元上。但是，它目前拥有的美元如此之多，以致于不能出售。因为中国一旦大规模出售美元，就会引起美元价格大跌。中国央行行长周小川的"超主权储备货币"构想，实际上就是呼吁他人来挽救中国，让中国避免吞咽投资错误所产生的恶劣后果。克鲁格曼强调，如果不能改变当初让中国陷入"美元陷阱"的政策——包括实际固定汇率制度和过高的储蓄率，中国还会越陷越深。

2009年访华期间，面对广大支持和欣赏他的中国学者和民众，克鲁格曼不留情面地指出，多年来美国财政部否认中国操纵人民币汇率，实际上它在说谎。在如今失业率持续攀升的世界，贸易盈余的国家都是麻烦制造者；中国的经济统计数据难以真实地反映现实情况。他称，"中国已经成为一个主要财经和贸易大国，但其表现却不像其他经济大国。中国遵循重商主义政策，人为地保持大量贸易盈余。在如今这个陷入经济衰退的世界，不客气地说，这一政策是掠夺性的。"他进而批评"中国的行为很恶劣。美国正在放松货币政策，由此带来的结果就是美元贬值。而中国实际上在追寻紧缩政策，以抵消人为的人民币疲软造成的通胀影响。中国这样做确实很坏。"

针对克鲁格曼的批评言论，摩根斯坦利经济学家史提芬·罗奇回应说："我们应当把克鲁格曼手中的大棒拿走……我认为他的说法完全错误。与其责备中国，我们更应该处理好自己的事情。"他表示，美国的贸易赤字与中国人没关系，反倒是与美国人储蓄率过低紧密相关。如果人民币大幅度升值，中国和美国的贸易赤字只不过会转向其他与美国拥有贸易赤字的国家。哈佛大学著名经济学家罗伯·特巴罗甚至认为克鲁格曼"只说对自己的政策主张有利的东西，他的所作所为一点儿也不像经济学家"。①

---

① 罗雪群、季玲："另一种眼光：2010年国外学者看中国"，《北京日报》，2011年1月10日。

“欧元之父”罗伯特·蒙代尔*

加拿大著名经济学家罗伯特·蒙代尔（Robert Alexander Mundell）是1999年诺贝尔经济学奖得主，现为美国哥伦比亚大学教授。作为最优货币区域理论的奠基人，他因倡吁并直接参与欧元设计①而被誉为“欧元之父”；作为经济学供给学派创始人之一，他凭借提出货币与财政政策搭配理论、从货币角度研究国际收支理论及通胀和利息理论②等诸多理论建树，而被加拿大媒体评价为“在世的最具影响力也最具争议的经济学家之一”。③

---

* 陈晴宜，中国现代国际关系研究院世界经济研究所助理研究员。

① 1972—1973年，蒙代尔是在布鲁塞尔起草《统一欧洲货币报告》的九名顾问之一。

② “The Works of Robert Mundell, Biography”, http://robetmundell.net/biography/.

③ “The Global economist at home: From his Tuscan castle, Canadian Robert Mundell is changing world economies,” *The Ottawa Citizen*, July 25, 1998.

一、起伏人生路

蒙代尔是加拿大历史上首位诺贝尔经济学奖得主，[①] 但出身极为普通。1932 年 10 月 24 日，他生于加拿大安大略省金斯顿郊外一个叫拉帝默的小镇。父亲威廉·蒙代尔在军中服役，母亲丽拉·蒙代尔是连中学都没有毕业的普通家庭妇女。家乡小镇地处偏远，人烟稀少，在蒙代尔的记忆中“只有一所学校、一座教堂，再加上一家奶酪小工厂。”而镇上的学校条件极其简陋，“只有一间教室、十几个学生。由于条件所限，几个年级的学生只能共用一间教室。”蒙代尔和哥哥也因此成为“同窗”。

尽管就读的学校设施简陋，自幼聪颖好学的蒙代尔在学校却如鱼得水。念到二年级时，由于全年级只有他一个学生，老师建议他直接跳级念三年级。蒙代尔日后追忆那段自由的学习时光称：“我很适应这样的教学，可以跳级，也可以自由掌握学习进度。这样的经历引导我能动地安排课堂外活动，学会更发散的思维和创新思考。”蒙代尔获得诺贝尔奖后，骄傲的家乡人商议为他建立纪念碑。有感于家乡人的热情，年近古稀的蒙代尔欣然携幼子衣锦还乡。

二战结束后，蒙代尔的父亲从军中退役，举家迁往加拿大西部菲德尔峡谷。蒙代尔在当地高中毕业后，进入位于温哥华的不列颠哥伦比亚大学。其间，两次货币价值波动偶然促成他确定了未来研究方向：一是 1949 年曾为世界上最稳定、最坚挺的货币——英镑贬值。年轻的蒙代尔不解其故，而老师们也未能对此做出合理解释。喜欢刨

---

① 1996 年诺贝尔经济学奖得主、蒙代尔在美国哥伦比亚大学的同事 William Vickrey 同样生于加拿大，但成长于欧洲和美国，为美国公民。参见 Rachel McCulloch，“Robert Alexander Mundell：Theorist in Search of Policy Influence”，*Kentucky Journal of Economics and Business*，Volume 19，2000。

根问底的蒙代尔为此查阅大量资料，并在寻找答案的过程中萌生了对经济学的兴趣。直至成为经济学家之后，他才发现“那次英镑贬值其实是个错误。”二是20世纪50年代，加拿大迫于国内经济困境，放弃了坚持百余年的固定汇率，转而实施浮动汇率。浮动汇率究竟有什么好处？这一疑问同样令蒙代尔迷惑不已。为揭开谜底，他开始系统学习经济学理论，逐渐体会到“学经济是一件令人放松的事。它充满挑战，可给人启迪，而且非常有意义。”从此，他真正爱上了这门学科。

1953年大学毕业后，蒙代尔于次年顺利获得美国华盛顿大学的硕士学位。其后，痴迷经济学的他仍想继续深造，但苦于经济窘迫而驻足不前。这时，三位教授给了他三条不同建议：一是选择奖学金最多的学校；二是借钱读最好的学府；三是娶有钱的妻子，靠妻子资助完成学业。最终，蒙代尔听从了第二位教授的建议，毅然贷款去读有保罗·萨缪尔森等顶尖经济学家任教的麻省理工学院。他后来不无得意地回忆说，那是他一生最正确的选择之一。在麻省理工学院，蒙代尔“受到了最好的教育”：师从萨缪尔森学习动态经济学，追随阿罗学习一般均衡理论，跟从米德和金德伯格学习国际经济学。他“贪婪”地汲取每位大师身上的学术精华，为日后成功打下了坚实基础。1955年，蒙代尔进入伦敦经济学院学习了一年。1956年，他凭借题为《论国际资金流向》的论文获得麻省理工学院经济学博士学位。

蒙代尔师从过多位诺贝尔奖得主，但从未成为任何人的“信徒”，而是“结合他们的思想和自己的哲学与观察”，另辟独特的思维路径。他欣赏萨缪尔森的动态经济学，但毫不客气地指出其过于一般化的体系往往流于空洞无物；他赞扬米德对古典贸易理论的贡献，却不赞成其浮动汇率主张；他喜欢亚当·斯密并重视其理论，却不同意斯密对重商主义学说的批评；他视穆勒为“古典贸易模型真正的英雄”，却一针见血地指出“穆勒—陶西格—凯恩斯”谬误伤害了国际经济学的发展。对认为正确的东西，蒙代尔总是立场坚定，“像坚持真理一样”，没有丝毫退缩与犹豫。他曾经向学生透露，自己每一份有影响的论文在发表之前，都至少被拒刊一次以上。[①] 上世纪 60 年代初，他提出最优货币区域理论时，曾被人讥为“疯子”，相关论文也惨遭退稿。但是，他不言放弃，不断向杂志社投稿，最终得以发表并广获赞誉。

蒙代尔在学术领域虽然享有盛名，但为人处世却颇惹争议。早在上世纪 80 年代初，他就因杰出理论建树而被列入诺贝尔奖候选人名单，结果却因“举止怪异，行为不检”而遭除名。1972 年，他第一次婚姻触礁，人生也跌入低谷。他变得厌倦学术，转而热衷绘画。据他的朋友回忆，那段时间蒙代尔疏于仪表，头发留得又粗又长，而且还酗酒和暴食，“看起来就像一个面团宝宝（Pillsbury Doughboy）……身材臃肿、脸色苍白，吃高胆固醇食品，每晚喝一大瓶马丁尼酒。人们传言他喝醉后曾落水而被冲上岸。”[②] 那段时间，他总是躲在家里足不出户，迷恋电视节目，行事懒散、马虎：曾因延时拆信而错过当选美国计量经济学院士的喜讯；当选美国经济学会主席后，又忘记出席就职典礼；担任《政治经济学学报》主编期间，因懈于看稿复信而令该刊物惨遭倒闭。在公众场合，他一向我行我素。1999 年，他在诺贝尔颁奖晚会上放声高歌，全然不顾台下反应。舆论为其迟获诺贝尔奖感到遗憾，他本人却不以为意，反为近百万美元的奖金头疼。最后，他的处理方式颇具戏剧性：先修缮位于意大利的豪宅，再给儿子买马，余钱以欧元形式存入账户。

蒙代尔晚年生活幸福，与前妻芭芭拉离婚数载后，结识了现任妻子瓦拉莉（Valerie Natsios），一位比他年轻 20 岁的诗人。1997 年 12 月，两人的儿子尼古拉斯出生。除尼古拉斯以外，蒙代尔还与前妻育有 3 个子女，分别是保罗·亚历山大、威廉·安德鲁和鲁宾·莱斯

---

① Rachel McCulloch, “Robert Alexander Mundell: Theorist in Search of Policy Influence”, *Kentucky Journal of Economics and Business*, Volume 19, 2000.

② 蒙代尔的儿子威廉驳斥这种说法“言过其实”，称自己从未见过父亲那样。参见“Mundell Wins Nobel Economics Prize”, www.thecanadianencyclopedia.com/index.cfm?PgNm = TCE&Params = M1ARTM0012030。

利。有人调侃说，儿子尼古拉斯和欧元都是蒙代尔晚年喜获的挚爱宝贝。

二、现代国际经济学先驱

蒙代尔一生著述甚丰，除在学术刊物上发表百余篇论文，还出版了《国际货币体系：冲突与改革》（1965 年）、《人类与经济学》（1968 年）、《国际经济学》（1968 年）、《货币理论：世界经济中的利息、通货膨胀和增长》（1971 年）等专著，并与人合编《新国际货币体系》（1977 年）、《世界经济的货币议程》（1983 年）、《全球失衡》（1990 年）、《债务、赤字和经济绩效》（1991 年）、《建设新欧洲》（1992 年）、《中国的通货膨胀和增长》（1996 年）和《欧元作为国际货币体系稳定器》（2000 年）等多部著作。

蒙代尔的重要理论都是在 20 世纪 60 年代提出的，如 1961 年的"最优货币区域理论"、1962 年的"适当运用货币与财政政策以实现内外部均衡"和 1963 年的"资本流动与固定和浮动汇率制下的稳定政策"等。尽管已过去几十年，但正如瑞典皇家科学院诺贝尔经济学奖授奖公告所言，蒙代尔的贡献"仍然十分突出"，他"对不同汇率体制下货币和财政政策的分析及对最优货币区域的分析"使其在 1999 年登上世界经济学最高领奖台。他的研究成果"启迪了几代研究者……并且构成了国际宏观经济学教学的核心……他的研究产生了深远和持续的影响，因为他结合了清晰易懂的严格分析、直觉的解释，并推导出行之有效的政策措施"。

蒙代尔"不是那种将自己关在象牙塔里的学者"。[①] 他在国际经济学界成名早、人脉厚，与很多优秀学者私谊深厚。他的足迹遍布世

---

① 苏伟文："欧罗之父蒙代尔教授：共同货币的先知"，www. cuhk. edu. hk/nobel-lectures/2006 – 05/article-mundell. html。

界各地，曾在北美洲、南美洲、欧洲、非洲、澳大利亚和亚洲多所著名大学任教和多个国际机构任职。早在1956—1957年在美国芝加哥大学完成政治经济学博士后的研究之后，他就进入斯坦福大学和约翰斯·霍普金斯大学高级国际研究院Bologna（意大利）中心任教。1961—1963年在国际货币基金组织研究部门供职期间，是蒙代尔学术研究的高产期。究其原因，可能在于国际货币基金组织的工作激发了蒙代尔选择研究课题的热情，也增大了他在经济决策者中的影响力。1964—1978年，蒙代尔出任Bellagio-Princeton国际货币改革研究小组成员。此间，他于1965—1975年在瑞士日内瓦的国际研究学院担任国际经济学暑期教授；1966—1971年在芝加哥大学担任经济学教授和《政治经济期刊》编辑；1971—1987年担任Santa Colomba国际货币改革会议主席；1974年后，他一直任美国哥伦比亚大学经济学教授。1997年，他参与创立《Zagreb经济学杂志》；1999年参与创建世界经理人集团，同年起出任香港中文大学博文讲座教授；2002年起担任世界品牌实验室主席；2009年起获聘担任女娲亚太基金会资深国际专家顾问。此外，他还先后担任过联合国、世界银行、欧盟委员会、加拿大政府、拉丁美洲和欧洲多国以及美国财政部和美联储顾问。

在半个多世纪的职业生涯中，蒙代尔获奖无数，除诺贝尔经济学奖的殊荣外，他还拥有超过50所大学颁发的荣誉教授和荣誉博士头衔，是美国文学及科学院院士、美国经济学会杰出院士、北美经济财经学会和国际大西洋经济学会前任会长。此外，他2002年获授加拿大最高荣誉勋章（Companion of the Order of Canada），2005年获德国基尔世界经济学研究所颁发的全球经济学奖，同年获封大英帝国“大十字最高级勋位爵士”称号。

三、开放经济下宏观稳定政策研究的奠基人①

宏观稳定政策理论体系构成了开放经济货币与财政政策理论的基石，蒙代尔在该领域的贡献是其获颁诺贝尔经济学奖的重要原因。

（一）蒙代尔—弗莱明模型

1963 年，蒙代尔在《加拿大经济学和政治科学期刊》上发表“资本流动与固定和浮动汇率制下的稳定政策”一文。他在文中运用凯恩斯的总需求理论和一般均衡的分析方法，对封闭经济下的“IS—LM 模型”进行拓展，引入对外贸易和国际资本流动，重点分析开放经济下货币和财政政策的短期效应。他得出的基本结论是：宏观稳定政策的效果将随国际资本流动的程度发生变化。在不同汇率制度下，宏观政策效果完全不同。假设资本完全自由流动且国内外利率一致，在固定汇率制下，财政政策对收入和内部均衡的效果更强，货币政策无效；在浮动汇率制下，货币政策效果更强，财政政策无效。

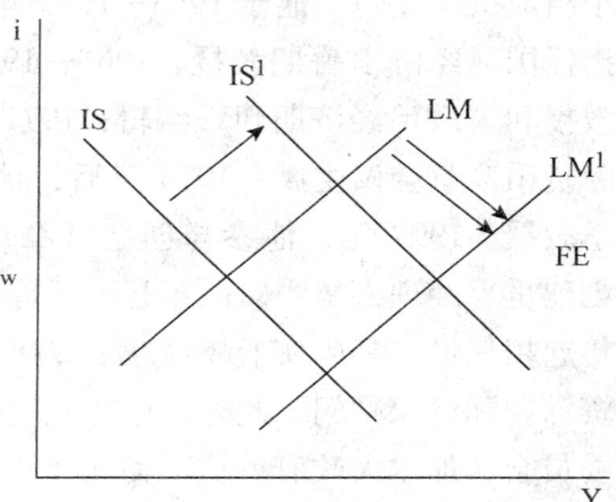

几乎与蒙代尔同一时期，其在国际货币基金组织的同事弗莱明（John Marcus Fleming，时任国际货币基金组织研究部门主管，正是

① 冯晓明：“开放经济下宏观稳定政策研究的奠基人——’99 经济学诺奖得主蒙德尔及其思想评述”，《国际经济评论》，1999 年 11—12 月。

他聘请蒙代尔到国际货币基金组织工作的）也对开放经济下的稳定政策进行了类似研究。他们的成果被合称为“蒙代尔—弗莱明模型”。但无论是研究的深度、广度，还是分析的力度，蒙代尔的贡献都超过弗莱明。[①]

对“蒙代尔—弗莱明模型”，蒙代尔本人曾有过一番表述：这个模型形成的第一篇文献，是1960年发表于《经济学季刊杂志》上的题为“在固定和浮动汇率下国际调整的货币动态”论文，其基本思想是在静态条件下，提出商品和服务市场以及国际收支平衡两个等式；第二篇文献“国际不平衡体系”[②] 则引入凯恩斯理论，将商品和服务市场、国际收支平衡、资本流动、货币调整等结合在一起，回答包括货币政策和财政政策在内的很多问题。1962年弗莱明也写了一篇文章，[③] 其理论“有不同之处，但也有很多重复的地方。因为，他显然读过我此前的文章，也就是‘蒙代尔—弗莱明模型’中蒙代尔的部分”。例如，弗莱明在文章中对货币供给做出假设，引入货币市场及商品和服务市场，“这实际上是我的模型的一个变体”。弗莱明的模型存在一些错误，导致在动态调整中遇到困难，其文章最终证明的是一个负面结论。蒙代尔自称，他在1963年发表的文章实际上是日后被称作“蒙代尔—弗莱明模型”的原型。文中假设资本完全流动，这在20世纪六七十年代和八九十年代的经济制度下，是一个非常好的模型，也是过去模型的发展。蒙代尔的学生之一鲁迪·多恩布施在自己的著作中正式将上述模型称为“蒙代尔—弗莱明模型”，而“这就是‘蒙代尔—弗莱明模型’名字的由来”。

对于应叫“蒙代尔—弗莱明模型”，还是“弗莱明—蒙代尔模型”，蒙代尔表示自己“从没有参加过关于这个问题的讨论”。直到

---

① 冯晓明：“开放经济下宏观稳定政策研究的奠基人——’99经济学诺奖得主蒙德尔及其思想评述”，《国际经济评论》，1999年11—12月。

② 该文1961年发表于著名刊物Kyklos。

③ 指的是“固定和浮动汇率制下国内金融政策”（Domestic Financial Policy under Fixed and Flexible Exchange Rate）。

国际货币基金组织请他去介绍“蒙代尔—弗莱明模型”的源起，有人质疑他的文章发表于1963年，而弗莱明的文章发表于1962年时，蒙代尔回应道：“他们只看到这两篇文章，而没有看到此前早在1960年就发表的文章。就我本人来讲，叫‘蒙代尔—弗莱明模型’或分开叫‘蒙代尔模型’和‘弗莱明模型’都无所谓”。如果非要放在一起命名，“我认为应该是‘蒙代尔—弗莱明模型’，而不是‘弗莱明—蒙代尔模型’”。[①]

20世纪60年代初，世界大多数国家都处于布雷顿森林体系的框架下，实行固定汇率制度，资本流动受到严格限制。在这样的背景下，蒙代尔对资本自由流动和浮动汇率下的稳定政策进行分析，足见其研究的创造性和前瞻性。当然，这与他出生在加拿大不无关系。[②]20世纪50年代，加拿大开始放松资本管制，允许加元与美元联合浮动。“蒙代尔—弗莱明模型”在评价当时加拿大经济对策方面发挥了很大作用。至60年代末资本流动放松管制和70年代初布雷顿森林体系崩溃后，蒙代尔的研究愈发引起世人瞩目。“全世界正在讨论改革货币制度问题，并且资本的流动性正在加剧，这与蒙代尔等人设想的世界十分接近。”[③]

（二）货币动态分析方法

二战后的十多年中，经济学界对国际收支调节的分析主要以静态模型（如国际收支弹性分析法）为基础，强调相对价格对国际贸易流量的影响。蒙代尔在大卫·休谟的“黄金—现金流量”调节机制基础上，引入“货币因素”和“存量”概念，建立动态模型来解释

---

① ［加］蒙代尔：“蒙代尔—弗莱明模型和它的批评”，http：//www. pbcti. cn/main/show. php？id＝1917。

② 何帆：“蒙代尔：光荣属于20世纪”，http：//www. china-review. com/gao. asp？id＝8079。

③ ［日］须田美矢子：“芒德尔的模型将成为宏观政策的基础”，《日本经济新闻》，1999年10月26日。

长期国际收支失衡的原因并提出消除方法。

在分析过程中，蒙代尔分别考虑了固定汇率制和浮动汇率制下国际收支不同的调节机制。在固定汇率制下，根据货币市场均衡条件，如果货币当局采取扩张性货币政策，增加货币供给的国内部分，由于货币需求未增加，货币存量供给将大于货币需求，多余的部分将会流出国外，导致外汇储备下降，出现国际收支赤字。相反，如果由于某种原因对货币存量的需求增加，而央行不相应增加货币供给的国内部分或增加幅度不充分，过剩的需求则必须由资本流入即外汇储备的增加来满足，这时就产生国际收支盈余。国际收支失衡是暂时的，长期随资本流出或流入，过剩的供给或需求将自发得到消除。因而，国际收支具有自动回复平衡的趋势。而在浮动汇率制度下，国际收支失衡会通过汇率变动影响出口变化得到即时调节，不涉及货币或外汇储备的国际流动。

蒙代尔在此项研究中发现，一国货币贬值是由于该国货币长期增长超过实际收入增长或货币需求增长，货币升值则是由于货币长期增长不足造成。换言之，当一国面临较其他国家更大的通胀压力（货币增长超过实际收入增长而产生价格上涨压力）时，它的货币会贬值；反之货币会升值。蒙代尔的这种思路被后来的经济学家发展成为汇率决定理论——汇率决定的货币方法。

（三）政策搭配理论分析

在讨论宏观经济的两个目标——内部均衡和外部均衡时，如果不考虑其他因素，多数经济学家会赞成采取以下政策组合：通过货币和财政政策实现内部均衡，通过汇率变动实现外部均衡。但在 20 世纪 60 年代的布雷顿森林体系下，多数国家汇率固定，并不能发挥调节国际收支的功能。为此，蒙德尔在 1962 年构建了一个简单的动态模型，考察固定汇率制度下如何运用货币和财政政策同时实现经济的内外均衡。

蒙代尔假设，短期资本对国际间利差敏感（这个假设在通常情况下是成立的），直接改变货币供给和利率的货币政策，既可通过影响投资来促进国民收入变化，也可通过引起国际资本流动来改变外部均衡状况；而财政政策并不必然影响利率变化，即便影响起来速度也较慢。换言之，货币政策比财政政策更适用于实现外部均衡目标。如果将财政政策专门用于实现内部均衡（总需求），将货币政策专门用于实现外部均衡（国际收支），经过一段时间调节，经济将逐步趋向内外均衡；反之，如果将财政政策用于实现外部均衡，而将货币政策用于实现内部均衡，经济将偏离均衡越来越远。蒙代尔这种观点与当时盛行的将各种政策工具混合起来共同实现一组目标的理论有本质区别。

实际上，这正是蒙代尔“有效市场分类原则”的具体阐述。该原则认为，各种政策工具调节的市场不同，发生作用的速度也不同。为防止经济剧烈波动，应根据政策工具对应的市场影响力来分配其负责实现的目标：货币政策承担稳定国际收支的任务，财政政策承担稳定国内经济的任务，二者分别由央行和政府独立执行。这与当时流行的一国所有经济政策均由一个机构同时决定和协调有很大不同。

（四）学术贡献评价

现在看来，受同时代宏观经济学整体研究水平的限制，蒙代尔的稳定政策理论无疑是有其局限性的。他对金融市场的预期高度简化，价格在短期内完全刚性的假设与现实不符；他的货币动态分析也没有考虑微观经济主体（企业和居民）决策的影响。然而，无论如何，其研究“奠定了开放经济中货币与财政政策理论的基石”，系统地描述了什么是标准的国际宏观经济学模型。他在其中做出主要贡献的“蒙代尔—弗莱明模型”，被视为“近几十年来宏观经济学取得的最具影响力的进展之一”。时至今日，它“仍是大多数政策制定者的默认模型。它所做的预测如此卓越且简单易懂，以致新的模型仍需继续以其为标尺进行检验”。[①]

同时，蒙代尔引入的货币动态分析法被认为是国际宏观经济学研究的分水岭，在凯恩斯主义的短期分析和古典的长期分析之间架起了一座桥梁。实际上，这种动态分析是国际收支货币分析法的雏形。[②]与传统方法相比，国际收支货币分析法并不具体分析和解释经常项目和资本项目的变动情况，而是集中分析官方储备（所谓国际收支账户的线下部分），强调官方储备变化对货币供给的影响。虽然部分经济学家批评这种分析方法过于简化，但它对许多重要国际经济事件（如20世纪70年代全球性通胀）的解释力胜过传统方法，因此长期以来被视为开放经济下稳定政策的重要分析方法，在制定政策时得到广泛运用。

此外，蒙代尔对浮动汇率下经济调整的分析，奠定了汇率货币分析法的基础；[③]他的政策搭配思想成为各国宏观经济管理的重要理论依据；他的“有效市场分类原则”被后来学者所采纳，并在此基础上发展出新理论。后者较著名的例子如下：多恩布施（R. Dornbusch）和库里（R. Kouri）从该原则出发，提出了“过度调整”模型，为浮动汇率下的汇率异常波动提供了新解释。蒙代尔的短期和长期分析得出同一政策结论，即资本流动、固定汇率和货币政策独立性三者不可兼得，最多只能同时满足两个。该著名“三元悖论”（The Incompatible Trinity）早已成为经济学界常识，也是多数经济学家讨论现实经济稳定政策的出发点。

---

① http://robertmundell.net/mundell-as-in/mundell-fleming-model/。

② 周先平、艾娇：“蒙代尔的学术思想及评价”，《金融教学与研究》，2000年第3期。

③ 周先平、艾娇：“蒙代尔的学术思想及评价”，《金融教学与研究》，2000年第3期。

四、最优货币区域理论之父

蒙代尔享有“欧元之父”的美誉，其获授1999年诺贝尔经济学奖也部分归功于他在共同货币领域发表的预言性理论，为欧洲单一货币——欧元的发行奠定了基础。但蒙代尔本人对此轻描淡写，曾对媒体表示：“（称我为欧元之父）这种说法太过了。我也许是欧元之父，也许只是几位欧元之父中的一位。”在蒙代尔的官方网页（robert-mundell. net）上，可以看到如下介绍：“（蒙代尔教授）准备了欧洲共同货币的最初计划之一，被认为是最优货币区域理论之父”。

2011年，《美国经济评论》评出百年20篇最佳论文，蒙代尔发表于1961年的“最优货币区域理论”荣膺其列。文中，他提出了一个在当时看来十分激进的问题：什么情况下，多个地区放弃货币主权采用统一货币是有益的？如前所述，20世纪60年代初期，全球固定汇率盛行。虽然也有少部分学者开始探讨固定汇率制与浮动汇率制孰优孰劣的问题，但通常仅限于学术讨论，一国拥有独立货币被视为毋庸置疑的公理。

作为固定汇率制的支持者，[①] 蒙代尔率先指出，通过联合区域内的数个国家共同建立最优货币区域，能同时实现固定汇率制和浮动汇率制的优势。建立最优货币区域、使用共同货币，意味着对内彻底消除汇率波动，对外货币仍然自由浮动。由此带来的好处不仅包括实现规模经济、降低交易成本，还能减少相对价格波动的不确定性。

但数国间是否适宜建立最优货币区域，蒙代尔对此的解答就是“需满足一定经济标准”。他最早提出，最优货币区域内的劳动力必须能够自由流动，以确保当需求发生变化或受到其他“不对称冲击”

① 何帆：“蒙代尔：光荣属于20世纪”，http：//www. china-review. com/gao. asp? id＝8079。

时，仍能实现充分就业。这其实是一项严苛的标准。按照此标准，美国作为一个国家，不具备建立最优货币区域的条件，反而应该由临近五大湖区的美国和加拿大城市组成一个最优货币区域。欧洲在严格意义上更不具备建立最优货币区域的条件。实际上，当欧洲联合的创始者们筹划未来蓝图时，他们更关心的是如何通过经济联合来化解政治冲突。随着欧洲联合事业的推进，在欧洲统一市场建立后，欧元的诞生才水到渠成。从这个意义上说，或许莫耐和舒曼们才应称为欧元的生身之父，蒙代尔更像是欧元的“教父”。①

蒙代尔的最优货币区域理论提出后，引发国际经济学界大讨论，经其他学者补充、修正和发展，增加了诸如资本流动性、地区分工和统一的税收转移支付体系等判定标准。这一理论遂被视为欧元的起点，其提议的要素自由流动、汇率统一和经济政策协调成为欧洲货币联盟的三大支柱。

2009 年 12 月欧债危机爆发，给欧元前景蒙上厚重的阴霾，欧元的结构性缺陷及在本次危机中的作用饱受诟病。有舆论将欧债危机的原因归咎于欧元，西方一些媒体开始炒作“欧元崩溃论”。蒙代尔作为“欧元之父”或“欧元教父”，当然也难逃批评和质疑。国际货币基金组织前首席经济学家、美国哈佛大学经济学教授肯尼斯·罗格夫表示：“蒙代尔写了篇有趣论文，建议成立欧元区。但他忽略了很多重要因素，比如说你需要一个共同的财政政策来承担风险，还比如说你需要最后时刻找到出资方。欧元区就像场错误婚姻，这些国家不离婚，欧元区的问题就无法解决。现在是到了改变整个欧元区体制的时候了。”他认为，欧债危机早在欧元区成立时就埋下祸患，“欧元区是个容易引起误导的计划。它不完备且处于脆弱状态”，多政府间不可能只流通一种货币，希腊主权债务违约

① 何帆：“蒙代尔：光荣属于20世纪”，http://www.china-review.com/gao.asp?id=8079。

的可能性是“101%”。[①]

而曾四处推销联盟货币主张的蒙代尔，前些年甚至提出在亚洲建立“亚元”，并宣称世界正朝统一货币方向前进。如今，面对欧元区的危局，他也不得不软化态度。不过，他仍然力挺欧元，坚称欧元区的问题仅限于债务危机而非货币危机；欧元未到崩溃时刻，欧债危机也不能责怪欧元。2010 年 6 月，他接受中国记者专访时强调，欧元是欧洲成为世界上一支重要力量的最后机会；欧元不能崩溃，否则不仅对欧洲，对美国、中国乃至全世界都是一个巨大的坏消息。“欧盟将再次面临 20 世纪 80 年代所面临的问题——严重通胀、货币贬值、再一轮通胀。最终，欧元崩溃将破坏经济稳定，使欧洲陷入接下来 50 年的泥沼。”随即，他指出欧债危机的原因：一是由于欧元币值过高，“如果四年前欧元停止升值，就不会出现我们眼前这场严重的债务危机。相反，欧元一路飙升至 2008 年 6 月的 1 欧元兑 1.64 美元，这也是引发我们现在面对问题的原因之一。”二是希腊等部分收入不高的国家加入欧元区后，迅速向德国等相对富裕国家看齐，实施高支出、高福利政策，这是引发当前债务危机的重要原因。“欧元危机给我们上了一堂传统课，那就是各国政府应该量入为出”。蒙代尔就此提出建议，将欧元区各国的公共债务统合为“欧元区债务”，以减轻目前各国政府的债务负担；严格监督成员国财政预算状况，预防过度开支；认同德国总理默克尔有关“剥夺违反欧元区规定的政府的投票权”提议，“也许会是一种解决方法”。[②] 2011 年年底，他接受记者采访时表示，对欧债危机持谨慎乐观态度；认为欧洲问题虽看起来非常严重，但目前仍有相应解决方案，欧元区面临的压力将迫使欧洲

---

① “欧元区情况更糟，已成为定时炸弹”，中国网 2011 年 11 月 20 日转载《广州日报》，http：//www. china. com. cn/economic/txt/2011 - 11/20/content_ 23963740. htm。

② “欧元之父蒙代尔：欧元不可能崩溃 应向日元学习”，人民网 2010 年 6 月 29 日转载《经济参考报》，http：//www. world. people. com. cn/GB/11996723. html。

实施这些方案。[①]

五、宏观经济学和国际贸易理论大师

蒙代尔发表了大量著作和论文，涉及题材广泛，除国际经济学理论，还包括国际货币制度史和“转型”经济学等，可见其学术知识渊博，理论造诣深厚。除开放经济下的稳定政策理论和最优货币区域理论以外，蒙代尔还对宏观经济学和国际贸易理论做出贡献，主要体现在“蒙代尔—托宾效应”以及商品和生产要素流动观点。前者是1963年6月，蒙代尔在《政治经济期刊》发表“通胀和实际利率”一文，指出较高的通胀会诱使投资者为增加实际资本投资而减少现金持有量，即通胀预期也可能产生实际的经济效应。1981年诺贝尔经济学奖得主詹姆斯·托宾（James Tobin）也有类似发现。故而，这一通胀效应被合称为“蒙代尔—托宾效应”。而后者则是蒙代尔提出，即使存在贸易壁垒，劳动力和资本等生产要素的国际流动也会导致各国间商品价格趋于一致。该观点与国际贸易中著名的“赫克歇尔—俄林—萨缪尔逊（Heckscher-Ohlin-Samuelson）模型”的主要观点相似。

六、经济学家中的“中国通”

蒙代尔多次访华，十分关注中国的改革，曾经向媒体表示，中国是其最喜欢的国家之一和第二故乡；也曾表示会考虑到华定居，并打

① “欧元之父：中国不要学欧洲引入高福利社会模式”，人民网2011年12月1日转载《新京报》，finance. people. com. cn/GB/16453637. html。

算让幼子到中国学习中文。

早在1995年，蒙代尔就曾在中国人民大学举办的福特西方经济学讲习班任教四个月，并自此与中国结缘。十余年间，他先后40多次来华，足迹遍及中国大江南北。他不仅是人民大学、南京大学、清华大学、厦门大学等国内多所著名高校的名誉教授，人民大学还定期举办以蒙代尔和著名经济学家黄达命名的讲座，并创设“蒙代尔—黄达奖学金”。

近年来，蒙代尔在中国日趋活跃，时而参加自己公司主办的商业活动，时而在个人门户网站秀思想。他不仅在北京创办了蒙代尔国际企业家大学，还帮助北京市政府发起并举办诺贝尔论坛和诺贝尔展览馆。2003年，其学生创立的“世界经理人咨询有限公司”总部迁至北京，蒙代尔获邀出任主席。目前，他的生意已拓展至沪、穗、深等地。

蒙代尔对研究中国经济兴趣浓厚，近年其研究时常涉及中国。如，他曾与国际货币基金组织合作举办关于中国经济的学术研讨会，著有《过渡经济中的货币与金融市场改革：中国的案例》，还主编了《中国的通货膨胀和增长》一书。2005年，他获得北京市政府颁发的“绿卡”，随即存入中国银行10万元人民币，以示对中国经济的信心。在他眼中，21世纪的经济奇迹正在中国上演，当前中国焕发着巨大的经济魔力。他认为，中国经济建设成就得益于稳定的政治格局和利率政策、较高的储蓄率、丰富的人力资源、新技术应用以及全球经济繁荣所引发的出口需求激增；赞誉中国经济增长为世界经济做出贡献，肯定中国应对金融危机措施卓有成效。同时，他还预测未来15—20年中国经济将继续保持较快增长；至2050年有望超过美国，成为世界第一大经济体。

在西方有关人民币是否升值的大讨论中，蒙代尔时常发出与美国官方不同的声音。他反对人民币大幅升值，指出美国施压人民币升值是转移国内焦点、迟滞中国经济发展的一种措施；认为人民币升值不仅解决不了发达国家的经济问题，反而不利于亚洲经济稳定及世界经济复苏。他警告道，人民币贸然升值将给中国经济带来灾难性后果，包括失业率提高、坏账问题恶化、外来投资锐减、经济增速放缓……而这将使广大农村地区遭受打击，社会稳定受到影响，人民币恐失去区域性国际货币的地位。

与此同时，蒙代尔支持中国实行固定汇率，认为采取浮动汇率制将增加经济的不稳定性。他为此建议中国维持人民币对美元的固定汇率，同时推进货币自由化，如更广泛地允许储存和使用外汇收入，逐渐使人民币成为可兑换货币。此外，他还主张让人民币在国际货币体系中发挥更重要作用，曾提出全世界应建立以固定汇率制为基础的美元、欧元和人民币三位一体的货币体系，并将其命名为“INTOR”。蒙代尔认为在欧元及美元之外，人民币也可以成为国际货币体系中重要的储备货币，其条件是人民币实现自由兑换并承诺进一步收支平衡。

针对中国经济面临的各种问题，蒙代尔经常接受媒体采访加以点评。如，他曾指出能源将成为中国经济发展瓶颈，建议中国重视石油储备、发展核能；提醒中国确定经济发展的短—中—长期重点，短期要解决包括汇率政策在内的宏观经济管理问题，中期须解决农村贫困和大规模城市化问题，长期须应对人口老龄化带来的危机。

2008年底，面对全球金融危机，蒙代尔曾建议中国发放消费券，并规定三个月内花光。他坚决反对中国借钱给欧洲，认为这对欧洲目前债务危机没有任何帮助，反而还会进一步加剧欧洲负债；建议中国从欧债危机中吸取教训，避免引入欧元区的福利社会模式。同年，他获任广西北部湾银行筹备组荣誉顾问，对北部湾地区经济发展及泛北部湾经济合作提出颇有见地的意见，如港口城市应有不同分工，须避免无序竞争等。针对上海建设国际金融中心问题，他建言上海从提升语言水平、开发金融创新产品等领域向香港学习，加强沪港金融整合。访问广州时，他则建议该市推广城市品牌，恢复使用英语旧名。

“软实力之父”约瑟夫·奈*

掌握了知识和思想，也就掌握了通向世界未来的钥匙。约瑟夫·奈（Joseph Jr. Nye）堪称影响美国外交、公众舆论和世界政治的思想先锋。作为国际关系学者，从“相互依赖”到“一体化”，从“软实力”到“巧实力”，奈频频推出的思想不断“激起学术千层浪”；作为享誉世界的国际政治理论家、教育家，他数度进出官学“旋转门”，对美国政、学两界均有重大影响。

一、思想与实践汇织的多面人生

奈作为美国乃至当今世界上非常有影响的理论家、思想家之一，重视学以致用，强调政治科学对政府政策、社会实践及舆论引导的重要作用。他在政府、学界及社会间的多重身份和自由转换，反映了其“出思想、用思想、重实践”的风格，并据此引领思想与舆论风潮，创造性地解读和把握时代特征，堪称当今国际性思想领军人物。

* 杨文静，中国现代国际关系研究院美国研究所副研究员。

1937年1月19日，美国新泽西州南橘市的证券经纪人约瑟夫·塞缪尔·奈喜得贵子。与父亲同名的奈自幼聪慧好学，是典型的名校骄子。从新泽西州玛瑞斯镇预备学校毕业后，他先后获得普林斯顿大学学士（1958年）、牛津大学硕士（1960年）和哈佛大学（1964年）博士学位。1964年，27岁的奈进入哈佛大学执教，任国际事务中心主任及社会科学系副主任，开启不平凡的学术生涯。与此同时，研究国际政治理论的奈对从政也颇感兴趣，认为它与学术并不矛盾，可验证和践行诸多理论。为此，他三度进入政府任职：1977—1979年任负责安全与科技事务的助理国务卿帮办、国家安全委员会核不扩散小组主席，因工作杰出而获国务院最高奖励；1993—1994年任国家情报委员会主席，直接对总统负责，荣获情报界杰出服务勋章；1994—1995年任负责国际安全事务的助理国防部长，再获杰出服务勋章。1995年后，奈返回哈佛大学，任肯尼迪政府学院院长达10年。

奈作为国际关系理论自由主义学派代表学者之一，不断推出学术著作引领理论发展，并于2005年当选"美国最有影响力的十大国际关系学者"之一。哈佛大学既是其学术起步舞台，也是其思想归宿的殿堂。在那里，他与罗伯特·基欧汉合著的《权力与相互依赖》成为学派代表作之一，其中"相互依赖"理论驰名世界；20世纪90年代初，他出版专著《注定领导世界：美国权力性质的变迁》，凭借提出国际关系中"硬实力"和"软实力"概念，一举奠定自身的思想家地位；此后的《理解国际冲突》一书，则是他在哈佛大学教授国际安全课程的经验总结；"9·11"事件后在痛苦中思索的奈出版名著《美国霸权的困惑：为什么美国不能独断专行》，其中"美国不应独断专行地奉行单边主义，而应与世界其他力量协调，以对付世界所面临的挑战"等论断更是引起国际理论界热议。近年，奈进一步发展和完善"软实力"理论，其"巧实力"思想已成为奥巴马政府外交政策纲领之一。

在国际关系学界，奈以积极活跃著称。他历任阿斯彭战略小组主席、三边委员会执行委员会成员、东西方安全研究所所长、国际战略研究所所长、国际经济研究所顾问委员会成员，担任过联合国军控事务顾问委员会美方代表，也是著名学术刊物《外交政策》和《国际安全》的编委。在以思想引领学术发展的同时，奈颇为重视发挥舆论影响力，社会影响十分广泛，常在《纽约时报》、《华盛顿邮报》、《国际先驱论坛报》和《华尔街日报》等多家主流媒体上发表文章点评时政，也是多家电视台访谈节目的座上宾。

尽管数度穿梭旋转门并屡有建树，奈一直保持着学者的儒雅和思想家的睿智。他身为理论大师，但强烈反对“象牙塔”式、不问世事的学究型研究，一向主张经世致用，强调政治科学与政策紧密结合。他清醒地意识到国际关系学界已越来越脱离政策，曾多次呼吁政治学科要回归现实和服务公众，倡导学者们要提“有意义”的问题，而不应执迷于研究方法，进而陷入“技术主义”的魔咒。他鼓励国关学者走出书斋，积极参与政策事务，用实践经验回馈理论研究。在每个重大时刻，身体力行上述理念的奈总能以超人学识、敏锐洞察力和知识分子厚重的社会责任感捕捉到事实的趋势和本质，从而令其观点影响美国乃至世界的行为方式。他常津津乐道于自己学术与从政相促进、互启发的有益经历，自言受益颇多且乐在其中。而置身政坛外的日子里，他则扮演起忠实的政府劝谏者角色，拳拳爱国心溢于言表。

身为世界闻名的哈佛大学肯尼迪政府学院院长，奈也跻身知名教育家行列。当年，哈佛大学看重他较高的社会威望和学、政两通的卓越资历，重金聘请奈出任院长，并配送一套位于波士顿市郊的高级公寓。他果然不负众望，肯尼迪学院在其苦心经营下蒸蒸日上，不仅社会影响力剧增，其创设的未来领导人培训项目更是炙手可热。奈设计并主持的这一培训项目不仅针对国内外领导人，也面向情报界、媒体和非政府组织潜在的领袖者，充分反映其对未来潮流的体察和把握。由此，肯尼迪学院成为世界名流聚集地，这里的学生也有幸聆听各国政要的亮相演讲，并享有宝贵的与之面对面交流互动的机会。

奈拥有英国、德国和爱尔兰血统，自称“像多数美国人一样是个混合体”。他外表儒雅，性格稳重，平易近人；屡任高官的政客资历令他做事有板有眼、四平八稳，观点不偏不倚、简单明了，让人易于接受。他生活简朴，在哈佛大学的办公室也异常朴素。面对络绎不绝的来访者，从本科生到世界各地的访问学者，奈都一视同仁地热情接待、认真交谈。他口才极佳，风趣诙谐，在哈佛大学很受学生们欢迎。退休后，奈依然教书育人、笔耕不辍，并荣获“哈佛杰出服务教授”称谓。业余时间，他则喜爱徒步旅行、钓鱼、滑雪、园艺及在自家新罕布什尔州的农庄劳作。

二、治学与治世

在国际关系学界，奈的治学特色鲜明。一是学养深厚，涉猎广泛。奈不是局限于某国、某地区或某问题的专家，而是国际政治“杂家”，其思想观点建立在对具体问题的深入调查研究基础上，而非书斋式的坐而论道。二是理论与实践融合互补。奈对理论研究与从政实践均保持高度兴趣，其几度官学角色转换不仅未中断学术研究，反倒促其理论思考更贴近政府的现实需求，令其研究更具价值取向和政策含义。例如，在卡特政府负责核不扩散事务期间，他常遇到来自发展中国家人士的提问：“为何有核国可以在道义上阻止无核国拥有核武器?”这个问题一直萦绕其脑际，久久无法解答。回到哈佛大学后，他时常与学生深入探讨该问题，逐步形成成熟思想，并在上世纪80年代中期出版《核伦理》一书中，给予全面解答。① 三是观点圆熟，从不剑走偏锋。奈厚古通今，善博采众长，并做出理论创新。他从各类学派、观点中汲取养分，将之完美地结合起来服务于美国对外

① “Conversation with History”, Institute of International Studies, UC Berkeley, http://globetrotter. berkeley. edu/conversations/Nye/.

政策，但绝不标新立异。作为新自由主义的奠基人物，奈从不否认权力的重要作用，自称是“自由主义化的现实主义者”，并且始终恪守“中间道路”。他重视不同层次的分析方法，将国际体系、国际组织、跨国关系、国家、社会组织及个人等不同层次，纳入军事、经济、政治、道德判断等多维度中分析，力图揭示其中复杂的关系。他发明的“软实力”、“巧实力”等概念，正是这种全景式研究视角与美国政策现实结合的产物。

奈的政论文章也深谙“圆通”之道。对美国是否应发动伊拉克战争这类“大是大非”的问题，他尽量轻描淡写，只强调“虐囚事件”损害美国“软实力”，间接表达对小布什政府奉行单边主义之不满。作为民主党人，其政策倾向素来清晰明了，但他总是避免使用讽刺尖锐的言词。尤其在外交场合或向国际公众发表演讲时，他的分寸感更强。同时，他的著述深入浅出，简明扼要，颇有亨廷顿、布热津斯基等学者的大家风范；其语言文字颇具感染力，有助于扩大他思想的社会影响力。

作为现实意识浓厚的思想者和行动派，奈最大限度地借助学术和社会影响发挥政策影响力，即发挥学界对政界的“涓流效应”——让学术思想点滴渗透到政策中去，其“软实力”与“巧实力”思想已成为奥巴马新政的理论依据就是最好的例证。他与政府总是保持着千丝万缕的联系，其学生中有不少担任政府高官，如前副国务卿佐利克；而奥巴马竞选总统时，他也充当过非正式顾问。

作为资深民主党人，奈在亲身从政的 5 年中发挥了最直接的政策影响力。他分别在国务院、国安会和国防部担任助理国务卿帮办、助理国防部长等重要角色，也任过国家情报委员会主席，工作涉及防扩散、情报分析及东亚政策等。其中，他在制定对日政策中发挥了举足轻重的影响力。作为 1996 年“重新定义”日美安保体制的当事者，奈在小布什政府期间，于 2000 年和 2007 年两次与时任副国务卿阿米蒂奇共同起草对日战略报告《阿米蒂奇—奈报告》。迄今，该报告仍为美国对日政策的基本框架，奈也因此被视为“知日派”。

三、认知世界的理论框架：相互依赖、软实力与三维棋盘

奈思想深邃、治学严谨，不仅构建了一套完整的理论体系，还拥有让自己的思想深入浅出并具较强政策操作性的非凡能力。从其思想脉络看，他善于把脉世界和国内政治的发展趋势，适时提出创建性概念，辅之以严密的理论学说和思想体系支撑，从而使自己的创新理论易于传播和发挥影响。他总是用简单而经典的概念描述世界，从“相互依赖”到“软实力”，从“巧实力”到“领导力”，世界级“造词大师”的背后是深刻的思想探索和复杂的理论思考。

奈思想庞杂，涉猎广泛，研究对象从亚洲、欧洲到联合国，从历史、情报、国防、外交到国际政治、领袖作用、核武器及恐怖主义，几乎无所不包。而贯穿其中的一根主线便是：在世界相互依赖和全球化背景下，国家与权力如何发生作用。据奈本人在专访中称，他自学生时期就着迷于探究政治与经济之间的相互关系，为此曾专赴东非、拉美和西欧实证考察，初步奠定了对“相互依赖”和“一体化”的理论思考，自己的思想体系就是建立在这些思考之上。

（一）权力与相互依赖理论

20 世纪 70 年代，奈在《权力与相互依赖》合著中，将权力概念引入相互依赖的框架分析中，提出复合相互依赖理论。他指出，世界政治中的相互依赖是国家间或不同国际行为主体间以相互影响为特征的状态，具有三大特征：相互依赖的交往要付出代价；相互依赖不一定都是互利的；相互依赖不一定都是对称的。与此相对应，复合相互依赖也具有三大特征：联系渠道是多样的，不仅包括国家和政府间正式与非正式联系，而且包括跨国公司、银行和国际组织间的联系；国

际政治的所有议事日程都具有同等重要性，无高级政治（军事与安全问题）与低级政治（经济问题）之分；军事力量的作用日趋削弱。该论断直接助推国际关系理论界自由国际主义（理想主义）的复兴，并催生新自由主义，也深刻地影响着国际社会潮流。如今，“相互依赖”和“一体化”已成为流行政治术语和世界发展趋势，奈作为理论缔造者和传播者，其具有世界意义的重要作用无可替代。①

（二）从“软实力”到“巧实力”

20 世纪 80 年代末，伴随东亚经济高速增长、日本占领美国市场步伐加快，美国历史学家保罗·肯尼迪以《大国的兴衰》一书引发国内“美国衰落”的悲观论调。与此相对，奈认为美国并未衰落，只是权力的性质和构成发生变化。随即，其“软实力”理论应运而生，“软实力”也就此成为冷战后国际关系界使用频率最高的词汇之一。奈将“软实力”解读为“一种通过让他人做自己想做的事而获得预期结果的能力，并且是种通过吸引而非强迫获得预期目标的能力。”它具备四大要点，第一是文化吸引力，特别是流行文化吸引力。“我们能明显地感受到好莱坞电影、麦当劳快餐、牛仔裤在多大程度上塑造了全世界人们的观念和行为”。第二是意识形态或政治价值观吸引力。价值观如能得到他国认可，其政策合法性就会增强，从而有助于外交政策目标的实现。第三是合法的内外政策。“一国如采取善于协商、容纳他人利益的政策，在他人眼里就会具有政策合法性，这会增强其吸引力”。如果一国的内政或外交政策显得伪善、傲慢、漠视他人意见或是基于狭隘的国家利益，就会损害其“软实力”。因此，合法性和道义性是衡量内外政策是否产生“软实力”的标准。第四是国际制度。“若一国能够通过建立和主导国际规范及国际制度而左右世界政治议事日程，它就可以影响他人偏好和对本国国

① 参见［美］罗伯特·基欧汉、约瑟夫·奈著，门洪华译：《权力与相互依赖》，北京大学出版社，2002 年版。

家利益的认识，从而具有软实力。"同时，奈并不否认"硬实力"（军事和经济力量）可以塑造出"软实力"，但指明二者并不总是相互促进，时而也互为干扰。如，滥用武力会付出"软实力"受损的代价，进而导致实施"硬实力"更为困难。因而，"硬实力"与"软实力"不可避免地交缠错杂在一起。要更好地实现国家政策目标就必须调动这两种权力资源，依托其相互作用才能适应这个既有延续性而又不断变化的新世界，并应对新挑战。①

此后，奈在阐述"巧实力"概念过程中，深入论述了如何有效地把"软实力"与"硬实力"相结合。他称，所谓"巧实力指的是一种选择软、硬实力工具，并将其结合以形成一种成功策略的能力，所以它取决于具体的客观环境……这是一种因境制宜的智力（contextual intelligence），即领导人视具体情况变化而对所使用的软、硬实力组合进行调整的能力。"② 奈认为，在此方面，前总统小布什过于依赖"硬实力"而表现欠佳；奥巴马总统则较强调"软实力"，"具有一种情感智慧（emotional intelligence），这种吸引他人的能力会使他成为好总统。"③

无独有偶，奈的理论思想也倍受奥巴马政府器重，"巧实力"这一学术术语已悄然成为奥巴马"新政"的重要政策框架。奈总是如此以高超的洞察力牢牢把握美国及世界政治的发展方向，其深刻思想也得以在政策中运用和实施。由此，他被人称为"美国外交的当代教父"，显然当之无愧。

（三）"三维棋盘论"与美国实力地位

奈多次通过著名的"三维棋盘论"阐述自己对当代世界格局及

① See Joseph S. Nye, *Soft Power: The Means to Success in World Politics*, New York: Public Affairs, 2004, p. 15.

② Joseph Nye, "Contextual Intelligence and the Next President", http://www.huffingtonpost.com/joseph.nye/contextual-intelligence-a_b_89359.html.

③ Ibid.

其特征的认识。他认为，在全球信息时代，权力资源的分配已然生变。世界政治成为一个三维棋盘，顶部是传统的国家间军事问题，美国作为唯一的全球军事超级大国，在此间可称为单极或霸权。棋盘中部是国际经济问题，其权力分配是多极的：在贸易、反托拉斯和金融控制方面没有欧盟、日本、中国等多方同意，美国很难获得想要的结果。棋盘底部是恐怖主义、国际犯罪、气候变化和传染病传播等跨国界问题。在该层次上，权力广泛而不规则地分配在国家和非国家行为体之间，跨国公司和非政府行为体（包括恐怖组织）同样拥有吸引民众的“软实力”，发挥着日益重大的作用。而那些能够确定问题议程并拥有多重传播渠道的主权国家，若其主导文化和思想能够与全球普遍规范相符（如自由主义、多元主义、自治等），则成为拥有“软实力”的国家。与此同时，技术进步使原来掌控在政府和军队手中的致命武器扩散到边缘群体和个人手中，导致战争“私有化”；而通讯和信息的普及也增加了非国家行为体的“软实力”。

在清晰界定世界格局的当代特征后，为防止“帝国过度扩张”和避免孤立主义错误，奈又为信息全球化时代背景下的美国大战略开出“药方”。他指出，美国的大战略须首先确保国家生存，进而关注全球公共产品供给。如此一来，既可使美国从公共产品本身获益，同时也使自身霸权在他国眼中更加合法化。因此，美国可以汲取 19 世纪英国的经验，保障以下三种公共产品的供给：维持大国间均势、推行开放的国际经济体系、保护国际公地（如公海）自由等。同时，当今世界还有三种新型全球公共产品需要美国承担责任：一是美国应带头建立和维护国际法律机制和制度，既要解决公平贸易和环境等问题，也要应对武器扩散、维和与人权等问题。二是国际发展。富国的金融与技术援助不仅要满足人道主义考虑，也应利于遏制不安定的根源。三是通过充当调停人和联盟召集人来防止冲突恶化（如中东、北爱、摩洛哥等地冲突）。美国是唯一能以较小成本聚集各方的国家，这些举动在增强其“软实力”的同时，也会减少国际不稳定因素。当然，21 世纪的美国要维持主导性大国地位还取决于其他关键性前提：一是美国经济和社会保持强劲势头不衰退；二是美国维持军事实力，但并未过度军事化；三是美国不过于单边主义和自高自大，以至大肆挥霍“软实力”；四是避免发生一些灾难性事件而使美国转向孤立主义；最后，美国要以广泛而深远的方式定义国家利益，并将全球利益融入其中。此外，美国必须学会与他国合作分担领导角色，这就要求把“软实力”与“硬实力”结合成为“巧实力”。[1]

四、深刻洞见现实问题

作为打通学界与政界的思想者与行动者，奈最大程度地将其思想体系融入对现实世界的认知与把握中，其对现实事物的关注与分析不仅具有清晰的框架，更具一定说服力，奈本人作为公共知识分子的作用也因此凸显。

（一）预告本世纪权力转移的两种趋势

奈敏锐地觉察到本世纪权力将发生转移，并率先预告其将发生的两种变化：一是力量从西方转向东方。在工业革命前，亚洲人口和生产总量均占世界总量半数以上。至21世纪中叶，亚洲将恢复到“正常比重”。二是权力从政府（不论是东方国家还是西方国家）向非政府行为体过渡，这是由信息革命所推动的，包括金融流动、网络恐怖、气候变化、流行病等。就上述领域而言，它不是一个东方对西方的问题，而需要东方、西方和南方合作应对。由此，必须运用“软实力”和“硬实力”来组建各种系统和机构，其中最有能力的仍是美国。

---

① Joseph. S. Nye, “Get Smart: Combining Hard and Soft Power”, *Foreign Affairs*, November/December, 2009, p. 160.

“阿拉伯之春”爆发后，奈深入观察与思索，认定该进程证实了自己的预见，指出它体现了第二种力量变化的结果，代表着信息革命巨大的力量扩散。然而，他也认为，其最终结果是否导致埃及成为民主国家以及对中美权力转移产生何种影响仍是未知数。

（二）美国不会像大英帝国那样衰退

针对美国内部不时升高的“衰退”论调，奈清醒而客观地指出，“衰退”具有双重意义：一是丧失有效发挥力量的能力，即“绝对”衰退；二是由于其他国家力量增强或开始有效发挥作用而出现“相对”衰退。他进而分析到，当今美国确实面临诸多问题，但并不像古罗马帝国那样走向“绝对”衰退；与大英帝国相比，美国情况也不尽相同。具体而言，直至一战，英国军事力量和国内生产总值的规模仅居世界第四位，军事预算仅居世界第三位；英国国防费用平均占国内生产总值的2.5%至3.4%，帝国统治主要依赖殖民地军队。然而，随着殖民地民族主义崛起，帝国防卫对于英国而言成为巨大负担。与此不同，美国经济完全不会受到殖民地独立因素的影响，其地缘状况也不同于英国。英国当年曾直面德国和俄罗斯两大强有力邻国的崛起，而美国被两大洋环绕且邻国相对弱小。

奈认为，美国人倾向于时不时吟唱“衰退论”，这种悲观主义起源于清教徒思想。继1957年苏联发射卫星、上世纪70年代尼克松危机和80年代里根政府财政赤字扩大后，“衰退论”进一步在美国蔓延开来。20世纪80年代末，美国人坚信国家正在衰退；但此后不足10年，美国人就开始确信本国是唯一的超级大国；到了今天，美国人再次唱响“衰退论”。对此，奈乐观地认为，尽管政府债务预计在今后10年内翻一番，但并不会损毁美国实力，未来美国解决财政问题是十分可能的；世界经济论坛调查结果也显示，美国经济竞争力仍居最高水平；而美国政治制度虽然出现混乱，但政府已开始逐渐实施必要的变革。[①]

(三) 削减国防预算应采取"中间道路"

奈认同政府出于国内考虑削减军费，但反对过分削减，认为此举不符合美国长远利益，而主张采取"中间道路"。他指出，"9·11"事件后，小布什政府几乎将国防预算增加一倍。随着两场战争逐步平息，美国可将地面部队削减到上世纪90年代水平，减少购买F—35联合战斗机，更好利用较廉价的无人机和其他技术。目前，奥巴马总统已计划到2023年节省4000亿美元军费。在这种情况下，美国需要重新思考如何利用军事实力。同冷战时期不同，美国及其盟友的军费开支占据当今世界军费开支逾70%的份额，美国再也不必巡视每一条边界和充当世界警察来维持各国治安。今天，美国应避免地面部队卷入亚洲或其他贫困国家的大型战争中，这并不意味要撤离其在日本和韩国的军事基地，或结束对巴基斯坦和埃及等国的军事援助。

与此相反，面对"亚洲将在本世纪回归其历史性地位——拥有世界过半数人口和半数经济产量"，奈坚决主张"美国必须在亚洲保持存在"。他表示，维护市场和经济实力依赖于各种政治框架，而美国的军事实力保障了这种框架。军事安全之于秩序犹如氧气之于呼吸——它们都是在缺乏之后才受到重视。这就是国会必须提供资金保证美国继续发挥重要作用的原因，同时也要避免陷入野心勃勃的国家重建的陷阱。美国的政治文化对建立帝国或进行殖民占领缺乏兴趣，而是喜欢推行普世价值观，这是与英国帝国主义文化最重要的不同之处。"我们可以通过成为'山巅的光辉之城'(罗纳德·里根语)的方式来推行这些价值，而非进行'善意的干涉'。"[②]

---

① [美]约瑟夫·奈："美国不会像大英帝国那样衰退"，日本《东洋经济》周刊，2011年5月28日。

② Joseph Nye, "The Right Way to Decrease Expenditure", *New York Times*, Aug. 5, 2011.

（四）推荐五本书：为权力转移中的美国寻找航向

奈非常关注美国权力相对衰落所引发的世界变局。2011 年 6 月在接受《华盛顿邮报》的一次采访中，他向读者推荐了“关于现代强权的 5 本书”，认为它们是“最出色地阐述全球权力在 21 世纪如何转移的书”，试图引发美国各界对未来国家发展方向的深刻思索。第一本是美国著名印度裔记者法里德·扎卡里亚的《后美国世界》（2008 年）。奈赞同扎卡里亚对美国“相对衰落”的说法，即随着中国、印度、巴西等国崛起，美国与其他国家的差距正在缩小。第二本是古希腊史学家修希底德的《伯罗奔尼撒战争史》（公元前 15 世纪成书）。奈认为该书对美国的启示是：正如修希底德所指出的，除了认为战争不可避免的信念外，这种恐惧本身也可以成为战争缘由。一国强盛可引发别国焦虑，从而引发战争。如，雅典的崛起就引发斯巴达的恐惧，最终促使伯罗奔尼撒战争造成希腊城邦体制的土崩瓦解。第三本是英国《经济学家》杂志前编辑比尔·埃莫特的《对手们：中国、印度、日本权力斗争将如何塑造今后的 10 年》（2008 年）。奈认为，中国崛起不仅对美国造成“斯巴达式”挑战，也使日本人、印度人——更不用说越南人、韩国人等——变得忧心忡忡。他们扪心自问：“如何才能制衡中国的权势？”这使他们实际上欢迎美国势力的存在。第四本是纽约大学社会学教授史蒂文·卢卡斯的《权力：偏激观点》（1974 年）。该书是一本关于权力观的书，认为“权力就是能够让别人做他们原本不愿做的事”。卢卡斯在书中指出：如果我能够确定议程，从而使你的事项连提出来讨论的机会都没有，我就不必再强迫你做我所希望的事了。作者所做的就是辨别强权的三张面孔：强迫与收买（或者说胡萝卜与大棒）；确定议程，以至于你无法提出自己的事项；左右你的好恶，从而使你想我所想，而我就不必动用胡萝卜与大棒了。第五本是白宫前网络安全顾问理查德·克拉克与其弟罗伯特·克纳克合著的《网络战：对国家安全的下一个威胁及其应对》（2010 年）。奈表示，尽管互联网带来经济效率、通信便利等巨大机遇，但当我们放开这些机遇的同时，却可能因陷入混乱而变得不堪一击。例如，只需发送一些电子邮件越过国境，就可以给实体世界造成破坏。倘若美国突然出现停电、停水或交通中断状况，我们甚至难以确定肇事者是政府还是个人。未来权力越来越有可能落入非国家行为者之手。①

五、对华观点的塑造者与政策影响者

奈与中国渊源颇深，自 1983 年首次访华的 29 年来，他多次往返中美，致力于双边交流。2002—2007 年间，在他的推动下，肯尼迪政府学院成为哈佛大学培训中国政府官员的基地，每年为中国政府培训 60 名中央和地方官员。该项目被媒体誉为历来最大规模的中国官员海外培训计划。

目前，年已古稀的奈还有个特殊身份，就是“中国女孩的祖父”。2003 年，他的儿子儿媳曾在中国南宁领养了一名中国女孩，深得奈的宠爱。他每每向造访的中国学者出示这个小孙女的照片，喜爱之情溢于言表：“我儿子收养了一个中国女儿，她是我们家最可爱的一员。我们不仅让她认识美国，也会让她了解出生地中国。有了这样一个可爱的中国孙女，私心上说我个人也必须对美中关系保持乐观。”

而在对华政策方面，奈一直扮演着“观点塑造者”(opinion maker) 和政策影响者的双重身份。他的一系列对华思想深深影响着美国学界、公众乃至政府的对华观。多年前他曾提出：“把中国当成朋友，它就是朋友；把它当成敌人就是敌人。”这一论断已成为多方引用的格言式语录，潜移默化影响着美国对华政策。近年来，随着中国

① “Five Books on the Current Hegemony: An Interview to Joseph Nye”, *Washington post*, June 5, 2011.

崛起以及美国深陷经济、政治、社会多重危机，美国国内有关美国是否衰落、未来中国能否赶超美国的大辩论趋于激烈。在此背景下，奈发表《金融危机后的中美实力》、《平衡软实力与硬实力》等文章，[①]详细阐述了其中国观。

（一）中国崛起不意味着“美国衰落”

2008 年金融危机爆发后，美国身陷困境，中国快速复苏，“美国衰落论”大行其道：高盛公司预测中国经济总量将在 2027 年超过美国；美国著名民调机构皮尤公司对 25 个国家的民调显示，有 13 国民众普遍认为中国将在未来取代美国“超级大国”地位；美国国家情报委员会预测，美国的“世界主宰地位”至 2050 年将大幅削弱；而俄罗斯时任总统梅德韦杰夫则视此轮危机为美国全球领导地位终结的开端。奈认为，上述观点言过其实，因为国家不像人体那样有可预见的生命期限，不应依据周期性事件推断长期趋势。如，英国并未因失去北美殖民地而沦为历史学家声称的“像丹麦或撒丁岛那样无足轻重”之国。而美国政治稳定，拥有高素质的劳动力和先进的高等教育，加之知识创新及在生物和纳米等高新技术领域的领先地位，世界经济论坛把其列为仅次于瑞典的第二位“最有竞争力的经济体”，而中国则排在第 29 位。因此，现在判断危机对美国实力产生何种影响为时尚早。

（二）中国的“软实力”远逊于美国

有人认为中国“软实力”在金融危机后得到增强，“北京共识”逐渐获得比“华盛顿共识”更大的影响力。但这对民主国家来说并无太大吸引力，仅能影响委内瑞拉等少数“专制国家”。尽管中国通

---

① See Joseph Nye, “Power between China and U. S. after Financial Crisis”, *Washington Quarterly*, Oct. 2010; “A Balance Between Soft Power and Hard Power”, *The Straits Times*, March 10, 2011.

过吸引留学生、在海外兴建“孔子学院”、参与国际维和、主持“六方会谈”等途径积极增强“软实力”，但仍面临很多限制，有时甚至起到反作用。如，2006 年中国试图通过纪念郑和下西洋为其海军向印度洋扩张寻找道义基础，但引起印度警惕并导致两国间不信任。2008 年，中国希望通过奥运会扩展“软实力”，但西藏、新疆和人权等问题却破坏了这种努力。2009 年，中国宣布将巨资打造能与彭博新闻社等传媒巨头竞争的媒体，但其新闻审查制度却令这种努力“大打折扣”。据英国 BBC 对 28 个国家的调查显示，中国仅在非洲和以巴基斯坦为代表的少数亚洲国家中拥有正面形象。

尽管中国经济建设取得成功，但要增强“软实力”仍有漫长的路要走。美国前驻华大使芮效俭曾说：“今天自由中国人的数量比中国历史上任何时候都多，但中国仍不是自由的。”问题在于随着时间推移中国将如何改变。如果随着中国的改变，它将更好地利用公民社会和发展“软实力”，这是我们共同希望的情况。

反观美国，虽然因危机而饱受诟病，但它仍拥有强大而持续的“软实力”。大国应通过公民社会而非政府去增强自身的“软实力”，美国的“软实力”就源于好莱坞、哈佛大学、盖茨基金会、马丁·路德·金的演讲和非洲裔候选人奥巴马当选总统等。

（三）中美间呈不对称相互依赖

中国成功度过金融危机并不断增持美元，致使部分人士认为其对美国的实力相对增强。但是，严谨的分析需要关注相互依赖与权力之间的关系。任何相互依赖关系都包括短期敏感性和长期脆弱性。敏感性是指相互依赖产生影响的程度和幅度，如体系中一部分的变化将以多快速度促使另一部分发生变化；脆弱性则是指相互依赖结构体系变化所需要的相对成本，它能产生更多权力。在相互依赖关系中，依赖性较弱的一方相对另一方拥有更大权力。操控这种不对称依赖关系是经济权力的一个重要组成，而大部分相互依赖关系都包含这种潜在的权力关系。美国从中国进口货物并支付美元，中国拥有约2.5万亿美元外汇储备并向美国借贷。有人认为，中国可以通过抛售美元使美国屈服，但这将使美元贬值，中国外汇资产也将随之缩水；而美国还会减少进口中国产品，最终增加中国失业人口并危及其社会稳定。未来10年，人民币不能取代美元的世界储备货币地位。尽管国际社会开始讨论实现全球金融流动的“再平衡”，但短期内难以实现。

（四）谨防双方误判产生不利影响

中国强大后开始更多考虑台湾、西藏和南海等“核心利益”问题，但其在经济和军事领域均落后于美国。尽管高盛公司预测中国经济2027年将超过美国，但也只是量的概念，而非质的平衡。中国依然有很多落后地区，并面临因计划生育政策产生的人口问题和经济增速放缓趋势。中国以出口为导向的发展模式势必面临调整，这将伤害其实力。其他国家将不再容忍中国在不实现汇改和市场自由化条件下“搭便车”的行为。虽然中国拥有巨额外汇储备，但除非由市场决定汇率，深化并开放金融市场，否则它很难成为有效的金融工具。中国能否有效处理腐败、管理日渐扩大的中产阶层并安抚少数民族依然值得关注，而难以明确的政改方向也将对经济产生影响。

此外，亚洲有其内在的平衡结构，许多亚洲国家欢迎美国在该地区存在。虽然中国不断扩大对亚洲的影响力，但其对外部市场和资源的需求限制了这种努力。中国军事政策越强硬，就越易导致亚洲形成“制华联盟”。尽管中国不可能成为美国的全球竞争对手，但不意味着其不挑战美国在亚洲的地位，也不能排除两国爆发冲突的危险。考虑到双方面临共同的全球挑战，美中将从合作中获益更多。但中国内部不断膨胀的野心和民族主义与美国内部对衰落的不必要担心，使两国合作前景更难确定。而（两国政府）依据金融危机等周期性事件制定错误的长远规划，必将产生导致高昂代价的错误政策。

（五）"巧实力"并非美国专利，中国也需要实施"巧实力"

综合运用"硬实力"和"软实力"对许多国家来说都是一项艰巨任务，但是绝对必要的。一些小国非常擅于"巧实力"战略。如，新加坡在军事防御上投入足够力量，使它对邻国看来就像一只"有毒的虾"一样无法消化。与此同时，它把这种"硬实力"手法与自己在东盟充满吸引力的"软实力"活动结合在一起，并努力使本国大学成为该地区非政府活动的中心。同样，瑞士一直利用义务兵役制和山区地理环境作为威慑外敌的"硬实力"手段，同时通过金融、商业和文化网络吸引其他国家。作为沙特阿拉伯沿岸的一个半岛小国，卡塔尔允许美军在攻打伊拉克时使用自己领土作为指挥部，同时为强烈批评美国军事行动的半岛电视台提供资助。而挪威则为自卫加入北约，同时制定了高瞻远瞩的海外发展援助政策。

中国领导人也认识到投入力量建设"软实力"的重要性。鉴于中国不断增强的经济和军事力量，这是一个明智决定。中国将与日俱增的"硬实力"与扩大自身吸引力的努力相结合，目的是打消邻国疑虑。但是，2009 年中国成功走出经济衰退后，许多中国人得出一个错误结论，认为这意味着全球力量格局转变，美国日渐式微。过分自信促使中国采取比较武断的行为，偏离了一个新兴大国的巧妙战略，也违背了中国应该谨慎行事和"韬光养晦"的格言。要想在世界政坛取得成功，中国需要更好地结合"硬实力"与"软实力"。

"经济学教育大师"约瑟夫·斯蒂格利茨*

约瑟夫·斯蒂格利茨（Joseph E. Stiglitz）是美国著名经济学家、2001年诺贝尔经济学奖得主。作为经济学家，他在信息经济学、宏观经济学和经济政策等诸多领域都取得了突破性成就，其编写的《经济学》教材堪称当今世界最畅销的经典著作之一；作为公共知识分子，他是少数能够站在发展中国家立场上看问题的西方主流经济学家之一，对全球化、国际经济治理、金融危机等议题都有深刻而独到的见解。

一、天才成长之路

斯蒂格利茨1943年2月9日出生在美国印第安那州一个名叫加里（Gary）的小城。这是一个坐落在密西西比湖畔、蓝领工人聚集、多种族混合居住的钢铁工业城市。随着美国进入后工业化时

* 徐刚，中国现代国际关系研究院世界经济研究所助理研究员。

期，钢铁业出现衰退，贫困、失业和种族歧视现象在这座小城中随处可见。斯蒂格利茨从小就读于加里公立学校，与一群钢铁工人子弟一起长大。他亲眼目睹周围同学不断遭遇家庭变故，小小年纪就初谙破产和遭解雇所带来的苦痛，深切感受到工业文明的种种痼疾，并立志为解决这些问题而奋斗。造物弄人，以生产钢铁、空气污浊著称的加里小城，文化气息却浓郁异常。这里先后开出两朵经济学界奇葩：一个是斯蒂格利茨，另一个是保罗·萨缪尔森（Paul A Samuelson），后者正是前者的授业恩师、诺贝尔经济学奖得主。此外，流行音乐巨星迈克尔·杰克逊（Michael Jackson）也生于斯、长于斯。

斯蒂格利茨出身于犹太裔家庭，双亲正直勤奋的为人处事之道对少年斯蒂格利茨影响很深。其父是一位保险代理人，一直工作到95岁才退休。而斯蒂格利茨最早成名正是凭借20世纪70年代深入研究父亲倾力一生的保险市场，从中发现“不对称信息”。斯蒂格利茨的母亲是一位小学教师，67岁退休后开始教大家正确阅读，一直工作到84岁才放下课本。在母亲教导下，小斯蒂格利茨勤奋好学、成绩优秀，数学成绩总是名列前茅。父母经常与他讨论政治和经济话题，谆谆教导儿子应选择正确的人生观——生活的重要性并非由获取金钱的多寡来体现的，而是来自于公共服务以及自身的思想和研究。[①] 因此，早在14岁时，他就立志长大要成为大学教授，并努力将工作与公共服务相结合。

17岁时，斯蒂格利茨告别家乡小城，进入美国东部名校阿默斯特学院，主修物理。由于成绩特别是数学成绩优异，他屡次获得奖学金。阿默斯特学院偏重人文教育，要求学生学习所有科目并鼓励学生了解一切、拥有更广阔视野，这种学术氛围促使斯氏开始喜欢上经济学。同时，学院苏格拉底式的对话教学方法对其日后的学术研究影响

---

① 引自“我的经济学人生——斯蒂格利茨在上海青年发展导航系列讲座上的演讲”，《解放日报》，2004年8月29日。

深远，使斯蒂格利茨养成“怀疑一切”的治学态度：“只要你自己有想法，就应该去质疑，这就是阿默斯特大学告诉我的。你不能毫无保留地接受一切。”①

斯蒂格利茨很早就立志献身公众服务，一进入大学就成为社会活动积极分子。1963 年大学三年级时，他当选为校学生会主席，领导学生积极投身到当时如火如荼的民权运动中。最为难忘的是，他曾参加过马丁·路德·金（Martin Luther King）领导的华盛顿大游行，亲耳聆听了金博士名垂青史的演讲《我有一个梦想》。这段社会活动经历为他日后塑成和善、乐观性格和倡导公平、公正市场的理念奠定牢固根基。

在西方经济学界，要想成为著名经济学家，最重要的一项“准入标准”就是必须拥有最著名高校经济系的博士学位。1964 年拿到学士学位后，斯蒂格利茨毫无例外地直接进入麻省理工学院深造，师从经济学泰斗保罗·萨缪尔森。当时的麻省理工可谓群贤毕至，汇聚了萨缪尔森、罗伯特·索洛（Robert Solow）、弗兰克·莫迪利安尼（Franco Modigliani）、肯尼斯·阿罗（Kenneth J. Arrow）、查尔斯·金德尔伯格（Charles P. Kindleberger）等经济学大师。在聆听大师们谆谆教诲的基础上，斯蒂格利茨逐渐形成自己的研究风格并找到个人关注领域。最早于 1966 年，他就与同学乔治·阿克洛夫（George Akerlof）在《计量经济学》杂志上共同发表题为“投资、收入和工资”的学术论文。有趣的是，日后两人共同开创了信息经济学，并在 35 年后同获诺贝尔经济学奖。大学毕业 3 年后的 1967 年，24 岁的斯蒂格利茨拿到麻省理工学院博士学位，创下当时最年轻博士获得者纪录。

博士毕业并未令斯蒂格利茨停下求学问教的脚步，他决定远赴英国剑桥大学和牛津大学从事研究工作。导师萨缪尔森看准这个聪慧的

① 引自“我的经济学人生——斯蒂格利茨在上海青年发展导航系列讲座上的演讲”，《解放日报》，2004 年 8 月 29 日。

弟子是个可造之才，遂在推荐信中写道“这个年轻人比我聪明”，断言斯蒂格利茨前途不可限量。萨缪尔森是第一位获得诺贝尔经济学奖的美国人，在当时已名扬天下，如此评价一个尚未立业的年轻人，是对斯蒂格利茨超常天赋和刻苦勤勉的最大褒奖。日后事实证明，大师所言不虚。

在英伦两年，斯蒂格利茨受教于著名经济学家尼古拉斯·卡尔多爵士（Nicholas Kaldor）和琼·罗宾逊（Joan Robinson）夫人，发表了一系列信息经济学领域的开创性论文。作为不倦努力的回报，斯蒂格利茨年纪轻轻就戴上一顶顶无数经济学者孜孜以求一生的桂冠：26岁获聘耶鲁大学经济学教授；29 岁获得经济学家最高荣誉之一——当选美国计量经济学会会员；36 岁荣膺有“小诺贝尔奖”称谓的美国经济学会约翰·贝茨·克拉克奖（John Bates Clark Medal）；45 岁成为美国国家科学院院士。2001 年，斯蒂格利茨凭借为信息经济学做出的开创性贡献荣获诺贝尔经济学奖。对此项姗姗来迟的荣誉，不少学者颇为不平。前世界银行副行长林毅夫教授认为，他早在 1982 年就应获得诺贝尔经济学奖，因为他“几乎对经济学各个领域都做出贡献”，而且这种贡献并不局限于经济学领域，“还包括另外一个重要领域——经济政策”。[①]

与终身任教麻省理工学院的老师萨缪尔森不同，斯蒂格利茨为人洒脱飘逸、特立独行，喜欢四海游学任教。据说，斯蒂格利茨在家中饭厅墙壁上挂着一幅世界地图，时常会在吃饭时检查一下地图，看看还有哪些国家和地区没有去过。在要走遍世界的雄心壮志支撑下，斯蒂格利茨先后在多所著名学府任教，包括耶鲁大学（1970—1974年）、斯坦福大学（1974—1976 年、1988—2001 年）、牛津大学（1976—1979 年）、普林斯顿大学（1979—1988 年）、哥伦比亚大学（2001 年至今）。在上述所有大学，他均获得终身教授职位，培养的

① 参见林毅夫为《斯蒂格利茨经济学文集》所作的序言，中国金融出版社，2007年版。

学生遍布四海。

在经济学界，斯蒂格利茨以发表愈百篇重量级学术论文而著称，其论文涉猎信息经济学、金融市场、宏观经济学、货币经济学、国际经济学、收入分配、公共财政等诸多领域，著述之丰、研究领域之广，令很多顶级经济学家也颇感不可思议。究其原因，除了具备超常天赋外，斯蒂格利茨的“秘诀”就在于超人的刻苦与勤奋。他青出于蓝而胜于蓝，把父母的“工作狂”精神进一步发扬光大，从以下这则轶闻就可见一斑：由于他经常工作到深夜而睡在办公室沙发上，致使有同事误解他故意蹭公家房间。为此，耶鲁大学与斯蒂格利茨签订聘用合同时，还专门附加一项内容，要求他必须出具租房证明。

凭借非凡的学术成就，斯蒂格利茨藉此在一个高起点上步入政坛。1993 年，他成为克林顿政府的总统经济顾问委员会成员，并从 1995 年 6 月起就任该委员会主席职务。然而，波诡云谲、利益纠缠的政坛显然让学者出身的斯蒂格利茨难以大展身手。四年任职期间，他的政策建议并未受到足够重视，却以口无遮拦、个性张扬而扬名白宫内外。1997 年，从不轻言放弃的斯蒂格利茨在卸任后并未选择“归隐”，而是接受了一个更引人瞩目的职位：世界银行高级副行长兼首席经济学家。当然，这项选择也为他引来更多争议。当时，正值亚洲金融危机爆发的危难时刻，国际货币基金组织（IMF）在危机中的迟缓反应和苛刻要求招致骂声一片。作为秉承同样理念的“兄弟机构”世界银行的首席经济学家，斯蒂格利茨并没有选择为 IMF“站台”，反而对 IMF 在危机中的表现和“华盛顿共识”经济模式提出尖锐批评。这一“吃里扒外”的做法显然开罪了 IMF 和世界银行的大批权贵。2000 年在世界银行工作未满三年，他就被“要求”辞职。目前，斯蒂格利茨担任哥伦比亚大学经济学教授、布鲁金斯学会高级研究员和联合国改革国际金融和经济结构委员会主席，在教书育人、致力于学术研究和服务公众中践行自己的理念。

二、经济学的拓荒者

斯蒂格利茨作为新凯恩斯主义的重要代表人物之一，与老师萨缪尔森一样，是当代经济学界为数不多的在各个重要经济学领域内均有所建树的全能型奇才。他对许多重要的经济理论问题进行了开创性研究，涉及不完全信息、风险、公司财务结构、道德风险、逆向选择、委托—代理、激励结构、信息甄别、市场效率、效率工资、信贷配合、组织结构、新古典增长和宏观经济学的微观基础等诸多领域，而且在经济学教育领域也取得了不逊于老师的声望。如此声名显赫，令斯蒂格利茨行事充满自信，有个很有意思的小故事可以充分说明这点：美国某经济学家协会召开年会，各位学者签到时都需填写专长领域，只有斯蒂格利茨在这一栏里毫不犹豫地填下“微观经济学和宏观经济学”，口气之大令人瞠目结舌。

（一）信息经济学缔造者

斯蒂格利茨并非浪得虚名，他对经济学最重要的贡献是与另两位经济学家乔治·阿克洛夫、迈克尔·斯彭斯共创经济学的新分支——信息经济学，并藉此获得克拉克奖和诺贝尔经济学奖。在西方经历大萧条打击后，古典经济学地位开始动摇，“市场失灵”和“政府干预”理念日盛。古典经济学崇尚一般均衡理论，认为在自由而不受管制的市场中，每个人对私利的追求会使整个社会的福利最大化。但是，斯蒂格利茨认为现实世界并非如此，由于市场参与者不能获得充分信息，市场的功能是不完善的，常对个体利益造成损害。因此，他以不完全信息和不完备市场为前提构建了新模型，并提出信息不对称理论,[①] 反复强调“假如不考虑信息不对称情况，经济学模型很可能是误导的”。

为证明自己的理论，斯蒂格利茨从保险市场开始，深入考察了保险市场、农业土地租赁市场、信贷市场和劳动力四大市场,[②] 据此说明信息不完全和不对称是普遍存在的，并深刻阐述信息不对称条件下引起的委托—代理、道德风险和市场价格的信号甄别作用等问题。在保险市场研究中，他了解到保险合同是在非对称信息下签订的，保险公司并不了解投保人的真实风险。由此，他将意外保险的消费者分为两类——高风险消费者和低风险消费者。如果保险公司对所有人索要同样的高保费，那只会吸引风险最大的客户；而过多的高风险客户很快会使保险公司债台高筑，这就是所谓的“逆向选择”问题。在这种情况下，保险公司不仅要进行价格和数量决策，还必须就提供的保险合同进行决策，进而根据客户愿意支付的费用而将投保人甄别开来，使不同类型的投保人选择不同的保险合同；同时，设定保险额度限制，以使客户有采取风险预防措施的动机。在分析劳动力市场过程中，斯蒂格利茨突出了不对称信息（雇主对雇员生产率水平的不完全信息）在市场信息甄别、隐性工资合同和效率工资中的关键地位。为此，他与夏皮罗（Carl Shapiro）共同建立了“夏皮罗—斯蒂格利茨模型”,[③] 从不对称信息的角度分析劳动力市场上的效率工资，产生了巨大影响。

---

① 该理论主要内容是：市场经济活动中，各方对有关信息的了解是有差异的；充分掌握信息的一方处于有利地位，可以通过向信息贫乏方传递可靠信息而在市场中获益；信息贫乏方处于不利地位，会努力从另一方获取信息；市场信号一定程度上可以弥补信息不对称的问题。

② 相关理论参考胡怀国：“约瑟夫·斯蒂格利茨及其新凯恩斯主义经济理论——2001年度诺贝尔经济学奖得主学术贡献评介之一”，《经济学动态》，2001年第10期。

③ 该模型的基本含义是：由于劳动力市场上信息存在不对称，工人对他们提供的劳动服务总有某种程度的控制力，企业不能对工人的努力程度进行完美监督，工人在其工作业绩完成的好坏上有一定自由。在这种情况下，企业支付高于市场出清水平的工资就是一种激励工人努力工作而非偷懒的有效手段。

在创建信息经济学过程中，斯蒂格利茨不仅证明了市场存在缺陷，而且揭示其根源在于信息，并一贯强烈反对"市场原教旨主义"——鼓吹市场是万能的、政府干预是多余的以及应实施彻底的私有化和市场化，积极提倡突出政府的宏观调控作用。他指出，政府工作的重点应是鼓励信息生产和缓解信息不对称，以确保市场正常运作；而获得持续增长和长期效率的最佳方法是找到政府与市场之间的平衡，使世界经济回到一个更加公平而稳定的增长进程中，令人人受益。与此同时，他也看到政府干预的不足之处和"公共失灵"现象，认为不对称信息和不完全市场是市场失灵的一个来源，同样普遍存在于公共部门。例如，政府的再分配会导致不公正和寻租活动，而缺乏竞争的公共部门会削弱人们的积极性等。

信息经济学的创立具有重大意义，它不仅对理解个人、厂商乃至经济整体的行为具有革命性影响，同时也改变了经济学家研究和分析现实世界的范式，而且拓展了理论经济学范畴、推进行为经济学学科建设和博弈论深入发展，并帮助应用经济学取得丰硕成果。例如，在金融经济学中，现代金融理论的核心——有效市场理论的精髓就是探讨信息不对称对于市场运行效率的作用。

（二）桃李满天下的师者

在四十多年的教书育人生涯中，斯蒂格利茨先后执教耶鲁大学、斯坦福大学、牛津大学、普林斯顿大学和哥伦比亚大学等英美一流名校，主讲经济学原理、宏观经济学、微观经济学、公共部门经济学、金融学和组织经济学等多门学科。他指导的博士生已有多人在国际机构任要职，可谓桃李满天下。在传道授业之余，他还致力于将经济学前沿理论融入经济政策中，同时努力把经济学知识普及到决策层和公众层。1987 年，他创办《经济学展望杂志》（Journal of Economic Perspectives），大大降低了其他主要经济学杂志所设立的专业化障碍。即便在基础经济学教材领域，他也堪称是最著名的畅销书作者之一。斯蒂格利茨所著的《经济学》教材于 1993 年首次出版后，供不应求、一版再版，并翻译成多种语言，已成为全球公认的经典经济学教材之一。

与其他同类教科书相比，斯蒂格利茨的《经济学》特色十分突出，全书不仅体系完善、层次分明，其目录编排也与往昔的经济学教科书大相径庭。该书最大的特点还在于治愈了经济学所患的通病“精神分裂症”——微观经济学和宏观经济学脱节。在书中，斯蒂格利茨旗帜鲜明地向老师萨缪尔森代表的新古典主义理论体系发起强力挑战，分外强调宏观经济学的微观经济学基础和经济增长，认为总量不过是个量的总和、微观经济学足以解释宏观现象，一举打破了新古典主义微观与宏观的森严壁垒。由此，宏观经济学也就失去单独存在的理由，必须建立在微观经济学之上。在书中，他牢牢把握西方经济学的新潮流和发展方向，将经济学基本原理的阐述同对现代经济学最新进展的评价有机地结合在一起，使读者能够“温故而知新”。书中创造、引用和阐述的诸多新观点、新例子，如“搜索成本”、“不完全信息”、“隐含合同”、“技术变革与不完全竞争”、“自动稳定器”、“李嘉图等价”等，形象地证明了“用微观也可以解释宏观现象”的中心论点。纵观全书，它涉及环保、激励、产权、教育、广告、法律甚至社会主义国家经济改革等领域，延展了经济学的领域与视角，丰富了经济学学科内容与研究方向，被誉为西方经济学史上继穆勒（John Stuart Mill）、马歇尔（Alfred Marshall）和萨缪尔森力作后，“第四本具有里程碑意义的教科书”。

三、不平则鸣的公共斗士

作为当今世界最杰出的经济学家之一，斯蒂格利茨秉持自己的学术良心和道德公义，始终关注弱者，常从发展中国家视角阐述问题，是西方主流经济学界中少数几位敢于替发展中国家利益说话的学者之一。在喜欢他的人眼中，他是位正直睿智、心直口快的和蔼长者；在厌恶他的人眼中，他无疑是个性张扬、口无遮拦的“大炮筒”。

早在麻省理工学院深造时，斯蒂格利茨就敏锐地意识到，经济模型中体现的理想情况和现实情况相差很大，前者往往忽略广泛存在的歧视和社会公正问题。而如何把这种差距缩小、如何修补社会公正，便成为他不懈思索和追寻的动力源泉。在世界银行任职期间，面对怎样应对接踵而至的东南亚金融危机和俄罗斯金融危机的挑战，他与世界银行和国际货币基金组织（IMF）的官方观点相左，曾公开批评以市场原教旨主义为要义的“华盛顿共识”，尖锐质疑私有化、资本市场自由化、市场定价及自由贸易效果。他表示，“华盛顿共识”完全是建立在发达国家自身利益需求和意识形态基础上的一套共识，并不适合发展中国家的实际国情。它既不提政府作用，又不鼓励竞争、提高人力资本和加速技术进步，似乎只要实行了私有化和自由化，市场就会自动解决经济发展的一切问题。“往好里说，它是不完全的；往坏里说，它是误导性的”。斯蒂格利茨进一步阐述称，全球化之所以在东亚成功而在其他地方失败，关键在于全球化在东亚得到了有效管理，而其他国家均死守 IMF 强加给他们的新自由主义条款。他甚至开诚布公地声称，自己加入世行“是为了给华盛顿共识以足够的打击，是为了揭穿发达国家的双重标准和改变不公平的国际游戏规则”。[①]

斯蒂格利茨还把批判枪口对准不公正不合理的国际经济秩序，著名的“斯蒂格利茨怪圈”[②] 就是这一思想的集中反映。他严厉批评引导经济全球化进程的国际机构漠视贫困人群利益，在消除贫困、促进社会公正方面无所作为。他在离开世行后撰写的著作《全球化及其

---

① 引自“我的经济学人生：斯蒂格利茨在上海青年发展导航系列讲座上的演讲”，《解放日报》，2004 年 8 月 29 日。

② “斯蒂格利茨怪圈”是指在国际资金循环中出现了新兴市场国家以资金支援发达国家的得不偿失的资本流动怪圈，其表现为新兴市场国家，如东亚，通过贸易等较高成本形式从发达国家引入过剩资本后，又以购买美国国债和证券投资等低收益形式把借来的资本倒流回去。

不满》中，写下声讨 IMF 的檄文，向权威的经济学家和国际政策制定者发出道德挑战，指责他们将华尔街的金融资本利益置于贫穷国家利益之上的错误行径，呼吁经济学和经济政策“回归人性”，倡导国际经济金融政策制定应体现民主性和公开性，并要求改革重要国际金融组织。他在书中指出，近四分之一个世纪以来，世界银行和 IMF 主导的资产剥离让数十万穷人变得更穷；不合规范的资本自由流动导致投机猖獗，使上百万人落入贫穷的深渊。而 IMF 和世界银行推行的“消灭贫穷计划”——自由贸易，只不过是西方发达国家打开发展中国家市场的“攻城锤”，其所采取的金融和财政手段与 19 世纪欧洲人和美国人在亚洲、非洲和拉丁美洲四处冲破壁垒打开其市场，却阻碍第三世界农产品进入自己市场的行为如出一辙。①

2008 年金融危机爆发后，斯蒂格利茨格外关注发展中国家。他认为，这些国家遭受了巨大冲击，面临着资本外流、贸易萎缩、商品价格下降及汇款减少等风险。为此，他建议发达国家将各自经济刺激方案资金总额的 1% 用于援助不发达国家，以解决其贫困问题。在给联合国的一份报告中，他还详细探讨了以特别提款权（SDR）为核心的新国际货币体系架构，积极倡议改革国际货币体系和金融监管规则等，主张给予发展中国家更多支持与保护。②

对于美国政府，斯蒂格利茨多是给予毫不留情的批判。他常常抨击华盛顿盛行的市场原教旨主义，认为美国政府现行双边贸易主义阻碍了非歧视性自由贸易，侵害了众多发展中国家利益。他指出，美国的经济增长只给上层社会带来好处，最底层人群的境况则变得更糟，这使得美国越来越成为一个充满穷人的富国。在其《喧嚣的九十年代》一书中，他总结在总统经济顾问委员会的工作经验，深刻反思

---

① 引自［英］格雷·帕拉斯特：“一个冰凉的世界——国际货币基金组织带你去地狱的四个步骤”（介绍斯蒂格利茨观点的文章），英国《观察家》，2001 年 4 月。

② 参见“联合国大会主席专家委员会就国际货币和金融体系改革提出的建议”，斯蒂格利茨时任该委员会主席。转引自国务院发展研究中心信息网 2009 年 3 月 19 日中译文，www. drcnet. com. cn。

上世纪 90 年代美国经济的繁荣和衰落。在书中，他指出“美国错过一次表现自己领导力的机会”，并细述美国在上世纪 90 年代种下的四颗“毁灭的种子”：非理性繁荣、错误认识政府平衡角色、妄图追求廉价增长和历来奉行内外不一政策。而在合著《耗资 3 万亿美元的战争》书中，他则尖锐批评小布什政府掩盖战争代价的做法，揭露伊拉克战争将耗费美国 3 万亿美元巨资，且另有 3 万亿美元要由他国“埋单”。

对于 2008 年以来起源美国、席卷全球、至今仍未消退的金融危机，斯蒂格利茨在一系列专栏文章中深刻剖析和探讨危机的起因、影响和经验教训，入木三分地批判美国的制度缺陷。他认为，当前这场危机并未有一个单独的根本原因，而是在不同层次上有许多根源，且每个问题都指向其他问题，如房地产泡沫、激励机制、公司治理及市场原教旨主义思潮等。他重点列举两大原因：首先，金融机构本身“太过贪婪”。华尔街的贪婪让斯蒂格利茨发出“凯恩斯主义可能被滥用”的警告：金融机构经营者的奖励机制与经济和社会需求脱节；在资本配置和风险处理方面问题严重，专注于短期赢利、鼓励承担过度风险，结果导致风险持续累积，直至酿成危机。其次，联邦监督者和经营者推波助澜。美联储未扮演好监管者及金融政策执行者的双重角色，美联储主席格林斯潘等主要监管者并不相信监管的作用。当金融系统出现问题时，他们提倡金融机构自我监督。对此，斯蒂格利茨曾公开撰文批评格林斯潘，认为其在任时鼓励个人采取非固定利率贷款等政策导致危机发生，“斯人已去，遗害犹存”。同时，美联储的流动资产和宽松货币政策则导致泡沫形成；当泡沫破灭时，整个宏观经济便受到冲击。

斯蒂格利茨断言美国金融体系已经失败。他对奥巴马政府在危机中表现充满失望。在他看来，奥巴马低估了萧条的严重性，他的“变革”只是当轮船快要沉底的时候，重新摆摆甲板上的椅子。斯氏认为银行监管的问题依然没有处理好，“大而不能倒”的问题比危机前更加严重，且政府只顾对大银行救市，却忽略了中小银行和本地银行，而正是这些银行向中小企业提供贷款，带来就业机会。对此，斯蒂格利茨开出了令华尔街恨得咬牙切齿的“药方”：一是纠正管理人员奖励制度，降低利益冲突程度。如提供给持股者更多关于股票期权造成的股票价格稀释信息；抑制基于过度风险和短期利益的奖励机制，将每年分红改成基于五年收益的支付奖金。二是建立金融产品安全委员会，以保证银行、养老基金交易的金融产品具有安全性。金融产品创新应针对普通美国人的需求，保证他们在经济条件变化时仍能拥有住房。三是建立金融系统稳定委员会，处理整个金融系统问题。该委员会要认识到系统中各部分间的关系，并防止再度出现过度融资。四是实行其他提高金融系统安全和健康的制度，如推行限制借贷的“限速带”。历史上，高速扩展的借贷曾造成大规模经济危机，本次危机也不例外。五是完善法令以保护消费者并规范竞争。尽管金融机构和从业人员会想方设法规避规定，但改革能降低类似危机出现的频率和破坏性。①

对危机的救助，斯蒂格利茨鼓励通过全球合作解决危机。他认为全球危机需全球应对：其一，各国经济刺激政策存在缺陷。即过度注重国内效应，缺乏对国际效应的重视。如果各国均按自身成本损益进行分析，而不考虑溢出效应，很可能会影响别国刺激政策效果。其二，当前最紧迫的问题是保护主义抬头。斯蒂格利茨尖锐地批评美国等国采取贸易保护主义措施，指出尽管2008年G20会议呼吁反对保护主义，但华盛顿会议后仍有17个国家采取保护主义措施，其中包括美国出台购买美国货的规定。其三，提醒关注救助新兴市场国家问题。他认为，由IMF为发展中国家提供资金、由国际金融稳定论坛确保监管的救助方案存在先天不足：一是这些机构自身就存在问题；二是援助资金太少；三是多数资金是以信贷方式提供，发展中国家面临陷入新一轮债务危机的风险。

---

① 引自斯蒂格利茨2008年9月17日写给CNN网站的专栏文章“如何阻止下一场华尔街危机”，www. edition. cnn. com。

四、"中国奇迹"欣赏者

斯蒂格利茨关注中国的经济发展，与中国政府及学术界互动频繁。二十多年前，他就开始以自己的方式介入中国的经济改革。在中国刚刚打开国门时，斯氏就曾以美国国家科学院代表团成员的身份访问过中国。作为中国政府的特邀经济顾问，他频繁往来于中美之间，不仅多次为中国经济发展献策建言，其在中国的演讲也以幽默博学和通俗易懂博得广泛好评。1997 年，斯蒂格利茨在其《经济学》第二版中译本中，不仅洋洋洒洒写下开篇序言，还专门在最后加了一章"中国：近期与未来的挑战"，对中国经济改革与发展问题进行分析和探讨，其对中国的重视可见一斑。

对中国改革开放三十年来的成果，斯蒂格利茨给予了高度评价，坦言"经历的巨变难以想象"。他对"摸着石头过河"这句中国俗语印象深刻，认为这是中国经济转型成功的重要原因之一，赞成中国应该坚持根据自己的国情和环境探索符合自身特点的市场经济模式。斯氏积极肯定中国对于世界经济的意义。当许多国家尤其是美国对中国崛起颇有微辞时，他却认为，中国的崛起直接促进了美国经济的发展，如降低失业率、稳定商品价格，并在其高速发展的同时给广大发展中国家带来了众多机遇。相比而言，美国的某些政策性失误则给全球带来了数万亿美元的损失，如伊拉克战争带来的全球经济损失就相当于中国一年的 GDP。对崛起的中国将在世界经济中扮演何等角色，斯蒂格利茨也不吝激赏。他提出，中国现在已是全球第二大经济体和最大的储蓄国，并在未来十年、二十年将成为最大经济体。地位的上升应当让中国受益更多，尤其是要在全球化的规则制定中有更多的发言权。在国际经济治理中，中国需要在 G20 中扮演一个更加积极的角色，使这样一个全球治理架构有更高效率。同时，中国还需发出更大声音，积极推动国际货币体系的改革。

对中国问题，斯蒂格利茨并非一味“唱多”。在赞赏中国发展成就的同时，他也对中国经济发展模式提出批评，积极建言中国转变发展模式。他认为，中国经济过于依赖出口，国内消费却显得不足。这种增长模式给经济发展带来极大压力：一方面，中国已成为全球最大的能源消费和碳排放国之一，面临着严峻的能源和环境问题挑战；另一方面，这种模式滋生一系列社会问题，造成严重的社会贫富分化。中国的基尼系数已从0.29增长到0.47，在主要经济体中仅低于巴西（0.53），远高于印度（0.31）、日本和瑞典（0.25）。斯氏建议中国应采用人类发展指数（HDI）代替GDP衡量社会发展，至少应使用包含资源消耗和环境破坏的绿色GDP。他指出中国只有改变经济模式，才能带来竞争优势，走向更和谐的社会，为长期有活力的增长打下基础。

斯蒂格利茨在很多中美问题上都喜欢抑美扬中，这也使得他在中国大受欢迎。当美国政客言辞激烈地指责中国偷走了美国的就业岗位，造成美国巨额贸易赤字时，斯蒂格利茨则一针见血地指出，贸易赤字代表本国宏观经济的失衡，美国今天的高贸易赤字根源在于国内储蓄太少——家庭储蓄为负和巨额财政赤字，所以美国的麻烦不是中国造成的，而是自己的问题。他提出，要想使国际贸易变得更加平衡、公平，最重要的一点是营造一个更为公平的竞争环境，减少发达国家对其产业实施的各种形式的补贴，让发展中国家能够参与正常的竞争。汇率问题是近年来中美经贸议题的焦点所在，美国不少政客、学者动辄指责中国“操纵汇率”，纷纷施压人民币迅速升值。斯蒂格利茨则表示了对中国汇率政策的支持。他认为“操纵汇率”的定义本来就存在缺陷，美国给中国贴上这一标签只会破坏多边贸易体系，对美国自身也是有百害而无一利。虽然中美贸易存在巨大顺差，但中国的汇率政策对美国的贸易赤字没有影响，人民币对美元的汇率状况基本能适应目前的局面，无需大幅调整。斯氏建议人民币汇率改革不能僵化，但也不能太过激进。否则，会使经济增长不稳定。知识产权问题也是中美经贸关系中的

“雷区”。对此，斯蒂格利茨视角独特地指出，知识产权制度本身就存在缺陷：它创造垄断、提高价格、扭曲市场、加大社会成本，过分的知识产权保护实际上会减慢创新速度。他建议中国向发达国家学习，学会绕过知识产权，采用更多替代性的办法如强制许可证等来避免指责。

斯蒂格利茨对中国问题的关注并不仅仅限于经贸领域。他以异乎寻常的热情，对中国经济和民生问题给予广泛关注，频频在相关场合发表自己的看法，俨然是一个中国问题专家。如对人民币国际化，他建议应谨慎推进人民币可兑换，认为任何简单或过快的做法可能带来不稳定，将对长期经济发展不利。对美元贬值引发中国外汇储备安全问题的大讨论，他建议中国应购买通胀指数化债券来规避风险。对社会保障体系建设，斯蒂格利茨认为，中国在向市场经济转型的过程中，社会保障体系弱化速度比市场体系建立速度还要快，应加快完善社会保障体系，包括建立覆盖全国特别是农村地区的公共医疗体系以及国家失业保险体系，以减少人们的“谨慎性储蓄”，刺激国内消费。再如针对当前中国房地产市场存在的问题，斯蒂格利茨提出解决的办法在于控制基层政府的政策导向。他也看到中国房地产问题的关键是许多地方政府将土地使用权转让和出卖当作收入来源，认为这是造成非理性投资的根本原因。斯蒂格利茨还提醒中国注意短期资本流入，特别是在已开始收紧刺激政策而西方仍坚持量化宽松的情况下，可能加剧市场不稳定。

五、结束语

有媒体曾将斯蒂格利茨定义为“一个成功的学者和一个失败的官员”，认为诺贝尔经济学奖固然让他名扬全球，但更让人难以忽略的恐怕还是他的直言不讳和挑战威权。斯蒂格利茨就是这样一个人：在学术上，他才华横溢、成就傲人；在文章中，他笔锋辛辣、恣肆汪洋；身处政坛，他个性张扬、口无遮拦；批评时事，他一针见血、入木三分。他是这个时代最具影响的经济学大师之一，也是一切不合理政策的反对者和令华尔街恐惧的“敌人”。尽管角色多重、毁誉交织，其道一以贯之，从未改变。

“美国舆论引导者”法里德·扎卡里亚*

法里德·扎卡里亚（Fareed Zakaria）是美国著名的印度裔记者和国际问题专家。他儒雅谦逊、视野广阔，针砭时弊、观点独到；他以犀利的政治经济学视角，对民主的局限性、恐怖主义根源、金融危机及当前国际格局进行深入剖析，在美国舆论界和学界掀起一阵阵“头脑风暴”，被美国前国务卿赖斯赞为“熟知世界每一个角落”。2008年，他出版《后美国世界》一书，凭借“全球权势东移”和“新兴大国群体性崛起”的观点再次赢得尊重，美国总统奥巴马亦成为该书的忠实读者。

一、记者与学者的“两栖生活”

扎卡里亚出身于印度穆斯林，在西方文化熏陶下成长和发展。凭借勤奋工作和拼搏精神，依托跨文化观察事物的独特视角，他从一个新移民成长为美国学界新星和新闻界明星，其经历是“美国梦”的

* 张文宗，中国现代国际关系研究院美国研究所助理研究员。

典型写照。

1964年1月，扎卡里亚出生于印度孟买一个上层穆斯林家庭，其父拉菲克·扎卡里亚学识渊博，是印度著名的政治家和学者，主编和撰写了十余部关于印度政治和穆斯林的书籍。其母法蒂玛是拉菲克的第二任妻子，曾长期担任《印度时报》编辑。出身书香门弟的扎卡里亚自幼接受西方文化启蒙，中学期间就读于孟买一所著名教会学校。他还经常跟随父母参加各种高级社交活动，“见过当时孟买最有名的建筑师、官员和诗人”。优越的成长环境，为扎卡里亚提供了普通印度男孩难以企及的机会。

中学毕业后，扎卡里亚进入美国耶鲁大学攻读本科，其间，加入该校最大的学生社团——耶鲁政治联合会（The Yale Political Union），并在政治辩论中崭露头角。不久，他就成为该会主席和《耶鲁政治月刊》主编。此后，他考入哈佛大学，师从著名政治学家塞缪尔·亨廷顿和斯坦利·霍夫曼。因学业优异，表现卓越，扎卡里亚1993年博士毕业后直接进入著名的《外交》杂志社工作，成为该社最年轻的执行编辑。借助一流学术平台，他潜心钻研学问，与知名学者碰撞思想，数年内就成为小有名气的国际问题专家。1997年，当弗朗西斯·福山以“自由民主成就历史终结”的理论闻名遐迩之际，扎卡里亚在《外交》上发表“非自由民主的崛起”一文，凭借其与福山针锋相对且分析深刻的观点而一举成名。此后，他笔耕不辍，先后出版《从财富到权力：美国成长为世界大国的不寻常道路》，编撰《美国际会：美国和现代世界的诞生》等著作，学术影响与日俱增。

凭借扎实的学术功力，扎卡里亚投身传媒，逐渐成为美国著名的国际问题评论家。2000年，他受聘担任《新闻周刊》国际版编辑，同时兼任《纽约时报》、《华尔街日报》和《纽约客》等主流媒体的特约撰稿人。“9·11”事件发生后，他在《新闻周刊》发表题为“他们为什么恨我们”的文章，因对恐怖主义根源鞭辟入里的分析而名声大噪。此后，他成为美国广播公司（ABC）、公共广播公司（PBS）和有线新闻网（CNN）的国际新闻评论员，不断就美国内外政策和经济形势发表看法。频频出镜的扎卡里亚谈吐儒雅、衣着得体、平易近人，其独特视角常让美国人有"重新认识自己"的感触。

在指点江山、引领舆论的同时，扎卡里亚的学术研究也渐入佳境，不但在多所大学担任客座教授，其专著《自由的未来：美国国内外的非自由民主》和《后美国世界》还被译为多国文字流传世界。据美国媒体称，《后美国世界》一书深受奥巴马的喜爱，成为其2008年"竞选成功的法宝"。因在业内做出杰出贡献，扎卡里亚被美国《君子》杂志评为"21世纪最具影响力的人士"之一，并荣获印度政府授予的2008年度"海外印度人"称号。

福兮祸之所倚，就在扎卡里亚事业蒸蒸日上、声名鹊起的同时，2012年8月他却因文章剽窃事件声誉受损。在其一篇关于美国枪支问题的文章被曝光涉嫌剽窃后，扎卡里亚迅速道歉，承认这是个"可怕的错误"，并称"责任完全在自己"。[①] 虽然《时代》周刊和美国有线新闻网宣布此事为"孤立事件"，且在一周内就宣布结束调查并恢复其专栏和节目，[②] 但丑闻仍造成不小的影响。《纽约时报》分析称，现在很多媒体写手倾向于树立自己的"品牌"，而媒体也愿意培养这些品牌，这使他们的工作量远超负荷，暗示出错是在所难免的。[③] 随后，扎卡里亚辞去耶鲁大学董事会成员等职务，并表示要"减少工作量"以集中精力进行研究和创作。

扎卡里亚现定居纽约，与妻子保拉（Paula）育有一个儿子奥马尔和两个女儿丽拉和索菲亚。他平素喜欢品尝葡萄酒，曾为美国著名

---

① 据美国媒体报道，扎卡里亚为2012年8月20日即将发行的《时代》周刊撰写了一篇有关枪支管理的专栏文章，其中有数段文字抄袭哈佛大学历史学教授吉尔·莱波雷4月30日发表在《纽约客》杂志上的文章。

② "Suspension of Fareed Zakaria Lifted by CNN, Time", http://abcnews.go.com/Entertainment/wireStory/suspension-fareed-zakaria-lifted-cnn-time-17023193.

③ Christine Haughney, "A Media Personality, Suffering a Blow to His Image, Ponders a Lesson", August 19, 2012, http://www.nytimes.com/2012/08/20/business/media/scandal-threatens-fareed-zakarias-image-as-media-star.html?_r=1&hp.

电子杂志《滚石》（Slate）的葡萄酒专栏撰文。

二、政治经济学见解

扎卡里亚思想庞杂，研究涵盖国际政治、经济、外交和历史等领域。多年来，他并未构建起宏大、深邃的思想理论体系，而是着重从政治经济学的角度解释国际关系、国家竞争力和外交决策。他一向紧扣时代脉搏，在美国社会最需要答案的时候抛出观点，及时提供自己对恐怖主义、金融危机和国际格局的独到见解。正是这种将“记者的敏锐”和“学者的深刻”融于一体的分析，让扎卡里亚的思想具有很强的穿透力和时代感。

（一）批驳防御性现实主义

1998 年，扎卡里亚出版《从财富到权力》一书，通过分析美国 19 世纪后半期和 20 世纪初的经济发展和国际行为之间的关系，批驳防御性现实主义。他认为，能力决定意图，随着一国财富增长，大国和强国便难以控制其扩大军事、政治和外交影响的冲动。在处于迅速上升期的大国眼里，先前并不重要的地区现在关乎“核心利益”，此前可以被忽视的危机现在成为威胁，其对安全的解释会更加泛化。大国寻求的不仅是安全，更追求“向力量能够达到的地区投射影响力”。[1] 他还注意到，一国国内政治结构影响着国家外交行为。对美国来说，当国会和各州权力较大、联邦政府无力调动更多资源时，外交便较为温和；而在联邦权力膨胀时，“以国家为中心的现实主义”外交会变得咄咄逼人。

---

① Fareed Zakaria, *From Wealth to Power: The Unusual Origins of America's World Role*, Princton University Press, 1998, p.185.

（二）指出民主的问题

冷战结束后不久，福山出版专著《历史的终结及最后一人》，引发西方"自由民主将一统全球"的热议。扎卡里亚则冷静地指出"不自由民主"的问题。2003 年，他出版《自由的未来》一书，全面剖析民主的本质、民主与自由的关系，重点批驳了民主选举必然带来政治自由的思想。他认为，选举民主并不能保证自由。经济上的成功是新兴民主国家政治稳定的主要因素，一个国家越富裕，实践民主的机会就越大。而经济水平较低的国家建立的民主，多半会夭折。① 那些只引入选举制度、却未实施经济自由化和法治化的国家，往往会沦为"不自由的民主"。如，中亚、拉美和非洲很多国家因为缺乏宪政传统，经济发展缓慢，民选政府也退化成独裁政权，反而导致更大混乱、贫穷和经济下滑。②

与此相反，扎卡里亚认为，美国民主的最大问题是"政治过度民主化"。他认为，1960 年以来，伴随美国总统候选人初选制普及、国会权力透明化及行政机构改革深化，美国政党式微，国会权力更加分散，少数利益集团控制了华盛顿政治运作。利益集团的游说，不仅导致政府政策常反映少数人利益，而且使削减政府开支变得越来越困难。而解决的方法应是把决策者与利益团体、游说力量和竞选压力设法隔开，通过代理授权，使政府部分重要机构能像美联储和最高法院一样相对独立而不受选民压力解决问题，这样就可能走出困境。③ 联系到美国目前面临的政治"极化"、社会分裂和利益集团过度影响政府决策的现实，扎卡利亚的观察和建议不无道理。

---

① ［美］法理德·扎卡里亚：《自由的未来：美国国内和国际间的偏执民主》，台湾联经出版公司，2005 年版，第 67—68 页。

② Fareed Zakaria, "The Rise of Illiberal Democracy", *Foreign Affairs*, November/December, 1997.

③ ［美］法理德·扎卡里亚：《自由的未来》，台湾联经出版公司，2005 年版，第 278—283 页。

（三）挖掘恐怖主义根源

“9·11”事件爆发后，凭借自己的穆斯林背景、对阿拉伯世界的了解和媒体从业者的便利，扎卡里亚迅速分析了恐怖主义产生的政治、经济和思想根源，并提出根治的办法，一跃成为该领域权威专家。他表示，伊斯兰极端主义根植于停滞和混乱的阿拉伯世界。面临长期专制统治的失败，阿拉伯国家均声称要实现西方世俗现代化，但这在社会内部催生了一个“宗教和暴力色彩浓厚并逐渐全球化的反对力量”。只有经过几代人努力，在阿拉伯国家建立更公开和充满活力的社会，并将伊斯兰世界融入现代社会后，才能从根本上消除他们对西方的敌视。

随着观察和思考的深入，扎卡里亚将恐怖主义与阿拉伯世界的“不自由民主”联系在一起。他认为，阿拉伯世界长期陷于独裁政权和不自由的社会中，恐怖主义只是其病态国家和社会的外部表现，其他问题还包括经济瘫痪、社会停滞和知识破产。阿拉伯国家，尤其是产油国长期以来可轻易获得石油财富，这使中东政权“向人民所求很少（如征税），因而还给人民的也很少”。扎卡里亚一针见血地指出，这些国家的现代化是一种“假现代化”，因为物资和工人都靠外界输入，但“输入西方物资容易，输入西方社会运作的内涵却很难”。在尝试过社会主义、世俗主义和民族主义后，他们的现代化之路全都走入死胡同。这就使伊斯兰基本教义派得到民众的广泛支持，而伊朗伊斯兰革命的成功则强化了这一态势，最终孕育出伊斯兰世界的恐怖主义。① 要彻底消除恐怖主义，以美国为首的西方世界就应强力推动巴以和解，缓和与阿拉伯世界的紧张关系，同时鼓励中东国家推动经济改革，培育独立的商人阶层，发展真正的资本主义经济，并在此基础上推动政治改革。

---

① ［美］法理德·扎卡里亚：《自由的未来》，台湾联经出版公司，2005年版，第143—165页。

（四）论断“金融危机并非资本主义危机”

扎卡里亚对经济问题有着深刻理解。2008 年金融危机爆发后，包括美国媒体在内的国际舆论都同声质疑美式资本主义制度。但扎卡里亚认为，这场危机并非资本主义危机，而是一场金融、民主和全球化危机，从根本上看是一场道德危机。资本主义正经历自我调整，并将在加强监管后得以恢复。在经济全球化和政治“仍为各国特有”的背景下，全球性问题缺乏相匹配的政治进程，更无全球性解决方案。

在西方一些经济学家指责中国应为危机负责的纷扰声中，扎卡里亚也未能免俗。他认为中国购买美国国债压低了美国利率，刺激了美国人消费，从而加速了危机爆发。当然，作为一个乐观主义者，他对世界经济和美国经济的未来抱有信心，认为全球化已推动知识在全球传播，多数国家都认同“和平、低通胀和技术带来的机遇”，并密切参与全球体系，这将把世界从危机中解救出来。[①] 同时，美国经济具有基本优势，在经历衰退后可能恢复得比想象得快。

对于美国的脱困之策，扎卡里亚提议美国必须改变几十年来寅吃卯粮、以借贷弥补亏空的坏习惯。短期内可迅速实施重大基础设施建设和发展能源项目，中长期来看必须增加家庭储蓄，加强金融监管，停止“没有意义的金融创新”。他对美国政治系统“无法从事重大改革”表示担忧，认为医保、社会安全、养老金、财政赤字和能源依赖等问题日益严重，仅医保开支 2050 年将消耗 GDP 的 40%。[②] 他认为，在支持能源供应多样化和发展清洁能源的同时，未来几十年石油

---

① Fareed Zakaria，“Why terrorism and economic turmoil won’t keep the world down for long”，December 11，2009，http：//www.fareedzakaria.com/hcme/A-ticles/Entries/2009/12/11_ The_ Secrets_ of_ Stability.html.

② Fareed Zakaria，“America’s Fatal Flaw”，August 15，2009，http：//www.fareedzakaria.com/articles/newsweek/081509.html.

仍将是美国能源的重要部分，因此美国应在“能源独立”问题上采取现实态度。①

(五)“后美国世界”

在金融危机酝酿和爆发的过程中，扎卡里亚出版《后美国世界》一书，分析当前世界格局深入变迁的特点，并为美国重振实力开出药方。他指出，此次金融危机虽然并不标志着资本主义的终结，但表明美国全球主导地位已寿终正寝。当前的经济巨变加速了走向“后美国世界”的步伐。如果伊拉克战争及布什外交政策是对美国军政权力的“去合法化”，那么金融危机则是对美国经济权力的“去合法化”。美国经济将出现萎缩或陷入长期萧条，随后几年增速可能非常缓慢。同时，中国、印度和巴西等新兴大国经济规模庞大，自身经济活动可观，可不必过分依赖对西方的出口。尽管这些国家金融市场仍与美国紧密相连，但实体经济将有史以来首次获得对美国的某种独立性。“他者的崛起”是经济现象，但会产生重大的政治、军事和文化后果。在贸易领域，全球贸易格局可能分为美国、欧洲和中国三极或多极，但真正的多极世界当前或不远的未来都难以实现。欧洲在军事和政治上无法成为一极，日本和德国受累于历史因素牵绊，中国和印度仍处在发展阶段。因此，塞缪尔·亨廷顿的“单极+多极体系”术语或中国提出的“一超多强”更能恰当描述当今国际体系的现实。② 美国仍拥有强大实力，可以操纵或指导这些力量来塑造新秩序。其使命在于让新崛起的国家融入权力日益分散的国际体系，让其有足够动力充当体系中“负责任的利益攸关方”。为此，美国应遵循六条基本原则，包括集中精力与新兴大国打交道；创建一套要求各国

① Fareed Zakaria, “Free At Last: How to achieve genuine energy independence”, April 4, 2009, http://www.fareedzakaria.com/articles/newsweek/040409.html.

② ［美］法里德·扎卡里亚著，赵广成等译：《后美国世界》，中信出版社，2009年版，第55页。

遵守的规则、规范和价值观，确保他国崛起不会演变为恶性竞争；与所有大国保持良好关系，且比任何两个大国间的关系都要好；依靠不同类型的组织解决不同问题，如在气候变化问题上，组建一个包括私有企业和非政府组织在内的新同盟也许最管用；保持强大的议程设置能力和合法性等。①

三、"万能"国际问题评论家

作为美国舆论界的弄潮儿和知名公共知识分子，扎卡里亚主要通过接受采访、发表时评等方式阐述个人的政策观点。他的时评聚焦国际热点，旁征博引，深入浅出，体现出很强的实用主义精神和务实风格，很受美国人欢迎。也许由于始终站在观察国际问题的前沿，其思想原则性欠缺，灵活性有余，并因此受到一些非议。例如，他很少接受美国决策层咨询，仅有的一次参与前美国国防部副部长沃尔福威茨关于伊拉克问题的小范围讨论，还因涉嫌支持出兵而被他自己否认。美国广播公司（ABC）节目主持人乔治·斯蒂芬波勒斯（George Stephanopoulos）曾在2003年评价扎卡利亚说："他精通政治，但很难被归类。在跟他做节目时，我对他的立场和谈话内容一点都不确定。"②

扎卡里亚被《福布斯》杂志列为美国新闻界最有影响的25位"自由派"之一，实际上他经历了一个从保守派到自由派的转变。上世纪80年代，扎卡里亚坚定地支持里根政策；90年代他开始向左转，并自称"走中间路线的学者"；2008年大选初选阶段，他公开宣布支持奥巴马。对此，他辩称道：保守主义在上世纪70、80年代蒸

① ［美］法里德·扎卡里亚著，赵广成等译：《后美国世界》，中信出版社，2009年版，第228—240页。

② http：//en. wikipedia. org/wiki/Fareed_ Zakaria.

蒸日上，因为它“为解决当时面临的问题提供了合适答案”，但现在“新的世界需要新的思想”。①

在扎卡里亚的评论中，外交是其中的重点。他曾严厉批评布什政府的单边主义外交，对奥巴马的外交政策则赞许有加。他表示，奥巴马正在形成的世界观非常接近传统现实主义；而注重国内经济增长和技术革新、承诺从伊拉克和阿富汗撤军、缩小反恐战争规模、推动与伊斯兰世界和解、将战略重点转移至亚太、与中俄等新兴大国加强接触等，表明奥巴马正缩减外交政策规模，堪称“后帝国时代的总统”。② 对此，扎卡利亚建言奥巴马关注全球力量中心而非边缘地带、巩固在亚洲的主导地位，并称这“对美国继续发挥全球超级大国的作用至关重要”。③

扎卡利亚曾严词抨击美国军事和外交的不平衡现象，认为小布什时期美国军费连年增长，军事能力远超所需，军事机构异常臃肿，而奥巴马削减军费的努力却遇到“军工复合体”的抵制难以推进。同时，美国外交系统的资源相形见绌，甚至出现“军乐队成员多于整个外交部门人员”的怪现象。④

针对美国外交面临的具体挑战，扎卡利亚也常切中要害并提出中肯建议。他曾评判美国反恐战略成效，认为恐怖组织已遭到严重削弱，无力发动“大规模袭击”。随着技术的扩散，恐怖分子正力图通过一些小规模袭击“骚扰西方”，美国应提高应对这种“微恐怖主

---

① http：//en. wikipedia. org/wiki/Fareed_ Zakaria.

② Fareed Zakaria，“Why Washington Worries”，March 14，2009，http：//www. fareedzakaria. com/articles/newsweek/031409. html.

③ Fareed Zakaria，“The Post-Imperial Presidency”，December 4，2009，http：//www. fareedzakaria. com/home/Articles/Entries/2009/12/4_ The_ Secrets_ of_ Stability_ 2. html.

④ Fareed Zakaria，“Why defense spending should be cut”，August 3，2011，http：//www. fareedzakaria. com/home/Articles/Entries/2011/8/3_ Why_ defense_ spending_ should_ be_ cut. html.

义"的能力。[①] 但总体而言，"过度反恐"不仅削弱美国实力，还导致情报机构膨胀，增加了政府在和平时期滥用权力的危险。[②]

针对阿富汗政策，扎卡利亚认可奥巴马"先增兵、后撤军"和将重点从"传播民主调整为政经重建"的战略，称美国可分四步走实现既定目标：一是采取正确措施镇压叛乱，争取当地人信任，让阿富汗国民军和警察最大限度地发挥作用；二是在加强阿富汗政府力量的同时，争取部族首领支持、召开地方议会及建立多样化支持基础；三是与抛弃"基地"组织的塔利班谈判；四是向巴基斯坦施压，促其同意瓦解"圣战"网络等。[③] 针对部分军方人士批评奥巴马不愿大幅增兵的立场，扎卡里亚回应称，阿富汗战争是广泛的全球反恐战略的内容之一，而全球反恐战略只是广泛的国家安全战略的内容之一。阿富汗战争消耗量了美国太多资源和精力，美军不会彻底撤出阿富汗，但必须有"妥协或适可而止的意识"。[④]

在中东问题上，扎卡里亚同样秉承外交优先于军事的原则。他认为，对伊朗的高压和接触政策均难奏效，因为军事打击只能对伊朗核设施造成"有限破坏"，并可能遭致报复；而别国渴望与伊朗做生

---

① Fareed Zakaria, "The Year of Microterrorism", December 15, 2010, http://www.fareedzakaria.com/home/Articles/Entries/2010/12/15_Why_2011_Will_Be_a_Happier_New_Year_2.html.

② Fareed Zakaria, "We're Safer Than We Think: But no one wants to admit it", September 11, 2010, http://www.fareedzakaria.com/home/Articles/Entries/2010/9/11_What_America_Has_Lost_2.html; Fareed Zakaria, "What America Has Lost: It's clear we overacted 9/11", September 4, 2010, http://www.fareedzakaria.com/hcme/Articles/Entries/2010/9/4_What_America_Has_Lost.html.

③ Fareed Zakaria, "A Turnaround Strategy, We're better at creating enemies in Afghanistan than friends. Here's how to fix that—and the war, too", January 30, 2009, http://www.fareedzakaria.com/home/Articles/Entries/2009/1/30_A_Turnaround_Strategy.html.

④ Fareed Zakaria, "Even 'winning' in Afghanistan would include some failures", October 4, 2010, http://www.fareedzakaria.com/home/Articles/Entries/2010/10/4_Even_winning_in_Afghanistan_would_include_some_failures.html.

意，因此制裁不会起作用；接触也难有进展，因为伊朗政权许多人可从与美国的对抗中获益。美国应加强与欧洲协调，向伊朗提供一个“要么发展核武，要么与西方建立正常贸易关系”的二选一方案，以引发伊朗内部是否拥核的争论。而美国可以考虑同意伊朗在本国搞铀浓缩，但必须将其置于国际机构监管之下。[①] 在伊拉克问题上，他曾支持布什出兵并建立“民主样板”，但后来转而认为此举得不偿失。他赞成奥巴马从伊拉克撤军战略，称美国政策的核心应是推动伊拉克各派妥协，制定国家权力分配协定，并最终实现政治和解。目前，他认为伊拉克“政治正变得多元和民主，媒体自由和省份自治也得到保障，国家的重点也开始转向经济发展而非宗教和圣战”，因此，伊拉克仍有可能成为阿拉伯世界一个“不同寻常的范例”。

此外，作为一名印度裔美国记者，扎卡里亚对出生国印度有着难以割舍的故土情结，积极致力于推动美印关系。他称，印度作为日益崛起的大国，已被纳入全球核俱乐部，在国际舞台上日益扮演重要角色，美国将从中获得实实在在的好处。印度是“对中国野心的天然制衡”，随着中国崛起和欧洲及日本的衰落，印度自然成为美国的伙伴。他呼吁美国对南亚投入更多战略关注，称该地区充斥着“失败”和“运转不良”的国家，若印巴紧张局势升级，南亚将分崩离析，届时美国也是大输家。

四、中国对美国构成“不对称”挑战

扎卡里亚不是一名中国问题专家，但如同当今任何一位有影响的西方国际问题专家一样，中国崛起及其影响都被纳入其研究视野。他

① Fareed Zakaria,“They May Not Want The Bomb: And Other Unexpected Truths”, May 22, 2009, http: //www. fareedzakaria. com/home/Articles/Entries/2009/5/22_ They_ May_ Not_ Want_ The_ Bomb. html.

认为中国崛起是重大的国际政治和经济现象，这对美国利益构成挑战。但是，他亦反对遏制中国，倾向于通过两国交往与合作来管理中美关系。

扎卡里亚在盛赞中国取得成就的同时，认为中国文化的独特性减缓了中国崛起给外界带来的冲击。虽则如此，中国的规模和“强势外交”已引起外界担忧，而其最大的挑战在于国内转型。中国经济过去十年以年约10%的速度增长，工业化速度是西方3倍，但应对这样大规模转变并未出现“大规模动乱”。中国不仅安然渡过金融危机，还在危机中兴旺繁荣。

迄今，中国崛起对国际社会造成的震荡有限，这主要归因于其“埋头苦干、韬光养晦和在前进中尽量不张扬”的风格和文化因素。中国的“儒教”思想不带宗教色彩，外交政策不像美国、英国、法国、沙特和伊朗那样渗透着明显的传教士精神。只要中国保持特色并成为世界大国，它就实现了历史性目标。① 但中国面临的最大问题不是文化的独特性，而是影响力的广泛性。从军事、政治或经济等角度衡量，中国几十年内都不可能超过美国，但它正在多个领域成为世界第二大国，这将为国际体系注入全新要素。② 中国的一举一动都是在如此大规模的基础上进行，这不可避免地改变国家间博弈的性质。中国究竟能在多大程度上崛起，将取决于其行为、其他国家的反应，以及它们间互动形成的一系列效应。

近年来，扎卡里亚注意到中国表现出“自信甚至自大”的征兆，称2010年中国就美国对台军售和奥巴马会见达赖反应强烈，在中日钓鱼“撞船事件”上态度强硬，对一些东南亚国家也不像以往那样尊重，在20国集团会议上则“表现自私”、“拒绝承担更大国际责任”……这主要缘于中国认为自己对西方的需求下降，也同其还没

① ［美］法里德·扎卡里亚著，赵广成等译：《后美国世界》，中信出版社，2009年版，第115页。

② 同上书，第103页。

有一个明确的国际目标有关。[①]

对于中国的发展道路，扎卡里亚认为中国不提倡“华盛顿共识”，而是选择一条渐进道路并获得成功。“分权化”已成为中国经济生活的标志性特征，政治生活也在朝该方向迈进。同时，中国面临很多问题，如腐败现象屡禁不止、地区差距不断拉大、贫富差距高得惊人和环境问题日益严峻等，这导致社会矛盾异常紧张。未来几十年，民主和资本主义之间的关联互动这一最重要的考验，将在中国大陆得到验证。“中国共产党一方面试图改革世界上最大、人口最多的国家，另一方面仍希望永远掌权。如果试验成功，它会被尊为世界工业大国的缔造者”。[②]

扎卡里亚将中美关系视为全球最重要的双边关系，认为两国存在多重竞争，不管采取合作亦或对抗，都将对国际政治和经济格局产生巨大影响。他称，中美都对两国对抗的前景忧心忡忡，并为可能出现的麻烦制订预案。目前看，全球化的力量取得胜利，中美在经济和金融上相互依存，形成“核时代相互确保摧毁关系在全球化时代的翻版”。同时，核武器还发挥着相互威慑作用，增加了双边关系的稳定性。全球化推动中美形成一种“联盟关系”，这从纯粹的地缘政治角度来看是不可想象的。如果中美发生冲突，方兴未艾的经济和政治现代化运动“即便不嘎然而止，也将大大放慢脚步”。

扎卡里亚一直担心中国崛起对西方构成“非对称”挑战，认为美国应对这种挑战的最佳方式是在保持经济竞争力的同时，继续对华奉行“对冲”战略。他表示，中美间的冲突和竞争是否会恶化，主要取决于华盛顿和北京未来十年的政策选择。现有世界秩序有利于中国和平崛起，中国将继续争取融入而非破坏西方主导的秩序。因此，

---

① Fareed Zakaria, “Growing Pains, The truth about Sino-U. S. relations”, February 15, 2010, http: //www. fareedzakaria. com/home/Articles/Entries/2010/2/15 _ Growing _ Pains. html.

② ［美］法理德·扎卡里亚：《自由的未来》，台湾联经出版公司，2005 年版，第 83 页。

来自中国的挑战不同于前苏联。对西方来说，中国更可能是一个“非对称的超级大国”。[①] 中国一直在寻求和发展削弱美国军事优势的手段，如空间技术和网络技术。更重要的是，中国用经济实力和政治技巧而非动用武力实现目标。例如，中国大陆无意攻打台湾，更可能对“台独”运动持续釜底抽薪，逐步积累优势并最终制服对手。中国的目标不是制造冲突，而是避免冲突。不干涉他国内政的外交模式，使其成为一个有吸引力的伙伴。扎卡里亚发出警告称，如何应对中国这个“继续执行非对称战略、拓展对外经济联系、恪守低调而温和的行事风格、增加对外友谊和影响力、一点点消磨美国耐心和意志”的国家，美国还没有做好准备。[②]

随着金融危机的深化和美国“重返”亚太，扎卡里亚逐渐理顺了其对华战略思维。他认为，中国在经济上正通过大规模的高等教育提高人力资源水平，并通过战略性投资和勤奋工作来努力向价值链高端攀升，这将冲击“西方在工业和就业上的特权”。因此，最佳和最有效的对策不是货币战威胁和关税，而是加大教育和科研投入，实施深刻的结构改革和进行新的重要投资，激发美国的经济活力和工人竞争力。[③]

就对华外交而言，扎卡利亚认为，随着中国崛起和在地缘政治方面影响上升，中国的亚洲邻国均希望强化与美国关系。与此同时，他们并不愿看到中美冷战，而是希望“中美间紧密的关系能够被用来缓和中国的行为”。美国应更多地应用“对冲”策略来确保亚洲的和平与稳定。一旦中国的崛起变得“具有威胁或影响稳定”，美国应保

---

① ［美］法里德·扎卡里亚著，赵广成等译：《后美国世界》，中信出版社，2009年版，第124页。

② ［美］法里德·扎卡里亚著，赵广成等译：《后美国世界》，中信出版社，2009年版，第125页。

③ Fareed Zakaria, “The Real Challenge from China: Its People, Not Its Currency”, October 7, 2010, http://www.fareedzakaria.com/home/Articles/Entries/2010/10/7_The_Real_Challenge_from_China__Its_People%2C_Not_Its_Currency.html.

证与印度和日本等其他亚洲大国事先结有牢固的联盟，作为“制衡中国扩张主义”的基础。就像许多对冲基金一样，美国的战略应该采取“偏向多头策略”，即应该把精力更多地放在与中国接触上。相比与一个很可能将成为世界第一大经济体的国家展开新的长期冷战策略，这种策略显然更可取，代价也小得多。①

① Fareed Zakaria, “A ‘hedge’ strategy toward China”, November 15, 2010, http://www.fareedzakaria.com/home/Articles/Entries/2010/11/15_A_hedge_strategy_toward_China.html.

欧洲篇

“街头走来的思想者”约施卡·菲舍尔*

一面是中学辍学生、的哥、德国红卫兵、反体制的街头斗士，一面是政党大佬、外交部长、商界顾问、著名思想家。这看似风马牛不相及的两面，神奇地集结和融汇于同一个人身上。他那一波三折的上升过程，在德国战后历史上找不出第二位；他那嘻笑怒骂、言必由衷的真性情，令同行无可奈何，叫世人叹为观止；他那多姿多彩、棱角分明的丰富人生，既羡煞旁人，也常令人跌破眼镜……他就是德国前副总理兼外长约施卡·菲舍尔（Joschka Fischer），驰骋政坛多年的风云人物，受到旷日持久欢迎的政治家，颇具视野和深度的重量级思想家。他所阐述的“欧洲联邦”思想勾勒出欧洲一体化远景，至今仍对欧洲发展产生着重要影响。

* 王剑南，中国现代国际关系研究院欧洲研究所副研究员。

一、战斗的青春

1948年4月12日，德国南部巴登—符滕堡州的小镇格拉布罗恩的一户移民之家，新添了家里的第三个孩子，这就是约施卡·菲舍尔。这户普通人家是1946年离开祖辈生活的匈牙利来德国定居的，父亲是个屠户，母亲是烟草店主之女，他们小儿子的名字“约施卡”就是匈牙利名字“约瑟夫”的变体。家乡人信奉天主教，菲舍尔幼年时一直担当教堂里的辅弥撒者，自然就成为天主教徒。16岁时，他还没读完10年级就辍学了，连中学毕业证书也没拿到。走上社会后，他先是当学徒学习摄影，后来又当过玩具售货员，并已间或开始从事革命斗争了。

1968年初，德国学生运动风起云涌，菲舍尔作为旁听生到法兰克福大学学习社会政治学，在那里如饥似渴地聆听新左派理论家阿多诺[①]、哈贝马斯[②]和内格特[③]的讲座，逐渐成长为1968年学生运动的领导人物。“六八一代”是德国社会对菲舍尔那一代人的共称，这也成为他的时代标志和政治出身。当时，“革命”是个流行词汇。复活节那天，他跟第一任妻子艾德尔特劳德一起参加了抗议活动，在施普

① 西奥多·阿多诺（Theodor Adorno，1903.09.11－1969.08.06），德国哲学家、社会学家、音乐理论家，法兰克福学派第一代主要代表人物，社会批判理论的奠基者。

② 尤尔根·哈贝马斯（Jürgen Habermas，1929.6.18－），德国当代最重要的哲学家之一。历任海德堡大学教授、法兰克福大学教授、法兰克福大学社会研究所所长以及德国马普协会生活世界研究所所长，是西方马克思主义中法兰克福学派第二代的中坚人物。他的思想庞杂而深刻，体系宏大而完备，被公认是当代最有影响力的思想家，被人称作“当代黑格尔”和“后工业革命的最伟大哲学家”，在西方学术界占有举足轻重地位。

③ 奥斯卡·内格特（Oskar Negt，1934－），哲学家和社会理论学家，汉诺威大学社会学教授，秉承批评理论的传统。曾在哥廷根大学和法兰克福大学学习哲学，是阿多诺的学生，曾任哈贝马斯助手。

林格出版社门前欲阻止《图片报》发行。在社会主义德意志学生联盟（SDS）[①] 及其同情者看来，该报的大量煽动性报道导致学生领袖鲁迪·杜什克[②]在柏林街头遭到右翼分子袭击。结果，菲舍尔夫妇与其他抗议者一样，遭到警察的殴打。然而，菲舍尔的斗争热情愈挫愈坚，并在那一天做出决定，要成为一名职业革命家。

从此，菲舍尔再也不缺席大学生们的行动了，无论是讨论校长人选、干扰上课，还是举行时事辩论会，他们所从事的活动是为了“唤醒沉睡中的无产阶级”。据 SDS 的同伴回忆，他当时谋生的手段是从书店偷书，然后再卖掉。当然，偷书卖书的同时，他也读书，马克思、黑格尔甚至希腊哲学他一概都读。据说，他对马列主义和毛泽东思想也有过深入研究，堪称“红色青年”。同时，他还参与编杂志。在 SDS 理论刊物《新批评》1970 年 2 月的那一期上，他的名字赫然位于编辑行列。

菲舍尔的斗争并未局限于书面，而是脚踏实地去践行。1969 年，他加入一个新成立的工厂项目小组。该组织 1970 年改名为“革命斗争”，成为有名的左翼激进和武斗团体。在那里，他结识了许多日后伴随他走过漫长政治生涯的同道者，比如法国学生领袖科恩—本迪特。[③] 两人一见如故，在法兰克福住在一起，共同投入反体制战斗。一次，菲舍尔在街头与警察搏斗并因此坐牢，科恩—本迪特把他“捞”了出来。此后，两人的人生轨迹指向不同方向，菲舍尔指向权

① 1960 年代联邦德国的著名学生组织（SDS），二战后由社会民主党在高校建立。但在 1960 年代，社会民主党放弃激进路线转而谋取进入议会后，该组织与社会民主党决裂，后独立领导了风起云涌的院外反对派运动和大规模学生抗议。1968 年后，学生运动渐入低谷，该组织于 1971 年解散；1988 年试图重建，但未产生任何影响。2007 年马克思诞辰 189 周年之际，新的 SDS 在法兰克福成立，由 30 多个独立的高校左翼学生组织联合而成。

② 鲁迪·杜什克（Rudo Dutschke），联邦德国著名马克思主义学生活动家。

③ 丹尼尔·科恩—本迪特（Daniel Cohn-Bendit，1945.4.4 –），法裔德籍政治家，活跃于法德两国。是 1960 年代法国“五月骚乱”时期的学生领袖。1968 年被驱逐出法国，在法兰克福落脚。目前是欧洲议会绿党—欧洲自由联盟党团的两主席之一。

力，本迪特则指向自由。但自始至终，后者都是菲舍尔公开承认的不多朋友中的一位。

1970年11月，菲舍尔等人靠伪造履历混进欧宝汽车公司下属的一家工厂工作，企图唤醒流水线上的工人们罢工。可惜，菲舍尔等人的行动流产并遭解雇。此后，菲舍尔四处谋生，为奥林匹亚出版社翻译过小说，1976年还在法兰克福干上出租汽车司机，直到1981年。此后，他又在一家书店当临时工，还当过临时演员，1983年在电视剧《飞翔的罗伯特》中出镜，1986年在电影《Va Banque》中扮演一名法兰克福的出租司机。

在艰苦谋生的同时，菲舍尔从未中断革命斗争。进入20世纪70年代后，他转向推崇暴力的左翼运动，从保守的和平示威者演变成激进的街头斗士，成为名副其实的“暴力青年”。这一时期，德国各大城市爆发了“街区战斗”。菲舍尔等人积极投身战斗，以暴抗暴，反抗国家机器的暴力镇压。他们占领街区，保卫不动产，与警察展开对峙，然后逃跑、打人、被打……青春的能量在战斗中尽情释放。当时的一段纪录片显示，同伴们摁住一名警察，菲舍尔冲上前去，挥拳对准他猛打三拳。当另一名警察端着枪跑来帮忙时，菲舍尔则灵敏地转身跑掉了。时过境迁，那名警察得知当年打他的人竟是外长菲舍尔，不禁感叹道：“我确实有点儿惊讶，不是每个人都有幸被外长教训的。”在媒体眼中，这种战斗与其说是革命，不如说是叛乱。而勇敢善战的菲舍尔也渐渐成名，成为“革命战斗”团体中的风云人物。1976年，菲舍尔被短期拘捕，理由是涉嫌在游行示威中对一名警长造成致命伤，后因证据不足而获释。这期间，菲舍尔依然斗争信念坚定地说：“我们不能把自己跟城市游击战的同志们截然分开，因为那样等于在割裂自己。”①

① http://www.spiegel.de/spiegel/print/d-43301959.html.

然而，1977 年著名的"德国之秋"到来，以红军旅[①]为首的极左团体策划并实施了一系列血腥事件，最著名的当属绑架暗杀雇主联合会主席施莱尔、劫持兰茨胡特号飞机。这些事件引发菲舍尔的反思，他逐渐认识到，这种伤及无辜的残酷做法有损形象。这种想法最终促他脱离激进主义运动，也放弃了暴力政治观念。革命激情消退后，菲舍尔以公开呼吁放弃武装斗争的方式，宣告了其街头斗士生涯的结束。然而，法兰克福街头就是菲舍尔的政治大学，反叛的种子已经深入他的骨髓。

当上外长后，菲舍尔并不讳言当年的暴力斗争活动，只对一些细节予以辩驳，如否认曾在战斗中使用过武器和燃烧瓶。1997 年，传记作者问他"有没有人向警察扔过石头"，他回答道："根本没有，我只是战斗而已。"[②] 1998 年，他革命生涯的许多细节被曝光，菲舍尔在接受采访时就改变说法："我从未否认过，我曾在近十年时间里，试图用武力颠覆联邦德国那种有违宪法的秩序。"[③] 对于令人不快的事情，只有当公众知情时才说，否则就缄默不语，这是政治家惯用技法，菲舍尔日后深谙此道。

二、绿党的无冕之王

在战斗的岁月里，菲舍尔某次在酒馆跟科恩—本迪特聊天时，向他坦露了对绿党和生态主义的兴趣，并明确表示："咱们两人必须有一个加入绿党。"本迪特认为，自己作为外来者在本地缺乏根基，难

---

① 红军旅又名巴德尔—梅茵霍芙帮，德国历史上著名的极左团体，发端于 20 世纪 60 年代晚期，由反越战的学生运动发展而来。其宗旨是通过制造爆炸、绑架和枪杀当权派成员等手段，摧毁战后繁荣的德国社会。在近 30 年时间里，该组织参与爆炸、绑架和枪杀当权派成员事件多起，共谋杀 34 人，令德国民众谈之色变。

② http：//www. spiegel. de/spiegel/print/d－43301959. html.

③ 同上。

有作为。菲舍尔遂做出选择，于1977年加入绿党。日后，科恩—本迪特也加入绿党，并代表绿党成为欧洲议会议员。曾有对头揭露说，菲舍尔并非真心拥戴绿党理念，只是把绿党看成一桩精明的买卖，有助于他个人升迁罢了。的确，菲舍尔也承认，自己此前在选举中从未投过绿党的票；但现在，他已重新选定人生方向，要从职业革命家转而成为现实政治家，所有的决定都要为这个目标服务。

从此，菲舍尔的命运便与绿党休戚与共了。1983年，他以绿党党员身份当选联邦议员，成为绿党首批联邦议员之一，并担任联邦议院绿党党团干事长。这期间，他在联邦议院的名声显然不佳。某次开会时，桀骜不驯的菲舍尔竟对副议长理查德·施蒂克伦（Richard Stueklen）破口大骂："议长先生，我要说你是个混蛋!"随后他被逐出会场。期间，他依然不改斗争习性，利用空隙时间回法兰克福参加封锁美军基地的行动。

1985年，法兰克福所属的黑森州组成第一届社民党与绿党联盟政府。菲舍尔离开联邦议院，出任黑森州政府环境与能源部长，成为全德各州中第一位来自绿党的部长。当在黑森州议会宣誓就职时，他竟穿着运动鞋，也没有打领带。这在当时是"惊世骇俗"之举，为他赢得了"运动鞋部长"的绰号。现在，这双穿得破破烂烂的鞋子已成为波恩历史博物馆的展品。

1987年，绿党出于反核理念，以退出执政联盟为要挟，向州政府发出最后通牒，要求政府撤回对哈瑙核工厂的许可书。未果，绿党退出执政联盟，菲舍尔则辞去部长职务，转而出任州议会绿党党团主席。1991—1994年，绿党与社民党在黑森州再次联合执政，菲舍尔出任副州长兼环境、能源与联邦事务部长。

在1994年大选中，绿党首次进入联邦议院，成为第三大议会党团。菲舍尔卸下黑森州所有职务，当选绿党联邦议会党团主席，开始全力在联邦政治舞台上角逐。1995年，他在绿党内引爆一场争论，打破了党内的和平主义取向，赞同联邦国防军出兵波黑，用军事手段维护联合国在波黑的保护区。同时，他推动绿党推出市场经济政策，逐步从生态主义党向现实政策党的方向转变，为日后上台执政做好准备。

菲舍尔虽然从未担任过绿党主席，但其在党内的影响无处不在，既有王者的威信，也有王者的霸气，堪称“无冕之王”。绿党为体现男女平等，一直实行男女双主席制。菲舍尔对此不以为然，不想与人分享职权，尤其不想跟女人分享。身为绿党两名党团主席之一，他总想大权独揽，对同任党团主席的女同事克尔斯汀·米勒（Kerstin Mueller）不当回事。每当召开新闻发布会时，他常常让米勒连同众多记者等上一刻钟才缓缓现身。一谈到时任绿党主席于尔根·特里廷（Juergen Trittin），他总是会轻描淡写地来一句“噢，那个于尔根是吧”，表情很是不屑一顾。

1998 年联邦大选后，“统一总理”科尔结束了长达 16 年的总理任期。绿党得到机会，在政坛刮起绿色旋风，与社民党联合上台执政。菲舍尔达到事业顶峰，与社民党总理施罗德联袂执政，出任“红绿联盟”政府的副总理兼外交部长。从这时起，他简直成为绿党在全德的代言人。菲舍尔口才出众，语言幽默生动，是绿党务实派代表。他讲求实际，作风大胆，敢于从对立的意识形态中吸取有用因素，不拘于成见和阶级界限，因而同党内保守派屡有磨擦。为在执政联盟中发挥“小伙伴”的实际作用，菲舍尔努力在本党生态主义、和平主义理念与现实政策之间寻求妥协与平衡，甚至不惜放弃本党部分一贯立场。他曾经在小范围内不无苦涩地说：“调和能力是政治上成熟的核心体现。”

多亏了菲舍尔的个人影响力，绿党在 2002 年联邦大选中战绩提高，在社民党选况不佳的情况下，依然确保了“红绿联盟”继续联合执政至 2005 年。经过 7 年的执政考验，菲舍尔引领绿党成功地从一个公民运动党、生态党，转型为一个趋于成熟的执政党、准全民党。2011 年 3 月，绿党在巴符州议会选举中异军突起，得票率达 24.2%，以大伙伴身份执政该州，推出绿党州长，不仅创造了德国联邦政治的历史，也以一系列变革措施突显绿党的左派生态改革党特色，在欧洲和世界政坛营造出一片独特的绿色风景。

即便2005年后成为在野党，绿党也未停止前进的脚步。近年来，它更是势力大涨，在全德支持率屡创新高，从2009年大选时的10%猛增至20%以上，从一介小党跃升为在联邦议院地位稳固的第三大党（次于联盟党和社民党）。绿党取得这些成就，除了得益于德国当前反核反战的公民运动和社会思潮之外，与菲舍尔本人的长期引导和非凡影响力是分不开的。目前，菲舍尔虽已退休，但他在绿党内的王者地位难以撼动，他那灵活务实的立场和丰富的执政经验一直引导绿党不断调整政策，适应现实。可以说，没有菲舍尔，就没有现在的绿党。2013年德国大选，绿党若推出总理候选人，菲舍尔自然是炙手可热的人选。

三、政坛“摇滚乐手”

一个扔石头、打警察的“坏小子”，能走遍世界代表德国说话吗？一个爱穿运动鞋、不愿打领带的街头浪子，能适应西装革履、冠冕堂皇的上层生活吗？菲舍尔给出的答案是斩钉截铁的“能”字。经受过现实斗争洗礼的他，面对任何挑战，都显出沉着自如的大将风范。

越坏越惹人爱，这话很适合用到菲舍尔身上。早在当外长之前，他就已经声名雀起，广获好评了。卢森堡首相容克当时认为，菲舍尔是整个欧洲战后一代的共性奠基人；自民党名誉主席、前外长根舍称，菲舍尔集宏大构想和高度理智于一身，是外长的合适人选，是位名副其实的接班人。还未走马上任，菲舍尔已跻身德国最受欢迎的政治家行列。

1998年10月，菲舍尔接任外长之职。作为德国历史上第一位绿党外长，他在上任不久便融合绿党理念和德国外交实践，提出本国外交政策必须建立在四大传统之上：欧洲一体化、融入西方和跨大西洋伙伴关系、自我约束政策、拒绝强权及维护人权。前两项是德国外交政策公认的两根支柱，后两项则是菲舍尔的创新理念。相对而言，在外交实践中，他对"拒绝强权与维护人权"这一项贯彻得充分而深刻。在任期间，他完成了两项外交"大手笔"，即促成德国在二战后首次出兵海外和反对美国发动伊拉克战争。一为主战，二为反战，菲舍尔居间转换起来游刃有余。

1999年，菲舍尔支持德国派兵随北约参加在国际法上存在争议的科索沃战争。他提出，军事手段可以为政治意图服务，用来对付恐怖主义也符合绿党利益。他把科索沃当时的局势与纳粹时代相提并论，引用纳粹大屠杀作为论据："我不仅知道再也不要战争，我也知道再也不要奥斯维辛。"① 最终，他力排众议，全力促成德国战后历史上的首次海外出兵，彰显引领德国迈向正常化国家的政治家胆识。然而，他的上述举动却招致批评，指这跟他当外长前的立场截然相反。《明镜》评论说："菲舍尔对于绿党用来做秀的政治童谣，比如和平主义、妇女运动、多元文化认知，从未真正感兴趣过。他从不是个温和的人。"② 一些因特网论坛、和平运动人士也纷纷谴责他是"战争贩子"。1999年5月绿党党代会上，他遭人投物袭击，造成右耳鼓膜破裂。

但到2003年前后，伊拉克战争一触即发之际，菲舍尔却认为缺乏伊拉克拥有大规模杀伤性武器的明证，因而秉持反战立场，拒绝支持美国，甚至不惧与时任美国防长拉姆斯菲尔德针锋相对。他与时任总理施罗德联手，倡导多边主义，强调联合国的领导作用，反对美国霸权，呼吁欧洲政治家形成对美制衡力量，并多次对小布什政府奉行的单边主义政策提出批评。这表明，他虽然推动巩固并发展德美传统盟友关系和密切合作，但却为之设定了前提条件，即必须符合德国利益和自身理念。

---

① http://de.wikipedia.org/wiki/Joschka_ FischerJoschka Fischer.

② http://www.spiegel.de/spiegel/print/d－39447020.html.

菲舍尔身上集中了战后成长起来的德国人的典型特点，凭借朴实的外表、敏锐的思维和独特的外交风格，他赢得外国同行赞许，个人声望持续上升。在任期间的民意调查显示，他是深受德国人拥戴的政治家，甚至超过总理施罗德，长期位居最受欢迎政治家之首。许多选民出于对他个人的好感而长期投票支持绿党。

虽然菲舍尔任内颇受选民欢迎，但对于“看不上眼”的政界人物，则会由着性子横眉冷对。由此，他也常因“冷淡无情”而遭到许多政治家忌恨。即便对于亲信，他也会喜怒无常，前一刻还在说“这主意不错，让我考虑一下”，一闪念就变成“简直白痴，你们毫无政治头脑。”现任外长韦斯特韦勒始终对于遭遇菲舍尔的一次“公然侮辱”而耿耿于怀。那是在汉莎公司的客机商务舱中，韦斯特韦勒遇见正在座位上读报的菲舍尔，便主动问候“早上好，菲舍尔先生”，然后伸出手去。菲舍尔却只是抬头看他一眼，皱了下眉头，便又埋头读报了。

工作中的菲舍尔，“统治欲”常常暴露无遗。他喜欢根据自己的心情，事到临头再安排日程，而且惯于迟到。他发言不用讲稿，在正式场合往往即兴发挥，谈起话来就漫无边际。在外交部，“已送外长审阅”这个印章总也派不上用场，只得悄悄废弃。外交官们只得适应上下级交往的新方式。菲舍尔喜欢跑步，于是德国驻世界各国大使们的工作业绩中，必然包括了这样一项：在当地探出一条合适的慢跑路线，无论是在尼日利亚的草原，还是在印度班加罗尔的城市公园，以备外长来访时健身所用。大使们已习惯在上司来访时，省略使馆欢迎仪式，下车就直奔餐厅吃饭。一次，德国驻华盛顿使馆为了不再让外长喝乏味的过滤咖啡，特意借到一台蒸馏咖啡机，但机器在外长来访第二天才拿到。当香浓的蒸馏咖啡摆上餐桌后，令人意想不到的是，外长非但未感到开心，反而抱怨起来：“怎么回事？我昨天为啥没喝着？”

在任期即将结束的2005年初，菲舍尔不慎陷入“签证门”而令声誉受损。作为主管部长，他被批评放松了对乌克兰移民的签证监控，导致许多人以假身份非法进入德国。随后，他以证人身份在联邦议院签证调查委员会作证12小时，承认过错、承担全责，公共电视台现场直播整个过程。

无论功过是非，在菲舍尔看来，最重要的是任外长7年，他通过一系列具体行动，为德国赢得更多外交自主决策权。无论是在科索沃战争中跟美国人共同参战，还是在伊拉克战争中与美国分道扬镳，起决定作用的不再是要不要忠于盟友，而是要对事不对人、具体问题具体分析，这就是他给德国留下的外交遗产。

2011年针对利比亚战争，德国在联合国安理会投下弃权票并且拒不参战，这引起秉持“拒绝强权与维护人权”原则的菲舍尔极其不满和强烈批评。他指出，德国政府投弃权票是一次绝无仅有的惨败……德国外交政策由此失去可信度和基本信念，沦为一场闹剧，令德国的国际地位根本受损。其理由有两方面：一方面，“德国处境的基本恒量在21世纪根本不会变，国力不大不小，既不能倒退回瑞士那样的角色，又不能扮演世界强国。因而，立足西方仍是德国最高和首要利益。俄罗斯和中国弃权等于默许，德国弃权则等于反对，让德国在盟友中陷入孤立。”[①] 另一方面，“不参战给人的糟糕印象是，德国弃‘阿拉伯之春’于不顾，但这是一场谁都逃脱不了的历史运动。德国《基本法》规定军事固然不是优先选择，但军事克制不能充当对独裁者及其镇压政策的特许状。事关平民生命，军事手段不可避免。”[②] 事后，现任外长韦斯特韦勒公开称德国制裁政策卓有成效，为西方获胜“做出重要贡献”。菲舍尔闻言便破口大骂他“胡说八道”，认为没有北约军事干预就不会有进展。

退休后，菲舍尔某次回忆往事时说：“现在的德国跟我们当政时不一样了。我是德国政坛最后一批搞现场直播的摇滚乐手。如今，各

① http://www.zeit.de.

② Ibid.

党各派当中都是玩录播的一代人了。”[①] 迄今，菲舍尔是德国战后历史上在任时间第二长的外长，仅次于根舍。

四、“欧洲联邦”畅想者

菲舍尔自称是哈贝马斯的学生，其学术思想和理论与哈贝马斯一脉可承；其核心思想可归结为“欧洲联邦”理论，这也与哈贝马斯的理念相契合。2000 年 5 月，菲舍尔在柏林洪堡大学做报告，题为《从国家联盟到联邦——关于欧洲一体化之完成的思考》[②]。在报告中，他率先提议制定欧盟宪法，为欧洲未来描绘了一幅宏伟蓝图，也奠定了自身作为欧洲重要思想家的地位。

菲舍尔把眼中的新欧洲定义为“形成中的力量”，视之为柏林墙倒塌和“9·11”事件后“西方世界的重构”。他认为，冷战结束和全球化时代开始，令欧洲的问题凝聚成难以解开的结，如共同货币、东扩、欧盟委员会机制、欧洲议会势微、共同外交与安全政策发展等均对欧盟构成严峻的挑战。其中，经济与货币联盟的存在和共同政治体制的缺失，势将引发欧盟的紧张状态和内在危机，如果倒退停滞或墨守成规将付出致命代价。为应对历史性挑战，欧洲只有一路前行，为一体化大厦加上最后一块砖，即政治一体化。而法德将在其中发挥决定性作用。与此同时，欧洲一体化虽已取得非凡成就，但其历史缺陷存在于西欧而非全欧。为实现一体化的完整性和欧洲大陆安全，欧盟在苏联集团瓦解后必须东扩。因此，欧盟需同时展开两项巨大工程，即尽快扩大和重塑欧盟，两者相辅相承；重塑能增强欧盟的行动

① http://www.welt.de/politik/article1894650/Vom_Strassenkaempfer_zum_Aussenminister.html.

② http://www.auswaertiges-amt.de/www/de/infoservice/download/pdf/reden/2000/r00512a.pdf.

能力和吸纳能力，可保障扩大顺利进行，而扩大又令欧盟机构改革和政治一体化势在必行。

对于政治一体化的远景如何，菲舍尔给出的答案是：以一部宪法条约为基础，从国家联盟过渡到完全议会化的“欧洲联邦”，即让欧洲议会和欧洲政府在联邦内部切实行使立法权和行政权。但其前提是，政治一体化完成必须纳入现有民族国家体制和传统，不能与之对抗并导致其贬值和消失，即必须以欧洲与民族国家之间的主权分配为基础。具体建制可概括为三方面：一是欧洲议会。欧洲议会应为两院制，上院由各国议会的当选议员组成，下院由各国直选参议员组成。由此，可将各国政治精英和公众集结到一起，使议会具备双重代表作用，既代表民族国家的欧洲，又代表公民的欧洲。二是欧洲政府。欧洲政府可有两种选择，要么由各国政府组成，即由欧洲理事会进一步发展而来；要么由欧盟委员会体制发展而来，直选出一位拥有重大行政权限的欧洲总统。也可采取两者中间的形式。三是宪法条约。“欧洲联邦”和民族国家的主权分配应以宪法条约为前提。宪法条约规定两者的各自权限，只将核心主权及必须由欧洲层面规定的部分交由“欧洲联邦”，其余部分仍属民族国家权限。这可确保“欧洲联邦”既精练又有行动力，既完全自主又以自信的民族国家为构成环节，同时又能克服民主缺陷、保持对公民的透明度和亲和力。在欧洲议会、欧洲政府和宪法条约这三者当中，宪法条约是根本，它确定了各项基本权利、人权和公民权，明确了欧盟各机构之间以及欧洲与民族国家的权限划分。

菲舍尔深知欧洲政治现实的复杂性，绝不幻想通往“欧洲联邦”之路是一条坦途，而是精心设计出了一个“引力中心”战略。他的核心考虑是，如果无法做到让多数成员国共同跃入完全一体化，就由一小组成员国作为先锋率先上路。即由几个秉持牢固欧洲理念、乐于并能够迈向政治一体化的国家构成一个“引力中心”作为他国的示范。具体可以分三步走：第一步，参照经货联盟和《申根条约》的例子，扩大并强化更具合作意愿的成员国之间的合作，具体领域可包括欧元区发展、环保、对付犯罪、共同移民政策、共同外交安全政策等。第二步，推动这些国家形成一个“引力中心”，缔结新欧洲基本条约，即联邦宪法的核心部分，并在这一基本条约基础上建立政府机构，使其在欧盟内部代表这组国家“用一个声音”说话；同时组成强大议会，拥有直选总统。由此，该“引力中心”已拥有未来联邦的所有元素，可充当实现政治一体化的先锋和火车头。它并非封闭的，而是面向所有欧盟成员国和待入盟国开放，一旦这些国家条件和时机成熟即可加入。第三步，最终实现“欧洲联邦”内部一体化。加强合作并不必然导致“欧洲联邦”的实现，这一进程中可能出现政府间主义加强的趋势。为避免该趋势，只有把加强合作推进到签订宪法条约，这才算具备完全一体化和实现“欧洲联邦”构想的条件。

菲舍尔堪称欧洲联邦主义的集大成者，他的“欧洲联邦”构想在欧洲各国不仅引发了一场关于欧洲未来的激烈辩论，还大大推进了2004 年《欧洲宪法条约》的签订。凭借对欧洲一体化理论的卓越贡献，菲舍尔一度成为首任“欧盟外长”人选。此后，“欧洲联邦”理论在欧盟层面及德、法等大国中产生重要影响，推动欧盟在一体化道路上持续前行。虽然法国和荷兰2005 年否决《宪法条约》令一体化受挫，但随着2009 年底《里斯本条约》生效，欧盟有了自己的“总统”和“外长”，又朝着“欧洲联邦”构想迈进了一步。

当前，欧元区债务危机愈演愈烈，欧盟及各国政府应对迟缓而乏力，表明欧洲各国仍存在巨大分歧，一体化举步维艰。面对德国民众的疑欧情绪在危机中显著上升，菲舍尔一针见血地指出：“现在，德国人暗自以为，靠着重新赢得的经济强势，绝对可以在新的世界秩序中特立独行，欧洲至少是南部边缘诸国，对于德国完全成为拖累。大错特错啊！没有了强大的欧洲，要不了多久，德国的强势就会难以为继。”[①] 在菲舍尔看来，外部压力可促发内在动力，危机有望成为加

① ［德］菲舍尔：《我不确信——伊拉克战争和红绿联盟年代》，Kiepenheuer & Witsch 出版社，2011 年版，第 361 页。

快一体化的契机，欧盟发展和"欧洲联邦"前景依然乐观。

菲舍尔的乐观是有理由的。事实上，近期德国和欧盟应对债务危机的一系列文件和举措表明，菲舍尔的联邦主义构想无形中已经融入政治方略，开始朝着具体化的方向迈进。2011 年 11 月在欧债危机背景下，德国执政党基督教民主联盟（CDU）召开第 24 届党代会，主题是"为了欧洲，为了德国"，并通过了决议《强大欧洲是德国美好未来》。[①] 该决议明确提出，长期目标是建立强大的欧洲政治联盟，并描述了政治联盟的具体形态：统一而多样化，由民族国家及其国民组成；不要中央集权，实行地区自治、相互援助、比例制和联邦制。欧盟委员会主席由全体公民直选，委员会其他成员则继续由欧洲议会选出。议会实行两院民主制，由欧洲议会和部长理事会组成：前者是公民直选产生，后者代表各成员国利益。两院与欧盟委员会同样拥有立法动议权，欧洲议会议席分配必须反映成员国人口数量。政治联盟靠政治同一性人物来加强民众的欧洲意识，奉行共同的外交、安全与防御政策，它是拥有欧洲军队的防御同盟。

同年 12 月 9 日欧盟峰会上，欧元区 17 国及其他欧盟国家（除英国以外）达成一致，在 2012 年 3 月签署一项新的政府间财政条约，向欧洲财政稳定联盟迈进。峰会结束后，德国总理默克尔于当月 14 日在联邦议院发表施政声明，指出财政联盟将推动欧洲走出危机，令政治联盟展现雏形，开启通往新欧洲之路。[②] 由此看来，危机或许会成为契机，促动欧盟朝着菲舍尔畅想的"欧洲联邦"方向推进。

而"退而不休"的菲舍尔本人，一直在不遗余力地为欧洲联邦的诞生而奋斗。2010 年 9 月，他参与创建欧洲议会内部的斯皮内利小组。这个小组是以欧洲一体化先驱思想家阿尔蒂耶罗·斯皮内利（Altiero Spinelli）名字命名的，由欧洲议会各党团议员组成，专门致力于推动欧洲联邦主义，目标是在欧洲议会为联邦主义动议获取跨党

---

① http：//www. cdu. de.

② http：//www. bundesregierung. de.

团多数支持，并在议会外建立支持欧洲网络。其观点和主张主要包括，认为民族主义、政府间主义在全球化时代只会导致政治无能，批评当前把民族国家利益置于欧盟整体利益之上的倾向；呼吁加快欧洲一体化，建立联邦制的、后民族国家的、公民的欧洲；在欧洲议会选举中采用跨越民族国家的候选人名单，反对削减欧盟预算，力挺欧洲经济政府等。这恰恰表明，支持菲舍尔构想的欧洲“有识之士”已经越来越多，对欧洲政治的影响力正在逐步扩大。

五、精彩的延续

每当生活之书打开新的一章，菲舍尔总会毫不犹豫地合上旧篇章。在2005年提前举行的联邦议院大选中，红绿两党失利，令两党三度联合执政的理想落空。令人沮丧的是，施罗德所在的社民党得票率只比挑战者默克尔的基民盟少0.1%。大选过后一个月内，两人为组阁权和总理职位争得不可开交。最终，施罗德落败，“铁娘子”默克尔上台执政至今。与施罗德的抗争相比，身为执政伙伴的菲舍尔走得十分干脆。在大选两天后，他就宣布，退离外长职位并彻底告别政坛，也不会转而担任绿党党团主席或党内其他领导职务。在新一届联邦议院首次开会时，菲舍尔特意选择最后一排位置，安静地坐下，一副淡然归隐的怡然姿态。

当上外长后，无拘无束的菲舍尔不得已戴上领带，现在终于可以摘下它了。在《明镜》周刊的封面照上，菲舍尔重新敞开衣领，似乎取下了一切束缚他脖颈的负累：绿党！责任！繁文缛节！摘下领带，就像脱去囚服。他给民意调查机构打电话，要求把自己从“最受欢迎政治家”的排行榜上去除，进行了一次自我终结。在以往的生活中，时光的车轮每前行一段，他的权力就会增大一次，如今该是反其道而行了。2005年10月18日，菲舍尔的副总理兼外长生涯宣告结束。11月22日离任时，他说：“任何离别都含有一丝痛楚，不过，我渴望离开。"[①] 他握着接任外长的社民党政治家施泰因迈尔的手说："你得到了职位，而我拥有了空闲。"[②] 2006 年 6 月，菲舍尔最后一次参加绿党党团会议；9 月 1 日，他正式卸任联邦议员，"无官一身轻"。

菲舍尔离任后的生活更加多姿多彩。他多领域出击，身兼数职，炙手可热。他第一个身份就是大学教授和研究员。所谓"英雄不问出身"，连中学都没毕业的他，如今做起了大学教授。2006 年起，他在美国普林斯顿大学担任一年国际经济政策客座教授，主讲"国际危机外交"课程，同时兼任该大学的列支敦士登研究所资深研究员及欧盟项目成员。

第二个身份自然就是顾问了。2007 年，菲舍尔建起自己的约施卡·菲舍尔咨询公司。2008 年，他加盟美国前国务卿奥尔布赖特旗下咨询公司的顾问。2009 年，他与能源供应商 RWE 和 OMV 签下合约，出任该公司政策顾问，为计划铺设的纳布科输气管道提供咨询。是此，菲舍尔成了老搭挡施罗德的商场竞争对手，因为后者正在为铺设北溪输气管道而奔走。同年，菲舍尔出任大众公司和西门子公司顾问，就外交政策和企业战略问题为之提供咨询。2010 年起，他又加盟 Rewe 贸易公司，工作岗位还是顾问。"干顾问这一行，必须得'去政治化'才行，不然会给企业带来很多阻力。我干顾问就好比是换了一种方式搞外交",[③] 他如是评价自己的顾问工作。

而作家则是菲舍尔的又一个身份。有时候，他会给《时代周报》、《南德意志报》等多家报刊撰写专栏文章，辛辣而老到地谈论外交和时政话题，自然深受报界和读者欢迎。

然而，菲舍尔毕竟离不开政治，他最后一个身份是由德国政治家

---

① http://www.spiegel.de/spiegel/print/d-43301959.html.

② Ibid.

③ http://www.wiwo.de/unternehmen/joschka-fischer-dick-im-geschaeft/v_detail_tab_print，5245342.html.

跃升为欧洲和世界政治家。除了继续推动“欧洲联邦”事业之外，他于2010年8月出任欧洲委员会内部“杰出人物小组”组长。该小组由欧洲政坛9位重量级人物组成，致力于弥和不同群体之间的鸿沟，探讨一些社会团体极端化问题，并就促进族群宽容和相互尊敬提出政策建言。2011年初，该小组已提交了一份厚重的报告。

六、非凡勇气重塑自我

离任外长前不久，菲舍尔开始了一段崭新的幸福生活。2005年10月，他与同居两年的女友米努·巴拉提（Minu Barati）在罗马完婚，对方比他小28岁。此前，他已经有过4次婚姻，均以离异告终：商人艾德尔特劳德（婚姻持续期1967—1984年），建筑师英格（1984—1987年，与菲舍尔育有一子一女），记者克劳迪亚（1987—1999年），记者尼科拉（1999—2003年）。从婚姻履历来看，菲舍尔初婚时不满20岁，前一个婚姻紧接着后一个，中间几乎没有空档，身边始终有伴侣相陪。

如上所述，菲舍尔重塑自我的非凡勇气，不仅反映在政治生涯中，也体现在婚姻生活和个人爱好上。他喜欢运动，是马拉松长跑爱好者。这一爱好的形成源于过去一段痛苦经历。菲舍尔一度大腹便便，毫无节制地进食与贪杯使他的家庭和健康都走向危机。1996年夏天，第三任妻子克劳迪亚提出离婚，他本人也得了心脏病。痛定思痛的菲舍尔决心改变生活方式，开始坚持不懈地每天跑步10—20公里。经过数年努力，他变得身手敏捷、体型匀称，3次参加马拉松比赛并获好成绩。他的跑步瘾甚至掀起了全民性的马拉松长跑热。在《我的长跑》一书中，他详细介绍自己的跑步经：“一两天不跑步，我就会感到不舒服，生活也变得索然无味，因为我失去了长跑带来的体能挑战与跑步时绵绵遐思所带来的精神享受”。此外，菲舍尔还戒酒节肉，生活习惯相当健康。

2002年以后，政事繁忙的菲舍尔不得不中断每天例行的跑步运动。2003年与巴拉提同居后，他在恋爱中又恢复了饮食乐趣，身材重又发福，胖胖的体型一直持续到今天。回看他历年照片，胖瘦简直判若两人。但归根到底，他是生活的王者，体型和生活状态都由自己说了算。

七、眼里的中国

菲舍尔与中国渊源由来已久，青年时代曾深入研究过毛泽东思想，被西方思想界公认作“毛主义的信徒”。任外长期间，他把中国视为主要外交对象国，离任后更多次来华访问，为推动中德合作不遗余力。

回顾菲舍尔的对华态度，也是经历了一个渐变过程。1985年第一次访华，他留下直观而肤浅的印象：中国人都穿中山装，差不多一个样。绿党在野时，曾经指责当时的科尔政府“只顾经济利益，不敢与中国针锋相对”，菲舍尔本人也曾大声疾呼：“假如申张人权意味着牺牲订单的话，那我们就牺牲一些订单好了。”上台执政后，他一度对华态度较为消极，主张人权与国家利益并重，甚至人权政策应当发挥更主要作用；对中国的人权状况颇有微词，主张中国改善人权状况、废除死刑等；曾对欧盟取消对华武器禁运持保留态度，提出解禁的前提是北京必须“有所动作”并为解禁做出“建设性贡献”。此外，他不顾我方抗议于1999年在柏林会晤达赖，公开支持其西藏宗教和文化自治要求。

随着访问中国次数增多，菲舍尔渐渐感到中国已发生很大变化，必将成为21世纪的强国之一，对于德国和欧洲来说不可或缺。他形象地表述中国对于德国的重要性：“假如北京宣布对新汽车的准入实施限制，德国汽车企业股票将会暴跌，整个德国经济必将瑟瑟发抖。”[1] 随着对中国了解加深，他讲求实际的作风占据主导，逐渐由最初的消极转向务实合作，表现出既坚持立场又不失灵活的特点，从公开指责中国，转而对中国全国人大“将保护人权明文写入宪法”表示欢迎和称赞；在西藏问题上，主张中国政府与达赖谈判；在台湾问题上，坚持“一个中国”立场。随着中国崛起步伐加快，乐见世界走向多极化的菲舍尔认为，中国在世界和地区和平、稳定中发挥着重要作用，表示愿意在国际事务中加强与中国合作。在外长任上，他推动德中政经关系稳步前进，取得了丰硕成果。

对于中国当前内政，菲舍尔曾有较为客观的认识，认为中国经过30多年改革开放，经济和社会发展取得值得骄傲的成就，大多数民众享有基本人权，目前正处于前工业化、工业化和后工业化三种状态并存的阶段，下一步将面临实现社会均衡发展以缓解社会矛盾、保障个人权利特别是言论自由的两大挑战。对于中国的国际地位，他曾表示，中国崛起意味着在国际上承担更大责任和发挥领导作用，也意味着承受批评；建议中国在与西方打交道时注重沟通方式，对持不同意见者坚持做沟通说服工作。

在中欧关系上，菲舍尔建议中国在发展对欧关系时兼顾各国和欧盟，既与各国发展双边关系，又积极与欧盟机构打交道。他认为，人权话题会在中欧之间长期存在，因为对人权的重视植根于欧洲历史、政治原则和体制中。对于“西藏问题”，虽然他本人曾会见过达赖，却对默克尔2007年会见达赖深感不解，认为德国在“西藏问题”上可以表达不同看法，但不应以这种方式刺激中国。同样，中国也不宜过分重视西方领导人见达赖，以免适得其反地抬高达赖知名度，并应明确向外界传达与达赖谈判意愿和处理这一问题的诚意。

作为绿党人士，菲舍尔始终重视生态、环保与可持续发展，谋求

---

① ［德］菲舍尔：《我不确信——伊拉克战争和红绿联盟年代》，Kiepenheuer & Witsch出版社，2011年版，第361页。

生态与经济达到均衡。离开政界后，他恢复绿党政治家的本色，开始为低碳经济奔走呐喊，并把主要公关目标锁定中国，每次访华都以此为重点议题。他指出：“中国工业的崛起以及13亿中国人追求西方生活水准，迫使世界经济必须进行绿色革命。否则，全球资源将变得匮乏，全球生态系统将无力消化人类所造成的负担。”[①] 而绿色经济是中国的机会，中国未来如果没有稳定发展的绿色经济，则整体经济发展会受到影响；相信中国未来将成为发挥领导力的绿色国家。他介绍德国和欧洲坚持走既定的低碳发展道路，有很多经验值得中国借鉴，比如在新能源和发展相关产业方面。同时，他赞赏中国的节能减排工作，认为目前中国的减排行动和绩效是世界最好的，发达国家的努力及效果也远不及中国；中国在交通领域注重发展高铁、轻轨和电动汽车，逐步提高国民环境和低碳意识，这些经验具有全球意义。此外，中国在水电、核电、太阳能、风能等可再生能源开发利用领域具有广阔的发展前景。

---

① ［德］菲舍尔:《我不确信——伊拉克战争和红绿联盟年代》，Kiepenheuer & Witsch 出版社，2011 年版，第 361 页。

“百科全书式”思想家
尤尔根·哈贝马斯*

德国思想家尤尔根·哈贝马斯（Jürgen Habermas）是当今极具反省力、批判性、现代性和创造性的思想大家。他思想渊源深厚，理论视野广阔，对马克思主义、诠释学、心理分析、西方传统知识论、实证主义、语言哲学等诸多理论进行了反省、批评与超越。与此同时，他也是一个入世的思想家，对当代资本主义社会的商业文化、意识形态、科技意识和合法性危机等问题，皆有深刻而引人深思的分析和批评。最值得重视的是，他给西方理性传统的阐述赋予了时代特色，其沟通理论也将对西方民主政治的进一步发展产生重大影响。

一、人生磨难成就伟大思想家

我国哈贝马斯研究专家之一曹卫东认为，哈贝马斯不但自己不爱

* 方华，中国现代国际关系研究院世界政治研究所研究员。

过多谈及生平经历，也不太喜欢回答别人对此刨根问底。在一次谈话中，有学者不慎多问了几句这方面的内容，哈贝马斯就遗憾地表示拒绝回答。他明确告诉提问者，自己非常不喜欢这种提问，令提问者非常尴尬。因此，很多撰写哈贝马斯生平的材料是根据哈贝马斯的学术历程来理解其成长和发展，因为看起来哈贝马斯的学术和人生是融为一体的。

2004年11月，哈贝马斯荣膺日本"京都奖"并应邀赴日领奖。在颁奖典礼上，主持人让他"谈谈自己"是怎样走过"人生十字路口的"。这个问题像通常一样让哈贝马斯很"为难"，甚至着实有些尴尬。但他在致答谢词时还是坦率地接受了挑战，介绍了自己的经历以及走上哲学研究道路的选择。他的陈述的确与此前追随者们依据学术性的解释有着天壤之别。根据哈贝马斯的陈述，人们才真实感受到他的深刻思想来源于四种人生体验。

第一种人生体验：幼年时期的病痛磨难促使哈贝马斯很早就开始深入思考。1929年6月18日，尤尔根·哈贝马斯（Jürgen Habermas）出生于德国科隆附近的小城古姆斯巴赫，祖父是牧师，父亲是当地工商业协会的负责人。这是一个典型的资产阶级家庭，与周围的政治氛围相安无事，既没有认同，也没有反抗。出生不久，哈贝马斯就接受了一次唇腭裂手术。他回忆说："我不认为这次手术会彻底动摇我对周围世界的信任。但这次手术唤发起依赖感，让我认识到自我与他人相处的重要性。这以后，人的社会性无论如何都会成为我从事哲学思考的出发点。"5岁时，他再做唇腭裂修复手术。这次手术给他留下了清晰印象，让他更加清楚地意识到，一个人在内心深处对他人的依赖。这种感受让他日后思考人的社会属性时，把思维指向探讨人类精神主体的哲学思考。

第二种人生体验：身体残疾使童年的哈贝马斯充分体味挫折感。上学后，他记忆犹新的感受是残疾导致的交往困难和心理折磨。无论课堂上下，他想表达想法时，往往因残疾后遗症导致的浊重鼻音、含糊吐字而遭到同学和老师的冷遇。遗憾的是，他自己却不知道别人听不懂他的话，还费力地想进一步解释清楚意思。与人交流的失败，让他幼年时就把注意力转向不受外界关注的符号世界，也使他一生都坚信书面语言高于口头语言，因为它掩盖了口头表达的瑕疵。他评价学生主要根据他们的书面作业，而非课上发言。一直以来，因口头表达障碍和听力不佳，哈贝马斯都刻意回避在公众面前演讲。与此同时，他主要依靠书面表达思想，并据此做出重要的理论区分：许多孩子在学校肯定会有同样的经历，如果他们与众不同，就会受到歧视和伤害。因此，道德是由无数交往手段构建起来的保护装置。离开道德，在交往过程中实现社会化的个体就很容易受到伤害。①

第三种人生体验：青年哈贝马斯经受了德国战败的耻辱和二战后不同思潮的洗礼。1945 年纳粹垮台，对哈贝马斯的政治立场塑成具有决定性影响。当时，只有 16 岁的他经历那段战后的“耻辱时期”，对自己的国家、民族，特别是自己的道德意识产生极度怀疑，一度生活在一种“迄今为止所做的一切都错了的朦胧、迟钝的感觉”当中。对过去的怀疑和失望，通常是伴随着对现实的肯定和对未来的憧憬。哈贝马斯曾回忆道，1945 年带给自己的是历史和个人双重意义上的解放。而如何对待纳粹德国的历史遗产就成为哈贝马斯成年后政治生活的基本主题。

幸运的是，第三帝国的覆灭打开了德国思想大门，哈贝马斯的认知世界中出现了表现主义艺术、卡夫卡（Franz Kafka)、萨特存在主义哲学、法国左翼天主教义以及弗洛伊德和马克思……在无数思想冲击下，海德格尔的《形而上学引论》对他产生了巨大影响。他如饥似渴地阅读所有介绍海德格尔的文章及其著作，在贪婪接受和思考中，他逐渐形成此后对海德格尔的批判观。

第四种人生体验：对国家前途的担忧导向哲学思考。作为自幼养成思辨习惯的德国人，哈贝马斯从青年时期就深受德国古典哲学的熏

---

① ［德］哈贝马斯：“公共空间与政治公共领域”，http：//www. taiwanpost. com/online/2011/03/333. html。

陶，并较早地接触了马克思主义。他的思想体系基本上是沿着“西方马克思主义”的思想脉络形成和发展的。在成为法兰克福学派成员前，他在卢卡奇“魅力与缺陷同在”的《历史与阶级意识》一书引导下，研究了青年马克思，并与社会批判理论结下不解之缘。而葛兰西、布洛赫和科尔施等人的著作则激发起哈贝马斯研究哲学的浓厚兴趣。法兰克福社会研究所两任所长霍克海默和阿多诺合著的《启蒙的辩证法》引领他历史而系统地解读马克思，特别是阿多诺的著作更启发他从人类学的角度解读马克思，从而为他开创社会批判理论新道路打下理论积淀。

与此同时，对国家前途的担忧使哈贝马斯的思考进入哲学层次。战后德国社会的发展可谓步履蹒跚，自由化缓慢得以实现。而对政治倒退的担忧，一直到20世纪80年代都是哈贝马斯写作的动因，这集中体现在他20世纪50年代末开始撰写的《公共领域结构转型》一书中。

1954年获得博士学位后，哈贝马斯进入以哲学和社会思想运动著称的法兰克福大学执教，自此在大学校园度过一辈子的学术人生，历任海德堡大学教授、法兰克福大学社会研究所所长以及德国马普协会生活世界研究所所长，对国际思想界的影响经久不衰。20世纪80年代以来，哈贝马斯作为一位哲学家、社会理论家的地位彻底确立，成为当代西方最活跃、最多产的理论家之一，享有“联邦德国思想威力最强大的哲学家”、“当代最有影响的思想家”和“百科全书式学者”等称谓。20世纪90年代，他的哲学巨著《在事实与规范之间》问世，人们又冠之以“民主斗士”的雅号。1994年哈贝马斯正式退休，德国报刊浓墨重彩地予以报道，时任黑森州州长汉斯·艾希尔（Hans Eichel）更是在官邸为其举办盛大送别宴会。至此，哈贝马斯已被供奉到德国思想史的伟人祠中。

哈贝马斯虽然是一位学院派思想家，但十分看重自身思想的实践性。从1968年积极投身学生运动开始，他一直在德国的政治实践领域发挥着巨大影响力。比如，在1998年德国大选中，哈贝马斯在关键时刻为社会民主党大造舆论并提供理论支持。20世纪90年代，哈贝马斯曾亲率众弟子，与时任黑森州环境部长的菲舍尔（后任外长）代表的一批政治家组建政治俱乐部，定期举行政治沙龙，从政治哲学的高度讨论重大内政与外交问题，为菲舍尔的外交政策奠定学理基础。据评论称，菲舍尔关于欧盟改革的一揽子建议就与哈贝马斯的话语政治模式之间存在着某种内在联系。[①]

2000年哈贝马斯70周年诞辰之际，德国政府授予他“特奥多尔·霍伊斯”奖，[②] 西方知名学者纷纷撰文评价这位“国际学界领袖人物之一”的影响。哈贝马斯的学生们编辑出版纪念文集，题为《理性的公共领域与公共领域的理性》。[③] 哈贝马斯认为这个标题选得很不错，因为公共领域作为相互之间理性交往的空间，是他一生都在关注的主题。事实上，公共领域、话语和理性三个概念，始终在其学术研究和政治生活中占据着主导地位。

2001年10月14日，德国书业协会在象征德国现代宪政传统的法兰克福保罗教堂举行盛大颁奖典礼，授予哈贝马斯当年的“德国书业和平奖”。出乎人们意料的是，德国内阁倾巢出动，从总统约翰内斯·劳、总理施罗德到副总理兼外长菲舍尔以及各政府部门主要领导和议会主席等，一起出现在颁奖典礼上。难怪评论家称，此次颁奖已经变成严格意义上的国家活动；媒体更是把哈贝马斯誉为“波恩共和国的思想家”、“联邦德国的黑格尔”等。外长菲舍尔则对媒体强调指出：“哈贝马斯是德国的哲学家，一直左右着德国重要的争论。他一直是我的榜样”。从此，哈贝马斯头上又增添了一道耀眼的光环：德国“国家哲学家”。[④]

---

① 曹卫东：“哈贝马斯生平、著述及思想”，http://www.frchina.net/data/personArticle.php?id=1991。

② 特奥多尔·霍伊斯是战后联邦德国首任总统、自由民主党主席，该奖项以其名字命名，奖励为国家做出杰出贡献的人士。

③ Jürgen Habermas，http://en.wikipedia.org/wiki/J%C3%BCrgen_Habermas.

④ 曹卫东：《曹卫东讲哈贝马斯》，北京大学出版社，2005年版，第2页。

学术发展阶段及重点研究领域

哈贝马斯的学术历程大致可以分为四个不同的发展阶段，1952—1962 年是其学术发展早期。这一时期他的学术作品不多，但已产生两方面影响：一是对自身日后学说发展的影响，二是在公共学术领域中引起的关注。他当时的代表作有 1953 年发表在《法兰克福汇报》上的“论海德格尔发表讲稿”，1954 年发表的论文“绝对历史——论谢林思想中的歧异性”和“合理化的辩证法——论生活和消费中的贫困”，1961 年的合著《大学生与政治——法兰克福大学生政治意识的社会学研究》，以及 1962 年完成并凭此获得教授资格的论文《公共领域的结构转型》，标志着他迈入学术长足发展期。①

1956 年开始，哈贝马斯出任法兰克福大学社会研究所所长、著名社会学家阿多诺的助手并兼任助教，这段经历使他受益非浅。阿多诺要求他直接读马克思和弗洛伊德等人的原著，这些大师的思想都成为哈贝马斯的思想源泉，为他日后在哲学、政治学、社会学和法学等多个领域有所建树打下坚实的学术根基。总之，方法论上的解释学、拿来主义和内在批判，认识论上对马克思主义和精神分析的综合，以及把实用主义引入语言哲学，构成了哈贝马斯社会理论的三大坚实支柱。从此，哈贝马斯走上重整批判理论的不归路：重建理性概念和现代设计，重现民主法治国家中的民主潜能和文化潜能。

1962—1980 年是哈贝马斯的学术发展期。他的代表著作有《认识与兴趣》、《理论与实践》、《技术和科学作为意识形态》、《晚期资本主义的合法性危机》、《社会科学的逻辑》、《重建历史唯物主义》等。如果说前一时期哈贝马斯还遵循师命，偏重于社会调查和历史研究的话，那么这段时期，他已经开始有意介入当时的思想论战，并逐步展示立场。如，围绕社会科学逻辑展开“辩证学派和批判理性主

① 曹卫东：“哈贝马斯生平、著述及思想”，http：//www.frchina.net/data/personArticle.php？id＝1991。

义学派”之间的争论（1961—1968 年）、与卢曼展开有关社会概念的争论（1971 年）等。

1981—1989 年是哈贝马斯的学术交往期。其主要著作包括《交往行为理论》、《交往行为理论的准备与补充》、《现代性的哲学话语》、《后形而上学思想》等。这一阶段是他的理论集大成期，也是他面对法国后结构主义的挑战而不断修正和调整思路的时期。如，他与利奥塔（J. F. Lyotard）就“现代性与后现代性”展开公开较量，与福科（Michel Foucault）之间展开关于“西方思想历史趋向”的对峙。

1989 年迄今是哈贝马斯的学术后期。他的政治哲学著述以《在事实与规范之间》影响最大，此外还有《包容他者》、《后民族结构》、《真理与论证》等。作者在著作中主要表述这样的认识：现代社会要靠三种不同的媒介来维系，即货币或市场、管理的力量或国家行政管理，以及共同的价值、规范和语言来实现一体化。团结一致的共同生活观必须超越社会差异，而前提是所有公民都有机会通过民主方式参与立法。[①]

哈贝马斯思想理论深奥，知识背景广博。德国当代哲学家、《德国哲学杂志》主编克吕格教授认为，哈贝马斯的哲学展示了一种跨学科的定向框架，从批判理论的角度予以理解，可摆脱其理论的跨学科性和综合性的困扰。[②] 他的思想堪称德国思想界的一面旗帜，正如曹卫东先生总结的——具有论战性、综合性、体系性、实践性等特性。[③]。多年以来，哈贝马斯研究在西方已成为一门显学，各种研究

---

① 曹卫东：《曹卫东讲哈贝马斯》，北京大学出版社，2005 年版，第 13 页。

② 同上书，第 11 页。

③ 曹卫东经深入研究认为，哈贝马斯的知识背景大到整个西方意识哲学，小到法兰克福学派传统，可归为六个部分：德国唯心主义（从康德到黑格尔）、马克思主义哲学（包括卢卡奇、柯尔施、早期法兰克福学派）、弗洛伊德的精神分析（包括皮亚杰和柯尔伯格的发展心理学）、语言分析学派特别是语用学传统（奥斯汀、赛尔、阿佩尔）、解释学现象学（胡塞尔、伽达默尔）、德国社会理论（自由主义和保守主义两条路线：马克斯·韦伯、西美尔和舍勒）。参见曹卫东：《曹卫东讲哈贝马斯》，北京大学出版社，2005 年版。

成果层出不穷，蔚为壮观，对深入研究哈贝马斯很有裨益。[①]

但是，哈贝马斯的语言诲涩难懂，不要说外国人有这样的感觉，就是德国人阅读起来也不那么轻松。在法兰克福大学流传着这样一则故事：20 世纪 60 年代，哈贝马斯刚登台讲学，不料课堂上有一半学生举手说没听明白，希望他讲得简单些。哈贝马斯许诺尽最大努力让学生们明白他的意思。可不一会儿，又有一半学生表示他们还是感觉难得要领。

二、为欧洲复兴提供思想支持

哈贝马斯经历了英美盟军对德国的战后重建，并对纳粹德国的民族主义政策进行了深刻反思。尽管其研究领域广泛、理论思想庞杂，但他一生都在尝试通过对战后德国民主化和欧洲一体化的历史与现实研究，为欧洲寻找一条化解和超越主权国家间争斗的复兴道路而努力。他的理论思考和实践也都是为解决欧洲问题而推演的，如人权、

① 研究哈贝马斯的著作主要可分为四类：一是导论式。基本沿着哈贝马斯的写作史，结合其生平介绍其思想发展和转型，如莱泽·谢弗（WalterReese-Schaefer）的《哈贝马斯导论》、霍斯特（Detlef Horster）的《哈贝马斯导论》。二是谱系式。围绕哈贝马斯的基本著作来追溯其思想历程，主要有麦卡锡（Thomas McCarthy）的《哈贝马斯的批判理论》。三是专题式。主要是就哈贝马斯某部著作或概念展开讨论。主要包括卡尔霍恩（Craig Calhoun）编的《哈贝马斯与公共领域》、多尔迈（F. R. Dallmayr）编的《〈认识与兴趣〉论集》、霍耐特（Axel Honneth）和耶基（Jaeggi）合编的两卷本《"历史唯物主义理论"论集》等。这类著作多出于名家之手，侧重点不尽相同，是目前研究哈贝马斯的重要资料。四是综合式。多把哈贝马斯放到某具体理论背景下进行综合研究和全面分析，如有关哈贝马斯与马克思主义、批判理论、语言哲学、神学、政治哲学等之间的关系；或是把哈贝马斯的理论学说应用到某具体领域，建立起相应的理论模式，如应用到文学、文化关系史等领域。主要包括罗德理克（RickRoder-ick）的《哈贝马斯和批判理论的基础》、森赛特（Julius Sensat, Jr.）的《哈贝马斯和马克思主义》和阿伦斯（E. Arens）编的《哈贝马斯和神学》等。

民主、民族国家以及全球化问题等，并力图据此阐明一种新世界秩序。①

（一）批判与重建理论：宪法爱国主义

哈贝马斯1990年在《公民身份与民族认同》一文中阐述了宪法爱国主义，如今已成为热点问题。该理念主要是寻找一种新的公民认同的精神基础，以宪法爱国主义代替原有的民族国家认同模式。在书中，哈贝马斯着眼于当前欧洲社会发展的现实：德国统一、欧盟演进、全球化和有关移民、避难、少数民族等问题。他希望通过跨越原先公民认同的基础——民族来形成一个开放的包容体系。哈贝马斯一针见血地剖析了民族主义的消极面，认为民族从一开始就是一个区分自我与他者的概念，是导致近代历史上诸多国际冲突的重要因素。他以德国历史为鉴，指出民族主义常导致过分夸大本民族利益，成为贬低其他民族、排斥少数民族的工具，纳粹德国对犹太人的迫害就是最明显例证。他主张以"宪法爱国主义"超越民族主义，即在一个多族群、多文化的社会里，社会成员应搁置彼此不同的民族或文化身份，而忠诚于国家宪法精神，以对国家的热爱超越狭隘的族群认同。哈贝马斯认为美国和瑞士是宪法爱国主义的自然模型。由此，"宪法爱国主义"摒弃或者说消解了民族主义、种族主义的攻击性，可在一定程度上化解民族、种族冲突与仇恨，同时它也为真正的迁徙自由、彻底的政治自由提供了思想支持。

1999年，德国决定出兵科索沃后，哈贝马斯在德国《时代》周刊上发表长篇文章，从政治理论角度支持菲舍尔的出兵决定，其评论比政府的表态影响不知要大多少倍。这时，哈贝马斯的"批判理论"反倒起了"战争理论"的作用，认为科索沃战争的意义不同，世界公民权利超越了一切国际法主体，应深入到个别法律主体的地位中。

① ［德］尤尔根·哈贝马斯著，曹卫东译：《包容他者》，上海人民出版社，2002年版，第25—36页。

他旗帜鲜明地支持北约轰炸南联盟，公开声称北约的行动不是侵略，而是人权意义上的保护行为。对于平民伤亡，他则称是技术不完善的后果，而非蓄意造成。但"9·11"事件后，哈贝马斯的思想开始回归。2003年4—5月间，他两次发表重量级声明，反对伊拉克战争、支持欧洲一体化和建设超越传统民族国家的欧洲联邦。

（二）推动欧洲宪法与复兴欧洲运动

在欧洲制宪问题上，哈贝马斯也不吝笔墨，连续三次以同一标题"欧洲是否需要一部宪法"撰写文章，反复申明立场，直至法国前总统德斯坦领导起草小组提交的欧盟宪法草案获得通过。由此可见，以哈贝马斯为首的欧洲知识分子所倡导的复兴欧洲运动与欧洲政治家们所推动的欧盟制宪运动是一个铜板的两面，互为表里，相互依靠，前者为后者制造大众舆论和提供理论支援，后者则为前者的政治设计方案提供想象空间和表演舞台。2004年6月，欧盟峰会一致通过欧盟宪法草案，哈贝马斯多年来大力提倡的"欧洲需要一部共同宪法"的政治主张化为现实。

21世纪初，以哈贝马斯和法国解构主义代表思想家雅克·德里达[①]为首的公共知识分子掀起复兴欧洲运动。2003年5月，曹卫东先生在采访哈贝马斯时得知这次行动计划。哈贝马斯称该计划得到欧洲许多政治家，特别是德国政治家（如德国外长菲舍尔）的鼎力支持。该计划的目的就是要配合欧洲政治家，以伊拉克战争为导火索，对美国的单边主义霸权提出挑战，沿着国家和社会两个层面推动欧洲全面复兴。他甚至表示，如果中国的知识分子也能行动起来，并与欧洲知识分子联合起来，世界格局将为之一新。

哈贝马斯和德里达联名发表题为"论欧洲的复兴：首先在核心

---

① 雅克·德里达（1930—2004）是法国哲学家、符号学家。作为解构主义创始人，其思想在上世纪60年代产生巨大影响，成为后现代思潮的重要理论源泉之一，其本人也成为最有争议的哲学家之一。

欧洲捍卫一种共同的外交政策”的文章。据哈贝马斯介绍，他执笔文章，德里达应邀署名。众所周知，作为批判理论和解构主义的代表人物，作为当代德国和法国的两大思想家，哈贝马斯和德里达长期处于交锋状态。此次两个人联手行动具有极大的象征意义，媒体称这“标志着批判理论与解构主义的全面和解”。

上述文章堪称复兴运动的行动纲领，明确指出要超越民族国家的范畴，建立一种新的世界格局，即“后民族格局”。由此，对美国的单边霸权主义进行批判，对欧洲的未来地位进行阐述，对世界的未来秩序进行规划：从超越欧洲中心主义的角度重新定位欧洲在国际社会中的角色；从康德哲学传统出发，重新确定和改进国际法及其相关制度，特别是联合国，以便建立一种新的国际权力分配机制。我们不难发现，这篇文章的重点只有一个，就是用所谓的“核心欧洲”对抗时任美国国防部长拉姆斯菲尔德所说的“老欧洲”。[①] 面对美国的巨大压力和不断挑战，“什么是欧洲”这个问题日益严峻地摆到了欧洲、特别是“老欧洲”的知识分子和政治家面前。哈贝马斯和德里达在困境中挺身而出，尝试从学理上给出一个答案：所谓欧洲的，就是非美国的。他们详细列举了区别于美国的欧洲认同的基本组成要素，如世俗化、社会均衡、生态主义、怀疑技术、规避强权以及国家优先于社会等等。

三、重要理论及其影响

哈贝马斯理论构建广泛，对国际政治影响深远。他开辟的公民社会研究实现了语言学、社会学转向，试图重振晚期资本主义的公共领域并走向世界公民社会；他的“协商民主”理论为弥补西方民主缺

---

① 曹卫东：《曹卫东讲哈贝马斯》，北京大学出版社，2005 年版，第 121—122 页。

陷提供了新途径；他的"宪法爱国主义"理论为推动欧盟发展提供了新的理论基础；而他的"话语政治"内容也将"陶冶"未来政治家。

（一）公民社会和公共领域理论

哈贝马斯对公民社会的探讨可分为两个阶段：第一个阶段主要着重从历史角度分析公民社会特别是公共领域的发展演变过程及后果，其思想集中体现在《公共领域的结构转型》、《作为"意识形态"的技术与科学》（1967 年）、《合法化危机》（1973 年）等早年著作中；第二阶段是从交往行为和生活世界的角度规范公民社会，其思想重点体现在《交往行为理论》（1981 年）和《在事实与规范之间》（1992 年）等后期著作中。哈贝马斯分析了四种社会学行为范式：一是目的性行为范式，其核心问题是如何在给定的行为情境中选择合理的手段和方式实现主体预求目的；二是规范调节行为范式，指社会集团成员根据共同价值和规范调节的行为；三是戏剧行为范式，核心内容是以主观世界为中心的自我展示；四是交往行为范式，此种范式的分析形成交往沟通理论。

20 世纪 80 年代以来，公民社会理论再度流行起来并成为当代世界的一股重要哲学社会思潮，哈贝马斯是推动并拓深该理论研究的领军人物。事实上，他从 20 世纪 60 年代的公共领域研究，经由 20 世纪 80 年代的交往行为理论，进展到 20 世纪 90 年代的世界公民社会思想，有着一脉相承的轨迹。

具体而言，市民社会、国民社会和公民社会的概念不同。[①]"市

① "市民社会"是一种社会发展阶段，社会经济发展达到人人都要纳税的水平就是市民社会；"国民社会"或"政治国家"中，公众是政府统治和管理的对象，其角色是"政治人"，政府则是社会的主体；"公民社会"是指一种社会领域，包括私人自主性、公共性及国家约束性，是"市民社会"中的私人自主性领域与公共领域的总和，是"国民社会"中市场经济与公共领域两个部分的相加。参见姚国宏："哈贝马斯的市民社会思想"，www. gongfa. com/yaoghhabeimasi. doc。

民社会”是一种发展类型，“公民社会”是一种结构，“市民社会”的充分发育建立了向“公民社会”转型的基础和前提。哈贝马斯的理论贡献在于：以国家和市民社会为前提，在传统上被视为私人领域的市场社会中划出一块“公共领域”。该理论的重要意义在于，它使公民社会理论从传统的“国家与社会”两分法，发展为“国家—社会公共领域—私人领域”的三分图式，拓展了公民社会的研究空间，并对政治哲学、社会理论和公共管理理论产生重要影响。[①]

哈贝马斯构想的理想公共领域是建立一个民主的、平等参与的、自由讨论的整合社会。哈贝马斯的公共领域理论表明：第一，公共领域的存在是“机制化”民主程序的前提条件，其产生的政治批判功能是有效的，也是国家政治活动合法化的前提。第二，私人进入公共领域而成为社会公众是自愿的、非强制的，是在社会生活领域内进行的。同时，私人在成为公众时，要暂时将自已的私人特性搁置一边，只在一定公共场所以利益为导向讨论公共事务。第三，公共领域没有明确的组织形式和程序，这使它能渗透到社会生活的各个方面，保持最大的弹性和敏感。公众在这里能迅速提出问题并在公共协商中解决问题。第四，公共领域的建立是一个自愿组织的过程，是在公民们开放而又有弹性的公共交往中实现的。因此，重建公共领域，实现合理化交往，在交往理性的基础上构建一个高度整合的民主社会，这便是哈贝马斯的救世方案。

哈贝马斯从“公民社会理论”中又发展出“协商民主”理论，成为当代“协商民主”理论的先驱之一。20 世纪 90 年代，“协商民主”理论成为西方当代政治学和社会学领域的热点。该理论源于自由主义民主理论，又超越自由主义民主理论。它强调公民理性遵守道

① 姚国宏：“哈贝马斯的市民社会思想”，www. gongfa. com/yaoghhabeimasi. doc；邓正来：“市民社会理论的研究：国家与市民社会”，《中国书评》，1995 年第 9 期，http；//icsd. zju. edu. cn/view-new. php？n_ id = 132。

德原则，并根据一定规范在公共领域进行道德实践的重要性：肯定公民应积极参与政治生活，尊重国家与社会的界限，力图通过鼓励公民自愿、直接进入公共话语空间，扩大参与范围，强调通过自由平等的对话来消除冲突，保证公共理性和普遍利益的实现，从而修正传统民主模式的缺陷。其核心要素是协商与共识，以达到"多元统一"。哈贝马斯指出，迄今为止民主政治是在民族国家的范围内运行的。随着越来越多的全球性问题出现，处理这些问题往往不是通过全体公民参与的民主讨论，而是通过国与国之间的外交来解决，这不利于发扬民主。因此，在经济全球化的形势下，要建立一种相应的全球民主协商的政治体制，推动全世界公民一起来讨论全球共同关心的问题。他批评欧洲联邦主义只不过是范围更大的地方主义而已，提议建立一个较松散的跨民族国家政权网络，使其未来发展成一种没有世界政府的世界内政的网络雏形，为全球化时代开出救世药方。

（二）"话语政治"与世界新秩序

哈贝马斯的"话语政治"内容着眼于解决欧洲发展中存在的问题，认为欧盟进一步发展就必须打破欧洲国家界限，否则无法形成一个强大欧盟。因此，哈贝马斯的该理论适用于欧洲发展，但并不具有普世意义。哈贝马斯的国际政治理论是西方中心论，按照他的划分，国际新秩序由两个世界构成：以美欧为核心的西方国家属于"第一世界"，其余的则属于"第二世界"。两个世界存在着经济悬殊和民主差异。"第一世界"的国家能把自己民族国家内部的利益和国际利益结合起来，而"第二世界"的国家不是在政治上处于独裁统治，就是处于经济贫困，或经济与社会转型期，因而无法逾越民族国家界限，去关注世界公民社会层面上的国际问题。在哈贝马斯看来，欧美国家成为改造"第二世界"的榜样，世界只要跟随西方欧美国家，就可以迈入世界公民社会。

毫无疑问，哈贝马斯的理论也一再被人称为"乌托邦"构想，存在明显的缺陷。约翰·罗尔斯[①]批评哈贝马斯的“交往行为理论”和社会救赎方案脱离现实的价值判断和具体国际政治环境，是空洞的、抽象的。而且，通过认同达成多数人意愿的话语共识，在历史上已多次成为“少数人的暴政”。而哈贝马斯关于世界公民社会的构想也是建立在西方价值观之上的，其核心是西方式议会制民主和人权至上主义。

此外，哈贝马斯关于“全球化将使民族国家消亡”的断言，也显得过于粗糙。他认为全球化对民族国家造成压力，包括贫富差距扩大、生态环境破坏、资本和劳动力的全球流通得不到控制等。各国面对全球化产生四种不同态度：即放任主义的态度、领土主义（闭关锁国）态度、转向自由主义的新左派态度、建立没有世界政府的世界内政（新型的世界联邦）的态度。前两种极端态度显然不可取；转向自由主义的新左派虽然提倡主动改革民族国家、建立跨国家区域的经济结构和积极培养人力资本，以适应全球竞争的市场，却不关心是否能得到控制和符合人道目的。为实现该目的，有必要建立一种联邦制的世界政治秩序，与全球的政治和经济相适应。至上世纪 90 年代民族主义再次兴起，演变成大规模的反全球化浪潮，哈贝马斯的全球化推建世界联邦的理想也与现实越来越远。

四、中国的“哈贝马斯热”

从 20 世纪 80 年代初期开始，哈贝马斯的著作被翻译成中文出版，对我国学术界有很大影响。迄今，我国出版哈贝马斯的著作以及

① 约翰·罗尔斯（1921—2002），美国政治哲学家、伦理学家、哈佛大学教授，其代表作为《正义论》，是 20 世纪英语世界最著名的政治哲学家之一。

从事其思想研究的著作已达数十种。[①] 1980 年，中国社会科学院和北京大学的学术代表团应邀访问德国，重点访问法兰克福大学社会研究所，并专程前往慕尼黑拜访时任马普学会生活世界研究所所长的哈贝马斯。[②] 据哈贝马斯本人及其弟子杜比尔（Helmut Dubiel）教授回忆，中国代表团令他们印象深刻，还曾正式向哈贝马斯发出访华邀请。

1996 年 6 月，哈贝马斯应邀访问香港。此后，哈贝马斯曾决定 1999 年 4 月正式访华，但因病推迟。2001 年 4 月，他终于实现访华宿愿，北京舆论也把他的这次中国之行，与上世纪罗素、杜威、萨特的中国之行相提并论，认为必将大大推动中国学术思想的发展。[③]

哈贝马斯访华共进行了七场演讲，演讲地点分别为京、沪两地知名学府和研究机构，包括中国社会科学院、清华大学、北京大学、中国人民大学、中央党校、复旦大学、华东师范大学。演讲题目都是哈贝马斯从近年出版的著作中精心挑选出来的，从人权概念讲到民主范畴，再到民族国家、理论与实践的关系、知识分子的地位等层层推进。其中贯穿着的一条主线，就是不同文化背景下的话语政治概念是不同的，也就是政治哲学中关于全球化形势背景下的民族、国家、民主和权力等问题，即所谓"话语政治"的内容，在中国学术界引起巨大反响。

哈贝马斯的每一次演讲都十分精彩并取得轰动效应。如在清华大学演讲后，哈贝马斯当场解答了听众的提问。他虽已年愈花甲，但精神饱满，思维明晰，回答问题敏锐、深刻而不乏幽默，不时激起听众会意的笑声。他在演讲中表现出的大师风范和魅力给每一个现场的听

① 主要有上海人民出版社的《哈贝马斯文集》（六卷本）、三联书店的《交往行为理论》、《事实与价值》、译林出版社的《后形而上学思想》、学林出版社的《公共领域的结构转型》和《认识与兴趣》等，季乃礼的《哈贝马斯政治思想研究》、汪行福的《走出时代的困境——哈贝马斯对现代性的反思》及《哈贝马斯在华演讲集》等。

② 曹卫东：《曹卫东讲哈贝马斯》，北京大学出版社，2005 年 9 月，第 17 页。

③ 曹卫东：《曹卫东讲哈贝马斯》，北京大学出版社，2005 年 9 月，第 17—19 页。

众留下了深刻印象。在自由提问时，由于相距太远，哈贝马斯听不清一位听众用德语提出的问题，便站起来离开讲台，走到离那位听众较近的地方，躬身仔细询问，认真倾听，引起全场掌声雷动。[①]

回顾哈贝马斯的学术人生，他曾经比较深入地研究过文明对政治的影响，尤其对马克思主义有较系统的研究，且对东方文化和中国形成一系列理性认知。他认为，“亚洲价值观”和中国传统文化对现代化有一定的阻碍作用；中国不应该用文化传统的独特性来排斥自由、民主、人权思想的普世性，应该向其他非西方国家一样学习和追随西方经验，重视和严格履行包括“人权公约”在内的国际公约。与此同时，他也承认：放眼世界，国际关系必须在双边之外更广泛层次上进行合作，中国必将在世界上发挥更大作用，也应该在世界政治经济新秩序的构建中发挥积极作用。

① 中国社会科学院哲学研究所编：《哈贝马斯在华讲演集》，中国社会科学院，2002年版，第209－215页。

“超越左右”的政治思想家安东尼·吉登斯*

安东尼·吉登斯（Anthony Giddens）被无数光环所笼罩：著名的社会学家和政治思想家、欧洲社会理论“三驾马车”之一、英国前执政工党领袖布莱尔的“精神导师”，等等。他的学术研究体系庞大，从社会学理论构建、“第三条道路”到“气候政治学”，展现出的政治思想均是基于深刻研判现代社会的特性来解构当今国际政治与社会之演变，对政府施政和欧美政党政治的发展都产生深刻影响。本文力图在前辈研究的基础上，对吉登斯主要社会学思想做一梳理，进而探寻其几大流行思想的源头以及“吉登斯思维模式”的形成与特点。

一、独特的“吉登斯之路”

吉登斯一直对心理学抱有浓厚兴趣，他研究涂尔干、韦伯和马克

* 杨芳，中国现代国际关系研究院欧洲研究所副研究员。

思等哲学家的一个重要视角，就是从他们个人生活与时代背景出发。由此，研究吉登斯本人思想轨迹的形成，也可借鉴此道。从定位社会学“经典三人行”理论，到结构化理论，再到开创“第三条道路”，我们可以发现，吉登斯学术研究的惯性是批判、包容与重建，其学术思路拥有开放性特色。他总是在试图超越非此即彼的思维模式，力求构建一个由此及彼的包容性框架，这既是其学术研究的一大特点，也是其成功的最大亮点，简称之为“吉登斯之路”。而这一独特学术思维模式的形成，与其个人成长背景和学术感悟密切相关。

1938 年 1 月 18 日，吉登斯生于英国伦敦北部的埃德蒙顿。直到上大学前，他一直与家人生活在帕默斯格林等伦敦的“穷地方”。吉登斯在与英国政治学家克里斯托弗·皮尔森的对话中，谈及自己幼年的生活经历曾这样说：“我们甚至不认为自己生活在伦敦。伦敦意味着市中心，那里距离我们住的地方还有许多英里。我偶尔被祖父带去观看伦敦的景物。直到我将近 20 岁，我几乎未曾见到过伦敦，它就像个外国城市”。[①] 吉登斯的父亲是地铁站维修工，母亲是家庭主妇。应当说，家庭对他日后的学术研究并无过多知识层面的影响，但直接影响了他对社会的认识和研究视角的形成。例如，与“变迁”相比，吉登斯一直强调社会发展的“连续性”。当有些人声称犯罪率达到失控程度，怀念过去“社会秩序井然”时，吉登斯却认为“暴力是自己青少年生活中司空见惯的内容”，当地许多小青年曾“带着自行车链条和刀子四处游荡”。[②]

吉登斯中学成绩和表现都很一般，他自己也称能够成为家里第一个读大学的人“纯属偶然”。日后，他还认为这个偶然事件可作为一个例证，证明自己在论述人与社会关系中的一个重要观点，即“人

① ［英］安东尼·吉登斯、克里斯托弗·皮尔森著，尹宏毅译：《现代性，纪登斯访谈录》，台北联经出版事业公司，2002 年版，第 2 页。

② 同上书，第 3 页。

在很大程度上受偶然性影响”。[1] 申请大学时，吉登斯根本没考虑伦敦、牛津和剑桥等名校，而是直接选择赫尔大学哲学系。只因当年导师不在学校，他转学心理学，社会学随之成为其必修课，从而意外开启了一代社会学大师的学术探索旅程。

当时，吉登斯的导师彼得·卫斯理不仅是社会学家，还是人类学家，总是采用具有强烈比较性的教学方式，引用形形色色社会中的实例。在其影响下，吉登斯开始把学习重点从心理学转向社会学。他认为，“学术上的这种大杂烩对我是有益的。我迄今仍然广泛阅读心理学和人类学方面的著作，而且我从来都不像一些人那样有学术上的门户之见。”[2]

吉登斯的学术研究领域颇为宽泛，但如皮尔森所言，其学术生活始终都“具有一个高度凝聚的核心和坚忍不拔的特性”。换言之，无论是身在英伦还是北美，无论是理论构建还是政治新思维创新，无论是无名讲师还是教授学者，吉登斯的学术生涯一直都紧扣现代社会这一主题，不断地演绎推进。吉登斯自称，做学问需要全部身心地投入。从一开始，他就始终不渝地追逐同一研究课题：重新解释社会思想史，特别是19世纪和20世纪初的社会思想史；改造社会科学的逻辑与方法；对现代机构和制度的出现做出分析。[3]

从赫尔大学毕业后，吉登斯前往伦敦经济政治学院攻读硕士，其后在英国莱斯特大学、加拿大西蒙·弗雷泽大学和美国加利福尼亚大学任教。1971年起，他执教于剑桥大学国王学院。16年后的1987年，他获任剑桥大学社会学学会会长，1988年便促成剑桥大学建立社会和政治科学系。1997—2003年，吉登斯出任伦敦政治经济学院第十一任院长。2004年，他被授予男爵爵位，成为英国上院终身贵

---

① ［英］安东尼·吉登斯、克里斯托弗·皮尔森著，尹宏毅译：《现代性，纪登斯访谈录》，台北联经出版事业公司，2002年版，第5页。

② 同上书，第6页。

③ 同上书，第18页。

族，其学术事业也达到巅峰。

吉登斯虽然是天生的左翼，但并非传统左翼。他称自己“逃避出身”的愿望强烈，曾坦言“我至今仍对自己长大的社区爱恨交加。每当我回去的时候，它总是立即唤起我的亲切感。但是，每当我再次离开，我都有一种如释重负的感觉”。[①] 从其青少年的经历看，吉登斯还颇具反叛意识。他对所谓的主流文化总是有所疏离，并情不自禁地带有一定反叛情绪。在中学考入文法学校[②]后，他广为阅读教学大纲范围外的哲学、心理学和人类学书籍，就是因为不喜欢主流学习气氛而以此抗议。[③]

吉登斯日后在解读马克思著作的复杂性时，曾认为其中一大缘由是“他从一国移居到另一国家”[④]：马克思在德国受到黑格尔和德国古典哲学的影响，在法国接触到早期社会主义者和共产主义者的著作，在英国开始研读政治经济学。而马克思的著作正是由这些不同的线索构成。[⑤] 这一分析逻辑同样适用对吉登斯本人的研究。吉登斯属于第二次世界大战后社会流动性很强的一代人。[⑥] 他的学习经历基本是在英国完成，随后在北美任教，也曾专门在法国短暂学习。一系列的移居使他的思想既拥有很强的英美实证主义传统，又带有欧洲大陆国家哲学与社会学的思想烙印。

---

① ［英］安东尼·吉登斯、克里斯托弗·皮尔森著，尹宏毅译：《现代性，纪登斯访谈录》，台北联经出版事业公司，2002 年版，第 1 页。

② 文法中学是英国最古老的中学之一。该校历史悠久，教学条件最好、水平最高；招收对象是 11 岁的考试优胜者。其教材和教学重点与其他学校不同，侧重于人文学科，注重学生的基础知识训练，而不是实用技能；主要为以后升入大学做准备，参见 http：//news. xinhuanet. com/school/2003 – 12/25/content_ 1247947. htm。

③ ［英］安东尼·吉登斯、克里斯托弗·皮尔森著，尹宏毅译：《现代性，纪登斯访谈录》，台北联经出版事业公司，2002 年版，第 5 页。

④ 同上书，第 36 页。

⑤ ［英］安东尼·吉登斯、克里斯托弗·皮尔森著，尹宏毅译：《现代性，纪登斯访谈录》，台北联经出版事业公司，2002 年版，第 36 页。

⑥ 同上书，第 1 页。

综上所述，吉登斯作为一个天生而非传统的左翼社会学家，其批判意识与“知识大杂烩”深刻地影响着他的思想形成，《第三条道路》一书就是最明显的结果。追溯历史，我们更可以看到，吉登斯一直保持着超越“左、右”的思维惯性。他对自己早期专著《资本主义与现代社会理论》的述评是：“我写作的目的是左右开弓，一方面反对这样一些人：他们认为马克思是一切，马克思主义从某种意义上来讲揭示了真理，对‘资产阶级社会学家’则是可以不予理睬的；另一方面，我的目的在于反驳帕森斯的观点，即马克思属于社会理论发展中的一个较早阶段，现阶段基本上已经被涂尔干和韦伯所取代”。不仅如此，在结构化理论创建中，他亦是从反对结构与行动的二元对立出发。可以说，吉登斯在自己的学术探索中，一直在开拓独特的“第三条道路”。

社会学是吉登斯的学术生命线，其思想精华及政治新思维无不发轫于此；而跌宕起伏的研究经历，更使吉登斯体会到参政对学术本身乃至社会的价值与意义，促其积极地投身于政治实践之中。吉登斯一直认真地对待那个老笑话：“社会学是对人的研究，而作为研究对象的人们并不需要这种研究，但从事这种研究的人们确是需要它的。”他称自己努力的一个目标就是“不要使社会学和其他社会科学成为多余。而应让人们认识到，社会科学同其研究对象，即人的社会活动的关系具有反思性”。[①] 简言之，吉登斯不是一个将自己关在象牙塔中坐而论道的社会学人，而是一位追求广泛社会影响的思想家。

吉登斯自言前30年专注于社会学研究，后10余年投身于政治实践，其参政精神与其学术经历不无关系。早在赫尔大学时期，他就受到主张积极参政的学术引路人、导师彼得·卫斯理的感染。执教剑桥大学期间，社会学地位较低，加之其他因素，吉登斯申请高级讲师10年，创纪录地9次遭拒。这段坎坷经历无疑对其后来的发展道路

① ［英］安东尼·吉登斯、克里斯托弗·皮尔森著，尹宏毅译：《现代性，纪登斯访谈录》，台北联经出版事业公司，2002年版，第12页。

产生深远影响。1987 年出任剑桥大学社会学会会长后，他意识到自己拥有了更多资源“为剑桥的社会科学创造出更好的制度框架”。

而吉登斯真正参政的标志性事件是其“第三条道路”思想的提出及其影响的扩大。1994 年，他提出欧洲社会民主主义政党发展的政治新思维——“超越左右的第三条道路”。藉此，他成为时任工党首相布莱尔的“精神导师”，不但亲历英美两国领导人——布莱尔和克林顿有关“第三条道路的政治对话”，还承担向亚洲、拉美和澳大利亚等国政要提供政策建言的重任。1998 年后，随着布莱尔、德国总理施罗德、法国总理若斯潘等领导人纷纷标榜“第三条道路”的政治主张，欧洲一时间变成“粉红色的欧洲”。[①] 在用思想直接影响欧美政要外，吉登斯担任伦敦政治经济学院院长后，为“切实影响世界的发展”，力推该校“不仅成为一个研究中心，而且是对话与辩论中心，为把脉时代发挥作用”。[②]

与此同时，吉登斯还借助学术界和媒体不断扩大自己思想的社会效应。作为一位高产学者，他迄今出书 40 余部，其中多部被译成 40 多种语言，在全球发行。其主编的论文集《社会学》和《社会学原著选读》成为英美两国的大学教材。作为《卫报》等英国主流报刊专栏撰稿人，他多年保持着相当的舆论影响力。据谷歌统计，吉登斯是当今世界其思想言论被引用最多的社会学家之一。[③] 与此同时，他还创办了著名学术出版机构“政治出版社”（Polity），以社会、政治和文化理论出版物而闻名于世，推动该社跻身全球最著名的社科与人文出版商之列。

除执教、著书立说和参政议政外，体育当属吉登斯人生中的一大爱好。他早年的硕士论文题目即为《体育与当代英国社会》。迄今，

---

① 郑廷鑫、曾繁旭：“吉登斯 指点欧洲的社会学家”，《南方人物周刊》，2007 年第 31 期。

② ［英］安东尼·吉登斯、克里斯托弗·皮尔森著，尹宏毅译：《现代性，纪登斯访谈录》，台北联经出版事业公司，2002 年版，第 23 页。

③ http：//baike. baidu. com/view/83751. htm.

他仍是家乡足球队托特汉姆热刺队的铁杆支持者，经常回乡去看其主场比赛。

二、定义现代社会学的大师

吉登斯被誉为斯宾塞[①]以来英国最著名的社会学家和政治思想家、当今世界最重要的思想家之一，与罗尔斯、哈贝马斯等思想家共同引领着20世纪中后期全球社会理论的发展。[②] 他的经典原创包括"社会现代性"思想和"结构化理论"，其对当代社会学的历史性贡献主要体现在三个方面。

首先，在对古典社会学思想进行经典梳理的基础上，确立了当代社会学研究的合理起点。从1970年代初到1980年代中期，吉登斯主要关注社会学研究的基本问题，系统反思经典社会思想和当代主要的社会思潮。1971年，他出版专著《资本主义与现代社会理论》，对马克思、韦伯和涂尔干三大古典传统社会学思想进行梳理和分析。日后，该书成为系统学习社会学的入门教科书，获得"几代大学本科学生的生命线"的赞誉。[③] 此前，社会学界对社会学的出现及其理论发展存有很大认识分歧，其中一派是倾向于马克思的马克思主义者，另一派是笃信涂尔干和韦伯的社会学家。吉登斯尝试着把这三位历史人物的伟大思想糅合起来，在一部书中对他们一视同仁加以分析。自此，学界开始普遍把马克思、涂尔干和韦伯相提并论，三者由此得名为"社会学的三位经典创始人"。[④]

---

① 赫伯特·斯宾塞（1820—1903年），英国社会学家、哲学家，被称为"社会达尔文主义之父"。

② http：//baike. baidu. com/view/83751. htm.

③ ［英］安东尼·吉登斯、克里斯托弗·皮尔森著，尹宏毅译：《现代性，纪登斯访谈录》，台北联经出版事业公司，2002年版，第27页。

④ 同上。

其次，以“现代性”定义当代社会学的研究对象，使这一学科研究更具针对性和现实意义。吉登斯在教科书《社会学》（Sociology）中，把这一学科描绘成“对现代性的研究”（the study of modernity）。其所指的“现代性”就是对现代社会或工业文明的简称，具体有三：一是对世界的一系列态度和看法；二是复杂的经济制度，特别是工业生产和市场经济；三是一系列政治制度，包括民族和民主。吉登斯认为，现代社会同任何以往的社会秩序类型相比，其活力都大得多。它由“复杂的一系列制度”构成，与任何从前的文化都不相同；它生活在未来而不是过去的历史之中。[①]

在吉登斯看来，“革命的时代”即简单现代化的时代已经成为过去，现代化进程正在成为一种“全球反思的时代”。[②] 他认为，用“反思的现代化”和“后传统社会”的描述更能反映他对当代社会发展实质的把握。吉登斯指出，所谓“反思的现代化”有三大特征：一是全球化的冲击；二是日常生活和个人生活发生的变化；三是“后传统社会”的出现，吉登斯称之为“全球世界主义秩序”。[③]

再次，提出著名的“结构化理论”，以崭新的视角构建了现代社会学的理论阐释体系。在社会学理论发展中，一直存在着个人与社会二元对立的矛盾，这是社会学的经典问题。在西方社会学领域，这一经典问题是以结构与行动的关系表现出来的。社会学家们在发展自己理论的过程中，不自觉地会倒向二元对立中的某一方：“结构主义”、“功能主义”与“解释社会学”等理论流派，或强调社会结构决定个体行动，或认为个人行动构建和改变着社会世界。上世纪 80 年代，西方社会学理论出现“综合趋势”，吉登斯恰在此时批判、整合了传统的二元对立观念，提出“个人行动与社会结构相互建构”的观点，

---

① ［英］安东尼·吉登斯、克里斯托弗·皮尔森著，尹宏毅译：《现代性，纪登斯访谈录》，台北联经出版事业公司，2002 年版，第 69 页。

② ［英］安东尼·吉登斯著，李慧斌、杨雪冬译：《超越左右 激进政治的未来》，社会科学文献出版社，2009 年版，第 3 页。

③ 同上。

以此来克服“主客二元对立”。

在《社会学方法的新准则》、《社会理论的核心问题》和《社会的构成》等一系列著作中，吉登斯提出著名的“结构化理论”(structuration theory)，认为应把传统上分离对立的结构和行动关联起来，形成一种动态的结构化过程。他用“结构二重性”取代“二元论”，认为行动与社会结构二者相互联系、彼此依赖。一方面，社会结构本身既是由人类的行动构建起来的，因此它应当受制于人的活动。另方面，经过人的实践活动建构起来的结构，又是行动得以建立的桥梁和中介。[①] 在阐述“结构化理论”过程中，吉登斯有关“反思性”、“时空分离”、“辨证的权力关系”等观点，均相当有说服力地解释了现代社会的诸多现象。

三、从经典到流行

吉登斯曾获得无数赞誉，也被冠以种种名号，但与其齐名的学术大家中，无论是斯宾塞还是哈贝马斯，都不曾如他这般成为一度炙手可热的公众人物。由学术经典演绎而成流行主张，可谓是吉登斯思想的独特之处，也彰显他对当代国际政治与社会发展的巨大影响力。

吉登斯用自己的理论体系来对当代世界政治与社会的演变不断进行高端阐释。自20世纪90年代起，由于吉登斯积极主张用“全球化”来定义世界政治与社会的演变，前欧盟贸易委员、现任世贸组织总干事帕斯卡·拉米因此称他“发明了全球化”。[②] 而其“第三条道路”的政治新思维，更是深刻地影响了欧美政党政治的发展。2009年，吉登斯出版《气候政治学》，美国前总统克林顿评价该书是

① 马瑞：“关于吉登斯结构化理论的几点思考”，《理论观察》，2010年第1期。

② 郑廷鑫、曾繁旭：“吉登斯——点欧洲的社会学家”，《南方人物周刊》，2007年第31期。

“遏制气候变化斗争的一个里程碑”。[①] 吉登斯的流行之作并非应景之举，而是发轫于其主体社会学思想与理念之上。这些流行于世的新观点、新思维无疑体现了其经典社会学理论对现实世界的解释力，从而使其学术生命更趋鲜活。

（一）“现代性”思想与全球化主张相得益彰

从上世纪90年代以来，吉登斯就尝试阐释全球化背景下的“现代性”，并把“现代性的全球化”与“现代性的风险”相结合，使其现代性理论更具时代感，成为催生其政治新思维的知识源泉。

总体而言，吉登斯把“现代性”视为一种现代社会的政治、经济制度，认为全球化是“现代性”的根本后果，而“现代性”正经历全球化的过程。他指出，全球化是一种创造彼此依赖的力量，且其影响力在不断增强；它既是经济的，也是社会的、政治的和文化的。[②] 从宏观制度到日常生活，没有哪个民族国家和个体能够逃脱由此带来的社会转型。

吉登斯将全球化的“现代性”视为一个“高风险”的“失控世界”：资本主义若任其发展将会出现经济增长机制的崩溃，而工业主义若不加以有效控制将严重破坏生态，监控机制的不合理运用可能滋生极权主义，军事力量的滥用或许导致核冲突和大规模战争。

吉登斯反对全球化时代民族国家逐渐丧失主权的说法，认为全球化与民族国家是一种“推拉”关系。他将跨国公司视为世界经济的主导力量，认为其影响的扩大导致了商品市场和货币市场的全球性扩张。同时，他强调通讯技术发展导致的信息传播是“现代性制度”全球扩张的根本因素。

---

① ［英］安东尼·吉登斯著，曹荣湘译：《气候变化的政治学》，社会科学文献出版社，2009年版，封底。

② ［英］威尔·赫顿、安东尼·吉登斯编，达巍、潘剑、刘勇、时光译：《在边缘，全球资本主义生活》，生活·读书·新知三联书店，2003年版，第72页。

(二)“反思性”衍生“第三条道路”

吉登斯的社会学强调“反思性”,意即对社会行为与实践进行重新认识,并在此基础上建构整个社会系统加以应对。他的政治新思维正是建立在对社会变迁的深刻洞察之上,为左翼政党应对变局设计出美好蓝图。

1994 年,吉登斯出版《超越左右》(Beyond Left and Right)一书,探讨未来社会政治发展问题,企图在保守主义和社会三义之外,探寻一种激进政治(Radical Politics)的途径,找寻现有路径之外的第三条道路。1998 年,他出版《第三条道路:社会民主主义的复兴》,伴随着时任英国首相布莱尔的施政之路,“第三条道路”成为全球媒体和国际学界的热门话题。在书中,吉登斯试图在老左派和新右派之间,找到第三条道路。他深刻地认识到,西方社会发展到今天,马克思、恩格斯所讲的那种资本主义已经不复存在。凯恩斯主义出现以后,西方国家的国家干预和国有化程度都有相当的发展,资本所有者“失去了很多权力。国家控制了很多从前掌握在个人资本手中的决策权和资源,其结果是把国有化与福利制度的发展结合在一起。”因此,“像英国这样的国家根本不能再叫做资本主义”。[①] 与此同时,他对市场社会主义也进行了批评,认为瑞典模式的成功,不能说明市场社会主义可以普及到所有的经济秩序中。[②]

吉登斯所倡导的“第三条道路”的核心思想,强调以自主参与方式创造现代社会的信任关系,通过超越意识形态对立来重构社会共识。其实质是欲在一个急剧变化的世界中,寻求维护左派的价值:增强社会凝聚力、促进社会整合、保护弱者、限制不平等以及积极定位

① [英] 安东尼·吉登斯著,李慧斌、杨雪冬译:《超越左右 激进政治的未来》,社会科学文献出版社,2009 年版,第 56 页。

② [英] 安东尼·吉登斯:“欧洲社会模式的反思与展望”,www. politics. fudan. edu. cn/picture/1117. pdf 2008 -9 -9。

政府的角色等，从而走一条既不同于传统的、以国家为基础的社会民主主义思想，也不同于撒切尔夫人等倡导的以市场为基础的新自由主义的思想之路。

为实现上述的激进政治，吉登斯拟定了六点框架：修复被破坏了的团结，即重构个人生活与集体生活的关系；从左翼和自由主义的解放政治转入“生活政治”，关注人类在一个开放的和全球化的世界中如何生活的问题；结合反思社会的出现，推行积极的信任，提倡能动性政治，使个人与团体、国家与公民社会建立起积极的信任关系，以便解决社会排斥等问题；在全球化和反思的社会秩序中，克服自由民主制度的缺陷，建立一种民主对话的社会制度；为建立一种积极的和反思的福利国家做好准备，并将其与解决全球贫困联系起来；通过对话解决包括战争、价值冲突和性暴力等在内的各种暴力问题。①

作为秉持欧洲社会党理念的思想家，面对近年来欧洲国家右翼纷纷主政的局面，吉登斯指出：“这并不意味着保守主义者在思想上的复兴”。他称，欧洲选民有半数以上都明确表示既不属于左翼，也不属于右翼。所以，即使是右翼上台，欧洲的政治也不会出现实质性方向变革，“带有中间道路色彩的政策仍将是政府的明智选择”；“中右政党向前发展的唯一途径是创立一个有效持久的右翼第三条道路模式”。②

在某种程度上，吉登斯最大的贡献或许不是对西方社会学理论的全面梳理和发展，而是其社会政治理论为20世纪末西方社会政治生活的变革提供了一套系统解释理论，并为政治观念的变革提供了一个看来颇为合理的理由和选择。可以说，在目前西方主要社会理论家，尤其是社会批判理论家中，吉登斯堪称与主流政治结合得

---

① ［英］安东尼·吉登斯著，李慧斌、杨雪冬译：《超越左右 激进政治的未来》，社会科学文献出版社，2009年版，第5页。

② “2002年是欧洲选举年：社会民主主义世纪会结束吗？”，德国《时代》周刊记者与安东尼·吉登斯的谈话，《国外理论动态》，2002年第5期。

最好的一位。他不仅从社会学家特有的视角密切关注当代西方社会政治生活的变化，而且在予以批判的同时，积极提供更趋现实的解决路径。[①]

（三）"生活政治"与"气候政治学"一脉相承

吉登斯认为，从社会学角度，政治正从"解放政治"转向"生活政治"；从关注如何使人们从传统的思想和制度的羁绊下解放出来，到关注应当怎样生活、如何重建社会团结以及应对生态等问题。"生活政治的目标是在高度现代性的系统中，在全球化背景下达到选择生活方式和自我实现的目的"。因此，人与自然的关系就成为他关注的焦点。

近年来，吉登斯日益成为"新欧洲环境政治"代言人，致力于将欧洲的环境与气候政策扩展为世界主义气候政治，力图把21世纪的全球政治规划成一个以气候政治为中心的"新政治"。他提出"气候变化导致世界政治的改变，未来气候将取代石油，决定世界政治格局"的说法。认为这一变化具有两大新民主特性：一方面，民主制下的社会运动、环保压力团体和非政府组织的活动深刻改变了民主政治的方向；另一方面，气候变化所需求的风险管理责任，要求政府担当起更多"计划"任务。如，以"碳治理"能力为例，它要求政府转变职能、超前思考，将气候变化置于政治议程之首，管理气候变化和能源风险，干预市场以确保污染付费制度化，反制破坏环境政策的利益集团，发展适合低碳经济的经济和财政框架，整合地方、国家和国际间的气候变化政策等。就此，吉登斯表示，欧洲同时具备环境运动和超民族国家的双重角色，在全球气候新政中具有特殊地位。[②] 鉴于"气候政治"本身"超越左右"，已被欧洲各党派接受，吉登斯已

① ［英］安东尼·吉登斯著，李慧斌、杨雪冬译：《超越左右 激进政治的未来》，社会科学文献出版社，2009年版，第1页。

② 吴强："气候政治：老欧洲的新世界主义"，《文化纵横》，2009年第5期。

预期到：欧洲的气候政治主张甚至可能超越发达国家和发展中国家的分野，成为世界主义气候政治的共识。[①]

四、吉登斯看中国

作为一位社会学家，曾多次访华的吉登斯不仅长期关注中国，而且观点独特。在其早期著作中，如被称为“现代社会理论三部曲之二”的《民族国家与暴力》中，吉登斯就曾对古代中国的传统社会做过重点阐释。而对于当代中国，他更为关注中国对全球化的应对及中国发展模式等社会问题。

全球化是吉登斯研究的一大主题，在中国与全球化的关系中，他将中国视为“全球化中的重要力量”，认为全球化进程虽然为西方世界主导，但全球化并不等同于西化，也并不意味着西方在全球扩张，中国、印度等发展中国家也发挥着重要作用。他还提出建言，提醒中国应意识到与世界各国的相互依赖性，需要运用集体视角和集体思维，从全球化角度思考中国的责任，并参与全球协作，而不能孤立地发展。从现代社会的反思性这一社会学专业角度出发，吉登斯认为，全球化改变了人际间乃至国家间的关系，使人们更愿意和更有能力以一种开放的姿态去处理这些关系。中国也应有所变化并顺应时代的发展。[②]

对于中国的发展模式，吉登斯认为中国可以直接形成其他西方国家很难形成的发展模式，[③] 而“不能照搬西方国家的发展道路”。他

---

① 吴强：“气候政治：老欧洲的新世界主义”，《文化纵横》，2009 年第 5 期。

② 何莉君：“著名社会学家吉登斯广州访问记”，http：//www. sociologyol. org/shehuixuedongtai/xinwengonggao/xinwengonggaoliebiao/2007 - 12 - 09/4041. html

③ 石剑峰：“吉登斯：走出西方，中国需要跨越式发展”，《东方早报》，http：//www. zsnews. cn/Culture/2007/12/04/761983. shtml。

曾表示，西方国家的人口经历了从农村向城市转移的过程。英国在19世纪拥有“世界工厂”的地位，城市工业急剧扩张，最后完全实现了城市化，社会也完成了从农村社会向城市工业社会转型的过程。与西方国家相比，尽管制造业在中国经济结构中的比重将会相对下降，中国也将成为以服务和知识为基础的经济，但是中国无法照搬西方国家的这种经验。因为制造业不再像百余年前那样具有巨大的增加就业的能力，而中国则有着更多的农村人口。这既是中国所面临的问题，也是中国所拥有的优势，可以借此登上最先进的发展舞台。

同样，基于对欧洲传统福利模式的再认识，吉登斯主张“中国必须建立有别于西方的福利制度”。他对福利国家的核心观点是：资本主义要求政府摆脱“守夜人”的角色，系统地实行社会福利政策，以保证资本主义的持续发展。同时，他亦指出，福利政策的实行导致了一系列意外后果。传统的西方福利模式不可行且已经过时。他认为最成功福利模式是北欧国家的，他们更倾向于积极投资，其预防性福利模式值得借鉴。[①] 今天，在欧债危机愈演愈烈的背景下，欧洲许多国家均面临福利改革的深度困境，这既证实了吉登斯的担忧，也体现了其所倡导的积极福利、建立“社会投资型国家”的意义所在。就中国而言，吉登斯认为，中国部分地区经济相当繁荣，但其经济发展不平衡，地区之间存在巨大差异，难以实现可持续发展。这意味着中国必须引入福利制度，必须着眼于社会保障，必须把政策的重点放在农村贫困地区和地区发展不平衡问题上，悉心找到最适合于自己国家的福利制度。

在所关注的气候政治学中，中国还是吉登斯的一大主题。他强调“中国要做一个负责任的气候大国’”，呼吁西方国家在解决气候变化问题上应当发挥主导作用；中国和印度的目标可以稍低，但发展

① 石剑峰：“吉登斯：走出西方，中国需要跨越式发展”，《东方早报》，http：//www.zsnews.cn/Culture/2007/12/04/761983.shtml。

“环境政治”或“生态社会政治”势在必行。欧洲正在促进传统福利模式的转型、创建生态社会模式，而中国也需要一种积极的政治，须在经济发展机遇和环境威胁并存背景下，发展为公民带来福利的生活方式。[1]

① 石剑峰：“吉登斯：走出西方，中国需要跨越式发展”，《东方早报》，http：//www. zsnews. cn/Culture/2007/12/04/761983. shtml。

“新三个世界”理论倡导者罗伯特·库珀[*]

英国“外交官思想家”罗伯特·库珀（Robert Cooper）的“三个世界”理论一经提出，就在21世纪初期盛行一时，并引发广泛的学术争鸣。面对“9·11”事件后美国发起全球反恐战争和随后的伊拉克战争，思想家和理论权威们开始集中探讨这样的问题：我们面临的世界要走向何方，是需要“新帝国”的权威，还是有别样的选择？而真实的世界又在朝什么方向发展？这些问题日益成为学术界和政界普遍关注的议题。库珀的理论就是在这样的背景下脱颖而出，为学术争鸣和政策实践提供了新的视角。

一、名噪一时的外交官思想家

罗伯特·库珀1947年8月28日生于英国埃塞克斯郡，日后跟随父亲在肯尼亚度过童年并完成中小学教育。从牛津大学毕业后，他于

---

* 方华，中国现代国际关系研究院欧洲研究所研究员。

1969—1970年在宾西法尼亚大学进行了一年学术交流。1970年，库珀建议自己当时的女友参加英国外交部录用考试。为了支持女友，他决定陪女友一起参加考试。令他感到意外的是，因考试成绩出色，他被英国外交部录用了。这个偶然的机遇使库珀进入英国外交部，并依靠聪明才智成长为一名出色的外交官。

进入外交部后，库珀曾在英国驻日本和德国等多个驻外使馆工作，外交职业生涯不断走高。1989—1993年，他担任外交部东亚司和政策规划司负责人。2000—2002年上旬，库珀成为布莱尔首相外交政策顾问、英国政府阿富汗问题特使，对英国外交政策起着重要影响。2002年下半年，他出任欧盟理事会总秘书处下属的对外和政治军事事务总司司长，直接受欧盟共同外交与安全政策高级代表索拉纳领导，其外交工作转为处理大量欧亚事务，先后分管过欧盟经济、外交以及军事安全事务。2003年，库珀主持撰写欧盟有史以来首份《欧盟安全战略报告》（该报告也被称为《索拉纳报告》），影响很大。2009年《里斯本条约》生效后，欧盟外交机制发生重大调整，新成立了由新任共同外交与安全政策高级代表阿什顿领导的欧盟对外行动署（相当于欧盟外交部）。库珀原先负责的工作合并到对外行动署，其职务也相应调整。2010年12月，库珀被阿什顿任命为欧盟对外行动署首席顾问，同时兼任欧盟智库欧洲对外关系委员会（EC-FR）顾问。①

在欧盟的工作室里，库珀总是超负荷地运转。每天早晨，他一手提着公文包，一手拿着报纸，急冲冲地走进办公室，开始一天紧张的工作，也为欧盟的未来殚精竭虑。他认为，欧盟的发展还有诸多问题需要解决，如欧盟很难成为有政治意义的多国平台，这也是欧盟在21世纪面临的最大政治问题。他对欧盟的未来充满信心，认为欧洲未来不一定能掌控世界，但其模式可能在世界被复制。他曾指出，纵

① See Robert Francis Cooper（strategist），http：//en. wikipedia. org/wiki/Robert_Cooper_（strategist）.

观世界各地，非洲充满战乱，中国时有边界紧张，美国在世界各地有军事基地，而欧洲在二战后却能保持长期和平，和平成为欧洲的比较优势。[①] 同时，法治是欧盟最根本的价值观。他也承认世界的多样性，但强调欧洲的独特历史成就了欧盟的独特发展意识，它或许并不适合其他国家，但至少给世界提供了一个发展样式。

库珀毕竟是老道的外交官，虽然他对欧盟的问题充满忧思，但对外却表现得乐观而自信，对此只字不提。曾有中国记者采访库珀，提出一些有关欧盟发展的问题。库珀似乎认真回答，但似乎又什么也未涉及。结果，记者被他绕得云里雾里，不知所指。最后，这位记者发现库珀说了所有自己想说的，却绕开了记者的提问，只好甘拜下风。[②]

库珀虽然是经验丰富的职业外交官，但并不刻板、守旧，而是与众不同、特立独行。在布鲁塞尔，他是欧盟唯一骑自行车上班的高级官员；在英国，他是为数不多的有权自由出版作品并就国际事务公开发表看法的外交官之一，曾有英国记者戏称库珀为“注册的自由思想家”。他与英国王室成员关系密切，媒体评价他对布莱尔政府的外交影响甚至超过时任外交大臣罗宾·库克，美国著名学者约瑟夫·奈称库珀为“最有思想的外交官之一”。

库珀惯用通俗流畅的语言将其在外交实践中不断丰富和深化的思想传之于世，其中包括很多发表在媒体上的文章；他提出的一些理论也在学术界和政界产生广泛影响，英国百科全书称他为“战略家”。[③] 其中最有代表性的，当属他2000年出版的《后现代国家与世界秩序》和2002年推出的《重新安排世界：“9·11”的长远影响》。针

① Krebbers, “Robert Cooper, working hard for the EU”, December 11, 2005, http://www.cafebabel.co.uk/article/1526/robert-cooper-working-hard-for-the-eu.htm.

② “在欧盟的电梯上遇见库珀”，http://www.21cbh.com/HTML/2007-6-11/HTML_XJYI9X8RKO37.html。

③ See Robert Francis Cooper (strategist), http://en.wikipedia.org/wiki/Robert_Cooper_(strategist).

对冷战后世界秩序提出“新自由帝国主义论”，这使库珀成为欧美学术界和政界的双栖明星。2003 年，他在《国家的分裂：21 世纪的秩序和混乱》[①] 著作和“国家若崩溃，恐怖主义则猖獗”等文章中，集中论述了“失败国家”、恐怖主义、西方国家安全、国际干预和政权更迭等问题，他的思想对当时英国首相布莱尔以及欧盟安全和防务政策走向很有影响。

库珀凭借思想、著述和外交建树而获誉无数，拥有“皇家维多利亚”成员身份和三等爵士勋章（CMG）等。2004 年，他凭借《国家的分裂：21 世纪的秩序和混乱》一书获得英国“奥威尔奖”；2005 年荣登英国《展望》杂志的“全球百名知名人士”榜。

库珀的现任妻子是国际知名钢琴艺术家内田光子（Mitruko Uchida），出生于 1948 年 12 月，曾在国际音乐大赛上获奖，在日本和国际上有一定知名度。

二、重构世界的理论体系

库珀的思想体系较为系统，其思想彼此关联、相对集中并一以贯之，对当代和未来世界的构建有着深刻的思考。

2003 年，英国大洋图书公司出版库珀的《国家的分裂：21 世纪的秩序和混乱》一书，受到国际政治界高度重视。全书分三个部分描绘了 21 世纪的世界状况，反思英国外交，分析欧美关系，阐述作者对冷战后世界现状的观察和认识。英国前外交大臣杰弗里·豪称此书“应是候任外交部长和政府首脑的必读书”；比利时英文周刊《欧

① 库珀的著作 *The Breaking of Nations: Order and chaos in the Twenty-First Century* 中译名多有不同，北京大学出版社出版的该书中译本书名为《和平箴言——21 世纪的秩序与混乱》，也有译作《国家的破碎——21 世纪的秩序和混乱》等，本文采用最初部分学者的直译书名。

洲之声》认为，"这是每一位外交官的必读书"；英国《独立报》则称库珀为"可怕的思想者"，并向读者介绍说："如果你希望成为一名负责任的公民，理解一国的外交政策，就必须阅读此书"；英国《经济学家》评论该书"亲美国、亲联合国和亲欧洲，主张多边外交、同时也不反对战争"；[①]《天堂与权力》的作者、美国保守主义学者罗伯特·卡根赞称"库珀是欧洲杰出的学者型外交官，他对欧洲和美国未来的大胆设想充满了智慧和令人钦佩的现实主义。这本杰出的著作将欧美对话带入下一个阶段。"英国前外交大臣马尔科姆·里夫金德评价道："一本书的出版有助于你更好地理解你所处的世界，这是非常罕见的……罗伯特·库珀篇幅不长的册子对自己着墨很少，但对我们的世界却着墨甚多。"[②]

（一）"三个世界"理论

库珀将冷战后的世界划分为前现代、现代和后现代"三个世界"，并从这一视角阐释了当今世界面临的困境。他认为，1989 年结束的不仅是冷战，还结束了"持续三个世纪的政治体系、均势和追求帝国的冲动"。而冷战结束后的今天，"我们生活在一个分裂的世界上，但今天的分裂与东西方对峙时期的分裂大不相同"，它由三个性质迥然不同的部分组成。

一是前现代世界。这是由前殖民地国家构成的，是当今世界动乱和威胁的主要来源，包括索马里、阿富汗和利比里亚等国。这些地区没有有效政府，不符合马克斯·韦伯关于国家是"武力的合法垄断者"的界定，国家丧失了对武器使用的垄断。而其他强国宁愿让混乱持续存在，也不愿意统治这些地区，这些"前现代世界"就成了

---

① Robert Cooper, *The Breaking of Nations*: *Order and chaos in the Twenty-First Century*, New York : Atlantic Monthly Press, 2004, pp. 34 –41.

② 吴云："库珀和他的政府首脑必读书"，http://news.sohu.com/20070925/n252336225.shtml。

"无主地"。它们可能给世界造成的威胁有 3 种：一是国内的混乱外溢到周边地区。二是政府垮台后各类犯罪猖獗，影响其他地区的社会治安和稳定。比如，钻石、毒品和娼妓卖向海外并在海外设立分公司，犯罪集团可以因此变得更加强大，威胁西方安全。三是混乱地区产生的问题可能对其他地区构成威胁，特别是恐怖主义还可能严重威胁整个国际秩序。

二是现代世界，即以民族国家为主，遵循现代秩序。这些国家包括中国、印度等，主要表现为重视国家主权、内外事务分离、禁止外国干涉国内事务、全力追求国家利益以及视武力为安全的最终保障。在该世界，讲求利益与均势的现实主义与追求集体安全的理想主义都适用，联合国就是在该秩序下确立某种法律和秩序的尝试。但因其强调用武力维护国家主权，它的重点在于维护现体系而非创立新秩序。在现代世界，强权虽非公理，但公理却并不总是管用，实力和国家利益才是最重要的。英国首相巴麦尊的名言"没有永恒的朋友或敌人，只有永恒的利益"是现代世界的公理。"现代世界"构成的威胁主要是大规模杀伤性武器扩散。

库珀把中国归为"现代世界"的典型代表。他认为，与其他"现代世界"的国家不同，中国没有明显的宗教成分，但具有帝国的某些特性，其崛起将打破地区和国际体系原有的平衡，从而对其造成严重冲击。中国目前正集中精力发展经济和维护内部安全，一旦出问题很可能退回到"前现代世界"的混乱和危险状态；如果发展顺利，国力增强，内部凝聚力得到强化，就会进行对外扩张。中国应该学习欧洲的"后现代模式"，即提升法律和规范在对外行为中的作用，并使自己的国家认同融入国际认同之中。他认为，只靠武力或政府间谈判，中国难以永久解决台湾和西藏问题。他建议中国学习欧洲经验，由人民和政府共同参与其中，扩大有关各方之间的认同，强化共同体意识。

三是后现代世界。这是更为规范有序的世界，其典型代表是欧盟，主要特征是不依赖平衡、不强调主权、不强调内政与外交分离。

库珀称，现代欧洲以《威斯特伐利亚和约》为肇始，后现代欧洲则以两个条约为开端，即《罗马条约》（1957 年）和《欧洲常规武装力量条约》（1990 年）。与基于均势的现代世界体系不同，后现代体系是基于成员国彼此间的开放性。《欧洲常规武装力量条约》的核心是“干涉性核查”，这一概念成为后现代秩序的关键。在后现代世界中，国家体系正在崩溃，但其结果不是陷入混乱，而是变得更规范有序；民主、法制、人权观念已成共识，各国无意使用武力，可以介入彼此国内事务；传统意义的安全威胁消失，因为各国并不打算相互侵略。因此，在后现代世界，国家不再占统治地位，国家利益也不再是外交政策的决定性因素，媒体、公众情感和特殊群体或地区利益（包括跨国群体）均可发挥作用。对国家权力质疑增多，多种认同、个人发展和消费成为人民生活的重心。在这一世界，征兵十分困难，个人意识代替爱国主义成为参军的动机等。这个世界的威胁是欧洲独有的，即欧盟内部国家分崩离析。[①]

库珀在书中具体分析美国、俄罗斯等大国所在世界的状态。他称，美国在某种意义上是唯一拥有真正独立战略的大国，其内政已具有“后现代世界”的条件，但由于其全球霸权地位，外交还处于“现代世界”的层次，加之军事实力位居世界之首，它不接受“后现代世界”的一些准则，因而总体上仍是现代国家。处在“现代世界”的俄罗斯，既可能晋升到“后现代世界”，也可能退化到“前现代世界”。欧洲相较美国而言，不愿意以权力关系的角度看待世界，喜欢法治而非权力。

在这个由上述三个世界组成的“新世界”里，没有出现新的世界秩序，也没出现新的世界无序。事实上，欧洲自身属于“后现代世界”的安全区，欧洲之外存在“现代世界”的危险区和“前现代世界”的混乱区。

---

① Robert Cooper, *The Breaking of Nations: Order and chaos in the Twenty-First Century*, New York: Atlantic Monthly Press, 2004, pp. 24–26.

（二）“新帝国论”

库珀认为，全球化将“前现代”、“现代”和“后现代”三个世界联系在一起，同时也把它们各自面临的威胁联系在一起，使得整个世界格外棘手和危险。如何应对上述三个世界中的威胁呢？库珀表示，在这个新世界上，建立世界秩序的两种传统手段——均势和霸权目前都已失效，因为均势体系在 1989 年已经彻底终结，帝国主义也成为历史。因此，为了将世界从混乱中拯救出来，库珀主张建立形式有限、合作且自愿的帝国。他表示，世界没有任何时候比现在更需要帝国，但在帝国主义已经死亡的今天，传统的帝国主义已经没有市场。世界所需要的是坚持自愿与合作原则的“后现代帝国”。这就是曾一度引起世界舆论广为关注的“新帝国论”。在库珀眼中，影响最深远的自愿帝国是欧盟。

2002 年，库珀出版《重新安排世界：“9·11”的长远影响》一书，布莱尔首相为其撰写前言，多位国际政治家参与撰文。库珀在书中呼吁西方国家特别是英国和欧盟，以“防御性帝国主义”介入海外事务，重整“9·11”后的世界秩序。他称，当今世界需要一种新的符合人权要求及世界性价值观的帝国主义，即“后现代帝国”，这是一种旨在带来秩序和组织并基于自愿原则的帝国主义。“后现代帝国”在输出稳定和自由方面有两种模式：一种是经济领域的“自愿帝国主义”，由国际货币基金组织和世界银行等国际组织出面，帮助那些自愿进入并接受全球经济体系规范的国家，解决它们存在的政治、经济问题。另一种是“邻国帝国主义”，就是“后现代国家”凭借其信条，可以也应该对周边地区的混乱直接进行干预，提供安全保障，帮助开展政治和经济重建。欧盟是两种模式结合的产物，其他国家要加入欧盟，必须接受一整套法律和规则，换来在欧盟内的发言权。

库珀还提出，二战后发展起来的多边机制可看成是一种“后现代霸权”。国际刑事法院、斯特拉斯堡人权法院、《人权迫害公约》、国际货币基金组织、经合组织、《防扩散条约》、国际原子能机构都可干涉国家内部事务，均属后现代范畴。不过，尽管今天的世界高度机制化和有秩序，但在安全领域仍处于无政府状态，一旦有国家决定使用武力，世界体系可能会重回丛林时代。

库珀认为，后现代欧洲秩序是除制衡与霸权之外的第三种稳定形式。因为在过去几年中，中东欧所有国家都在自愿、合作的基础上改革宪法和法律，调整市场规则，确定反腐败机构，采纳欧盟立法，巴尔干国家也在为加入欧盟而改革。但后现代欧洲秩序有其局限性：一是有赖于欧洲政治文化扩展。对许多邻国而言，后现代相当于政权更迭。二是有明显地缘局限。在全球化时代，威胁可能来自各方，而欧洲只注重扩展欧盟，尚未真正快速地发展军事力量，将现实政治与合作帝国理念相结合。第三，威胁还来自于欧洲内部。国家是安全领域最有效的行为者，而在北约和欧盟庇护下，欧洲国家本身已被削弱或分裂。国家的解构产生溢出效应，又导致社会的解构。社会领域过分的透明化和权力分散会使国家在国际秩序中无所作为。事实上，西欧已进入一个由政府、国际机制和私人部门重叠发挥作用，而又无一可以实施控制的时代。尽管如此，库珀仍认为后现代欧洲代表着今后世界政治的努力方向，也是达成永久和平的合理模型。

（三）“后现代外交公理”

库珀在《国家的分裂：21世纪的秩序与混乱》中，还集中思考了全球化时代的外交，提出“后现代外交”应遵循的几项公理，即“五大外交箴言”：一是理解外国人。外交中经常发生误解外国人的事，最常见的方式是假定他们与你相似。要听从了解情况的专家意见，特别是关于新时代西方可能根本不了解的对手的文化。二是国内政治起决定作用。外交和政治仍是地区性的，外交要产生影响必须深入到国家内部。在全球化时代也一样，居于首位的都是国内问题。治理国家主要依靠国内政治，而非对外关系。外交政策必须披上内政的外衣才能产生影响，外国人在任何国家都居次要地位。三是影响外国人是困难的。一国可以通过三种手段对另一国施加影响，包括贿赂、威胁和游说。但不论使用何种手段，影响外国人都是困难的。进行贿赂，一旦钱用光，效力便消失；威胁甚至占领，一旦军队撤离，一切便会恢复原状；而说服任何人改变其看法也是困难的。由此，影响外国人最有效的途径是做出长期承诺，最佳使用武力的方式是威慑：在保卫自己的同时，寻找改变他人的方法。四是外交政策不仅要考虑利益，更要考虑国家特性。政策不仅来源于利益的计算，更决定于国家特性，因为利益的界定涉及国家及其人民的特性。历史上，许多国家的政策制定并不总是由国家利益决定的。同特性相比，利益属于第二等级。因此，了解一国的特性是判断其政策走向的决定性因素。五是扩大参与范围，这是解决国际争端的重要方法。双边范围内无法解决的难题，可能在多边范围内得到解决。二战后，法德两国的世仇便是通过扩大范围得到解决的。①

三、广泛影响欧洲及世界

一种理论观念的强大之处在于，一旦越来越多的人认识到其正确性，它就会顽强地存在于人们的意识之中，无论遇到多大障碍，总有一天它会变成现实。库珀的“三分世界法”理论早在1996年就提出来了，但直到“9·11”事件后才受到重视；2003年成书出版后，才有了较大影响。库珀坚信欧盟作为“后现代世界”的典范，代表着“前现代世界”和“现代世界”的发展方向，其实就是整个世界的发展方向。他认为，全世界只有都发展到欧盟的水平，才能真正摆脱混乱和危险。由此，他的理论建立在“欧洲优越论”的思想基础之上，

---

① 杨文静：“后现代秩序的逻辑——《国家的分裂——21世纪的秩序与混乱》介评”，《现代国际关系》，2005年第3期，第61—63页。

以欧盟模式为参照标准来衡量和评判其他国家和地区的发展，积极向世界推广欧盟经验，欲用扩大欧盟的方式来改造世界，以最大限度地维护欧洲利益、解决欧洲发展中面临的问题。而对于发展中国家及转型国家，则抱着忧虑和说教的态度。

（一）对发展中国家产生消极影响

2004年1月，库珀撰文"若国家崩溃，恐怖主义则猖獗"指出，"失败国家"是产生恐怖主义的温床。西方国家要保证安全，必须要推动这些国家走向民主与法制。为此，西方国家必须进行强力干预并准备付出高昂代价，促使其政权更替，如欧美联手改造中东。与此同时，他把不少发展中国家视为"前现代国家"，即"失败国家"，认为"需要文明社会的领导者们来领导和管理他们"。他指出，"后现代国家"需要习惯于双重标准：相互之间尊奉法治与合作精神，而对于"前现代国家"只有回复到武力、先发制人、欺骗等手段。这些论断为以布莱尔政府为代表的西方国家实施"新干涉主义"提供了理论依据。发展中国家媒体指责这种论调是"新殖民主义论"，表示将反对以各种面目出现的帝国主义论。此外，库珀的"主权有限论"也极大地冲击了现行国际体制。

应该看到，冷战后从西方"人道主义干预"，到布什的"先发制人"，再到新布什主义的"根除暴政"和"民主化革命"，在库珀的著述中都可以找到影子和得到印证。这反映出在后冷战时代，合理合法地干预他国内政以维护和拓展西方话语下的"自由、和平、民主世界"已成为欧美的共同追求，也是欧美模式相互竞争之处和矛盾之源，即该塑造过程是以美国为中心，还是以欧洲为中心。毫无疑问，以所谓后现代欧洲模式为样板，正是库珀的逻辑。

（二）"新帝国论"引发全球争论

多数国际关系领域学者认为，库珀2002年4月7日发表在

《观察家报》上的“我们为什么仍然需要帝国主义”一文，是较早明确提出“新帝国论”的代表文章。在“三个世界”理论基础上，库珀在此提出“新帝国论”，主张欧盟作为“后现代帝国”，应该采取包括武力在内的一切必要手段，对“混乱区”和“危险区”进行改造。

库珀的理论为理解冷战后的世界提供了一个新的框架性思维范式。与冷战后亨廷顿、布热津斯基、库普钱、福山等战略家勾勒出的后冷战时代政治图景一样，库珀也是以西方逻辑为思考的起点和终点，将西方世界作为改造世界的主要动力。不同的是，库珀身为英国外交家，更推崇欧洲政治的先进性和优越性，强调欧洲政治文化中多边主义、和平主义、法治和谈判的价值，并试图以此引领国际政治发展的方向。这反映了欧美政治文化的矛盾与不同之处，也反映了欧洲不能独立于美国的现实。

一些英国分析家对库珀代言的布莱尔阵营公开“新帝国主义”雄心表示惊讶和担心，称库珀的言论与工党一贯的反殖民主义宗旨背道而驰，且完全无视联合国的国际地位。再者，“新帝国论”也并非完整的理论，迄今未成为欧美学术界和外交政策的主流。作为政策思想，它还缺乏理论构建和思想深度。“新帝国论”受到批评后，布朗政权调整政策，摆脱“新帝国论”阴影。

美国政界对库珀的理论予以积极回应。2002 年 4 月，美国总统国家安全事务助理赖斯在霍普金斯大学国际问题研究学院演讲中，把世界国家分为四类①：先进的工业国、正在形成中的民主国家或转型中国家、无赖国家、失败国家，指出要打击“无赖国家”，对“失败国家”实施国际治理。同年 6 月 1 日，布什在西点军校发表演说，首次提出“先发制人”的军事战略……此后，阿富汗战争的迅速推进催化了“新帝国论”在美国的思想优势。直到伊拉克战争后，这种

① 该说法实际上沿用了美国克林顿时期国务卿奥尔布赖特的划分法，即把后冷战时代的国家划分成四类。

理论才开始真正面临检验。毕竟，伊拉克战争的死亡率引起美国国内舆论的疑虑与责问。①

伊战前后，有关"新帝国论"的提法在国际学术界与舆论界有所上升。面对全球混乱特别是国际恐怖主义的日益滋长，西方有评论认为美国"不得不"实施新帝国主义，也有评论称美国已进入后现代主义色彩的"自由帝国主义"，甚至有人希望它变成"民主帝国主义"。② 当然，也有人对美国是帝国或帝国主义的观点持强烈批评态度，认为这种霸权论调将严重损害美国力量在世界上的合法性。媒体和理论界对"9·11"事件后，美国彰显的"新帝国主义"特性给予了很大关注，主要表现在对单边主义外交方针和"先发制人"军事战略的担忧，而伊拉克战争就是其充分体现。③

当然，库珀的"新帝国论"和美国的"新帝国主义论"之间既存在一定的区别，也有一些共同点。美国版的"新帝国主义论"主张采取单边主义和先发制人战略，并用美国价值观来改造世界建立一种全新的、美国统治下的、有利于自由和平的世界秩序，使 21 世纪成为一个"美国世纪"。而库珀的"新帝国论"则推崇欧盟创建和扩大的模式，认为这是一种"合作帝国"、"自愿参与的经济帝国"、更是"邻国需要的帝国"。他没有把美国划为"后现代国家"，因为美国尚未接受国际社会中"相互依存的需要"，也不愿意接受"相互监督和干预"。二者共同之处在于，都主张"后现代世界"可以遵照丛林法则，对"前现代世界"和"现代世界"使用武力、先发制人和欺骗等手段来应对其"威胁"。

---

① 张晓慧："《西方国际关系理论思潮》专题十——新帝国主义论"，《国际资料信息》，2003 年第 4 期，第 8—12 页。

② ［美］戴维·亨德里克森："走向环球帝国——对绝对安全的危险追求"，《世界政策杂志》，2002 年秋季号，第 1—10 页。

③ 沈丁立："评新帝国论及其缺失"，《国际观察》，2003 年，第 3 期，第 1—6 页。

库珀的理论在中国只停留于学术介绍，不论是其“世界划分理论”，还是“新帝国论”，都受到猛烈批评。中国的学术界认为“新帝国论”相当有害，并指出它的虚无性，但也认同“新帝国主义”在当今世界确实存在。

"有效多边主义"理论倡导者哈维尔·索拉纳*

哈维尔·索拉纳·马达里亚加(Javier Solana Madariaga)是欧洲著名政治家、外交家与战略思想家，曾担任北约秘书长、欧盟共同外交与安全政策高级代表。受家庭熏陶及欧洲传统文化深刻影响，自由、民主、法制等西方价值观和多边主义等欧洲特色理念根深蒂固地植根于其脑海，而灵活务实的个性又使索拉纳的思想不完全受缚于价值观原则，其思想脉络的演进既与自身对国际战略和安全环境变迁的认识息息相关，又深受美国因素影响。他倡导的"有效多边主义"理论，既反映后冷战时期欧洲思想先驱们对维护地区与世界安全、提升自身能力与国际作用的战略思考与探索，又凸显其思想"原则性与灵活性"结合的现实主义风格，成为欧盟在21世纪塑造国际秩序的重要指导思想。

* 王莉，中国现代国际关系研究院欧洲研究所副研究员。

一、“欧洲先生”

索拉纳的人生经历了从学界到政界的转折，其政治生涯跨越西班牙、北约和欧盟，创造了一个又一个事业高峰。

索拉纳1942年7月14日出生于西班牙马德里一个左派中产知识分子家庭，祖父是著名外交官，父亲是物理学教授，母亲是学者兼作家。崇尚知识和自由的家庭环境催生了索拉纳自由、民主的思想萌芽，而早年就读于被誉为“政界人物苗圃”的埃尔皮拉尔学校，则为其与生俱来的政治基因注入动力源。1959年继承父业，索拉纳进入马德里康普鲁滕塞大学物理系就读，曾立志成为诺贝尔奖得主。然而，1963年因参加反对西班牙佛朗哥独裁统治的政治运动，他被开除学籍。为了逐梦“诺奖”，他先后在荷兰、英国等欧洲多国和美国深造，1971年在美国弗吉尼亚大学获得固态物理学博士学位。回国后，他进入马德里自治大学任教，29岁便成为副教授，33岁当上教授，期间出版固态物理学专著多达30余部。索拉纳曾表示，对物理学的钟情影响了日后自己作为政治家的思考方式，使他在分析和解决问题时能够化繁为简，也使其政治生命深受科学“无国界”思想的影响。美国前总统小布什在索拉纳访美时曾问他：做政治家和物理学家，哪一个更难？索拉纳指着门外示威游行的队伍回答说：“我认为，做政治家要难得多。因为政治家要受到人们各种抱怨，而数据和方程式就不会对物理学家‘抱怨’什么。”①

但政治的“麻烦”并未阻止索拉纳走上从政之路，反倒助他与政治结下不解之缘。1964年，索拉纳在就读大学期间就正式步入政坛，加入西班牙青年社会主义者组织，同时成为西班牙工人社会党

---

① ［西］索拉纳：“中国代表明天，视胡主席为好朋友”，《环球时报》，2005年9月7日。

（简称工社党）党员。1976年，索拉纳脱产在党内负责宣传工作，完全抛开老本行物理专业。他深得党总书记冈萨雷斯赏识，日后成为其挚友，并逐渐担任党内要职。1977年佛朗哥独裁政权结束后，他当选为西班牙众议院议员。1982—1995年工社党执政的13年间，他先后出任或兼任文化大臣、教育大臣和外交大臣等职，为官清廉务实，作风开明正派。作为时任首相冈萨雷斯最得力助手，索拉纳一直是工社党政府内外政策及党内改革的主要设计师，一贯主张党的领导集团应广泛听取意见，反对党内派系斗争。随着在政界与外交界工作起来得心应手、游刃有余，索拉纳的人气直线飙升，2000年已成为工社党的第二号人物，为日后进军国际舞台打下坚实基础。

索拉纳被称为"常做不可能事情的人"，他自言"是生活的风风雨雨将我带到了我从未想去的地方"，[①] 而担任北约秘书长就是一例。索拉纳年轻时是颇具反叛精神的和平主义者，因美国和北约支持西班牙独裁者而憎恨两者，也反对西班牙加入北约。他曾撰写反北约的小册子，名为《对北约说不的50个理由》，一度被美国列入"颠覆分子"名单。1975年西班牙恢复民主制度后，已过而立之年的索拉纳逐渐认识到，西班牙加入北约能"融入西方民主大家庭"，开始从北约的积极反对者转为坚定支持者。[②] 作为西班牙政府领导人，他在西班牙担任欧盟轮值主席国期间，积极处理大西洋两岸问题的娴熟技巧、全力以赴促进欧美关系的友好立场，深得美国政府赏识。1995年10月，克林顿总统亲赴西班牙对索拉纳进行快速"考察"后，美国政府不顾当时部分欧洲国家反对，以及本国国会众多议员抗议，扶持索拉纳成为北约秘书长。在职期间，索拉纳成就满满，扩充了秘书长的权限，成功促成北约东扩，同时又避免北约与俄罗斯发生直接对抗，并促使北约与多数中东欧和中亚国家建立了"和平伙伴关系"。

① Javier Solana，http：//en. wikipedia. org/wiki/Javier_ Solana.

② 陈慧霞："欧盟共同外交与安全政策的最高代表——索拉纳"，新加坡《联合早报》，2000年7月27日。

此外，他还推动制定北约新战略，确立了北约在其“防区以外进行危机反应作战”的新使命，基本完成北约内部改革。尤其值得一提的是，1999 年 3 月索拉纳以阻止科索沃发生“人道主义灾难”为名，在未经联合国授权情况下，以北约秘书长名义下令发动了对主权国家的首场战争。

索拉纳担任北约“军事老板”的成功经验引起英国、法国、德国等欧盟大国领导人的高度关注。他们认为，索拉纳与美国、俄罗斯沟通顺畅、关系良好，而欧盟只有与最重要的伙伴美国和最重要邻国俄罗斯搞好关系，才可能更好地施展抱负。随后，欧盟向他发出任职邀约。1999 年 10 月 18 日，索拉纳受邀出任新设立的欧盟共同外交和安全政策高级代表，被国际舆论称为“欧洲先生”。在位十年，索拉纳一手打造了囊括约 800 名军事专家和外交官的庞大团队。为了欧盟利益，对内，他积极与成员国协调利益，努力弥合各方分歧，推动欧盟以“一个声音”说话；对外，他代表欧盟奔走于世界各国及热点地区，曾参与近 600 个代表团的工作，空中行程累积 260 万英里。当然，这个数字还只是普通航班里程统计，并未包括专机和军机的里程。期间，在巴尔干重建、中东和谈、伊核危机斡旋等过程中，索拉纳进行了持久不懈的努力。2009 年 12 月 1 日《里斯本条约》生效之日，索拉纳与欧盟新“外长”阿什顿完成交接，功成身退。目前，回归学界的索拉纳仍活跃在国际政治研究领域，现任西班牙马德里伊萨德商学院全球经济和地缘政治中心主席、美国布鲁金斯学会外交政策高级研究员，继续为欧盟外交贡献智慧。

二、魅力无穷的工作狂人

索拉纳的成功得益于其个性魅力，既热情似火，又“心坚”如冰。一方面，他是位激情四溢的浪漫主义者，幽默的谈吐、开朗的性格以及热情的拥抱，默默感染着他的对话者甚至对手，使“政治带有人情味"。同时，他又是坚定理性的务实主义者，为了实现信念，坚持不懈、忘我工作。

索拉纳的最大优势在于掌握了高超的谈判技巧和对话艺术。作为北约和欧盟西方两大机构负责人，声名虽响，实则在"夹缝中生存",[①] 既要努力弥合内部成员国之间的分歧，还得灵活地与各机构和各国首脑打交道。对此，索拉纳惯用的手法往往是"释放和善"、"赢取信任"，通过"幕后外交"、"私人交情"，以友善、坦诚、低调的态度，幽默甚至略带夸张的言辞或形体动作，感染对话者，在与之建立信任的基础上，不懈地推进理解、化解分歧，以争取哪怕是一小点共识。他特别强调"个性和信任"的重要性，曾在一篇文章中指出：在一场危机中，如果制度和秩序崩溃，那么"少数领导人将成为关键"，而"让他们冒着损害自己未来的风险寻求解决方案，是需要勇气的"。他举例说，处理伊朗问题之所以如此困难，是因为双方都缺乏信任。因此，"我的首要目标一直是建立至少足以合作的信任。只有当谈判代表愿意因为彼此间建立的信任而承担风险，才有可能实现外交突破"。[②] 而在联盟内部有不同声音时，他则会竭力阻止分歧公开化或扩大化；当反对声音上升时，他有时会直接走"上层路线"。例如，成员国驻北约大使之间出现分歧时，他会直接给各国首脑打电话"排障"。[③] 美国克拉克将军一次问他外交成功的秘诀，索拉纳正告道："不树敌，从不问你不知道的问题或你不想听到的答案"。[④] 正因擅长与各种人打交道，索拉纳既是美国国务卿希拉里最亲密的朋友，也是俄罗斯总统普京的座上宾；既与德国总理默克尔、

① 朱迪·登普西："在夹缝中生存——欧盟高级代表哈维尔·索拉纳"，英国《金融时报》，2003年7月12日。

② Javier Solana, "Five Lessons in Global Diplomacy", *Financial Times*, January 20, 2009.

③ Ryan C. Hendrickson, "NATO's Secretary General Javier Solana and the Kosovo Crisis", *Journal of International Relations and Development*, 5 September, 2002.

④ Javier Solana, http://en.wikipedia.org/wiki/Javier_Solana.

法国前总统萨科齐关系良好，也能与伊朗总统内贾德和以色列总理内塔尼亚胡无话不谈。[1] 良好的人际关系往往为他“开展工作”奠定良好根基。

索拉纳成功的重要秘诀也包括信念坚定、意志顽强和工作忘我。与索拉纳共事过的人均称其为“不知疲倦的工作狂”，而跟随他多年的发言人加拉赫更将索拉纳比喻成“政治动物”。尽管索拉纳经常忍受失眠的折磨、旅途的辛劳和长年的背痛，但在顽强求胜意志支撑下，他总是在为解决各种棘手的政治和经济问题不知疲倦地奔波、工作。他有无数个笔记本，上面以优雅的字体记载着与世界各国领导人会谈的细节。每当出差回程时，他会及时将会谈内容输入电脑保存，其工作认真程度可见一斑。作为欧盟高官，他有时甚至需要忍受额外的屈辱和冷落。索拉纳多次前往以色列斡旋，但时任以色列总理的沙龙数次拒绝与其会晤。索拉纳对此的回应是，无论以色列喜欢与否，自己和欧盟都会继续参与巴以和平进程。2001 年，以色列首都特拉维夫一家夜总会遭遇恐怖袭击，索拉纳用尽浑身解数说服沙龙保持克制，不对巴勒斯坦人进行武力回击，从而促成巴以双方日后达成新的停战协议。

在日常生活中，索拉纳则显得随性而不修边幅。他身体微驼，头发稀疏蓬乱，胡子没条理，衣服皱巴巴，眼镜蒙灰尘，只有褐色的眼睛透露出坚定的信念和充沛的精力。他吃得少，睡得少，每天的食物主要是鱼和水果，再配上些红酒。受知识分子家庭、尤其是作家母亲的熏陶，索拉纳喜爱文学，出差时总随身携带美、英、俄等国的新著。他会说一口流利的英语和法语；爱好广泛，偏爱巴赫作品，喜好晨跑、瑜珈与登山。索拉纳的妻子是佛朗哥时代一位将军的女儿，也是一位大学教授，两人养育了一双儿女。在索拉纳心目中，家庭似乎远没有工作重要。他总是自我解嘲地说：“总得抛弃点什么，生活总

---

① Adrián Soto，“Javier Solana. Ten years as Mr. Europe”，November 2009，http：//adsoto. wordpress. com/javier-solana-ten-years-as-mr-europe/.

是让人做出选择"。

在西方政界，索拉纳的贡献获得公认，也荣获西班牙、美国、英国、德国等西方国家政府或机构颁发的诸多奖项或奖章。他被冠以"现代历史上最受尊敬和最成功的外交家之一"、"全球政治中的重要人物"等美誉。[①] 美国政府尤其对他褒奖有加。1999年底索拉纳即将卸任北约秘书长职务前，美国国防部特为索拉纳授奖，表彰其改造冷战后北约的"非凡勇气和创新领导才能"。当时，他赢得所有北约盟国的信任，获誉"有诚信的斡旋者"，许多国家视其为"北约成功和联盟团结的重要保证"。[②] 在欧洲，他推行的"握手外交"、"幕后外交"、"沉默外交"等特色外交更为欧洲人所津津乐道，其处理外交事务的技巧得到普遍肯定。曾任欧盟委员会外交委员的彭定康公开承认自己做得不如索拉纳出色，赞扬"索拉纳使欧洲在世界上更为知名，同时却不被人视为威胁"。[③] 在其卸任之际，就连以色列参与中东和平谈判的代表也称其为"独特的政治家"，由衷地表示"中东会想念他"。[④] 而俄罗斯《新闻时报》则发文称："索拉纳将作为统一欧洲的幕后外交斡旋者而被铭记"。

与此同时，索拉纳也是一个颇具争议的人物：一方面，他因发动未经联合国授权的科索沃战争而饱受非议，并因北约空袭造成平民伤亡而广受批评，[⑤] 一些示威者甚至称他为"刽子手"。[⑥] 另一方面，他

---

① Adrián Soto, "Javier Solana, Ten years as Mr. Europe", November 2009, http://adsoto.wordpress.com/javier-solana-ten-years-as-mr-europe/.

② Ryan C. Hendrickson, "NATO's Secretary General Javier Solana and the Kosovo Crisis", *Journal of International Relations and Development*, 5 September, 2002.

③ Andrew Rettman, "EU's quiet diplomat steps aside after 10 years", *EU Observer*, November 30, 2009.

④ Ibid.

⑤ Human Rights Watch Letter to NATO Secretary General Javier Solana, http://en.wikipedia.org/wiki/Javier_Solana.

⑥ 杨志清："从北约秘书长到欧盟'佩斯克先生'——索拉纳"，《光明日报》，1999年10月10日。

在外交上展现的灵活手法也在一定程度上为人权组织所诟病，批评他“在权力面前过于实用主义”，常常为了解决外交问题而“忽视中国与俄罗斯等国的人权问题”。①

三、理论创新

索拉纳作为北约和欧盟的重要领导人，对地区安全、全球治理和大国关系等国际政治问题均有深刻思索和独到见解，其最具代表性的理论建树当属“新干涉主义”、欧盟新安全观和“有效多边主义”理论。

（一）“新干涉主义”

1999 年 3 月，时任北约秘书长的索拉纳宣布北约对南联盟实施大规模空袭。由此，索拉纳与时任美国总统克林顿、英国首相布莱尔等北约国家首脑一起，被外界广泛视为冷战后西方“新干涉主义”的主要代表。“新干涉主义”是历史上“人道主义干涉”的翻版，主张出于维护人权等道义原则而进行军事干预。索拉纳曾详细阐述了北约军事干预科索沃危机的理由，其解释从另一个角度可视为他对“新干涉主义”的理解。② 首先，干预是“为了制止人道主义悲剧”。科索沃危机“向西方价值观提出了挑战”，“民主国家不能坐视不管，必须采取行动”。其次，“在采取军事行动之前，所有其他手段，包括政治的和经济的都已试过”，而“军事力量是制止米洛舍维奇暴行并使他改弦易辙的仅有办法”。最后，采取行动也是为了“防止巴尔

① Andrew Rettman, “EU's quiet diplomat steps aside after 10 years”, *EU Observer*, November 30, 2009.

② ［西］索拉纳：“对欧洲的未来来说，科索沃是决定性时刻”，美国《国际先驱论坛报》，1999 年 5 月 17 日。

干形势进一步动荡"。此外，他还强调不能孤立地看科索沃问题，应通过解决科索沃危机来推动整个地区稳定。[①]

索拉纳曾表示，在军事解决科索沃危机的整个过程中，他与联合国、欧安组织等多边组织保持着密切联系与对话。因此，北约对科索沃的军事行动是"正义的"、尊重国际法的，也与"联合国秘书长安南、欧盟各国和北约的目标是一致的"。[②] 但与此同时，1999 年 6 月 22 日他在接受奥地利《新闻报》记者访谈时也承认，联合国授权固然重要，但并非完全不可变通。对此，他的解释模糊而似是而非："北约的行动需要相应的法律基础……如果行动需要联合国安理会决议，那么采取行动的时刻肯定是正确的"，但"如果遇到必须由北约采取行动的形势，那么我认为我们是能够得到安理会同意的。如果事与愿违，反对者必须承担后果"。[③] 从北约内部看，各成员国在动武问题上也并非没有分歧。但最终得以通过对科索沃动武决议，主要得益于当时美国克林顿政府对索拉纳的强力支持。而索拉纳则充分发挥了他善于构建共识、淡化分歧的优势，在决议表决时，巧妙运用"沉默表决程序"——无声就是默许，支持动武的国家自不必明言，而那些国内反战声音较大的政府也不必因公开表态支持动武而承受国内政治压力。[④]

值得指出的是，科索沃战争爆发的 1999 年，冷战结束和苏联解体尚未满十年。索拉纳当时公开声称："安全政策必须以价值为基

---

① "索拉纳撰文谈北约为实现巴尔干长期稳定需实现的三个目标"，新华社，1999 年 8 月 19 日。

② ［西］索拉纳："对欧洲的未来来说，科索沃是决定性时刻"，美国《国际先驱论坛报》，1999 年 5 月 17 日。

③ 北约秘书长索拉纳同奥地利《新闻报》记者的谈话："否则我们要冒进一步激化的风险"，1998 年 6 月。

④ Ryan C. Hendrickson, "NATO's Secretary General Javier Sclana and the Kosovo Crisis", *Journal of International Relations and Development*, 5 September, 2002.

础”，自信地扬言“携起手来，欧洲和北美可以应对所有挑战”。[①] 其言词中不自觉地流露出西方价值观的“霸气”和制度优越感。

（二）欧盟“新安全观”

2003年伊拉克战争爆发，这对时任欧盟共同外交与安全政策代表的索拉纳冲击很大，令其思想产生巨大变化。一方面，“伊战”暴露了跨大西洋两岸的“裂痕”，美国无限夸大恐怖威胁的严重性、反恐战争扩大化以及美国外交中单边主义倾向趋强，与欧盟的安全认识产生较大冲突。这不仅对欧洲国家在冷战后积极倡导的多边主义理念形成严峻挑战，也对跨大西洋关系造成前所未有的冲击。尽管擅长将“灵活性与原则性”相结合，但在索拉纳看来，美国在伊拉克战争中实在走得太远。他就此指出：美国“为先发制人而使用武力应有更广泛的合法性，或者通过联合国安理会，最起码也应获得某种形式的多边支持”。不然，“只能引起国际社会的愤慨与敌意，最终有损自己的国家利益”。[②] 另一方面，围绕是否支持美国发动的伊拉克战争，欧洲内部产生严重意见分歧。以英国和中东欧国家为主的“新欧洲”国家坚决挺美，法德等“老欧洲”国家坚决反战，双方截然相反的立场严重暴露了欧盟共同外交的“低水平”，对一直倾力其中的索拉纳打击很大。这次伊拉克危机给欧盟最大的教训就是：没有共同安全威胁评估，共同外交与安全政策就是一句空话；而没有共同战略，欧盟在国际社会和美国眼中也就缺乏可信度。[③] 为了证明欧盟能从失败中吸取教训、防止在今后处理国际危机时再度分裂，就要寻求欧洲内部最大限度的团结。更为重要的是，欧盟也希望将对威胁的共同分析

---

① Javier Solana, “A Letter From the Secretary General”, *NATO Review*, Autumn 1999, http://www.nato.int/docu/review/2011/ARCHIVES/EN/index.htm.

② Javier Solana, “The Transatlantic Rift U.S. Leadership After September 11”, *Harvard International Review*, Winter 2003, XXIV, issue 4.

③ 冯仲平：“欧洲安全观与欧美关系”，《欧洲研究》，2003年第5期。

与对战略目标的清晰界定联合起来，以推动建设一个更为积极和更有能力的欧洲。[①] 与此同时，基于对"欧美关系的不可替代性"的认识，[②] 欧洲迫切需要在维护自身多边主义立场的同时，尽量弥合与美国的安全观分歧，尽快修复因"伊战"而受损的欧美关系。正是在此背景下，索拉纳主持起草了首份安全战略报告，形成了欧盟新安全观，详尽反映了后冷战时期欧洲国家安全观的调整与变化。

欧盟安全战略报告包括两大部分，[③] 第一部分是对安全威胁的新定义。报告指出，冷战结束后世界面临新的安全环境。真正改变世界的是全球化，它传播繁荣、丰富文化、扩展民主、改进技术。但全球化的深入使世界变得更加复杂，加速了权力的双重转移。世界不再由美欧主导的西方所领导，权力重心转向新兴力量。而在国家内部，亦出现政府权力转向市场、非政府组织和媒体的趋势。全球化也引导着相互依赖的深化，这些变化使相互依存和主权间的矛盾更加突出，使威胁变得更加复杂和多样化，更难发现和预测。报告指出，在新的安全形势下，没有任何一个欧盟成员国还面临大规模入侵的传统威胁。但新威胁更加多样化，更难发现和预测，其中恐怖主义、大规模杀伤性武器扩散、失败国家以及地区冲突是欧洲面临的最严重和最紧迫的四大安全威胁。为应对新形势和新威胁，报告为欧盟提出三项战略目标：一是扩大以欧洲为中心的安全区，在东部边界和地中海沿岸建立有效控制圈；二是促进更加稳定、更加公正的国际秩序形成，加强多边主义的有效性；三是采取有效办法积极应对各种安全威胁。

---

① "The European Security Strategy", *The Document of European Policy centre*, 22 July, 2003.

② ［西］索拉纳："欧洲的安全战略"，法国《费加罗报》，2004 年 12 月 3—14 日合刊。

③ Javier Solana, "A Secure Europe in a Better World", paper presented to the Thessaloniki European Council, 20 June, 2003, http://ue.eu.int/pressdata/EN/reports/76255.pdf.

（三）“有效多边主义”

在上述欧盟安全战略报告中，“有效的多边主义”概念以特别突出的字眼贯穿在整个文件中，[①] 成为索拉纳战略思想的核心，充分反映了贯穿其思想始终的“灵活与原则性兼备”特点。[②] 索拉纳曾撰文形象阐释这一概念，[③] 指出伊拉克战争给他的教训是，“将武力与合法性相联的重要性”。没有武力，萨达姆仍在伊拉克握有实权，没有一个欧洲人希望这样；但光有武力，将来也不能带来一个多元的现代化国家。为此，合法性也是需要的。所以，他既反对笃信“枪杆子里出自由”的乌托邦，也不认同单纯的多边主义，即“仅基于良好愿望、由国际规则和国际机构组成的乌托邦”。这两种立场均不牢靠，也同样很危险。而“有效多边主义”是超越上述两种立场的更好选择，是新时期欧盟进行国际治理的最佳手段。索拉纳表示，“有效多边主义”强调以现行国际多边体系为基础，以国际法原则为依托，推崇国际社会“协同作战”，但又注重多边主义的效果与国际治理的质量，并不排斥使用预防性国际干预手段。因而，他形象地将“有效多边主义”描述为“有武力做后盾”的多边主义（multilateralism with muscle）和“强制性规则”（rules with teeth）。

索拉纳也给出了推行“有效多边主义”的方法：

第一，应维护有效的国际多边体系。他指出，建立一个更加强有力的国际社会、维持多边组织机构的良好运转以及基于规则之上的国

---

① Steven Everts, “Two cheers for the EU’s new security”, *The New York Times*, December 9, 2003.

② Javier Solana, “Europe in the World”, EU High Representative for the CFSP in Harvard University, 17 Sep., 2009, http://www.consilium.europa.eu/uedocs/cms_Data/docs/pressdata/en/discours/110218.pdf.

③ Javier Solana, “Rules with Teeth”, 1 Sep., 2004, http://www.foreignpolicy.com/articles/2004/09/01/rules_with_teeth.

际秩序是欧盟首要战略目标之一，而加强联合国的作用则是重中之重。[①] 世界贸易组织、国际金融机构和国际刑事法庭，以及诸如东盟、欧洲理事会、欧安组织及非洲联盟等地区性组织也是全球治理的关键性机构。国家必须遵守联合国宪章的基本原则和欧洲安全合作组织的原则和承诺……而尊重主权、独立和领域完整以及和平解决争端的原则无可商榷。[②] 但与此同时，第二次世界大战结束后建立起来的国际体系面临多方压力，国际机构的代表性受到质疑，其合法性和有效性都需改进。[③] 联合国安理会、八国集团和国际货币基金组织等现有国际组织必须进行改革。此外，应适度创新国际法原则。国际法应根据形势变化而发展，其规范领域应扩至战争、恐怖主义、人权、国籍、气候变化、关税等原属国家主权范围的事务，为多边合作提供充分的国际法依据，以提高其合法性。欧盟安全战略报告也指出，如果形势发生变化，体系也应具有足够的灵活性来对法律进行相应修改。

第二，应加强与战略伙伴的合作。索拉纳认为，没有一个国家（即便是美国）能凭借一己之力解决问题。[④] 加强与战略伙伴合作是推行"有效多边主义"的关键。[⑤] 欧盟在发展与日本、加拿大等传统战略合作的同时，应与中国、印度、南非、巴西、墨西哥等更多新兴国家加强双边战略合作及多边合作，因为"这些伙伴在其所在地区

---

① ［西］索拉纳："欧洲的安全战略"，法国《费加罗报》，2004 年 12 月 3—14 日合刊。

② Javier Solana, "A Secure Europe in a Better World", paper presented to the Thessaloniki European Council, 20 June 2003, http://ue.eu.int/pressdata/EN/reports/76255.pdf.

③ Ibid.

④ Javier Solana, "Five Lessons in Global Diplomacy", *Financial Times*, January 20, 2009.

⑤ ［西］索拉纳："欧盟，新世界的支柱"，法国《世界报》，2003 年 9 月 23 日。

内外正发挥着日益增加的重要作用”。[①] 其中，索拉纳最为重视跨大西洋关系：一是强调双方关系的“不可替代性”，声称欧洲是美国唯一的全球性伙伴，欧美共同行动将成为“维护世界正义的强大力量”。反之，如果没有对方支持和协作，不管是欧洲还是美国都无法应对任何重大挑战，因为这往往是针对大西洋两岸的。[②] 二是强调关系的“全面性”。他认为不应将这种关系局限于欧盟与北约的关系，而应涉及反恐、防扩散、解决地区冲突、应对气候变化等各领域。三是强调关系的“平等性”。他指出，“我们的合作是民主合作”。[③] 欧盟在国际事务中发挥着美国“伙伴国”而非“附庸国”的作用，欧美应“在平等基础上重建平衡”。为此，欧盟应加强自身实力建设，发挥更多作用；美国应尽力提升“联合行动的合法性”。[④] 他尤为强调美国也需要按规矩办事，因为扭曲或修改国际法会被别国所仿效。而且，从更广泛的意义上，超级大国无法单独实现构建一个更加安全和更为繁荣世界的目标。但同时，索拉纳也承认，一个繁杂的世界在需要多边主义机构时，也需要领导权。而在许多情况下，美国能提供这种必要的领导权。[⑤]

第三，倡导“预防性”政策。其中包括三个要点：一为“先机”意识。索拉纳称，解决问题的最佳时机是在问题出现之际、形势变得难以改变之前。处理问题的立场必须“以预防早期冲突成为威胁的

---

① Javier Solana, “A Secure Europe in a Better World”, paper presented to the Thessaloniki European Council, 20 June 2003, http://ue.eu.int/pressdata/EN/reports/76255.pdf.

② ［西］索拉纳：“欧洲的安全战略”，法国《费加罗报》，2004年12月3—14日合刊。

③ Javier Solana, “Atlantic Drift”, *The Guardian*, July 10, 2003.

④ ［西］索拉纳：“欧洲的安全战略”，法国《费加罗报》，2004年12月3—14日合刊。

⑤ Javier Solana, “Europe in the World”, EU High Representative for the CFSP in Harvard University, 17 Sep., 2009, http://www.consilium.europa.eu/uedocs/cms_Data/docs/pressdata/en/discours/110218.pdf.

根源为中心”。[①] 二为“保护责任”与预防性国际干预。当某国政府放弃保护公民的责任时，国际社会可以也应该承担起这项责任，而国际干预是行使“保护责任”的重要手段。其基础就是联合国批准的人道干预。[②] 当然，随着国际局势发展，索拉纳认为对“国际保护责任”的运用应日趋谨慎。2011 年 8 月，他在一篇文章中公开承认，某些防御战略并不总能做到恰当或合理，其可能激起的仇外及沙文主义，甚至可能比意在防止的威胁造成更大损失。[③] 三为“综合治理观”。与冷战时期不同，当前没有一种新威胁是纯军事性的，也无法以军事手段加以解决，均需从根源上有系统地采取预防措施，通过以“软实力”为核心的综合性手段（包括政治、外交、发展援助、人道主义、危机处理、经济和贸易合作、民事及军事危机管理等）加以解决。如扩散问题，需要加强出口管制，同时施加政治和经济等各方面压力。对付恐怖主义则需要各国在情报、政治、军事等方面共同行动。由此，“国际合作是惟一的有效途径”。[④]

此外，索拉纳还强调“一个团结的、有能力的欧洲”对“有效多边主义”具有根本性意义，而对欧盟相关能力构成最大挑战的是其本身。欧盟是世界上唯一在政治、经济、外交、财政、军事和警察等方面拥有一整套手段的地区性组织，但至关重要的是“要更好地协调使用这些手段”，使自身能力得到强化，从而发挥更大的国际影响力。索拉纳指出，与美、中、印、俄等国不同，欧盟的实力不能仅从军事、经济或外交角度衡量，更应以欧盟在国际社会中推动共识的

① Javier Solana, “Five lessons in global diplomacy”, *Financial Times*, 20 Jan., 2009.

② ［西］索拉纳：“对当前国际形势的思考”，西班牙《起义报》，2007 年 11 月 11 日。

③ Javier Solana and Daniel Innerarity, “The New Grammar of Power”, August 1, 2011, http://www.project-syndicate.org/commentary/solana10/English.

④ Javier Solana, “A Secure Europe in a Better World”, paper presented to the Thessaloniki European Council, 20 June, 2003, http://ue.eu.int/pressdata/EN/reports/76255.pdf.

能力来衡量。“欧盟的世界影响力与一个难以量化、但易于感知的因素——合法性有很大关系”。[①]

综上所述，索拉纳的“有效多边主义”无疑是对欧盟倡导的多边主义的进一步发展。但从另一视角看，它也是欧盟对世界“变”与“不变”的新认识及新应对，是“欧洲中心主义”某种程度的反映。2009年，索拉纳在哈佛大学的一次演讲意味深长。他从西方意识形态视角谈及实施“有效多边主义”的重要性，即承认是相互依赖的加深、威胁的不可预知性及“东方”的崛起，使“有效多边主义”合作的重要性日益被凸显出来。他特别提到：意识形态的影响力也在改变。“昔日，赢得政治斗争或意识形态斗争的胜利，你就能预期得到更大的影响力”。但现在，“我们不能用以往的方式运转世界”。因此，“为了掌控全球化世界”，我们应“调整而非抵制……我们需要与其他力量分享世界的领导权”，需要“兼具灵活与原则性”。[②] 他在2011年发表的一篇文章中阐释得更加明确：“我们必须借助更加复杂和微妙的策略来保护我们的社会。我们不能继续坚持已经过时的策略，无视全球共同威胁以及应运而生的相互依存的总体环境……我们必须学习新的权力法则”。“个人利益和国家利益并没有消失，但事实证明，如果脱离能够解决共同机遇和威胁的总体框架，个人和国家利益根本就无从谈起。”[③] 同时，索拉纳也强调，西方的根本目标未变，“我们的核心价值观……在国外推广价值观的决心”

---

① ［西］索拉纳：“对当前国际形势的思考”，西班牙《起义报》，2007年11月11日。

② Javier Solana, “Europe in the World”, EU High Representative for the CFSP in Harvard University, 17 Sep., 2009, http://www.consilium.europa.eu/uedocs/cms_Data/docs/pressdata/en/discours/110218.pdf.

③ Javier Solana and Daniel Innerarity, “The New Grammar of Power”, August 1, 2011, http://www.project-syndicate.org/commentary/solana10/English.

未变。[1] 从这个意义上看，“有效多边主义”与“新干涉主义”似乎有异曲同工之处。

四、深远外交影响

索拉纳倡导的“有效多边主义”理论得到几乎所有欧洲精英的认可与接受。他们深信：只有建设“真正有效的多边体系”，才能够拯救世界；只有欧盟有能力对新的国际多边体系建设施加足够的影响甚至领导作用，才能使欧洲的利益得到保障。该理论已成为欧盟对外政策的核心指导思想之一，对欧盟21世纪外交实践产生了重要影响。

联合国是欧盟实践“有效多边主义”思想的最主要舞台。在索拉纳主导下，欧盟与联合国开展了全方位、多层次合作。虽然在联合国众多的多边机构中，欧洲主权国家仍是主要参与者，但成员国已开始注意维护欧盟立场。“凡是在欧盟团结一致、共同努力的领域，欧盟的声音都成为确保该多边主义议程付诸实施的关键多数’”。[2] 欧盟与联合国诸多专门机构建立战略伙伴关系，积极配合联合国倡议，大力支持其通过涉及人权、贸易、人道主义、维和、裁军、防扩散、反恐和气候变化等领域的关键性国际条约。如，欧盟为联合国发展援助项目提供稳定的、持续增长的资金支持。2010年底，欧盟及成员国发展援助规模接近欧盟生产总值的0.7%。[3] 在和平安全领域，欧盟

---

① Javier Solana, “Europe in the World”, EU High Representative for the CFSP in Harvard University, 17 Sep., 2009, http://www.consilium.europa.eu/uedocs/cms_ Data/docs/pressdata/en/discours/110218.pdf.

② “The European Union and the United Nations: the Choice of Multilateralism”, Communication from the Com-mission to the Council and the European Parliament, September 28, 2006.

③ “The Enlarging European Union at the United Nation: Making Multilateralism Matter”, European Commission, January 2004.

与联合国持续进行密切配合。欧盟明确表示，“欧盟在安全领域所做的一切都与联合国的目标有关”。[①] 截止2009年，对于联合国正在实施的16项维和行动，欧盟都给予大力支持。与此同时，当前欧盟在联合国的一项重要任务就是推动其改革成为更加有效的多边国际组织。

积极应对新型挑战是欧盟近年来实施“有效多边主义”的重要内容。欧盟将解决气候变化、能源安全、恐怖主义等新型安全挑战视为推动其重要地缘、经济、能源等利益、显示自身“软实力”的重要手段，日益提升应对新型挑战在对外战略中的地位。如：大力推行“气候外交”，争当国际“气候领袖”；积极推行“欧式”反恐，在强化内部反恐措施与合作的同时，重视建立国际反恐统一战线，推动联合国在反恐中发挥“关键作用”等；倡导能源安全建设，在内部推动欧洲建设“高效节能”、“低排放”经济体的同时，加速推进对外能源共同战略等。

此外，欧盟近年来还重视与新兴大国合作、倡导改革国际多边体系，不遗余力地以“软手段”推动邻国变革，将东欧、北非、中东等周边地区作为推行“有效多边主义”合作的重要平台。如：欧盟于2003年3月首次推出“欧洲邻国政策”，其政策目标即在于借助“软实力”手段，以欧盟模式改造邻国，力争实现欧盟安全战略报告的重要目标——在周边营造稳定与安全环境。[②] 2009年欧盟推出的“东部伙伴关系计划”，则主要通过与东部邻国在政治、经济、能源、人文等各领域的合作，“诱拉”这些国家加速政治、社会和经济改革，向欧盟靠拢。数年“有效多边主义”实践下来，欧盟对东部邻国的总体影响超越俄罗斯，成为所有东部邻国的第一大贸易伙伴；对

---

① “Report on the Implementation of the European Security Strategy-Providing Security in a Changing World”, December 11, 2008, http://www.consilium.europa.eu/uèDocs/cms_ Data/docs/pressdata/EN/reports/104630.pdf.

② “What is the European Neighborhood Policy”, http://ec.europa.eu/world/enp/policy_ en.htm.

于白俄罗斯这类“非民主国家”，欧盟在制裁施压的同时，也保留了对话和影响的渠道。

2011 年北非中东变局以来，欧盟力图调整战略，化阿拉伯变局为以自身价值观顺势推动地区改造、重振影响力的重要机遇。其“南邻新政”以支持民主为政策支柱，重点运用援资（MONEY）、开放市场（MARKET）和人员流动（MOBILITY）的 3M“诱饵”，“以更多换更多”的激励机制，将“表现”与“实惠”挂钩，主推改革与发展，以期按欧盟思路固化该地区的变革成果。可以说，欧盟的南邻“新政”是其贯彻索拉纳所倡导的“有效多边主义”理念的一个非常典型的例子。

五、积极对华

自 1999 年在欧盟任职以来，索拉纳几乎每年都来华访问。他十分看重中国日益上升的国际地位和作用，高度重视发展欧中战略伙伴合作，对欧中关系发展前景持乐观态度。

索拉纳视中国为最重要的地区与世界性力量之一。他充分肯定中国经济发展对世界的贡献，赞赏“以中国为代表的发展中国家经济增长使数百万人脱贫”；① 认为中国融入世界体系所取得的进展是明显的，是“冷战后的成功案例”，并对中国的巨大变化“怀有深深的敬意”。② 同时，他强调欧洲不应只看到中国的经济发展，也应看到中国的地位具有全球分量和肩负的地区和国际责任。③ 他曾称，“中

① “Report on the Implementation of the European Security Strategy-Providing Security in a Changing World”, December 11, 2008, http://www.consilium.europa.eu/ueDocs/cms_Data/docs/pressdata/EN/reports/104630.pdf.

② 谢栋风：“欧盟高级代表索拉纳表示‘中欧关系意义深远’”，新华网，2009 年 1 月 20 日。

③ 李永群：“索拉纳：欧中关系仍在向前发展”，新华网，2009 年 1 月 29 日。

国代表着机遇而非挑战”[①]，作为一支维护正义的力量，在世界上做了很多事情，包括主张以外交手段解决争端、提供发展合作项目和派遣维和部队等。比如，中国在朝核问题中的角色就类似于欧盟在“伊核”问题中的作用，其努力值得肯定。他相信中国将一如既往地通过和平和对话方式解决地区争端，并为国际社会的整体利益做出贡献。[②]

索拉纳积极支持并看好欧中全面战略伙伴关系。2003 年，他主持制定的欧盟首份安全战略文件，将中国正式列为欧盟战略伙伴，主张要发展全方位的欧中战略伙伴关系。他强调，欧中密切战略合作意义深远。没有哪个国家能单独解决全部问题，气候变暖、核扩散、极端主义思潮的传播等，都是中国与欧盟共同关注的问题。为了成功解决这些问题，最好的方式就是有效多边行动，这需要通过与重要伙伴加强有效合作和互动来实现。[③] 他深信，中欧均拥有全球性力量，发展全面战略伙伴关系有利于整个国际社会，而“没有欧中的紧密合作就不会有建设性解决办法”。多年来，索拉纳对欧中关系总体进展感到满意，并对双方关系前景十分乐观。他称，欧中建立的全面战略伙伴关系使双方能够在任何问题上坦诚对话，包括西藏等非常困难的议题；也曾多次公开表示，欧盟将坚定不移地同中国深入开展对话与接触，欧中合作今后应迈向更广泛层面，进一步深化战略合作。

对于双边关系中的分歧，索拉纳也主张正视并以建设性态度加以解决。首先，必须承认欧中因历史、文化不同，确实存在各种差异，而且面临着各种问题。他表示，“健康的伙伴关系并不意味着在所有问题上一致”，“重要的是我们在有分歧的领域一起合作”。[④] 其次，

---

① 孟群舒：“索拉纳：每次来华总嫌时间太短”，《解放日报》，2005 年 9 月 10 日。

② 杨丽明：“索拉纳：欧中关系的两大成就最令我满意”，《中国青年报》，2005 年 5 月 13 日。

③ “欧盟高级代表索拉纳就欧中关系为本网撰文”，人民网，2003 年 10 月 30 日。

④ “欧盟高级代表索拉纳就欧中关系为本网撰文”，人民网，2003 年 10 月 30 日。

应该认识到，“任何伙伴都不可能在所有事情上取得一致”，且欧中间的共识远多于分歧，“欧中面临的大部分问题都是一致的……我们的目标不断趋同”。合作需要时间，双方需要妥协，但最终的成就值得我们去做。[①] 第三，应理性处理欧中经贸摩擦。他指出，贸易摩擦不完全是坏事，因为“贸易量越大，问题越多”。“欧中贸易量的增长会造成问题，增长速度过快也会带来问题”。重要的是，应通过坦诚对话“创造性地解决问题”。[②] 而且在金融危机肆虐全球之际，欧盟和中国经济关系“必须更好、更为深化”。[③] 最后，对于欧盟解除对华武器禁售、中国获得完全市场经济地位等欧中间悬而未决的问题，他坚信以后一定能解决，欧中会妥善处理彼此分歧，不会“因小失大”。

此外，中国独特的文化与传统也给索拉纳留下深刻印象。在2005年欧中建交30周年之际，他感叹地说道：“我渐渐爱上了你们国家，你们的文化、历史、人民，还有美食”。他倾慕中国文化博大精深而又实际可行，赞赏中国人“有创造性，乐观、客气，是朋友”，对中国人的生活方式十分欣赏：人们享受生活，重视家庭，开放而友好。他对中国的美食也很偏爱，尤其对“北京烤鸭”念念不忘。

---

① 孟群舒：“索拉纳：每次来华总嫌时间太短”，《解放日报》，2005年9月10日。

② 同上。

③ 谢栋风：“欧盟高级代表索拉纳表示‘中欧关系意义深远’”，新华网，2009年1月20日。

“多极化理论”集大成者 雅克·希拉克*

一提起雅克·希拉克（Jacques Chirac）这个曾经在国际舞台上叱咤风云的名字，首先浮现在人们脑海中的肯定是那个口若悬河地走在美国时任总统克林顿或俄罗斯时任总统叶利钦身边，极尽说服之能事的大个子法国人。他1.9米的挺拔身材，翩翩的君子风度，滔滔不绝的口才，着实令世界为之折服。但希拉克绝非仅仅是个“政治明星”，他更是位具有国际战略思维和世界眼光的卓越政治家。冷战后，他秉承戴高乐主义的世界多极化思想，倡导建立国际政治、经济新秩序，谋求重振法国的大国地位，将多极化思想推到一个新高度，不仅为冷战后国际体系的转型提供了一个崭新的模式，也为法国外交在世界上绽放新的光彩做出不可磨灭的贡献。

* 王朝晖，中国现代国际关系研究院欧洲研究所副研究员。

一、政治人生 初露头角

希拉克1932年11月29日出生于巴黎，故乡位于法国中部闭塞贫瘠的科雷兹省，祖父是一名小学教员。希拉克的父亲阿贝尔16岁就入伍与德军英勇作战，并胸佩军功章荣归故里。后来，向往外面世界和更精彩人生的他带着妻子北上巴黎，在巴黎国民信贷银行谋得一职。待儿子出生时，父亲已成为该银行最有前途的职员之一。他与两个重要客户关系密切，一个是著名的飞机制造商达索，另一个是法国商业银行创始人波泰。1936年，阿贝尔正式出任波泰财团总经理，一跃成为金融大亨。作为富裕家庭中的独子，希拉克是在严父慈母的管教和爱护下无忧无虑地成长起来的。然而，1940年不期而至的二战打乱了他的生活，7岁时不得不跟随父母到外省逃避战乱，直到1944年巴黎解放才重返校园。中学毕业会考后，父亲本希望他报考培养科学精英的巴黎综合理工学校，但他在度过3个月放浪不羁的船员生活后，毅然选择了被称为“政治家摇篮”的巴黎政治学院。从1951年至1954年，希拉克在这里完成了人生的第一次蜕变。他不喜欢泡咖啡馆，也不喜欢参加家庭舞会，却时常在书店和报刊亭前驻足，如饥似渴，学而不厌，渊博的知识和敏捷的思维令老师和同学赞叹不已。也就是在这里，他遇到了贝尔纳黛特·尚德隆·德库赛尔，一个出身名门、家资不菲的大家闺秀。她，高贵矜持、文雅清秀；他，热情奔放、聪明过人，两人一见倾心并决定厮守终生，随后于1959年成婚并育有两女。

从巴黎政治学院毕业时，希拉克被公认为是一个才华横溢、勤奋治学、前途无量的好学生。1954年秋，他决定冲击当时培养非技术性高级公务员的“超尖生学校”——国立行政学校，并顺利通过笔试和口试。但该校规定，学生在入学前，必须先在德克莱克将军领导的索缪尔军校服役两年半方可入学。在军校以第一名的成绩毕业后，希拉克随军开赴阿尔及利亚，本打算就此投笔从戎，但未获校方许可。1957 年无奈返回巴黎后，一时间他恍如置身梦中，直截了当地承认自己“丧失了从书本上学习的习惯”。但他很快就打起十二分精神，“像马一样地学习”，贪婪地汲取着知识，终在 1959 年以优异成绩毕业。根据校方安排，希拉克那届毕业生将作为“援外行政管理人员”赴阿尔及利亚工作，在那里服过役的除外。出于对当时阿尔及利亚局势的特别关心及对那里的深厚感情，希拉克坚持赴阿工作，直到 1960 年 4 月才回国进入审计院工作。不久，他就对朝九晚五沉闷的公务员生活感到厌倦，找到在总理府办公室任经济事务顾问的同学指点迷津。在后者推荐下，他进入总理蓬皮杜秘书办公室工作。很快，他就崭露头角，刚进而立之年即被总理办公厅看中，出任负责装备、建筑和运输事务的特派员，找到了可以大刀阔斧、施展才华的人生舞台。

希拉克天生的朝气和霸气给刻板的总理府带来一股强烈冲击波，他的大胆主动、敢冒风险、勇于担当，与同僚们的谨小慎微、裹足不前形成强烈对比；他对每一项工作都全力以赴，且效率奇高；他任劳任怨，敢挑重担，且观点明确，决定果断，行动迅速；他对所有同事都热情有加，真诚帮忙，事无巨细、不遗余力地为大家效劳，深得同事敬爱；他无拘无束地快乐工作，对同事热心，对总理忠心，快言快语地既坚持己见，又不失权威。希拉克这种不守旧、敢突破、胆大心细的工作风格很快博得总理蓬皮杜的赏识。蓬皮杜视其如子，教导他为人处事，既严格又宽容，对血气方刚的希拉克偶尔的冲撞也可以忽略不计。有时在内阁会议上，蓬皮杜还会专门给希拉克递小纸条，两人发出会心的微笑，令别人嫉妒不已。蓬皮杜还有意将其安排在各个岗位上去锤炼，帮助希拉克慢慢地接近权力运行中心。希拉克也真心爱戴这位师长，在他的细心培养和教导下很快就能独当一面，成为蓬皮杜最得力的助手之一。

在总理府工作长达 5 年后，希拉克在政治上逐渐成熟起来，开始向权力发起冲击。1967 年，他首次在故乡科雷兹省选区参加国民议会议员选举并一举成功，引起总统戴高乐注意。同年，他首次担任就业国务秘书。1968 年“五月风暴”[①] 期间，希拉克继续在戴高乐政府中担任国务秘书，但暗中全力支持蓬皮杜，赢得了后者的全面信赖。1969 年戴高乐黯然下台、蓬皮杜继任总统后，希拉克在蓬皮杜的精心栽培下，一路青云直上，“星途”坦荡。至 1974 年，他先后担任预算国务秘书、与议会联系部长、农业部长、内政部长等职，出色的工作、不断飙升的人气为他冲击最高权力宝座积累下雄厚资本。那时，蓬皮杜就已将希拉克视为戴高乐派第三代传人代表，隆重地把他介绍给戴派元老们。

二、政坛宿将 登顶权峰

1974 年，年仅 42 岁的希拉克实现政治生涯的一大突破，首次出任总理。但仅过两年，他就因与时任总统德斯坦政治分歧不断而辞职。但是，事业陷入低谷的希拉克并未就此偃旗息鼓。1976 年，他着手改造陷入瘫痪的戴党（时称“共和民主人士联盟”），创立“保卫共和联盟”并自任主席。1977 年，他首次参选巴黎市长，其热情洋溢、充满亲和力的性格征服了无数选民的心，从容当选。此后直至 1995 年，他连续担任巴黎市长 18 年，政绩卓著。但令希拉克始料不及的是，自 1976 年后他一直精心准备实现的梦想——冲击权力之巅、成为法兰西共和国总统却未能成真。1981 年和 1988 年，他两次参加总统大选均输给社会党人密特朗。期间，他于 1986 年带领“保卫共和联盟”赢得国民议会选举，导致政坛首次出现“左右共治”局面，本人也被密特朗任命为总理。但是时运不济，希拉克再次成为“短命总理”，两年后离职。然而，深怀总统梦的希拉克深信“天将降大

① 1968 年 5 月，由学生运动引发社会运动，继而发展成社会危机，最终导致法国政治危机。

任于斯人”，依旧在政坛勤奋耕耘。1993年，他再次带领戴党赢得议会大选，但这次在“左右共治”政府中出任总理的是其在党内的老战友巴拉迪尔。后者在任总理期间人气高涨，成为希拉克竞选总统的强有力对手。“功夫不负苦心人”，1995年5月希拉克终于实现了执着多年的总统梦。2002年，他击败极右翼国民阵线主席勒庞，以82%的支持率再次当选总统，执政长达12年时间。2007年卸任总统后，希拉克仍担任法国宪法委员会成员，并成立希拉克基金会，致力于慈善事业。

希拉克两届总统任期，世界正处于冷战后转型的重要时期，国际格局从“两极对峙”转为“一超多强”，法国国际地位有所下降，成为“一超”治下的中等强国之一。对此，希拉克认定，要使法国继续保持在世界的重要地位，就必须参加“大国游戏”，开展全方位外交，在建立国际新秩序斗争中“发挥特殊作用”。

在国际社会，希拉克在处理重大国际问题上所展现的坚定与睿智，处理棘手问题的丰富经验与技巧，对法国世界理念、文化思想的传播和推广，都使法国的大国形象得到加强。2003年，他旗帜鲜明地公开反对美国对伊拉克开战，被誉为“法兰西的和平斗士”，赢得了广泛的民意支持和国际威望。

但是在国内，尽管希拉克全力以赴地开启了社会福利、税收、教育和国防体制改革，但由于上述问题积重难返而成效不大，法国国际竞争力仍然不断下降。反对者指责他未能实施深刻的经济与社会改革，导致面临全球化困境的法国国力日渐衰微、国债飙升、失业率居高不下并引发严重的社会问题。2005年的法国更是多事之秋，夏季全民公决否决《欧盟宪法条约》，秋天发生“郊区骚乱”，严重损害了法国形象。法国社会党前总理法比尤斯甚至轻蔑地指责希拉克两个任期“浪费了法国人12年光阴”。

此外，希拉克在任期间就曾遭到司法调查，称其涉嫌利用职务之便，在任巴黎市长期间虚设岗位，将所得财产用于保卫共和联盟的党建事业。经过多年调查，此案2011年底水落石出，戴党（现称“人民运动联盟”）不得不代其归还上述财产，希拉克本人也被判处两年徒刑缓期执行，这无疑给他传奇的光辉人生添上不太光彩的一笔。尽管看法不一，毁誉参半，但人们不能忘记的是，2011 年上半年希拉克仍然是民意测验中位居第一的法国人最喜爱的总统。

三、荆棘载途　永不言败

作为法国政坛的风云人物，希拉克身上拥有所有政坛成功人士的共同特点：雄心勃勃，百折不挠，乐观开朗，勤政亲民。同时，他个性色彩浓厚，性格富有弹性，既冲动热情，又冷静沉着；既立场强硬，又灵活务实，曾被暗讽为“变色龙”。但无论如何，他的政坛“硬汉”形象令人印象深刻。

希拉克的政治生涯并非一路鲜花，甚至可说是暗礁丛生，但他认定目标后就会一往无前。以党的建设为例，1976 年 8 月底辞去总理职务的希拉克初尝“失业”滋味，无权无职的他心情仅落寞了两天就认清了自己的优势所在，制定出在 3 个月内彻底改造戴党的目标。同年 12 月，更名为“保卫共和联盟”的戴党获得新生，希拉克当选主席，这意味着戴高乐派第三代领袖的诞生，也标志着戴高乐主义运动希拉克时代的开始。此后近一年时间里，他风尘仆仆地遍访全国，参加群众大会、发表热烈讲话、宣扬治党治国理念。1978 年立法选举中，他带领戴党一举击败总统德斯坦领导的中间派政党——“法国民主联盟”，成为议会第一大党，展示了戴派的巨大力量。尽管此后戴党多次在立法选举中落败，但他矢志不移，最终带领该党彻底走出衰退。2002 年后，他再对戴党进行改组，吸引了大批右派和中间派人士参加，创立了“人民运动联盟”。该党在 2002 年和 2007 年的立法选举中，均以较大优势牢牢占据议会第一大党地位。

在个人奋斗过程中，希拉克也从不轻易言败，反倒愈挫愈勇。他与前任德斯坦和密特朗的合作并不“甜蜜”，权力与政治冲突可谓风起云涌。但是，他从未消弭斗志，反而头脑更趋冷静，意志更加坚定。上世纪80年代两次参选总统失败，他没有自怨自艾，而是深刻反思，深入了解国情与社会需求，制定出符合大众需要的政治纲领，终于在1995年赢得民心，顺利当选总统。首届总统任期伊始，他因开创退休制度改革而遭到民众大规模罢工抵制。此后，他误判形势而提前解散议会，重新选举，导致执政党落败。希拉克不得不与社会党总理若斯潘携手“左右共治”，其执政也受到社会党政府掣肘。5年执政中，他厉兵秣马调整策略，将未来总统竞选政策纲领聚焦国人最为忧心的社会分裂与安全等问题，在2002年总统选举中尽雪前耻。

四、挑战自我 人生精彩

希拉克行动目标明确，解决问题果敢、迅速，不达目的绝不罢休，因善于解决问题而被他的政治导师蓬皮杜称为“我的推土机”。他表面热情似火，实则城府很深；从不轻易发表个人观点，但往往能从大局出发综合各方意见，故能获得广泛认可。同时，也正由于他善于博采众长、立场灵活而被一些人认作“不可预测”。希拉克具有强大的自我重塑能力，《希拉克传》的作者吉埃斯贝尔对此曾有过一段精彩评论：“希拉克是个不可捉摸的人物，他时时刻刻都在塑造自己。他从不停步，总是不断地进行自我改造、自我变形和自我更新”，“他的适应能力不断赋予其复活和新生的能力，在他身上，当一切似乎已经结束时，一切都在重新开始”。[①] 实际上，熟悉希拉克的人都知道，他是个具有多重面孔的人，性格中不仅有刚硬认同难以触碰的一面，也有柔软而温和的一面。对其政治对手，他有时会表现得冷酷无情。法国前任总统萨科齐曾是他着意培养之人，甚至有人戏

---

① ［法］弗朗茨—奥利维埃·吉埃斯贝尔著，曹松豪译：《希拉克传》，世界知识出版社，1995年版，第6页。

称萨科齐是他的“政治女婿”。但萨科齐1995年支持希拉克的竞争对手巴拉迪尔之后，他对萨科齐的政治排挤显而易见。此后，希拉克似乎原谅了萨科齐，他得以重新“归队”，进入政府担任经济部长。但当萨科齐有意竞争“人民运动联盟”主席时，希拉克婉“劝”其退出政府。与此同时，他积极培养亲信德维尔潘到政府各重要岗位上锻炼，欲扶持其日后与萨科齐竞争总统大位。

对于生活中的弱者、穷人和世界上被压迫的人民，他寄予无限同情，对他们嘘寒问暖，竭尽所能帮助他们。他曾收养过一个越南女孩做养女，对其视如亲生，给予她胜似生父的关心与照顾，令其感激终生。他对农民们怀有深厚感情，与他们呼朋唤友；对家乡科雷兹的父老乡亲，他也尽力为他们做事、替他们排忧解难。

希拉克与其他刻板的政治家最大的不同，在于他性格中特有的热情浪漫的一面。在喜爱古典文学的父亲影响下，他自幼就对诗歌、文学、哲学等充满好奇和渴求，课余常刻苦攻读哲学和艺术书籍，特别是对东方的古老文明充满向往与迷恋。少年时代，父亲曾聘请一位白俄罗斯家教专门指导希拉克研习东方文化，每周他都会去收藏亚洲文物的吉美博物馆参观。俄罗斯文学、印度哲学、日本和中国的艺术令他如痴如醉，也潜移默化地塑成他深厚的“东方情结”。希拉克一生喜爱文学创作，尤其喜欢写诗，儿时就常写诗送给母亲。担任总理时，他的办公室总有一个抽屉锁着，里面装着几本艺术书籍和自己的诗歌作品。他从不将写诗爱好示人，以致有不了解情况的同事开玩笑问他那里是否藏着“黄色画片”，等到他离职打开抽屉时才如梦方醒。当然，希拉克并非完全掩藏自己的创作才能，曾出版过多部作品，如《希望的闪现》、《一个新的法兰西》、《所有人的法兰西》等，用以宣传自己的思想与价值观念，让法国人更了解其治国理念。卸任总统后，他又出版自传《步步为赢》（第一部），成为2009年法国最畅销作品之一。

此外，希拉克特别喜欢足球运动，从不放过任何一次为法国队站脚助威的机会。他还是个狂热的日本相扑迷，每次访日都要观看相扑比赛。据说，他把家里的马耳他狮子狗都取名为“相扑”。

五、新戴高乐主义者

希拉克是在国内政坛党派林立、法兰西第四共和国岌岌可危之际跨进巴黎政治学院的。当时，在政治学院的同学们——那些未来的政治家、外交家和企业家们，都在密切关注着国内外政治格局走势，同时也思考着自己的政治抉择。正是在这里，希拉克做出自己一生的选择——投身戴高乐主义。尽管在此前，他对政治不甚了了，甚至还曾受到过法国共产党和社会党的强烈吸引。他终生的朋友、法国社会党前总理罗卡尔曾为未能把他拉进社会党阵营而感到遗憾。

第一次从阿尔及利亚服役归国，希拉克感叹法兰西的衰落给了自己最深的触动。正当此时，戴高乐领导建立了法兰西第五共和国，这使得希拉克对戴高乐主义的信念更加坚定。第二次前往阿尔及利亚，他一面在为“法国的阿尔及利亚”呐喊，一面也在严格地执行着戴高乐制定的“君士坦丁计划”，旨在推动阿尔及利亚经济起飞。希拉克为戴高乐政府效力的时间虽然不长，但戴高乐主义思想早已通过早年的各种政治活动渗透到他的骨髓和灵魂中，而且戴派的第二代传人蓬皮杜对其影响尤为深刻。

戴高乐辞世后，戴党内部一度帮派林立、四分五裂，在希拉克重手重组下，戴党重新焕发生机。在对新戴党（保卫共和联盟）代表发表讲话时，他庄严地谈到法国的外交政策：“没有建立在核威慑基础上的有效防务，就不能保持独立。至于欧洲问题，我们应以现实主义精神，积极地参加统一的、严格尊重主权的欧洲建设。我们将建设欧洲而不打乱法国的秩序。”这番讲话从头至尾渗透着戴高乐主义思想——要求保持法国外交独立自主并建设民族国家联盟的欧洲，是对戴高乐主义的忠实继承。

此后，希拉克大力改造戴党领导层，吸收大批戴派中既有领导能力又有从政经验的新人加入党的领导机构，通过扩大组织基础而广泛吸收年轻人入党。他还着力加强党的思想建设，在继承戴高乐主义的基础上，根据形势发展修正过时内容，弱化右翼色彩，扩大了群众和选民基础。1986年，他凭借领导新戴党取得立法选举胜利，得以出任密特朗政府总理。期间，希拉克不仅继续奉行戴高乐主义外交原则，而且适当地修正密特朗推行的第三世界主义。至上世纪80年代末，他持续推动戴党革新，不断向社会党发起政治攻势，本人的声望也随之达到新高峰。恰逢此时，世界局势剧烈动荡，希拉克花费相当多精力关注国际形势变化，并运用戴高乐主义理论去诠释这些发展变化，积极思考法国的应对之策，从而将戴高乐主义带入新的发展阶段。

面对东欧巨变、两德统一、苏联垮台、美国“一超”独大，希拉克对法国和欧洲面临的挑战陷入深深忧虑与思考之中。1990年，他对《费加罗报》记者谈话时感慨地说：“我们痛心地看到，在各种为未来世界勾画蓝图的谈判中，法国都不在场。一切活动似乎都在华盛顿、波恩和莫斯科之间进行。”他担心长此以往，法国终将在国际事务中沦为“配角”。海湾战争爆发后，希拉克支持法国出兵，其理由是：“欧洲应当克服它在海湾危机中一度表现出来的某种软弱无力状态”，“以便在未来世界中发挥应该发挥的作用”。他本希望通过此次战争“能形成新的力量对比关系，在国际关系中出现新的平衡”，但是战争结束后，美国表现出的霸权心态令他不能容忍。他认识到，美国所做的一切都是为“试图建立由其主宰的国际新秩序，并要人们承认它是这个世界独一无二的设计师”。1991年，希拉克在法兰西学院院士会议上，公开讲话反对美国称霸世界的野心，并断言美国搞“单极世界”或“以美国为轴心的世界”“是不可能实现的”。

同一年，希拉克分别访问日本和中国，强烈地感受到亚洲正在崛起的新信息。他更加确信，两极体制解体后，国际力量均势正在发生深刻变化，但绝非向“单极世界”变化，而是向“多极世界”方向变化。由此，他确定自己的思考主题是，如何根据世界多样化的发展趋势调整法国外交战略，以及在国内推动改革、创造条件，使法国更快地适应现实世界的需求。希拉克担心，如果法国不能及时制定适应形势发展的政策，有朝一日将被世界排斥在外。同时，他也认识到冷战后欧洲联合的重大意义。1992 年法国上下对《马斯特里赫特条约》（简称“马约”）“公投”展开大辩论之际，希拉克就曾指出，在世界向多极化发展的时候，欧洲要想成为强大的一极在世界上发挥作用，就必须加强统一，在欧洲实行一体化程度更高的政治、经济货币联盟，甚至共同的外交和安全政策。他警告说，如果法国否决“马约”，“欧洲将会被拆毁”，其后果将是灾难性的。

应当说，希拉克的上述思想并非独创，而是得益于对戴高乐主义的继承，并适应了戴高乐主义在新时代的发展需求。戴高乐主义的精髓是坚持独立自主的外交政策，强调民族利益高于一切，极力维护法国大国地位，积极参与欧洲建设，坚持发展与中国、俄罗斯的关系等，争取世界力量的平衡。希拉克作为戴高乐主义运动领袖，对冷战后法国地位的认识、对世界走向的慎重分析和思考，正是对冷战后戴高乐主义发展的最现实诠释。对于自己对戴高乐主义的认识和理解，希拉克 2010 年在接受《南方人物周刊》采访时明确表示：“我从来不把自己当作戴高乐将军的继承人，但我认为自己是一个戴高乐主义者。一直以来，我始终延续着这种带有明显法国特色的政治路线，即戴高乐主义路线。戴高乐主义不是一种教条，更不是一种意识形态。它是一种精神状态：没有一样东西是绝对拥有或绝对失去的，万事万物都在变化中。努力、一致、团结能够改变一个民族的命运，要拒绝灰心丧气、因循守旧和逆来顺受，要争取开辟新途，更要超越分歧、超越政党。它始终坚持一个信念：法国需要向世界传达一种独特的声音，这表现为尊重法律、崇尚人道主义，奉行多边主义。这些原则塑造了戴高乐主义所有的现代性特质。”①

① 李乃清：“希拉克：政治后面还有生活”，《南方人物周刊》，2010 年 12 月 27 日。

戴高乐将军的名言是："法国不伟大，就不成其为法国。"与戴高乐同样，希拉克的雄心也是："让法国重振雄心，恢复荣耀"。为此，当法国在冷战后的国际地位有所下降时，希拉克坚信，法国必须坚决贯彻戴高乐主义独立自主的方针、坚决捍卫本国利益，绝不能向霸权低头。1995 年就任总统后，他立即下令恢复核试验，要求改造北约，建立北约"欧洲支柱"，令美国大为不满。1996 年初，希拉克上任后首次访美，在美国国会发表演讲时，很多美国议员认为他对发展美法关系诚意不足而抵制其演讲，自始至终掌声寥寥。

此后两年，希拉克着力与中国和俄罗斯建立"全面合作伙伴关系"和"优先伙伴关系"，将亚洲和拉美视为法国外交的"新疆界"，要用"征服精神"为法国争取更大外交和经济空间，维护它在全世界的影响和利益。同时，他还将非洲、中东和地中海地区视为法国和欧洲力保的地缘政治圈，与美国在这些地区的势力扩张展开战略争夺。而他一系列外交政策的核心则是"致力于欧洲的成功"，包括如期实现欧洲单一货币、推动欧盟进行体制改革以及把欧洲建设为多极世界中"最重要的一极"。希拉克的这些做法大有与美国"对着干"的劲头。上述政策也因具有鲜明的戴高乐主义色彩被冠以"新戴高乐主义"的称谓。

"新戴高乐主义"对戴高乐主义思想的继承并不僵化，而是具有"务实"的独特性，即根据新的时代发展充实自身内涵。这是希拉克受教于蓬皮杜和自己多年实践的最大收获。作为法国右翼传统价值观的代表，希拉克不拘泥于传统，力争对左右两翼思想兼容并蓄。他早年曾受左翼运动吸引，卖过法共的《人道报》，在法共反核的《斯德哥尔摩宣言》上签过名，还差点加入国际工人法国支部（后来的社会党）。由此，左翼思想在他脑海中打下了深深烙印，以至于担任总统期间，尽管他坚持企业私有化改革、推行减税等右翼传统经济政策，但其社会政策却不自觉地向左翼靠拢并从左翼政策中吸取灵感，如征收巨富税等。他强调，外交上戴高乐主义就是务实的，必须发扬"务实的现实主义"精神。

东欧巨变后，针对美国将“和平演变”东欧国家的经验推广到全球的企图，希拉克发出强烈质疑，批评这种政策是一个“政治错误”。他指出：“民主并不一定要和这样或那样一种政治制度连在一起。民主应根据各国的节奏来改进”。他不主张以意识形态划界，反对搞“人权外交”，支持“文明间对话”，开创了冷战后外交的新模式。在亚洲外交中，他积极倡导尊重亚洲的文化和价值观，倡导开展“亚欧对话”、建立“亚欧会议”机制，还说服欧盟国家不要在人权和劳工标准等问题上纠缠不休。在2003年美国决意攻打伊拉克战争期间，他提出“文明间对话”理论，强调应尊重文化多样性，反对用西方文明、西方模式改造其他国家，警告要防止世界上出现“文明的冲突”，特别是西方文明与伊斯兰文明之间出现新的对抗。希拉克上述主张在阿拉伯世界和第三世界得到广泛赞同，成为新的外交经典。

与此同时，希拉克“务实”外交还体现在大搞“经济外交”，经常率庞大经济代表团出访寻找商机，并力争每次都有所斩获，签署大额合同。他对亚洲经济的繁荣发展尤为重视，对前任执政期间法国对亚洲投资和贸易份额大幅下降深感不满。上任之初，他就决定要征服亚洲这个巨大市场。1997年，他制定了一个宏伟目标，要在10年内将法国在亚洲所占2%的市场份额增加两倍，达到法国在世界所占6%的市场水平。为此，他不遗余力地在亚洲和世界上积极推销“法国制造”的拳头产品，被称为“法国最大的推销员”。

六、多极化思想及其影响

希拉克对于戴高乐主义最大的继承和发展，在于他将萌芽于戴高乐时代的多极化思想推到理论化高度，完成了全面改善。

面对冷战后美国霸权野心膨胀，新兴国家相继崛起，欧、日、俄、中等国独立性增强，国际力量均势发生新的变化，希拉克断言：

美国搞单极世界绝不会为世界所接受，“法国未来的外交出路是推动世界多极化”。他表示：“建立21世纪国际体系的首要任务是推动多极化的发展，保证我们的子孙后代能够生活在一个和平、繁荣以及更公正和更有控制的世界之中。”① 他强调说：“推进、建设多极世界本身就是一个进步，因为这是向更平衡、更可接受重新分配权力的方向发展，避免一些国家在制定与其未来有关的重要决策中被边缘化。”②

希拉克对世界多极化的战略构想有两大核心内容，一是建立和谐、平衡、民主、有控制的多极世界，摆脱冷战后美国独霸世界的格局；美国、欧洲、日本、俄罗斯、中国等世界五大力量形成既相互合作又相互牵制的“互联网络”，共同管理世界；每个大国在其所在地区发挥主要作用，其他大国起辅助作用，把各种不安定因素消除在萌芽状态。二是以“一个载体”、“三个平衡”③ 完善多极化战略布局，打造世界新的力量平衡，抵制美国单极企图。

希拉克具体强调，建设多极世界有两大原则：一是要提倡“合作性”。多极化不等于简单均势格局、各大国自行其是，而是要建立“合作的多极”，保持各极力量平衡，协调各极之间的关系，摆脱对立和对抗因素，加强大国和地区之间的合作与对话。二是要强调“制约性”。通过制定国际多边规则，加强联合国、国际货币基金组织、世界贸易组织等国际组织的监督、规范和调解作用。在此基础上，希拉克提出指导多极化世界国际关系的三个理论：一是“有限国家主权论”，提倡主权与人权之间的平衡、主权与国际责任的平

① Discours de Monsieur Jacques Chirac President de la Republique a l'occasion du XXe anniversaire de l'Institut francais des relations internationals, le 4 novembre 1999, http: //www. elysee. fr.

② Message de Monsieur Jacques Chirac President de la Republique pour l'inauguration de l'exposition sur le generale de Gaulle, Moscour, Russie, le 8 juillet 2003, http: //www. elysee. fr.

③ “一个载体”即以欧盟为载体；“三个平衡”即完善联合国内平衡，维持大国平衡，推动国际与地区组织平衡，见下文详述。

衡；二是“多元民主论”，反对西方强行输出民主模式，对发展中国家的民主化进程不能操之过急，要循序渐进。希拉克指出：“现代国家都是建立在民主和法律基础之上的，我们也应该以这些价值观建立国际秩序。”① 法国要建立一个在法律、民主、协商基础上的多极平衡，以促进世界和平、稳定和进步。② 三是“国际关系民主论”。要以多边主义为基础进行多层次合作与协商；处理国家问题不能“搞一言堂”，要让发展中国家在内的各种力量共同参与国际规则的制定。希拉克强调：“国际新秩序应建立在各民族参加、尊重其自由和民族特性基础之上”，并重申“任何国家都不应在制定未来的重要决策中被边缘化。”③

为建设和推动这样一个多极世界，希拉克认为法国外交必须以上述原则为指针，同时从法国实际出发，完善自己的多极化战略布局。首先，要以欧盟为载体，在国际上发挥更大作用，防止美国搞单极化。其要点是，推动欧洲一体化建设，促其成为一支上升的国际力量、多极化世界中的重要一极，对美国的霸权野心起到牵制、制约和抗衡作用。为此，他支持巩固欧洲经货联盟、欧盟东扩、深化欧盟体制改革、制定欧盟宪法以及推动欧盟共同外交与安全政策，以推动欧盟尽快成长为多极世界中的“实力极”。其次，充分利用“联弱抑强”外交手段，完善全球三个平衡关系，遏制美国单极霸权。希拉克就此发表公开声明称：“世界是大家的，不能由一国说了算”，应该建立“国际政治民主”。具体而言：第一，完善联合国内平衡，要以联合国为中心，反对世界事务“一家说了算”。不仅要改革安理

① Discours de Monsieur President de la Republique lors de la XIe Conference des Ambassadeurs, Palais de l'Elysee, le 29 aout 2003, http://www.elysee.fr.

② Discours de M. Jaques Chirac President de la Republique, Place des Cocotiers, Noumean , Nouvelle-Caledonie, le23 juillet, 2003, http://www.elysee.fr.

③ Discourse pronounce par Monsieur Jaques Chirac President de la Republiques' Securite mondiale et droit international', Saint-Petersbourg, Russie, le 12 avril 2003, http://www.elysee.fr.

会、增加常任理事国，还要设立"经济安理会"，达成"新布雷顿森林协议"，推动建立国际经济、金融新秩序。第二，维持大国平衡，与美国建立平等伙伴关系，通过合作弱化美国的单边主义倾向，并借大国合纵连横对美国施压；与俄罗斯建立"优先伙伴关系"，强调俄是一个可进行长期全面合作的强大和稳定的伙伴，并就热点问题与之进行及时磋商和协调行动；从战略和全局高度深化中法"全面战略伙伴关系"，加强在各个层次的磋商与合作。第三，推动国际和地区组织平衡，即推动欧盟与其他地区组织建立伙伴关系，完善世界多边协调机制，为多极化构建稳固基础。希拉克强调："宣传全球民主，抵抗单边主义企图，在各大地区性组织之间建立协调和平衡的关系，这既不是梦想，也不是乌托邦，而是为应对当前世界挑战而制定的一致性政治计划。"① 希拉克的主要做法包括：推动亚欧建立战略联盟，实现欧亚美三角关系的均衡发展，构建多极世界主体架构；推动欧盟与拉美区域合作，共同促进经济和社会发展；促进欧非建立"长期战略伙伴关系"，加深欧非经济合作，最终实现欧非经济一体化；推动文化多样性，利用"法语共同体"扩大法语文化影响力，抵制世界文化"美国化"倾向。

希拉克时期，在多极化外交理论指导下，法国外交特别活跃，有声有色，为维护法国大国地位、扩大世界影响力起到不可忽视的作用。法国作为多极化发展的受益国之一，借助世界多极化发展，不仅获得了更大外交战略空间，也防止其大国地位进一步下滑，目前仍维持世界一流外交大国的地位。

同时，多极化外交思想对世界格局的影响和对世界外交理论的贡献也不容忽视。希拉克提出多极化理论时期，正值美国"一超"独大、意图在世界上发号施令的紧要关头，希拉克不畏美国阻挠，始终

---

① Dsicours de Monsieur Jaques Chirac President de la Repbulique, lors de la XIe conference des Anbassadeurs, Palias de l'Elysee, le 29 Aout 2003, http: //www. elysee. fr.

以建设多极世界为首要外交目标，在国际上纵横捭阖，获得世界上富有远见卓识的领导人的普遍响应，深刻影响了世界战略格局的发展方向。一方面，欧洲建设速度大大加快，欧盟单一货币推出、欧盟迅速扩大、共同外交政策和共同防务政策前所未有地进展，让欧洲在世界上拥有了更多发言权。与此同时，以中国、俄罗斯、印度、巴西等为首的新兴大国，均将推动多极化作为主要战略方针，反对少数国家主导国际政治、经济秩序，争取在世界上的合法权益。各国相互借重、共同合作，使世界多极化进程明显加快。另一方面，美国意图垄断世界舞台、实现世界单极发展的野心受到极大遏制，加之其政治、经济实力相对下降，美国推动世界单极化发展的保守主义思想也受到掣肘，这也从另一侧面助推了世界多极化进程。

可以说，希拉克开创的世界“多极化理论”和“文明对话”外交模式，倡导国际关系民主化，强调在文化、人权等问题上“以对话代替对抗”，为世界发展模式的多元化、文化发展的多样化提供了新的动力、基础和契机，这些重要思想在国际关系发展中具有不可替代的重要意义。在法国国内，建设多极世界成为左右两翼的战略共识，也成为法国外交政策的主要方针。尽管萨科齐就任总统后，极力宣扬法国“回归西方”并重返北约，2011 年甚至举起“新干涉主义”大旗，发动对利比亚战争并军事干预法国前殖民地科特迪瓦，进而推动两国政权更迭，令世界对希拉克外交思想后继无人而深感遗憾。但萨科齐上任之初就曾强调“多极化世界已经或即将出现，应为 21 世纪建立一个适应全球化挑战的新秩序”等言论，表明他的外交思想也从希拉克的多极化思想中获益良多。尽管萨科齐在任时期法国不再动辄就提“多极化”，也不公开与美国叫板，但他倡导建立 G20 并大力提高其地位，推动国际货币体系改革，呼吁给予新兴大国更多国际发言权并积极发展与这些国家的伙伴关系等，无不表露法国继续推进世界多极化的决心。由此可见，希拉克的多极化外交思想并未湮没在历史的尘埃之中。

七、中国人民的老朋友

希拉克是法兰西第五共和国历史上对华态度最为友好的总统，就任总统前就以巴黎市长和法国总理身份两度访华。任总统后，他又4次正式访华，亲手缔造了中法关系的“黄金十年”，推动中法关系步入“蜜月期”。卸任后，他依旧希望为深化中法关系尽力，也十分看好中法关系的发展前景。

希拉克第一次访华是在1978年任总理期间，第二次访华则是相隔13年之后，其间他的中国观发生了一次重大转变。由于长期缺乏与中国的真正接触，他未能看到中国迅速成长的现实，导致他在1989年“六·四”后，一度强烈批评中国“践踏人权”。他还专门指定两位巴黎副市长负责与在法国的中国留学生和知识分子联络，帮助其在法国开展“民主”运动。与此同时，他还加强与达赖接触，称其为“老朋友”，支持其所谓“自治”要求。但是，自从1990年后，他在访日过程中发现，日本坚持同中国进行密切的经济合作。这一“发现”对其触动很大，促使希拉克深入检讨法国对华政策和亚洲政策。为此，他在法国《费加罗报》上发表文章指出：“尽管法国与中国的关系出现曲折，但这一关系仍然应当是我们亚洲政策的一个牢固轴心……北京将不可避免地成为太平洋重要的政治首都之一。如果法国不沿着戴高乐将军25年前开辟的道路走下去，那将是荒唐愚蠢的。”1991年11月，希拉克率团对中国进行为期9天的访问，亲眼看到中国的巨大变化，坚定了他抛弃对华偏见、发展对华关系的决心。此外，这次访华也验证了他的世界多极化发展观，对其把握时机、推动世界多极化发展起到承上启下的重要作用。

从希拉克对华态度的变化，我们不妨可以说，他对密特朗对华“人权外交”的修正及其最新对华政策的出发点，很大程度上是基于建立多极化世界的国际战略需求，其中不乏借重中国、提高法国大国地位的考虑。希拉克担任总统后多次表示，自己十分重视中国作为未来世界一极的重要地位和作用；对中国经济发展也给予最高评价，称中国经济的腾飞将再次“使中国成为世界上最强大的国家之一”。针对中国的国际作用，他评价道：“它打破了世界平衡，并将决定21世纪的世界平衡”，并呼吁“中国理应成为多极世界中的一员”。对中国国际地位和影响力的提高，他十分欣慰，表示“希望能陪伴中国迈入这一历史进程”，并重申“世界前途在很大程度上取决于中国”，“法国在未来世界上的全球影响和地位，部分地取决于法国与中国建立一种特殊有力的关系的能力”，“欧洲国家首先是法国，应该与中国保持定期、密切的建设性对话”。执政期间，他大力发展多领域、多层次的对华关系，加强与中国在世界多边机构及地区合作机制（如亚欧会议）内合作。即使卸任后，他仍强调：“亚洲，特别是中国，以及印度、巴西等其他民族强势崛起，是今天世界无法回避的主题。这导致美国、欧洲和亚洲之间新的力量平衡关系。我们的世界因此向多极化发展。当然没有必要对此感到害怕，这意味着适应。我一直认为在世界大家庭中联合新兴力量是非常必要的。”①

从另一方面说，认为希拉克发展对华关系完全基于利益需求可能有失偏颇。在法兰西第五共和国历届总统中，几乎每个人都与中国有着不凡交往，但对中国文化最为钟情的莫过于希拉克。希拉克推崇世界文化多样性，他对中国文化、中华古老文明极为渴慕，认为中法两国在文化历史上具有相似性和丰富性，这是他看重中法关系的一个内在因素。希拉克少年时代起就痴迷中国文化，曾潜心钻研中国历史、诗词和书法，对中国历史如数家珍。他尤爱唐代文化，对唐陶瓷、绘画特别是唐诗情有独钟，对李白、杜甫尤为推崇。他曾许下一个心愿，要完成一部有关李白的电影剧本。来华访问时，他还特意到成都杜甫草堂参观，在讲话中更是多次引用李白、杜甫等唐代诗人的名

① 李乃清：“希拉克：政治后面还有生活”，《南方人物周刊》，2010年12月27日。

句，其对唐诗的熟悉程度令人叹为观止。他对中国考古也兴趣盎然，对中国古代陶器、青铜器研究具有专业水准。他不仅能一眼看出是哪个时代的古物，还能就此与中国最顶级专家进行专业交流。据称，他的办公室里总是放着一本有关中国的书籍，以便随时翻看。1978 年访华时，他将秦俑坑称为“世界第八大奇迹”，该评价被国际媒体广为引用，对中国兵马俑走向世界起到重要推动作用。

在希拉克时期，中法政治、经济、文化、军事、教育、科技等各领域合作空前紧密，两国领导人都对此给予高度评价，称中法关系“是世界上具有典范意义的双边关系”。希拉克政府的对华政策创下多项第一：早在 1997 年 5 月希拉克访华时，就与中国建立“全面伙伴关系”，使法国成为西方阵营中第一个与中国建立此类关系的国家。2004 年胡锦涛主席访问法国时，又将两国关系提升为“全面战略伙伴关系”。在七国集团中，希拉克第一个邀请中国领导人参加在法国举办的“南北领导人非正式对话”；他第一个倡导两国互办文化年、互设文化中心，开创了国际文化史上一种全新的文化交流模式；他首倡“以对话代替对抗”的对话政策，是西方第一个反对在日内瓦人权会议上提交有关“谴责中国人权提案”的总统，不仅开启了中欧“人权对话”进程，还推动中欧建立“全面战略伙伴关系”；他第一个明确反对陈水扁借“公投”名义搞“台独”，批评其行为是“错误和危险的”；他第一个力主欧盟解除对华武器禁运，主张给予中国自由市场经济地位，并积极做欧盟伙伴国的工作。希拉克对中国的热情深深地感染了法国民众，他从长期、战略高度出发的对华政策也使中法关系具备了可持续发展的特点，较少受到所谓“民主”、“人权”、“西藏”等因素干扰。

俄罗斯篇

俄罗斯“外交政策高参”卡拉加诺夫*

他是享誉国际的俄罗斯著名政治学家、外交、军事和安全问题专家，他是克林姆林宫“御用高参”，他是俄罗斯民间第一智库——外交与国防政策委员会主席，他是富有盛名的“瓦尔代国际论坛”① 主席……他就是集众多头衔于一身的谢尔盖·亚历山德罗维奇·卡拉加诺夫（Sërgey Alexandrovich Karaganov），凭借鲜明的亲“西方路线”而直接影响俄罗斯外交政策。

一、从科学院到克里姆林宫之路

卡拉加诺夫1952年9月12日出生于莫斯科市一个声名显赫的文化世家。父亲亚历山大·瓦西里耶维奇·卡拉加诺夫是苏联著名文学

---

* 尚月，中国现代国际关系研究院俄罗斯研究所研究实习员。

① 瓦尔代论坛成立于2004年，得名于首次举行会议的地点，其宗旨是加强和发展俄罗斯同外国学者、政治家和记者的对话，促进对俄罗斯和世界所发生的政治、经济和社会进程的科学分析。

理论家、电影评论家和艺术学家，曾担任“电影工作者联盟”主席，著有《苏联电影、问题与探索》等畅销书。拥有这样的家世背景、常年受到家庭文化熏陶，卡拉加诺夫本可以借助父亲的人脉关系，不费吹灰之力地在文化行业占据一席之地，但他却选择了一条截然不同的人生道路。卡拉加诺夫天资聪颖又勤奋好学，自幼就显示出对国际问题不凡的敏感性和领悟力。1970 年，他顺利考入俄罗斯最高学府——莫斯科大学经济系就读，自此扬起国际问题研究的风帆。

当然，良好的家庭背景和特殊的上层关系为卡拉加诺夫实现梦想造就了一条“绿色通道”。1974 年从莫斯科大学毕业后，卡拉加诺夫“幸运地”进入苏联驻联合国使团见习 3 年。在美苏争霸的冷战时期，这是普通苏联学生“做梦都不敢想的事情”。[①] 在美国 3 年，卡拉加诺夫不仅精通了英语，还编织起厚实的人脉关系网，为日后驰骋学界和政界奠定了基础。

此后，这个聪明而勤奋的青年开始了“三级跳”式的学术生涯。1977 年从联合国使团归国后，卡拉加诺夫进入苏联科学院美国和加拿大研究所工作。1979 年，他在该所完成题为《美国外交政策中跨国公司的地位和作用》的副博士论文。在美国和加拿大研究所 10 年间，他从一名助理研究员成长为研究方向负责人，被视为科学院最年轻的业务骨干之一，不仅收获了“思考尖锐、性格坚毅的天才”的美誉，还被称作“处理关系的艺术大师”。在工作中，卡拉加诺夫能够形成和捍卫个人观点，并将其“润物细无声”地推广和传播，也因此拥有了一众竞争者和拥趸。[②] 1988 年，他作为创始人之一，参与创建苏联科学院欧洲研究所（1991 年更名为俄罗斯科学院欧洲研究所），次年起担任副所长至今。1989 年，他学业上再上台阶，完成题为《西欧在美对苏战略中的作用和地位（1945—1988 年）》的论文，

① “Zavtra”, 09 - 03 - 99 (ZVR - No. 035), http: //dlib. eastview. com/browse/doc/2535871.

② Сергей Караганов, http: //www. intertrends. ru/nineth/011. htm.

并顺利取得美国和加拿大研究所的博士学位。

凭借个人努力和苏联科学院体制的培养，卡拉加诺夫迅速成长为一名杰出的国际问题专家。2006 年起，他开始担任俄罗斯高等经济学校世界经济和政治系主任，主要从事俄罗斯外交、军事和安全战略、俄罗斯与西方关系、军控及欧洲安全等问题研究。多年来，他笔耕不缀，不仅是 22 本著作的作者和责任编辑，还发表了近 450 篇文章，主要包括《俄罗斯：改革的形势》（1993 年）、《未来欧洲的安全》（1993 年）、《俄罗斯与美国国防政策的演化配合》（1993 年）、《俄罗斯去向何方？新时期的外交与军事政策》（1994 年）、《俄罗斯在欧洲的经济角色》（1995 年）、《世纪之交的俄美关系》（2000 年）、《俄周边的世界：2017》（2007 年）、《俄罗斯与欧洲：对抗还是联盟》等。这些著作在俄罗斯、美国、德国、英国、荷兰、芬兰、丹麦等近 30 个国家畅销。上世纪 90 年代中期，美国《纽约时报》将卡拉加诺夫列入“20 位伟大的国际政治学家”之一；1999 年，他获得俄罗斯“公共好评”荣誉勋章；2005 年，他作为唯一入选的俄罗斯学者被美国《外交》杂志和英国《前景》杂志誉为“世界百名最有影响力的知识分子”之一，与尚·布希亚、贾格迪什·巴格沃蒂、瓦茨拉夫·哈维尔、诺姆·乔姆斯基、萨缪尔·亨廷顿和弗朗西斯·福山等人齐名。

在研究能力和学术影响力与日俱增的同时，卡拉加诺夫也逐渐成为克里姆林宫的高级智囊。他与已故总统叶利钦、前总理普里马科夫、现总统普京和现总理梅德韦杰夫等人私交甚密，为历届政府的外交安全决策献计献策，受到高层领导人赏识和重用。1991 年，在学术界崭露头角后，卡拉加诺夫成为俄罗斯外交部对外政策委员会成员。1993—1999 年，他进入叶利钦总统委员会。在此期间，卡拉加诺夫还先后担任俄罗斯安全会议科学咨询委员会成员、俄罗斯联邦委员会主席咨询委员会成员、俄乌（克兰）论坛联合主席等职。1996 年，作为叶利钦竞选总统团队骨干，卡拉加诺夫积极组织和精心策划竞选事宜，为叶利钦连任立下汗马功劳。因其特殊贡献，叶利钦专门签发总统令向其致谢。1997年，卡拉加诺夫凭借在赫尔辛基俄美首脑峰会上为总统提供了细致周全的“信息保障”而受到叶利钦褒奖。1998年，他开始领导普里马科夫总理的顾问团队，同时协助时任莫斯科市长尤里·卢日科夫制定首都政治经济计划。同年，他出任俄罗斯天然气—媒体公司总经理，负责控股方面的政策研究。1999年8月，卡拉加诺夫出任“祖国—全俄罗斯”联盟竞选总统团队主席。同年秋，为竞选杜马议员，他加入“祖国—全俄罗斯”联盟，但遗憾落选。2000年普京就任总统后，卡拉加诺夫继续担任智囊，获任总统办公厅外交政策顾问，2001年升任总统外交政策办公厅副主任。2004年起，他担任总统人权与公民社会制度发展委员会成员；2006—2010年，入选国防部公共委员会；2009年，成为对外经济银行专家委员会成员，并出任经济发展部下属独联体国家投资合作及一体化协作委员会成员。尽管卡拉加诺夫近年逐渐退出政府智囊团队，专注于学术和社会活动，但他仍活跃在外交安全决策层，为高层点评时政、出谋划策，贡献自己的智慧。

除身兼学界和政界多个职位之外，卡拉加诺夫还是俄罗斯“民间第一智库”的掌门人。1992年2月，他与其他知名学者共同创立俄罗斯最有影响力的非政府国际问题研究机构——外交与国防政策委员会，迈出了通向事业顶峰的重要一步。目前，该机构已成为俄罗斯最知名的民间智库之一，拥有无可比拟的地位和作用，直接与总统保持密切联系，对俄罗斯的外交及安全决策产生深远影响。该委员会拥有逾180名俄罗斯政界和商界精英、学者、媒体和军方代表，委员会主要工作是为政府及各部门提供政策分析材料、制定国家发展战略构想、外交和国防政策等，为完善国家体制和公民社会出谋划策。1994年起，卡拉加诺夫出任该委员会主席团主席。该委员会经常举办研讨会、学术报告和问题讨论，组织研究项目，从事信息、教育和游说活动。有时候，代表们会齐聚距莫斯科市30公里外的林中会所，一边畅饮一边探讨深奥的国际问题，气氛既轻松又融洽。委员会自成立以来完成了一系列重大研究项目，其中包括“俄罗斯战略”、“俄罗斯与白俄罗斯”、“俄罗斯与乌克兰”、“俄罗斯与波罗的海国家”、“俄罗斯与世界”、“俄罗斯与北约”、“俄美对话”、“俄罗斯与欧盟”等，其研究成果成为高层制定外交、安全政策的重要参考。

随着卡拉加诺夫国际知名度不断提升，他开始在多个国际非政府组织、慈善机构及学术委员会中任职。1994—1995 年，他担任促进大欧洲委员会经济发展理事会联合主席；1995 年和 1997 年先后成为国际协商委员会（纽约）国际关系理事会成员以及北美、西欧和亚洲精英“三边委员会”成员；1999—2005 年，成为“东京俱乐部”（“幕后八国集团”）成员，为 G8 峰会的召开建言献策。2002 年起，他创办《全球政治中的俄罗斯》杂志并任编委会主席；2004 年起当选“瓦尔代国际论坛”俱乐部主席；2010 年开始担任国际关系出版社委员会成员。

卡拉加诺夫性格桀骜，爱好体育和打猎，喜欢名贵服装。[①] 其妻叶卡捷琳娜·卡拉加诺娃是俄罗斯妇女自由倡议基金会主席。两人育有一女亚历山德拉，现年 30 岁。

二、俄美“大交易计划”策划者

俄罗斯独立 20 年来，与美国关系历经叶利钦时代的“蜜月期”、普京第一任期的“反恐联盟”、俄罗斯与格鲁吉亚冲突后的“全面恶化”，再到如今的修复与缓和，始终处在不断调整过程中。卡拉加诺夫作为俄罗斯研究西方的“领军”人物和谙熟美国的国际问题专家，对变化中的国际形势和俄美欧实力对比有着深刻而清晰的认识。基于对美国“长期内仍是世界最强国”的研判，他坚决驳斥国内残留的“冷战思维”和反美情绪，认为与美国发展建设性关系既可巩固俄罗

① “Zavtra”, 09 - 03 - 99 (ZVR - No. 035), http://dlib. eastview. com/browse/doc/2535871.

斯的国际地位，也能获取实现“现代化战略”的资金和技术。2009年5月，俄美关系“重启”后不足两个月，卡拉加诺夫主导外交与国防政策委员会提出俄美关系“大交易计划”，试图在金融危机背景下，以两国国内外环境发生深刻变化为契机，重新调整俄美关系。该计划的原则是：在攸关俄罗斯安全的重大问题上不退让，在此基础上寻求俄美利益平衡的妥协，以此开拓俄美关系的重启之路。

具体而言，“大交易计划”内容如下：俄罗斯在美国关键利益领域提供积极合作，而美国在俄罗斯关键利益领域改变消极政策。在较长一段时期内，俄罗斯应做到：在阿富汗问题上全面支持美国和北约（不包括采取直接军事活动）；制定对伊朗的共同政策，实施适度制裁，不排除使用武力，并设法获取中国在此问题上的参与；支持美国解决朝鲜核问题；支持美国解决巴基斯坦和伊拉克问题；在中东问题上采取共同立场；放弃通过武力重新掌控俄罗斯历史上影响的区域（阿布哈兹和南奥塞梯除外）；共同致力于打击国际恐怖主义和消除核恐怖；协助美国将中国纳入世界经济政治体系，帮助中国维持现状，使其继续在国际舞台上发挥建设性作用。美国应做到：不通过北约扩张或建立双边军事政治关系的方式，在俄罗斯与乌（克兰）、格（鲁吉亚）等国间挑起矛盾；与俄罗斯商定在后苏联空间的竞争规则和界限，不能威胁俄罗斯利益“红线”，其中包括不支持独联体国家反俄势力和反俄政权，不鼓励其制订公开的反俄政策；以俄罗斯可接受的方式解决独联体内遗留的“冻结冲突”；找到推动独联体能源计划与合作的互利方案；积极支持起草并签署俄罗斯提议的“泛欧洲新集体安全条约”，由此确立欧洲—大西洋空间内新的、适用于俄罗斯的“游戏规则”，包括决策过程和规定；赋予俄罗斯有关欧洲安全事务的切实决策权。①

---

① ［俄］卡拉加诺夫等：“重建而非仅仅重启：对美关系中的俄罗斯利益”（本文为外交与国防政策委员会与俄新社为瓦尔代国际辩论俱乐部俄美会议起草的报告），《俄罗斯研究》，2009年，第5期（总第159期）。

卡拉加诺夫提出的“大交易”计划成为2010年俄罗斯调整外交政策的重要依据，其深化俄美关系的努力终于使两国在重启之路上迈开大步：俄美两国建立总统委员会等双边合作机制，推动两国关系向纵深发展；俄罗斯允许北约物资过境运往阿富汗，共同应对安全威胁；俄美签署新的削减进攻性战略武器条约，达成新的“战略平衡”；两国发表《创新领域伙伴关系联合声明》，就创新经济合作取得多项共识。此外，双方还在国际热点问题上加强协调，在中东、伊朗核问题及反恐等方面的合作取得进展。

三、“大欧洲”构想设计者

近年来，由于欧盟内部问题重重，而且又遭受国际金融危机重创，俄欧关系发展缓慢，合作缺乏实际内容。早在俄罗斯科学院欧洲研究所副所长任上，卡拉加诺夫就先后撰写“俄欧关系的第二条路”、“欧盟的危机和俄罗斯的政策”、“俄罗斯和欧洲需要靠近点”等文章，力主俄欧亲近，甚至建立联盟，为俄欧关系改善提供了理论依据和实践方向。他的主要观点包括：俄罗斯需要欧洲。卡拉加诺夫认为，历史上欧洲是俄罗斯文明及现代化的“摇篮”，疏远欧洲意味着丧失身份认同，增大地缘战略风险；[①] 经济上，俄罗斯人口日减，在世界经济中所占比重渐小，而实现现代化战略需要欧洲的资金和技术；安全上，北约东扩已逼近俄罗斯“家门口”，中国飞速发展和中东的四分五裂都迫使俄罗斯向西寻求地缘政治安全感。因此，卡拉加诺夫认为“俄欧关系涉及到俄罗斯国家和人民的未来，决定着俄罗斯的国家属性和发展道路”。[②] 此外，欧洲也离不开俄罗斯。俄罗斯

① ［俄］卡拉加诺夫：“俄罗斯和欧洲需要靠近点”，英国《卫报》，2009年12月27日。

② “俄欧关系的第二条路”，俄新社，2005年5月24日。

是欧洲油气资源的主要供应国，掌握着对阿富汗运输的“钥匙”，而且是解决伊核问题和推动中东和解的重要因素之一。

基于此，卡拉加诺夫主张遵循四步进程打造“大欧洲”体系：第一步，加强对话与沟通。现阶段，利用俄欧首脑峰会及双方各级别、各层面的沟通交流机制，通过对话恢复信任，加强政治、经济、安全和社会人文等全方位合作。第二步，打造新欧洲安全体系。卡拉加诺夫建议由俄罗斯、北约、欧盟和集体安全条约组织共同签订新的“泛欧集体安全条约”，尚未加入目前安全体系的所有国家都可入约。其作用在于，既可使更多国家获得安全保障，也可冻结北约东扩进程，减少对俄罗斯的安全威胁。该体系也是欧洲—大西洋体系的组成部分，最终目标是建立从温哥华到符拉迪沃斯托克的“大欧洲集体安全条约”。[①] 第三步，建立战略联盟。该步骤目前虽然不具有现实性，但不排除未来实现的可能。俄欧战略联盟将分步实现：一是建立能源联盟。这是保障俄欧能源安全的重要步骤。统一的能源综合体可协调油气开采、生产及分配，并在公平价格基础上实现利益均等。卡拉加诺夫希望能源联盟如同1954年的欧洲煤钢共同体一样，成为未来结盟的基础。二是就战略问题进一步加强协调与沟通。俄欧在杜绝新的欧洲军事化政策、跟踪气候变化、防止大规模战争和大规模杀伤性武器扩散、反恐、打击贩毒网络、维护“大中东”地区和平与稳定、和平利用太空空间以及建立新的全球治理体系等方面均具有共同利益。总之，俄欧战略联盟将以共同经济空间、统一能源空间、统一签证空间，以及双方在国际舞台上协调政策为基础。该联盟不具排他性，中国和美国都可在此框架内参与合作。此举将保证俄罗斯的国家安全和利益、在全球经济和政治治理体系中的领导地位，也将增强国际社会的稳定和安全。[②]

---

① “俄罗斯微笑着展示拳脚”，俄罗斯《俄罗斯报》，2008年12月24日。

② С. А. Караганов и, И. Ю. Юргенс, “Россия vs Европа: Противостояние или союз?”, Издательства: Астрель, Русь-Олимп, 2010 г.

卡拉加诺夫“新欧洲安全体系”的构想为俄欧关系指明方向，获得梅德韦杰夫总统首肯，成为俄罗斯欧洲政策的重要依据。梅德韦杰夫曾在《国情咨文》中称：“致力于跨欧洲—大西洋安全是俄罗斯不变的方针和追求。”2008年6月，梅氏首次提出建立“新欧洲安全框架”。2009年11月，俄罗斯正式推出《欧洲安全条约草案》，强调缔约方开展合作的基础是“不可分割、平等的安全以及互相不构成安全威胁”，主张在“共同安全”基础上解决北约东扩、部署反导系统、重审《欧洲常规武装力量条约》等问题。2010年，俄罗斯将欧盟视为推动经济现代化的“首要伙伴”，分别与德国、法国恢复“三驾马车”对话，推动合作进一步加强。同年6月，俄罗斯—欧盟峰会启动“现代化伙伴关系倡议”；11月，普京提出包括成立欧洲自由贸易区、建立战略产业联盟和统一能源综合体在内的“欧洲经济新体系”构想。可见，卡拉加诺夫的思想为俄欧关系改善提供了理论依据和实践方向。

四、俄军现代化倡导者

自20世纪90年代起，卡拉加诺夫先后参与制定一系列俄罗斯军工部门的科研项目，包括《军工综合体的发展与转型》、《俄军队现状：即将到来的国家灾难》、《俄罗斯军事改革》等，对自身军力及与其他各国的实力对比有清晰认识。他认为，俄罗斯正面临极其严峻的安全形势：首先是国际安全进程可操控性低。国际安全进程混乱纷繁，宗教、地域及贫富差距难以弥合，能源之争和两种资本主义模式之争无法化解，国际恐怖主义、网络犯罪和海盗猖獗，文明冲突和全球军事政治形势的恶化随时可能发生。而且，“大中东”地区日益尖锐的政治军事冲突风险将对全球局势产生负面影响；各国国内可控性降低，并已“传染”发达国家的民主体系。[①] 其次是“新的核世纪”来临。卡拉加诺夫认为，上世纪40年代末到60年代初是“第一个核世纪”。尽管当时美苏核武库不断扩充，但由于“遏制体系”发挥作用，形势基本稳定。如今，新的“拥核国”缺乏经验、核扩散的恐慌情绪蔓延。例如，朝鲜反复以核打击相威胁，美国谋划全面的太空反导防御系统，多国谋求建立地区性反导防御系统。未来10年的后半期，或将展开新一轮的核武器扩散和常规武器竞赛，俄罗斯将面临多边核遏制局面。为此，俄军必须推进现代化建设：一是明确核武器地位，放弃“零核”世界幻想，大力发展战略核力量，依靠缩减但不断更新的战略和战术实力，实现核武现代化；二是实现常规武器不断更新和升级，俄罗斯外交机构、武装力量应当做好随时应战的准备；三是不断修订俄罗斯军事政治学说；四是投入资金发展地区性反导防御系统；五是与相关国家开展合作，防止核武器及新的大规模冲突进一步扩散；六是俄美协调一致遏制新核国家，同时为无核大国提供保障、填补中东安全真空。[②]

近年来，北约东扩、非传统安全威胁上升、相邻地区冲突频发，促使俄罗斯重新审视自身所面临的安全威胁与挑战。卡拉加诺夫对国际安全形势的判断得以印证，其军事力量现代化的倡议为俄军改革提供了强大动力：2010年2月，俄罗斯颁布新版《军事学说》，并签署配套的保密文件《2020年前俄罗斯核遏制领域国家政策基础》，重申俄罗斯在必要时可实施“先发制人”的核打击，并保留受到常规武器侵略、国家生存受威胁时，俄罗斯使用核武还击的权利。2010年，俄军费开支总额达1.25万亿卢布（约430亿美元），同比增加3.4%；计划在2020年前拨款20万亿卢布（约6600亿美元）更新军

---

① Совет по внешней и оборонной политике, Государственный университет Высшая школа экономики, РИО - ЦЕНТР, “Мир вокруг России: 2017: Контуры недалекого будущего”, http: //www. svop. ru/files/meetings/m014413373305013. pdf.

② “俄美新条约的核心——为俄美合作、接近减负”,《俄罗斯报》, 2009年4月23日。

队装备等。时任总统梅德韦杰夫曾承诺，2020 年前分阶段把俄军打造成一支与俄罗斯世界强国地位相适应的强大军队。由此，在金融危机席卷全球、国际安全威胁增多的混乱背景下，卡拉加诺夫的强军思想成为俄罗斯增强军事实力、调整对外政策、营造良好国际环境以促进发展的重要理论基础。

五、"向东看"的务实者

作为"亲西方"学者，卡拉加诺夫的核心外交思想以"俄美交好、俄欧联盟"为主，未涉及东方因素。近年来，随着亚太地区政治、经济影响力不断提升，卡拉加诺夫看到亚洲巨大的发展潜力及俄罗斯与主要地区大国广阔的合作前景，不但表示亚洲已是"世界级角色"，[①] 其对华关注度也在逐渐提升。

卡拉加诺夫高度评价亚太地区的快速发展，认为这为俄罗斯经济腾飞提供了绝好机会。金融危机以来，与西方经济备受打击形成鲜明对比的是，亚太国家显示出蓬勃的发展势头。卡拉加诺夫极为关注这一趋势，2012 年以来先后撰写"莫斯科也必须要向东看"、"俄罗斯需要另一个'西伯利亚'首都"等文章。同时，他率领"瓦尔代国际论坛"的知名专家共同推出《面向大洋，俄罗斯新的一体化进程》长篇报告，称"东亚将成为世界经济增长中心，亚太发展潜力将决定俄罗斯的未来"，认为世界政治、经济中心正大范围、快速向"新亚洲"（东亚、东南亚和印度）转移，新一轮世界开放和新市场为俄罗斯提供了机会。他呼吁俄罗斯制定全面、长期的亚太战略，但同时

---

① Сергей Караганов, "Вперед в Азию?", *Российская Газета*, 22 июля 2008 г., http://www.karaganov.ru/publications/preview/173.

也强调“俄罗斯经济转向亚洲不等于背离欧洲”。①

卡拉加诺夫充分肯定“中国模式”，对中国改革开放以来取得的成就大加赞赏。他认为，中国近10年来发展迅速，实现“数量和质量”的双增长，成为全球化进程的最大受益者。他强调未来10年，中国还将成为一流军事强国，进一步增强其在世界政治和经济谈判中的分量。较俄而言，中国发展更为良性：大量资金投向基础设施，某些省份道路、机场建设优于莫斯科机场；大力发展教育、提高人口质量，许多大学设备超过俄罗斯大学。②

与此同时，卡拉加诺夫担忧俄罗斯在亚太地区地位下降、影响力不足。他认为，俄罗斯经济发展落后于中国，很大程度上是源于自身问题：一方面，“俄罗斯未能组织有效的发展和高质量的竞争”；另一方面，俄罗斯对西伯利亚和远东地区重视不够。他虽然不是“中国威胁论”的鼓吹者，但对中俄贸易的不平衡性（中国出口工业品，俄罗斯出口原材料）极为担忧，表示尽管“俄中政治关系良好，而且中国不具备领土扩张的特征”，但长此以往，中国不用采取“咄咄逼人”的举动，“俄罗斯乌拉尔山以东及全俄罗斯都将成为其附庸国——先是资源仓库，后是经济和政治奴隶。”③ 对此，卡拉加诺夫提出因应之道，认为应把俄罗斯政治主权与外国资本、技术相结合，从美国、日本、韩国、东盟和欧盟多方吸引资金和吸收劳动力，扩大国内可耕地面积，提升粮食产量、增加粮食出口，把俄罗斯东部变成“亚洲需求不断扩大的资源和粮食基地”。这样，俄罗斯才能在未来

---

① ［俄］卡拉加诺夫：“莫斯科也必须要向东看”，《日本时报》（网络版），2011年7月27日。

② Сергей Караганов, “Вперед в Азию?”, *Российская Газета*, 22 июля 2008 г., http: //www. karaganov. ru/publications/preview/173.

③ ［俄］卡拉加诺夫：“莫斯科也必须要向东看”，《日本时报》（网络版），2011年7月27日。

世界秩序中获得“有尊严的地位”。①

基于以上几个因素，卡拉加诺夫及其团队为普京第三任期的亚太战略提出具体实施方案。② 首先，俄罗斯应积极强化亚太外交——建立新的外交平台，并以重要参与者身份加入其中；建立成员国间的常设协商机制，即“亚洲的赫尔辛基进程”；举行中—美—俄三边对话，并制定太平洋安全与发展一揽子计划；强化俄罗斯与东盟合作，以贸易和投资为基础，推动建立俄—东盟自贸区，进而发展双方军事政治合作；提升俄罗斯与亚太各国的信息沟通和相互间经济、文化和社会认知。

其次，俄罗斯应推动落实“西伯利亚方案”。在农业领域，成立四大粮食产区，建设远东港口的粮食运输终端，扩大俄中农业合作，掀起“绿色革命”。在木材加工和造纸工业领域，以外国向俄罗斯木材加工业投资，换取其进口木材和纸产品的特惠许可。在能源产业领域，吸引中国投资俄罗斯能源现代化领域，向中、韩、日出口“清洁能源”技术，发展水电项目，建设能源基础设施，完善运输体系，更新输电技术。在交通基础设施建设领域，对贝—阿干线、西伯利亚大铁路及科济米诺港实施现代化改造，大力发展北极航道建设。此外，俄罗斯还应从中国、中亚、印度等国引进劳动力，并吸引中亚移民；把本国欧洲部分的专业工程师、地质学家、勘查专家等“高精尖”人才吸引至远东地区；从加拿大和北欧等国引进技术和专家，丰富在恶劣条件下建设交通基础设施的经验。

第三，俄罗斯应迁都或向远东转移首都部分功能。俄罗斯必须拥有“三都”：莫斯科——军事、政治、外交中心；圣彼得堡——文化和法律中心；符拉迪沃斯托克——经济和海洋中心。作为俄罗斯面向

---

① ［俄］卡拉加诺夫：“莫斯科也必须要向东看”，《日本时报》（网络版），2011年7月27日。

② “К Великому Океану，или новая глобализация России”，Аналитический доклад Международногодискуссионного клуба Валдай，Руководитель авторского коллектива и ответственный редактор：С. А. Караганов，Москва，2012г.

太平洋的窗口，符拉迪沃斯托克应在2012年9月APEC峰会后，逐渐承担俄罗斯政府的社会、经济职能，政府也应考虑在远东举行与亚太国家首脑的峰会和国际会晤。

中国是俄罗斯实施亚太战略的重要一环，卡拉加诺夫看重“中国因素”，积极提议构建“大三角”关系。他认为，中国对俄罗斯“忠诚积极”，是除哈萨克斯坦外，俄罗斯在亚洲最友好的国家。俄罗斯应继续拓展对华能源合作，并发展针对中国市场的高新技术产业，进一步深化与中国在战略领域“全球治理”的对话，最终目标是实现俄中结盟。他表示，俄罗斯目前面临“千年历史上罕见的外交形势”，首次暂时不受任何威胁。通过外交努力，俄罗斯可同时拥有“友好的美国和友好的中国”，[①] 除构建俄—美—欧大三角关系外，打造对俄罗斯极为有利的中—美—俄地缘政治三角也非常必要。目前，国际事务中的许多问题已无法缺少中国参与。在俄美关系中，俄罗斯应更多让中国参加对话，共同解决复杂的国际问题，这是未来的必然选择。

① “‘希望之窗’前的驻足”，俄罗斯《俄罗斯报》，2011年5月18日。

俄罗斯“政策扬声器”尼科诺夫*

维亚切斯拉夫·阿列克谢耶维奇·尼科诺夫（Vyacheslav Alekseevich Nikonov）出身于政治世家，兼容了学者和政治家的双重素质，既能以俄罗斯政治基金会主席等身份活跃在学术界，成为闻名遐迩的“泰斗”级国际政治评论家，又能凭借杰出政治活动家资格充当普京政权的“喉舌”和舆论风向标，在国内外颇具影响力。

一、青出于蓝而胜于蓝

尼科诺夫1956年6月5日出生于莫斯科市一个政治世家，其父阿列克谢·德米特里耶维奇·尼科诺夫是苏联著名学者、军事政治研究学派奠基人、莫斯科大学教授、世界经济和国际关系研究所研究员、《共产党员》杂志主编，母亲斯韦特拉娜·维亚切斯拉沃芙娜·斯克利亚比娜（于1989年逝世）曾是世界通史研究所研究员；外公维亚切斯拉夫·阿列克谢耶维奇·莫洛托夫是20世纪苏联显赫的政治人物，[①] 对尼科诺夫影响最大。莫洛托夫曾任政治局委员、苏维埃

---

* 胡梅兴，中国现代国际关系研究院俄罗斯研究所助理研究员。

① Молотов, Вячеслав Михайлович, http://ru.wikipedia.org/wiki.

政府总理、外交部长、人民苏维埃主席、苏联第一至第四届最高苏维埃代表等要职，荣获苏联科学院名誉院士称号并获得过无数荣誉勋章。就在尼科诺夫出生前一周（1956年5月底），外公被免去外长职务。在小尼科诺夫记忆中，外公整天不知疲倦地读书、写作。尽管祖孙年龄相差66岁，但他们无话不谈、感情深厚，外公甚至还救过小尼科诺夫的命。当年在克里米亚休假时，小尼科诺夫差点溺水身亡，70岁高龄的外公奋不顾身地跳到水里把他救上岸，给了外孙第二次生命。从此，尼科诺夫更加崇拜和喜爱外公，性格豁达、知识渊博的外公也成为尼科诺夫的偶像。受外公熏陶和父辈言传身教，尼科诺夫自幼对国际政治产生浓厚兴趣，未上小学就对世界各国外长如数家珍，令家人对其未来发展寄予厚望。

尼科诺夫早年在莫斯科市第一专科学校（相当于职高）读书，高中毕业后考入莫斯科大学（以下简称莫大）历史系，大学期间开始在校历史教研室从事学术研究。1978年大学毕业后，他留在莫大历史系近现代史教研室工作至1988年，一步步升为助理研究员和高级研究员。他一直深入探究美国政治问题，其副博士和博士论文选题均与美国政治有关。此后，他发表过一系列美国专题文章，如“从艾森豪威尔到尼克松：来自美国共和党史”、“共和党人：从尼克松到里根”等。1992—1993年，他担任国际经济和社会改革基金会政治与民族事务署顾问，此后曾任（莫斯科市）国际大学历史与政治学教研室主任、《全球政治中的俄罗斯》杂志编委会副主席、《俄罗斯战略》杂志主编等职；1993年起任俄罗斯政治基金会主席至今。

尼科诺夫长期勤于笔耕，多有建树，其有关国际政治问题的著作陆续问世，为日后成为享誉世界的国际问题专家和政治评论家奠定了扎实基础。其主要代表作有《俄罗斯与西方：消失的幻想》（1995年）、《俄罗斯在中亚的政策》（1997年）和《多极世界：它是存在的》（1997年）等。此外，2002—2006年，他还就“全球政治中的俄罗斯”、“现代俄罗斯政治”、“现代政治中的俄罗斯”、“俄罗斯政治”和“政治密码”等专题做过多场讲座。[①] 多年来，尼科诺夫的专著及学术文章在国内外赢得声誉，经常被各国权威媒体转载和引用，这不仅奠定其在国际政治领域的专家地位，而且让其思想最大限度地影响政府和民意，起到舆论导向作用。

尼科诺夫年轻时就在学术研究和仕途发展的双轨道上规划自己的未来。因此，他在大学期间除了钻研学术研究外，在政治上也积极要求进步，主动承担党务工作，从基层政治干部做起，历任莫大团委书记、校历史系党委会秘书、苏共中央委员会历史学会秘书等职。1990年，在学界已声望鹊起的尼科诺夫迎来事业的转折点，由学界转入政界。在显赫家庭背景助力和个人勤奋努力下，他的仕途一帆风顺，先后担任苏联总统办公厅顾问、主任助理、苏联国家安全委员会（克格勃）主席助理等职。[②] 1993 年起，他当选第一届国家杜马议员，出任杜马国际事务委员会国际安全与武器监控分委会主席、杜马车臣危机起因调查委员会副主席。1996 年总统大选之际，尼科诺夫获任总统候选人叶利钦竞选协调委员会副主席，为叶利钦当选总统立下汗马功劳。作为回报，尼科诺夫 1997—2001 年先后担任总统政治协商会议委员、人权委员会委员、打击政治极端主义委员会专家理事会理事。此外，尼科诺夫还承担一些社会团体的行政领导职务，如担任俄罗斯政治协商中心联合会副主席、外交与国防政策委员会主席团成员、第一电视台专家俱乐部成员、俄联邦社会院成员（2005—2007年）、社会院国际合作与社交委员会主席、“俄罗斯世界”基金会管理委员会执行主席（2007 年）等职务。2011 年 2 月，尼科诺夫回归大学，担任莫大国家管理系主任，继续从事他热爱的研究事业。

① Вячеслав Никонов，http：//ru. wikipedia. org.

② Никонов，Вячеслав Алексеевич，http：//ru. wikipedia. org/wiki.

二、普京政策的“扬声器”

作为苏共领导人后代，尼科诺夫深受布尔什维克思想的熏陶和影响，追求国家强盛、致力于维护政权稳定，这与普京的政治主张不谋而合，两人在思想上产生强烈共鸣。作为亲普京的政论分析家和评论家，每当普京政府有重大举动或发表重要讲话后，尼科诺夫总会在第一时间撰文予以正面分析，通过大唱赞歌来引领国内外舆论。比如，2000 年普京当选总统后批准《第二阶段削减进攻性战略武器条约》。尼科诺夫立即撰文称“普京仅用一周时间就完成了叶利钦需花费几个月时间才能完成的大事”，赞誉普京为“外交总统”。[①] 同年，他发表题为“普京的学说已基本明确”的文章，全面剖析“普京学说”并归纳出三点精髓：国内任务高于国外目标；以务实态度发展经济；以实事求是和利益平衡政策为基础，与他国开展合作。在文中，尼科诺夫高度赞赏普京政策，认为在对外政策领域坚持“继承性和一贯性”是普京外交政策的主要特点，符合俄罗斯国家利益。他强调普京以独联体为外交优先方面，而且奉行“不同速发展”原则非常合理有效。他根据普京的总体政策思路断言：普京对外政策的第二个优先方向即使不是整个欧洲，也很可能是西方的欧洲部分。事实证明确实如此，当选后的普京访问的第一个国家就是英国，随后在数周内访问了罗马、马德里和柏林，并称俄罗斯是“建设大欧洲过程中可靠、具有建设性和可预见的伙伴”。针对普京奉行亲欧外交路线，尼科诺夫颇具前瞻性地断言，普京“不会因同西方建立联系而牺牲与中国、印度的关系”。

2004 年 9 月 1 日，俄罗斯发生震惊世界的“别斯兰事件”。30 多

---

① ［俄］维亚切斯拉夫·尼科诺夫：“普京的战略”，俄罗斯《俄罗斯报》，2004 年 12 月 22 日。

名车臣非法武装分子冲进北奥塞梯别斯兰市第一中学，劫持1000多名人质。此次事件成为考验普京政府处理突发事件能力的标志性事件。普京当机立断，派出特种部队将绑匪一举歼灭，但也造成330多人遇难，其中包括186名儿童。当时俄罗斯社会舆论和国外媒体对普京武力解决“别斯兰人质事件”颇有非议，甚至有媒体指责普京的“暴行”。为惩恶扬善、伸张正义，尼科诺夫在第一时间撰文赞赏普京“重拳打击车臣恐怖分子”并解救人质。他在文中称：“近来，俄罗斯人对解决车臣问题的想法变化极大。别斯兰人质事件发生后，坚持和平主义者的人数从57%下降至44%。85%的民众支持总统在危机中采取行动……总之，支持武力解决车臣问题的力量加强了。”尼科诺夫对媒体说：“恐怖事件无损于俄罗斯当局，适得其反，解救人质事件丝毫未影响普京的威望，反而有助普京改善形象，使其支持率不降反升（由50%上升至近70%）。”最终，舆论风向得以扭转，普京当局树立起积极形象。

二、思想深邃的政评家和建言者

每当国际政治领域涌现新思潮、新学说时，尼科诺夫总是以独特视角进行剖析并抛出个性鲜明的看法和评论，其国际问题观点在很大程度上影响到政府决策，成为当局制定和调整方针的重要考量。

（一）提出“后单级世界”说

随着世界多极化格局日渐形成，尼科诺夫的看法也经历了“由否认到认同”的变化轨迹，最终推出自己的“后单极世界”说。2000年，他发表评论称：“多极世界的构想是毫无意义之举，从政治角度看，多极世界构想有害而无益。它公开反美，刻意激化现有矛盾。同时，它也暴露出俄罗斯的弊端，使俄罗斯越来越难以成为多极世界中的一极。”[①] 但是2009年以来，他开始反思自己的看法，并认同了世界多极化观点。他强调说，当代世界的各极——可自行解决内政外交问题的主权国家，如美国、中国、印度、俄罗斯、巴西和日本等都有独立的文明史，这使它们之间的相互协作尤显重要。因此，未来世界不得不尊重各力量中心的相处之道：要么是群雄争霸打破世界和谐（大家不愿看到的局面），要么是各极就共同游戏规则达成协议。此后，他提出“后单极世界”观点，并强调美国已无力主宰世界。2009年，尼科诺夫在《俄罗斯战略》月刊上发表题为“当代世界：新的现实”的文章，首次提出全球进入“后单极世界”说法，认为“后单极世界”可能有两极、无极和多极世界等不同版本。他指出，自二战结束到20世纪80年代末，世界是两极的，存在两个力量中心。苏联解体后，俄罗斯已不再是当代世界的第二个力量中心，世界实际上已经成为单极世界，美国能够独自决定世界事务。但是自2008年以来，世界力量对比发生迅速变化，新的世界力量中心崛起结束了单极世界格局，美国是唯一的超级大国，但它已无法单独主宰世界。尼科诺夫甚至大胆断言，俄罗斯不再是超级大国，但仍是核大国、资源大国和经济大国。虽然中国具有成为当代世界重要力量中心的潜力，但短期内它不具备与美国抗衡的实力。

尼科诺夫的“后单极世界”说不但在国际学界引发反响，还成为俄罗斯外交政策的组成部分，力求在“后单级世界”的国际舞台中发挥更大作用，成为“世界强有力的一极”。例如，在叙利亚、巴基斯坦“入联申请”等问题上，俄政府与中国达成共识、协调行动，在促进世界多极化和国际新秩序的形成方面发挥重要作用。

（二）认为“金砖四国”将催生多极世界

随着“金砖四国”国际影响力上升，尼科诺夫对四国的发展予

① ［俄］维亚切斯拉夫·尼科诺夫：“当代世界：新的现实”，俄罗斯《俄罗斯战略》，2009年第8期。

以高度重视，并发表系列文章加以评论。他指出，最初“金砖四国”像一个俱乐部，以“虚拟的现实”出现并存在。随后，“金砖四国”在八国集团峰会框架下多次召开非正式高层会晤。2008 年叶卡捷琳堡四国外长会议以及标志“金砖四国”诞生的 2009 年四国首次峰会，表明它正由一种政治预言向政治现实转变。① 尼科诺夫深入剖析“金砖四国”的异同点，并预言“金砖四国”的进一步发展将迎来真正的多极世界。② 具体而言，他认为四国之间的文化、文明或宗教存在巨大差异，政治制度迥异、经济模式不同、外交目标各有侧重、彼此间关系复杂。但是，四国有着相似的悠久文明发展史和在国际政治舞台上的趋同利益：他们都有数百年文化和宗教沉淀，属于同一重量级国家，秉持共同的价值观——主张国际关系民主化、反对霸权和武力干涉政策、支持世界多样性、推崇国际法、国家平等与主权高于一切、彼此没有干涉他国内政的习惯，而且与西方关系都错综复杂，均以超过预期的速度发展。目前，四国正寻求建立以自由、公正及平等为基础的国际关系新体系。如今“金砖四国”已成为一支不可忽视的地区性组织，正受到政治家们和国际媒体的高度关注。

尼科诺夫上述有关“金砖四国”的看法获得当局重视。在“金砖四国”框架下，俄罗斯作为四国成员，积极应对全球金融危机冲击，确保经济平稳度过危机期，同时推进“金砖四国”向纵深发展，凸显自身的独特作用。

（三）主张借东方力量实现俄罗斯亚太战略

尼科诺夫对国际形势的判断极具远见和前瞻性，早在 10 年前就认识到应借助东方力量实现自身的亚太战略。2004 年，他在“东方

① ［俄］维亚切斯拉夫·尼科诺夫：“‘金砖四国’：自动实现的预言”，俄罗斯《消息报》，2008 年 12 月 11 日。

② ［俄］维亚切斯拉夫·尼科诺夫：“多极世界的诞生”，俄罗斯《消息报》，2009 年 6 月 18 日。

因素”一文中指出：“俄罗斯在东方的利益是现实的和长期的，当局应不断加强这方面工作。”[①] 2011 年，尼科诺夫又在《国际生活》杂志上撰文，进一步阐述对俄罗斯亚太战略构想，指出这一战略的核心应是“依靠快速发展的邻国振兴远东，成为亚太经济的重要组成部分，提升俄罗斯在地区安全问题上的作用和地位”；强调亚太经济地位不断提升可促使俄罗斯摆脱对欧洲的经济依赖，这对俄罗斯而言“极其重要”。[②] 他认为，俄罗斯“必须密切关注亚太地区局势发展”的理由是：朝鲜半岛紧张局势升级，南海争端愈演愈烈，各国领土、边界和历史问题由来已久而且难以解决，特别是各国军力在该地区持续增长均可能导致大规模的灾难发生。

正如尼科诺夫所言，“梅普组合”已认识到身陷经济危机的欧洲不再是俄罗斯的榜样。他们采纳尼科诺夫建议，调整外交优先方向，将未来发展战略重心东移，并强化与东方邻国的交往，将尼科诺夫倡导的“依靠西方，挺进东方”的未来地缘战略充分体现在政策之中。[③] 例如，梅德韦杰夫总统在 2008 年《国情咨文》中强调，“俄罗斯应更积极地参与亚太经合组织等机构的活动，实现与亚太区域一体化是俄罗斯面临的迫切任务，俄罗斯与亚太国家的关系具有战略性质。”此后至 2011 年，俄罗斯大幅提升对亚洲的关注，不仅频频向中国示好，而且首次提出通过加强与朝鲜、韩国能源项目合作以解决朝鲜半岛争端的新办法，强调各方应尽快重启六方会谈。同时，莫斯科还制定一项全面战略，旨在把恢复俄罗斯在亚太地区地位的任务同远东发展目标融为一体。2011 年普京在总理任上，先后接见北朝鲜和韩国领导人；日本福岛核事故后，俄罗斯加强与日本能源合作，与中

① ［俄］维亚切斯拉夫·尼科诺夫：“东方因素”，俄罗斯《劳动报》，2004 年 6 月 19 日。

② ［俄］维亚切斯拉夫·尼科诺夫等人联合署名文章：“2010 年俄罗斯朝东方看吗?”，俄罗斯《国际生活》，2011 年，第 1 期。

③ ［俄］维亚切斯拉夫·尼科诺夫等人联合署名文章：“2010 年俄罗斯朝东方看吗?”，俄罗斯《国际生活》，2011 年，第 1 期。

国的合作更加令人瞩目。2012 年 6 月普京重返克里姆林宫后，其亚洲之行首站即访问中国，高度赞赏俄中关系，称俄中两国在政治领域实现了高度互信，在经贸领域合作达到前所未有的水平。他也首次公开强调，俄罗斯应搭乘“中国风”增强经济实力，挖掘“中国在开发西伯利亚和远东方面的潜力”，以带动西伯利亚和远东地区的繁荣与发展。俄罗斯外交重点东移的迹象可见一斑。

（四）俄美关系重要而敏感

尼科诺夫认为，无论过去还是现在，俄美关系都是国际关系格局中一对重要而敏感的国家关系。两国关系的每一次变化都会给国际秩序带来影响，甚至造成巨大冲击。全面考量俄美新关系，揭示两国关系变化的实质，把握其未来发展趋势，这对世界各国都非常重要。它有助于各国及时调整对策，避免或减少因俄美关系变化而带来的负面影响和损失。[①] 尼科诺夫认为，“9·11”事件前，俄美关系可谓多变而不稳定。此后，俄罗斯积极调整对美政策，主动改善两国关系，双方关系由原来的“战略竞争对手”变成“反恐盟友”。2001 年，他撰写“我们为什么与西方接近?”一文，明确阐述普京执政时期拉近美西方关系“是明智而正确之举”。其原因在于，其一，反对美西方政策对于俄罗斯来说毫无前途，因为俄罗斯严重缺少西方所拥有的资金和最新技术，必须依靠美西方资金和技术发展创新经济。[②] 其二，背朝西方对俄不利，因为俄罗斯不属于东方，在东方也站不住脚。俄罗斯国家安全的威胁来自南方而非西方，虽然北约不会吸收俄罗斯入盟，但与其改善关系是正确的，不能错过与世界主要国家接近的机会。由此可见，新型俄美关系的形成更多是战略产物，是两国战略利

---

① ［俄］维亚切斯拉夫·尼科诺夫：“俄美新关系：利益吻合分歧犹存”，俄罗斯《国际政治》，2003 年第 3 期。

② ［俄］维亚切斯拉夫·尼科诺夫：“我们为什么与西方接近?”，俄罗斯《劳动报》，2001 年 11 月 24 日。

益吻合的结果。尼科诺夫强调，俄美关系历史上敌对多于协作、防备多于信任，要彻底清除历史和现实的种种局限而真正走到一起，还存在许多难以逾越的障碍。

正是听取了尼科诺夫的建议，梅德韦杰夫在总统任内最值得称道的业绩就是重启俄美关系，并努力使其正常化。梅德韦杰夫在2011年《国情咨文》中明确指出，“俄美关系的重点应放在经济合作、改善投资环境和加强高科技领域合作上”，紧紧围绕为国家现代化服务的宗旨。

三、敬畏中国崛起

尼科诺夫务实看待俄中关系，十分欣赏中国人民的勤劳和智慧；盛赞中国的发展模式，推崇中国成功的中庸之道，支持加强俄中人文领域交流与合作。他虽然反对所谓的“中国威胁论”，但对与日俱增的中国力量仍怀有敬畏之心。

尼科诺夫十分推崇邓小平有关“贫穷不是社会主义，建设有中国特色的社会主义才是唯一出路”的社会发展观。他认为，中庸之道是中国成功的秘诀，而儒家思想构成的要素之一是礼教，正是这种“礼”使中国避免了苏联的厄运。同时，他亦十分赞同为了安全和繁荣应“适当限制自由”的做法，认为中国成熟文明的实质就是“善于选择妥协，走中庸之路”。

尼科诺夫坦承，任何世界大国都不愿看到中国成为第二强国，但同时指出，因“俄中战略伙伴关系日益重要”，俄罗斯应对中国实力增长保持中立态度，虚心向中国取经，而不是盲目地将“中国威胁扩大化”并加以排斥。他认为，中国人像蚂蚁般勤劳，具有不达目的不罢休的集体主义精神，这个强大的民族能够“同化”任何民族，使其不留任何记忆和痕迹。汉族人有着世界上最强的基因，数百年后，那些征服者也变成黄皮肤的中国人，[①] 这不能不使白皮肤的欧洲人感到潜在威胁。这种威胁确实令人惧怕，因此“白色”世界一向将“黄色”世界妖魔化，在此就不难理解了。

尼科诺夫认为，中国是世界经济发展的“火车头”，目前正在成为新的世界中心。与中国的交往是俄罗斯外交政策的重要组成部分和优先方向。他撰文称，中国各地正在进行大规模建设，处处生机勃勃。每年有一两千万人从农村进入城市，几乎每周会出现一座新城市。[②] 中国是“购物天堂”，有世界上最便宜的商品和最大的批发市场，几乎所有欧洲名牌鞋都在中国生产，中国产品已不再令任何人害怕。中国人正以“少说多做”的方式实现国家日新月异的发展，正在完成从贫穷向繁荣的蜕变。因此，俄罗斯对中国的兴趣与日俱增。

同时，尼科诺夫高度评价中俄“语言年”活动。他追溯历史称，俄中交流可追溯到彼得一世统治之前。当时两国互换信函，但都因缺少掌握对方语言的专家，因此“解密”这些信函就花了整整 80 年时间。随着近年两国战略协作伙伴关系的迅速发展，学习对方语言的需求日渐上升。他强调说，俄中都需要更加积极地向对方介绍自己，建议两国加强人文领域交流，尤其应重视文学作品的翻译工作，希望通过互办语言年来鼓励俄中两国更多的年轻人互相学习对方语言，把两国文化和文学精品交流做得更加深入，从而加深两国人民的互相理解和认知度，为俄中两国文化传承和友好交往贡献力量。[③]

---

① ［俄］达里娅·阿斯拉莫娃对尼科诺夫的访谈录：“为什么小弟弟变成老大哥?”，俄罗斯《共青团真理报》，2005 年 11 月 23、25 日。

② ［俄］达里娅·阿斯拉莫娃对尼科诺夫的访谈录：“为什么小弟弟变成老大哥?”，俄罗斯《共青团真理报》，2005 年 11 月 23、25 日。

③ 娄琛、邱夏和谢荣联合报道：“汉语年带动中俄人民加深理解”，中国电视网，2010 年 3 月 21 日。

“世界多极化”倡导者普里马科夫*

叶夫根尼·马克西莫维奇·普里马科夫（Yevgeny Maksimovich Primakov）是俄罗斯著名国务活动家、杰出外交思想家、德高望重的中东问题专家和著作丰厚的知名学者。他拥有俄罗斯科学院院士头衔，曾任政府总理、外长、杜马议员等要职，不仅在俄政坛广受尊崇，在国际社会也享有盛名。丰富的政治经验、厚重的人生阅历以及渊博的知识素养成就了其显赫人生；始终游走于政、学两界的不凡经历，让他得以对政府建言献策，在学界著书立说，其有关“世界多极化”等思想至今仍影响着俄外交决策乃至国际秩序的重建。

一、人生之路

普里马科夫1929年10月29日出生于乌克兰基辅市，[①] 是俄罗斯

---

* 蒋莉，中国现代国际关系研究院俄罗斯研究所研究员。

① ［俄］叶·普里马科夫著，周立群译审：《走过政治雷区—普里马科夫回忆录》，世界知识出版社2008年版，第2页。

族人。其父是名职员，早在1937年就被捕并遭枪杀，因此普里马科夫对父亲的印象模糊。为了保护儿子，母亲安娜·雅科夫列夫娜·普里马科娃（于1972年去世）让儿子跟随自己姓“普里马科夫”。安娜是位专业水准高、医德高尚的妇产科医生，社交广泛，待人诚恳而友善。凡是与她相处或共事过的人都对她赞不绝口。普里马科夫跟随母亲在格鲁吉亚度过青少年时代，母子俩相依为命。在母亲和当地纯朴民风的影响下，普里马科夫养成乐于助人的良好品德。他从小聪明好学，成绩优异，记忆力超强，几乎有过目不忘的本事。上世纪50年代，他先后进入莫斯科东方学院阿拉伯语专业和莫斯科大学经济系研究生班深造，拥有经济学博士学位，通晓英语、阿拉伯语和格鲁吉亚语。求学期间，他学习刻苦，思维活跃，爱国主义热情高涨，不仅树立起为国家强大而奋斗的远大志向，养成独立思考时局的能力，还逐渐形成坚韧顽强的性格。[①]

普里马科夫曾经有过一个美满的家庭，他的第一位妻子名叫劳拉·哈拉泽·瓦西里耶夫娜，是格鲁吉亚第比利斯人。劳拉知识渊博、多才多艺，是位迷人的妇女和出色的钢琴家、电子化学工程师。她十分直率，从不背叛自己的良心，也不会向谎言和虚伪低头。[②]1949年，喜爱跳舞和歌剧的普里马科夫和劳拉在读书期间相识并相爱。1951年，两人喜结连理并共同生活了36年，育有一儿一女。在劳拉亲友眼中，普里马科夫“外表严肃，内心火热，充满激情，机智敏锐”，[③] 是一个坚定、目标明确、认真而坚强的人，他与劳拉的爱情“始终不渝”。[④]

然而，20世纪80年代，无情的打击接踵而至。普里马科夫先是

---

① ［俄］叶·普里马科夫著，周立群译审：《走过政治雷区—普里马科夫回忆录》，世界知识出版社2008年版，第2—3页。

② 同上书，第46页。

③ ［俄］伊琳娜·巴拉米泽：“俄总理年轻时鲜为人知的几件事”，俄罗斯《共青团真理报》，1998年10月29日。

④ 同上。

在1981年5月痛失爱子（其子亚历山大·叶夫根尼耶维奇·普里马科夫因突发心脏病猝亡），6年后妻子劳拉又患心肌炎撒手人寰。痛失至亲的普里马科夫陷入深深的悲痛之中，只能用拚命工作来麻木自己，直至1994年结识美丽善良的伊琳娜·鲍里索夫娜·普里马科娃。伊琳娜是位出色的内科医生，在普里马科夫眼中，她与劳拉性格相像。两人结婚后，亲友们都很喜欢和尊敬她。如今，普里马科夫与劳拉所生的女儿纳娜已人到中年，两个外孙子都长大成人。他们经常去看望外公，普里马科夫在晚年得以尽享天伦之乐。

二、冷战时期风云人物

1953年大学毕业后，普里马科夫进入苏联对外广播电台工作，成为一名职业记者，从通信记者、责任编辑一直干到副主编。正如普里马科夫本人所言，对外广播电台记者的工作是“训练领导者的学校”，[①] 它要求从业者“善于在众说纷纭的情况下，对已发生的事件迅速做出有说服力的解释和评论”。[②] 工作期间，普里马科夫有幸以记者身份跟随赫鲁晓夫等党政官员出访阿尔巴尼亚，并亲身感受到赫鲁晓夫的外交形象和处事方式。此次大胆、到位的跟随报道令赫鲁晓夫非常满意，普里马科夫自此在舆论界开始崭露头角，并为未来的研究工作和走上从政之路奠定坚实的基础。

20世纪60年代初，普里马科夫转入苏共中央机关报《真理报》报社工作。在该报社长达8年的时间内，他先后担任时事评论员、副主编、驻中东国家记者。常驻中东期间，普里马科夫的个人才华得到充分发挥，知名度不断提升。当时，中东地区局势动荡不安，各种矛

---

① ［俄］叶·普里马科夫著，周立群译审：《走过政治雷区—普里马科夫回忆录》，世界知识出版社2008年版，第12页。

② 同上。

盾错综复杂。普里马科夫以记者身份穿梭于以色列、伊拉克、黎巴嫩、叙利亚和埃及等国，结识了多国领导人或反对派领袖，比如萨达姆·侯赛因、贾迈勒·阿卜杜—纳赛尔、哈菲兹—阿萨德、西亚尔·阿拉法特等等。他与其中许多人成为密友，不仅为苏联调解中东矛盾、遏制军事冲突、增强自身在中东地区的影响力做出巨大贡献，同时也为日后出任外长、与各国首脑打交道奠定了良好的人脉基础。在此期间，他不仅写下大量公开报道文章，同时还以“密码电报”等形式向国内高层报告重要信息，得到上司器重。普里马科夫曾在自传中披露，他虽然是一名记者，但“一直在执行苏联领导人赋予的重要使命，活动早已超出记者的范畴”。①

自上世纪 70 年代起，凭借渊博知识、丰富经验和严谨治学精神，普里马科夫在学术领域声名鹊起。此间，他出版了大量著作，主要作品包括《国际冲突》、《资本主义世界的能源危机》、《阿拉伯国家和殖民主义》和《埃及：纳赛尔总统时代》等，奠定了自身苏联著名国际问题专家和外交思想家的学术地位。1974 年，他当选为苏联科学院通讯院士，1979 年当选院士。在 20 世纪 70—80 年代，普里马科夫先后担任苏联科学院世界经济与国际关系研究所（简称世经所）第一副所长、所长以及东方语言研究所所长。当时，“世经所是产生新思想、新看法、对世界上发生的事件进行最新阐释的中心。由于它接近实践、接近制定政治路线的机关，所以，它在各人文领域研究机构中占据特别的位置。”② 普里马科夫当时主要负责研究国外经济发展的经验，并将之运用于苏联国民经济建设领域。由于他领导的世经所分析国际形势透彻、研究工作出色、应用成果累累，不仅名声大振，还荣获了“苏联国家奖”。不仅于此，普里马科夫在 1979 年以

① ［俄］叶·普里马科夫著，周立群译审：《走过政治雷区—普里马科夫回忆录》，世界知识出版社 2008 年版，第 18 页。

② ［俄］叶·普里马科夫著，周立群译审：《走过政治雷区—普里马科夫回忆录》，世界知识出版社 2008 年版，第 26 页。

后，还作为专家组成员参加了苏共中央总书记戈尔巴乔夫与里根总统的五次会晤，近距离见证了苏美两个超级大国的艰难对话。在以智囊身份参与苏联最高层对外决策过程中，普里马科夫的学识和才能得到戈尔巴乔夫赏识，他随即正式进入政界，很快成为戈氏智囊团成员，仕途一帆风顺。1986—1991 年，普里马科夫先后当选苏共中央候补委员、中央委员和政治局候补委员、总统国际问题顾问、最高苏维埃联盟院主席和总统委员会成员。1990 年，他以苏联总统特使身份多次前往伊拉克、约旦和沙特等国，力促和平解决海湾危机。在调节危机过程中，普里马科夫充分展露外交才华，奠定了自身克里姆林宫高层对外决策重要成员的地位，并成为全球舆论瞩目的重要人物。①

作为在苏联时代出生并成长起来的政府高官，普里马科夫亲历苏联时期的辉煌，也目睹了这个“超级大国”由盛转衰的悲凉。他曾与志同道合者努力尝试扭转局势，却因当时“扮演的不是那些决定事态进程的角色”而难有作为。普里马科夫在回忆录中曾为此自责“本来还可以做得更多一些”。② 他为这个“经济实力雄厚、科技潜力巨大、军事实力与美国比肩的世界强国不复存在”③ 而感到痛心与无奈，并久久地反思国家解体的深层原因。痛定思痛，他得出如下结论：导致苏联解体的原因很复杂，戈尔巴乔夫改革彻底失败是最直接原因。而其他原因还包括苏联的联邦体制存有重大缺陷、苏联领导人在决策中犯下主观错误；在新思维改革进程中存在失误；戈尔巴乔夫与叶利钦的对抗对局势发展起到极其负面影响；美国及北约盟国在其中推波助澜。他尖锐地指出：“苏共和苏共中央不思反省，却固守其主导地位的做法，从根本上制约着经济改革与社会民主化进程，已预

---

① Примаков Евгений Максимович, http://ru.wikipedia.org/wiki/%CF%F0%E8%EC%E0%EA%EE%E2,_%C5%E2%E3%E5%ED%E8%E9_%CC%E0%EA%F1%E8%EC%EE%E2%E8%F7.

② ［俄］叶·普里马科夫著，周立群译审：《走过政治雷区—普里马科夫回忆录》，世界知识出版社 2008 年版，第 79 页。

③ 同上书，第 80 页。

先决定了新思维改革的失败。"[①] 进而，他冷静地反思道："如果联盟当局能够成功解决国家面临的最主要问题，苏联解体仍然可以避免。"[②]

三、"旋转门"走出的政治精英

1991 年 12 月苏联解体后，经验丰富的普里马科夫继续得到叶利钦重用，出任俄罗斯对外情报总局局长，成为新政府中极少数的"前朝重臣"。对普里马科夫来说，情报部门是一个全新工作领域，但他凭借过人智慧和执著的钻研精神，很快形成独到见解。他认为，在苏联刚刚解体的大背景下，自己的首要任务是保存并发展俄罗斯情报部门实力，即稳定情报队伍，使队伍中那些有知识、有教养且掌握多种语言的专家留下并安心工作，防止因国家解体使情报部门地位和待遇大幅下降而导致大批年轻干部流失。同时，应重点防范美西方国家借机招募和煽动情工人员叛逃。为了完成上述使命，普里马科夫在情报部门大刀阔斧地推动改革："一方面改善情报人员物质待遇、稳定队伍，另一方面重新确定冷战结束后俄罗斯情报部门的地位。"[③] 与此同时，他在情报工作中大胆采用新方法，即"放弃对外情报工作中的全球主义和极权主义"，下令废止"可能的核导弹袭击迹象"监测计划，该计划在过去 10 年中花费了苏联大量人力物力。根据时局变化，他确定对外情报总局工作的优先方向仍是政治情报，同时兼顾科技情报和经济情报；主张狠抓情报工作中的分析能力，确保为国家领导人提供高质量情报。此外，他力推对外情报总局与美西方情报

---

① ［俄］叶·普里马科夫著，周立群译审：《走过政治雷区—普旦马科夫回忆录》，世界知识出版社 2008 年版，第 83 页。

② 同上书，第 86 页。

③ 同上书，第 103 页。

机构进行交流，并因此取得突破性进展——俄美两国情报部门领导人实现互访并开启情报交换等合作，这在冷战刚结束的敏感期实在难能可贵。在普里马科夫引领下，对外情报总局在国家发展中发挥了其他部门无法取代的重要作用，其地位明显提升。

1996年1月，普里马科夫被叶利钦任命为外交部长，从情报战线转入外交界。此时，俄罗斯已经进入一个新时代：国家正在进行市场经济改革，政治上开始呈现多元化特点，但对外政策却走上“歧途”。当时，俄罗斯刚刚独立，很多俄罗斯人抱守着消极思想：苏联是冷战“失败者”，而作为其继承国的俄罗斯理当“承受由此引发的一切后果”；“俄罗斯与美国的关系应类似二战后战败国如日本和德国与美国的关系，虽然受制于华盛顿，但它们自身并不为此感到难堪。”① 加之当时俄罗斯深陷政治和经济危机、国家面临分裂威胁，而俄执政当局把以美国为首的西方视作能够助其走出困境的“救星”，尤其希望得到西方资金援助并完全“融入西方”，踏上追随西方国家的发达之路。也许正是怀着如此复杂的心理，普里马科夫前任科济列夫外长忠实地践行叶利钦当局的亲西方“一边倒”政策。然而，对美国卑躬屈膝的对外政策使俄罗斯在一系列国际问题上陷入被动，激起国内强烈不满，科济列夫成为“众矢之的”和“替罪羊”。在这种艰难背景下，普里马科夫接替科济列夫，出任新任外交部长。

为度时艰，普里马科夫对前任所持的外交政策采取批判态度。1995年12月，他在庆祝俄罗斯对外情报局成立75周年大会上指出：俄罗斯对外政策对民族利益关注不够，让外交意识形态化是“严重失误”。随后，他对外交政策做出重大调整：一是奉行独立自主的对外方针，将狭隘的亲西方政策引向东西并重的“双头鹰”全方位外交路线；二是提出多极化外交思想，力求使俄罗斯成为正在形成的多极世界中无可争议的一极，反对美国独霸世界的企图。普里马科夫认

① ［俄］叶·普里马科夫著，周立群译审：《走过政治雷区—普里马科夫回忆录》，世界知识出版社2008年版，第139页。

为，只有奉行全方位对外政策才能保住俄罗斯的大国地位，否则，俄罗斯将来能否像强国那样奉行积极政策、能否保住艰难争取到的国际地位都将成为问题。而发展同美国、欧洲国家、整个欧盟、中国、印度、日本、中东国家、加拿大、亚太国家和其他国家的关系，对俄罗斯来说很重要。

在普里马科夫外交思想指导下，俄罗斯外交部提出五大政治任务：第一，保持和加强本国在正在形成的多极世界中的经济和军事力量中心地位；第二，加强地区稳定，防止和解决地区冲突，特别是临近俄罗斯边界的地区冲突；第三，首要外交任务是在独联体基础上推动一体化进程；第四，建立使俄罗斯利益得到应有保障的新型欧洲安全模式；第五，在国家经济区域、滨海地区和全球维护俄罗斯国家利益。[①] 在普里马科夫领导下，俄罗斯与西方关系不仅未因调整对外政策而冷淡，反而使俄罗斯能够以平等伙伴身份与西方沟通、交往，并在与北约关系上取得重大进展。例如，1997 年 5 月俄罗斯—北约理事会成立，随后双方举行第一次外长级会议，标志着俄—北约关系迈出历史性一步。与此同时，普里马科夫的多极化外交实践也取得进展，俄罗斯打开与中东、拉美外交关系局面，与中国、印度等东方国家关系步入正轨。

1998 年是俄罗斯历史上的多事之秋。当年发生的金融危机导致全俄陷入政治、经济、社会全面危机之中：经济发展重要指标倒退 15—20 年，国内生产总值急剧下降，银行系统停止支付，失业增加、罢工浪潮席卷全国，国民经济面临全面瘫痪的危险。[②] 当年 8 月，69 岁的普里马科夫临危受命，出任政府总理。面对严峻形势，他承担起力挽狂澜的历史重任，推出五大步骤拯救国家：第一，不公开批评导

---

① ［俄］伊戈尔·伊万诺夫（外交部第一副部长）：“力量因素”，俄罗斯《红星报》，1996 年 11 月 19 日。

② ［俄］叶·普里马科夫著，周立群译审：《走过政治雷区—普里马科夫回忆录》，世界知识出版社 2008 年版，第 212 页。

致90年代以来国家即将崩溃的错误经济路线，以免引发国内尖锐“口水战”和挑动大部分居民仇恨情绪。第二，坚决避免倒退回导致苏联解体的计划经济体制，并大幅调整现行经济政策。第三，继续推行私有化政策，强调必须加强国家监督，防止在私有化过程中侵吞国家财产等犯罪行为。第四，修正宏观经济政策，确保微观经济稳定发展，防范金融领域动荡。第五，在落实已有规划的基础上，制定经济发展战略；继续推动市场经济改革，促进经济发展；推动建立公民社会和巩固政治多元化。

短短8个月的总理生涯，普里马科夫率领政府班子呕心沥血，经过艰苦卓绝的努力，终于度过这“一生中最为艰难的一段日子”，在短时间内使俄罗斯走出危机：1998年12月1日还清拖欠的助学金，1999年1月还清拖欠军饷；[①] 同时，经济停止下滑并开始复苏，与国际货币基金组织谈判接近达成协议；民众对政府期待和信任有所回升。而普里马科夫由于在缓解国内危机形势、恢复稳定方面取得显著成绩，在国家最艰难时期团结和稳定了社会，赢得了民众的热爱和敬重。据当时俄罗斯媒体的民调显示，普里马科夫总理任上的支持率连续数月超过总统叶利钦，高居俄罗斯百名政治家之首，其政治影响力达到前所未有的高度。总之，无论担任情报局长、外交部长还是政府总理，普里马科夫都能凭借深厚的理论功底和丰富的工作经验，把每一个角色演绎得有声有色，给俄罗斯乃至国际社会留下丰富的政治财富。

卸任总理后，德高望重的普里马科夫成为各派政治力量及各商业机构竞相聘请的热门人物。1999年8月，在时任莫斯科市长卢日科夫和鞑靼斯坦共和国总统沙米耶夫等盛邀下，普里马科夫加入“祖国—全俄罗斯”联盟，出任联盟领导人并率联盟参加当年议会选举。当时，呼吁普里马科夫参选总统的人们十分看好他的声望和实力。然

① ［俄］叶·普里马科夫著，周立群译审：《走过政治雷区—普里马科夫回忆录》，世界知识出版社2008年版，第212—216页。

而，因为该联盟在选举中分裂而力量变弱，他被迫放弃总统选举。1999年年底，普里马科夫当选第三届国家杜马议员，并任“祖国—全俄罗斯”议员团领导人。随后，“祖国—全俄罗斯”联盟与“团结党”合并，成为俄罗斯力量最强大的执政党“统一俄罗斯”党。两年后，他辞去议员团领导职位，让年轻人维亚切斯拉夫·维克托罗维奇·沃洛金发挥作用。①

近年，老当益壮的普里马科夫依然活跃在俄罗斯政治舞台上。2000年7月起，他出任处理德涅斯特河地区问题委员会主席；2001年12月至2011年3月，他担任俄罗斯工商委员会主席，为中小企业发展呕心沥血；2011年6月，他取代时任紧急情况部部长的谢尔盖·库茹格托维奇·绍伊古，获任俄罗斯“格洛纳斯导航和信息系统”股份公司董事会主席至今。② 迄今，为国家发展做出重要贡献的普里马科夫获得无数荣誉，荣获“祖国功勋”一级、二级和三级勋章、“劳动红旗”勋章、“人民友谊”勋章、“荣誉”勋章等多种奖励。此外，他还获得白俄罗斯、乌克兰和哈萨克斯坦等独联体国家多次表彰和奖励。

四、新思想开创者

普里马科夫在逾半个世纪的职业生涯中，广泛涉足新闻、学术、立法、安全等诸领域，在丰富的实践经验基础上，构建了丰厚的理论体系，始终不渝地在世界舞台上捍卫俄罗斯利益。他提出的关于世界

---

① ［俄］叶·普里马科夫著，周立群译审：《走过政治雷区—普里马科夫回忆录》，世界知识出版社2008年版，第317页。

② Примаков, Евгений Максимович, http: //ru. wikipedia. org/wiki/% CF% F0% E8% EC% E0% EA% EE% E2, _ % C5% E2% E3% E5% ED% E8% E9_ % CC% E0% EA% F1% E8% EC% EE% E2% E8% F7.

“多极化”和建立“俄、中、印战略三角”关系等思想，不仅指引着俄罗斯的对外政策走向，也引起国际社会广泛关注和热议，迄今其许多思想已经成为国际关系的现实。

（一）“世界多极化”外交思想

早在冷战期间，普里马科夫就敏锐地观察到国际局势变化，并试图把握世界发展的脉搏。此间，他就职于苏联研究机构，并就国际问题和阿位伯问题出版了一系列专著，如《国际冲突》（合著）、《资本主义世界的能源危机》和《阿拉伯国家和殖民主义》等。苏联解体后，普里马科夫高度关注国际局势的巨变，并深入思考变局背后的深层内涵及应对之道。1996 年，身为俄罗斯外长的普里马科夫提出“多极世界”取代“两极对抗”的著名思想，成为全球最早提出“世界多极化”思想的政治家。此后至今，他多次投书媒体，系统阐述该思想。

普里马科夫认为，早在 20 世纪末即冷战结束后，多极世界体系就已经开始形成，世界各国发展的不平衡和相互依赖性为多极世界的形成创造了条件。他指出，“冷战结束后，两极对抗的世界向多极世界过渡的趋势得到发展”，西欧、日本、中国都显示出成为独立一极的潜力，但多极世界尚未形成，向多极世界过渡也不会轻而易举，因为“有些人希望看到的是单极世界”；俄罗斯的任务就是稳定世界局势，建立世界政治经济新秩序，顺应和促进世界多极化发展趋势。[①]在普里马科夫看来，多极世界的发展势在必行：首先，国际形势的重大变化使多极世界成为可能。华约和苏联崩溃后，绝大多数中东欧国家不再依靠俄罗斯这一苏联继承者，俄罗斯与独联体各国之间的联系彻底削弱。莫斯科既不能将其意愿强加于旧盟友，更不能强加给西方，只有寻求妥协才能维护合作基础。同时，这种趋势也在围绕着美

① ［俄］普里马科夫：《多极世界出现在地平线上》，俄罗斯《独立报》，1996 年 10 月 22 日。

国发展：美国对其他国家发号施令的底气越来越弱，西欧国家表现出更大的独立性，不再依赖美国的“核保护伞”。它们建立“欧洲中心”的理想正逐渐取代跨大西洋方针。而日本的地位迅速提升，在军事和政治上对美国的依赖日益减少；中国、俄罗斯、印度等国的独立性和经济实力也快速走强。这一切表明，平等的伙伴关系已经取代两极对抗时代。

其次，单极世界没有出路。普里马科夫认为，随着冷战结束，“超级大国”一词将随之消失，任何国家在未来都不会占据单方面主宰地位。美国试图建立单极世界，力求使他国利益服从本国利益，这显然是错误的。单极世界已不为多数国家所接受，国际对抗和暴力在所谓单极世界中蔓延已成事实。伊拉克和阿富汗的事实表明，仅靠美国一己之力无法稳定这些国家的局势，也未能加强国际反恐行动。2008 年的全球金融危机再次证明，单极世界行不通，单极世界的金融体系对世界经济造成危害，世界需要建立多个金融中心。

第三，多极化世界完全符合国际社会利益，甚至也符合美国利益。多极世界在满足安全方面的新要求，特别是打击国际恐怖主义更为容易。21 世纪的多极化本身不会导致国与国之间的对抗，也不会导致建立互相敌对的军事同盟，甚至爆发战争。

第四，多极世界尚未形成，建立多极世界并非易事。多极世界的形成和建立会遭遇单极世界的阻力和对抗，但该发展趋势已经形成且不可逆转。在这种大趋势中，俄罗斯是正在形成的多极世界中无可争议的一极，其任务就是稳定世界局势，建立世界政治、经济新秩序，顺应和促进世界多极化发展趋势。普里马科夫特别强调，俄罗斯仍是国际舞台上的“主要角色”，“没有俄罗斯参与，世界上任何一个重大事件都解决不了。”①

---

① 许志新：“普里马科夫多极化外交评析”，中国社会科学网：http：//www.cssn.cn/news/379198.htm。

（二）“俄中印战略三角”构想

1996 年，普里马科夫首次提出建立俄罗斯、中国、印度三国战略合作关系的设想。1998 年 12 月，普里马科夫以总理身份访问印度时，正式提出建立“俄印中战略三角关系”的建议。在他看来，这种战略三角并不是虚幻的梦想，它具有付诸实施的客观基础，是“现实可行的”：三国占据全球陆地面积的 22%，占全球人口的 40%；三国是近邻，都拥有悠久的文明传统和共同历史渊源。他认为，“三国一致认为应当阻止美国建立单极统治并推进多极化，因此有理由进行战略合作。”他强调，为维护和平、稳定和发展而建立的这种战略关系，并不是一个狭隘的地缘政治军事联盟，它对其他国家开放；建立三国战略三角关系可为确立世界金融和经济新秩序奠定基础，并“将对地区和全球和平与稳定做出贡献”。

五、思想影响深远

普里马科夫的思想往往具有前瞻性，同时兼具独特性和实用性。多年来，凭借身居要职和在国内外享有盛名，他的思想得以广泛传播，影响着俄罗斯内外政策走向及国际秩序的发展。

实际上，早在担任世经所所长时期，智囊机构领导职位为普里马科夫“参与制定国策创造了一定可能”，其思想影响力开始有所展现。当时，苏美两个超级大国展开军备竞赛，核战争爆发危险日益上升。为避免全球陷入恐怖性灾难的可怕后果，普里马科夫以专家身份参与研制苏联对外政策，特别是深入研究当时极为严峻的苏美关系并提出应对措施。同时，他还多次参与苏美之间的协调活动。例如，上世纪 70—80 年代初，他曾“直接参与世经所与美国斯坦福科学研究所（SRI）战略中心之间举行的磋商，制定统计两国军事预算的方法，开启了两国裁军之路"。[①] 此外，他还参与帕格沃什会晤[②]和苏美达特茅斯会晤，[③] 为"促使两个超级大国在裁军、寻找摆脱各种国际冲突的出路、创造经济合作条件等问题上达成共识"而做出巨大努力。以普里马科夫为主席的苏方工作小组，将与美方达成的协调措施等情况及时全面上报给苏联最高层，为当局制定对美决策提供了重要的参考依据。

同样，普里马科夫领导世经所与日本国防问题理事会（"安波恳"）的会晤"奠定了俄日关系取得进展的基础"。[④] 当时，世经所是俄日会晤组织方，最初双方会谈十分艰难，各执一词：日本坚持不解决"北方领土"问题就不可能发展俄日关系，而俄方则明确表示根本就不存在领土问题。双方唇枪舌剑，针锋相对，俄日关系看似走进死胡同。然而，在这种艰难情况下，普里马科夫不懈努力，慢慢地融化坚冰。功夫不负有心人，时任日本首相中曾根康弘接见普里马科夫，并与之坦承交谈。尽管俄日之间的诉求仍有一定距离，但从此两国关系开始接近。1980 年，苏联当局授予世经所"苏联国家奖"，以表彰该所在对外关系领域所做出的巨大贡献。

同时，推动世界多极化是普里马科夫对人类社会进步的又一贡

① ［俄］叶·普里马科夫著，周立群译审：《走过政治雷区—普里马科夫回忆录》，世界知识出版社 2008 年版，第 33 页。

② 帕格沃什会晤开始于 1955 年，其倡议者包括爱因斯坦、居里、罗素。参见［俄］叶·普里马科夫著，周立群译审：《走过政治雷区—普里马科夫回忆录》，世界知识出版社 2008 年版，第 33 页。

③ 1960 年，苏美两国为在两国关系恶化情况下继续保持对话渠道，而在美国新罕布什尔州达特茅斯镇举行首次民间人士会谈，实际上该对话具有半官方色彩。对话的美方主席是国务院官员桑德斯，苏方主席是普里马科夫。这一对话渠道持续了 30 年，直到 1990 年终止。日后，这种两国民间对话渠道被称为"达特茅斯对话"。参见［俄］叶·普里马科夫著，周立群译审：《走过政治雷区—普里马科夫回忆录》，世界知识出版社 2008 年版，第 33 页。

④ ［俄］叶·普里马科夫著，周立群译审：《走过政治雷区—普里马科夫回忆录》，世界知识出版社 2008 年版，第 36 页。

献。他不仅是“多极世界”理念的倡导者，同时也是其积极推广者。多年来，经普里马科夫的反复论证和阐述，“多极世界”概念已成为当今世界流行术语，“多极世界”思想不仅已经深入人心，而且被俄罗斯政府完全接受，成为其制定对外政策的重要依据。在叶利钦时代，俄罗斯当局就把争取推动多极世界发展、反对建立单极世界作为基本国策。叶利钦在1997年3月和1998年2月发表的国情咨文中，以及1998年5月对外交部官员的讲话中都谈到，俄罗斯对外政策目标是建立“以多极世界为原则的国际关系体系”。他说：“21世纪的世界不允许一个国家，哪怕是最强大的国家发号施令。”[①] 到了普京时期乃至“梅普组合”时代，俄罗斯当局同样努力把普里马科夫的多极世界思想推向全球。2000年的《俄罗斯国家安全构想》再次郑重阐述了“多极世界的概念”。近年，普京无论身为总统还是总理，多次在不同场合表达其“多极世界”主张。如，2000年底普京访问加拿大时强调说，俄罗斯“主张建立多极世界”，因为“如果任由一个国家垄断某个决定的做出和履行，世界不能有效而积极地发展”。2001年2月，普京在韩国议会发表演讲时再次指出，俄罗斯希望在平等互利的基础上，建立稳定的国际关系体系，而这“除了在民主基础上形成多极世界”外，别无选择。2002年12月，“多极世界”概念被载入《中俄联合声明》：中俄主张，联合国是多极世界中保障国际安全与合作的主要机制，其核心作用应得到加强。时任总统梅德韦杰夫在2009年的国情咨文中也重申俄罗斯建立“多极世界”的主张。不仅于此，“多极世界”思想还成为“冷战”后取代“两极对抗”而最能为国际社会所接受的新思想。迄今，普里马科夫的多极化外交思想不仅为提升俄罗斯的国际地位创造了更大可能性，而且引领了世界发展潮流，在发展中国家和发达国家都得到越来越频繁的使用。

---

① А. В. Торкунов，“Э волюция российской внешней политики”，http：//www.bibliofond.ru/view.aspx？id＝94459.

而普里马科夫高瞻远瞩地提出建立中、俄、印“战略三角”构想，也改变了三国关系的发展轨迹。根据当时情况，印度与中国关系僵化、对立情绪严重，建立“战略三角”关系条件并不完备，而且困难重重。因此，有些人把普里马科夫的想法看作是徒劳和异想天开。然而，经过深入研究和不懈探索，普里马科夫从未来发展角度出发，认为建立“战略三角”关系可行，并全力游说和推动。经过俄方及中国、印度的各自努力，“战略三角”关系终于成为现实：2002年9月，三国建立外长会晤机制，不断加强政策协调，目前已举行过十次会晤，三国关系得到前所未有的发展。普里马科夫作为“战略三角构想”的奠基人，在俄、中、印三国关系发展史上留下了浓墨重彩的一笔。

六、对华友好务实

普里马科夫是中国人民的老朋友，对华十分友好，曾多次来华访问，对中俄结成战略合作伙伴关系做出过重要贡献。他曾出任中俄友好和平发展委员会名誉主席，不遗余力地推动俄中结成战略合作伙伴关系。就任工商会主席以来，他努力推动两国经贸合作发展，为两国关系不断深化付出辛勤努力。

早在1996年1月，初任外长的普里马科夫在首次记者招待会上就指出：“对俄罗斯来说很重要的是发展与中国、印度、日本等国关系。”此后，他多次表示，中国“已成为多极世界中强大的一极”，“是正在出现的强大力量中心”，但它“不会成为威胁世界和平与稳定的力量”；“现在我们和美国都再不可能打中国牌了，因为这张牌已经重得拿不起来了”。他强调指出，中国是俄罗斯全方位外交政策的一根支柱，俄罗斯同中国发展关系不是权宜之计，而是长期方针。他认为，牢固的俄中关系将在很大程度上成为解决21世纪人类面临的重大问题的关键因素。在他直接参与下，1996年俄中两国建立

“平等信任、面向21世纪的战略协作伙伴关系”，从而使两国关系进入了一个新时代。此后，普里马科夫进一步指出，21世纪是一个发生重大变化、重大调整和世界取得重大进步的世纪。在此情况下，俄中两国就地区和世界局势的稳定进行磋商和协调立场变得越来越重要。美国《华盛顿邮报》曾载文称：“在普里马科夫担任外长期间，俄中关系成为有史以来最亲密的关系。”

与此同时，普里马科夫认为有关“中国威胁论”的说法夸大其词，认为俄罗斯远东地区也不会受到中国大规模移民的威胁。他2009年10月接受俄罗斯媒体采访时称，俄中合作取得了巨大成就，俄罗斯夸大了“中国威胁和中国人进入俄罗斯领土的愿望”。当记者问道：“俄罗斯开始积极发展对华关系，但俄罗斯有一些人对这种密切的合作感到恐惧。他们预言，中国人将‘占领’我们的远东地区”[①] 时，普里马科夫回答说：“没什么好怕的。只要我们采取政策不让这种恐惧成为现实。”他解释说：“俄罗斯需要多元化政策，不能把赌注全押在欧洲或中国身上，同样也不能把所有注意力集中在美国身上，尽管它现在仍是全世界经济、军事实力和政治影响力最强的国家。”[②] 他认为，俄中合作不会“打开栅栏，让所有中国人瞬间涌入俄罗斯，我们夸大了中国人进入俄领土的愿望。全球金融危机几乎没有伤及中国，在危机前，中国经济以每年10%的速度增长，现在为8%，仅仅降低了两个百分点。而俄罗斯的GDP仅在2009年上半年就下降11%。中国人在本国拥有充分的自我实现机会，那里的生活也更稳定，因此也不会迫使中国人大规模移民。”[③] 他强调说，俄中签署的合同不仅没有把俄罗斯“变成中国的原料附庸”，反而与这个世界经济大国确立了良好的合作关系。与此同时，普里马科夫高度

---

① ［俄］塔季扬娜·帕尼娜：“伙伴不会变成敌人”，对俄罗斯前总理、俄工商会主席、科学院主席团成员、经济学博士叶夫根尼普里马科夫的访谈录，俄罗斯《俄罗斯报》，2009年10月22日。

② 同上。

③ 同上。

评价中国取得的经济成就。他指出：“众所周知，中国早就迈开经济现代化建设的步伐，并取得显著成果。我认为在这方面的确应该向中国积极学习和借鉴。”[1] 普里马科夫还表示自己多次访问中国，亲眼见证中国的巨大变化；尤其是中国在应对国际金融危机中显现出强大实力，证明它选择的经济发展模式非常稳定，俄罗斯应多学习中国在经济管理方面的经验。

近年，普里马科夫虽然年事已高，但仍坚持访华，并主张加深对华经贸合作，以带动俄罗斯经济发展。2010 年 9 月，他率领俄罗斯工商界人士参加中国全国政协发起并举办的北京“21 世纪论坛”，随后赴上海世博会出席俄罗斯馆莫斯科展厅开幕式，并表示每次访华都能感受到中国的发展与变化。[2]

---

① ［俄］普里马科夫：“俄罗斯需要走上创新型发展道路”，http：//www. techweb. com. cn/commerce/2010 – 09 – 07/676855. shtml。

② ［俄］普里马科夫：“的确应向中国学习”，http：//expo2010. ifeng. com/dongtai/detail_ 2010_ 09/15/2521819_ 0. shtml；普里马科夫：“世界不可能成为一个意识形态的统一体”，http：//www. eufnet. com/News/201097/Electronics/111776085000. shtml。

俄罗斯“主权民主”思想开创者苏尔科夫*

弗拉季斯拉夫·尤里耶维奇·苏尔科夫（Vladislav Yuriyevich Surkov）是当代俄罗斯政坛杰出的政治活动家和思想家，被誉为俄罗斯政治体制改革的设计师和“政权党”重要缔造者之一。他曾任俄罗斯总统办公厅第一副主任，现任俄罗斯政府副总理兼政府办公厅主任，主管政府经济现代化和创新领域工作，协助总理德米特里·梅德韦杰夫搞政府人事安排。在探索俄式发展道路上，苏尔科夫提出“主权民主”和“全面现代化战略”等重要思想，对俄罗斯当前及未来发展均产生深远影响。

一、平步青云的成长之路

苏尔科夫 1964 年 9 月 21 日生于苏联利佩茨克州索尔采沃村一教

* 胡梅兴，中国现代国际关系研究院俄罗斯研究所助理研究员。

师家庭，也有媒体称他的真正出生地在车臣—印古什自治共和国沙利市。苏尔科夫 1982 年自梁赞州斯科平市第一中学毕业后，考入莫斯科冶金钢铁学院。大学读了一年后，他发现自己所学专业并非兴趣所在，便转学到莫斯科文化学院大众戏剧表演导演系学习。3 年后，他仍然认为所学并非所爱，最终放弃了学业而另辟蹊径。此后，胸怀大志的苏尔科夫陷入迷茫之中，一度生活贫困。这期间，他当过技工，还在一家小剧院跑龙套，挣扎在社会底层。经过几年社会大学历练，他突然找到自己的真正爱好——研究经济学，便全身心备考，最终考入莫斯科国际大学经济学专业。

苏尔科夫由于生长在单亲家庭，从小生活艰辛，生活造就他内敛而独立的性格。加之他天资聪慧、善于交际，特别是在求学和工作期间结交很多良师益友，这些人日后多成为商界精英，他们的经商之道、事业发展理念及经济实力无不对苏尔科夫的成长大有助益。在大学期间，苏尔科夫不得不勤工俭学才能解决生活费和学费。1987 年，他一边学习，一边在当时俄罗斯首富、拥有上亿资产的企业家米哈伊尔·霍多尔科夫斯基的跨行业科技项目中心负责广告工作。苏尔科夫低调的处事方式及其腼腆而略显忧郁的外表，拉近了他与对话者的距离。这种特质给霍多尔科夫斯基留下深刻印象，使霍氏对苏尔科夫欣赏有加。1990 年获得莫斯科国际大学经济学硕士学位后，苏尔科夫于 1991 进入霍多尔科夫斯基所辖的梅纳捷普金融信贷联合企业担任领导职务，直至 1996 年。凭借对广告业务的精通和超强的筹划能力，他为企业成功策划了一系列宣传活动，使该企业名声大噪，并与政府部门保持着密切的业务往来。日后，该企业经融资改造，发展为科技创新银行——梅纳捷普银行，成为获得国家银行授权经营许可的商业银行之一。银行内部卧虎藏龙、人才济济，俄罗斯前总理叶戈尔·盖达尔和维克托·切尔诺梅尔金曾担任过该银行顾问。随着业务不断拓展，银行很快改制为梅纳捷普集团。苏尔科夫在霍多尔科夫斯基提携下，很快进入集团决策层，跻身董事会成员，并成为老板霍氏的

“铁哥们”。①

与此同时，苏尔科夫早在大学期间就与日后的阿尔法集团老板米哈伊尔·弗里德曼相识并结为好友。当年，他就认定弗里德曼与众不同、智力超人，日后一定能成大器。果然，弗里德曼经过多年打拼，目前个人资产达151亿美元，2010年居全球富人排行榜第42位，2011年位列俄罗斯200位富人名录第7位。

苏尔科夫是个敢闯敢干的有志青年，1997年受好友弗里德曼之邀，出任阿尔法银行理事会第一副主席。因在梅纳捷普银行积累下丰富的工作经验，苏尔科夫在这里如鱼得水，事业蒸蒸日上。一年后，他突发奇想，打算尝试传媒领域的工作，便跳槽到俄罗斯公共电视股份公司，担任负责对外联络业务的第一副总经理和总经理。在这里，他邂逅了时任公司总裁、现流亡英国的俄罗斯寡头鲍里斯·别列佐夫斯基，两人结下了深厚友谊。别列佐夫斯基当时是叶利钦总统的亲信和经济支柱之一，两人堪称莫逆之交。在别列佐夫斯基引荐下，苏尔科夫与叶利钦一见如故。从此，苏尔科夫弃商从政，仕途一帆风顺。

二、卓越的政治谋略家

在俄罗斯历史上能够连续得到三位总统垂青的政府高官屈指可数，苏尔科夫就是最典型代表和不可多得的政治谋士。

在叶利钦总统钦点下，苏尔科夫1999年出任总统办公厅主任亚历山大·沃洛申的助理，从此进入克里姆林宫。由于受到叶利钦器重，加之自身努力，苏尔科夫在短短半年内便荣升总统办公厅副主任，主抓政党和社会团体组织和建设工作。普京执政后，苏尔科夫留任原职，积极建言献策，为巩固普京执政地位立下汗马功劳。

---

① Сурков, Владислав Юрьевич, http: //ru. wikipedia. org/wiki/.

苏尔科夫是位富有远见卓识和政治手腕的谋略家。经过深入思考后，他提出打造一个亲政府的政权党的建议，以巩固普京的执政地位。随后，他开始谋划建立一个以普京为中心的执政党，“统一运动”（“统一俄罗斯”党的前身）便应运而生。在其全力运筹下，2000年5月“统一运动”发展成为团结党。2001年12月，苏尔科夫指挥团结党与“祖国”和“全俄罗斯”运动三大政治组织合并成“统一俄罗斯”党（以下简称统俄党）。在苏尔科夫精心谋划和普京支持下，统俄党迅速发展壮大，在2003年杜马选举中取得第一大党地位，成为普京当局可靠的政治支柱。由此，苏尔科夫凭借对普京的赤胆忠心和高超的协调能力赢得后者的信任。即便2003年与苏尔科夫交情甚笃的霍多尔科夫斯基因“尤科斯”石油公司偷税漏税案而被判入狱，都未牵连苏尔科夫或进而影响其政治前程。

从苏尔科夫一手打造政权党的历程来看，他堪称统俄党的灵魂人物。[①] 凡是该党重大决定和人事安排等议题必有他参与，甚至官员的发言稿和文章都需经其审核才可刊载在统俄党网页上。百忙之中，尤为重视党建工作的苏尔科夫不仅亲自给党员们授课，还将授课内容编辑成册，作为该党必读教材供后人继续领悟其思想精髓。目前，他提出的“主权民主”思想和俄罗斯现代化战略构想均被写进统俄党的党史和党章中。[②]

作为克里姆林宫政治谋士第一人，苏尔科夫一边筹建亲普京政党，一边寻机瓦解和削弱俄共力量。1999年杜马选举前，苏尔科夫大胆操纵“统一运动”与俄共合作，两党联手瓜分杜马所有委员会的主席职位。而当“统一运动”掌控杜马大局后，苏尔科夫立即授意撕毁与俄共分权协议，把俄共从所有委员会主席职位上挤走，令俄

① Беспартийный идеолог Владислав Сурков, http://www.gazeta.ru/politics/elections2007/parts/1477554.shtml.

② “Кто такой Владислав Сурков и его роль в политической жизни России”, http://www.rb.ru/inform/63947.html.

共遭到致命一击。此外，当独联体一些国家相继发生“颜色革命”后，为防范“革命”苗头蔓延至俄罗斯，苏尔科夫首先从舆论上分化国内亲西方右翼自由民主派，主抓亲总统的青年近卫军“纳什”组织思想工作。同时，他充分利用自己酷爱摇滚乐的特长，以“摇滚音乐人”身份（合作推出一张名为《半岛》摇滚乐专辑，还独自发行过一张自己的专辑）拉近与青年人的距离；还以组织夏令营、创作说唱乐等青年人喜闻乐见的方式搞政治宣传，抢占思想阵地，借以巩固他们支持普京的政治立场和信念。

2006 年底，苏尔科夫负责筹建中左派政党“公正俄罗斯”党，目的在于吸纳持左派立场的民众、继续瓦解俄共的选民基础。在苏尔科夫一系列举措打压下，俄共遭到有史以来最严重的削弱，党员人数由原来 50 万人锐减到 18.4 万人。[①] 2008 年 11 月，苏尔科夫又承担起建党重任，即在已解散的“右翼力量联盟”基础上组建正义事业党，力推俄罗斯右翼精英在 2011 年杜马换届选举中闯入新一届杜马，与统俄党共同撑起普京所追求的多党制局面。然而，正义事业党领导人、亿万富豪米哈伊尔·普罗霍罗夫的表现不尽如人意。他并未按照苏尔科夫的设计去发展正义事业党，而是不断抨击执政当局并挑战统俄党地位。针对这种情况，苏尔科夫顺势而为，利用普罗霍罗夫与正义事业党老党员之间的紧张关系，挑动其内部矛盾激化。结果，2011 年 9 月 15 日，该党党内两派势力——老牌右翼党员派和普罗霍罗夫派，分别在莫斯科的两个地点同时召开本党全体代表大会。面对如此闹剧，普氏一气之下辞去正义事业党领导职务。事后，普氏指责苏尔科夫是国家领导人的“傀儡”，[②] 认为他利用职权施压媒体、操纵民众和破坏选举，并发誓要尽一切可能让他下台。

---

① “Коммунистическая партия Российской Федерации”, http://ru.wikipedia.org.

② Александра Самарина, “Ройзман приобрел друга, Михаила Прохорова”, http://www.ng.ru/politics/2011-09-16/1_prohorov.html.

2011 年 12 月国家杜马选举后，俄罗斯接连爆发规模空前的民众示威活动，抗议杜马“选举舞弊”、政治体制僵化和严重腐败等。面对如此重大的政治事件，身为俄罗斯政治体制设计者和克宫首席政治谋士的苏尔科夫“难辞其咎”，而且示威活动发生后，他有部分言论似乎未能与普京保持一致。据俄总统办公厅的官员披露，苏尔科夫曾称抗议者“是社会中最优秀的一部分”，这一说法与普京的表态相左。由此，苏尔科夫不但未能有效防止大规模抗议活动的发生，反而在某种程度上起到推波助澜作用。正当媒体纷纷猜测苏尔科夫可能成为“替罪羊”而结束政治生涯时，他却有惊无险地离开总统办公厅，于 2012 年 5 月转任政府副总理兼任政府办公厅主任，成为新政府中具有举足轻重影响力的要人。这项任命表明，普京保持“用人不疑”的一贯作风，并未因“区区小事”而抛弃其得力干将。尽管此次抗议活动给苏尔科夫带来一些麻烦，但不可能抹杀其在政治生活中建立的功绩，他当之无愧地获得当局最忠诚“卫士”称号。为表彰苏尔科夫多年来为巩固国家政权所做贡献，俄罗斯政府于 2003 年、2011 年分别授予他“祖国功勋”三级勋章、“彼得·斯托雷平”（俄帝国国务活动家）二级勋章。

三、俄罗斯发展观

苏尔科夫不仅是俄罗斯政权党的创始人和“精神领袖”，而且是位忧国忧民的战略思想家，他对国家政治体制的发展有自己的独特看法。针对西方国家抨击和打压俄式民主以及国内政治反对派的抗争，苏尔科夫冷静思考，沉着应对，及时提出符合俄罗斯国情的“主权民主”思想和现代化战略构想。他强调，俄罗斯既要民主，更要主权，这是国家稳定和发展的重要前提和保障；同时，全面现代化已刻不容缓，它攸关国家的未来生存与发展。

(一)“主权民主”思想

苏尔科夫提出的“主权民主”思想具有深刻的历史背景。2000年普京出任总统时，承诺继续遵循宪法规定的一系列民主原则和政治制度。当时，普京推出“可控民主”思想，该民主既不同于苏联时期的极权主义，也不同于西方式民主，而是介于二者之间的一种集权统治方式。普京意在通过它牢控政治大局、大力推进改革和实施强国战略。但是，“可控民主”有其局限性：形式上它实行“三权分立”，实际是“总统集权”；表面是实行“多党制”，实则为“统一俄罗斯”一党独大。美欧不断批评俄罗斯的“可控民主”思想实质就是压制民主、控制传媒等。鉴此，时任总统办公厅副主任兼总统助理的苏尔科夫，对西方的反俄言论展开针锋相对的严厉反击。他公开称：“我们在建设一个开放的社会。我们是自由的，希望成为一个开放国家，愿意按照公正原则与其他开放国家进行合作，而不是被外部势力控制”，同时批驳“西式自由民主理论”存在严重缺陷，强调西方民主模式与俄罗斯的民族文化传统和民族心理难以兼容。[①] 为避免西方对俄罗斯民主“横加指责”，同时满足社会不断进步的需求，苏尔科夫支持关于“人的自由和国家的自由同样需要和同样重要”的观点，认为“自由的民族在一定程度上是独立并具有主权的”。2006 年 6 月，他首次提出“主权民主”这一政治术语，[②] 精准地描绘了普京当政时期的真实情况。

苏尔科夫曾详细分析“主权民主”思想产生的历史背景，认为一个国家对政治体制和民主制度的选择往往蕴含着浓厚的历史文化背景，而这正是俄罗斯“主权民主”思想形成与发展的基础。俄罗斯

① [俄] 纳塔利娅·梅利科娃：“克里姆林宫向敌对媒体说硬话”，俄罗斯《独立报》，2006 年 6 月 29 日。

② Глеб Павловский, “Владислав Сурков и его идеология”, http: //www. memoid. ru/node/Vladislav_ Surkov_ i_ ego_ ideologiya.

的民族特性和文化传统在政治领域主要表现出以下两个特点：一是高度集权是推动国家发展的重要保障。他指出，俄罗斯的发展史就是一部中央权力不断集中、巩固和强化的历史。俄罗斯历史上杰出的政治人物都是通过高度中央集权自上而下地成功推进重大改革、推动国家向前发展。当前，俄罗斯也是通过政权的高度集中使社会由乱到治，为实现经济增长创造有利的条件。强大的中央集权是捍卫国家主权、领土与精神思想统一的主要保证，[①] 这一点早已为大多数俄罗斯人所接受。二是崇拜强势人物。强势政治人物在俄罗斯历史发展进程中往往起到扭转乾坤的关键作用，彼得大帝、叶卡捷琳娜二世等创造了辉煌历史的强势人物深得俄罗斯民众崇拜。时至今天亦然，统俄党之所以广获民众支持，主要原因是普京支持该党，民众因信任普京而支持统俄党，这就是俄罗斯民众崇拜强权和强势人物的传统心理。

“主权民主”取代“可控民主”的提议也获得普京认可。2006年11月20日，苏尔科夫在俄罗斯《分析家》杂志上发表题为“未来的民族化：关于主权民主问题”的文章，首次详细论述“主权民主”的内容。他从三个层面诠释“主权民主”的思想内涵：第一层面，主权是一国的最高利益。主权国家需要民主，更需要主权，主权问题不能讨价还价。俄罗斯不能容忍他国以所谓民主问题干涉本国主权，以达到不可告人的目的。第二层面，俄罗斯已确立符合本民族特征的民主传统。民主发展必须以法制为基础，否则民主将无从谈起。第三层面，强调国家适度限制公民的民主权利和自由，即当国家主权受到威胁时，为保护本国最高利益所采取的举措。苏尔科夫进一步强调，“主权民主”既是一种意识形态，也是一种政治制度。其核心内容包括：维护国家统一，反对任何形式的分裂，禁止任何宣扬民族对立甚至分裂的势力参政；走民主发展道路，但绝不照搬西方民主，坚持俄式总统集权和新闻自由，但必须接受法律监督；强化民族主义和

① 姚晓南：“俄罗斯构建‘主权民主’价值观的做法”，http://www.globalview.cn/ReadNews.asp? NewsID=15971。

爱国主义精神，实现国民思想团结和精神统一；维护国家主权，奉行独立的内外政策。他认为，俄罗斯应成为多极世界中独立而重要的一极，不应加入任何损害主权的国家间联盟。

苏尔科夫认为，当前新技术革命突飞猛进，全球化深入发展，世界正处于深刻变革时代，实践和落实“主权民主”思想有利于保持俄罗斯长期稳定，有利于国家集中财力、物力发展教育、改善民生和发展经济。同时，实践和落实“主权民主”必须紧跟全球化发展步伐，将提高国家经济实力放在首位，大力发展生产力，不断调整经济结构，改变国家在世界经济分工中的角色，改善经济增长严重依赖能源的现实。他列举实现“主权民主”的四大途径：一是大胆探索，鼓励开展学术辩论，以汲取一切有利于国家发展的新思想、新观点；[①] 二是大力发展科教文化事业，抢占智力和知识制高点；三是建立一套有助于精英人才成长和发展的机制，调动其创造性和积极性，扩大其在民众中的影响力；四是创造有利于吸引创新型人才的软环境。

（二）全面现代化战略构想

苏尔科夫曾站在经济改革的最前沿，与当时红极一时的霍多尔科夫斯基和弗拉德曼等商界精英共同影响叶利钦政府的经济政策。近年来，他不仅潜心研究俄罗斯政治体制走向等问题，也深刻反思了本国的经济政策，并结合本国国情提出国家现代化战略构想。苏尔科夫将俄罗斯经济比喻成一个“没有火车头的老式装甲车，上面坐着使用先进电脑、西装革履的人们，而装甲车几乎要散架，开起来速度极慢”。这种比喻形象地揭示出俄罗斯陈旧的经济发展模式已不适应新

① 庞大鹏：“俄罗斯‘主权民主’思想的内涵”，http：//myy. cass. cn/file/2008061230855. html。

时代要求，若不进行改革，必将走进死胡同。[1] 苏尔科夫深信“原料经济带给公民福利的能力会消失。俄罗斯不是科威特，它地大物博、人口众多，不可能成为繁荣的弹丸酋长国。俄罗斯是北方国家，耗能高，石油不能养活我们。”他深刻地认识到，以能源出口为主的经济结构严重制约着经济可持续发展，而全球金融危机的冲击更暴露出俄罗斯经济结构之弊端。由此，“全面现代化”已刻不容缓，它攸关国家生死存亡。

苏尔科夫先后就现代化问题发表过多篇文章，成为俄罗斯“全面现代化”进程的重要推动者。在“俄罗斯为什么需要现代化”等文章中，他全面阐述其现代化战略思想，认为俄罗斯需要“全面现代化”，这需要同时进行思想现代化、经济现代化、社会现代化和军事现代化，它将是一个循序渐进的过程。首先，要更新观念。苏尔科夫指出，俄罗斯民众长期形成一种“等、靠、要”的根深蒂固陋习，最好的解决办法是更新思想，即实现思想现代化。这要求在尊重传统的基础上长期开放社会，按照未来的要求和理解建设社会。[2] 其次，发展“智慧型经济”。苏尔科夫大力倡导用“智慧型经济”取代原料型经济，主张从五方面入手：一是提高医疗器械、治疗手段、制药行业的现代化技术；二是提高能效，采取合理的资源消费模式；三是推出新一代核燃料和核技术；四是发展空间技术和以格洛纳斯导航系统（又称全球导航卫星系统）为核心的信息技术；五是发展以超级计算机为核心的战略通信技术。同时，他提出以斯科尔科沃创新中心为突破口，打造俄式“硅谷”，以此带动经济现代化。第三，推行民主与法制建设。一是加强议会在国家政治生活中的作用，增强各级议会对行政权力的影响等；二是以反腐败为切入点，提高行政、司法部门的

---

① “Владислав Сурков и его идеология”, http：//www. memoid. ru/node/Vladislav_ Surkov_ i_ ego_ ideologiya.

② Элина Билевская, “Владислав Сурков предложил свое видение инновационного развития страны”, http：//www. ng. ru/economics/2010 – 12 – 08/2_ surkov. html.

公开性与透明度，保障司法独立；三是实现民主制度的现代化，“保障言论和集会自由”，将俄罗斯从“一言堂”的家长制社会转变为自由和富有责任感的社会。[①] 第四，建设现代化军队。从改革现代化技术装备、实行合理机构设置和切实解决官兵待遇等方面入手，对军队实行全面现代化。同时，大幅增加军费，加大新武器研发力度；强化军训和军演，提高实战能力，为现代化战略保驾护航。

（三）治国思想指南

从近几年俄罗斯国家发展战略看，苏尔科夫的“主权民主”思想和“全面现代化战略”构想不仅被普京全盘接纳为其治国纲领的重要组成部分，而且也被时任总统梅德韦杰夫采用，成为“梅普”政府治国理政的指导思想和基本理论，对当今及未来俄罗斯发展产生深远影响。

“主权民主”思想概括了俄罗斯的政治内涵和政治体制的特点，与普京的治国理念相吻合。普京试图借“主权民主”思想恢复大国地位，提高民众支持率。经过数年实践，普京政府遵循“主权民主”思想找到“俄式发展之路”，即走符合俄罗斯国情的改革道路。该思想不仅成为确保俄罗斯长治久安的法宝，也有效地抵制了西方国家对俄罗斯民主状况的指责。普京在 2005 年《国情咨文》中强调，只有实行“俄式主权民主”，才能保持国家长期稳定。目前，“主权民主”思想已纳入统俄党党章，得以在党内贯彻执行。同时这一思想也得到西方正面回应，华盛顿似乎不再公开批评“主权民主”。可以说，苏尔科夫的“主权民主”思想为构建俄罗斯新型民主体制打上了民族烙印，不仅成为俄罗斯政府反击西方意识形态渗透的有力武器，而且为该国民主政治的发展确定了方向，同时又为俄罗斯实现一系列重大改革和全面提升综合国力及国际地位提供了思想支持和智力保障。

---

① Глеб Павловский, “Владислав Сурков и его идеология”, http://www.memoid.ru/node/Vladislav_Surkov_i_ego_ideologiya.

与此同时，苏尔科夫有关“全面现代化战略”构想也成为梅德韦杰夫总统推出的现代化战略的重要组成部分。[①] 正是在苏尔科夫相关思想的基础上，梅德韦杰夫形成并完善了其现代化战略论理，特别是有关经济现代化问题，梅氏几乎全盘吸纳苏尔科夫的思想，并把他提出的以“‘智慧型经济’取代原料型经济”和从五个方面入手推动经济现代化等提法“逐字逐句”写入2010《国情咨文》之中。2009年9月梅德韦杰夫发表的《前进，俄罗斯!》行动纲领中也明显能看出苏尔科夫有关现代化思想的痕迹。2011年9月9日，梅德韦杰夫在雅罗斯拉夫尔国际论坛上指出：“俄罗斯需要和谐的、渐进式的现代化，继续推进渐进式政治体制改革，而太激进、太保守都不适合。”这番言论再次印证了苏尔科夫的渐进式现代化改革思想已经成为俄罗斯国策。

四、中俄友好关系的使者

苏尔科夫一向对中国有好感，对华交往愿望强烈，是俄罗斯政治精英中的亲华派。他对中国改革开放的成功经验欣赏有加，倡议学习中国经验，也十分钦佩中国共产党的执政能力。他认为，中国共产党在漫长的革命和建设道路上始终能从实际出发，在复杂条件下找到出路，特别是能够有效抵御外部势力的干扰和破坏，维护国家的统一，其执政者受到人民的拥护是当之无愧的。苏尔科夫特别赞赏中国领导人“控制局势的能力和面向未来的精神”，认为中国政府灵活调整政策的技巧和艺术是其思想文化的宝贵财富，主张积极推动和加强俄中两国执政党的党际交往和务实合作。同时，他旗帜鲜明地表示，尽管西方向俄罗斯散布“中国威胁论”，离间俄中关系，但俄罗斯始终坚

① 季志业：“从现代化战略看俄罗斯战略前景”，http：//www. xslx. ccm/Html/gjzl/201103/15318. html。

持自己的战略目标，将一如既往地发展对华关系，并视其为外交优先方向。

苏尔科夫曾多次访华。2012 年3 月23 日至25 日，他以中俄旅游年俄方组委会主席身份再度访华，并出席中国“俄罗斯旅游年”开幕式。中俄互办“旅游年”是由中国国家主席胡锦涛和时任俄罗斯总统梅德韦杰夫于2010 年9 月共同宣布的。经两国商定，2012 年将首先在中国举办“俄罗斯旅游年”，2013 年在俄罗斯举办“中国旅游年”。[①] 这是双方继国家年、语言年之后举办的又一项国家级大型活动，对促进双方人员往来、加深两国人民之间的相互了解和友谊、扩大经济和人文合作乃至深化中俄全面战略协作伙伴关系具有重要意义。

苏尔科夫积极支持上述“旅游年”活动，特别指出旅游是促进国民出访邻国的最有效方式之一，可以更好地了解邻国；而人文因素是“旅游年”的重中之重，希望两国青年人能通过学习和旅游加深对彼此文化的认知。此外，他还介绍了俄罗斯旅游年的规划，如双方拟举办200 多场活动，就进一步扩大旅游宣传推介和旅游投资、加强旅游安全保障等议题开展深入交流与合作，努力将旅游合作培育成中俄务实合作的新亮点。据统计，目前中国在俄罗斯开设了 20 多个孔子学院，有 130 所学校开设中文班，有 1. 5 万名学生学习汉语，同时有 1. 2 万名俄罗斯人在中国留学。

与此同时，苏尔科夫十分看好俄中旅游业合作前景，认为俄罗斯拥有广袤土地、丰富的历史文化遗产、人迹罕至的原始自然风光和诱人的水上和冰上项目等，这些都是吸引中国游客的重要旅游资源。据中国国家旅游局不完全统计显示，2011 年共计 84. 5 万名中国公民出访俄罗斯，其中23. 5 万人为游客，较2010 年增长了约48%。俄中之间每周有 157 架次航班，已经建立了一套健全的法律机制保障两国游

① “中俄关系：俄罗斯副总理苏尔科夫将访华”，http：//www. aiyute. com/rus/2012 –03/egxw2004. html。

客权益。但是，苏尔科夫指出，同中国出境旅游总人数相比，赴俄罗斯的游客少之又少[①]，仅在中国出境旅游对象国排名中位列第11位。这意味着，俄中旅游业合作仍大有可为，俄罗斯欢迎更多的中国游客。同时，俄罗斯人早已将中国作为出境旅游的优先考虑，2011年共计有240万俄罗斯人出访中国，其中旅游人数达150万。

苏尔科夫在祝贺中俄旅游年活动取得圆满成功的同时，再次强调俄方高度重视俄中全面战略协作伙伴关系，愿深化与中方的全方位合作，尤其是愿与中国加强在科技创新、旅游等各领域的务实合作，相信俄中旅游年活动将推动两国经济和人文领域合作，增进相互理解，不断推动两国关系取得新的进步。

---

① "专访俄驻华大使：建议中国游客关注俄罗斯水上旅游"，www. toptour. cn/2012－03－20。

东亚篇

日共理论家不破哲三*

日本政治家不破哲三（HUWA Tetsuzo）是前日本共产党中央委员会主席，现任社会科学研究所（日共下属智库）所长。作为日共主要领导人之一和日共最富盛名和影响力的思想家，他长期从事理论研究，在马克思主义理论和日本内外政策方面提出了许多重要思想和政策主张，深刻影响着日共的政治实践。其有关当代资本主义将因金融资本腐朽而没落、科学社会主义将在21世纪迎来新的发展机遇等理论判断，不仅对当前日共的发展具有指导性作用，对国内政治产生一定影响，在西方遭遇整体性经济和社会危机的当下，尤具有启示意义。

一、追求真理的革命人生

不破哲三原名上田建二郎，其一生演绎着一个懵懂的“军国少

* 樊小菊，中国现代国际关系研究院日本研究所副研究员。

年”接触革命真理后，寻求进步、不断成长，最终成为日共最高领导人和理论哲人的人生故事。

1930 年 1 月 26 日，不破生于东京府丰多摩郡中野町（现东京都中野区）。其父上田庄三郎曾是一名倡导自由教育的教员，因在一次演说中针砭日本专制教育体制，表示“但凡破坏孩子们自由与创造之天地并施加压迫者已无所谓教育”而遭“劝退”，后迁至东京从事左翼教育和文化运动。不破的童年时代正值日本大举发动战争的军国主义扩张时期，在当时军国主义宣传下，少年不破曾相信“神国日本是不可能战败的”，直至日本战败令他“神国”梦碎。中学时代，他曾是军舰迷，以造船技师为理想职业。日后，不破回忆童年时，称自己曾是“忠实的军国少年”。[①]

战后，不破进入第一高等学校（东京大学教养学部前身）读书。受其父左翼思想影响，不破了解到日本发动战争的真相，对在战争中坚持反战、进行狱中斗争的日本共产党产生好感。同时，在其兄上田耕一郎的影响下，不破接触到马克思、恩格斯的哲学著作并产生浓厚兴趣。他从通俗易懂的恩格斯著作《费尔巴哈论》读起，逐步深入研读其他唯物主义著作。1947 年，16 岁的不破加入日共，开始以职业革命家为人生目标。1949 年，他考入东京大学理学部物理学专业，并在东大党组织领导下从事学生运动。期间，日共部分领导人受苏共指使，推行冒险主义军事方针，酿成分裂日共的“五〇年问题”。在该事件中，不破成为宫本显治（未来日共中央主席）的坚定支持者。

“不破哲三”这一笔名取自 1953 年。当时不破以《民族解放与民主革命的理论基础》为题，向日共机关刊物《前卫》投稿。其时，他自东京大学毕业后，在钢铁产业工会担任联合总部书记不到半年。由于上任时并未表明自己日共党员的身份，他考虑到以本名在《前卫》上发表文章甚为不妥，于是取自己住处附近的“不破建设”为姓，以与日语“铁”发音相同的“哲”为名。该名原打算临时使用，

① ［日］不破哲三：《時代の証言》，中央公論新社，2011 年版，第 12 页。

但文章发表后受到关注，被称为“不破论文”，遂一直沿用至今。[①]

1961年，日共八大确立党纲后，不破被调入新成立的日共党中央政策研究室从事理论研究，并于1964年进入日共中央政策委员会工作。[②] 1969年，不破首次当选众议院议员，其选区为东京都第六区。1996年日本引进小选举区制后，不破连续10次从东京比例区当选，直至2003年任期届满。

1970年，不破在党内地位不断上升，时年40岁就被破格提升为日共书记局局长，被当时媒体称为“共产党的王子”。[③] 1982年，宫本显治当选日共中央主席后，提拔不破担任日共中央干部会委员长。直至1987年，不破以患心脏病为由辞去该职，让位给村上弘，自己则转任日共中央副主席这一相对清闲的职务。1989年村上退任后，不破重新担任干部会委员长。在担任干部会委员长期间，他一度领导日共在选举中表现出色，被媒体誉为“微笑的共产主义者”。2000年宫本显治退任后，不破接任日共中央主席，成为继野坂参三、宫本显治之后的第三任日共最高领导人。2006年不破卸任党主席职务后，日共中央不再设该职，现任日共最高领导人志位和夫担任日共委员长。

卸任日共中央主席后，不破担任日共下属智库社会科学研究所所长，继续从事理论研究和宣传工作。他不仅在日共开设的“古典教室”授课，还不断在日共机关报《赤旗》和日共机关刊物《前卫》等刊物上发表理论文章。

不破不仅是资深政治家，也是日共理论家和思想库。长期以来，他笔耕不辍，出版著作共140余册，涉及马克思主义理论、科学社会主义、日共党史、日本政治和外交、国际政治等多个领域，甚至还出版过登山类趣味著作和文学作品。他的主要著作包括《邀你读古典》

---

① ［日］不破哲三：《時代の証言》，中央公論新社，2011年版，第43页。

② 同上书，第46—47页。

③ 因日共中央所在地位于东京代代木，媒体又称不破哲三为“代代木的王子”。

（全3卷）、《马克思的生命力》、《通读〈资本论〉》、《马克思与〈资本论〉》、《恩格斯与〈资本论〉》、《列宁与〈资本论〉》、《21世纪的世界与社会主义》、《日本前途思考》、《我的战后60年——日本共产党主席的证言》、《日本外交如何走出困境——战争结束60年后日本与亚洲各国最近的关系》、《如何认识当今世界——亚洲·非洲·拉丁美洲》、《新日本共产党纲领解读》、《激荡的世界去向何方》、《时代的证言》等。

不破熟谙马克思主义经典理论及其论著，更讲求“知行合一”，主张理论与政治实践相结合，表现出贯穿其政治生涯始终的务实特点，对日共的发展产生重大影响。例如，在“五〇年问题”上，不破就曾旗帜鲜明地反对斯大林要求日共走武装斗争路线，并撰写批判论文。① 1964年进入党中央后，他与苏共展开论辩，坚决反对苏联干涉。担任日共领导人期间，不破根据国内、国际形势的变化，推动理论创新，先后主持修改了日共党章和党纲。新党纲明确指出，当前日本社会必要的变革不是社会主义革命，而是民主主义改革意义上的“革命”，即在资本主义框架下进行可能的民主改革，使日本走上独立、民主、和平的道路。②

二、主要理论思想

作为日共领导人和理论巨擘，不破哲三构建了自身庞杂的理论大厦，其中最重要的莫过于对马克思主义理论、当代社会主义、资本主义和世界发展趋势富于哲理的深度思考，以及对日本发展道路、日共党建等问题的孜孜求索。其思想在理论界独树一帜，不仅对当前日共的发展具有指导性作用，也一定程度影响到日本内政。

---

① ［日］不破哲三：《時代の証言》，中央公論新社，2011年版，第25页。

② 《日本共産党綱領》2004年1月17日改定。

（一）论“科学社会主义”

不破在多年理论探索中，提出研究马克思主义经典的几点意见：一是应根据马克思、恩格斯的著作和文章来研究马克思主义，而不依赖后人解释；二是在历史中研读马克思、恩格斯，抓住其著作的历史主题；三是要掌握马克思、恩格斯之后至今的历史与自然，以及相关人类知识的发展和变化。[①] 他认为，“科学社会主义”一词比“马克思主义”更好，不能把前辈的言论当作金科玉律，这样有助于与“苏联式马列主义”划清界线。而“苏联式马列主义”是斯大林时代政治与实践的理论表现，苏联解体并非共产主义的失败，而是与社会主义背道而驰的斯大林式专制体制的瓦解。[②]

关于“科学社会主义”的未来，不破冷静地指出，马克思、恩格斯和列宁对“革命的客观条件已经成熟”的结论下得过早。他称，由于资本主义经济急剧增长，从根本上威胁着地球环境，这个问题将比反复出现的经济恐慌更为致命。21 世纪是一个真正的变革即将到来的时代，尽管“后资本主义”时代并非只朝着社会主义一个方向前进，但这一方向是推动 21 世纪的巨大动力，期待日本能在世纪之初发生变革。不破进一步阐述自己及日共构建的“科学社会主义论”具有三方面特征：一是为了更好展望未来，必须明确揭露前苏联的政治、经济和社会体制模式完全不是社会主义，而是压抑人性的枷锁，是打着社会主义旗号但完全失去解放人类之社会主义精神的体制。二是日共作为目标的社会主义社会，将在社会生活的各方面，全面吸收人类在资本主义时代创造的所有有价值成果。三是把超越利润优先、

① 郑萍：“日本共产党关于科学社会主义的研究方法——访日本共产党前主席不破哲三”，《中国社会科学报》，2010 年 6 月 10 日。

② ［日］不破哲三：《二十一世紀はどんな時代になるか》，新日本出版社，2002 年版，第 130 页。

取消人对人的剥削作为奋斗目标。①

关于通向社会主义道路的问题，不破指出，马克思和恩格斯都主张全世界同时革命，认为由于国家相互间政治、经济关系深刻关联，一国革命必然波及他国。但现实与他们的预测并不一致。现在世界是资本主义国家和以社会主义为目标的国家共存于世，这一两大体制共存的现象将贯穿整个21世纪。在这种情况下，通向社会主义的道路尽管有不同选择，但选择通过市场经济向社会主义过渡的国家将增多。由于各国政治民主和国民主权广泛扩大，这使得“获取议会多数席位的革命”的可能性增加，而这条道路只能由国民通过选举做出选择，一步步向前推进。②

（二）论“当代资本主义”

不破认为，当代资本主义主要表现出以下特征：第一，劳动者更不易察觉被剥削的事实。资产阶级对劳动者的统治不再依靠权力赤裸裸地进行，而更多地采取思想控制方式。这也是如今在发达资本主义国家难以开展革命运动的一个重要原因。第二，金融资本将获取利润的主要舞台由实体产业转向金融经济。金融资本确立之初是“银行与产业的结合”，即依靠银行资本控制产业资本，进而主宰整个经济。而当下，金融资本与产业的关系发生巨变，金融资本的寄生性与腐朽性更加深化。实体产业已不能满足其无限的贪婪，制造金融泡沫、放大虚拟数字已成为金融牟利的主渠道，这预示着资本主义体制将失去继续存在的理由，正逐步沦为寄生虫。第三，垄断资本主义国家并非帝国主义国家。当今世界，垄断资本主义的侵略性已不可能表现为对其他国家的殖民统治，资本输出与经济侵略间的关系也发生根

---

① ［日］不破哲三：《激動の世界はどこに向かうか 日中理論会談の報告》，新日本出版社，2009年版，第187—195页。

② ［日］不破哲三：《激動の世界はどこに向かうか 日中理論会談の報告》，新日本出版社，2009年版，第190—191页。

本变化。判断一个国家是否为帝国主义，应以“该国的政策与行为是否系统地体现侵略性”为基准。[①]

不破总结当前具有代表性的三大资本主义类别为：一是美国的“新自由主义”模式。其特征是否定并排斥制约资本横行的社会规则，导致弱肉强食主义横行于世；变更原有经济体系；以金融经济为获取利润的主舞台；将美式资本主义作为最现代化的资本主义模板向世界推行。二是欧洲“有秩序的经济社会”模式。一方面，欧盟不仅在经济活动方面，在构建欧洲共同保护劳动者和国民权利的“社会秩序”方面发挥了重要作用。另方面，欧洲仍无法超越资本主义社会范畴，资本对劳动者的剥削及其扰乱经济的行为只是受到限制，并不会被消灭。三是日本的“无秩序经济社会”模式。日本保护国民生活与权利不受资本侵害的社会秩序很不健全，其发展方向偏离了“有秩序的经济社会”，而且主导政府与财界的主流看法是“最好没有制约资本的规则”。[②]

围绕目前资本主义存在的问题，不破指出，资本主义的基本矛盾在当今世界表现为：贫困人口增加及社会贫富差距拉大；资本主义无法使发展中国家真正走上独立自主的发展道路；世界经济危机；地球环境遭破坏。同时，各种体制并存、各种探索并进的世界格局，与以资本主义为基础的世界经济秩序之间存在巨大矛盾。一方面，当今世界既有资本主义国家，又有以社会主义为理想的国家。而同属资本主义的国家，如亚非拉国家与发达资本主义国家，其所处地位、经济发展水平以及经济利益也有很大不同。此外，在资本主义深陷危机的今天，很可能爆发推翻资本主义的各种社会革命。实际上，拉美一些国家的左翼政权已经开始探索“新型社会主义”。另一方面，构建当今

① ［日］不破哲三：《激動の世界はどこに向かうか 日中理論会談の報告》，新日本出版社，2009 年版，第 48—59 页。

② ［日］不破哲三：《激動の世界はどこに向かうか 日中理論会談の報告》，新日本出版社，2009 年版，第 91—105 页。

世界经济秩序的国际性经济组织，无论是国际货币基金组织、世界银行，还是世贸组织，均以资本主义体制为基础。现有经济秩序则在经济危机中受到新自由主义的冲击。而什么样的经济秩序才合理，正引起世人重视。①

针对2008年源于美国并波及世界的金融危机，不破详细分析了此次经济危机爆发的时代背景：以美国为核心的资本主义寄生性与腐朽性显著深化；资本主义在全球的统治范围缩小，世界政治力量结构正发生巨变；资本主义引发的全球变暖这一世界性危机激化。由此，21世纪将成为验证资本主义是否具有继续存在资格的时代。

进而，不破详细论述了经济危机的成因：第一，“虚构的需求”导致生产过剩。经济危机爆发前，美国经济被称为“消费主导的繁荣”，日本等国依靠向美国市场销售商品带动景气。但是，拉动经济增长的消费实为“虚构的需求”。它以金融资本为杠杆，人为地将需求扩大至实际购买力的数倍。这种“需求”是通过银行向低收入者贷款，并在全社会掀起“用贷款购物”风潮而不断膨胀起来的。次贷危机爆发后，“虚构的需求”消失，消费与生产间的矛盾凸显，从而导致生产过剩的危机爆发。第二，次贷制造金融泡沫。美国的金融资本以次贷为原料，制造出世界性的金融泡沫。其具体做法是：银行向低收入者放出房贷后，获得贷款债权。为掩盖其不良债权的属性，银行多次将不同种类和性质的债权重新分类组合，形成新的金融产品。再请评级公司对其做出“优质商品”的评定，继而向世界大量售出，世界性金融泡沫由此形成。2008年美国出现的房地产泡沫破灭和次贷危机首先表现为金融泡沫破灭，继而在世界范围引发金融危机的连锁反应。第三，金融经济规模远超实体经济，加速了金融资本失控。2008年10月底统计数字显示，受美国新自由主义政策影响，世界实体经济规模为60万亿美元，而金融经济规模为167万亿美元。

① ［日］不破哲三：《激動の世界はどこに向かうか 日中理論会談の報告》，新日本出版社，2009年版，第106—121页。

金融经济不断膨胀，导致金融资产已接近实体经济的三倍。①

不破精通马克思理论，形象地将此次经济危机称为马克思“危机运动论”的现代版。他称，马克思的“危机运动论”阐释了资本主义周期性爆发经济危机的原因。调节作用是市场经济的特征之一，为何调节作用实际失效，致使生产无视实际需求而产生泡沫，最终导致危机爆发？马克思将其归结为资本主义制造“虚构的需求”，在当时的资本主义经济中表现为商人资本对市场的介入。在该因素作用下，生产脱离实际需求，即使发生供需不平衡也不会立刻显现；矛盾逐渐积累，以至于商品已经过剩，而表现出的却是经济景气不断升温，最终产生泡沫。本次经济危机爆发正是“虚构的需求”起了决定性作用。所不同的是，这次制造“虚构需求”的不是商人资本，而是金融资本。②

（三）论日共的“独立自主”

保持日共的独立自主是不破主要的党建思想。不论是在党的理论思想、路线纲领，还是在国家内外政策方面，不破都极为珍视日共长期积淀的独立自主特性，并努力将其贯彻至日共的未来发展中。在纪念日共成立八十周年纪念大会上，不破指出，日共在战前的黑暗时代，高举和平与民主主义旗帜，反对天皇制专制国家，是日本当时唯一未加入推动战争阵营的政党，并为此付出重大牺牲。战后，日共反对《日美安保条约》，反对日本从属美国，主张民族自决和主权独立，是政坛唯一主张废弃《日美安保条约》的政党。冷战时代，日共受到苏共干涉，酿成造成日共分裂的“五〇年问题”，但是1958年、1961年举行的日共七大和八大从中吸取教训并制定了新方针，走上了反对外国干涉、坚持独立自主原则的道路。此后30年，日共

---

① ［日］不破哲三：《激動の世界はどこに向かうか 日中理論会談の報告》，新日本出版社，2009年版，第48—85页。

② 同上书，第36—44页。

一直与苏联霸权主义展开斗争。上世纪90年代，世界共产主义运动陷入后退低潮期，日共却呈现出活跃上升趋势，这与日共一直坚持独立自主立场密不可分。不破也指出日共未来的发展方向，即应该朝着面向21世纪社会进步的方向努力，建设“发达资本主义国家最大的共产党”。①

针对日共的建党目标，不破指出，日共在建党之初曾提出“民主主义的日本”、“和平的日本”两大目标，这在战后确立的和平宪法中得到确认和验证。现在，日共仍要坚持这两大目标，学习前辈的不屈精神：不论在怎样困难的情况下，都始终高举和平与民主主义大旗，直至最终取得胜利。目前，日本“两大政党”（指自民党和民主党）在修宪和增税方面打出了共同旗号，并相应地走上两条反动政治道路，令日本及其国民的未来面临危险。鉴此，今后对抗“两大政党”、开启以国民为中心的政治新潮流，将是日本共产党的重要任务。我们要下定决心，继续发扬不屈精神，通过日常不间断的系统活动，在选举中与后援会员和党的支持者紧密团结。②

三、政策主张

从政多年，不破从日共立场提出多项内外政策主张，对日本的政治走向、社会舆论和思潮产生了重要影响。

（一）推动“民主主义革命”

不破认为，日本需要变革，但社会发展是阶段式演进的，不能一

① ［日］不破哲三：《激動の世界はどこに向かうか 日中理論会談の報告》，新日本出版社，2009年版，第12—38页。

② ［日］不破哲三：“新しい綱領の意義 政治のげん階段の特徴”，《しんぶん赤旗》，2004年7月24日。

蹴而就。因此，现阶段日本应真正贯彻“国民当家作主”的政治大原则。任何改革都必须在国民条件和时机成熟的情况下，在多数国民同意的基础上实现。社会主义不是马上就能实现的目标，现在日本最需要的是“民主主义革命”，即结束自民党政治和进行改革。考虑到战后民主党政治的历史（一是优先考虑大企业利润，二是外交和军事上追随美国），今后日本应该进行的改革内容包括：改变日本从属国地位，确保国家主权和独立，在政治、经济中彻底贯彻民主主义。不是进行社会主义改革，而是在资本主义框架内的民主改革。而建立“国民当家作主”的社会是当前的首要任务。①

（二）反对修改和平宪法

不破是坚定的反修宪派人士，坚决反对修改日本和平宪法第九条。他指出，修宪论者的主张存在三个盲点：一是在“自卫论”的背后隐藏真实意图。许多修宪论者表面以讨论日本自卫宪法依据为着眼点，但从日本政治实情看，修宪论并非基于自卫需要，而是指向重整军备、参加海外战争，这才是事情的真相。二是军事优先的安全保障理论在当今世界的有效性。针对陆上自卫队在“防卫警备计划”中把朝鲜、中国、俄罗斯作为日本的“威胁对象国”，并在此基础上制定作战计划，不破一针见血地指出，当今世界，通过和平外交手段解决纷争才应是最优先国策，军事部门设立“假想敌”的做法对日本的安全保障是有害的。三是世界对宪法第九条的看法。国际社会从和平规则制定的立场出发，对日本宪法第九条给予很高评价。世界潮流正从“战争规则”向“和平规则”转换，而宪法第九条在“和平规则”上与美国的“为和平而流血”的逻辑相反，它顺应了新潮流，

① ［日］不破哲三：《二つの世紀と日本共産党》，新日本出版社，2002 年，第 47—49 页。

是日本的骄傲。[①]

（三）反对首相参拜靖国神社

不破反对首相参拜靖国神社，主张日本人应有正确的历史观。与日本现实主义政治家反对首相参拜不同，不破坚持反对参拜立场不是从维护日本外交的实用主义出发，而是呼吁日本社会认识到靖国神社在美化侵略战争方面的功用，从根本上树立正确的历史观。他指出，20世纪前半叶，日本是世界上最突出的专制政治国家，军队中上级要求不管多么非法无理，都被当作天皇的绝对命令来服从，天皇制体系渗透至社会末梢。这样的专制政治把国民引向了导致毁灭的侵略战争，给亚洲各国造成超过2000万的战争死难者。日本国民作为亚洲人绝对不能忘记这一历史事实。[②]

同样，不破对于日本军国主义历史持完全批判态度，主张日本首相表明不参拜靖国神社的态度，并在历史教科书中诚实而认真地反映政府对“占领殖民地和侵略”的反省，同时在亚洲外交中推行和平大战略。他指出，像日本这样不承认侵略战争的政府，对于现在世界上发生的任何问题都不具有判断是非善恶的标准，也就没有参与国际政治的资格。[③] 2006年9月，他在日共机关报《赤旗》上以“日本的战争——领土扩张主义的历史”为题，发表连载访谈，详细叙述了二战期间日本对亚洲（包括侵华战争在内）的侵略战争历史。

（四）指明日本外交的问题

不破虽然是日共理论家和国会议员，但时刻关注日本外交动向和

---

① ［日］不破哲三：“憲法九条改定論の三つの盲点”，《しんぶん赤旗》，2005年10月19日。

② ［日］不破哲三：《二つの世紀と日本共産党》，新日本出版社，2002年，第13—14页。

③ ［日］不破哲三：《時代の証言》，中央公論新社，2011年版，第224页。

国际风云变幻，曾指明当前日本外交存在的三大问题：一是完全追随美国，从“美国的窗口”看世界，没有日本自主外交路线。例如，2003 年伊拉克战争开始时，小泉首相第一个表明支持美国并以此为傲，但从未加以认真分析和讨论，仅是出于条件反射式的支持。像这样对美国外交和军事行动无条件地“信仰”，并以此为基本国策的国家，恐怕只有日本了。二是执政的各届政府没有认真向亚洲各国反省侵略战争和殖民历史，并且在这样的状态下进入战后的国际政治舞台。三是奉行遇到任何问题都以军事应对为中心的“战争型”思维模式，缺乏构筑和平关系的战略。不破认为，这些问题应归根于继承了二战时军部主导外交的源流，日本也因此未能与亚洲国家建立真正的友谊和信赖关系。鉴此，日本最根本的问题是要废除《日美安保条约》，取消以军事同盟为中心的安保体制，通过独立自主的和平外交提升日本在世界的影响力。[①] 在如是外交思路指引下，不破在担任日共领导人期间，面向亚、非、拉地区开展了活跃的在野党外交，并取得一定成果。

2000 年初，美日间秘密协议文本遭曝光，披露“美国载核舰船可不经过与日本政府的事前协议而在日本停靠”，这与主张“无核三原则”的日本政府的一贯立场相违背。时任国会议员的不破哲三在国会上连续数日发起质询，但当时两任首相小渊惠三和森喜郎均以“不存在密约”予以否认，导致该问题在国会不了了之。为向民众阐明真相，不破出版《解明“核密约”的历史与全貌》一书，揭露自民党政府与美国之间的秘密交易，重申坚持“无核三原则”的正确立场。2009 年民主党上台后，“核密约”问题再次浮出水面，并演变为重大政治议题。鸠山内阁于是组织“有识者委员会”对此进行调查，并于 2010 年 3 月提出报告书，承认美日间存在“密约文件”，但称没有证据表明“日本政府知道载核舰船可不经过事前协议停靠的内容”，实际上否定了“核密约”。不破对此深感失望，认为日本

① ［日］不破哲三：《時代の証言》，中央公論新社，2011 年版，第 222—227 页。

作为遭到过原子弹袭击的国家，应发出“无核日本”、“无核世界”的声音，主张全面废除核武器。①

2011 年 3 月，日本发生大地震引发海啸，造成福岛第一核电站严重核泄漏事故。5 月 10 日，不破在日共的“古典教室”讲座中阐明了其对核能的看法。他认为，核能利用有两大不幸，一是开发制造核武器，二是将军用目的研发的反应堆直接转为民用，无法确保安全。他指出，现在的核能发电是“未完成”的危险技术，存在两大弱点：第一，核反应堆结构不稳定，在现有技术条件下，即便再多的防护也不能把核能释放过程产生的死灰完全封闭在反应堆内。如果任由轻水反应堆盲目发展，将对人类社会造成重大威胁。第二，使用过的核燃料无法处理。对日本来说，只能放在核电站燃料池或者交由外国处理。因此，核电完全说不上是“完成”的技术。不破提议，日本政府应做出战略决断，摆脱能源政策对核电的依赖。在完全实现这一目标之前，应尽快确立安全优先的审查和管理体制，确保核电安全。②

四、务实的对华态度

20 世纪 90 年代后期，不破的中国观随时代变迁和多次访华交流而趋向正面，他希望中国的社会主义事业取得成功，并提出诸多善意建言。

不破认为，在苏联干涉日共过程中，中共也发挥了一定作用。中国曾号召日本走“武斗”路线，而且，受到苏共指使的野坂参三和德田球一在遭美国占领军驱逐后，亡命中国成立“北京机关”，正是

---

① ［日］不破哲三：“非核の日本 非核の世界”，《前衛》，2010 年 6 月号。

② ［日］不破哲三：“科学の目 で原発災害を考える”，《しんぶん赤旗》，2011 年 5 月 14 日。

苏联和中国的干涉造成日共出现分裂的后果。

1998年，不破访华就两党历史问题进行交流，认为中共显示出前苏联所没有的诚意；现任中国领导人多数是在“文化大革命”中受过迫害的，对于干涉日本并无直接责任，且已经认识到毛泽东时代干涉日共的错误。此后，他多次访华，与中国领导人交流和对话。他赞赏中国社会主义市场经济，认为中国、越南和古巴正在从事的以社会主义为目标的事业是全新事业；通过市场经济实现社会主义的方针是列宁提出的，但被斯大林抛弃。这一事业是前人没有经历过的全新挑战，面临许多未知困难；而这一挑战的成果必将对21世纪的世界潮流产生巨大影响。[①]

对于中国的现状与未来，不破认为，中国通过市场经济来发展社会主义，30年来走过的路线使得中国社会的发展受到世界瞩目，这将成为改变21世纪世界经济和政治结构的一个巨大推动力。中国所走过的道路是世界上任何一个国家都没有走过的，前途上必定会遇到需要解决的许多问题和困难。他希望不管遇到什么样的困难，中国都能借助社会主义的精神和智慧向前推进。他认为，21世纪将是决定资本主义和社会主义未来的重要历史时期，期待着以社会主义为目标的国家，发挥社会主义事业在政治、经济和道德上的优越性，切实推进社会进步。同时，他也由衷希望中日两党的交流和团结能为此发挥作用。[②]

不破在其《激荡的世界去向何方》一书中，就中国如何增强国民的社会主义意识提出几点建议。第一，引导国民正确认识走社会主义道路取得的成绩。应对中国取得的举世瞩目成就加深理解和宣传，这对引导国民坚定走社会主义道路的信心尤为必要。第二，积极采取

---

① ［日］不破哲三：《二つの世紀と日本共産党》，新日本出版社，2002年，第74—87页。

② ［日］不破哲三：“中国共産党創立90年で”，《しんぶん赤旗》，2011年7月2日。

有效措施应对市场经济弊端。中国应有意识地把应对市场经济弊端的措施系统化，使国民感受到社会主义国家能够采取比资本主义国家更有效的对策，能以其他国家无法使用的方法遏制市场经济的负面影响。第三，创造劳动者能够切身体会的优越工作环境。第四，不断增强共产党的执政能力。这包括两方面：一是作为执政党，领导中央和地方政府实施切实可行的政策；二是密切党群关系，使群众的要求能在政治中得到回应，同时扩大群众对党的路线与政策的支持。特别应坚持群众路线，塑造力量巨大的“草根”基础。中国共产党7400万党员应通过面对面交流赢得老百姓支持。如果每个党员争取到10个百姓支持，那么就能获得7.4亿人的群众基础。①

① ［日］不破哲三：《激動の世界はどこに向かうか　日中理論会談の報告》，新日本出版社，2009年版，第199—270页。

“政治大国化”先导小泽一郎*

小泽一郎是日本无人不晓的政治家，无论是其盟友，还是他的对手都对他敬畏三分。自上世纪80年代以来，小泽在日本政坛力推改革，引进小选举区比例代表制度、建成初具规模的两大政党制、推翻自民党长期政权等政治大变化均为其杰作。特别是他提出的以政治大国为目标的“普通国家论”，更成为近十几年来历届政权遵循的治国理念，并为大多数进入政权中枢的新生代政治家所接受。目前，日本民主党政权的内外政策中不乏小泽思想色彩。

一、“政治强人”的人生轨迹

小泽继承了政治世家的家传基因，并追随父亲足迹走上政坛。在多年的政治沉浮中，他不善言辞，留下“傲慢、独裁”的恶名，但也被认作知恩图报、言而有信的政治家。他喜欢的格言是“至诚报恩”、“百术不如一诚”、“滴水之恩当涌泉相报”。

---

* 马俊威，中国现代国际关系研究院日本研究所副所长、研究员。

(一) 子承父业的“官二代”

小泽一郎1942年5月24日生于东京的一个政治世家，3岁至14岁随母亲生活在日本东北的岩手县。这段经历造就了小泽“讷言内向”的日本东北人性格特点。学生时代，小泽学习成绩优异，英语成绩尤为突出。他不善言表，但颇有号召力，周围不乏追随者。初中二年级时，他转学到东京，高考时两次报考东京大学均名落孙山，只好改投著名私立大学庆应义塾大学经济系就读，与日本前首相小泉纯一郎为同系同级校友。其父小泽佐重喜曾是日本战后“重经济、轻武装”路线缔造者吉田茂的亲信，当过吉田茂内阁运输大臣、邮政大臣和建设大臣，并为修订《日美安全条约》做出很大贡献。1968年因为父亲突然病逝，小泽只好放弃在日本大学研究生院的学业，转而继承其父的政治地盘参加选举，并于1969年首次当选众议员，从此开始跌宕起伏的政治生涯。

小泽不善言辞，但性格豪爽，被公认为具有古代东北英雄的“反骨精神”，同时也有“破坏者”、“乱世英雄”之称。他的政治格言是“来者不拒，去者不留”；最尊敬历史人物西乡隆盛，最想成为大久保利通那样的政治家，[①] 因为大久保“有强烈的国家意识，即使命感和实现这种使命的权力意识。虽然受到周围人的批评，但他为完成自己的使命完全掌控着权力机构，巩固了行使权力的体制”。[②]

(二) 自民党的“骄子”变“逆子”

从政早期，小泽深受田中角荣、竹下登及金丸信等党内大佬的喜爱和器重，并成为自民党最大派系竹下派的“七大金刚”之一。田中对小泽视如己出，盛赞他“总是为别人默默地流汗，而且从无怨

---

① “小沢一郎”，フリー百科事典［ウィキペディア（Wikipedia）］。

② ［日］小泽一郎著，冯正虎、王少普译：《日本改造计划》，上海远东出版社1993年版，第11页。

言”，“将来一定大有出息”；而小泽也尊称田中为“政治之父”。在田中的提携下，小泽不但善于处理派系事务，更擅长筹集政治资金，曾荣获“选举之神”的美誉。田中涉嫌洛克希德受贿事件失势后，小泽继续受到竹下、金丸等自民党大佬宠信，年仅47岁便当选自民党干事长，成为政坛绝对实权派人物，这在极为讲究论资排辈的自民党内实属凤毛麟角。1991年，海部俊树内阁总辞职时，金丸信等曾力劝小泽参加实为角逐首相宝座的自民党总裁选举，但小泽以“我还太年轻”为由，将机会拱手相让。然而，那年自民党内的首相竞争异常激烈，宫泽喜一等三位老前辈不惜“屈尊”到小泽事务所接受“面试”，使小泽扮演了“首相缔造者”的角色，也给人留下“傲慢”和“独裁”的印象。

1992年，自民党大佬金丸信涉嫌佐川急便丑闻案而辞官，作为其亲信的小泽在党内地位下降，不仅在与小渊惠三、桥本龙太郎的派系首领争夺中落败，在党内也受到宫泽、渡边、三冢、小渊等派系围攻，成为党内唯一的“反主流派”。然而，韧性十足的小泽把失去权力视为推进政治改革的良机，在党内成立名为“改革论坛21”的新会派，并抛出力作《日本改造计划》作为政治宣言，挑战已经出现严重“政治疲劳”的自民党政权体制。1993年6月17日，社会、公明、民社三大在野党以“政治改革法案在本届国会搁浅系宫泽的重大失职”为由，正式向众院议长提出对宫泽内阁的不信任案。小泽深知当时仅靠在野党在众院的218个议席是无法通过对内阁不信任案的，便大胆决定从自民党内部策应在野党，掀起一场“倒阁运动”。于是，羽田—小泽派35名议员率先造反，促推该法案在众院得以通过，并导致自民党发生大分裂。自民党政权解散国会后数日内，有近50人宣布脱离自民党，以武村正义为首的10名年轻议员率先宣布退党并组成“先驱新党”。之后，羽田—小泽派44名国会议员宣布集体退党并组成“新生党”，而细川护熙等人则另组“日本新党”。由此，在日本政坛单独执政38年之久的自民党分裂，其一党执政时期形成的日本政治秩序被迫进行根本性调整。[①]

（三）矢志不渝实现政治理念

小泽一郎是一个有强烈政治理念的政治家。为实现自己的主张，他不惜与密友翻脸，也敢于与昔日宿敌握手言和。有媒体曾批评小泽一郎有“权力中毒症”，喜欢在幕后纵横捭阖、翻云覆雨。[②] 事实上，他确实是1993年以来日本政坛一系列动荡的“震源”之一。

小泽甚为推崇美国的政党制度，认为其“民主、共和两大党相互牵制与合作”是最好的政党政治，既能防止一党专制，又能给国家带来效率与稳定，尤为适用于政党派系林立、政权短命的日本。由此，他把打破“1955年体制”（该体制以自民党长期执政为主要特征）作为政治改革的第一步，以期实现在日本建立可轮流执政的“两大政党制”夙愿。1993年7月他率众造反，宫泽内阁被迫解散国会并举行众议院选举。而脱胎于自民党的新生党、日本新党、先驱新党等多股政治势力与自民党分庭抗礼，令自民党在选举中惨败，首次无法控制众议院多数席位。当时，小党林立的在野势力虽在数量上超过自民党，但自民党只要从中拉走一个小党便可继续执政，而细川护熙领衔的日本新党已成为自民党联合的首选目标。小泽看准有利时机，当机立断实施“夺权战略”，提出以新生党为核心的“联合政权构想”，一面联合公明、民社党等中间势力和社会党右派，一面争取日本新党、先驱新党等新保守势力合作，同时将自民党内以海部前首相为会长的“推进政治改革议员联盟”列入联合范围，筹划建立以本党为中心的大联合政权。曾为自民党决策层要员的小泽深知自民党的致命弱点：不会将首相宝座让给小党，遂紧急与细川举行秘密会谈，提出以细川为首相的联合政权方案，后者欣然接受。同年8月9日，8党派联合政权取代连续执政38年的自民党政权，开创日本战

① 刘江永主编：《跨世纪的日本》，时事出版社1995年版，第49页。

② 吴寄南：《日本新生代政治家》，时事出版社2002年版，第342页。

后史上多党联合执政的先河。小泽也因此成为最受民众期待的政治改革领导者之一。

八党联合政权内部成分复杂，存在左、中、右三股政治势力，政策协调极为困难。1994 年春，细川首相提出"国民福利税"构想，因遭政权内部其他政党联合反对而辞职。随后，羽田孜在小泽支持下紧急组阁，但社会党因不满"遭到排斥"愤而退出联合政权。面对 8 党联合政权大势已去，小泽决定利用最后机会推动实现自己的政治理念：废除中选举区制度（利于小党生存，保证大党一定数量的议席），代之以小选举区制度（利于形成鲜明对峙的大型政党）。

为彻底清算"1955 年体制"，使日本成为"普通国家"，并利于日后组建可与自民党分庭抗礼的大型政党，进而实现政权交替，小泽在仅维持了两个月的羽田政权期间，实现小选举区制度引进。日后，在该选举制度作用下，果然形成了自民党和民主党两大政党分庭抗礼的政治局面，而且实现了政权更替。相比之下，小型政党的生存空间不断被压缩，基本上成为大党附庸。1994 年 6 月，饱尝在野苦果的自民党汲取前车之鉴，联合社会党组建以村山富市为首相的自社联合政权，8 党联合政权仅维持了 10 个月便告解体。

对此，小泽总结 8 党联合政权失败的原因，认为是"多党各自为政、无法统一步调"，于是立即着手重组在野势力。仅用了 5 个多月时间，他便在日本众、参两院聚拢 225 名国会议员，于同年 12 月成立声势浩大的新进党，推出海部俊树担任党首，自己则担任掌握实权的干事长职务。随后，新进党在 1995 年的参议院选举中获胜，其在众、参两院的议席总数逼近执政的自民党。

（四）领导民主党成功问鼎

新进党的稳定局面仅维持了 1 年，派系林立、政见不一的问题再度表面化。小泽虽在 1995 年底当选第二任党首，仍无力挽回新进党江河日下的局面。随着羽田孜等党内实力人物另组新党，新进党于 1997 年底宣告解散。该党势力不是加入小泽领衔的自由党，就是转人菅直人牵头的民主党。1998 年 7 月，自由党在参议院选举中获胜后，小泽联合在野势力再次向自民党政权发起挑战，在国会首相指名选举中共同推荐菅直人为首相。结果，在众议院，自民党的小渊惠三获胜；在参议院，民主党的菅直人获胜。依据日本法律，虽然小渊最终当选首相，但对成为参议院少数党的自民党来说，执政已然举步维艰，急需联合一股在野势力维系政权。小泽对菅直人无意继续围剿自民党的做法十分不满，于是决定采取内部突破的手段，借自民党对小泽三顾茅庐之机，于 1999 年 1 月与自民党组建联合政权，意在拉出一部分保守势力另立山头。

小渊惠三执政期间，不仅极为看重小泽的实力，而且对其言听计从。依托首相器重，小泽主导国会改革，成功削减了众议院议席和内阁成员数目、废除政府委员制度等，其能力重新得到小渊惠三首相、中曾根康弘前首相等自民党大佬认可，并建议他重归自民党。小泽也认为复党可发挥更大作用，但自民党内相当一部分成员对小泽的独断专行心有余悸，表示强烈反对。加之公明党加入联合政府导致自由党地位下降，小泽遂于 2000 年 4 月宣布退出联合政权，引发小渊首相脑血栓发作而一病不起。

2003 年 9 月，笃信“变化中求生存”的小泽带领只有 20 多名议员的自由党与民主党合并，以普通议员身份加入民主党。其后 3 年内，民主党更换 3 届代表，仍找不到对抗自民党的有效手段。2006 年，小泽作为“最后王牌”被选为民主党代表。为完成“两大政党轮流执政”的政治宿愿，小泽迅速将民主党打造成一支堪与自民党一决高下的政治力量，目标直指夺取政权。为此，小泽把第一步工作重点定为赢得 2007 年 7 月的参议院选举。针对自民党小泉政权改革“烈度过大”、破坏原有的社会和谐、带来贫富差距拉大等诸多问题，小泽制定选战策略，提出“生活第一”、“农业补贴到户”等政策主张，并亲自前往农村等非改革受惠区拜票。在其精心布局下，自民党遭遇“历史性惨败”：建党 52 年以来首次痛失参议院第一大党地位，而民主党则取得参议院控制权。随后，小泽确定第二步工作重点是赢得2009年8月众议院选举。他以参议院为主战场，率民主党与自民党展开一场夺取政权的激烈较量。如，阻止参议院通过“反恐特措法”，使日本难以继续在印度洋为美军供油；在税制改革、年度预算、人事安排上与自民党缠斗，使民众对自民党的执政能力丧失信心。选前，小泽突遭政治丑闻冲击，他果断将党代表职务让位于鸠山由纪夫，从而确保民主党在众议院选举中大胜，成为民主党执政的头号功臣。日本原防卫大学校长五百旗头真为此赞他“曾身居权力中枢，却能敢于激流勇退，是真正的勇者”。①

然而，2012年7月2日，小泽重整旗鼓，率“小泽派”50名国会议员提出退党申请，并于同月18日成立“国民生活第一党”。此举使民主党遭遇建党以来“最大规模分裂”，也导致野田内阁濒临内外交困境地。

回顾日本十几年来的政治变局和改革历程，其基本走势几乎按照小泽一郎的思路展开。翻开小泽20余年前出版的《日本改造计划》一书，人们会惊奇地发现，无论是选举制度改革、还是行政改革，从两大政党制、修正与美国的军事同盟关系到发展与中国的合作关系等，都是他早年提出并一直为之奋斗的政治目标。从某种意义上讲，自民党的许多政策都是在实践小泽的思想。

二、“普通国家论”推手

作为改造日本战后政治的先行者，小泽的政治理念有完整的系统性，从对内重塑日本精神、倡导普通国家论，到对外修正美日军事同盟、建立日美中三国等边三角形关系、重视外交战略平衡，其思想悄然引导着日本两个时代的政治和战略走势。其中，其核心理念是主张

---

① 参见［日］五百旗头真等著：《90年代的証言 小泽一郎 政权夺取论》，朝日新聞社2006年版。

日本走出战后阴影，不懈地坚持“独立自尊的日本精神”。

因家世关系，小泽深得日本战后政治真传，加之早年曾深居自民党权力金字塔结构顶层，所以较早感悟到冷战后国际形势的巨大变化。他曾表示，搞好经济建设并不难，难的是“精神的重建”；认为日本已不可能再像冷战时期那样在美国的庇护下生存，必须进行全面改革，成为负起大国责任的“普通国家”。1993 年 5 月，小泽迎合国民困惑求变心理，适时推出《日本改造计划》一书，销量一举突破 70 万册，居当年国内畅销书之首。该书系统阐述了对未来日本政治经济体制改革的构想，被视为“平成维新”的“宣言书”。其“反对一国和平主义”、“普通国家论”等主张，以振聋发聩的声音惊醒了无数年轻人，在潜移默化中改变了日本人的观念，也成为日本保守主义政治家的理论基础。

在该书中，小泽尝试探索新型发展模式，指出“经济优先并不是来自吉田首相的政治哲学，更不是一成不变的政治原则。在冷战结束后的今天，应该尽快从‘吉田主义’的说教中解放出来，制定一个新战略。当然，要成为‘普通国家’并非只进行政治改革就可以了。国民应该清醒地意识到，日本在国际社会中所处的地位，从而改造自己的思想，使自己成为能被国际社会所接受的‘普通国民’”。①

小泽提出“普通国家论”有其深刻的历史背景。冷战结束后，日本泡沫经济破产，日本所面临的国内外环境发生巨大变化。为了消除腐败等弊端、重新定位对外战略走向，日本国内出现了关于“国家观”问题的论战。为适应新形势下日益强烈的改革呼声，小泽等战略派政治家将成为“普通国家”（即政治大国）的右倾思想揉进“改革”的药方，对战后长期形成的自民党传统保守主义主流思想进行修正。事实上，它是对中曾根康弘提出的“政治大国论”的继承和发展，其主要目标是要突破战后和平宪法的禁区，作为国际社会的

① ［日］小泽一郎著，冯正虎、王少普译：《日本改造计划》，上海远东出版社 1993 年版，第 69—70 页。

平等一员，与美国一道在世界上发挥更大的政治和军事作用。而具体在国内政治方面，要打破"保守"、"革新"力量相互牵制的局面，实现保守势力的一统天下，建立有自己主张的"自立"国家。

小泽指出，构成国民经济富足、生活安定的前提是国家安全，而国家安全的获得需要和平安定的国际环境。当今世界，无论政治、经济、军事方面，任何国家都无法单独使本国获得绝对的安全保障，必须依靠各国协调。因而，冷战后日本的立场应是，无论需要怎样的努力，都必须维持国际社会的和平、安定与自由，必须尽快建立冷战后新的世界秩序。为此，任何国家都必须积极承担责任和发挥作用，日本也必须融入"国际社会"，成为"国际国家"。与此同时，小泽尤为强调冷战结束后日本面临的国际环境非但没有变得安全，反而面临更大危险。为了适应冷战后变化了的国际环境，日本必需成为"普通国家"：应以日美同盟为基轴，突破日本宪法"专守防卫"的制约，行使可与美国联合采取军事行动的集体自卫权。

随着上述"普通国家论"日益为国人接受，它也逐渐成为日本实现国家战略转型、全面追求"自主性"、"平等化"和"大国化"的政策理念。冷战结束至今，它以更为平实的逻辑掩盖了"政治大国论"的锋芒，为日本右倾保守势力摆脱二战后的体制束缚提供了最方便的理论依据，牵引着日本的政治走向和对外战略演进，小泽在其中不仅是思想布道者，更是行动引领者。

1992年，小泽正处在自民党党内的权力巅峰期，在其力推下，日本政治生活中发生了两个具有象征意义的事件：一是国会强行通过《联合国维持和平活动合作法》（简称"PKO合作法"）；二是宫泽内阁制定《政府开发援助大纲》（简称"ODA"大纲）。前者的始作俑者便是小泽，该法使日本在军事外交方面取得突破性进展，为日本在联合国名义下向海外派兵打开大门。① 后者则标志着日本对外援助方

① "联合国维持和平活动等相关合作法律成立"，日本《朝日新闻》，2008年2月22日晚刊。

针的转变：从以经济为中心转为以政治为中心，为日本运用对外援助来增强在国际政治中的发言权提供了依据。这两项举措是冷战结束后日本国家战略调整的初步成果，标志着日本“普通国家化”战略的初步实施。

1993年，以自民党长期执政为特征的“1955年体制”解体，“普通国家化”开始正式纳入日本政治议事日程。在推进“普通国家化”过程中，日本非常注重通过强调外部世界存在不稳定和不透明因素来为政策调整寻找舆论支持。“中国威胁论”和“朝鲜半岛危机”就是这一思维方式的产物，而“新防卫大纲”和《新日美防卫合作指针》的制定等，均是日本政府利用外压促内政，借以强化国民危机意识的表现。无疑，小泽在其中发挥了重要作用。此外，小泽还强调联合国中心主义，认可日本参加联合国治安支援部队(ISAF)，参与解决达尔富尔地区纠纷等。①

此后，为推动日本早日成为“普通国家”，小泽力主冲破和平宪法束缚，积极发挥日本的军事作用。1999年，小渊惠三内阁（与小泽领导的自由党联合执政）通过《周边事态法》、《国旗国歌法》等一系列重大立法和国内改革政策，扫清了长久以来阻碍日本成为“普通国家”的许多禁区，令日本在迈向“普通国家”的道路上取得实质性进展。而小泽作为执政联盟成员，发挥了至关重要的推动作用，而上述诸多政策都不难看到小泽思想的影子。在小泽看来，学校教育应该在必要的时候做必要的事情，无需顾忌所谓“军国主义复活”的批判。如，应该自然地摆放国旗、自豪地唱国歌；学校施教时应教孩子们国歌，培养中小学生的爱国主义情感。

进入新世纪，日本加速朝小泽设定的“普通国家”方向演变，在有关日本未来走向问题的路线分歧中，对外主张国际协调主义的“民生大国论”渐失市场，而以对外平等、自主、自助、自决为特征

---

① “向阿富汗派遣自卫队 政府解释符合宪法”，日本《读卖新闻》，2007年12月22日。

的“普通国家论”取得主导地位。2001 年，日本国会通过《反恐怖特别措施法》，日本自卫队开始远赴印度洋，持续 8 年为开展阿富汗战争的美军供油，这实际上已经突破日本宪法“专守防卫”的禁区。2003 年，日本国会以 90% 的赞成票通过包括《武力攻击事态法》在内的“有事法制三法案”。时任首相小泉纯一郎将这部“战争动员法”称为“日本政治史上具有划时代意义的大事”。同年，日本国会又通过《伊拉克复兴援助法》，日本陆上自卫队借此战后首次走出国门，参与未经联合国授权的伊拉克战争，行使有悖于日本宪法的“集体自卫权”。至此，日本关于冷战结束后国家战略的争论已经结束，“普通国家论”战胜“民生大国论”，走“普通国家”之路已成为日本各派政治力量的战略共识，并为 21 世纪日本外交的安全战略调整规定了根本方向。

正如小泽一郎所言，自从 1993 年他提出对日本未来发展的想法后，“日本国民的意识发生了很大变化。从逻辑上讲，我的主张正在被大多数人所认可。”可以预见的是，近期内无论哪个政党执政，日本走向“普通国家”的进程都不会停止，而且有可能进一步加快。日本政治评论家本泽二郎尖锐地指出：“在小泽的《日本改造计划》一书中，到处都镶嵌着积极的国际贡献论，尽管它戴着联合国维和行动的桂冠，但仍具有强烈军事色彩。”①

三、主张平衡发展对外关系

小泽的外交思想具备战略高度和国际视野，巩固日美同盟关系是其外交思想的核心。自 20 世纪 80 年代后期以来，他以日美民间交流机构“约翰万次郎之会”会长身份多次访美。但是，他对美政策思

① ［日］本泽二郎著，袁蕴华等译：《中国的大警告》，中国社会科学出版社 1997 年版，第 73 页。

想与自民党老一代领导人不同，亲美而不盲从，重视维护日美间紧密的安全纽带，认为贸易摩擦不应损害同盟关系。

据悉，小泽对美国心怀“报恩之情”，认为“战后美国全面保护日本，给予大量援助、提供广阔市场”，“日本如不与美国合作将无法生存”。然而，他虽然支持维系日美同盟和接受美国保护，但对自民党对美国惟命是从、亦步亦趋的做法十分不满，明确反对日本参与未获联合国授权的伊拉克战争和阿富汗战争。他认为，日本出兵伊拉克、在印度洋为美军供油等军事行动有悖国际法理。他也多次公开批评小泉政权的对外政策是“对美一边倒”；主张对美国不应盲目追随，在出现问题时要敢于提出，甚至提出不能认为“美式民主就是绝对正义”。

2009年9月，民主党鸠山政权成立伊始，大幅度调整对美外交政策，将谋求对等而紧密的日美关系作为外交方针，而“对等”字样也首次出现在对美政策之中，令美国大为不悦。由此，不难看出作为鸠山政权大后台的小泽在其中的影响。而鸠山政权做的第一件大事就是不再延长《反恐特措法》，并依此中断日本自卫队舰艇在印度洋继续为美军供油的行动。随后，鸠山政权明确对美国表示，将不再履行2006年自民党政权与美国签订的“普天间基地搬迁协议”。这与小泽“削减驻日美军基地”等主张完全吻合。

不仅如此，鸠山政权不顾美国再三劝阻，坚持调查日美“核密约”真相，并确认日美之间存在“美国军舰可携带核武器进入日本港口的核密约”。因“核密约”违反了“无核三原则”，在日本引起轩然大波。2009年2月，小泽公开称：“美国在这个时代部署前沿部队已经失去意义。从军事战略来看，美国在远东的存在有第7舰队就足够了。日本应担负起自身安全保障和在远东地区的作用。对美国不应唯唯诺诺，我们应有自己的世界战略，这样美国的作用就会减轻。”①

① “驻日美军有第7舰队就够”，日本《产经新闻》，2009年2月25日。

从更深层次讲，小泽"亲美而不崇美"的立场是其实践国家独立和战略平衡外交理念的一种体现。小泽认为，冷战结束后，日本应进一步谋取与自身经济地位相称的国际政治地位，在国际事务中拥有与其他大国同等的发言权，并成为多极世界中独立、自主的一极，"建立以日本为中心的多边外交"，并积极践行日本外交五原则：以"民主、人权"等价值观为基础，维持日本的繁荣与稳定；日美欧共同行动，积极参与新世界秩序的构筑；明确表达日本21世纪的外交战略，以化解疑虑；强化日美同盟关系，使其承担解决亚太地区冲突的功能；开展多边外交，明确日本重视亚洲的外交姿态，将对外援助作为外交战略的一环等。① 此外，在日美中三边关系中发挥桥梁作用。

小泽"普通国家论"的战略思想对日本的国家转型起到重要作用，随着时代发展，其中重视亚洲、重视中国的比重不断增加。在对华态度上，小泽立足长远，"友华而不袒华"。他认为日中两国地缘相邻，应该紧密合作，彼此开放市场，共同带动亚洲经济发展。由此，他重视发展日中关系，主张两国"为建立信赖关系而努力"，但同时认为不应强调日中关系的特殊性，要建立自主的日中关系。自2004年起，小泽已经五次访华，为推动中日关系做出了独特贡献。早在1989年担任自民党干事长期间，他就传承恩师田中角荣的对华友好精神，提议创立党际交流机制"长城计划"。日后，他又将这一机制引入民主党内。在前几年中日关系僵持期，小泽不仅多次率"长城计划"友好使节团访华，参加植树等公益活动，并出资邀请中国大学生访日或留学，加强两国青年交流……由此，小泽的"长城计划"加深了日中两国民间的相互理解与信任，为避免两国关系陷入冰冻状态起到外围预热作用。

正因为如此，中国对小泽访华也高度重视。胡锦涛总书记多次与

① 参见［日］小泽一郎，冯正虎、王少普译：《日本改造计划》，上海远东出版社1993年版，第103—104页。

来访的小泽举行会谈。2009 年，小泽为促成天皇破例会见来访的中国国家副主席习近平，不惜批判日本媒体和宫内厅而引火烧身。同年 12 月 10 日，时任日本民主党干事长的小泽率领 600 人之众的代表团，对中国展开为期三天的友好访问。此行是 2006 年小泽访华时与胡锦涛总书记直接商定的两党定期交流磋商机制的一环。此次随小泽访华的国会议员近 150 人，日本媒体称小泽将“小半个国会”带到中国，这是“外交史上的罕见之举”。

在历史问题上，小泽认为应该坦诚交流应对分歧。他多次批评小泉参拜靖国神社有悖“国家利益”，影响日本同中、韩及亚洲国家的关系。在小泉执政期间，小泽曾专程访华“传递重视中国的态度”。他明确主张：“日本该反省就要反省”，并要将它反映在现在及将来的理想与行动上；作为历史的一个侧面，日本无法否认曾是这个地区侵略者的事实。与此同时，小泽也强调“日本历史也有犬养毅和宫崎滔天等支持孙文领导的中国革命等积极一面”。2008 年，他在接受韩国媒体采访时说：“日本在靖国神社问题上犯了一个大错误。民主党夺取政权后将把战争责任者从靖国神社中分祀出来，并与韩国和中国构筑强有力的信赖关系。”① 2009 年 9 月，民主党成为执政党后即明确规定，总理大臣和内阁成员不参拜靖国神社。

在台湾问题上，小泽表示“中台间的问题基本上属于中国内政”，但他同样认定“周边事态”包括中国和台湾在内，“若任何一方动武，国际社会就有可能不承认这是内政问题。届时，日本会追随国际社会的判断。”②

---

① ［韩］“小泽力主发展与亚洲关系”，朝鲜《朝鲜日报》，2008 年 2 月 21 日。

② “小泽解读周边事态法”，日本《产经新闻》，2008 年 7 月 11 日。

日本保守派精神领袖中曾根康弘*

世界上可能没有哪位老人如中曾根康弘般威风，不论日本哪个政党执政都问计于他。自民党的安倍晋三任首相时，请他到官邸吃饭，讨教如何看待内阁支持率；民主党的菅直人任首相，专约他在饭店见面，请教出席八国峰会的注意事项；新首相野田佳彦上任也摆脱不了惯例，特意与他会谈，听取其对内政外交的看法。这位94岁的老人，到底有何神通引得多任首相如此屈尊求教？

一、政界“常青树”

1918年5月27日，中曾根出生于日本一个富裕的商人家庭。其父做木材生意，规模在整个关东地区排前几名，住宅加厂房面积达3万平米，曾有150名雇工和20名女佣。[①] 1941年，中曾根从东京帝国大学法律系政治专业毕业，进入内务省。太平洋战争爆发后，他参

* 孙建红，中国现代国际关系研究院日本研究所副研究员。

① ［日］周刊丛书特别报道组编：《新総理 中曽根康弘の研究》，现代书林，1982年版，第139页。

战直到战争结束。之后，回到内务省，历任内务大臣官房事务官、香川县警务处长、警视厅警视和监察官。1946 年从内务省辞职，次年参加众议院选举并成功当选，从此开启政治生涯。[①]

（一）“风见鸡”本色

1955 年保守政党合并成自民党后，中曾根出任副干事长。1959 年，41 岁的中曾根首次入阁，担任岸信介内阁的科学技术厅长官。1966 年，自民党内河野派因派系首领河野一郎去世而分裂，原属河野派的中曾根抓住机会，联合亲信组成中曾根派，拥有 22 名成员。[②]

为扩大个人影响并壮大本派实力，中曾根充分展露了“风见鸡”的本色。“风见鸡”，意为风向标，一般指信息收集快、转变快、没有节操的人。作为小派系领袖，中曾根深谙辨别风向、避免逆风而行、需顺流而下等诸多在斗争残酷的政界的处世之道。[③] 成立自己的派别之初，他继承了河野对时任首相佐藤荣作的批评立场。但是，佐藤改组内阁时，中曾根竟然顺利入阁成为运输大臣。他对此的解释是“像狗一样远远地叫唤没有效果。为使刀锋碰到对手，必须先接近对手”。伴随在佐藤内阁连续担任重要职务，中曾根的政治根基不断稳固。然而，佐藤下台之际，自民党举行总裁选举，中曾根竟然不支持佐藤中意的福田纠夫，反而支持其对手田中角荣，并促成田中顺利当选。[④]

中曾根在关键时刻鼎力支持田中，使自己获任内阁通产大臣兼科技厅长官。此后，在三木内阁和福田内阁时期，他分别担任自民党干事长、总务会长，成为党内屈指可数的实力派人物。1980 年，他出

① ［日］周刊丛书特别报道组编：《新総理 中曽根康弘の研究》，现代书林，1982 年版，第 36—38 页。

② 同上书，第 39—53 页。

③ 同上书，第 182 页。

④ 同上书，第 169—172 页。

任铃木内阁行政管理厅长官。1982 年，中曾根受党内最大派系田中派支持，在全体党员参加的总裁预备选举中获得压倒多数票，如愿以偿成为第 72 代首相。[①] 在首相任上，中曾根对国铁等三家大型国企进行民营化改革，从大藏省（即财务部）手里夺回预算制定权，充分展现了领导力。

（二）深谙领导艺术

中曾根在多年政治生涯中练就了领导艺术，这也成为他著作中常阐述的话题之一。以近年出版的《保守的遗言》为例，他在书中提出领导人应具备的条件：一是目测力，即预测事态发展，为实施自己所做的决定而提出问题，并把握如何达到目的能力；二是说服力，即与国内外沟通的能力；三是结合力，即把出色的人才、信息和资金集中、结合起来的能力；四是人性魅力，即动员愿意帮助自己的人并最大限度发挥他们作用的根本能力。其中，第四个条件“人性魅力”最重要，它不仅包括知识和素养，还包括人生经验和渡过难关的精神。中曾根一一列举有人格魅力的几位领袖，包括里根、戈尔巴乔夫、鸠山一郎和周恩来，分别点评他们的魅力所在：里根擅长讲笑话，戈尔巴乔夫临别时总说些让人内心温暖的话，鸠山一郎乐观、开朗，而周恩来则细心和注重礼节。他甚至以自己为例阐述如何展现领袖魅力，如邀请外国首脑夫妇到别墅做客、访韩时用韩语发表演讲、邀请胡耀邦到官邸做客等。[②]

中曾根也曾对日本领导人提出特别要求。首先，要有哲学和热情。危机当前，政治家在谈政策之前，应先告知国民自己的“哲学”和“热情”。既要以“哲学”为基础，站在为多数人谋幸福和捍护弱者的立场，灵活处理各种错综复杂的问题；又要用“哲学”协调相

① ［日］中曾根康弘：《自省録—歴史法廷の被告として—》，新潮社，2004 年版，第 146—157 页。

② ［日］中曾根康弘：《保守の遺言》，角川书店，2010 年版，第 145—159 页。

反的主张、冲突的利益，形成可行政策。“哲学”是识别具体要求的眼力和手脚，政治则是热情和感激。热情和感激在哲学和道德价值的支持下，追求更高理想时就会产生决断力和行动力。如果政治或政党不以感情动力为基础，只会变成空洞的形骸。①

其次，要有坚强的意志和责任感。即使面临不可能完成的任务，也要勇往直前，首相拥有这样的信念和魄力才能影响阁僚和执政党干部。② 中曾根把安倍晋三、福田康夫与自己做比较，指出政治家应经受住各种各样的历练。他称安倍和福田两人都是世袭议员，出身好，使不出大招数，沾父辈之光坐上首相位置；而自己出身木材商人之家，凭个人努力穿过地狱爬上来。在此过程中，他遭遇各种社会批评，多次被抛到政治谷底。因此，遇到困难必须咬紧牙关挺过来，这是首相必须经受的考验。③

二、根深蒂固的保守思想

作为日本保守主义思想泰斗，中曾根自认为是“保守主流”，毕生崇尚“保守”，宣传“保守”，力行“保守”。纵横政坛半个多世纪，他忧国忧民，大胆作为，当政时创下“新保守主义时代”；退休后以思想影响政治，不懈推动政局“向右转”，其根深蒂固的保守思想植根于早年的战争经历。

1941 年，中曾根响应短期服役制度，进入海军财务学校培训，之后被分配到联合舰队，在太平洋上接受强化训练。同年 11 月，他被分配到广岛县吴市司令部，受命夺取盟军在印尼和菲律宾的机场。太平洋战争爆发后，中曾根所在部队执行登陆菲律宾的任务，因遭遇

---

① ［日］中曾根康弘：《保守の遺言》，角川书店，2010 年版，第 121—122 页。

② 同上书，第 130—132 页。

③ 同上书，第 44—45 页。

盟军猛烈阻击而伤亡惨重。他所乘军舰受炮火攻击，多人手脚被炸飞，哭天喊地；与其关系最好的部下腿部中弹，仅靠皮肤相连，留下一句“对不起”就断气了。[①] 这段经历几乎重塑了中曾根的人生观和价值观。他曾回忆道：“战死的和与我并肩作战的战友都是在日本社会底层辛苦劳作的平民。我深刻地感受到，他们的爱国心没有掺杂一丝杂质。我曾在文章中写过‘我的身体里有国家’，这来自于我在战争中的亲身体验。正是这种平民的爱国心使我走上从政之路。”[②] 可以说，战争经历是中曾根保守思想的根源。

中曾根认为，所谓“保守”是指重视历史、传统、文化，继承其精神，同时不断挑战新社会、新世界。与其对立的概念是革新，即轻视历史、传统、文化，把西欧式社会主义改革置于政治结构的中心。[③] 保守主义有过去和未来、保守和改革等不同侧面。保守国家过去的历史、传统、文化，同时为国家的未来而不断改革，两者同等重要，而真正的目的在于未来。[④] 在他看来，日本的民主党和自民党都是保守政党，2009 年民主党上台不过是因为国民厌倦了自民党式保守政治，让民主党实施另一种保守政治。[⑤] 而自民党式保守政治引起国民厌倦的原因在于它忘记了“改革”。只有懂得“保守”的本质，弄清楚什么该变，什么不该变，才能持续执政。[⑥]

那么，哪些不该变呢？在中曾根心中，首先就是天皇制。他认为，从圣德太子时代至今，天皇一直植根于日本人心中，无论政治体制如何变化，无论发生什么事件，以天皇为中心的政治体制始终不

---

① ［日］中曾根康弘：《自省録—歴史法廷の被告として—》，新潮社，2004 年版，第 22—25 页。

② 同上书，第 26 页。

③ ［日］中曾根康弘：《保守の遺言》，角川书店，2010 年版，第 3 页。

④ 同上书，第 4 页。

⑤ 同上书，第 3 页。

⑥ 同上书，第 4 页。

变。[①] 天皇制的特点是，天皇是象征，有权威，无权力；以天皇家族为核心，日本始终维持国家统一。其次是闲寂、恬静的民族性。相对于华丽的装饰，日本人更喜欢简单、质朴，擅长用少来表现多，向往不为物质束缚的无我境界。第三，多愁善感、触景生情的民族心理。[②] 第四，擅长消化、吸收外来文化并加以创造变成自己文化的民族特性。第五，共同体意识，即使用相同语言、拥有相同文化的人共命运意识。它是国家固有的历史、传统培养出来的。[③] 从以上中曾根对“保守”的描述可见，他的保守观具有强烈的民族主义、复古主义和反社会主义内涵。

哪些又该变呢？中曾根指明，应主要改变现行宪法和教育基本法。他认为，日本战后政治的历史是摆脱美国占领政策的历史，其象征就是宪法和教育基本法。[④] 前者规定国家的基本形态，相当于人的“身体”；后者塑造国民精神，相当于人的“心脏”，两者是配套的，应同时修改。[⑤]

中曾根进一步指出，现行宪法在制定程序和内容上都有问题。它是盟军最高司令部（GHQ）拟出草案后，间接强加给日本的，并不是日本人基于自由意志、100%符合民主主义条件下制定的。加之，60年过去，国际环境和日本社会都发生变化，防卫、教育等方面出现很多新问题，与现行宪法产生严重冲突。就此，他主张修宪：一是把前文修改得更具日本特色，如“日本国民在亚洲东部、太平洋和日本海的波涛洗涤下的美丽岛屿上，以天皇为国民统合的象征”。二是修改第9条，明确国家由自己保卫和可行使的防卫力量范围，并规定可行使集体自卫权；制定《国家安全保障基本法》，规定行使集体

---

① ［日］中曾根康弘：《保守の遺言》，角川书店，2010年版，第74页。

② 同上书，第77—80页。

③ 同上书，第85页。

④ 同上书，第170页。

⑤ 同上书，第180—181页。

自卫权的范围。[①] 中曾根声称，只有当日本拥有集体自卫权、有能力帮助盟国时，才是独立自主的国家。[②] 三是国民义务方面，加入“保卫国家”、“维护社会秩序”条款。四是改变首相选举办法，由国民直接投票选举。五是降低修改宪法的门槛。[③]

从28岁当选议员起，中曾根就一贯主张制定自主宪法。作为修宪派一员，他活动积极，1956年发表“修改宪法之歌”，被媒体称为“青年军官”。[④] 2005年自民党成立新宪法起草委员会后，他获任前文小委员会委员长，负责撰写新宪法前文；目前担任新宪法制定议员同盟会长。不过，时至今日，因日本社会及政界一直未就是否及如何修改宪法达成共识，中曾根推动修宪的努力尚未有结果。

与此同时，中曾根也把变革目标锁定现行《教育基本法》，认为它破坏了日本原有的社会规范。他曾表示，GHQ制定的《教育基本法》多次提到“自由”、“人权”等普遍性概念，其目的就是瓦解日本军国主义，削弱日本人的国家意识。日本固有的“羞耻文化”、“不做卑劣的事情”等社会规范被美国崇尚的“个人主义”冲击得七零八落。他认为理想的《教育基本法》应该能培养孩子“作为人、作为国家和民族的孩子，热爱历史与传统孕育的乡土，爱护自然，对个人尊严感到敬畏，为公共服务”。为此，他提出具体修改意见，如在其中加入“公共”概念，对历史、传统、文化、社会、国家道德、家庭等共同体要素做正面表述；加入培养“爱国心”的内容。[⑤]

20世纪80年代执政期间，中曾根设立临时教育制度审议会，负责审议如何修改教育基本法，但以失败告终。进入本世纪，在其积极

① ［日］中曾根康弘：《保守の遺言》，角川书店，2010年版，第173—178页。

② ［日］中曾根康弘：《21世紀日本の国家戦略》，PHP研究所，2000年版，第167页。

③ ［日］中曾根康弘：《保守の遺言》，角川书店，2010年版，第179—180页。

④ ［日］周刊丛书特别报道组编：《新総理 中曾根康弘の研究》，现代书林，1982年版，第38—41页。

⑤ ［日］中曾根康弘：《保守の遺言》，角川书店，2010年，第182—185页。

推动下，《教育基本法》已部分改动，加入“尊重公共精神”、“继承传统”、“培养学生热爱我国和乡土、尊重他国、为国际社会和平与发展做贡献的态度”等内容。[①]

三、“政治大国”梦

中曾根是位胸怀“政治大国”梦想的政治家。为实现“在世界政治中加强日本的发言权”和“使日本作为一个国家和民族在世界上堂堂正正地前进”，他以国家利益为根本出发点，强调日本独立自主。他从日本战败历史中总结出四条外交原则：不做超出国力之事；外交不是赌博；不把内政与外交混同；顺应时代潮流。[②]

20 世纪 70 年代，美苏实力对比朝着对苏联有利的方向发展，苏联在全世界摆出咄咄逼人的进攻态势，而美国处于守势。中曾根敏感地捕捉到这一结构性变化。1978 年竞选自民党总裁前后，他开始批评六、七十年代以经济增长为中心的政治，主张日本从“经济”时代进入“政治”时代。[③] 上台后，他以日本首相身份第一次提出“向世界开放”、把日本建设成“国际国家”和尽到“国际责任”等外交任务。日本外交战略的这种大转变，既不同于六、七十年代的保守政治（从属、依赖美国，把国防委托给美国，自己专注于经济发展），也不同于大平内阁政策（在宪法框架内主要依靠援助履行“国际责任”），其实质是化美国庇护下的被动为主动，能动地对世界秩序施加影响。[④]

---

① ［日］中曾根康弘：《保守の遺言》，角川书店，2010 年，第 182—183 页。

② ［日］中曾根康弘：《21 世紀日本の国家戦略》，PHP 研究所，2000 年版，第 73—74 页。

③ ［日］渡边治：《政治改革と憲法改正　中曽根康弘から小沢一郎へ》，青木书店，1994 年版，第 283 页。

④ 同上书，第 306—308 页。

这种“国际责任论”直接孕育了日本的“普通国家化”。1993年5月，小泽一郎出版专著《日本改造计划》，正式提出“普通国家论”：一方面把国际社会认为理所当然的事看成理所当然，并以自己的责任加以实施；另一方面，对致力于建设富裕、稳定的国民生活的国家和环保等人类共同课题，最大限度地给予合作。小泽认为，资源小国日本成为经济大国的关键在于通过自由贸易积累财富，而自由贸易必须在安全、政治、经济等各领域都维持国际秩序的情况下才能成立。因此，日本必须尽最大努力维持国际社会的和平、稳定和自由。[①] 这种“普通国家论”明显是继承和发展了中曾根的“国际责任论”。而上世纪90年代以来，日本积极参与国际维和、努力成为联合国安理会常任理事国、向东南亚及非洲提供大量政府援助，正是其“普通国家化”的具体体现。

在首相任上，中曾根更是身体力行地承担“国际责任”。上台之初，他早早定下外交目标：以“维持紧密的日美关系”为中心，履行作为“自由主义世界一员”的责任，推动日本成为与经济实力相符的政治大国。[②] 为此，他外交上行动连连，一方面着力改善日韩关系，把韩国作为首个出访国，向其提供40亿美元贷款；另一方面，帮助美国团结西方盟友共同应对苏联威胁。1983年5月在西方七国首脑会议上，美国有意部署潘星Ⅱ型导弹应对苏联在欧洲部署SS20中程核导弹，但法国、西德等国态度消极。中曾根遂积极斡旋，促法、德两国团结一致支持美国，以显示西方阵营共同应对苏联威胁的决心。[③]

在安全方面，中曾根则突破“武器出口三原则”，批准向美国提

---

① ［日］小泽一郎：《日本改造計画》，讲谈社，1993年版，第102—105页。

② ［日］渡边治：《政治改革と憲法改正　中曾根康弘から小沢一郎へ》，青木书店，1994年版，第304页。

③ ［日］中曾根康弘：《保守の遺言》，角川书店，2010年版，第151—152页。

供武器技术，并应美国要求，增加军费支出。[①] 访美期间，他发表“日本列岛是不沉的航空母舰”、“必要时针对苏联封锁三个海峡”等言论，展现与美国共同应对苏联威胁的强烈意愿。[②] 经济上，为缓解对美国出口激增引发的贸易摩擦，中曾根同意西方国家提出的《广场协议》，首肯日元大幅升值。

冷战结束后，中曾根认为世界出现三大潮流。一是原隶属苏联阵营的国家及前苏联加盟共和国纷纷走上独立自主的道路；原隶属美国阵营的国家重新考虑与美国的关系，美国凝聚力下降，各国加强自立意识、寻找国家认同，民族主义抬头。二是地区化深入发展，欧共体变成欧盟，经济和政治一体化程度显著提高。三是美国以实力为后盾，以世界警察自居，企图建立单极世界；但几场战争下来，损兵折将、消耗巨大，其力推的全球化又使自己陷入金融危机，国家实力明显衰退。与之形成鲜明对照的是亚洲、中南美各国，尤其是“金砖四国”开始觉醒并增强实力，今后将在国际政治舞台上拥有更大发言权。中曾根认为，以美国为中心的“一超多强”格局迎来转折点，已演变成“多极结构”。[③] 日本的当务之急是改变“对美一边倒”外交战略，把焦点对准亚洲。在以日美关系为基石的同时，日本应积极开展亚洲外交，加强与亚洲各国的合作。[④]

第一，建立东亚集体安全保障机构。中曾根认为，美军驻扎东亚及以美国为中心的放射状同盟条约构成一张安全网，确保了东亚持续和平与繁荣。今后的问题是这张安全网如何协调与中国、朝鲜等国的关系。从长远看，有必要把中、朝拉入安全网，以便实现涵盖整个东亚地区的经济合作。目前，比较现实的做法是把东盟地区论坛作为合作平台。中、朝、美、欧都是该论坛成员，正在就增进互信、预防外

① ［日］中曾根康弘：《自省録—歴史法廷の被告として—》，新潮社，2004 年版，第 166—169 页。

② ［日］中曾根康弘：《保守の遺言》，角川书店，2010 年版，第 148—149 页。

③ 同上书，第 88—91 页。

④ ［日］中曾根康弘：《保守の遺言》，角川书店，2010 年版，第 93 页。

交、提高国防透明度等议题进行对话。今后有必要推进一步，使该平台成为在裁军及冲突预防、调停、解决方面具有行动力的机构。为此，日本需要从物质和精神两方面着力开展多边外交，同时认真研究具体实现步骤。①

第二，分两步建成东亚经济合作机构。第一步，东盟10国和中日韩建成“东亚经济共同体”，加深经济交流和相互依赖，减少武力冲突风险；第二步，把美国、印度、澳大利亚、新西兰拉入，建立东亚经济合作机构；同时与亚洲开发银行、世界货币基金组织协调，打造公平、开放的合作框架。②

第三，日本居中协调，建立中美日首脑会谈机制。东亚经济合作机构能否充分发挥作用，取决于中、美、日三国关系。将来中国军力可能发展到与美比肩的程度，如中美对峙，日本应发挥劝和作用，而最好的办法是建立中美日首脑会谈机制。③

中曾根重视亚洲的理念深深地影响了近年的日本外交政策走向。继小泉内阁提出“东亚共同体”口号之后，福田内阁提出“日美同盟与亚洲外交共鸣”，鸠山内阁则提出“东亚共同体构想”……从这些政策可以看出，日本政府明显提升了亚洲外交在整体外交中的比重。尽管新上任的野田首相消极看待“东亚共同体”，但其背后则有避免美国误解的考虑，重视亚洲也仍是其外交的重要一环。

四、谋求自主防卫

中曾根有着强烈的民族自尊心和自豪感，尽管他坚持以日美同盟

① ［日］中曾根康弘：《21世紀日本の国家戦略》，PHP研究所，2000年版，第52—53页。

② ［日］中曾根康弘：《保守の遺言》，角川书店，2010年版，第94—96页。

③ ［日］中曾根康弘：《保守の遺言》，角川书店，2010年版，第110—111页。

为本国外交和国防的基石，但一直主张国家应由自己保卫，认为日本应加强国防力量、自卫队应摆脱法律束缚。

二战结束时，美军司令麦克阿瑟希望日本成为“太平洋的瑞士”；朝鲜战争爆发后，美国又让日本建立警察预备队。中曾根对日本国防受美国态度左右的处境感到愤怒，对时任首相芦田均表示：一国防卫的根本是基于自身意志保卫自己；即便与美国建立同盟，日本也须重整相应军备，尽量让美军撤退并缩小美军基地。否则，日本将永远处于外国驻军之下，甘于属国地位。[①] 1953 年 9 月访美面见尼克松副总统时，他直言不讳地称，因为受美国单方面保护，日本在战犯、冲绳问题上没有发言权，让人悲伤；日本希望作为真正对等、独立的友邦与美国合作；现在的日美关系是保护与被保护的不健康关系，须尽快使之变成健康关系。[②]

中曾根一直旗帜鲜明地反对“吉田政治”。“吉田政治”又称“吉田路线”、“吉田主义”，是后人对战后初期吉田茂首相的政治路线所做的概括。按中曾根的解释，它把主要精力放在发展经济上，国家安全完全依赖美国。中曾根认为，这条路线使日本在道义上非常低下，是导致日本在国际上被孤立的根源。不过，他也认为吉田“疑似一国和平主义”。鉴于当时日本社会厌战气氛浓厚，吉田出于选举需要，假装重视经济发展、轻视国防和国际安全问题。实际上，吉田与鸠山一郎、重光葵等人一样，都希望加强国防、提高日本在国际上的军事地位，不过他心里想的是“现在如此，但将来必须自己保护自己，在国际安全领域做贡献”。[③]

吉田重视经济的路线被称为“保守主流”，与之相对，中曾根重视国防的路线被称为“保守支流”。但中曾根不以为然，声称自己才是“保守主流”。按其理解，两者区别仅在于发展国防的时间先后，

---

① ［日］中曾根康弘：《保守の遺言》，角川书店，2010 年版，第 53—54 页。

② ［日］中曾根康弘：《保守の遺言》，角川书店，2010 年版，第 57 页。

③ ［日］中曾根康弘：《リーダーの条件》，扶桑社，1997 年版，第 244—247 页。

前者主张先发展经济后发展国防，后者主张经济与国防同时发展。两者没有本质区别，前者有意忽视国防，不过是出于选举需要的技术考虑。不过，正因为日本社会主张和平主义的声音很大，中曾根等保守派政治家才不得不小心谨慎地向军事大国迈进：一方面凸显行动的和平性质；另一方面在大部分国民支持日美同盟的情况下，以美国要求日本加强军力为由大力发展国防。

首先，以发展核能名义获得核武技术。1952 年，美国拟与日本签署《旧金山和约》之际，中曾根认为，和约不能限制日本和平利用核能，否则日本将永远沦为四等国家。1953 年，他赴美考察核能和平利用的研究情况，回国后利用所在政党占据“关键少数”的优势，要求政府设立核能开发预算并推动国会通过《核能基本法》。[①] 正是在此基础上，日本才发展为今天的核能大国。即使 2011 年大地震后发生核泄漏事故，中曾根依然认为，考虑到效率及日本的科技能力，在找不到替代能源的情况下，不得不继续依赖核能。[②] 值得注意的是，中曾根对核能的执着实际上有军事考虑。早在担任防卫厅长官时，他就曾指示有关人员研究日本进行核武装的可能性，并得出“花费 2000 亿日元、5 年时间可开发出核武器”的结论。基于此，他曾声称，如美国停止向日本提供核保护，日本应考虑核武装。[③]

其次，突破军费占 GNP1% 的限制。1976 年，三木内阁规划“防卫计划大纲”时，以内阁决议方式设定了军费不超过 GNP1% 的限制。尽管它不是国会决议，政府可以更改，但仍成为上世纪 70 年代吉田时期“轻武装 + 经济增长政治”的象征。从 1983 年 8 月中曾根成立和平问题研究会讨论军费问题，至 1987 年 1 月废除 GNP1% 的限制，虽然不断遭遇舆论、在野党及自民党内部的强烈反对，中曾根最

---

① ［日］中曾根康弘：《保守の遺言》，角川书店，2010 年版，第 58—61 页。

② “元首相・中曽根康弘　場当たり的な「政治決断」”，日本《产经新闻》，2011 年 5 月 13 日。

③ ［日］中曾根康弘：《自省録—歴史法廷の被告として—》，新潮社，2004 年版，第 225 页。

终以制造既成事实的方式达到目的。[①]

第三，突破“武器出口三原则”。1967年佐藤内阁决定，禁止向“共产主义国家、被联合国决议禁止的国家、国际冲突当事国或有此倾向的国家”出口武器，即“武器出口三原则”。1976年三木内阁强化该原则，原则上也禁止向其他地区出口武器，同时，规定与武器制造相关的设备参照“武器”执行。1983年，中曾根表示，日美缔结了“安保条约”，美国是日本盟国，一直向日本提供武器技术，日本也应相应地向美国提供武器技术。[②] 由此，日本把向美国提供武器技术作为例外，首次突破“武器出口三原则”。

第四，赞成对敌人发动“先发制人”打击。中曾根认为，日本可以继续把“专守防卫”作为国防原则，但需要重新思考其内涵。例如，对方即将对日本发射导弹或使用大规模杀伤性武器，日本应考虑使用导弹攻击对方的基地，这也是一种专守防卫。为此，日本应拥有远程导弹和轰炸机。[③]

中曾根在军事上如此激进的态度鼓励后来的首相不断突破限制。例如，小泉内阁制定《反恐特措法》、《伊拉克人道复兴支援特措法》和“有事法制”，派遣自卫队赴伊拉克、派军舰赴印度洋……中曾根虽然严词批评小泉内阁的内外政策，但对其军事政策却表示赞赏。[④]

五、主张睦邻友好的对华关系

正确的历史认识是中日关系的政治基础。与右翼相比，中曾根的

---

① ［日］渡边治：《政治改革と憲法改正　中曽根康弘から小沢一郎へ》，青木书店，1994年版，第308—313页。

② ［日］中曽根康弘：《自省録—歴史法廷の被告として—》，新潮社，2004年版，第168—169页。

③ 同上书，第223页。

④ ［日］中曽根康弘：《保守の遺言》，角川书店，2010年版，第38—40页。

历史观倾向中立。他不赞成皇国史观，认为东京审判史观不正当，但表示“大东亚战争”性质复杂：对美英、对华、对亚洲的性质各不相同，须加以区别，即对英美法荷是普通战争，但对亚洲是带有侵略性质的战争。他曾称，被动员参战的大多数国民为保护祖国而战，部分人认为自己是为反殖民主义、解放亚洲而战。[①] 1985 年 8 月 15 日，中曾根以首相身份参拜靖国神社，成为战后首位 8 月 15 日正式参拜的首相，这与其对国民参战动机的认识密切相关。

不过，中曾根承认对华侵略历史，认为“二十一条”具侵略性质，暗杀张作霖、“九・一八事变”及“七・七事变”后对中国的军事行动是侵略。[②] 基于这样的历史认识，他主张中日建立睦邻友好关系，加强合作。

在上述认识引导下，中曾根任首相期间，为建立“能说真话的渠道”，在 1984 年 9 月与中方共同成立日中友好 21 世纪委员会。同年，在他支持下，中国邀请日本 3000 名青年访问中国，大大促进了两国民间交流。[③] 随着中日交往开始增多，中曾根认为，如何与中国建立合作关系是东亚战略成功的关键，应从中日韩三国首脑频繁会谈开始，会谈之中会产生友情；应尽早使三国领导人会谈制度化，为领导人能频繁会晤创造环境。[④]

这一时期，中曾根尤为关注中国发展，也较为客观地思索中日两国情况及其关系。他认为，短期内，中国将保持年均 8% 的经济增长率、注意维护和平环境，日本可以向中国提供技术，以互补关系实现共存共荣。例如，在处理公害等方面，日本比中国走在前面，有很多解决方案，能够向中国提供有用信息。[⑤] 而中长期，日本应牢记战败

---

① ［日］中曾根康弘：《自省録―歴史法廷の被告として―》，新潮社，2004 年版，第 32 页。

② 同上书，第 27—28 页。

③ ［日］中曾根康弘：《保守の遺言》，角川书店，2010 年版，第 103 页。

④ ［日］中曾根康弘：《保守の遺言》，角川书店，2010 年版，第 100—101 页。

⑤ 同上书，第 105 页。

历史，通过与中国合作谋求共存，实现睦邻友好。一方面，中国可能发生大变化。共产主义接受黑格尔的辩证法，认为历史会以“正”、“反”、“合”的顺序前进。加之共产主义政权是缺乏透明度和自由、不开放的强权制度，发展到某一个阶段，其政治、社会、生活会突然减速，群众不满上升，要求变革。共产主义政治受意识形态、理念、利害关系的影响很大。[①] 另一方面，海洋型国家的性质决定日本必须依赖贸易，而外交的根本应是消除对立因素。国家分两种，一种是四周环海、由岛屿组成的海洋型国家，另一种是领土大部分不靠海的大陆型国家。日本作为海洋型国家，必须确保通商、公海、信息等各方面自由。回顾历史，与同属海洋国家的英、美联合，日本就能发展；一旦企图吞并大陆并成为大陆型国家就会失败。中国国土辽阔，人口众多，吸力巨大，如果日本介入，必将受挫。[②]

针对中日两国间的分歧，中曾根主张妥善处理敏感问题。例如，在参拜靖国神社问题上，他改弦更张，从主张参拜到反对参拜。1985年中曾根以首相身份正式参拜后，中国提出强烈批评。“考虑到中国人民的民族感情”，他此后停止参拜。[③] 退出政坛后，中曾根反对小泉首相参拜靖国神社，提出“停止参拜也是决断之一”的主张，并提出在参拜问题上的原则：应衡量遵守个人信条与国家利益孰轻孰重；领导人应抑制民族主义，否则世界将进入对立与错乱时代；政治家过分迎合大众将把国家带入歧途。[④]

而在台湾问题上，中曾根坚持“五原则”立场：一是美、日遵守与中国缔结的条约，坚持“一个中国”立场；二是希望中国以和平方式解决台湾问题，不诉诸武力；三是台湾不提“加入联合国”、

---

① ［日］中曾根康弘：《保守の遺言》，角川书店，2010年版，第106—108页。

② ［日］中曾根康弘：《保守の遺言》，角川书店，2010年版，第108—110页。

③ ［日］中曾根康弘：《保守の遺言》，角川书店，2010年版，第102—103页。

④ “「政治の現場」続々·小泉外交（19）中曾根首相に聞く”，日本《读卖新闻》，2005年6月22日。

“独立”；四是支持两岸开展政治谈判；五是支持两岸实行“三通”。[①]

近年，随着国际格局复杂变化，中曾根认识到“中国太大、发展太快又离我们太近，必须与它搞好关系”，遂致力于积极推动中日关系发展。2008年4月，中曾根任会长的世界和平研究所发表题为《日中关系的新篇章——实现超越历史的共存发展》的政策报告，提出发展双边关系的八项基本原则：一是建立“大局、友好的大国关系”，“能坦率向对方说出应该说的话”；二是想方设法超越过去的历史；三是在中国面临的环境、能源、水资源等困难上，日本全面合作；四是两国应为建立、发展多方面、多层次的地区机构而共同发挥领导作用，为此有必要促进中日韩三国合作与交流，尤其应建立三国首脑定期磋商机制；五是官民合作以教育、交流等七个领域为中心，增进两国国民相互理解；六是日本应继续支持中国改革开放政策，希望中国改善投资环境、加强知识产权保护，以促进日本企业投资；七是在两国间个别问题或摩擦处理上，确立基于国际法和正义、通过对话寻求和平解决的行为模式；八是在安全问题上，中国提高军事透明度，两国经常磋商并建立军事冲突预防机制，确保安全、放心。[②]

六、退休后仍保持巨大影响

中曾根执政时间长达1806天，在战后历任首相中排第3位，[③] 也是20世纪日本最后的长期政权。1987年11月下台前，他还获得接班人指定权，[④] 其权势可见一斑。1996年，自民党考虑到中曾根的杰

---

① ［日］中曾根康弘：《保守の遺言》，角川书店，2010年版，第112页。

② 日本世界和平研究所网站：http：//www. iips. org/jcr/jcr-c. pdf。

③ ［日］中曾根康弘：《保守の遺言》，角川书店，2010年版，见作者简介（封底）。

④ ［日］中曾根康弘：《自省録—歴史法廷の被告として—》，新潮社，2004年版，第185页。

出贡献，特别允许他终生位列比例选区名单的第一名，实际上等于让其终生担任国会议员。1997 年 2 月，中曾根成为日本宪政史上第 4 位任国会议员 50 年的政治家，同年 4 月获授大勋位菊花大绶章。2003 年，在小泉首相主导下，自民党决定 73 岁以上的政治家不再任国会议员，中曾根接受此决定，正式从政坛引退，结束其长达 56 年的政治家生涯。①

退休之后，思维活跃、经验丰富的中曾根继续担任新宪法制定议员同盟会长和世界和平研究所理事长两个社会职务。前者致力于推动国会组织宪法审查会，讨论如何修改宪法；而后一个智库机构是中曾根亲自创建的，主要研究国内外热点问题、发表政策建议，并设有“中曾根康弘奖”，用以表彰“在各领域取得具有国际影响成就的年轻人”。②

与此同时，中曾根“不在其位，仍谋其政”，对日本政界仍保持着巨大的影响。以最近几届首相为例，他不仅担当首相高参，还通过多种渠道发挥政策影响。2001 年以来，自民党政府陆续经历小泉、安倍、福田、麻生四位首相。每位首相在位时，中曾根都当面提议建立中日韩领导人会议机制，最终在麻生首相任内得以实现。③ 2007 年 1 月，安倍晋三首相邀请中曾根共进午餐，听取其对内阁支持率的看法。中曾根安慰他，“支持率忽高忽低是常有的事，不必担心”，并建议他回应国民关心的问题，展现工作热情。④ 2010 年 6 月，刚担任首相的菅直人为备战当年在加拿大马斯科卡召开的八国峰会，特地向有过 5 次参加七国集团峰会经历的中曾根请教相关心态和注意事项等

---

① ［日］中曽根康弘：《自省録—歴史法廷の被告として—》，新潮社，2004 年版，第 8—10 页。

② 日本世界和平研究所网站：http：//www. iips. org。

③ “韓日中会談「通貨スワップ2 倍に」——中曽根元首相”，《中央日报》日语版，2008 年 12 月 11 日，http：//japanese. joins. com/article/562/108562. html。

④ “支持率アップへ「長老の教え」請う　安倍首相、中曽根元首相と懇談”，日本《读卖新闻》，2007 年 1 月 25 日。

事宜。[①]

据报道，中曾根还曾帮助自民党巩固和夺取政权。2007年，他力促陷入“扭曲国会”困局的自民党与民主党组成执政联盟，成功推动福田首相与时任民主党干事长小泽一郎的会谈，但是无果而终。2009年自民党下台后，中曾根积极为自民党重整旗鼓出谋划策。他提议，自民党应该积蓄党的力量、提高能力，党和党员要充实自身内涵，培养适应时代变化的人才。在此基础上，自民党应在国会加强对执政党的攻势，适度发起论战，显示在野党的影响，总有一天国民会觉得自民党变了。坚持做应该做的事，忍耐下去，执政党肯定会露出破绽。到时候，自民党就要抓住机会，全力夺取政权。[②] 2010年1月，中曾根建议自民党总裁谷垣祯一，在即将召开的通常国会上，要“像鬼”一样凶悍，穷追猛打首相鸠山由纪夫、民主党干事长小泽一郎的政治资金问题。[③]

从政多年，尤其是退休以来，中曾根撰写了多部著作，描绘国家发展蓝图，阐述思想，引导舆论，如《日本的主张》、《新保守理论》、《政治与人生——中曾根康弘回忆录》、《21世纪日本的国家战略》、《日本的总理学》、《保守的遗言》等。同时，他也频密在《读卖新闻》、《产经新闻》等主流报刊上撰写评论，针砭时事，为决策建言。2011年9月9日，他在《产经新闻》上发表时评文章，题为“从市民外交到国家外交”。该文批评新上任的野田佳彦首相“看起来有思想、有战略”，但没有行动力。他在文中建议野田重视外交，首先在对华关系上清楚表明日方立场，并与中国领导人建立互信；其次在对美关系上，向美国表达加强日美安保体制的意愿，宣布加入跨太平洋战略经济伙伴协定（TPP）谈判；最后，多聘请智囊，善用而

① “サミット控え中曽根氏と会談＝首相”，时事通讯社，2010年6月22日。

② ［日］中曾根康弘：《保守の遺言》，角川书店，2010年版，第47—48页。

③ “中曽根康弘元首相等新年挨拶——通常国会で戦うときは谷垣氏に「鬼になれ!”，日本《产经新闻》，2010年1月7日。

不依赖外务省。

纵观中曾根的思想和言行可以看出，他有大局观、战略观，能看清并利用大势，不愧是日本政界的“风向标”。他最为崇尚“保守”，认为“保守”有两个侧面，一个是“不易”，即坚持原则；另一个是“流行”，即顺应时代改革。可以说，这两点中曾根不仅都做到了，而且他还不遗余力地以此影响后辈领导人。就现代日本政治家而言，中曾根的影响无人可及。

东南亚暨大洋洲篇

澳大利亚战略思想家休·怀特*

休·怀特（Hugh White）是澳大利亚首屈一指的战略思想家，现为澳大利亚国立大学战略与国防研究中心教授、澳大利亚罗伊国际政策研究所访问学者，在学术界以强烈的前瞻思想和忧患意识闻名。

一、战略与哲学思想集大成者

（一）献身国防战略研究

怀特现年59岁，从事澳大利亚战略与国防、亚太安全、全球战略等问题的研究近30年。其中前20年，他是低调的政策设计者，辗转于情报、外交与国防多个部门。2001年至今，凭借深厚的国防战略研究积淀，不辞辛苦地为民众答疑、向政府建言，他成为蜚声国内外的著名学者。在30年的从业历程中，怀特始终没有脱离其钟爱的战略研究轨道。1980年自大学毕业后，他的首份工作是在澳大利亚

* 郭春梅，中国现代国际关系研究院南亚东南亚及大洋洲研究所助理研究员。

国家评估署（ONA）研究石油问题。1983年短暂就读于澳大利亚国立大学国际关系专业后，他转投《悉尼先驱晨报》，任外交和国防事务记者。两年后，怀特出任时任国防部长金·比兹利的高级顾问，负责战略、情报和国际事务。1990年，他升任霍克总理的国际事务高级顾问。基廷总理上台后，怀特于1992年重回ONA，就任战略分析司司长。1993年，他调入国防部，直至2001年离开。在国防部任职期间，怀特先后担任国际政策司北美和情报事务助理秘书长、战略政策和规划助理秘书长、第一助理秘书长等职，1995年12月升任负责战略和情报事务的副秘书长（相当于国防部副部长）。期间，他参与了一系列重要国防政策文件的撰写，是2000年“澳大利亚国防白皮书”的主要撰稿人。

2001年始，怀特正式走入公众视野，出任霍华德总理创建的战略和国防政策智库——澳大利亚战略政策研究所（ASPI）首任所长，为政府战略决策提供与国防部等官方机构不同的独立思想或建议。2004年至今，他还出任澳大利亚国立大学战略与国防研究中心主任（2012年初卸任）、罗伊国际政策研究所访问学者。目前，离开政界多年的怀特依然积极活跃，他的许多思想仍对政府的战略决策具有不小的影响。

怀特曾表示，自己对军事、战略的热爱由来已久，最初的启蒙老师就是曾任国防部高官的父亲，两人常在家中讨论国防、战略问题。小学时候，怀特偶然在学校图书馆阅读到一本关于第一次世界大战起源的小书，更是让他领略到军事研究的魅力。此后，他一发不可收拾，大量研读了各种讲述军事历史的书籍。随着年龄增长，澳军参与其中的惨烈越战启发他开始认真思考军队应该扮演什么角色、怎样发挥好作用等深度问题，并得出诸如“越战是一个典型没有用好军队的案例”等结论。

此后从业多年，怀特辗转于官、学、媒三界，国防战略研究一直是其工作重心。尽管如此，他不喜欢也从未亲临过战争前线，并就此解释称：“就像工程师与建筑工人一样，有些时候建筑工人可以做出好的设计，因为他们确实了解材料和施工过程，但人们还是希望有工程师存在。他的任务不是告诉我们如何建造，而是告诉我们为什么要在那建一堵墙。”在怀特看来，他就是国防战略的“工程师”，肩负着通过研究分析成果为国家决策做贡献的重任，并致力于成为民众与军队之间的桥梁，“帮助军队了解民众希望他们发挥什么作用，应该发挥什么作用；帮助民众了解军队什么时候可以用，什么时候不能用。”[①] 而对于什么是“战略家”这个每每会遇到的问题，怀特更有其独特的个人理解。在他看来，战争是“出于政治目的的有组织暴力”。其中，“有组织的暴力”是手段，“政治目的”是结果，战略就是它们之间的桥梁，而制定战略的人就是战略家。暴力手段和政治结果之间的内在联系十分复杂，这就要求战略家不仅要通晓军事行动和军事能力，又要懂得政治目标，以及它们之间的关联，最终让军事手段与政治结果相匹配。[②]

（二）充满忧患的哲学思维

怀特大学时期主修哲学，曾于1978年荣获牛津大学心智哲学约翰·洛克（John Locke）奖，并于1980年毕业于墨尔本大学和牛津大学哲学专业。与哲学门类中比较实用的伦理学、政治哲学不同，怀特学习的是远离日常生活的更加抽象、形而上和注重逻辑的哲学。这一学术背景锻炼了怀特独特的思维习惯，总爱“追问一些更深层次的问题”，并“思考那些最不可能发生的事情”。而战争，就是怀特心目中“应该花费大量时间担忧并准备应对的不太可能发生的事情”，但是“不太可能的事情一旦发生”，后果就会很严重。而政府有关战争的决策无关道德，只是计算利害得失、甚至两者相害取其轻

① “Australia Forums: Hugh White”, http://www.abc.net.au/rn/bigideas/stories/2003/776332.htm, Feb 9, 2003.

② Hugh White, “An Attempt to Define Strategy”, www.lowyinterpreter.org, Aug 15, 2011.

的结果，如出兵东帝汶、伊拉克等。但事情并非总能尽如人意，人们或国家经常做出一些并不符合其最大利益的决定，其原因是决策者看不清这些行动可能带来的长远后果。因此，需要战略家像医生一样，从病理学的角度剖析国际体系可能对澳大利亚构成的威胁以及国际社会可能发生的暴力事件等。[①] 澳大利亚国防军则要随时准备好应对最不可能发生的战争，准备好接受最不可能发生的盟友也靠不住的现实。

正是这种发展眼光和忧患意识让怀特一直引领并影响着澳大利亚国防战略的潮流和走向：当众人对美国的地区主导地位信心满满时，他已预感到中国崛起的挑战；当人们乐观地认为崛起后的中国会继续接受美国政治、战略领导地位时，他则开始担忧权力转移所带来的秩序新变；当领导者开始恐惧亚太秩序新变时，他又开始思考起澳大利亚所能发挥的作用。

尽管怀特被公认为澳大利亚首屈一指的战略家，但他充满哲学探索的战略思想总是属于特立独行的少数派，不迷信历史，不迷信权威，更不迷信文化。切实从澳大利亚国家利益和战略未来角度考虑，怀特曾开宗明义地称，地区权力转移已成大势所趋，亚洲应建立新的大国协调机制，包容中国崛起。为此，美国应自愿放弃主导地位，而澳大利亚也应眼光超越"澳美同盟"，必要时说服美国接受与中国分享权力等。该言论一经提出，立即引发各界激烈争论，这对许多已经习惯美国在亚洲的主导地位、习惯于依附于美澳同盟的国人来说实难接受，而"堪培拉决定接受美军之举也无疑否定了其论断"。[②] 然而，面对所有对其从前提到结果的批判，怀特总能凭借自身明晰而严谨的思想体系顶住压力，"似乎没有一种批判能与他的思想体系同在一个层次上"。对于种种非议，他不仅坚持自己的观点，还认为"争论刚

---

① "Australia Forums: Hugh White", http://www.abc.net.au/rn/bigideas/stories/2003/776332.htm, Feb 9, 2003.

② Brad Glosserman, "The Australian canary", http://csis.org, Nov 21, 2011.

刚开始”。

怀特指出，面对中国崛起，美国在亚洲继续保持毫无争议的主导地位已经不太现实，之所以许多人还不能接受这一点，主要是因为：一是缺乏想象力，很难想象美国不再是世界最强大的国家，因为美国主导已持续了近一个世纪。二是阴险的偏好问题，不希望生活在一个中国与美国比肩或比美国更强大的世界里。但此次全球金融危机以来，“我们才意识到那种不可思议并不愿接受的远景可能会出现。”①

对于有些人留恋澳美同盟，认为“这种同盟关系历经风风雨雨，不是一种需要时保留、无用时丢弃的政策工具”，“为维持同盟付出再高代价都值得”，怀特一针见血地指出，这种想法“不仅错误而且最终会弄巧成拙”。他称，许多人错误地将澳美同盟等同于西方身份认同，而实际上“这种同盟关系从来都是一种政策工具，是两国权衡得失基于互利达成的一种协议”，“除此以外，别无其他牢固基础”。中美之间的战略竞争也无关文明或文化，而是老式的国家间权力政治，鉴于此，“我们的结盟在文化上应该是相对中立的”。② 他进一步指出，在权力转移的背景下，澳大利亚面临的真正问题不是如何平衡与美国和中国的关系，而是在这个战略转型中如何切实保护自身利益。“我们希望亚洲保持强劲增长，而且澳大利亚是这个增长中的一部分；我们希望美国继续与亚洲交往，防止中国占据主导地位，但又不至于迫使我们在美中两国间做出抉择或阻止亚洲经济增长。”因此，亚洲新秩序最好是既平和地接纳中国力量，也维护美国必不可少的作用。③

---

① Hugh White, “China: an inconvenient truth”, www.lowyinterpreter.org, Oct 15, 2010.

② HughWhite, “Who do we think we are?”, www.lowyinterpreter.org, Sep 14, 2010.

③ Brad Glosserman, “The Australian canary”, http://csis.org, Nov 21, 2011.

二、权力转移与和谐亚洲

2001 年开始，怀特从幕后走到台前。作为放下“政治包袱”的“自由人”，他开始辛勤著书立说，逐渐构建出一套严谨而庞杂、忧患与前瞻共存的“权力转移论”。该理论体系的出发点是整个地区，但这位永远“心系国家”的思想探索者的理论落脚点始终是澳大利亚自身。早在 2002 年，他就明确提出“权力转移，澳大利亚该怎么办?”的问题。2010 年，他继续发表了引发国内外热议的文章《权力转移：澳大利亚在华盛顿与北京之间的未来》，系统阐述其有关地区秩序新变的观点，强调大国协调将是符合澳大利亚利益的“最理想的地区模式”，并呼吁政府就此进行必要的战略调整。

在怀特的思想体系中，**亚洲世纪权力发生转移**是其核心论断。他认为，亚洲的战略转变是我们时代具有重要意义的历史事件，但人们对其关注度远远不够。自 1979 年越战结束以来，亚太地区一直没有发生过重大的、大国参与的军事冲突，这是大国之间权力分配和利益调整等情况意外融合的结果，其中，美国的绝对优势地位是地区秩序稳定的基础。前所未有的和平造就了亚洲经济增长、社会发展和政治进步，促进了经济一体化和与日俱增的亚洲地区主义。伴随经济和战略重心转向亚洲，“亚洲世纪”已然到来。但过去几十年赖以维持和平与发展的地区秩序并不必然会在未来继续发挥作用，该地区秩序正面临前所未有的挑战与冲击。而和平与发展所带动的经济增长正在破坏原有的力量平衡，亚洲将首次出现实力接近的几个工业化大国并列状态：最显著的是美国、中国、日本和印度，也许还有俄罗斯，有一天可能会有印尼。虽然短期内中、日、印不会赶超美国，但美国的“单极时代”已经结束。美国仍是亚洲舞台上的一个重要角色，但本身已无法单独决定未来几十年即将形成的新亚洲秩序，而新亚洲的战略格局将取决于亚洲各国之间的互动。①

在亚洲权力转移过程中，怀特尤为关注中国、美国的变化及其互动关系。他指出，当前改变亚洲地区平衡的最主要力量是中国。自1972年尼克松访华、越战后亚洲秩序的基石得以奠定以来，中国经济在世界上的分量发生重大改变，这不仅反映在国内生产总值对比上，还反映在中国的债权国地位及其经济重要性上。如今，中国经济已经成为全球经济增长的发动机，2009年以来，它对美国在亚洲主导地位的挑战已经足够明显。以经济实力为基础，中国的军事现代化、外交拓展和市场吸引力等也使其实力和影响力日益提升。寄望于中国未来经济发展不可持续是不明智的，过去30年中国政府面对种种不利猜测，依旧采取一切措施确保经济高速发展。同样，认为中国继续高速增长将变得与美国更相似，因此更乐于接受甚至欢迎美国在亚洲的首要地位更是一厢情愿。中国完全可能发展出一套不同于美国的成功发展模式，其国内压力，如强烈的民族主义、最大程度彰显的独立愿望等，将促使北京千方百计地避免其日益增强的实力从属于美国的首要地位。

而美国的实力与影响力当前也存在诸多局限。如，美国仍具备在亚洲部署军队的足够实力，尤其是空军和海军。但它部署军队的成本将越来越高，因为对手的军力变得越来越强，如对方潜艇甚至能够袭击美军作战平台等。即使没有发生伊拉克战争，美国的地面部队也几乎无法对亚洲任何大国实施战略打击。美国的经济影响力依然强大，但也无法在亚洲发挥至关重要的影响力，因为它在亚洲的商业交往也是自身繁荣和实力的关键所在。如同中国需要美国一样，美国同样需要中国，双方维持着脆弱的平衡。虽然中国许多方面实力远弱于美国，但并不代表它不会对美国的首要地位构成挑战。事实上，中国只需具备给美国带来成本和风险的能力，无疑就会挤压美国在一些关键

① Hugh White, “Great power gambits to secure Asia's peace”, *Far Eastern Economic Review*, No. 1, Jan/Feb 2007.

问题上的政策空间，而中国在许多领域已具备了这样的能力。[①]

在追踪中国和美国实力对比变化的同时，怀特不断思索亚洲未来走向，并提出**“和谐亚洲”的最佳发展模式**。他表示，亚洲正在形成一个各国相互制衡的体系，要控制不断激化的战略竞争并将竞争降至最低点，亚洲大国都需对各自的战略姿态做出重大调整。他分析认为，19 世纪的“欧洲协调”模式是最好的指导准则，即在出现重大政治和意识形态分歧时，为避免冲突而逐步养成妥协和解的习惯。这些大国之间充满竞争，但对竞争的限度达成明确的共识，共同认可避免大国间爆发全面战争的重要性高于一切。在这种秩序下，欧洲的经济实力、全球影响力、政治机构影响力及其公共福利都大幅提升。[②]“我们从中可汲取的最重要经验是，每个大国都应认可维护和平以及尊重他国利益、制度和价值观等重要性。”需要明确的是，“和谐”并非否定或预测战略竞争，而是管理战略竞争的一剂良方。[③]

战略竞争的结果是暴力还是和平，取决于中国如何利用自身力量，同样也取决于其他国家如何回应。美国继续居于首要地位对澳大利亚来说是最佳结果，但面对中国的实力和野心，维持这种局面的可能性很小。这就要求着重关注次佳结果，即“和谐亚洲”，也就是美国自愿放弃首要地位，转而与中国这个可在亚洲发挥领导作用的国家及其他大国分享权力，并按《联合国宪章》原则实行集体领导。目前看，中国对美国的态度似乎符合建立“和谐亚洲”的需要；而对美国来说，同意与其他大国分享领导权并接受和尊重他们的利益并非易事。[④] 美国对构建“和谐亚洲”所需容忍和妥协态度的抵抗情绪深

---

① Hugh White, “Why war in Asia thinkable?”, *Survival*, No. 6, Dec 2008 – Jan 2009.

② Ibid.

③ Hugh White, “Concert of Asia not an idealistic solution”, www. lowyinterpreter. org, Sep 29, 2010.

④ Hugh White, “Power shift: Australia’s future between Washington and Beijing”, *Quarterly Essay*, Sep 6, 2010.

植于其政治理念中。其中的“例外论”传统使美国将自己视为特殊而与众不同之国，而非平等社会中的一员。努力使这种观念与全球政治现实相协调，一直是美国历史的重要课题之一，乔治·凯南、亨利·基辛格等重要人物一直在强调美国与其他国家合作的必要性。但冷战胜利和反恐战争起伏，使得“例外论”观念进一步强化，“自恃美国在亚洲拥有经得起任何挑战的霸主地位的实力”。此外，中国的价值观和制度与美国截然不同，因此也存在一个“实实在在的”问题，即美国人并不认为他们能够跟与自己截然不同的国家和谐共处。①

多年来，无论怀特战略思索的起点始于何处，其落脚点都无一例外地归于澳大利亚。他曾表示，亚洲地区是继续和平还是混乱，不仅仅取决于中、美等大国，还取决于澳大利亚等其他亚洲国家。鉴此，澳大利亚应积极作为，思考如何帮助地区“实现好结果、阻止坏结果”。在怀特看来，澳大利亚和其他亚洲国家不能因中国日渐强大就断定它将成为敌人。“如果中国坚持在亚洲推行霸权，我们必须选择依靠必要的武力予以抵制；反之，我们则需满足中国要求的更大影响力，建立一个新的亚洲秩序来适应中国的崛起。”而建立容纳中国的新亚洲秩序主要取决于中美关系，两国都需要为此做出重大让步。同时，澳大利亚需做出努力：

双边层次上，应尽力说服美国与中国共享权力，并谨慎考虑支持美国的程度。②“我当然希望美国可以在亚洲保持毫无争议的主导地位，但恐怕随着中国崛起已不太可能。”同盟管理中最大的错误在于将一腔热情与事务本质混为一谈。面对中国崛起的挑战，美国已有与中国进行战略对抗的意图。如果想避免敌对状态继续升级，中美两国

① Hugh White, “Great power gambits to secure Asia’s peace”, *Far Eastern Economic Review*, No. 1, Jan/Feb 2007.

② Lanai Vasek, “US ties may hurt China ore trade, Professor Hugh White warns”, *The Australian*, Sep 29, 2011.

就必须各退一步，否则澳大利亚将面临一场灾难。当前，稳定的大国协调机制面临的最主要障碍是美国的态度，澳大利亚对美国盟友的可信度非常高，是国际社会最适合帮助美国形成其对华政策的国家。因此，澳政府要尽力说服美国接受与中国共享权力，并承认其不断增长的实力和影响力。为澳大利亚国家利益着想，吉拉德总理应该坦诚地对美国讲明上述观点。作为国家领袖，吉拉德如果不能促使美国构建新型对华关系，并以此来降低风险并保障澳大利亚的未来，那么吉拉德是不称职的。[①] 澳大利亚政府必须十分谨慎地思考支持美国的程度。如果中国决定控制亚洲，澳大利亚一定会支持美国实施反对和阻止行动；但是，如果美国想通过拒绝适应中国实力不断增长的事实而惹起事端，澳大利亚的立场选择也应做出调整。[②] 此外，澳大利亚还应利用与中国密切的经贸关系，说服其接受并尊重“美国在亚太地区的影响和作用将会持续”这一现实。

地区层次上，怀特认为“和谐亚洲”是当前最能反映力量消长并加以协调的新地区战略体系，指出澳大利亚要以创新的思维方式和行为方式塑造未来符合本国利益的亚洲新秩序，即致力于冲突风险最小化、澳大利亚机遇和选择最大化。[③] 同时，他承认澳大利亚说服中、美双方做出退让的能力有限，但在避免中美冲突失控的问题上，澳大利亚与所有亚洲邻国都有共同利益。如果亚洲国家认同共享权力能够维护地区和平，它们将不会愿意以失序为代价支持美国的主导地位。因此，澳大利亚不必单打独斗，而是可以“集结”亚洲中等国家力量说服双方退让，发挥陆克文常说的“中等强国影响力”。其中，亚洲领导人峰会就是“集结”力量的良好时机，“长期来看，我

---

① HughWhite, “China’s rise must change Gillard’s scrip”, *Australian Financial Review*, Mar 7, 2011.

② Hugh White, “PM flubs her lines: not even US puts China in a corner”, *The Sydney Morning Herald*, Mar 11, 2011.

③ Hugh White, “A focused force: Australia’s defence priorities in the Asia Century”, www. lowyinstitute. org, Apr 14, 2009.

们需要在中、美重构亚洲新秩序过程中重复去做这种工作来避免危机。”①

此外，澳大利亚也要思考自身如何应对最坏结果，在国防建设上早做打算。中国、印度等新兴国家的崛起使澳大利亚数十年来的安全基石——美国在亚洲的主导地位受到冲击，而新兴国家高涨的民族主义更可能恶化亚洲安全形势。澳大利亚国防政策要及早调整，思考需要何种国防力量应对地区变革，并要从现在开始建设。② 怀特建议，为在未来提供切实的军事支持和保护本国战略利益，澳大利亚国防规划需要在增加国防开支、扩大军队规模的同时，将重点放在发展最有效的军事能力上。若只依托陆军，澳大利亚将永远无法对亚洲产生重要的战略影响。因此，不应将大部分资金投向参与陆地战或两栖作战的地面部队，而应将战略重点放在空中及海上力量建设上。如，投资组建一支规模更大的潜艇舰队——这是实施海上封锁的最有效工具，并停建极度脆弱而昂贵的水面舰艇。同时，空军需具备强大的空中作战与打击能力，以应对可能在本世纪20、30年代出现的强大敌人，这意味着澳大利亚空军的飞机至少应与联合攻击战斗机性能相当。为此，政府现在就需要制定采购此类飞机的计划。③

三、威胁与适应

休·怀特是为数不多的能够客观看待中国崛起的西方战略思想家，他虽然视中国为地区不稳定的关键因素，但也能理解并支持中国

① Hugh White, “Bluffing their way into crisis”, *The Age*, Aug 2, 2011.

② Hugh White, “Our role in Asia's Superpower Shuffle”, *The Australian*, Sep 4, 2010.

③ Hugh White, “A focused force: Australia's defence priorities in the Asia Century”, www.lowyinstitute.org, Apr 14, 2009.

发展。与唯美国马首是瞻的学者不同，他积极呼吁澳大利亚乃至世界适应中国的成长，甚至公开批评美国对华态度。

怀特认为，中国崛起是当今世界最有影响力的长期趋势，无论是从经济、环境、文化还是战略上看，都可能构成巨大的历史变革，终结500年前由达·伽马开启的“西方对亚太地区的海洋统治时代”。而澳大利亚正是这一时代的产物，先英国、后美国的地区主导地位保证了澳大利亚的充分安全。目前，中国经济快速增长所带动的政治、战略影响力上升，正对澳大利亚乃至本地区近30年来和平稳定的安全基石——美国霸权产生前所未有的冲击。中国正在创造的更具竞争性的新型亚洲战略秩序不仅给澳大利亚带来战略风险——堪比英国实力衰退时的巨变，也让澳大利亚面临前所未有的外交挑战。

随着亚洲权力转移，澳大利亚和美国的利益也在转移，甚至出现分化。美国将中国看作“战略竞争者”和“潜在敌人”，而澳大利亚却认为中国是“经济救世主”，这在金融危机时期表现尤为突出。“澳大利亚自身利益和美国的本能将我们拉向不同方向，这种分歧可能不断增大，造成澳美关系史上最大的鸿沟”;[①] 澳大利亚一方面要面对中美之间可能的外交竞争，一方面又要准备应对地区变革所带来的战略冲突。

针对中国军力增长问题，尽管怀特在某种程度上认同“中国威胁论”，但他明确指出，澳大利亚面临的最大风险“不是中国军力的日益强大”而成为本国的直接威胁，而是美国实力削弱以至于放纵亚洲强国间的战略竞争，从而增加澳大利亚国家利益乃至领土安全受到军事威胁的风险。多数美国人认为，中国不愿接受美国的主导地位，中国军力建设证明了它欲称霸亚洲的野心，因此对中国“妥协”等同于“绥靖”。然而，怀特却直言不讳地指出，中国军力发展“是正当合理的”，中国军力增强有挑战性但无侵略性，“美国的上述论

---

① Hugh White, “Power shift: Australia’s future between Washington and Beijing”, *Quarterly Essay*, Sep 6, 2010.

调只不过是不能接受与中国平起平坐的现实”。“中国拥有发展武装力量以保卫直接国家利益不受美国侵犯的合法权利”，“它保留最小限度的威慑力量以对抗美国核压力也是合法的”。

以台湾问题为例，怀特独树一帜地认为，正因中国海上能力增强才降低了海峡冲突的危险。“台海冲突最可能的导火索是台湾地区领导人误判形势走向‘独立’，错误地认为美国的军事优势足以阻止大陆任何军事行动……事实上，大陆军事力量越强，台北犯错误的可能性就越小，台海冲突的可能性也就越小。”怀特就此深入分析道，中国维护海上航道安全的行动，也未必会造成地区不稳定，“包括澳大利亚在内的许多中国贸易伙伴与中国一样，都希望中国保障海上贸易安全”。①

对于“中国军事不透明”问题，怀特在担忧其未来的不确定性时，也能辩证地予以看待。他称，“美国要求中国告诉我们中方的计划是不切实际的。跟我们一样，中国对自己未来是什么样子并不清楚；跟我们一样，中国在期望最好一面的同时，也在为最坏的情况做准备。”与此同时，他也尖锐地指出，对美国而言，一个良好的起点是“不再拿‘中国威胁论’来恐吓其亚洲朋友”，“因为美国靠丑化中国维持不了在亚洲的主导地位，反倒可能会变成一个自我实现的预言”。②

在能够客观看待中国发展的思想基础上，怀特主张“包容”中国发展。他认为，中国挑战美国在亚洲的主导地位已成事实，其结果是暴力还是和平，既取决于中国如何利用自身力量，同样也取决于其他亚洲国家如何回应。**地区层面**，若将亚洲的未来视为民主国家和中国两股势力（较量）是非常危险的。应用更宽容的方式看待亚洲安全，并尊重中国政体不同的事实。“我们的挑战是把这 30 年来享受的和平安定维持到未来 30 年，其中欢迎、接受和适应中国崛起尤为

---

① Hugh White, “Just who’s afraid of China?”, *The Age*, Jun 21, 2006.

② Ibid.

重要。”为此，澳大利亚应尽力与中国建立良好关系，了解其战略和国防建设思路，并在适当限度内推动区域架构适应其成长；要鼓励美国发挥不同作用，继续积极参与而非主宰亚洲事务，并学会平衡和分享。“如果我们认为美国主导权是需要我们不惜一切代价予以保护的，那么唯一避免与中国冲突的方式就是让中国继续臣服于美国主导，即便是其经济增长与美国齐平甚至超过美国。但中国不太可能接受于此，这就意味着与中国冲突将变得极为可能，甚至不可避免。”①美国为了抵抗中国对其亚洲主导地位的挑战，正在推行“奥巴马主义”，以巩固并维护其数十年来在该地区所发挥的领导力：如，通过跨太平洋战略经济伙伴关系协定，欲在亚太地区创建一个不包括中国的新经济框架；增加在澳大利亚的防务存在，彰显其在亚洲建设军力的决心，以此吸引盟友和伙伴进入一个更大、更紧密的战略同盟，以对抗中国日益增长的军力。对此，怀特一针见血地指出，“奥巴马主义”是一个非常严重的错误，将指引其他亚洲国家走向非常危险的方向。“我们的未来掌握在中美关系手中，该双边关系恶化无疑对澳大利亚甚至整个亚洲都是一场灾难”，但“我们并非只有一个非此即彼的选择——加固美国在亚洲的主导地位，或放弃该地区而听任中国霸权。我们还可以想象既不是由美国也不是由中国单方支配亚洲的未来，北京和华盛顿可以共享权力，相互平衡和遏制。”②

就**澳大利亚方面**而言，怀特认为，无论从地缘政治角度还是从经贸联系角度看，澳中都有很强的相互依赖性。中国的成长是好事，不仅改善了十几亿中国人的生活，也为澳大利亚带来机遇。中国有其特殊国情，澳中在许多领域尚需更多相互了解，而澳大利亚尤应做出努力。迄今，“澳大利亚还有许多人总是盯住中国的人权问题不放，却

---

① Hugh White, “Subordinate, accommodate or confront?” www.lowyinterpreter.org, Feb 25, 2011.

② Hugh White, “Contain China? The Obama doctrine is dangerous”, *The Wall Street Journal*, Nov 25, 2011.

忽视了该国过去30年在人类福祉方面取得的举世瞩目之成就”，“也正是中国政府通过产业革命让5亿人口脱离贫困线”。“澳大利亚人显然还没有完全适应中国崛起，没有适应与澳大利亚关系最为重要的中国并非一个西方民主制度国家。”为了改变被动现状，怀特提议澳大利亚要进一步了解中国，特别是改革开放后、进步与变革中的现代中国。对于陆克文政府时期双边关系出现的波折，他批评道，陆克文作为国家领导人，不应像“政客”一样考虑如何应对反对党发起的每个关于中国问题的刁难。同时，他呼吁吉拉德政府出台对华指导性外交政策，协调两国关系发展的步调；而对于当前美国实施的旨在牵制中国的一些举措，政府应谨慎思考对美国的应有支持程度。如果澳大利亚继续支持美国所有政策，将可能失去其所希望的与中国建立的关系；如果中国将澳大利亚视为“敌国”，那么“它将不再购买澳大利亚铁矿石，这才是危险的”。[①]

在建言澳大利亚政府发展澳中关系的同时，怀特也向中国政府发出倡议，**鼓励其“接受日本为平等的合法大国”**。他坦言，大家看到中国的地区乃至世界影响力越来越大，当然会有焦虑和不确定感，甚至是充满怀疑。为建立以力量协调为模式的亚洲新秩序，中国需要“放弃”称霸地区的野心，“容忍”美国在亚洲战略事务中发挥重大作用，同时要继续多做近些年所做的和解之举，更加开放、明白地宣示、解释，让大家了解中国打算如何利用其强大实力。“这些事情做得越多就越正面，就越容易让美国适应。”此外，中国还需接受日本作为亚洲重要力量及关键而独立的参与方的合法性，“这对中国来说有些难度”。[②] 今天，影响亚洲力量消长的一个重要因素是日本崛起，它已从战后在战略上默默无闻发展为宣称要成为一个“正常”大国。

① Lanai Vasek, “US ties may hurt China ore trade, Professor Hugh White warns”, *The Australian*, Sep 29, 2011.

② Hugh White, “Why war in Asia thinkable?” *Survival*, No. 6, Dec 2008 – Jan, 2009.

过去60年日本作为负责任的国际社会一员，其历史记录会对它发挥地区作用的合法性产生积极影响。为维护亚洲战略平衡，拥有巨大战略实力的日本必须成为“和谐亚洲”的一名正式成员。为此，尽管国内民族情绪难以平息，中国也必须学会把日本当作一个受尊重的平等国家对待。怀特认为，美日是盟友，如果美国的亲密盟友日本与中国关系紧张，中美关系也很难好到哪儿去。同时，日本也应重新思考自身的战略未来，摆脱旧日心态，让自己成为真正能够扮演上述角色的国家。①

① Hugh White, “Great power gambits to secure Asia's peace”, *Far Eastern Economic Review*, No. 1, Jan/Feb 2007.

“第三世界代言人”马哈蒂尔[*]

政治家与医生，这两项看似无甚关联的职业却有着神秘的相关性。古语说：“不为良相，便为良医。”近代亚洲，有诸多良医成为“良相”，如我国的孙中山先生、菲律宾国父黎刹以及马来西亚前总理马哈蒂尔等，他们为本民族的独立和发展做出不可磨灭的贡献。就马哈蒂尔而言，他弃医从政，领导马来西亚由“赤道小国”跃升为紧跟“亚洲四小龙”的“亚洲四小虎”之首。在多年政治生涯中，他也凭借百折不挠的个性和敢言敢为的风格与李光耀、苏哈托并称“东南亚三大政治强人”。

一、意志坚强的民族主义者

马哈蒂尔全名为敦·马哈蒂尔·宾·穆罕默德医生（Tun Dr. Mahathir Bin Mohammad），1925年12月20日生于马来西亚吉打州首

---

* 骆永昆，中国现代国际关系研究院南亚东南亚及大洋洲研究所助理研究员；陈庆鸿，中国现代国际关系研究院南亚东南亚及大洋洲研究所助理研究员。

府亚罗士达市甘榜锡比廊霹雳小镇上的一个士绅家庭。[1] 这个看似普通的家庭可并不简单，父亲穆罕默德·宾·伊斯甘达身为印度裔，是第一位出任英文校长的马来人，文化修养高，对教育家中9个孩子也有一套。他对安拉真主在其不惑之年送来幼子马哈蒂尔欢欣不已，暗下决心要将其培养成一个有出息的人。母亲旺·丹巴万是武吉拉达拿督·天孟公[2]库洛旺苏的后裔，有着旺默哈末沙曼的贵族血统。小儿子出生后，当一名精通占星学的华人教师预言马哈蒂尔将来定会成为马来西亚统帅时，她一点也不感到惊讶，而且对此深信不疑。

（一）坚定的伊斯兰信仰

马哈蒂尔母亲虽然目不识丁，却是一名虔诚的伊斯兰教徒，对《古拉经》倒背如流，常督促儿子认真修习真主教诲。在母亲熏陶下，马哈蒂尔很小便接触伊斯兰教。还在牙牙学语时，他便会哼唱："安拉真主，主宰万物；除真主外，别无神灵……"的经文。上小学时，马哈蒂尔时常翻阅家里珍藏的《古兰经》，虽然对经文的微言大义不甚明了，但在母亲指导下，已对《古兰经》有了初步认识，伊斯兰教信仰也慢慢地在心里扎下根。

上世纪30年代末，年轻的马哈蒂尔满怀着对知识的渴求和家庭的厚望，进入亚罗士打市苏丹阿都哈密学院学习。在这所培养国父东姑·拉赫曼等多位政治家的著名中学里，他不断发现宗教的重要性，也逐渐认识到宗教是门涉及哲学、文学、历史、语言、艺术、建筑、科技等多领域的学科，并下决心去努力研究这门"最渊博的学问"。从此，马哈蒂尔便一头扎进书堆里，如饥似渴地遍读学校里所有宗教书籍。孔子曰："学而不思则罔"，马哈蒂尔小小年纪似乎早已明白

① 本文关于马哈蒂尔生平介绍主要参考张永和：《马哈迪传》，广州出版社1995年版。

② 武吉拉达是地名，拿督是封号；天孟公是古马来亚的官职，相当今警察局长、军队首长。

这个道理。在博览群书的同时，他屡屡提出问题，执着地寻找一个个“为什么”的答案。这个时期，他虽然还只是名中学生，却表现出卓越的思考能力和批判精神，曾撰写一篇题为《马来人的伦理法则和价值系统》的论文，专门论述伊斯兰教对马来人的影响。

马哈蒂尔对伊斯兰教的系统研究不仅深化了他对伊斯兰教的理解，也坚定了其信仰，进而推动其宗教信仰上升为对本民族及其文化的热爱。正所谓“爱之深、责之切”，马哈蒂尔在论文中曾写道：“希腊哲学家所重视和花费许多时间的‘自省’，马来人并不认为是一种伟大的美德。因此，审慎的、批判的自我分析是不常见的。苏格拉底解说的‘认识你自己’所构成的个人学问美德，在马来人之间是找不到的。这不只不能引申到个人，同时对整个社会也是如此。这种失败导致没有能力去发觉和纠正内在的错误。”[①] 这样彻底的批判激发了马哈蒂尔为本民族及民族文化做贡献的激情，也塑造了其坚定的人生信仰。

（二）为民族独立而读书

马哈蒂尔出生时，国际社会正经历第一次世界大战的炮火洗礼，西方列强纷纷转向国内秩序重建，殖民势力走向式微。在此背景下，世界各地的民族主义运动风起云涌。在马来西亚的甘榜锡比廊霹雳小镇上，身为英文学校校长的父亲正在给小马哈蒂尔讲述德意志著名音乐家贝多芬的故事。话说贝多芬当年正准备将《第三交响曲》献给心目中的英雄拿破仑，但当他得知拿破仑即将侵略本国的消息后，不惜将自己的心爱之作撕碎。父亲讲完故事后对马哈蒂尔说：“贝多芬的故事充分显示了民族的自尊美。他对祖国对民族的热爱，为这位天才的音乐家赢得世人赞誉和崇高荣耀。”这些话深深地印刻在马哈蒂尔的记忆中，逐渐成为其自尊性格的一部分。

---

① 张永和：《马哈迪传》，广州出版社1995年版，第50页。

二战爆发、特别是马来亚沦陷，给马哈蒂尔带来巨大冲击。他清醒地认识到，殖民者都是不可靠的，遂在一篇题为《马来人的问题》的论文中一针见血地指出："日本人征服马来亚，粉碎了马来人对于英国人保护其能力的信心。"① 民族的苦难更加坚定了马哈蒂尔追求民族独立的决心，他不但出任校穆斯林社团主席和 *Cauldron* 杂志编辑，还深入研究马来亚历史、伊斯兰教义和国际关系、世界局势等攸关国家前途命运的重要问题。1946 年 1 月 22 日，英国殖民者发表白皮书，企图延长殖民统治。时任吉打州"马来人同盟"秘书的马哈蒂尔立即表示反对，并在同盟举办的研讨会上揭露英国殖民者的阴谋，引起广泛反响。随着陆续加入吉打州青年政治协会、马来协会、巫统等政治组织，积极投身于马来民族独立解放运动，马哈蒂尔始于童年的民族主义情结越结越紧，并且常常从心底升腾起一种使命感。

二战结束后，马哈蒂尔回到学校读书并取得优异成绩。当老师要其向全校师生介绍学习经验时，他只以简短的"为民族独立而读书"几个字作答。在其看来，没有动力是读不好书的，而争取民族独立正是鞭策他努力读书的原动力。此后漫长的人生旅途中，马哈蒂尔一直把实现民族独立和国家繁荣视为奋斗目标。

（三）解救苍生的普世情怀

政治家和政客的最大区别在于，前者以天下苍生为念，而后者只注重自身利益。一个以天下苍生为念的年轻人为将其救苦救难的理想付诸实施，常常会选择解除病痛、挽救生命的医生职业。年轻的马哈蒂尔就是如此走上学医之路的。1947 年他考上新加坡马来亚大学，毅然选择医学专业，并对前来劝说其改报政治学的老师说："尊敬的老师，为民族独立斗争到底是我毕生追求的理想。今日我选学医科，恰恰是坚定政治信念的表现。人不是生活在真空里，政治家也不是空

① 张永和：《马哈迪传》，广州出版社 1995 年版，第 54 页。

头的。我认为将来当医生，不仅是最佳的职业选择，也是深入开展政治斗争的最好依托。因为医生生活在民众之中，为民治病，与群众的关系如鱼水相联，将有助于我们把握社会发展的方向，推进我们民族主义事业胜利向前发展。”[①] 在大学，热衷演讲的马哈蒂尔继续从事政治活动，常深入民间做社会调查，并频频为媒体撰文，抨击英殖民统治。凭借犀利语言、敏捷思维和扎实论据，其文章不断产生轰动效应，有力地推动了民族独立运动。

1953 年毕业后，马哈蒂尔回国进入一家政府医院工作，并与大学同学西蒂·哈斯玛结为伉俪。但因不满政府医院的官僚弊端，他于 1957 年辞职，自行开办医务所。对来医务所看病的穷人，马哈蒂尔常常免费给他们开药治病。他还常走乡过镇、穿越丛林，为偏远地区的民众行医送药。在行医过程中，马哈蒂尔深切感受到民众的疾苦，进一步认识到其苦痛的根源并非身体素质低下，而是贫穷。繁忙之余，他仍积极参加巫统的政治活动，得名“巫统的医生”。这段与众多社会底层民众相处的经历使得马哈蒂尔的政治观有了质的飞跃。他说，争取民族独立的最终目的是促进经济发展，让马来亚人过上好生活。为实现目标，他认真研究马来亚经济发展史，并发表一篇题为《马来人的经济困境》的论文，呼吁政府在赢得民族政治独立后，应马不停蹄地争取经济独立和振兴马来亚经济。此时，马哈蒂尔已认识到仅凭一己之力不能包治民众所有病痛，而应彻底改变导致民众“有病不能治”的落后社会现状。一次外出行医归来，马哈蒂尔向父亲讲述看到山寨贫苦生活的痛苦心情。父亲对他说：“善事固然要多做勤做，但你除了当好医生，还应该面向世界，借鉴他人的好经验，协助政府把我们马来亚建设成现代化国家，这才是最大的善事。”[②] 父亲的指点与马哈蒂尔的心思不谋而合，最终促使其走上政途。

---

① 张永和：《马哈迪传》，广州出版社 1995 年版，第 100 页。

② 张永和：《马哈迪传》，广州出版社 1995 年版，第 190 页。

（四）酷爱写作的政治生涯

马哈蒂尔的从政之路并非一帆风顺。最初，依托医术精湛、医德高尚赢得民心的行医资本，他于1964、1965年先后顺利当选国会议员和马来西亚驻联合国代表，成为全国瞩目的政治新星。然而，1969年他因“5·13”种族骚乱事件与拉赫曼总理产生分歧与冲突，被开除执政党巫统党籍，直至1972年拉扎克任总理后，他才得以重新“入党”。此后，马哈蒂尔青云直上，历任教育部长（1974年）、巫统副主席（1975年）、副总理兼贸工部长（1976、1978年）和总理（1981—2003年）职务。

与许多政治家一样，马哈蒂尔酷爱读书写作。年少时，他就熟读《林肯传》和宗教书籍；婚后不忘读书，被妻子称为“书虫”；从政期间仍坚持博览群书，对中国的《孙子兵法》赞赏有加。据说，马哈蒂尔随身携带《孙子兵法》，空闲时常翻阅、研读，并把中国古代军事家孙子的策略巧妙地运用于经济战略中和政党建设中，获得了可喜的成效。①

读书赋予马哈蒂尔智慧与经验，而思索和纵论天下事则是他人生的重要组成部分。迄今，他共发表演讲2500余次，撰写和编著各类书籍20部，主要涉及东盟、亚洲及伊斯兰问题，其代表作有《马来人的困境》（1971）、《地区主义、全球主义及影响的范围：东盟，迈入21世纪的挑战和变化》（1999年）、《伊斯兰和穆斯林乌玛》（2001年）、《对亚洲的思考》（2002年）、《博客冲破障碍》（2008年，英、马双语）等。其中，《马来人的困境》一书，深刻分析了马来人的贫困原因，抨击党内腐败和不正之风，提出缩小城乡差距、提高马来人经济地位等建言，深受读者追捧，成为上世纪70年代的畅销书。然而，巫统高层和政府首脑对书中的精辟见解“充耳不闻”，

---

① 相关内容可参阅张永和：《马哈迪传》，广州出版社1995年版，第361页。

害怕“马哈蒂尔热”升温，危及政权。于是，巫统以“极端”、“激进”为名，将该书列为禁书。而后，宽容的拉扎克总理发出“解禁令”，马哈蒂尔才得以平反。1971—1990年，马来西亚政府推出的新经济政策部分采纳了《马来人的困境》中的建议。2001年马哈蒂尔表示，退休后准备继续笔耕，充分享受读书、思考和写作的快乐时光。

二、治国韬略

马哈蒂尔倡导温和的伊斯兰文化和儒家文化，主张维护马来人地位和种族和谐，将马来西亚建成一个伊斯兰教和现代化比翼齐飞的世俗国家，实现政治、经济、社会、文化各领域均衡发展。

（一）“马来人至上”

马哈蒂尔明确指出，“马来人是马来世界的合法主人”，[①] 要求国家领导人时刻关注和维护马来人利益。早在20世纪70年代，他在《马来人的困境》一书中深入分析马来人的特性和处境，并发出警告——如果将马来人依靠掌控政权所获得的所有保护措施都取消的话，那么马来人将重新面对“适者生存的原始法则”，即只有最强大和最健康的马来人才能生存下来。[②] 为防微杜渐，马哈蒂尔告诫马来人“只有学习和掌握各种知识和技能”，才能“真正成为国家的主人”。他形象地比喻道：“如果一个马来司机开着别人的车却自称

① Mahathir bin Mohamad, diterjemahkan oleh Ibrahim bin Saad, *Dilema Melayu*, Times Books International, Kuala Lumpur, Singapore, 1992, p. v.

② “Pandangan Tun Dr Mahathir terhadap sikap orang Melayu”, February 12, 2011, http://www.perakini.net/index.php?option=com_content&view=article&id=415:pandangan-tun-dr-mahathir-terhadap-sikap-orang-melayu&catid=46:pendapat&Itemid=98.

'主人'会怎样呢？车主的地位会比司机地位低吗？实际上，'主人'应该是汽车的拥有者，并且是向司机支付工资的人。"①

与此同时，马哈蒂尔呼吁马来人团结一致。他指出，马来亚的历史发展表明，"团结使弱势和一无所有的马来人变得强大，马来人因此得以独立"；②"如果马来人一分为三，那么获胜的一方也得屈服于他人的压力和要求，马来人手中的权力将没有任何意义"。③ 在马哈蒂尔心中，马来人利益不容侵犯。他曾为此批评前副总理安瓦尔，称其"只是一心想通过巫统和伊斯兰教党当上总理。安瓦尔分裂了马来人并使马来人变得软弱，是民族的叛徒"。④

与安瓦尔相反，马哈蒂尔在执政期间致力于改变马来族群思维和精神，推行"新经济政策"提高马来人社会经济地位，给予马来人企业优惠、规定马来族大学生必须占在校生55%、提高马来人占多数的农民子女入学率等。1997年亚洲金融危机后，他着重强调提高马来企业竞争力、增加马来人在高收入领域的就业机会和培养"世界级的马来企业家"。

如今，马哈蒂尔已远离政坛，但依然关注马来人的命运。他尖锐地剖析"当前马来人面临新的困境"："不敢表达自己的利益诉求，因为这样做会被说成是种族主义分子。更糟糕的是马来人没有能力保卫自己，更多的人（选择）屈服和退缩。据说屈服和退缩更容易获

---

① 马哈蒂尔博客："The Racist Card, Perkauman Sebagai Modal", May 31, 2008, http://chedet.cc/blog/?p=27#more-27.

② Tun Dr Mahathir, "Perjuangan memartabatkan orang Melayu tidak nafi hak orang lain", April 30, 2011, http://bigdogdotcom.wordpress.com/2011/04/30/tun-dr-mahathir-perjuangan-memartabatkan-orang-melayu-tidak-nafi-hak-orang-lain/.

③ Tun Dr Mahathir, "Perjuangan memartabatkan orang Melayu tidak nafi hak orang lain", April 30, 2011, http://bigdogdotcom.wordpress.com/2011/04/30/tun-dr-mahathir-perjuangan-memartabatkan-orang-melayu-tidak-nafi-hak-orang-lain/.

④ Tun Dr Mahathir, "Perjuangan memartabatkan orang Melayu tidak nafi hak orang lain", April 30, 2011, http://bigdogdotcom.wordpress.com/2011/04/30/tun-dr-mahathir-perjuangan-memartabatkan-orang-melayu-tidak-nafi-hak-orang-lain/.

得安全。"[①] 他认为，新"困境"是马来人的态度所致，他们未抓住现有机遇取得进步；马来人应该意识到"当自己开始依赖少数族群的时候，就不得不交出本应属于马来人的权利，这就是马来人的困境"[②]。他进而指出："如果马来人不改变现有的生活理念，就不可能实现任何目标，并且将沦为马来西亚最落后的民族。"[③]

（二）维护族群和谐

虽然马哈蒂尔坚守"马来人至上"理念，但也注重维护族群和谐，曾表示"为维护马来人的地位而斗争并不意味着否定其他人的权利"；[④] "我们希望华人能被同化，使我们成为单一族群的国家，但这是不可能的"。[⑤] 针对影响社会稳定的马、华两族"不和"问题，马哈蒂尔认为"完全是历史所致"。他称，"过去，民族之间并未建立真正的和谐，只有忍让、适应和妥协。""在马来世界，民族之间的和谐并不纯粹，甚至没有深深扎根。"[⑥] 就此，他主张马、华两族加强合作，实现经济和财富平衡分配；政府应为维护族群和谐寻找

---

① MOHD. KHUZAIRI ISMAIL dan MUHAMAD ZAID ADNAN, *Dr Mahathir: Dilema Melayu kini*, February 13, 2011, http://riau.cc/malaysia/43-politik/53-dr-mahathir-dilema-melayu-kini.

② MOHD. KHUZAIRI ISMAIL dan MUHAMAD ZAID ADNAN, *Dr Mahathir: Dilema Melayu kini*, February 13, 2011, http://riau.cc/malaysia/43-politik/53-dr-mahathir-dilema-melayu-kini.

③ MOHD. KHUZAIRI ISMAIL dan MUHAMAD ZAID ADNAN, *Dr Mahathir: Dilema Melayu kini*, February 13, 2011, http://riau.cc/malaysia/43-politik/53-dr-mahathir-dilema-melayu-kini.

④ Tun Dr Mahathir, "Perjuangan memartabatkan orang Melayu tidak nafi hak orang lain", April 30, 2011, http://bigdogdotcom.wordpress.com/2011/04/30/tun-dr-mahathir-perjuangan-memartabatkan-orang-melayu-tidak-nafi-hak-orang-lain/.

⑤ "专访：为亚洲力争富裕自强"，《马来西亚总理马哈蒂尔演讲集》，北京外国语大学中国马来语教学中心编，世界知识出版社，1995 年版，第 342 页。

⑥ Mahathir bin Mohamad, diterjemahkan oleh Ibrahim bin Saad, *Dilema Melayu*, Times Books International, Kuala Lumpur, Singapore, 1992, p. 7.

“出路”，推动国民阵线的各政党加强合作。1981 年出任总理后，马哈蒂尔鼓励发展华人经济，允许开办华人学校、报纸和电视节目；决策时也会考虑所有种族和宗教团体的利益,[①] 并对华人的合理要求做适当让步。

上世纪 90 年代，马哈蒂尔以“新发展政策”替代“新经济政策”，鼓励发展现代科技，倡导公平竞争，呼吁各族相互尊重、和睦相处，以“容忍”精神实现目标。2001 年，他进一步调整华人政策，宣布巫统可吸纳沙巴州遭解散的民政党华裔加入，并启用两名华人出任自己的新闻秘书和政治秘书，加强与华人社团沟通。当然，马哈蒂尔对华人的温和态度也是有前提的，“我们可与他人经商或给予其财富，但是（任何人）不要想获取马来人的权利”。[②]

（三）以伊斯兰教促进国家发展

马哈蒂尔认为，伊斯兰教是温和、宽容、公正的宗教，是影响马来人价值观念和道德准则的最大力量。“伊斯兰教的正义意味着将合适的东西放到正确的位置。它有三个重要含义：一是将某个人放到与其能力匹配的位置；二是依据情境或人们所能接受的情形来做决策或施以处罚；三是将财富和资产给予那些确实应得的人。”[③] 为此，马哈蒂尔呼吁全国穆斯林掌权者、行政官和法官不应因掌权而傲慢，应牢记伊斯兰的正义原则；穆斯林领导的马来西亚政权应证明其统治对

① 马燕冰：“马来西亚总理马哈蒂尔”，《APEC 首脑人物》，时事出版社 2002 年版，第 269 页。

② Tun Dr Mahathir, “Perjuangan memartabatkan orang Melayu tidak nafi hak orang lain”, April 30, 2011, http://bigdogdotcom.wordpress.com/2011/04/30/tun-dr-mahathir-perjuangan-memartabatkan-orang-melayu-tidak-nafi-hak-orang-lain/.

③ “Islam: A Just Religion”, *Koleksi Ucapan Tun Dr Mahathir Mohamad*, http://www.ikim.gov.my/v5/index.php?lg=1&opt=com_article&grp=3&sec=&key=1059&cmd=resetall.

所有人都是正义的，无偏袒、无压迫，这一点非常重要；[①] 而包括马来西亚在内的伊斯兰国家应确保其行政管理公平、有效。但因为伊斯兰的正义理念总是被误读，伊斯兰教本身也常被误解，马哈蒂尔主张区分“正确的”和“错误的”伊斯兰，以便政府掌握伊斯兰教义的解释权，增强执政合法性。具体而言，“正确的”伊斯兰，即穆斯林发扬“伊智提哈德”（独立判断），根据发展的环境重新阐释《古兰经》和“圣训”；伊斯兰教并非仅面向7世纪的阿拉伯人，而是面向所有时代和地区；穆斯林应回到《古兰经》和真正的“先知言行”中，结合时代特点和世界潮流研究伊斯兰教。

马哈蒂尔呼吁马来人与时俱进，接纳完整的伊斯兰价值观。1991年，他在巫统大会上提出“新马来人”理念，称“新马来人”应具备完整的伊斯兰价值观、积极进取的求知态度和包容宽厚的人文素养；拥有顺应时代变迁的知识，准备面对各种挑战，崇尚竞争、知识、纪律、诚信、效率；要做现代穆斯林，懂得科学思考、理性认知并虔诚追随伊斯兰教义。[②] 2001年9月，马哈蒂尔发表讲话，宣布马来西亚已成为伊斯兰教国家，在树立“温和、进步”伊斯兰国家形象的同时，借以打压伊斯兰教党、巩固政权。

（四）积极推进现代化建设

马哈蒂尔把发展经济作为治国要务，认为发展经济可以实现国家富有、维护国家主权独立和民族自尊。1991年，他提出“2020宏愿”战略：2020年把马来西亚建成“全面发达国家”。所谓全面发达，即马来西亚将成为一个在经济、政治、社会、精神、心理和文化

① “Islam : A Just Religion”, *Koleksi Ucapan Tun Dr Mahathir Mohamad*, http: //www. ikim. gov. my/v5/index. php? lg = 1&opt = com_ article&grp = 3&sec = &key = 1059&cmd = resetall.

② 转引自范若兰：“马哈蒂尔的伊斯兰教理念与实践评析”，《世界宗教研究》，2008年第1期。

各领域，包括国民团结、社会凝聚力、经济发展、社会正义、政治稳定、政府制度、生活质量、社会和精神价值、民族自豪感和信心等方面均达到发达水平的国家。① 依据上述战略，从 1990—2020 年的 30 年间，马来西亚经济年均增长率为 7%；GDP 总值每 10 年翻倍，2020 年达 9200 亿美元，为 1990 年的 8 倍，同时人均收入达到 1990 年的 4 倍。②

作为“2020 宏愿”战略的重要支柱，马哈蒂尔于 1996 年提议创建“多媒体超级走廊”，旨在通过建成马来西亚的“东方硅谷”，将本国打造成信息经济强国。该“走廊”从首都吉隆坡市中心的双峰塔向南延伸至新吉隆坡国际机场，总投入约 400 亿美元。其中重点工程包括新吉隆坡国际机场、吉隆坡市中心双峰塔、新型城市布特拉加亚、核心城市赛博加亚等。“走廊”由多媒体开发公司负责管理和推介，拥有国际领先的基础设施和法律、政策及实施环境。该项目区内居民房屋均与一个计算机网络连接，人们可从 2. 5—10G 的开放性多媒体网络上接收信息、购物、娱乐、交流或接受教育。③ 目前，该“走廊”已吸引千余家跨国公司入驻，创造了 2 万余个就业机会，带动的软件产业规模已达 65 亿美元，其阶段目标业已实现。如今，双峰塔等建筑已成为马来西亚的标志。

值得一提的是，马哈蒂尔虽然认定国家发展离不开西方资金、技术与经验，但并不迷信西方发展模式，坚信马来西亚“应成为有自己特色模式的发达国家”，而非“西方发达国家的翻版”。

---

① Dr. Mahathir Bin Mohamad, “Malaysian : The Way Forward (Vision2020)”, February 28, 1991, http: //unpan1. un. org/intradoc/groups/public/documents/apcity/unpan003223. pdf.

② 数据来源自 Dr. Mahathir Bin Mohamad, “Malaysian : The Way Forward (Vision2020)”, February 28, 1991, http: //unpan1. un. org/intradoc/groups/public/documents/apcity/unpan003223. pdf.

③ 马哈蒂尔：“信息化时代的国际桥梁”，在为多媒体超级走廊投资者召开的洛杉矶会议上的演讲，载《马来西亚总理马哈蒂尔演讲集》，北京外国语大学中国马来语教学中心编，世界知识出版社 1995 年版，第 149、153 页。

三、外交思想

马哈蒂尔一贯倡导亚洲价值观，反对霸权主义，主张树立国际正义形象，重视东盟和亚太合作，倡导中立、不结盟，谋求成为第三世界代言人。

（一）反对西方霸权

马哈蒂尔素以作风强硬、敢言敢为著称。1969 年“5·13”种族骚乱后，他连夜奋笔疾书，致函东姑·拉赫曼总理，指责政府须为流血事件“承担罪责”，并“促请拉赫曼下台”，结果被开除巫统党籍。担任总理后，马哈蒂尔将其强悍的“铁腕”执政风格在国际舞台上演绎得淋漓尽致。他对西方大国及其霸权主义始终抱警惕与批评态度，很早就指责亲西方的拉赫曼总理“依然系着西方的围裙”。[①] 1981 年，刚刚上台两个月的马哈蒂尔就向各级政府发出指令，要求将其购买的英国货上交总理办公室，以做最后“定夺”。这就是有名的“最后买英国货”（BBL）政策。马哈蒂尔就此解释称，“英国的工业和经济已经恶化……英国已成为这样一个国家，它的制造商及其供应品均不可靠。”[②] 在整个 20 世纪 80 年代，他竭力反对西方国家贸易保护主义；90 年代，他力推亚洲价值观和“东亚模式”，提出“国际新秩序不能建立在霸权统治基础上”；亚洲金融危机后，他猛

① David Camroux, *Looking East and Inwards*, p. 25，转引自 Karminder Singh Dhillon, *Malaysian Foreign Policy in the Mahathir Era* (1981 – 2003), National University of Singapore Press, 2009, p. 164.

② Mahathir Mohamad, Speech at UMNO General Assembly, Kuala Lumpur, June 25, 1981，转引自 Karminder Singh Dhillon, *Malaysian Foreign Policy in the Mahathir Era* (1981 – 2003), National University of Singapore Press, 2009, p. 164.

烈抨击西方金融投机和西方“新殖民主义者”；2008年国际金融危机爆发后，他猛力揭批美国自由贸易政策和放松金融管制措施导致“金融撒旦”出世，呼吁亚洲国家“勿轻信国际货币基金组织的药方”，应根据自身国情妥为应对；2010年美国大片《阿凡达》上映，他指责美凭借高科技“大搞文化霸权主义和精神殖民主义”。

与此同时，马哈蒂尔也旗帜鲜明地批评西方国家的民主人权，称“从西方的自由行动和记录看，西方国家没有能力定义和宣扬人权。在此刻，他们根本没有权利谈论人权，更不用说在人权问题上做裁判。”① 他进一步指出，西方最虚伪之处在于其宣扬的“免遭压迫和暴行的自由”；西方政府、媒体、非政府组织常谴责非西方国家的人权状况，并对“侵犯人权”的国家实施国际制裁、撤销援助、冻结贷款、军事打击等惩罚，甚至在别国搞绑架并将被绑者带往西方受审；西方国家热衷于维护人权，但缺乏对独立或主权国家最起码的尊重。因勇于批判美国等西方国家干涉亚洲国家的内政以及为第三世界国家仗义执言，马哈蒂尔被誉为“第三世界英雄”。

（二）倡导亚洲价值观

马哈蒂尔认为，亚洲价值观优于西方的“普世”价值观，因为前者并未像西方价值观那样给世界造成如此多的破坏，而是关注大多数人、考虑集体利益，而非统治阶层的利益。西方人喜欢以牺牲他人的生命来达到个人目的。当他们与别国有分歧的时候，通常会把战争作为解决问题的一种手段。整个世界生活在恐惧之中，就是因为西方价值观的发展趋势必然导致以牺牲他人为解决问题的手段。② 为此，

---

① Mahathir Mohamad, Speech to Just International Conference on Rethinking Human Rights, December 6, 1994, 转引自 Karminder Singh Dhillon, *Malaysian Foreign Policy in the Mahathir Era* (1981 - 2003), National University of Singapore Press, 2009, p. 207.

② “‘世界因为西方价值观的失败而遭难’——对话马哈蒂尔”，《世界知识》，2009年第10期，第32—33页。

马哈蒂尔提出“向东看”政策，主张“马来西亚今后将着重发展同东方国家，特别是发展同日本和韩国之间的关系，以平衡马来西亚目前同西方国家的关系”。[①] 他主张大力发展对日、韩贸易，争取投资；鼓励国民学习日、韩两国的团队企业精神和勤奋努力的工作态度。在总理任上，他不仅多次到日本取经，还派遣大批留学生赴日、韩深造，鼓励日、韩企业到马来西亚投资建厂，并倡导组建联营企业以获得先进技术。

（三）主张东亚一体化

马哈蒂尔认为，对外政策的首要目标是和平共处、加强合作，推动繁荣和安全的地区环境。在全球化背景下，任何国家不能单干，加强区域合作至关重要。东南亚国家在地缘政治、民族习俗等方面具有共同点，进一步推动东亚区域合作将增强东亚国家的谈判地位。他提醒东亚国家牢记：在关贸总协定（GATT）谈判中，因无法以“一个声音”说话而导致地位下降、利益受损。为此，他积极推动建立东盟自贸区，以促进东南亚经济一体化；力邀越南、老挝、柬埔寨、缅甸加入东盟，强化东盟国家间合作，促进建立东盟共同体；主张建立亚洲货币基金，上世纪 90 年代初提倡建立包括东盟与中国、日本、韩国在内的“东亚经济核心论坛”（EAEC），以增强东亚经济的自主性。在谈及 EAEC 意义时，马哈蒂尔指出：“我相信在东亚这个合作繁荣的体系中……我们一定会竞争，也一定需要合作。我们必须建立一个合作繁荣的进程，尤其是当竞争加剧的时候。”

亚洲金融危机后，马哈蒂尔进一步推建“10+3”合作机制，呼吁建立东亚货币基金，以防止东亚金融危机再次发生。国际金融危机爆发后，他指出“亚洲国家不能盲从西方思想和体系”，应坚信亚洲有能力构建新制度和实现一体化；亚洲必须建立与欧盟对等的区域共

---

① 袁珠盈：“马哈蒂尔的经济政策”，《云南财贸学院学报》（经济管理版），第 15 卷第 4 期，2011 年 12 月。

同体，创建能取代美元的国际货币。如今，当美国高调“重返”东南亚时，马哈蒂尔又一针见血地指出，美国主导东亚峰会“将严重损害东盟利益”，东盟应继续保持“10+3”机制的鲜明特点，发挥其独特作用，以确保东亚国家在该机制下联合制衡美欧。

（四）呼吁建立“全球联邦”[①]

马哈蒂尔预言，亚洲的崛起可能使本地区出现多个经济强国。亚洲强国如能与西方国家共同帮助穷国致富，亚欧国家都将受益，世界也将变得更加富有。他称，随着信息科技的发展，21 世纪的世界将成为一个无国界的世界。任何一个人、一个国家、一个大陆都不会孤立。国家之间的相互依存将不断加深，各民族的流动性将不断加强，全世界的人都将过上富足生活，“全球联邦”将最终建立。“全球联邦”由繁荣的、负责任的、有先进生产力的、可持续发展的民主政体组成，其主要特征是共享和平繁荣、相互尊重欣赏、更多考虑他人的感受、价值观和生活方式。为推动建立“全球联邦”，世界各国人民应摒弃狭隘的发展观念，将精力集中于世界的发展，而非某地区的发展，专心致志地将世界贸易组织（WTO）建设成为一个共同为富国和穷国谋利的伟大组织，一个致力于国际间相互依存和友好的组织，一个没有压迫和大国统治的组织。

四、大力发展对华关系

马哈蒂尔对华友好，担任总理期间及卸任后均多次访华，对推动

① 本段内容依据马哈蒂尔在大西洋联合世界学院的演讲整理。马哈蒂尔：“亚洲的世纪——马来西亚的观点”，在第二届马来西亚—中国论坛上的演讲；“亚洲在构筑21 世纪全球联邦过程中的地位和作用”，《马来西亚总理马哈蒂尔演讲集》，世界知识出版社 1995 年版，第 98、196 页。

中马关系发展功不可没。马哈蒂尔是最早批驳“中国威胁论”的东南亚领导人之一，多次宣称中国是世界经济增长引擎，呼吁加强中马战略合作。

马哈蒂尔对中国的认知历经微妙转变。根据马来西亚前国防部政策处官员辛格·狄龙的研究，“马哈蒂尔执政早期更强调将中国视作一个安全问题，而执政后期则将重心转向如何应对中国的经济力。”①

1995 年，马哈蒂尔在演讲中指出：“现在是时候不用威胁的镜片看待中国了，应把中国看做是一个巨大的机遇。‘中国威胁论’是很流行。马来西亚也曾秉持这种观点，但那是在中国共产党给予马来亚共产党支持和鼓励的年代，那时人们对中国成为东南亚‘第五纵队’的担忧心理加剧……然而，时代剧变。马来西亚成为认识到时代变化的国家之一。我们不再将中国视作威胁，我们不相信世仇，我们不会用‘过去’决定‘未来’。”② 此后，他一再重申，“当今世界确有威胁，但不是中国，而是西方强国”；中国从未实行攫取领土政策，其邻国可能丧失过一些争议领土，但全面入侵和殖民化一直不是中国的特征；西方认为中国是威胁的原因在于，西方是通过霸权以暴力手段实现财富积累，而中国则是个温和的、倡导和平的国家，没有扩张野心，从不干涉他国内政；中国完全有权利发展军事力量、维护国家安全，拥有全球视野、现代化和富有创造力人民的中国，能够帮助解决世界面临的许多问题。马来西亚希望中国能成为马来西亚产品巨大的消费市场，“你们越富裕，市场就越大，这对于我们而言是件好事。而当中国变得强大而富足的时候，科技力量也将增强，进而可以到马

① Karminder Singh Dhillon, *Malaysian Foreign Policy in the Mahathir Era* (1981 – 2003), National University of Singapore Press, 2009, p. 152.

② Mahathir Mohamad, Speech titled “Malaysia and China in the 21st Century”, delivered at the International Trade and Investment Conference in Kuala Lumpur On January 23, 1995. 转引自 Karminder Singh Dhillon, *Malaysian Foreign Policy in the Mahathir Era* (1981 – 2003), National University of Singapore Press, 2009, p. 152.

来西亚投资。如此一来，我们将实现共同繁荣。”①

马哈蒂尔多次赞称“中国是世界经济增长的引擎”，倡议东南亚面对富裕和强大的中国应表示欢迎，并通过与其贸易而共享繁荣。他表示，东亚人民有理由期待，随着中国经济发展和实现现代化，亚洲将在世界文明长河中重新占据应有的位置。欧洲人可能不喜欢亚洲崛起，但亚洲人没理由为阻止中国而推迟自己在世界上占据应有位置的时间。中国是维持东亚地区和平与繁荣的“好伙伴”、“好朋友”，将在国际舞台发挥更大作用；“中国模式”值得借鉴。

马哈蒂尔任内多次访华，每次访华都给中马关系注入新动力。1985 年首次访华，他与中国领导人签署了合作协议，明确支持两国直接贸易。此后，两国又签订海运、贸易、投资、关税等系列协定，极大地促进了两国经贸合作。1989 年，中马贸易额从 1975 年的 1.6 亿美元飙升至 10 亿美元，累计相互投资增至 9 亿美元。1990 年，马哈蒂尔又敦促政府全面撤销马来西亚公民访华限制，为深化两国关系扫清了障碍。有学者评析称，中马关系由此进入“正常化”轨道。1993 年，马哈蒂尔第二次访华取得圆满成功，两国签署多项合作协议，同意互设总领事馆。1999 年，马哈蒂尔与朱镕基总理签署关于双边合作发展方向的《联合声明》，推动两国建立全方位睦邻友好合作关系。此后，中马合作全面提升，2010 年中马贸易达到 741 亿美元，占中国东盟贸易的四分之一。新世纪以来，随着世界经贸中心向亚太转移，马哈蒂尔又指出，作为发展中国家代表，马来西亚与中国在政治上有许多共同利益，加强马中战略合作对促进世界中心向亚太转移具有重要意义；两国应通过对话、谈判解决分歧，妥善处理南海争端，防止矛盾扩大。

---

① 《“世界因为西方价值观的失败而遭难”——对话马哈蒂尔》，载《世界知识》2009 年第 10 期，第 34 页。

“亚半球崛起”理念倡导者马凯硕*

新加坡思想家马凯硕①学贯东西，长期奔走于政、学两届，当过新加坡驻联合国大使，现任新加坡国立大学李光耀公共政策学院院长。其丰富阅历和治学理念使其兼具学者和外交官优势，能站在东西方思想潮流之前沿，与约瑟夫·奈等西方著名学者展开对话与争鸣，是亚洲思想界为数不多的获得西方世界广泛认可的知识分子。他具有强烈的亚洲本位意识和自豪感，长期致力于宣传“亚洲崛起”的现实，被誉为“亚半球崛起代言人”；他也拥有“世界一家”的胸怀，常常为东西方在新时代互相学习、克服全球性难题献言献策。

一、出身寒门的思想精英

马凯硕 1948 年 10 月 24 日出生于新加坡（时属马来亚联邦，1965 年独立）一个贫穷的印度裔家庭，童年生活历尽艰辛。其父是

* 宋清润，中国现代国际关系研究院南亚东南亚及大洋洲研究所助理研究员。

① 马凯硕英文名 Kishore Mahbubani，其中译名也有译作基肖尔·马赫布巴尼或纪梭的。

印度信德人孤儿，13 岁漂泊到新加坡谋生，成年后沦为“烟筒、酒鬼和赌徒”，经常在床板下躲债，最终难逃囚犯命运而在监狱度日。年幼的马凯硕一直生活在父亲的阴影下，五口之家挤在只有一个卧室的蜗居里,[①] 成长环境非常恶劣，左邻右舍的华人和马来人经常打架斗殴，给其童年留下“血腥”记忆。幸运的是，马凯硕有位勤劳、睿智的母亲，苦苦支撑着破落的家庭渡过重重难关，全力避免孩子们走上父亲落魄的生活道路。6 岁时，天资聪颖的马凯硕在政府资助下进入小学，慢慢成长为一个有教养的孩子。青年时期，他正好赶上政府大力发展教育、提倡知识富国的年代。在母亲鼓励下，马凯硕放弃月薪 150 新元的推销员工作，接受丰厚的总统奖学金，就读世界一流大学继续深造，走上成才之路。[②]

借“政府资助”的东风，勤奋好学的马凯硕在高等学府中充分汲取知识养分，发挥天赋、步步登高，最终从“穷小子”变成享誉世界的知名学者和外交家。1967 年，他进入新加坡大学（即日后的新加坡国立大学）学习哲学，培养思辨能力。1971 毕业后，他进入新加坡外交部工作，期间远赴重洋到加拿大知名学府达尔豪斯大学（Dalhousie University）深造，并于 1976 年获得该校哲学硕士学位（1995 年获该校荣誉博士学位）；1991—1992 年曾短暂担任哈佛大学国际事务中心研究员。在新加坡外交部服务的 33 年中，马凯硕经历丰富，曾任新加坡驻柬埔寨、马来西亚、美国使馆的外交官、外交部常务秘书（1993—1998），担任过两任历时 10 年的驻联合国大使。其优秀业绩不仅获得新加坡政府充分肯定——1998 年获得公共行政奖（金奖），还因此与时任总理李光耀结下深厚私交，马凯硕称李为自己“最尊重的亚洲领导人”。2004 年，他结束外交生涯后，即出任新加坡国立大学李光耀公共政策学院院长，兼任学院亚洲和全球化研

① ［新］马凯硕著，罗耀宗译：《亚半球大国崛起：亚洲强权再起的冲击与挑战》，台湾天下杂志股份有限公司 2008 年版，第 38 页。

② 翟崑：“马凯硕——亚洲崛起的代言人”，《东方早报》，2008 年 8 月 22 日。

究中心教员、英国国际战略研究所理事会和美国亚洲协会国际理事会等多家国际知名研究机构董事或理事职务。[①]

马凯硕成长于信奉印度教的家庭，与贫困社区中的很多穆斯林和华人成为朋友；成年后接受英式教育，也结交下不少精英人士。他亲历亚洲“热战”和全球“冷战”，丰富的知识和外交阅历促其经常思考亚洲和世界问题，娴熟的英语和流畅文笔助其不断著书立说。[②]《亚洲人会思考吗?》、《走出纯真年代——重建美国与世界的信任》等极具影响力的著作引起全球关注，一举奠定马凯硕享誉世界的亚洲思想家地位。同时，他不断在美国《外交事务》、《外交政策》、《时代》周刊、《纽约时报》和英国《金融时报》等著名报刊上撰文，在达沃斯论坛慷慨陈词，孜孜不倦地向西方世界传播新加坡和亚洲声音；其传记亦被刊入英国《经济学家》和美国《时代》周刊上。

其中，《亚洲人会思考吗?》一书为马凯硕赢得无数赞誉，该书英文版 1998 年一经面世，即受到基辛格和亨廷顿等思想巨匠推荐和媒体广泛褒奖。基辛格称该书具有“刺激、煽动性”，“充满智慧魅力”；《经济学家》称赞马凯硕是“亚洲的汤因比，专注于文明的崛起与衰落”，《华盛顿邮报》誉其为“新儒家伦理的马克斯·韦伯”；[③] 2005 年美国《展望》和《外交政策》杂志联合发布“全球百位公共知识分子排行榜”，[④] 马凯硕名列其中；2010 年《外交政策》再度将其评为“年度全球 100 位思想家”……由此，马凯硕被视为亚洲价值观的国际宣扬者和全亚洲发言人，成为整个亚洲最具国际声

---

① 参见马凯硕网站个人传记部分：http：//www. mahbubani. net/biography. html。

② ［新］马凯硕著，刘春波、丁兆国译：《新亚洲半球：势不可挡的全球权力东移》，当代中国出版社 2010 年版，封底。此书为中国大陆翻译版本，与中国台湾 2008 年出版的《亚半球大国崛起：亚洲强权再起的冲击与挑战》译自同一英文书 *The New Asian Hemisphere*：*The Irresistible Shift of Global Power to The East*。

③ ［新］马凯硕著，韦民译：《亚洲人会思考吗?》，海南出版社和三环出版社 2005 年版，封面与封底。

④ 参见马凯硕网站的个人传记部分：http：//www. mahbubani. net/biography. html。

誉的公共知识分子之一。

2008 年，马凯硕出版英文著作《新亚洲半球：势不可挡的全球权力东移》，积极宣扬对亚半球崛起的乐观情绪，认为中国、印度及亚洲一些穆斯林国家在过去几个世纪曾被世界边缘化，但它们将成为世界历史的重要驱动者，西方主导世界历史的时代结束了。该书除在亚洲引起追捧外，也获得东西方著名学者好评。新加坡国立大学东亚研究所所长王庚武认为，马凯硕不仅拥有独特的新加坡视角，还具备全球视野，怀有“世界一家”的胸怀；该书剖析复兴的中国、印度与伊斯兰将如何迫使西方改弦易辙，鼓励新兴的亚洲对西方变革做出积极回应。美国著名国际问题专家布热津斯基认为，该书深刻分析了全球重心持续转移的长远含义，美国若想继续在全球扮演领导角色，就要接受本书的告诫。美国第 71 任财政部长、哈佛大学第 27 任校长劳伦斯・H・萨默斯称，思考亚洲、美国及两者之间的互动，没有哪个评论家能望马凯硕之项背；在未来 10 年内，该书是任何希望或将要影响美国外交政策者的必读书目。美国诺贝尔经济学奖得主、哈佛大学教授阿马蒂亚・森、哈佛大学教授傅高义等知名学者也对本书给予高度评价。①

然而，马凯硕在书中的观点虽说旨在唤醒西方人的危机感并提出因应建议，但客观上激怒了部分“西方至上主义者”，也间或受到西方“压制”。如，马凯硕及其新作《新亚洲半球：势不可挡的全球权力东移》被贴上“反西方”标签，不仅遭到部分西方学者严词批判，还受到媒体冷落。该书尽管在纽约出版，《纽约时报》却不肯发表书评。② 马凯硕在“西方对一名亚洲人思考的刻意漠视”面前，也只能

① ［新］马凯硕著，刘春波、丁兆国译：《新亚洲半球：势不可挡的全球权力东移》，封面与封底。

② 李翔等专访文章：“李光耀的第一智囊马凯硕：亚洲人会思考了吗?”，《东方企业家》，2008 年 12 月 29 日，http：//www. ableaders. com/content. aspx? 836。

扼腕叹息。[①] 然而，国际金融危机后世界格局的新发展有力证明了该书观点的前瞻性和准确性：陷入金融危机与债务危机的西方在世界格局中地位下降，而中国、印度、俄罗斯、南非、巴西等新兴经济体国家实力明显上升，世界经济和政治重心东移已经成为不争的现实。

二、"亚半球崛起"理念

马凯硕在新加坡和加拿大接受英式教育，在美国任外交官多年且娶了位美国妻子，不仅英语了得，且对西方价值观也颇为认同。然而，成长历程几乎与新加坡和亚洲发展轨迹同步的马凯硕，骨子里是个地地道道东方人，不仅对亚洲从落后走向繁荣有深刻理解，其思想也具有极强的亚洲本位意识。在其著作和文章中，他最初经常反思亚洲落后于西方的原因，后又敏锐地意识到亚洲正在快速崛起并改变了世界东西方力量对比，并通过著书立说、演讲报告等方式，频频在世界各地宣传"亚洲崛起"理念。

马凯硕曾重点探究过去二、三百年亚洲为什么落后于西方、为什么亚洲古代文明不敌西方现代文明。经过深入思考，他认为最主要原因是亚洲人长期欠缺良好的思考能力。因为亚洲文明千年前已在世界遥遥领先，而过去200年的大部分时间里，亚洲在许多方面远落后于欧美，多数国家沦为后者的殖民地。更让人痛心的是，许多亚洲人心灵遭殖民，自认低西方人一等。至20世纪末，只有日本作为亚洲第一个觉醒的国家成为西方俱乐部的一员，而多数亚洲国家远未达到美欧的繁荣水平。具体而言，经济领域存在大量失误，如1997—1998年爆发的亚洲金融危机；政治领域远未实现稳定与和谐；安全领域，区内不少国家间面临战争风险；社会领域仍存在大量封建残余，尤其

① 李翔等专访文章："李光耀的第一智囊马凯硕：亚洲人会思考了吗？"，《东方企业家》，2008年12月29日，http：//www. ableaders. com/content. aspx？836。

是宗族观念和裙带关系严重制约社会发展。而亚洲人在过去很长时间里，并未认真思考过去200年为什么会失败。[①]

马凯硕在找到亚洲过去失败症结后，乐观地指出，形势正在发生快速而积极的变化，亚洲（特别是东亚）奇迹般的经济增长远比其他任何经济集团更迅速、持久。亚洲学习并实施了市场经济体制、现代科技、依法治理等西方精华，不仅变得更具创新力，还创造出西方没有的一些新型合作方式。现在，许多亚洲理念已经跻身于西方文明的最高层次，在科技、商业管理、文艺等诸多领域都是如此。未来二、三十年，中、印将重新领先于世界，打破西方统治世界的局面；亚洲人重新树立自信，亚洲理念开始流行，这些都说明“亚洲人正在思考”，以克服弊端、谋求发展。[②]

近年来，马凯硕不断受到亚洲新发展态势的鼓舞，公开宣示亚洲正迅速成为世界舞台的重要力量，正在全球治理中扮演新角色，其作用愈发重要，亚洲应有很强的自信心。在此基础上，他提出“亚洲半球”概念，认为“亚洲半球”崛起有七大支柱：区域内国家广泛建立自由市场经济体制，以实现经济快速增长；用人为贤使公共服务部门更具活力；投入巨资发展科学与技术，以提高创新能力；采取务实精神，为发展扫除思想和体制上的障碍；广泛存在的和平文化使各国和各地区专于发展经济；更加注重倡导法治，以维护公平与秩序；高度重视发展教育，以培养越来越多的人才。凭借上述优点，日本、新加坡、台湾、韩国等“四小龙”早已腾飞；中国和印度正快速发展，越南和西亚伊斯兰世界也开始迈向现代化，亚洲崛起速度令人惊讶。高盛公司预测，至2050年或更早，全球四大经济体除美国外，有三个在亚洲：中国、印度和日本。随着时间推移，亚洲价值观将应

① ［新］马凯硕著，韦民译：《亚洲人会思考吗?》，第14—36页。

② ［新］马凯硕著，韦民译：《亚洲人会思考吗?》，第14—35页。

运而生。[①]

面对亚洲正在恢复昔日的辉煌，马凯硕精辟地指出，我们正在见证亚洲的回归。因为亚洲在过去2000年历史中，尤其是中国和印度，曾在世界经济中占据主导地位。只是过去200年左右时间里，西方领先了。这是历史上一次重大历史偏轨，而任何历史偏轨都会自然而然地终结。[②]

马凯硕将上述历史纠偏过程命名为“去西方化”过程，点明世界正在经历数百年不遇的权力转移：一是中国将再现文明盛世。中国文明重振唐代雄风对世界将是一大福音，恢复生机的中国文明可能比西方社会更强调对外开放、世界一家，而非自我封闭、偏居一隅。二是西亚、南亚和东南亚的穆斯林对西方幻灭，相信西方助长了伊斯兰世界的问题，更为认同伊斯兰。伊斯兰世界的反西方态度最坚决，其“去西方化浪潮”最盛。三是印度也出现“去西方化”浪潮。它不再视伦敦为知识世界和金融世界中心，不认为西方具备正确的价值观，也不再视西方为人类文明最高价值的守护者。但是，印度社会具有兼收并蓄的宽容精神，在东西方关系中的桥梁作用日益突出。这一“去西方化”过程的最后结果应是整个世界走向光明的终点——许多丰富的古文明再度重生，全世界文化财富因此更上层楼，并且释放出文化宽容和谅解的本能。西方在全球各地的影响力层层剥除，很可能引领我们到达一个更幸福快乐的世界。在那里，我们有史以来将首次看到不同文明同时绽放，知识和智慧齐增，人类境遇也提升到前所未有的层次。[③]

马凯硕在憧憬亚洲的未来时，尤为重视阐述亚洲的优势。他认

---

① ［新］马凯硕著，罗耀宗译：《亚半球大国崛起：亚洲强权再起的冲击与挑战》，第79—130页。

② ［新］马凯硕：“亚洲在全球治理中的新角色”，《中国国际战略评论2011》，第22页。

③ ［新］马凯硕著，刘春波、丁兆国译：《新亚洲半球：势不可挡的全球权力东移》，第113—154页。

为，昔日权力转移总伴随着国家间关系的紧张乃至冲突。而现在，亚洲较好地处理了中国和印度同时崛起、日本持续强大所面临的挑战，地区冲突未增，新型合作应运而生。东盟在其中发挥了重要作用，推动建立了“东盟地区论坛”、“东盟与对话伙伴国系列峰会”等机制。近年的事实也证明了亚洲相比西方的优势：面对始于2008年的国际金融危机，亚洲并未被吓倒，中、印经济仍保持高速增长。其原因在于，亚洲人的头脑从未被“市场万能、政府靠边”这种西方盛行的奇怪信仰所占据，几乎所有亚洲国家政府都认为，市场那只“看不见的手”须受“良好治理”这只“看得见的手”的制衡。而亚洲对于“良治”的重视，或许是这场风暴中的一笔货真价实的财富；作为全球化最大的受益群体，亚洲国家也意识到要在稳定经济体系的行动中承担更大责任。①

与此同时，马凯硕清醒地告诫亚太国家“仍需注意”，美国、日本、中国等大国并立的局面存在安全隐患。如，美日同盟可能将触角伸至台湾，令中国不悦；中日两国交流时仍彼此感到不舒适；美国国内利益集团和党派斗争激烈，导致其常敲打中国和日本。而中国快速崛起正在改变地区力量格局，美、中、日三大国未来关系的好坏将决定着亚太地区格局发展，也将影响世界局势变化。②

三、西方呈现衰落之势

马凯硕认为，西方近二、三百年来主宰着世界，未来二、三十年仍将是世界上最强大的文明。西方包括世界上管理最完善的民族国家，经济发达，具有强大的民主制度，很难说其未来二、三十年会在

① ［新］马凯硕：“西方应倾听亚洲的声音”，英国《金融时报》中文网，2008年10月31日，http：//www.ftchinese.com/story/001022827。

② ［新］马凯硕著，韦民译：《亚洲人会思考吗?》，第215—221页。

国内管理方面表现无能。[1] 但是，西方的优势、影响力和正当性正节节滑落，其称霸世界史的时代已近尾声。它也面临很多全球性挑战，在政治、金融、人权等领域面临重重问题：西方现在几乎没有优秀领导人，金融危机和债务危机使其在世界金融界的领导地位崩塌，西方人权记录一团糟糕。同时，它在世界各地制造很多问题、犯下很多错误，却未能解决问题，无能的例子越来越多。如，在地缘政治方面，伊斯兰恐怖分子的威胁并未因反恐战而削弱，西方在伊拉克和阿富汗面临失败局面；经济方面，多哈回合全球贸易谈判举步维艰，这是二战以来首次出现的局面；在应对全球核扩散方面，在世界空前关注恐怖分子能否获得核技术时，西方却对全球核不扩散体制衰落难有作为。此外，西方不仅未能消除贫困、解决全球变暖、环境恶化和艾滋病传播等问题，反而留下自私贪婪的恶名。[2]

2011 年 6 月，马凯硕在与约瑟夫·奈等西方学者辩论世界格局时，更深刻地指出，美国军事实力在 21 世纪仍可能保持全球主导地位，但其财富和信息等方面的软实力则是个巨大的泡沫，而且这个泡沫正在迅速缩小。美国的财富正在向东方转移，尤其是中国；其信息优势也正被新的、跨国性网络世界削弱；[3] 而欧盟也处于危机中。西方已经成为全球问题的一部分，西方文明已成为受伤的文明，其文化中的乐观主义将逐渐被悲观主义取代。西方应该自我警醒了。[4]

---

① ［新］马凯硕著，刘春波、丁兆国译：《新亚洲半球：势不可挡的全球权力东移》，第 157 页。

② 同上书，第 157—213 页。

③ Serge Schmemann, “The Seesaw of Power”, *New York Times*, June 23, 2011, http://www.nytimes.com/2011/06/24/opinion/global/24iht-june24-ihtmag-nye-36.html?pagewanted=all.

④ ［新］马凯硕：“亚洲在全球治理中的新角色”，《中国国际战略评论 2011》，第 22 页。

四、呼吁东西方共克时艰

马凯硕频繁穿梭于东西方世界，始终怀有“世界一家”的胸怀，认为全球密不可分。他对发展中国家和发达国家均发出善意提醒，指出东西方国家均面临各自问题，应该理性面对新的世界力量格局，互相尊重、学习，共同应对当前国际金融危机。

（一）呼吁东西方分享权利

马凯硕意识到“全球治理结构改革在所难免”，呼吁亚洲在全球治理中扮演新角色。他表示，亚洲国家快速崛起，将与西方文明并驾齐驱，成为全球秩序的“负责任利益攸关方”。[①] 对此，美国和欧洲应让亚洲国家分享更多权利，如中国和印度应被纳入“八国集团”；美欧不应再把持国际货币基金组织和世界银行高管人选；联合国安理会应推进改革……总之，应有更多亚洲新势力参与世界事务。[②]

近期，面对国际格局加快调整的现实，他尖锐地指出，西方近年在经济领域犯下弥天大错。它引发此次国际性金融危机，却未能采取有效措施加以克服，使亚洲和世界担心全球经济的发展前景。西方国家应认识错误，更加平等地看待亚洲，与亚洲分享权利，在国际货币基金组织投票权等领域进行改革；而亚洲决策者在施政时不要再一味

① ［新］马凯硕：“亚洲在全球治理中的新角色”，《中国国际战略评论2011》，第24页。

② ［新］马凯硕著，刘春波、丁兆国译：《新亚洲半球：势不可挡的全球权力东移》，第167—212页。

地听从西方意见。[①]

（二）指出东西方各自问题

马凯硕认为，当前世界格局中的主要行为体充满着矛盾与不安的心情，这种状态使世界历史恰逢“可塑性”时刻。然而，东西方在面对应该调整的全球治理结构时，分别有不同问题。

就亚洲而言，尽管其崛起势不可挡，但参与全球治理的心态存在矛盾性。它在当前全球治理架构中获益颇多，如在世界贸易组织中获得巨大经济收益。由此，亚洲国家既想看到全球治理结构变革，又想保持当前全球架构的延续性，不想采用革命性方式将现行全球秩序摧毁。同时，亚洲缺乏足够的知识分子和领袖来领导世界，其在硬件和软件方面都未做好准备来塑造世界，它更希望世界现行机制和进程得以改革并适应亚洲发展。[②]

就西方而言，它不愿放弃既得权力和利益，全球治理结构也很难实现重大变革。当然，西方对亚洲半球崛起并不欢欣鼓舞，西方领导人也不愿承认其霸权地位难以持久，这是世界一大危险。目前，西方仍主导全球重要经济和政治性国际组织，其不成文规定至今未变：国际货币基金组织总裁只能是欧洲人，而世界银行行长只能是美国人。如果西方真正按照其宣扬的平等理念，实践“所有种族和国家都应享有平等权利和财富”观念，这两个职位就应该向全世界国家开放。不过，这一前景不会很快出现。西方仍继续坚持“西方至上论”、极力维护“西方文明至高无上”地位，既不承认其对全球的统治，也不打算在新的世界秩序中与其他国家分享权利。西方人口仅占世界人

---

① Kishore Mahbubani, “Asia has had enough of excusing the west”, January 25, 2011, *Financial Times*, http: //www. ft. com/intl/cms/s/0/44616bb0 - 28c0 - 11e0 - aa18 - 00144feab49a. html.

② ［新］马凯硕：“亚洲在全球治理中的新角色”，《中国国际战略评论 2011》，第 24—25 页。

口12%，必须适应亚洲回归的时代。但是，西方很难理解或不愿承认，中国文明将以对外开放和世界一家的方式崛起，更不可能理解伊斯兰文明将以同样方式复兴，反而认定伊斯兰世界在走回头路。由此断定，西方基本不欢迎亚洲崛起，反而坐立不安；欧洲甚至是只要能找到机会，就要扇亚洲一记耳光。[①]

针对东西方各自的问题，马凯硕提出解决建议——西方和亚洲应就新的世界变局达成共识。他称，事实上，中、印只想模仿西方取得的成就，并不想主宰西方；亚洲崛起将极大地改变世界面貌，对世界有利，西方理应张开双臂欢迎。例如，亚洲现代化势将扩展到西亚伊斯兰国家。届时，实现现代化的穆斯林国家将环绕欧洲，欧洲将更加安全。同时，迅速崛起的亚洲必须认识到，西方仍将长期强大，亚洲不能立即取而代之。亚洲反倒应给美国写封感谢信，谢其在二战结束后建立的新世界秩序，保证了亚洲在其中得以成长。[②]

在此基础上，双方要互相取长补短、共同发展。首先，对自身衰落感到沮丧的西方，在探索未来策略选择时，有必要将亚洲崛起视为新机遇，而不只是危险。如果西方与亚洲合作而非抗衡，将有助于21世纪成为人类史上最幸福的世纪之一。未来世界历史的轨迹，将取决于西方如何回应亚洲大步迈向现代化：或欢迎之，并与亚洲同心协力，开放全世界；或深感威胁，在政治上和经济上退缩安全堡垒。2008年，西方的反应是两种情绪兼而有之，但退缩的力量趋强；[③] 它过分考虑意识形态因素，处理伊朗等问题频频失败。与此同时，亚洲一些国家和组织应对地区和全球挑战的表现，证明其能力与日俱增。

鉴此，西方应放低身段、摆正心态，学习亚洲快速发展的经验：

---

① ［新］马凯硕著，刘春波、丁兆国译：《新亚洲半球：势不可挡的全球权力东移》，第91—112页。

② ［新］马凯硕："欧洲是个地缘政治侏儒"，英国《金融时报》中文网，2008年6月3日，http://www.ftchinese.com/story/001019760。

③ 马凯硕著，罗耀宗译：《亚半球大国崛起：亚洲强权再起的冲击与挑战》，第22—51页。

一是务实而灵活。尤其是邓小平的务实外交政策使中国同几乎所有邻国、大国及其他地区的关系均有改善，这说明北京在管理与世界的关系上，具备敏锐的地缘政治头脑。西方并未意识到，这种局面正冲击着全球。二是不为短期利益而伤害长远关系。世人都明白，欧盟面临的最大挑战来自外部。在应对迅速变化的地缘政治环境时，它仍是政治上的侏儒：跟从美国领导（可能的例外是在入侵伊拉克问题上）；不愿考虑那些急需的战略倡议（如在中东事务上）；不愿提供真正的政治领导力，以完成多哈回合全球贸易谈判。加之其他类似的失败之举，均令欧洲在世界舞台上的影响力逐步萎缩。[①] 但是，欧盟现行政策主要关注内部一体化，对外援助重点放在拟入盟国家，导致它未处理好与近邻土耳其的关系；同时，它与北非的经济差距也逐年扩大，其地缘政治关系遭遇失败。同样，美国也曾长期忽视东盟，在东南亚的影响一度相对下降，而中国在东南亚的影响力却剧增。

其次，亚洲亦应学习西方经济、政治、文化等方面的先进知识。亚洲虽将担负起更多责任，但尚未准备好介入一个西方衰落的世界，例如，现今没有多少亚洲知识分子具有全球影响力。亚洲没必要使用"亚洲价值观"这一词汇，因为这似乎意味着排斥西方。而且，有些价值观是普世的，美国很多家庭成员之间的联系就比亚洲家庭间的联系还要紧密。[②]

总之，要建立新的世界秩序，要对世界治理结构进行全球性调整，就应该坚持三大原则：一是公正的代表权原则。21 世纪，所有全球性组织要想保持其合法性和有效性，其构成就必须反映世界人口、政治和经济的新现实，而欧美的代表权明显过大。二是全球的任何原则都应该平等地适用于所有国家。尤其在联合国，西方在人权问

① 马凯硕："欧洲是个地缘政治侏儒"，英国《金融时报》中文网，2008 年 6 月 3 日，http：//www. ftchinese. com/story/001019760。

② ［新］马凯硕："亚洲在全球治理中的新角色"，《中国国际战略评论 2011》，第 22—30 页。

题上教训亚洲国家的时代应该结束。三是促进国际秩序的可预测性和稳定性。①

马凯硕深刻认识到，在当前东西方关系并不和谐的状况下，世界缺乏“掌舵者”引领全球经济走出危机，而重整世界结构的历程亦十分艰难：西方不愿意让权且自己深陷危机，整个世界比任何时候都需要全球性领导。然而，世界在尝试克服当今危机方面，实际上是茫然无序：不安全感日益增长的美国不再拥有50年前国力巅峰时期的自信和慷慨，奥巴马囿于内政、关注连任，世界事务并非其施政重点；欧洲深陷危机、趋于瓦解，但死控国际货币基金组织特权，难以发挥建设性作用；阿拉伯世界失去方向；而中国和印度依然忙于应对内部问题。②

五、关注并赞扬中国发展成就

马凯硕十分关注中国发展，早年曾于1980年、2002年、2006年多次到访中国。近年来，他经常参加中国举办的学术研讨会，2011年还在北京大学国际战略研究中心主办的《中国国际战略评论2011》上发表题为“亚洲在全球治理中的新角色”的文章，向中国民众宣传自己有关“亚洲崛起”及其重塑世界格局重要作用的思考。

马凯硕一直深为佩服中国历史上曾长期占据世界第一大经济体的地位。20世纪80年代，正值中华大地改革开放初期，初次到访中国的马凯硕深感当时中国经济和社会缺乏活力。随着中国发展及对中国了解日增，他对中国发展成就的赞扬溢于言表，认为中国正在快速和

---

① ［新］马凯硕：“亚洲在全球治理中的新角色”，《中国国际战略评论2011》，第27—29页。

② “马凯硕：没有掌舵者的世界”，新加坡联合早报网，2011年9月23日，http：//www.zaobao.com/yl/yl110923_004.shtml。

平崛起，将再现唐朝的辉煌盛世；中国的进步为世界做出巨大贡献，其发展模式和经验也吸引世界上越来越多的关注。

马凯硕在多篇著述中详细列举了中国的发展成就，具体而言，经济方面，中国经济成长之快居世界之冠，它不仅是亚洲和世界最重要的新崛起势力，还鼓舞印度力争上游，且对亚洲数十亿人迈向现代化功不可没。[①] 他预测，中国在 2027 年或更早时间将超过美国成为世界第一大经济体。届时，将是两个世纪或更长时间以来，首次有一个非西方国家在世界经济排行榜上占据第一。[②] 而中国经济发展最重要的原因是邓小平推行的正确战略：用市场经济取代计划经济，用钢铁般意志维护政治稳定，同时努力修复“文化大革命”造成的伤害。马凯硕由衷地钦佩中国改革开放的总设计师邓小平，评价他“非常务实”并提出“致富光荣”和“不管白猫黑猫，抓到老鼠就是好猫”的质朴名言，使国家回归正常发展轨道，使政策显示出极强的灵活性和适应性。他让中国人大开眼界，允许国营电视台播出美国中产阶级现代化家庭的画面——汽车、洋房，并告诉中国人这些都唾手可得。他进行经济体制改革、增强经济活力并创造了奇迹；他是所有时代中最伟大的领导人，其选择的政治稳定道路更适合中国。[③]

文化方面，中国也在大踏步发展，其文化自信度也明显提高。马凯硕认为，晚清以来很长一段时期，中国部分知识分子丧失对中华文明的自信，甚至自我颠覆和解构中华文明神话、崇洋媚外。然而，改革开放以来，随着经济状况改善和财富积累，中国文明的生命力得以增强，古老文明在复兴，中国人正经历西方人在文艺复兴时期的感受。例如，中国博物馆和画廊数量正以惊人速度增长。到 2015 年，

① ［新］马凯硕著，罗耀宗译：《亚半球大国崛起：亚洲强权再起的冲击与挑战》，第 110—111 页。

② ［新］马凯硕：“亚洲在全球治理中的新角色”，《中国国际战略评论 2011》，第 23 页。

③ ［新］马凯硕著，罗耀宗译：《亚半球大国崛起：亚洲强权再起的冲击与挑战》，第 46、103 页。

中国将有1000座新博物馆落成。届时，中国所有大城市都将有一座现代化博物馆，很多博物馆都将展示中国灿烂的古代文明。此外，自20世纪90年代中期以来，历史题材电视剧占据了中国电视节目的黄金时段，该现象近年不断强化。而且，中国正在推进依法治国，中国人也从未享受过比今天享有的更大的安全与自由。展望未来，中国人对所有事情都保持着自信和乐观的态度。[①]

外交方面，中国正在开创一种新的崛起方式——和平崛起，这对世界是一大福音。中国面临着极为复杂的周边地缘环境，但在快速发展过程中妥善处理并改善了与邻国的关系，基本维持和平局面。在地缘政治环境管理方面，中国展现了严谨而卓越的外交技巧。如果以10分量化，欧盟得4分，美国6分，中国得8分或9分。[②] 中国领导人强调在国家间关系中“放眼未来”，西方领导人难以做到。同时，中国正努力汲取其他大国崛起过程中所犯错误的教训，2006年中央电视台播放了12集电视纪录片《大国崛起》。[③]

当然，中国在关键时刻也对世界做出巨大贡献。冷战后期，当美国对东盟逐渐冷淡时，中国开始积极发展与东盟关系，并付出沉重经济代价，帮助东盟度过1997至1998年的金融危机。中国向受危机冲击较大的印度尼西亚和泰国各提供10亿美元援助，其慷慨举动提升了与东盟的关系。[④] 2008年国际金融危机爆发后，中国同样做出巨大贡献，成为拉动世界经济增长的重要火车头。

不过，马凯硕作为中国人的朋友，也曾善意指出中国发展应注意的问题。如，中国的快速发展与西方衰落形成鲜明对比，中国人自豪

① ［新］马凯硕著，刘春波、丁兆国译：《新亚洲半球：势不可挡的全球权力东移》，第117—131页。

② ［新］马凯硕著，罗耀宗译：《亚半球大国崛起：亚洲强权再起的冲击与挑战》，第263页。

③ ［新］马凯硕著，刘春波、丁兆国译：《新亚洲半球：势不可挡的全球权力东移》，第202—203页。

④ 同上书，第208页。

感上升的同时，西方则变得极为脆弱和敏感，对中国做出一些不友好举动。中国一些近邻国家对其崛起的担忧已非秘密，西方许多战略思想家亦十分担心这条"新兴巨龙"所带来的危险。西方在北京奥运前夕持续诬蔑中国人权记录，在奥运火炬传递过程中制造事端……西方这些不明智的行为激化了中国原有的民族主义情绪。[①] 中国应该注意，其2010年外交显得有些强势，导致美国对中国崛起的担忧日益加剧，并与中国在亚太地区展开一场地缘政治博弈。目前，这种博弈程度并不很激烈。由于中美两大国的重要性，两国在亚太地区的关系如何发展将决定本地区局势，并将影响世界形势。如果这种博弈不是敌对性质的，世界就会舒口气。中国比较明智的做法应该是"学会安抚美国和世界国家对中国崛起的焦虑情绪"。[②]

---

① 李翔等专访文章："李光耀的第一智囊马凯硕：亚洲人会思考了吗？"，《东方企业家》，2008年12月29日，http://www.ableaders.com/content.aspx?836。

② Kishore Mahbubani, "The new Asian great game", *Financial Times*, November 23, 2011, http://blogs.ft.com/the-a-list/2011/11/23/the-new-asian-great-game/? Authorised = false.

“小国大战略”思想代表李光耀*

李光耀是新加坡“独立之父”、国际知名政治家和战略思想家，早年为新加坡独立事业不懈奋斗，建国后为经济腾飞建立殊勋，退休后依然为国家发展殚精竭虑。半个世纪以来，这位自幼接受东西方双重文化熏陶的小国领袖凭借超凡气魄，以国际眼光、地区视野和全球思维引领新加坡从资源贫瘠的弹丸之地，发展为享誉全球的“花园城市国家”，不仅一定程度上影响了东盟乃至亚太格局，其亲手缔造的“新加坡经验”更成为众多后发国家探索现代化之路的借鉴。

一、现代新加坡缔造者

1923年9月16日，李光耀出生在英国殖民统治下的新加坡一个普通华人家庭，名字中满载长辈们“光宗耀祖”的希冀。受过英文教育的祖父希望他长大后能深入了解西方文化，给他取英文名“Harry”，李光耀就有了“Harry Lee Kuan Yew”的英文全名。虽然从小

* 宋颖慧，中国现代国际关系研究院南亚东南亚研究所实习研究员。

接受西式教育并讲得一口流利英语，但他很早就意识到自己的华人文化背景，曾为不能流利地讲中文而难过。

1942 年日军占领新加坡成为影响李光耀世界观和政治观的重大事件之一。日军的残暴统治激发起李光耀强烈的民族独立意识和反帝、反殖思想。他回顾这段历史时称：“是政治把我卷了进去。”[①] 二战结束后，英国殖民者重回新加坡实施统治，李光耀背负家族的厚望前往英国剑桥大学攻读法学学位。在剑桥求学期间，成绩优异的李光耀开始涉足政治活动，为日后取得政治成就奠定基础。他与一批马来亚留学生交好，其中与吴庆瑞、杜进才关系最密，此二人日后成为新加坡独立后首批副总理。三位志同道合的年轻人加入东姑·拉赫曼与阿卜杜勒·拉扎克发起的马来亚论坛，后两人都担任过马来西亚总理。年轻学子们借助论坛平台，共同探讨马来亚现状并思考国家未来，一致认为应争取国家独立和民族自决。当时，社会主义学说成为新思想新潮流，李光耀在剑桥大学政治学教授哈罗德·拉斯基引领下深入钻研社会主义理论，与伙伴们共同憧憬着将马来亚建设成为“自由、独立、民主、富强的社会主义国家”。

1950 年学成归国，李光耀立即投身马来亚共产党领导的反帝反殖斗争。随着他自办的律师事务所渐有名气，他为工会效力的能量也不断增长。1952 年，他以邮电工会法律顾问身份，协助工会代表与英国殖民当局谈判，巧施良策达成有利于工会的协议。从此，李光耀声名远扬，成为 100 多个工会的法律顾问，赢得基层民众信任与尊重。在参与工人运动过程中，他不断思考组建政党问题，认为只有利用政党工具并团结各支持力量，才能从殖民者手中夺取政权。1954 年，李光耀正式创建人民行动党，并领导该党与马共密切合作，以争取更广大群众支持。1955 年，人民行动党派出 5 名候选人参加新加坡“部分民选政府”首次选举，全部当选。人民行动党成为议会反

① ［新］李光耀：《风雨独立路：李光耀回忆录》，外文出版社 1998 年版，第 63 页。

对党后，李光耀以反对党领袖身份率领全党集中精力与英国殖民当局扶持的执政党做斗争，一面揭露对方腐败无能，一面积蓄力量。

1957 年东姑·拉赫曼领导的马来亚独立运动取得胜利后，受到极大鼓舞的李光耀加紧思考如何推动新加坡脱离英联邦与马来亚合并。1959 年，人民行动党在大选中夺得 51 个选区中的 43 席，英政府允许新加坡成为“独立的自治邦”。时年 35 岁的李光耀以人民行动党秘书长身份出任新加坡自治邦首任总理，成为当时世界上最年轻的总理之一。

李光耀上台后着力提高人民行动党的执政能力，与马共决裂，实现独立执政。这期间，李光耀一直认定新加坡太小，必须借助马来亚作为腹地才能生存，故力促新马合并。1963 年旱灾使新民众更加重视马来亚的腹地作用，李光耀抓住契机促成新马合并为“马来西亚联邦”。在联邦内，新加坡仍保持相对独立性，李光耀仍任新加坡总理。然而，由于联邦中央政府推行种族歧视政策，新加坡随即陷入族群冲突。1965 年，人民行动党同马来西亚所有反对党联合，反对中央政府的种族歧视政策，并因在宪制等问题上抨击中央政府而赢得民众支持。这引起联邦政府猜忌和恐惧，最终决定将新加坡逐出联邦。1965 年 8 月 9 日，联邦梦碎的李光耀含泪宣布新加坡独立。

二、“软威权”治国

中西合璧的成长经历和坎坷沧桑的建国之路造就了李光耀独特的治国思想。执政多年，他肩负保持国家活力和“存在意义”的使命，始终以积极心态和刚柔相济手法施行富有特色的施政理念，引领新加坡安处世界国家之林。

（一）“新加坡式民主”

李光耀认为，任何社会成功转型都必须有三大基本要件：一是坚定、有效率而前后一致的领导；二是有效率的行政机关；三是社会纪律。总之，一个国家要想成功，就必须拥有强大而有才能的政治领导层，并且重视维护政府的权威性；而只有人民行动党这样的政党组织，才能胜任领导新加坡沿着正确道路前进的重任。针对民主治国论，他认为决策不能仅仅反映多数人意愿，因为有时多数意见未必是最好的意见，“以民主方式治理新加坡将面临更多困难”。例如，在决定何种语言为国家语言的问题上，若交付投票，那么人数占优的华人可能坚持使用中文，但从国家须在日益注重科技与英语的世界中求生存的角度考虑，这并不符合国家最高利益。因此，李光耀选择“逆民意而行”，[①] 强调英文教育的重要性。

同时，李光耀主张政府通过相对柔性的方式管理国家，以实在业绩赢得国民拥戴。为此，他推行“新加坡式民主”，采用议会共和制（国家行政权力由政府总揽，向国会负责）、实行自由选举和西方政党制度，允许除共产党外的多党参加选举。

为维护政府权威和高效，李光耀采取四项措施：一是推行对大党有利的小选区制，1988 年起又将部分单选区（产生 1 名议员）合并为“集选区”，要求各竞选政党以 4—6 名候选人为一组集体参选，且组中须有女性和少数族群。反对党往往因难凑齐一组合格候选人而不得不放弃集选区竞争，利于保持政局稳定和人民行动党的执政持续性。二是总理和内阁成员同时任议员，令立法和行政机构高度重叠。该制度既给予国民表达意见的自由和机会，又因权力较为集中而使政府更能高效运转。三是注重法制建设。李光耀视清廉为关乎国家兴亡的首要大事，强调良好的法治可避免权力滥用和政治腐败。凭借严格执行《反贪污法》和《公务员行为守则》等一系列廉政制度，新加坡政府成为世界上最廉洁的政府之一。同时，李光耀秉持“犯罪者须负刑责”旧式观念，不同意现代刑罚学倡导的“感化罪犯、不重

① ［新］韩福光、华仁（Warren Fernandez）、陈澄予著，张定绮译：《李光耀治国之论》，天下远见出版股份有限公司 1999 年版，第 137 页。

惩罚”的自由主义观点。1994 年，美国青年费伊（Michael Fay）因涂鸦汽车和私藏路标被新加坡政府裁决罚款、监禁和鞭刑严厉刑法，引发从其父母、律师到美国人权分子和记者，甚至时任总统克林顿的不满。但李光耀毫不理会多方质疑和指责，坚信新加坡的严刑峻法有助于维护社会治安。事件过后，新加坡的严厉刑罚更加“名扬天下”。四是牢牢掌控军队。李光耀于 1967 年一手创建军队并严格限制军队作用，直到 1979 年才具备完整的海陆空三军，确保了政局稳定性。在李光耀领导下，新加坡政府成为在政治、经济诸多领域颇有建树的文人政府，就连军队也实行“学者军官制度”，不少具有高等教育背景的优秀军官乐于通过合法、便捷途径实现政治抱负，有助于政府树立威信。

（二）“精英治国”理念

李光耀强调以西式民主为形、高效施政为本，在“精英战略”基础上创造性地管理国家。他尤为重视人才资源，认为“人不论有多少缺点，都是根本的原动力”①。他倡导通过培养“精英人才”来促进国家生存和发展，强调“国强首先是人强”，国家发展的前提是要有“现代化的人”。早在 1962 年担任新加坡自治邦总理时，他就多次在新加坡大学学生会晚宴上强调培养人才。独立后，李光耀愈加坚信人才是成功的关键，认为“新加坡必须从世界各地寻找人才，并愿意让那些准备献身于这里的事业的人居留下来”。②

在经济领域，李光耀的精英思想主要体现在审时度势地提出向高、精、尖发展战略，呼吁打造“精英产业”。面对新加坡地狭人稠、资源匮乏、市场弱小的困境，李光耀一度曾寄望于与马来西亚形成共同市场。但鉴于双方关系复杂、总体市场狭小，他逐步否定该发

① ［新］韩福光、华仁（Warren Fernandez）、陈澄予著，张定绮译：《李光耀治国之论》，天下远见出版股份有限公司 1999 年版，第 121 页。

② ［新］联合早报编：《李光耀 40 年政论选》，现代出版社 1994 年版，第 141 页。

展思路，转而另寻以高、精、尖产业为抓手来促进产业升级、扩展的道路。为此，李光耀主导政府实施一系列具体措施：一是实行社会精英“高工资”政策，对高、精、尖人才予以优厚报酬，通过提高人才的社会地位来增加其所占人口比重。二是“奖励技术”政策，确定先进电子配件、精密工程产品等11个重点发展领域，给予符合条件的投资企业多种经济优惠待遇。三是“鼓励研发”政策。政府通过修改所得税法，给予研发能力强的企业双重税收减免待遇。这些措施既激发了重点企业的投资热情，又利于新经济长远发展，奠定了今日新加坡在世界经济体系中的优势地位。

与其精英治国思想相适应，李光耀推崇强势的领导风格，不仅着意通过领导人的强大思想力、独特前瞻力、翩翩风采和个人魅力来感染人、凝聚人和推动人，也崇尚实话实说、有话直说、雷厉风行的行事风格。不过，随着近年来新加坡民主化呼声渐高、年轻选民对于政治宽松度需求增加，李光耀也与时俱进地认为，当代新加坡人与上世纪50—70年代的老一辈不同，需要以更加尊重对方感受的方式行事。①

（三）强烈的民本思想

李光耀认为，经济发展和人民生活水平提高，不但会促进社会稳定，也会大大提升政府威信。他反复强调，政府应促进经济增长并确保全体国民能分享经济成果，只有这样才能真正赢得民心，促进国家长治久安。为此，他领导政府团队抓住机遇，历经四个发展阶段，带领新加坡“从一个烂泥滩发展成为东南亚一颗闪耀的新星”②。第一阶段是1959—1965年的“经济恢复阶段”，逐步解决贫困和失业问

① “与李光耀处不同时代，李显龙另立治国方针”，马来西亚《南洋商报》，2011年5月5日。

② 摘自《李光耀：新加坡赖以生存的硬道理》一书附赠光盘中的李光耀采访录像。

题。通过实施进口替代战略，李光耀政府重点发展劳动密集型工业，既解决了就业问题，又为新工业化发展奠定基础。第二阶段是1966—1979年的“工业大发展阶段”，果断实施出口导向战略，开始因地制宜地发展炼油、造船、精密机械、电子业等龙头工业，从而带动其他部门发展。数年后，新加坡迅速建成亚洲最大的集装箱码头和国有船队，开设四大贸易区，跻身新兴工业国之列。第三阶段是1980—1985年的“经济重组阶段”，提出“第二次工业革命”发展战略，着重发展技术密集型产业，将出口导向型经济转为五大支柱（机械、外贸、运输、服务和旅游）同步发展的现代化工业体系，实现经济第二次腾飞并跻身发达国家行列。第四阶段是1986—1990年的“服务业发展阶段”。李光耀政府将信息业和生物工程确立为龙头产业，同时大力发展服务业，从而加强国民经济的国际化、自由化和高科技化。至1990年李光耀卸任总理、转任内阁资政时，新加坡已成为东南亚“四小龙”之一和该地区首个发达经济体。

与此同时，李光耀着力打造民生、民心工程，提出“居者有其屋”理念，认为百姓安居乐业是维持社会稳定的最好方法。以其最受人称道的“公共租屋”（类似中国“廉租房”）政策为例，1959年新加坡全国公共租屋为16142套，而1970年代开始推行该政策至1984年，全国公共租屋已增至500947套。1990年代李光耀退休时，新加坡约七成居民享受到这一福利。该政策执行至今，寸土寸金的新加坡房地产业价格位列世界第8位（2009年），而国民并不为住房发愁，有效规避了房地产泡沫对社会稳定的冲击。

（四）共存共荣的社会观

新加坡社会种族与宗教错综复杂，素有“国际人种博览窗”之称，历史上也曾发生大规模族群骚乱。独立初期，全国人口绝大部分由华人、马来人和印度裔三大族群组成，分别约占76%、14%和8%；佛教人口约占43%、伊斯兰教15%、基督教15%、道教8%、印度教4%、其他宗教0.6%，无神论者15%。1964年7月和9月，新加坡的马来人与华人发生两次严重的族群冲突，造成上千人死伤的恶果。李光耀意识到社会和谐与民族宗教融合的重要性，并为预防类似事件发生而采取了诸多措施：着力建设社会安定维护体系，注重塑造“新加坡人”的观念和认同感，辅以特殊的住房政策、语言和教育政策、族群交往平台建设和媒体宣传引导等多方面设计，形成了具有新加坡特色的社会政策，有助于构建和谐上进的社会氛围，促进社会的良性发展。例如，学生不论种族、贫富，均须就近到公立学校上课，而使用和学习的语言也是母语加英语的双语模式。

政府在出租公共租屋时保持各族群居住地域均衡分布，如华人住户旁常有意安排马来人或印度裔居住，并为少数族群保留一定比例的社区代表名额，防止形成各族群“自动分流、相互隔阂”局面。新社会在这一过程中也日趋稳定。1964 年至今，新加坡再没有发生大规模社会矛盾或冲突。但李光耀在 2012 年伊始回顾发展成就时依然指出，新加坡是在人民都没有共同点的基础上慢慢建立起来的，今天所谓的“新加坡人”还不够成熟、只能算是个概念，可能在未来几十年才能实现。

（五）居安思危的忧患意识

李光耀从政多年来，始终居安思危、思想先行，带领新加坡人民绝地逢生。他说过，“新加坡不是自然形成的国家，而是人为造就的……英国把这个贸易站发展成为其全球海上帝国的一个枢纽。而（新加坡）作为独立的国家却没有腹地，像是心脏缺少躯体的窘境。”① “我们很脆弱，随时可能被邻国包围。这样海路会被切断，商业活动完全停顿。”李光耀的危机意识切实地体现在国家发展规划上。他 1989 年指出：“新加坡面对的四个基本难题……永远不会随国家建设而全部消失。”这四个难题是：安全问题、土地局限性问题、

① ［新］李光耀：《经济腾飞路——李光耀回忆录（1965—2000）》，外文出版社 2001 年版，第 3 页。

基本必需品（如粮食和淡水）自给问题以及人才问题。

虽然对危机有清醒认识，但李光耀坦言，其对新加坡发展战略的规划并非一帆风顺。起初，他相信新加坡唯一的出路就是加入马来亚，否则无法生存，因为当时新加坡的饮用水、原料、大部分进出口都需借助马来亚，但马来西亚首相东姑因排华而不愿接受新加坡。当李光耀千方百计促成新加坡加入马来西亚后，他发现“从一个共产主义的新加坡到一个马来人至上的马来西亚”，新加坡依然没有发展空间。这让他更深刻地认识到新加坡所处的脆弱地位，提醒自己时刻保持危机意识。

李光耀曾指出，新加坡自然资源匮乏，没有能力吸引其他国家关注和帮扶，“只能我们自己救自己”。水资源问题就是他最关心的问题之一，并视之为国家独立生存的关键条件之一。他曾动情地说：“在活命水面前，其他政策都得下跪。”新加坡淡水供应绝大部分来自马来西亚，李光耀在处理对马关系时如有扼喉之苦。从建国第一天起，他就有一个理想：收集并使用每一滴落在新加坡的雨水。其“水战略”注重依靠先进技术开发新水源，同时建立高效的管理政策和团队，负责统筹安排、开源节流。终于，新加坡政府2010年4月宣布放弃更新与马来西亚的第一份供水协议，该协议将于2011年到期。

与此同时，李光耀也在执政中亲自践行防范危机意识。1990年在他“身体还很硬朗”时卸下总理职务，那时，他已用9年时间培育继任者吴作栋及其由较年轻部长们组成的领导班子。

三、宽广深邃的国际视野

（一）“鱼虾理论”

在危机意识主导下，李光耀认为新加坡应成为“一只能产生剧毒的小虾"，只有这样才不会被国际社会中的"大鱼"吞掉。[①]以此为基础，他指引政府提出并确立"全面防御"的国防政策，强调走质量建军的道路，致力于提高武装力量的有效威慑力。李光耀坚信，必须保持经济发展以提供充足的军费用于建设强大的武装部队，只有这样才能有效减轻别国发展军力对新加坡造成的安全压力，这成为他2011年出版的言论集《李光耀：新加坡发展的硬道理》的核心观点之一。李光耀长期致力于将新加坡政府打造为清廉节俭政府，但其国防开销一直维持在占国内生产总值5%—6%的水平，原因亦在于此。与此相应，他一直坚持安排国内最坚强和最有能力的人选担任国防部长，赋予其在内阁中仅次于总理和副总理的地位。

李光耀的"毒虾"原则后被新加坡领导集体逐渐丰富，细化出"鱼群"原则和"大鱼"原则。前者是指新加坡作为一条小鱼，要将自己置身于鱼群中来自保，而这个鱼群就是东盟以及国际组织；后者则强调"双管齐下"，即新加坡既要加入"鱼群"，又要拉住美国等"大鱼"。

（二）"平衡外交"战略思想

为运用好"毒虾"、"鱼群"和"大鱼"三原则，李光耀强调以"平衡外交"思想运筹与各国、尤其是与大国关系，以维护地区均势与国际稳定。李光耀确定"平衡外交"思想的原因主要有二。一方面，他认为，新加坡之所以成为英国前殖民地，是由于其突出的地缘战略重要性。他担心新加坡被迫成为大国博弈的"爪牙"，在大国较量中惨遭毁灭。为此，他特别注重树立本国的独立地位，致力于确保新加坡在各股力量之间取得平衡。另一方面，新加坡国力有限，而国家外部安全不能完全仰赖和平的外部环境，只能以"平衡外交"来

---

① "在亚洲水域中大鱼和小鱼的共存"，1966年6月15日李光耀在新加坡大学民主社会主义俱乐部的演讲，摘自《李光耀政论集——新嘉坡之路》，台湾：教授书局印行出版。

借力打力，确保新加坡拥有一定发展空间。

李光耀明确指出，东南亚区域局势牵一发而动全身。新加坡夹在马来西亚和印度尼西亚之间，平衡与这两个国家的关系对新加坡稳定发展至关重要。在新马关系中，新加坡的生存发展严重依赖于马来西亚。后者不仅拥有地域、军事等战略性优势，还是新加坡生活生产必需品来源地，同时，因地理因素制约，新、马之间的防御不可分割。就在新加坡独立当天，马来西亚总理东姑·拉赫曼就表示："如果新加坡的外交政策损害马来西亚利益，马将切断柔佛淡水供应。"① 为避免过度受制于马来西亚，李光耀在以新加坡为支点的外交天平上，谨慎处理与马、印尼关系，使两国成为分立两端的砝码，形成内在相互牵制，以确保新加坡的生存发展和独立地位。他积极推动与印尼发展经贸关系，客观上起到制衡马来西亚的作用；同时，在经济合作的基础上加强与南北两个主要邻国的政治、安全、社会和文化等全方位合作，保证了新加坡的独立生存。

李光耀的平衡外交思想并未止步于此。他深知仅凭自身有限力量远不能确保国家安全，也不能完全寄望于与邻国的双边关系，还须借助外部大国力量——在东南亚地区维持若干大国的多极存在，形成大国均势下的"多极平衡"，使新加坡在地区和国际格局中获得最大的回旋空间。冷战时期，李光耀就将其经济交往的"全球意识"与维护国家主权联系在一起，在国际经济活动中遵循"非意识形态化"原则，与尽可能多的国家开展经济交往，以平衡各方影响。他称，"与更多的国家进行贸易，新加坡的主权就会更完整。"②

"平衡外交"思想发挥更大作用是在东盟 1967 年成立并声誉日隆之后。东盟这一地区国家组织成立的初衷是加快成员国发展和"一个没有明言的宗旨"，即在英军和美军可能先后撤离而留下权力

① ［新］李光耀：《李光耀回忆录》，台湾：世界书局，2000 年版，第 10 页。

② ［新］《从李光耀到吴作栋》，新明日报（新加坡）有限公司，1991 年版，第 34 页。

真空的情况下，团结地区国家提前增强实力。[①] 李光耀直言，东盟国家之所以团结起来主要是出于寻求稳定与安全的政治考虑。他把东盟视为东南亚国家自主解决彼此分歧、发挥国际作用的机会平台，并在回忆录中写道：“强国都知道彼此直接碰硬是危险的，因此利用第三国来扩大自己的影响力。在东盟，我们自行解决彼此间的任何歧见，所以美国也好，苏联也罢，想要趁机挑拨离间都无从下手。”[②] 为此，他注重东盟发挥的“平衡外交”作用，认为东盟从确定澳大利亚和新西兰这两个定期对话对象国开始，又与日本、美国和西欧国家建立起对话关系，逐渐走向地区和世界舞台中心。在此过程中，李光耀重视东盟增强自身实力，主张以经济合作辅助政治合作来逐步提升内部凝聚力。1992 年，他向时任新加坡总理吴作栋提出建议，鼓励泰国总理阿南带头推建东盟自由贸易区，并于当年达成“东盟自由贸易区优惠关税计划”；1995 年完善计划，并于 2009 年达成《东盟自由贸易协定》。李光耀把这一协定的达成视为东盟发展过程中具有“分水岭”意义的重要事件。[③]

从“毒虾”原则到“平衡外交”思想，李光耀的战略思想指引着新加坡发展，也推动了东盟内部团结。为加强东盟内部凝聚力，李光耀频繁访问东南亚国家，力推东盟国家协调政策、团结谋利益。例如，澳大利亚 1978 年宣布执行新的国际民航政策，规定只有澳大利亚航空公司和英国航空公司的客机可在澳、英之间直航载客，而且机票价格低廉；而新加坡等东盟国家首都作为中间站均被排除在外。此外，澳大利亚还打算通过双边谈判，减少东盟国家航空公司航班载客量及航行班次，挤压途中停留乘客。为增强东盟国家与澳大利亚的谈

① ［新］李光耀：《经济腾飞路——李光耀回忆录（1965—2000）》，外文出版社 2001 年版，第 340 页。

② ［新］李光耀：《经济腾飞路——李光耀回忆录（1965—2000）》，外文出版社 2001 年版，第 319 页。

③ ［新］李光耀：《经济腾飞路——李光耀回忆录（1965—2000）》，外文出版社 2001 年版，第 353 页。

判能力，李光耀等东盟国家政要克服各国地理位置各异、利益诉求分化的障碍，坚持对澳大利亚的一致反对立场，终获较为满意的结果。

与此同时，李光耀也有意通过与他国分享发展经验来为新加坡开拓发展机会。1992 年李光耀访问越南时，直接指出越政府的私有化方案治标不治本，认为国营企业扭亏为盈的关键在于有效管理。他以新加坡航空公司为例，说明有效管理和竞争机制的作用，建议越南政府在国营公司私营化过程中同外国合作，引进海外机构及其管理技巧，从实践中学习。越南领导人接受其建议，并指示政府机关向新加坡学习，并优先考虑新加坡投资项目。①

四、不断发展的“中国观”

出于文化、血脉和国际政治经济的现实考量，李光耀一直高度关注和重视中国在地区和世界的地位及作用。他认为，“除了英国，其他任何国家对新加坡政治发展的影响都不如中国大。”② 他欣喜地看到中国日新月异的迅速发展，对中国的看法也随着中国的发展以及地区和世界形势的变化而不断调整。

早在 1974 年，李光耀就曾预言：“在今后 20 年里，中国很可能成为一个热力和影响力四射的太阳。” 1980、90 年代中，他多次指出，“中国的经济发展将维护整个地区的稳定，并刺激贸易和投资增长”；“如果中国的发展带动了整个东亚工业化，那么世界也会更加繁荣”。而到 1990 年代后，李光耀直接断言：“在今后 10 年、20 年甚至更长时间里，东亚经济会因有中国作为动力源泉而比世界其他任

① ［新］李光耀：《经济腾飞路——李光耀回忆录（1965—2000）》，外文出版社 2001 年版，第 325 页。

② ［新］李光耀编著：《李光耀回忆录（1965—2000）》，台湾：世界书局 2000 年版，第 666 页。

何地区增长得更快。"[①] 同时，他多次指出，中国成功发展对地区乃至世界和平的积极意义，在于它不仅能塑成东亚地区重发展的氛围，而且更有利于中国向世界开放、加入国际框架，而非寻求"万事不求人"的解决办法，从而形成一个相互依赖共存的世界环境。

在长期对华双边交往中，李光耀一直秉持坦诚态度，为中国的改革开放提出看法和建议。虽然新加坡因特殊地位成为最后一个与中国建交的东盟国家，但这丝毫未影响两国关系的稳健发展。到 1990 年代，双方已陆续签订投资保护、避免双重征税、旅游和民航等多项协定，中新两国经济合作深入发展。

直到现在，李光耀仍坚持每年至少访华一次，以保持对中国最新发展的了解。在他卸任后，新加坡领导人也继承了其每年至少访华一次的传统。每次访华，李光耀除了与中国政府官员座谈外，还要深入民间，观察基层经济社会的发展变化。通过频繁访华和双边交流，李光耀成为中国发展进程的见证者，他对中国的看法也在与时俱进。

李光耀很早就充分认识到中国在国际格局中的作用。1967 年，他在美国总统尼克松访华前 5 年就公开表示，在以美、苏为首的两大势力对峙中，中国的份量举足轻重；不排除中国与美国联合确保东南亚局势稳定的可能性。[②] 1976 年李光耀首次访华时重申该观点，称"中国越强大，就越有利于维护美、苏、中三强之间的势力均衡"。[③]实际上，新加坡与中国的交往始于 1971 年。当时，新加坡代表在第 26 届联合国大会讨论中投下赞成票，支持恢复中华人民共和国在联合国的合法席位，并强调"只有一个中国，台湾是中国的一部份。……台湾问题属于其内部问题，应由包括台湾人民在内的中国人

① 陈岳、陈翠华：《李光耀》，时事出版社 1993 年版，第 198—204 页。

② 陈岳、陈翠华：《李光耀》，时事出版社 1993 年版，第 196 页。

③ ［新］李光耀：《李光耀回忆录（1965—2000）》，台湾：世界书局，2000 年版，第 673 页。

民自己解决”。[1] 此后，乒乓外交开启了两国关系的大门：1971 年新加坡乒乓球队赴华参赛，1972 年中国乒乓球队赴新交流。此后，李光耀考虑到与周边国家的特殊关系，决定通过非外交途径同中国保持经贸联系。

当然，李光耀早期也曾对中国持有戒心。1960、70 年代，他虽多次在演说中表示，“中国是共产党国家中较为温厚的”、“中国没有领土野心”、“其他国家不应做出任何事情得罪中国”，但同时也认为，中国“正在卷入文化大革命这样的活动很疯狂”。他称，中国呼吁海外华侨归国搞建设，尤其是呼吁专业医生、工程师和教师回去建设祖国，“对殖民地政府和印尼等东南亚新兴独立国来说，是一种颠覆性的挑战”。[2] 1976 年访华时，他注意到中国民众平日几乎都统一着装、街道四处张贴大字报标语等现象，便给中国贴上了“落后、封闭的神秘国度”之标签。[3]

随着访华次数增多，李光耀逐渐感受到中国的变化，看到中国大学开始使用英文课本、中国人开始改掉吐痰习惯等细节，他开始由衷地祝贺中国发展成绩，并称“中国的变化不只是多了新楼房、新道路，更重要的是人民思想和态度发生转变”。即使在 1989 年政治风波发生后，李光耀仍坚信“中国坚持改革开放不会走回头路”。

此后，李光耀一直认为，“中国至少在今后 20 年或更久时间内不会构成威胁”。其理由包括：“虽然中国的陆军庞大，但海军很弱、空军微不足道，他们没有能力南下东南亚”；从历史上看，“中国从未干预别国事务”。由此，他相信“中国为其人民寻求更美好生活的途径是通过贸易、投资、技术及知识转移方面的合作，而不是通过使

---

① Lee Kuan Yew, “*From Third World to First*, *the Singapore Story*: 1965 - 2000”, Times Media Private Limited, 2000, p. 639.

② ［新］李光耀编著：《李光耀回忆录（1965—2000）》，台湾：世界书局，2000 年版，第 666—667 页。

③ ［新］李光耀编著：《李光耀回忆录（1965—2000）》，台湾：世界书局，2000 年版，第 681—687 页。

用武力、割据势力范围或形成贸易集团”。

2009 年观看中国国庆大阅兵后，李光耀对中国“和平发展、永不称霸”的观感发生微妙变化。他在当年 10 月 27 日的讲话中提醒美、日、印等国：“一个现代化、高科技的解放军”即将出现，而“一个拥有航空母舰的（中国）蓝海舰队不可能只是用来自我防卫的。”他也向美国总统奥巴马建言：“中国的块头太大，亚洲其他国家在大约 20—30 年后，将不可能在份量上和能力上与其相匹配。因此，需要美国来实现平衡。”2011 年 7 月，他在《太平洋的挑战：中国的崛起》文中再次力倡美、日加强对华制衡，称“美国面对的是 20 年后将超过它的中国，不得不接受这一现实”；“太平洋地区要实现稳定，就必须保持力量平衡，一方是美国和日本，而另一方是中国”。2011 年 4 月，他在接受美国媒体《华尔街日报》和《商业周刊》采访时称：“世界得到发展的原因在于美国建立的稳定体系，而中国可能会逐渐形成挑战，但相信短期内不会造成严重冲突”；[①]“中国希望成为世界强国，但 20 年内它仍将在技术上落后于美国”。同时，他也指出，新加坡可继香港后成为人民币离岸交易的第二个中心，并称新加坡“将受益于中国的快速发展”。

---

① “李光耀：世界稳定需要强大的美国”，美国《华尔街日报》，2011 年 4 月 27 日。

南亚篇

印度新生代战略家拉贾·莫汉*

拉贾·莫汉（C. Raja Mohan）是当今印度知名学者和媒体人，名符其实的现实主义思想家，长期游走于大众传媒与学术“象牙塔”之间，专注战略和国防分析，成果颇丰，著述等身。作为政府重要智囊，莫汉现为印度国家安全顾问委员会委员，也是总理办公室和外交部的座上宾。2009年，美国《外交政策》杂志评选出当年“全球百位顶级思想家”，南亚仅有6位学者入围，拉贾·莫汉榜上有名。

一、知名记者+学者

拉贾·莫汉1952年生于印度南部安德拉邦的一个滨海小镇契拉拉（Chirara）。20世纪60年代中后期，印度全国上下曾就是否发展核武器展开激烈辩论。受时代氛围影响，当年血气方刚的拉贾·莫汉在报考大学时毫不犹豫地选择了核物理专业。但是，1974年印度第

* 李莉，中国现代国际关系研究院南亚东南亚研究所副所长、副研究员。

一次核爆后招致国际社会严厉制裁后，拉贾·莫汉的“核武报国”理想也发生动摇。他深刻意识到，印度要想实现强国梦，单靠发展核武器还远远不够，更重要的是必须找到能在国际社会纵横驰骋的有效战略。[①] 于是，1975 年在获得核物理硕士学位后，他转入尼赫鲁大学国际关系学院学习国际关系，最终获得博士学位。

1983 年，学有所成的拉贾·莫汉加入印度官方著名智库国防研究与分析所，主要从事军控、国际与地区安全等问题的研究。当时，正值印度著名战略家苏布拉马尼亚姆任该所所长。拉贾·莫汉的才华受到苏氏赏识，这段共事经历为两人日后结为好友并保持经常性合作打下坚实基础。拉贾·莫汉一直尊称苏氏为“恩师”，2003 年他将新作《跨越卢比肯河：印度新外交政策的制定》一书献给苏布拉马尼亚姆。在该书扉页上，拉贾·莫汉这样写道：“献给苏布拉马尼亚姆：是他让我懂得远见卓识的真谛。”[②]

1992 年，已成为高级研究员的拉贾·莫汉离开国防研究与分析所，远赴美国华盛顿，进入美国和平研究所做访问学者。一年后，他接到印度大报《印度教徒报》聘书，成为该报在华盛顿的常驻记者。1995 年回国后，他继续为《印度教徒报》服役，担任该报的外交和战略编辑。其间，他多次跟随印度领导人出访，在国内外政界和外交界建立起广泛的人脉关系。

2003 年，拉贾·莫汉告别服务十余年的《印度教徒报》，回到母校尼赫鲁大学国际关系学院教书。在母校，他为博士预科生开设“印度外交政策”及“南亚地区安全”两门课程。其授课因深入浅出并紧扣时政而深受学生喜爱，每堂课都座无虚席，从未出现过学生逃课现象。为了让学生深刻感知时政，他还经常将自己熟悉的前外交部

---

① 根据笔者 2004 - 2008 年在尼赫鲁大学攻读博士学位期间与拉贾·莫汉本人和有关师生的谈话。

② C. Raja Mohan, *Crossing the Rubicon: The Shaping of India's New Foreign Policy*, New Delhi: Penguin-Viking, 2003.

官员、国内外知名学者请到校内做讲座，使当时在校生有幸近距离接触国内外国际政治学和外交界的前沿人物和课题。[①] 2005 年，拉贾·莫汉离开尼赫鲁大学，再度由学者“变身”记者，正式加入印度另一大报《印度快报》，担任战略编辑。2007 年起，他奔赴新加坡南洋理工大学教授国际关系三年；2009 年又赴美国国会图书馆担任“基辛格学者”；2010 年回国后，先后加入印度政策研究中心、观察家研究基金会等著名智库，从事政策研究。

无论是任记者还是当学者，拉贾·莫汉都是位多产的专栏作家。任职《印度教徒报》期间，他在该报辟有“印度外交和战略问题”专栏，因文章见解独到及深谙内幕，很快在国内战略圈占据一席之地。2004 年以来，他一直任《印度快报》专栏作家，先后特辟“中国外卖”（Chinese Takeaway）和“博弈夹”（Great Game Folio）两个专栏。前者主要评述中国内政与外交，目的是更新印度政府和民众对中国的认识；后者以印度快速崛起为背景，从大国博弈的视角观察国际政治变化，帮助国内了解在国际秩序转型时期印度的国际地位与国家利益。

与此同时，拉贾·莫汉在国际学术界也颇具影响。早在 1991—1992 年间，他就是联合国和平利用外太空政府间专家小组成员。1999—2006 年，他一直担任国际帕古希协会（Pugwash）[②] 印度分会总干事。除了撰写专栏文章和从事课题研究，他还经常在美国《外交》、《华盛顿季刊》等国际顶尖学术刊物上发表论文，至今仍为《华盛顿季刊》和《美国利益》这两大美国学术杂志的编委，同时兼任美国卡耐基国际和平基金会外聘专家。其独立撰写的两本学术专著《跨越卢比肯河：印度新外交政策的制定》和《不可能的联盟：核印

---

① 笔者当时有幸旁听拉贾·莫汉教授的全部课程以及主持的各类讲座，获益匪浅。

② 国际帕古希协会是由科学家组成的一个国际组织，该协会 1995 年凭借在核裁军领域的突出贡献而获得诺贝尔和平奖。

度、美国与世界秩序》,[①] 被公认为研究印度外交的必读本。2009 年，他与人合作撰写并出版了《亚洲的力量重组：中国、印度和美国》一书,[②] 同样引起了广泛关注。

二、颇具影响的政府智囊

职业记者经历让拉贾·莫汉有机会经常陪伴领导人出访，得以在政界和外交界建立起重要人脉关系。上世纪 90 年代以来，才华横溢的他受到历任外长和外秘赏识，其专著《跨越卢比肯河：印度新外交政策的制定》由时任外长辛哈主持发布；另一部著作《不可能的联盟：核印度、美国与世界秩序》则由时任外秘萨仁山担任发布主宾，享有如此殊荣的印度学者为数不多。

不仅如此，拉贾·莫汉的学术思想还影响着政府决策，至今，他已三度入选印度国家安全委员会下属的国家安全顾问委员会。1998 年，瓦杰帕伊领导的印度人民党（简称“印人党”）政府决定改革国家安全决策机制，成立国家安全委员会；委员会下设国家安全顾问委员会，吸收 30 余位专家学者和退役官员参与决策论证，使印度国家安全决策逐渐摆脱个人意志，走上科学化和专业化道路。当时，刚过不惑之年的拉贾·莫汉顺利入选首届国家安全顾问委员会，任期两年；2004 年国大党政府上台后，拉贾·莫汉再度入选，两年后卸任。能够先后为印人党和国大党政府服务，凸显他在印度战略圈的地位和政策影响力。其间，他参与印度核发展规划、印中关系评估、印美关系展望等多项战略课题研究，近距离为政府献计献策。2010 年结束

---

① C. Raja Mohan, *Impossible Allies: Nuclear India, United States and the Global Order*, New Delhi: India Research Press, 2006.

② C. Raja Mohan & Alyssa Ayres, *Power Realignments in Asia: China, India and the United States*, New Delhi: Sage, 2009.

国外访学回国后，拉贾·莫汉第三次入选国家安全顾问委员会。

随着拉贾·莫汉的专栏日益受到欢迎、影响面广泛，加之他在国际学术界拥有很高声誉，印度政府时常对其委以重任。例如，1998年印度核试后，为打破国际制裁、缓解与国际社会的紧张关系，瓦杰帕伊政府派出苏布拉马尼亚姆和拉贾·莫汉等数位著名学者，分赴世界各地开展游说工作，为官方外交投石问路。

常阅读拉贾·莫汉专栏的读者不难发现，他的文章主要有两方面功效：一方面向政府外交和安全政策进言，另一方面又似乎是在替政府游说民众、向民众推介最新外交政策。例如，2005—2008 年间，他撰写大量介绍印美核协议的文章，大谈印美核合作对印度的战略意义，并凭借自身广泛的大众影响力，为印美最终达成核协议发挥了巨大的舆论推动作用。

三、构建印度大战略思想体系

拉贾·莫汉思想成熟之时，正值国际风云变幻、印度对外战略面对空前挑战之际。凭借一腔热情和扎实的学术积淀，他积极加入战略界的激辩谋划团队，著书立说，献计献策，逐渐形成一套相对完整的战略思想体系，并日益影响着印度的战略界和决策界。其战略思想大体包括总体思路、印美关系、与中国和巴基斯坦关系三大部分。

（一）印度大战略总体构想

拉贾·莫汉认为，印度独立以来一直具备明确的强国兴邦战略，但由于种种原因，冷战时期印度离这一目标渐行渐远。冷战结束后，国际形势的发展变化为印度崛起提供了前所未有的历史机遇。而印度只有相应调整策略才能抓住机遇，实现大国梦夙愿。

在拉贾·莫汉的思想体系中，印度大战略将世界划分为以印度为圆心的三大同心圆：第一个同心圆覆盖与其直接接壤的邻邦。在这个同心圆中，印度追求主导地位，拒绝外部势力介入。第二个同心圆涵盖广义周边（即大周边），包括亚洲和印度洋沿岸国家。印度在其中寻求平衡其他大国在此的影响，阻止后者侵占其利益。第三个同心圆包括整个世界舞台。印度在此努力争取大国席位，以在国际事务中发挥主要作用。他进一步指出，历史上有三大因素阻碍了印度实现上述目标。首先，南亚次大陆以宗教划界形成的分治，使印度长期陷于与巴基斯坦的冲突中；印度国内也出现印度教徒与穆斯林间的教派冲突。这种分治在地理上还切断了印度与阿富汗、伊朗和东南亚诸国的历史联系。巴基斯坦的伊斯兰国家特性给印度与中东国家的交往造成很多深层次问题。冷战时期，这种紧张关系与大国在地区与全球的对峙交织在一起，严重限制了印度在三大同心圆内的活动空间。第二大障碍来自印度的社会主义制度。国家社会主义模式使印度减少了与外部世界的商业交往，使国家经济长期处于相对衰退中，进而造成印度在独立后失去影响力。最后，冷战时期由于华盛顿支持巴基斯坦和中国，印度被推进苏联的怀抱，结果导致印度在 20 世纪下半期的政治角逐中站在失败的一方。当时，印度更像是国际社会中的“异见分子”，对绝大多数全球性问题都持反对立场。

随着冷战结束以及国家社会主义让位于经济自由化和对外开放，印度在过去 20 年已摆脱后两大因素的束缚。上世纪 90 年代初实行对外开放以来，印度在世界经济舞台上已占有重要一席。印度的信息技术如今享誉全球，成为国际大公司对外转包的主要目的地之一；为寻找石油，印度能源公司的足迹已遍布世界各地，从中亚、西伯利亚到西非及委内瑞拉，与西方和中国的同行展开激烈竞争。如同中国已成为东亚经济的增长引擎，崛起中的印度也被视为未来印度洋地区一体化的发动机。

拉贾·莫汉着重强调，冷战结束使印度得以与所有大国进行接触，尤其是美国。上世纪 90 年代初，印度开始迅速修复与美国、日本和欧洲的冷淡关系；特别是日益增长的贸易往来为稳定印度与上述国家的关系提供了新基础。与此同时，新德里还改变了处理涉邻国事务的方法，改善与近邻关系，并在包括非洲部分地区、波斯湾、中亚、东南亚和印度洋在内的大周边，重新确立了自己的地位。过去几十年，印度一直被排除在各种地区机制外，现在却成为东盟、东亚峰会、海湾合作委员会、上海合作组织、非洲联盟等重要的政治伙伴。由于印度在全球经济中分量增加且发展潜力巨大，崛起中的印度正在全球力量对比中扮演着均衡器角色。对于21世纪几个最为重要的问题，如亚洲稳定的构建、大中东地区政治现代化以及对全球化的管理等，印度都有机会发挥举足轻重的作用。①

（二）关于印美关系

曾在美国学习、工作和治学多年的拉贾·莫汉尤为重视印美关系，认为印度的崛起离不开美国支持。他明确指出，印度与美国的关系并非一帆风顺，而是既复杂又纠结。尽管目前两国高调宣传共同的民主价值观基础——印度称美国是“最发达的民主国家”，美国称印度是“最大的民主国家”，但在20年前才结束的冷战岁月中，两国却分属两大对立阵营：印度与美国的强敌苏联为伍，而美国却支持印度的两大“劲敌”中国和巴基斯坦。冷战结束时，印度与美国建立一种新型政治关系的前景并不乐观。

拉贾·莫汉认为，冷战后印度对外政策的最大调整体现在主动与美国改善关系上。其背后的动因在于，新德里相信只有与当今世界唯一超级大国的关系发生根本性改变，印度才能实现自身更大的战略目标：提升国际地位以及在与其他大国的关系中处于有利地位。然而，尽管印度开始向美国示好，但克林顿政府过于关注克什米尔争端和不扩散问题，印美关系在上世纪90年代并未取得明显进展。而且，

① C. Raja Mohan, “India and the Balance of Power, *Foreign Affairs*, July/August 2006, http: //catalogo. casd. difesa. it/GEIDEFile/raja. PDF? Archive = 191266891944&File = raja_ PDF.

1998年印度核试后，美国还加重制裁。虽然如此，印度与美国改善关系的政策并未因此改变，新德里开始宣称自己是美国的“天然盟友”。而真正重新审视印度并调整美印关系框架的是小布什政府。他解除许多制裁，打开高技术合作大门，结束美国在克什米尔问题上对巴基斯坦的“历史性偏袒”，并“对中印两国由原来靠近中国转为接近印度”。[①] 印美两国由此建立了战略伙伴关系，小布什政府甚至承诺帮助印度成为世界大国。2005年7月，印美又达成核协议。鉴此，拉贾·莫汉如是总结印美关系发展的成果——近年印度国际地位的提升很大程度上得益于印美关系改善，特别是印美核协议实际上使印度获得事实上的核大国地位，有助于印度取得对巴基斯坦的核优势，同时实现对中国的核均势。

当然，拉贾·莫汉对美国积极推动双边核协议有清醒认识，断言美国是“醉翁之意”和“未雨绸缪”——鼓励印度在全球力量对比发生变化时站到美国一边，即为印美未来结盟构建基础。他称，尽管短期而言印美关系并不影响印度与其他大国、特别是中国的关系，但长期来看，印度迟早要在中、美两国间做出选择。印美两国在制华、反恐、打击伊斯兰极端势力、促进民主、保障海上通道安全等诸多方面存在共同利益，故印度战略取向“基本不存悬念”，即印度更愿意接受美国主导的世界秩序，而绝不想沦为中国的“附庸”。[②]

尽管如此，拉贾·莫汉也认为，印美战略合作并非“铁板一块”，双方结盟更远未提上日程。首先，尽管印美两国实力有很大差距，但印度没有任何理由甘愿成为美国的小伙伴，它既非战败国，也没有强敌兵临城下，不会随时随地支持美国在全球的各种行动。因

---

① C. Raja Mohan, “India and the Balance of Power”, *Foreign Affairs*, July/August 2006, http://catalogo.casd.difesa.it/GEIDEFile/raja.PDF? Archive = 191266891944&File = raja_ PDF.

② C. Raja Mohan, “India and the Balance of Power”, *Foreign Affairs*, July/August 2006, http://catalogo.casd.difesa.it/GEIDEFile/raja.PDF? Archive = 191266891944&File = raja_ PDF.

此，印度不会成为像日本或英国那样的美国盟友，也不大可能成为亚洲的法国，即在一个正式的联盟框架内寻求战术独立。如果印美关系不能体现平等、包容和相互尊重，两国的战略合作很难深化。其次，由于历史上长期对立，两国缺乏政治合作习惯和相互信任。最后，双方官僚体制内都存在不同声音。如，美国国内强大的防扩散势力百般质疑印美核协议，印度国内也有反美势力的影响。这些问题不仅为印美结盟打上问号，也限制着双方战略合作的深度和广度。[①]

用拉贾·莫汉的话说，与美国结盟不一定是印度的一项长期战略。而美国对印政策只有连贯一致，并让印度持续得到“实际好处”，美国才可能得到印度的战略配合。为此，美国要始终对印度的战略演变抱有耐心和信心，不要急于求得回报或期待印度主动迎合美国。例如，美国应在核问题上坚持印度“例外”立场，不要因为新德里在实施民用核计划期间遭遇国内政治障碍，就对印美合作失去信心。又如，美国应该理解印度与伊朗的关系，认识到“印度具有采取独立外交政策的传统，以及拥有1.5亿穆斯林少数族群。它不可能在美国与伊朗发生对抗的每个关键时刻，都为华盛顿摇旗呐喊”。另外，美国也不应期待印度加入华盛顿与欧洲和亚洲盟友建立的那种传统联盟。最后，美国的南亚政策应建立在与印度合作的前提上，既要充分照顾印度的安全关切、重视印度的主导作用，又要防止走“偏袒”巴基斯坦的老路。具体而言，一是美印应联手促成巴基斯坦稳定并成为一个现代、温和的民主国家。二是美国不应再在克什米尔争端中对新德里指手画脚，而应在不直接参与谈判的情况下促成印巴和解。三是美国应推动印巴在阿富汗问题上合作而非对抗。四是推动南亚地区实现经济一体化，促其有朝一日成为可与中国抗衡的经济共同体。“一个在经济上由印度主导、内部实现一体化的南亚，可成为美

① C. Raja Mohan, “India and the Balance of Power”, *Foreign Affairs*, July/August 2006, http://catalogo.casd.difesa.it/GEIDEFile/raja.PDF? Archive = 191266891944&File = raja_ PDF.

国稳定毗邻的波斯湾、中亚和东南亚地区的重要伙伴。”①

（三）化解“两线威胁”

拉贾·莫汉认为，化解巴基斯坦和中国“两线威胁”最有效的办法是与之保持接触。1962 年印中边界冲突以来，印度的安全观和安全战略始终围绕如何应对巴基斯坦和中国的“两线威胁”。尽管过去 10 年印中和印巴关系都有不同程度改善或缓和，但印度国内特别是军方冷战思维依然严重，2009 年底，陆军再提“两线作战”的军事战略和军事方针。就此，拉贾·莫汉主张从印度崛起的战略高度看待印中和印巴关系，认为化解与中、巴两国争端，特别是解决克什米尔问题将为印度松绑，使印度把更多政治和外交精力投入国际事务中，真正发挥大国作用。若是如此，印度军队的使命就能超越领土守卫，而更多投入维护印度洋地区和平与稳定的行动中。换言之，作为未来的世界级大国，印度军队应着眼于为地区安全提供保障，而非“自缚”于与巴基斯坦或中国的军事对峙中。

穆沙拉夫执政时期（1999—2008 年），拉贾·莫汉认为克什米尔问题正处于历史性突破边缘，积极主张印巴两国尽快就该问题达成妥协。其根据在于：一方面，随着印度与美国、中国等大国改善关系，这些国家无意介入克什米尔问题，令该问题国际化的压力荡然无存。因此，印度长期坚持的双边解决已成为必然选择。另一方面，2004 年以来，印巴和平进程取得一定进展，尽管谈判速度不尽如人意，但双方边界及克什米尔实际控制线地区局势平静，许多边境口岸先后开放，双边贸易迅速扩大，人员交流日趋频繁。最为重要的是，两国有关解决克什米尔问题的谈判一直紧锣密鼓进行。许多迹象表明，双方已为克什米尔问题找到一个最终解决框架。只是由于两国领导人缺乏政治勇气，才无法公之于众。

---

① C. Raja Mohan,“India's Quest for Continuity in the Face of Change”, *The Washington Quarterly*, Autumn 2008, pp. 143 - 153.

为推动印巴克什米尔谈判顺利进行，拉贾·莫汉当年建议印度“适时改变”克什米尔安全战略，其中，首当其冲的是削减印控克什米尔地区的印度驻军。拉贾·莫汉认为，由于印巴和平进程启动后该地区暴力事件明显减少，印军至少应先撤离城区并停止“家常便饭式”的巡逻和搜查。该举措首先利于中央政府与斯里纳加（印控克什米尔首府）当局对话、扩大政治和解的空间；其次，减少驻军也有利于印巴和平进程推进。他进一步分析认为，当时巴基斯坦面临的安全威胁主要来自西面，它因需要东部边界稳定而希望与印度和解。如果印度能大幅削减在印控克什米尔的驻军，等于向巴基斯坦发出重要和解信号，从而为印巴实现永久和平奠定基础。

随着穆沙拉夫的执政地位愈来愈受到国内伊斯兰武装组织和政治反对派的双重挑战，拉贾·莫汉建议政府妥善应对巴基斯坦内部危机。他指出，一个民主、现代化的巴基斯坦符合印度利益。但是，印度不该卷入巴内部纷争，应遵循以下原则：重申印度不干预巴内部事务；与巴方所有政治力量接触；重申不论何人领导巴基斯坦，印度都将努力与之早日解决克什米尔问题；主动提议与巴基斯坦、阿富汗合作，稳定南亚次大陆西北部局势。①

2008 年 8 月穆沙拉夫辞职后，巴基斯坦虽然产生以人民党为首的民选政府，但其国内外发生的一系列重大事件和变化，令印巴关系陷入新一轮跌宕起伏中。同年 11 月 26 日，孟买发生严重恐怖袭击事件，印度指责巴基斯坦境内“虔诚军”是“元凶”，并指认巴三军情报局难脱干系。印巴关系由此降至冰点，两国和谈也随之中断，直到 2011 年 3 月才正式恢复。2009 年 3 月，上任不久的美国总统奥巴马推出“以进为退”的“阿（富汗）—巴（基斯坦）新战略”，巴基斯坦面临来自美国的空前反恐压力。巴国内安全形势急剧恶化，针对军政部门和平民的暴恐袭击持续不断，“恐怖主义内战”呈蔓延之

① C. Raja Mohan, “Dr. Singh in Islamabad?”, *The Indian Express*, 22 February 2008.

势。同时，因国际金融危机冲击及百年不遇的洪灾等自然灾害困扰，巴国经济陷入困境。2011 年 5 月，美军未经巴方同意，越境击毙藏匿于巴境内的“基地”组织头目本·拉登。同年 7 月，美国正式开启从阿富汗撤军进程，阿富汗民族和解和国家重建进入新阶段，印度与巴基斯坦在阿富汗的传统地缘竞争也再次凸显出来。

在如此复杂背景下，拉贾·莫汉对印巴关系的看法产生变化，与时俱进地提出以下主张：一是印度要加强在阿富汗的政治存在，并推动巴基斯坦内部变革。穆沙拉夫时期，印度寄望以解决克什米尔问题和实现两国关系正常化，换取巴军方放弃“支持”反印恐怖主义。鉴于美国援助和压力均未能使巴军方切实反恐，印度不该再对巴军方怀有期望。因此，印度必须加强与阿富汗现政府合作，建立强有力的战略伙伴关系，确保喀布尔政权政治自治，“防止阿富汗沦为巴基斯坦的附庸”。[①] 二是适当照顾巴基斯坦的利益和关切。印阿战略合作不应排斥巴基斯坦，更不应与之为敌。印度和阿富汗必须清楚地认识到，鉴于巴、阿间有长达 2500 公里的开放边界和近 4000 万普什图人跨界而居，若无巴基斯坦的合作，阿富汗无法实现持久的和平与稳定。所以，印度和阿富汗应该主动向巴基斯坦示好，承诺尊重其在该地区的合理要求和合法利益。虽然这样做不一定最终达成某种地区安全安排，但至少不会刺激巴基斯坦军方采取非理性举动。[②] 印度一定要想方设法避免与巴基斯坦发生边界军事冲突，且应努力推动印巴和平进程取得进展。[③] 三是印度应该与美国加强在阿巴问题上的政策协调。美国应该推动举行阿富汗、印度和巴基斯坦三国首脑会议，鼓励三国通过谈判达成一项自由贸易和过境协议，以便让阿富汗进入较大的印度市场，允许印度通过巴基斯坦进入阿富汗和中亚地区，同时巴

---

① C. Raja Mohan, “The more things change”, *The Indian Express*, September 9, 2011.

② C. Raja Mohan, “Kabul game plan”, *The Indian Express*, 4 October 2011.

③ C. Raja Mohan, “The Changing Game”, *The Indian Express*, 2 June 2011.

基斯坦通过过境贸易获得好处。这种合作框架将使三国获益，而三国间的联通有助于终结目前的敌对状态，最终实现南亚次大陆西北地区的稳定。[①]

四、务实的中国观

拉贾·莫汉认为，除美国之外，如何处理对华关系是关乎印度崛起的另一重大课题。他认为，如何管理和化解印中间的潜在冲突，已成为印度外交政策未来相当长时期内所要面对的一项重大挑战。他指出，上世纪80年代末，印度开始奉行对华积极接触政策，其安全环境开始大为改观，彼此不快记忆逐渐淡化。尽管两国关系因1998年印度核试验出现短暂反复，但2005年双方就解决边界问题确立了政治指导原则，并宣布结为“战略伙伴”。然而，此后由于双方对“政治指导原则”解读不一，边界谈判裹足不前，两国关系先后发生小幅起伏和波折。此外，因双方崛起步伐加快，两国海外利益也几乎同步拓展。从长远看，两国在南亚、东南亚、印度洋以及能源等方面的竞争甚至对立在所难免。而未来如何面对中美战略摊牌将始终困扰印度对华关系。基于上述理由，未来中国的挑战显然要大于来自巴基斯坦的威胁。[②]

为更好地应对上述挑战，拉贾·莫汉主张印度对华政策坚持“两条腿走路”。一方面，印度应该继续奉行对华接触政策。鉴于印中边界争端尚未解决、两国仍然缺乏互信，印度尤其需要通过与北京接触来消除因某些特殊事件引发的误解，避免双方发生不必要冲突。

---

① C. Raja Mohan, “India's Quest for Continuity in the Face of Change”, *The Washington Quarterly*, Autumn 2008, pp. 143 – 153.

② C. Raja Mohan, “India and the Balance of Power”, *Foreign Affairs*, July/August 2006,

如果冲突乃至战争不可避免，印中两国将两败俱伤。如果印中不能将竞争限制在可控范围内，双方的崛起梦想都难以实现。此外，由于印中对亚洲和世界秩序的构建正扮演着越来越重要的角色，两国和平共处也是21世纪世界秩序稳定和持续发展的基本前提条件。[①] 值得注意的是，尽管近年印中双边贸易成果喜人，由1998年的20亿美元猛增至2010年的600亿美元，但两国领导人必须清醒地认识到，他们必须解决被惊人贸易数字所掩盖的“脆弱的政治关系”，以及双方失衡的贸易结构问题。[②]

另一方面，印度必须不断寻求对华战略均势。这里既有印度自身的能力建设，也包括外交创新与改革。在能力建设方面，拉贾·莫汉支持并主张印度加快军事现代化进程，大力发展导弹和空间军事能力，“形成对北京的有效威慑”，进而在军事和战略能力上达到与中国势均力敌。[③] 在外交领域，他强调做好三方面工作：一是妥善处理好大国关系，推动构建“多极亚洲”。尽管印度与中国一样支持多极世界，但印度一定要防止多极世界演变为由中国主导的“单极亚洲”。为此，印度必须与美国合作以维护亚洲的势力均衡。不过，印度既要防止中美冷战，也要防止中美共治；必须与美国保持持久的伙伴关系，同时与日本和欧洲建立新伙伴关系，并与俄罗斯保持传统联系，以及处理好与中国的复杂关系。总之，要确保大国不会在该地区形成某种不利于印度利益的同盟。二是积极推动南亚一体化，巩固印度在该地区的主导地位。过去10年，印度政治领导人已认识到这是

---

① C. Raja Mohan, “Power and Paradox: The Future of Sino-Indian Relations”, *Think India Quarterly*, Vol. 13, No. 2, 2010, http: //thinkindiaquarterly. org/Backend/ModuleFiles/Article/Attachments/PowerParadox. pdf.

② C. Raja Mohan, “Sino-Indian Relations: Growing Yet Fragile”, *Eurasia Review*, December 24, 2010, http: //www. eurasiareview. com/24122010 – sino – indian – relations – growing – yet – fragile/.

③ C. Raja Mohan, “India and the Balance of Power”, *Foreign Affairs*, July/August 2006, http: //catalogo. casd. difesa. it/GEIDEFile/raja. PDF? Archive = 191266891944&File = raja_ PDF.

一条抗衡中国在南亚日益扩大的影响的“最有效途径”，并采取了一系列措施，例如，经济上对邻国单方面做出让步，改进边界地区基础设施以促进互联互通；承诺解决双边政治争端等，但前进的步伐远不如人意。未来几年，印度政府必须集中精力加快与邻国的政治接触和贸易自由化，并可尝试让企业界在地区一体化进程中发挥更大作用。三是要继续加大“东进”力度。过去20年，印度的“东向政策”取得明显成效，印度已基本被接纳为亚太“一分子”。然而，如果印度满足于现状，未来看到的将是一个“中国世纪”，而非“亚洲世纪”。目前，无论是在自贸区建设、本币（人民币）亚洲化、基础设施的地区互联互通上，印度都远远落后于中国。为此，印度应该加快落实其通过缅甸、泰国与东南亚联通的“东西走廊”计划。鉴于印度尼西亚的经济发展势头和民主特性，印度应将其视为该地区的“天然盟友”。同时，与亚太国家的军事与安全合作亦应成为印度“东向政策”的优先领域。[①] 不过，在实现对华战略均势过程中，新德里应努力避免重新挑起与北京的紧张关系。归根到底，印度对华政策的真正考验就在于未来如何保持这“两条腿”的平衡。[②]

总体而言，拉贾·莫汉的战略思想植根于现实主义根基下的印度国家利益考量及其对美国价值观的认同和尊崇。因此，他在印度国内早被扣上“亲美”帽子。但不可否认的是，他对中国的看法不失理性、务实面。尽管他宣扬民主制度是印度崛起的优势所在，但其中国观并未因此沾染过浓的意识形态色彩。相反，多年来，他一直认为印度的成功很大程度上“模仿”了中国，同时肯定中国对外开放及处

① C. Raja Mohan, “Diplomacy for the new decade”, *Seminar*, #605, January 2010, http://www.india-seminar.com/2010/605/605_c_raja_mohan.htm.

② C. Raja Mohan, “India and the Balance of Power”, *Foreign Affairs*, July/August 2006, http://catalogo.casd.difesa.it/GEIDEFile/raja.PDF? Archive = 191266891944&File = raja_PDF.

理国际事务的务实手法多值得借鉴。[①] 为此，近年他在《印度快报》上开设“中国外卖”专栏，定期向国内读者介绍并评述中国内政、外交方面的最新情况，一方面向印度政府和民众推广中国经验，另一方面也借中国褒贬印度时政。

① C. Raja Mohan, *Crossing the Rubicon*: *The Shaping of India's New Foreign Policy*, New Delhi: Penguin-Viking, 2003, pp. 142 – 172.

“经济学界的良心”阿玛蒂亚·森*

阿玛蒂亚·森（Amartya Sen）是当代最杰出的经济学家和哲学家之一。他以哲学视角理解经济学，用经济学理论承载哲学思想；他研究问题“草根化”，将人文情怀与经济理念融于一体；他在福利经济学多领域造诣深厚，“影响几乎扩展到人文科学的所有分支，包括女性研究这样的新兴学科”。① 凭借在福利经济学领域的杰出成就，森于1998年荣获诺贝尔经济学奖，成为获得该奖项的首位亚洲学者；依托对贫困、饥荒、可行能力等领域的开拓性贡献，森被尊称为“经济学的特勒撒修女”和“经济学界的良心”。

一、相随一生的学术情缘

森1933年11月出生于英属印度森蒂尼盖登（Santiniketan，西孟

* 楼春豪，中国现代国际关系研究院南亚东南亚及大洋洲研究所助理研究员。

① Amiya Kumar Bagchi, “Amartya Kumar Sen and the Human Science of Development”, *Economic and Political Weekly*, Vol. 33, No. 49, 1998, p. 3149.

加拉邦）的一户书香门第。外祖父是研究古印度文学的著名学者，曾在泰戈尔创办的泰戈尔维斯萨·巴拉迪学院（Visva-Bharati，意为“印度与全球共享”）教授梵文、古代和中世纪印度文化；父亲是达卡大学化学教授，母亲毕业于外祖父执教的巴拉迪学院。森全家与泰戈尔关系密切，据称“阿玛蒂亚”之名即是泰戈尔所取，意味“永生不朽”。1936 年 3 岁时，森随父亲（访问学者）在缅甸曼德勒生活，1939 年回国后进入泰戈尔学院受教育。森自幼在浓厚的家庭学术氛围中耳濡目染，不仅深受泰戈尔文化兼收并蓄思想的影响，对很多学科也抱有强烈好奇心和求知欲。他日后回忆称，自己年少时展望未来人生路，除了矢志向学、辗转世界名校教书为文外，想不出会有别的样子。

在学校，森刻苦好学、成绩优异，自言是“巴拉迪学院塑造了我的世界观”。1953 年，他获得加尔各答总统学院（Presidency College）经济学学士（主修经济学，辅修数学）学位后，远赴英国剑桥大学三一学院学习，得以师从著名经济学家、剑桥学派代表人物琼·罗宾逊（Joan Robinson），系统汲取西方经济思想的精髓。1955 年获得理论经济学学士学位，他又于 1959 年获得经济学博士学位。在剑桥期间，森表现出经济学过人天赋，几乎获得过所有学术奖学金，如亚当·斯密奖（1954 年）、高级奖学金（1954 年）、莱恩伯利奖学金（1955 年）、研究奖学金（1955 年）和斯蒂文森奖（1956 年）等。

剑桥毕业后，森顺理成章地走上学术研究道路，任教于英国、美国及印度著名学府。1956 年，年仅 23 岁的森出任加尔各答贾达普大学（Jadavpur University）经济系主任。最初，他因资历过浅而饱受争议，但凭借扎实的学术功底和研究成就逐渐赢得认同。1958 年，森选择离去，转而成为剑桥大学三一学院研究员，直至 1963 年。随后，他正式开启名校执教生涯：1963—1971 年，出任德里大学经济学院教授；1971—1977 年，受聘于伦敦经济学院任经济学教授；1977—1987 年，在牛津大学万灵学院担任经济学和政治经济学教授；1987—1998 年，长期在美国哈佛大学担任经济学和哲学教授，创下唯一在经济学系和哲学系同时任教的双料学者纪录；1998—2003 年，获聘为剑桥大学三一学院院长；2003 年至今，再回哈佛大学，出任经济学和哲学教授。

在半个多世纪的学术人生中，森笔耕不辍，著作等身，撰写和主编了数十本学术著作，并被翻译成30 多种语言。[①] 其中，他的《论经济不平等》（1973 年）、《贫困与饥荒——论权利与剥夺》（1981 年）和《以自由看待发展》（1999 年）等著作在学术界乃至整个社会都引起广泛反响，奠定了人类发展与可行能力等新学科的基础。与此同时，森在国际顶级学术刊物上发表200 余篇论文，涵盖福利经济学、社会选择理论、经济测度、伦理与道德哲学、性别平等、饥荒与贫困、项目评估、印度经济社会问题等领域。凭借卓越的学术成就，森获得全球18 个国家89 所院校荣誉博士学位，曾经担任国际经济学会会长、印度经济学会主席、美国经济学会主席等职务，且是英国研究院、美国艺术与科学学院、美国哲学学会、剑桥大学、牛津大学等机构特聘研究员。为表彰其在福利经济学方面所做的突出贡献，瑞典皇家科学院授予其1998 年度诺贝尔经济学奖，成为首位获此殊荣的亚洲学者。瑞典皇家科学院在授奖贺词中写道：“您在社会选择、福利测量和贫困等领域进行持之以恒的研究。无论是理论意义还是现实政策意义，您都加深了人们对这些问题的理解，对福利经济学做出了卓越贡献。”[②] 实际上，纵观森的整个学术生涯，他不仅为福利经济学做出突破性贡献，更在贫困、饥荒和可行能力等攸关社稷民生的领域成就非凡，打破了从“高级理论经济学”到“现实世界经济学”的障碍。

森的学术情缘贯穿其整个人生，无论是求学还是就职，他都在与

① http：//en. wikipedia. org/wiki/Amartya_ Sen.

② See “Award Ceremony Speech：Presentation Speech by Professor Robert Erikson of the Royal Academy of Sciences”，December 10，1998；http：//www. nobelprize. org/nobel_ prizes/economics/laureates/1998/presentation-speech. html.

学术打交道，“一生几乎没有从事过非学术的工作”，最终成为享誉世界的著名学者。他曾在回忆中称，“我酷爱学术问题。在我眼中，‘学术’意味着‘严谨’和‘可靠’，而不是传统意义上的‘抽象’、‘推测’和‘不切实际’。”[①] 就连森的婚姻和家庭生活也散发着浓重的“学术气息”。森先后结过三次婚，每任妻子个性、经历不同，却无一例外地都是杰出的知识分子。他的结发妻子娜芭妮塔·德芙（Nabaneeta Dev，后离异）是印度著名诗人和文学评论家、现代孟加拉语最著名作家之一；第二任妻子伊娃·科罗妮（Eva Colorni，犹太人，病故）出生于父亲是哲学家、母亲是作家的知识精英家庭，自己也是大学教授；现任妻子伊玛·罗思柴尔德（Emma Rothschild）为剑桥大学国王学院历史与经济中心主任。

二、终极人文的思想渊起

与许多经济学家不同，虽然森的人生主要在大学校园里度过，但其思想绝非囿于“象牙塔”的孤芳自赏。他对社会经济问题的关注与思考将他引入哲学殿堂。即使现在，他也经常到印度农村做田野调查，用第一手资料丰富学术研究素材。森的思想光谱很大程度上与其教育经历、生活阅历和研究兴趣有关，其思想又对解决贫困、社会不公等问题具有极强的政策指导意义，“自由穿行于经济学理论与现实政策之间”。[②] 应该说，时代造就了森，而森又用自己的思想回馈了时代。

首先，对各种文明的尊重和融会贯通，使得森拥有兼容并蓄的学

---

① “Amartya Sen Autobiography”, http://www.nobelprize.org/nobel_prizes/economics/laureates/1998/sen.html.

② Kaushik Basu, “Amartya Sen and the Popular Imagination: In the Wake of the Prize”, *Economic and Political Weekly*, Vol. 33, No. 50, 1998, p. 3206.

术态度和文明平等的哲学理念。幼年时代在泰戈尔维斯萨·巴拉迪学院的求学经历，塑造了森的世界观和学术观。他回忆称，“学院强调男女平等、兼容并蓄和能力培养，强调对学生求知欲的培养，而非注重考试成绩。学校设置的课程不仅包括印度文化，还包括西方与东方其他文化（如中国文化），在很大程度上影响了我的学术态度。”① 得益于深厚的东方文化积淀和系统的西方精英教育，森能够游刃有余地融合东西方文化和东西方思维来推进学术研究。一方面，这开拓了森的学术视野，为日后学术研究提供了更多素材。例如，西方主流经济学更多关注西方经验，而森对饥荒、贫困等领域的研究素材主要来自发展中国家，包括母国印度。另一方面，这有助于森养成健全的学术人格，不会像一些西方经济学家那样以偏概全地推销自己的思想。森就曾胸怀广阔地表示，“每一个文明的成就和贡献都会使全世界文明受益，而不是只让某一个国家的人受益。”②

其次，森对经济不平等以及贫困与饥荒的认识，源自其亲身经历的社会悲剧。20 世纪 40 年代中期，英国殖民者在印度推行“分而治之”政策，试图通过挑拨不同宗教族群的矛盾来巩固殖民统治。印度虽然最终赢得了独立，却经历了宗教大屠杀且被迫接受印巴分治的现实，而那场宗教冲突也在森的内心留下无法磨灭的痛苦烙印。据森回忆，在宗教冲突时期，一位穷困的穆斯林迫于生计硬着头皮到印度教徒聚居区找工作，结果不幸遇刺身亡。他遇刺受伤后跑到森家里求救时的惊慌与恐惧让森经久难忘，为其日后研究“身份与暴力”问题提供了鲜活的感性认识。后来，这段场景时刻在森脑海中萦绕，最终使其认识到：“极端贫困的经济不自由可以使人成为其他形式不自由的牺牲者。如果那名穆斯林男子能够维持生计的话，他就不必在骚

① “Amartya Sen Autobiography”, http://www.nobelprize.org/nobel_prizes/economics/laureates/1998/sen.html.

② 北京论坛（2006）大会主旨报告，2006 年 10 月 27 日，http://www.china.com.cn/zhibo/2006-10/27/content_8785059-2.htm.

乱的日子里去动乱地区谋生。”[①]

1943 年的孟加拉大饥荒也是森对饥荒与贫困问题进行研究的重要生活积淀。当时只有 10 岁的森敏锐地注意到，虽然超过百万人死于大饥荒，但自家的亲朋好友却丝毫未受到大饥荒冲击，达卡（现孟加拉首都）等大城市也几乎未受到影响。一面是农村地区成千上万的民众死于饥荒，另一面却是城里人生活富足，这种反常现象令年幼的森百思不得其解。直到在加尔各答读大学时期，森才认识到“这场饥荒是具有鲜明阶级特性的，它甚至没有影响到底层中产阶级，只是冲击了生活在经济阶梯最底层的民众，如农村无产者。”[②]日后，森系统分析饥荒成因时，1943 年的这场大饥荒和 1974 年孟加拉大饥荒是其剖析的重要案例。

再次，森思想富有左翼色彩，在某种程度上可以称为马克思主义者。森本科就读的总统学院位于加尔各答，该地曾是英属印度的首府，也是印度左翼运动重要根据地。其所居住的西孟加拉邦迄今仍是印度左翼政治力量（不包括继续采取武装斗争的左翼激进势力）的最重要阵地。“虽然在课堂上学的经济学都是新古典经济理论，但是同学们课余所关注和讨论的内容多是时政和社会问题，从而也引起了多数同学对马克思经济学的兴趣。”[③] 伴随着学校左翼运动的蓬勃发展，“虽然森并不热衷于当时的学生社团政治活动，但‘左翼’激进主义观点则引发了他深层次的思考。” 森总结自己一生最重视的学术工作领域即在此阶段形成，“这些领域既包括福利经济、经济不平等以及贫困（包括饥荒这一极端贫困形式），还包括理性、容忍和民主

---

① “阿玛蒂亚·森文选及研究（一）”，2009 年 11 月 13 日，http://hi. baidu. com/%D4%B6%C4%BD/blog/item/2c691012084f1a5bf819b81a. html。

② “Amartya Sen Autobiography”，http://www. nobelprize. org/nobel_prizes/economics/laureates/1998/sen. html.

③ 李实：“阿玛蒂亚·森与他的主要经济学贡献”，《改革》，1999 年第 1 期，第 102 页。

的社会选择的范畴与可能性。"[①] 森虽然并非左翼人士，但他善于运用马克思主义分析框架，其研究对象也重点聚焦左翼运动所强调的社会平等问题，并强烈批评西方主流经济学忽视伦理和社会平等的弱点。

最后，森崇尚自然科学，穿行于经济学与哲学两界之间，构建了博大精深的思想体系。森回忆称："17 岁之前，我对梵文、数学和物理特别感兴趣，此后着迷于经济学而一发不可收拾。"在加尔各答就学时，他大学一年级选择自然科学专业，后转攻经济学。[②] 1955 年获得三一学院研究奖学金后，他利用四年自由支配时间，下决心学习哲学，包括逻辑学、认知论、道德与政治哲学等。森高度评价哲学的价值，称"哲学方面的深入研究对我来说很重要，因为经济学中使我感兴趣的主要领域都与哲学联系密切。例如，社会选择理论大量利用数据逻辑，也利用了伦理哲学，对不公平以及剥夺的研究也是如此。另外，我发现哲学研究本身的益处，这方面的深入研究对我很重要"。[③] 显然，森在哲学、经济学及自然科学等学科的融会贯通令其将自然科学与社会科学、理性知识与感性伦理很好地结合，成为学界少有的哲学界的经济学家和经济学界的哲学家。

三、博大精深的思想体系

与其他主流经济学家相比，森的学术研究并未局限于理论经济学，而是充满人文关怀和哲学思想。特别是 20 世纪 70 年代后期，他

① "阿玛蒂亚·森文选及研究（一）"，2009 年 11 月 13 日，http：//hi. baidu. com/%D4%B6%C4%BD/blog/item/2c691012084f1a5bf819b81a. html.

② 李实："阿玛蒂亚·森与他的主要经济学贡献"，《改革》，1999 年第 1 期，第 102 页。

③ "阿玛蒂亚·森文选及研究（一）"，2009 年 11 月 13 日，http：//hi. baidu. com/%D4%B6%C4%BD/blog/item/2c691012084f1a5bf819b81a. html.

朝着“解决更实际的问题”迈进，就社会福利选择、经济不平等、发展内涵、贫困与饥荒等问题进行深入研究，《集体选择与社会福利》、《论经济不平等》、《贫困与饥荒——论权利与剥夺》等著作均在该时期出版。森的学术研究始终以人文关怀为主线，从社会选择的纯理论到发展经济学的实证研究，“带来了经济学范式的重要变革，使经济学不再仅仅关注收入、增长、效用等概念，而是越来越多地强调个人权利、能力和自由。”①

第一，在社会选择领域突破“阿罗不可能定理”，赋予福利经济学更多的现实政策意义。这是森在经济学理论方面做出的最重要贡献之一，也是其获得诺贝尔经济学奖的主要因素。福利经济学的核心内容是建立一套社会偏好或社会评价标准，并在此基础上制定相关福利政策；而社会选择理论则是福利经济学的基础内容，研究“个人偏好与社会选择间的关系”。② 1951 年，著名经济学家、诺贝尔经济学奖得主肯尼思·阿罗在《社会选择与个人价值》一书中阐述“社会选择不可能产生理性的社会排序”，即著名的“阿罗不可能定理”(Arrow Impossibility Theorem)。该定理给福利政策制定带来巨大的消极作用，因为如果人们对不同的社会选择难以做出孰优孰劣的评价，那么包括社会福利政策在内的一切社会决策就无法进行，“其悲观性结论似乎成为社会选择乃至福利经济学发展不可逾越的障碍。”③ 这种状况持续到 20 世纪 70 年代，直至森在社会选择理论研究方面取得突破进展。

森认为，如果对个人偏好施加价值限制，就可以摆脱“阿罗不

① Overseas Development Institute, “Economic Theory, Freedom and Human Rights: the Work of Amartya Sen”, *Briefing Paper*, November 2011.

② P. C. Fishburn, *The Theory of Social Choice*, Princeton: Princeton University Press, 1973. 转引自 Amartya Sen, “Social Choice Theory: A Re-Examination”, *Econometrica*, Vol. 45, No. 1, January 1977, p. 53.

③ 刘欣欣：“阿玛蒂亚·森对阿罗不可能定理的发展”，《经济研究导刊》，2010 年第 32 期，第 17 页。

可能定理";对于多数原则来说,重要的不是对所有可能的社会结果进行完备排序,也不要求社会排序完全符合逻辑,而是要找到多数人认为最好的结果。在自主思考与充分合作的情况下,森发表了大量社会选择理论领域的研究成果,突破了"阿罗不可能定理",创造了上世纪70年代的"社会选择理论研究黄金期",甚至有人称"福利经济学是阿玛蒂亚·森的代名词"。[①]

在此过程中,森向正统经济学强调的"个人效用不可比性"发出挑战。传统经济学界认定,个人间效用是不可比较的。例如,钱对普通人和修行者的效用是难以比较的。但森通过研究认为,个人间效用是可以比较的,而社会选择理论也只有在此种情况下才能关注到财富分配的不公。[②] 因为如果个人效用无法比较,财富流向富人和穷人的效用是一样的,社会就无法对财富或权利的分配进行价值评判,政府也就无法制定相应的福利政策。由此,森在学理上强调个人效用的可比性,其政策意义就在于关注社会再分配的公平和公正。

第二,在贫困与社会公平的测量问题上,创造性地赋予其价值评判标准,提出更为全面体现公平正义的贫困指数和福利指数。此前在贫困指数问题上,人们通常用两种方法测量贫困程度:一是"贫困发生率",即贫困人口与总人口的比率;二是"平均贫困距",即贫困人口平均收入与贫困线之间的差距。森认为,这两种方法虽然可以反映社会贫困状况的某些方面,但"两种指数都有一个致命缺陷,即无法反映贫困人口之间贫困程度的差异,无法反映贫困人口之间收

① http://homepage.newschool.edu/~het/profiles/sen.htm.

② 森用分饼的例子来阐述看法。假设三个人分别拥有一张饼的一部分。在第一种情况下,A拥有饼的三分之二,B和C各拥有六分之一。在第二种情况下,A拥有七分之一,B和C各拥有七分之三。现在,在两种情况下,均将A所拥有的饼的一半平均地分给B和C。在阿罗的框架中,这两种情况的再分配是一样的,因为在两种情况下A的效用都降低了,B和C的效用都上升了,且上升或下降多少在效用无法比较的假设下是没有意义的。但是,实际情况是第一种情况下的再分配比第二种情况下的好,因为第一种情况是将饼从富人那里分给穷人,而第二种情况是将穷人的饼分给富人。如果一味强调个人效用的无法比较,则会忽视财富分配不公正的现象。

入转移的效应。"[1] 比如，将最贫困者的收入转移给最富有者，虽然贫困人口数量没有增加，贫困指数未变，但社会贫困程度明显加剧。在此情况下，政府很难准确地衡量社会贫困程度。与此类似，"平均贫困距"的测量办法无法准确衡量社会贫富差距的扩大。为此，森将贫困人口数量、贫困人口的贫困程度、收入分布情况及变化等指标结合在一起，提出能够全面反映贫困程度的综合指数。就福利指数而言，正统经济学将经济活动视为纯理性行为，忽视对收入分配的价值判断，而简单地推崇帕累托最优[2]原则。如此，无论穷人与富人的收入差距有多大，将富人部分收入转移给穷人的行为违背了帕累托原则，因为这使富人状况变糟。但是森认为，应赋予收入分配以价值判断，综合考虑收入增长和分配状况，并强调社会福利水平取决于"平均收入水平"和"收入分配的均等程度"，即社会福利指数。该指数一经提出就引起广泛关注，其创立意义"超过了指数本身，更重要的是激发了其他学者对社会福利水平的深入研究"。[3]

第三，通过深入研究贫困本质和社会发展议题，提出"能力剥夺"是贫困的本质，而"可行能力的提高"才是发展的精髓。传统理论认为贫困就是低收入，但森认为低收入只是一种表现形式，"贫困的基本含义是指最基本能力的缺失"，"贫困分析的首要关注点是可实现某种生活内容的能力"，"只从收入角度去分析贫困，未免与我们探究'到底什么是贫困（即某些人被迫过着窘迫生活）'的动机

---

① Amartya Sen, "Choice, Welfare and Measurement", *MIT Press*, 1982, pp. 373 - 374.

② 帕累托最优（Pareto Optimality），也称为帕累托效率（Pareto Efficiency）、帕累托改善、帕累托最佳配置，是博弈论中的重要概念。帕累托最优是指资源分配的一种理想状态，即假定固有的一群人和可分配的资源，从一种分配状态到另一种状态的变化中，在没有使任何人境况变坏的前提下，也不可能使某些人处境变好。换言之，在此状态下，如果改善某些人的境况，必然导致其他人受损。

③ 李实："阿玛蒂亚·森与他的主要经济学贡献"，《改革》，1999 年第 1 期，第 106 页。

相去甚远”,[①] 疾病、社会保障匮乏、营养不良等都是造成人们能力被剥夺的重要因素。与此相对应，经济增长虽然带来收入增长，但并不能代表贫困程度降低，甚至可能意味着贫富差距扩大。“传统发展学的真正局限不在于实现经济增长的方式，而在于没有清醒地认识到，经济增长只是实现其他目标的手段而已。”“有些情况下经济增长可能很重要，但这并非由于经济增长本身，而在于它给社会带来的积极效应。”[②] 为此，森提出“可行能力理论”，强调对人追求幸福生活的基本能力予以关注。传统的发展观认为，发展就是国民生产总值增长、个人收入提高和工业化，但“可行能力理论”则强调发展的目的在于“人”，使人更有可行能力去追求各自认定的有价值的生活。其中，最基本的可行能力包括健康、教育、尊严等。森的这种理念实际上将“增长”与“发展”加以区分，强调发展的根本目的是提高人的可行能力，而衡量社会平等的指标则是基本能力的平等。

1990 年，联合国委托森的故友、已故巴基斯坦经济学家马赫布卜·哈克（Mahbub ul Haq）领衔撰写《人类发展报告》，森参与制定人类发展指数。1999 年，森出版《以自由看待发展》一书，进一步推动了这场发展观革命。目前，《人类发展报告》已经成为联合国最为重要的报告之一，深刻影响着世界各国的发展理念。

第四，深刻分析饥荒的成因后，指出权利分配不均而非粮食短缺是引发饥荒的重要原因。20 世纪 40 年代和 70 年代，孟加拉发生两次大饥荒，感同身受的森在 70 年代后期转向饥荒研究，并与 1981 年出版《贫困与饥荒》一书，彻底颠覆了对饥荒成因的传统看法。传统观点认为，饥荒是由粮食短缺造成的，而供需关系失衡是导致饥荒的原因。但森认为该分析框架过于简单，指出粮食短缺可能会造成饥

① ［印］阿玛蒂亚·森著，王利文、于占杰译：《论经济不平等：不平等之再考察》，北京：社会科学文献出版社，2006 年版，第 321、326 页。

② Amartya Sen, “Development: Which Way Now?”, *The Economic Journal*, Vol. 93, No. 372, 1983, p. 753.

荒，但绝不是唯一原因。“饥饿是指一些人未能得到足够食物，而非现实世界中不存在足够食物。”[①] 森对亲眼见证的1943年孟加拉大饥荒进行深入研究，发现当年的粮食产量只比前两年小幅下降，很难定论粮食短缺是造成饥荒的主要原因。其后，森通过对1973年埃塞俄比亚、1974年孟加拉大饥荒案例的持续研究，同样发现并未出现粮食供给严重短缺的问题。在此过程中，森发现饥荒具有明显的阶级性与地域性，即不同阶级对饥荒的承受度不同，社会最底层阶级是饥荒最严重的受害者；城市和农村对饥荒的敏感度不同，饥荒往往是“农村现象”。由此，森提出“权利假说”来解释大饥荒的成因，认为人们获取食物的能力主要是直接生产食物的能力和通过交换间接获取食物的能力，饥荒往往是上述两种能力缺失的结果。他进一步指出，政治体制与饥荒存在某种相关性，民主国家不大可能发生大规模饥荒，舆论和选民的监督可以防止突发重大饥荒；但农民却可能陷入慢性贫困之中；“像中国这样的集权国家，可能由于信息无法准确传递到中央政府而导致突发的大饥荒。”[②] 森有关饥荒成因的研究对粮食安全政策制定具有重要意义，“使各国粮食安全政策更多关注不同阶级获取粮食的能力差异。”[③]

第五，将伦理学引入经济学，赋予经济学更多人文色彩。森对传统经济学忽视伦理问题的做法提出严厉批判，指出“任何人的行为都是在一定伦理背景中进行的，离开了伦理单纯地强调人的经济理性

① ［印］阿玛蒂亚·森著，王宇、王文玉译：《贫困与饥荒》，北京：商务印书馆，2009年版，第1页。

② 有中国学者指出，森主要研究“急性饥荒”，忽视了“慢性饥荒”，后者是指政府不作为导致的营养不良、患病而死亡，这种饥荒在许多民主国家都存在。详见李文彬：“繁荣与饥荒——对‘森命题’的解读与解毒”，《汕头大学学报（人文社会科学版）》，2009年第2期。

③ Polly Vizard, “The Contributions of Professor Amartya Sen in the Field of Human Rights”, *CASE Paper* 91, London School of Economics, January 2005.

只会减弱经济学的预测能力。"[①] 他称，现代经济学将人视为理性的经济动物和经济分析工具，忽视了伦理和社会价值因素，因而无法完全反应社会现实，这是对经济学内涵的背离。他指出，即使是自由经济鼻祖亚当·斯密也强调伦理的作用，"在《国富论》一书中，斯密谈到更广泛价值观对行为选择的重要作用及制度的重要性。而在其首部著作《道德情操论》中，他通过广泛的研究阐明，'亟需不以赢利为目的的价值观'。他虽然宣称'谨慎'是'所有美德中对个人最有益的一个'，但也写道：'人道、正直、慷慨和公共精神是对他人最有帮助的品质。'"[②] 森特别强调伦理对促进合作的重要性，认为只顾及利益而缺乏伦理会陷入"囚徒困境"；只有引入伦理的约束作用，合作才有可能。森强调伦理学与经济学相结合的观点往往被西方经济学界忽视，却是其庞大思想体系的重要基础之一。

第六，金融危机爆发后，呼吁正视市场经济的局限，致力于更全面而清晰地阐释资本主义的本质。2008 年金融危机以来，国际社会出现了"需要什么样的资本主义"的争论。森认为反思固然重要，但争论的前提应是要回答清楚"什么是资本主义"。他称，"斯密从未使用过资本主义一词（至少就我能追踪到的资料而言），从其著作中也很难得出结论。他强调市场力量的充分性或需要接受资本的主导地位。""事实上，包括斯密在内，市场运行的早期提倡者们并未把纯市场机制看作是一种独立而完美的运行体制。同样，他们也不认为利润驱动就是所需的一切。"[③] 如果将利润动机和私有制视为资本主

---

① 姚洋："《以自由看待发展》导读"，2006 年 11 月 17 日，中国经济研究中心网站 old. ccer. edu. cn/download/8909 - 1. doc。

② Amartya Sen,"Capitalism Beyond the Crisis", March 26, 2009, http://www. nybooks. com/articles/archives/2009/mar/26/capitalism-beyond-the-crisis/? pagination = false.

③ Amartya Sen,"Capitalism Beyond the Crisis", March 26, 2009, http://www. nybooks. com/articles/archives/2009/mar/26/capitalism-beyond-the-crisis/? pagination = false.

义的典型特征，那么采取良好社会福利制度的欧美国家很难称之为福利国家。因此，仅仅强调利润最大化的市场经济行为其实是对斯密思想的背离。森剖析金融危机的成因表示，随着对市场经济自我监管特性的信心日益增强，政府监管角色遭到严重削弱，尤以美国政府为甚，最终导致过度投机的市场不正当行为，进而引发2008年全球金融危机。森这种剖析强调的是对根本理念问题的反思，而非仅对现存制度进行否定。他认为，将国家监管与市场经济相结合的做法是资本主义制度发展的结果，也是市场经济早期倡导者的理念，只不过被后人误读而已。“目前的这场危机并不需要‘新资本主义’，但是它确实要求对旧有观念有新理解。比如斯密的观念，其中很多东西一直被我们可悲地忽视了。此外，我们还需要对不同体制的实际运行方式有更清楚认识，并探究各种组织（从市场到国家机构）除短期解决方案外，如何为建设一个更合理的全球经济做出贡献。”[①] 欧债危机爆发后，森对国际金融机构和评级机构持强烈批评态度，指责“金融机构和评级机构作用过大，对一些欧洲国家作威作福，严重威胁了欧洲的民主制度”。[②]

四、辩证中立的对华态度

森非常关注中国的经济和社会发展，曾就农村人民公社制、农村改革、饥荒、扶贫工作、中印比较等课题进行研究，并高度评价新中国的发展成就。不过，森也犀利地指出，改革开放后，中国收入水平

---

① Amartya Sen, “Capitalism Beyond the Crisis”, March 26, 2009, http://www.nybooks.com/articles/archives/2009/mar/26/capitalism-beyond-the-crisis/? pagination = false.

② Amartya Sen, “Power of Financial Institutions Is Urgent Threat to Democracy”, June 24, 2011, http://www.theage.com.au/opinion/politics/power-of-financial-institutions-is-urgent-threat-to-democracy-20110623-1ghcn.html.

的整体提高"无法掩盖贫富差距的不断扩大",提醒中国政府防止贫富差距拉大。2002 年,他应邀在北京大学中国经济研究中心做"严复年度经济学纪念讲座",就转型时期中国的平等和社会公正问题发表演讲。2009 年 10 月,他被中国国际扶贫中心聘任为中心顾问。

森肯定中国经济发展的巨大成就,特别是改革开放前的社会福利成就。森认为,中国农村人口众多,国内区域发展水平差异巨大,这使得其经济增长的意义远大于新加坡、中国香港等经济体。而中国贫困人口急剧减少,则是令全球贫困人口减少和贫困率下降的主因。在世界统计数据中,包括中国数据得出的全球贫困下降趋势,与不含中国数据得出的结果完全不同,这表明中国的扶贫成就为世界扶贫工作做出最大贡献。森充分肯定改革开放前的中国在消除能力贫困方面的成就,认为中国经济虽然增长缓慢、收入水平较低,但极大减少了在教育、医疗和预期寿命等方面传统意义上的不平等,"改革开放前(中国)在教育、保健、土地改革和社会变革方面的成就,为改革后成绩做出巨大的积极贡献,使中国不仅保持了高预期寿命和其他相关成就,还为基于市场改革的经济扩展提供了坚定支持。"①

与此同时,对中国在改革开放后贫富差距扩大等问题提出警示。森直言不讳地指出,虽然改革开放后中国经济增长迅速、人民生活水平大幅改善,但因过分注重 GDP 增长,在消除贫困、提高人民发展能力、缩小贫富差距等方面进步相对缓慢。"中国大部分农村地区的公用设施在改革后有所收缩","不是怀疑中国改革开放取得成就的价值,而是认为中国的收入进步被其改变社会领域公用设施管理的方法所冲淡。"② 虽然这在很大程度上是基数较高、边际效益减少造成的,但森针对中国和印度喀拉拉邦的对比研究显示,"现在中国人的

---

① [印] 阿玛蒂亚·森、让·德雷兹著,黄飞君译:《印度:经济发展与社会机会》,社会科学文献出版社 2006 年版,第 70 页。

② [印] 阿玛蒂亚·森、让·德雷兹著,黄飞君译:《印度:经济发展与社会机会》,社会科学文献出版社 2006 年版,第 86 页。

预期寿命是71岁，但喀拉拉的预期寿命是74岁，然而1979年喀拉拉邦人的预期寿命远低于中国人。同样，尽管在1979年前后喀拉拉邦具有和中国相仿的婴儿死亡率，但此后喀拉拉邦的婴儿死亡率持续下降，同样的情况却并未在中国发生。目前，喀拉拉邦的婴儿死亡率约为中国的一半。”① 森进一步指出，“改革后的中国并未努力进行大规模再分配，现有证据显示，收入不平等问题可能是加大而非缩小了。”② 他甚至毫不客气地称：“中国城乡差距扩大是全球基尼系数上升的重要原因”，“中国收入持续增长的巨大成就似乎是通过扩大不平等来实现的”。③ 究其原因，森认为这与中国政治体制有关，因为“大举撤销价值巨大的公共服务，政治上却未遇到很大阻力。毋庸置疑，这在多党民主的社会不会如此顺利。”④ 他进而得出结论称：“印度需要学习中国改革前在医疗和基础教育领域的成功经验，需要学习其改革后务实、智慧的经济政策，但对中国集权政治体制则不敢恭维。”⑤

总体而言，森的思想“起自学术、终极社会”，其有关贫困、饥荒、公平正义等理论阐述对中国具有重要的现实意义，其思想有助于回答中国应该采取什么样的经济和社会政策、需要达到怎样的政策目标和效果。鉴此，无论是解决“三农”问题，还是提倡科学发展观和以人为本思想，中国当下的政策思路实际上与森的思想同出一辙，值得社会主义中国认真思考与探索。

---

① [印] 阿玛蒂亚·森：“评估不平等和贫困的概念性挑战”，严复年度经济学纪念讲座，2002年9月28日，http://www.nsd.edu.cn/cn/article.asp?articleid=6446。

② [[印] 阿玛蒂亚·森、让·德雷兹著，黄飞君译：《印度：经济发展与社会机会》，第82页。

③ [印] 阿玛蒂亚·森：“评估不平等和贫困的概念性挑战”，严复年度经济学纪念讲座，2002年9月28日。

④ [印] 阿玛蒂亚·森著、李华芳译：“致中国”，http://www.china-review.com/gat.asp?id=24782.

⑤ Amartya Sen, “Development as Freedom: An India Perspective”, *Indian Journal of Industrial Relations*, Vol. 42, No. 2, 2006, pp. 165–166.

“穷人的银行家”穆罕默德·尤努斯*

他出身商贾之家，却是穷苦大众的福音；他执教高等学府，却痛恨“象牙塔”中“掉书袋”的脱离实际；他致力于扶贫事业，却反对义务慈善、鼓励竞争；他是经济学教授，却荣获诺贝尔和平奖；他享誉世界、拥趸众多，却与政府不睦、屡遭排挤。在数十年扶贫生涯中，他提出小额贷款、社会型企业等新理念，强调“以信贷促脱贫、以自尊赢未来”，求索于一个“没有贫穷的世界”，为母国乃至全世界扶贫事业做出杰出贡献。

他就是被誉为“穷人的银行家”的穆罕默德·尤努斯（Muhammad Yunus），孟加拉格莱珉银行（乡村银行）创始人、2006年诺贝尔和平奖获得者。诺贝尔颁奖委员会如此评价其卓越贡献：“30多年前，尤努斯初创格莱珉银行，起步卑微但不懈努力。今天，小额贷款已经发展成抗击贫困的重要手段，促进了社会底层发展，有助于推进民主与人权。”①

---

* 楼春豪，中国现代国际关系研究院南亚东南亚及大洋洲研究所助理研究员。

① “The Nobel Peace Prize for 2006”, October 13, 2006, http://nobelprize.org/nobel_prizes/peace/laureates/2006/press.html.

一、崇高品格孕育远大理想

1940年6月28日，尤努斯在孟加拉商业中心吉大港的一户小康之家呱呱坠地。他自幼表现出超乎常人的成熟心智，加之受到良好家教和学校教育，逐渐形成“胸怀祖国、情系穷人、敢于担当、执著梦想”的素养，为日后克服重重困难，创立并发展格莱珉银行打下坚实的品格基础。

尤努斯极富怜悯之心。他家境良好，生活中从未经历过大苦大难，但始终乐于助人，这种品格很大程度上受其母亲的影响。据尤努斯回忆称，“我的母亲非常善良、极富同情心，她总是给远方来的穷亲戚予以救助，对穷人和弱势群体充满怜悯。她是塑造我性格的最重要力量，而我本人最终也在帮助穷人的事业中找到了人生真谛。”[①] 正因如此，当目睹1974年大饥荒惨剧时，甚至在1976年调研农村地区严重的高利贷问题时，尤努斯都会产生强烈的内疚与自责：“书本上，经济学动辄对数百万美元进行理论分析，但乔布拉[②]村民的生与死却以美分计算。我又气又恨，对自己以及这个没有人情味儿的世界感到不满。”[③]

尤努斯具有强烈的使命感，始终关注着祖国和民众的命运。他童年时代亲历印度和巴基斯坦分治，而立之年又参加了孟加拉独立战争，这些经历加之良好的学校教育无不增强了其对国家前途的忧患意识与责任感。尤努斯就读的中学是孟加拉最好的吉大港教会学校，学

---

① Muhammad Yunus, Alan Jolis, *Banker to the Poor: the Story of the Grameen Bank*, Penguin Books India, 2007, p. 29.

② 乔布拉村（Jobra）是尤努斯当时任教的吉大港大学的一个邻近小村庄，也是尤努斯走出象牙塔、进行实地调研的第一站，为尤努斯形成扶贫思想提供了第一手素材。

③ Muhammad Yunus, Alan Jolis, *Banker to the Poor: the Story of the Grameen Bank*, Penguin Books India, 2007, p. 9.

校通过组织“童子军”巡游活动等，侧重培养学生的人文素养而非简单的知识灌输。尤努斯在自传中写道：“1953 年，学校组织穿越印度之旅。多数时间里，我们又唱又跳，但在访问泰姬陵的时候，助理校长默默哭泣。他说，他在为我们的命运哭泣，我们承担着历史责任，却不知道路在何方。那年我才 13 岁，却为其精神深深感染。他后来也成为我的人生导师。”[①] 尤努斯这般心怀天下的情结，也在日后多次参与政治运动过程中不断固化。1971 年孟加拉“独立战争”期间，他牵头协调，团结留美孟加拉人组建“孟加拉公民委员会”和“孟加拉信息中心”，参与组织游行示威，频繁与各国使馆交流，呼吁国际社会向巴基斯坦施压，并在孟加拉独立初期受雇于计划委员会。1974 年，孟加拉发生大饥荒，尤努斯说服大学副校长阿卜勒·法扎尔（Abul Fazal，著名时评家，被誉为“孟加拉的良心”）发表题为《与饥荒抗争》的声明，呼吁全社会关注饥荒蔓延并共渡时艰，极大地鼓舞了全国人民战胜饥荒的信心。2007 年孟加拉实行紧急状态之际，尤努斯发表致全民公开信，并考虑组建“公民力量党”。随着最后这次从政愿望最终落空，并且引起传统政治势力不满，尤努斯的政治行动也为其日后与政府交恶埋下隐患。

除了胸怀仰望星空的宏大志愿，尤努斯也强调脚踏实地的精神，反对“两耳不闻窗外事、一心只读圣贤书”的学院派作风。他反对培养学生“鸟瞰式”（bird's eye view）思维方法，认为这种由上看下的所谓“高瞻远瞩”思维，很容易导致与生活严重脱节。由此，他分外强调“昆虫式”（worm's eye view）的观察视角，倡导近距离观察以便更清晰地了解事物。正如尤努斯发表诺贝尔和平奖获奖感言中所承认的：“1974 年，面对严重的饥荒，我很难在大学继续讲授经济学的精美理论。我突然发现这些理论在应对饥饿与贫穷时显得那样

① Muhammad Yunus, Alan Jolis, *Banker to the Poor: the Story of the Grameen Bank*, Penguin Books India, 2007, p. 38.

苍白无力。”①

可以肯定的是，如果没有上述品格基础，尤努斯日后不可能专职于扶贫工作，而会一直追逐童年时代当老师的梦想，其最初的职业选择也是如此。1957 年，尤努斯以优异成绩考取达卡大学经济学系，在全孟加拉（当时为东巴基斯坦）近 4 万考生中名列第 16 位。1960 年和 1961 年，他接连拿到学士和硕士学位，毕业后就进入吉大港大学任教多年。1965 年，尤努斯获得富布赖特奖学金，赴美国科罗拉多大学和范德比尔特大学访学，并于 1969—1972 年在中田纳西大学教书。孟加拉独立后，尤努斯重返吉大港大学，出任经济学系主任兼教授。

如果不出意外的话，尤努斯可能会终生教书育人。然而，1974 年的大饥荒彻底改变了他的人生道路。直至数十年后，尤努斯在回忆录中描述那场饥荒时，依然怀着诚惶诚恐的心情写道：“瘦骨嶙峋的饥民像潮水般涌向首都达卡，他们没有喊口号，没有提出任何要求，也没有憎恨我们衣食无忧，而是静静地躺在大门前，直至死去……死亡的方式很多，但死于饥饿是最难以接受的。饥饿至死是一个缓慢过程，随着时间一分一秒地过去，生命与死亡的距离不断靠近。当生命与死亡如此接近的时候，人们甚至很难确定，蜷缩在地上的母亲和孩童，是在此岸还是彼岸。”② 这场大饥荒唤起了其内心的怜悯之情，使尤努斯陷入对人生真谛的苦苦思考，开始调查贫困农民的生存状态，并最终走上了扶贫之路——创立专门针对穷人的格莱珉银行。在创立和发展格莱珉银行过程中，他遭遇到很多困难与挫折，包括政府的轻视、大银行的排挤、正统伊斯兰人士的反对和左翼人士的批评，等等。但是，正是执着于对民众疾苦的怜悯与对国家命运的责任，尤

---

① Muhammad Yunus, Alan Jolis, *Banker to the Poor: the Story of the Grameen Bank*, Penguin Books India, 2007, p. 239.

② Muhammad Yunus, Alan Jolis, *Banker to the Poor: the Story of the Grameen Bank*, Penguin Books India, 2007, pp. 3 – 4.

努斯克服困难、不断前行，最终实现了"小贷款、大梦想"的社会理念。

二、以人为本的扶贫理念

无论是小额贷款模式（micro-credit），还是社会型商业（social business）观念，抑或是对贫困等级、扶贫工作、人口问题的独特看法，尤努斯哲学理念的出发点都是"人"。他在扶贫过程中始终强调呵护弱势群体的尊严、挖掘其自雇自强（self employment）的能力、构筑服务弱势群体的社会体系，以达到最终实现没有贫困的世界之目标。纵观其主要思想如下：

（一）信贷是基本权利，穷人应享有"信贷权"

尤努斯在实际调研中发现，现代金融体系误认"还贷信用与富裕程度成正比"，不愿向弱势群体提供贷款，而更多为富裕阶层服务，结果加剧了社会贫富差距。他认为，穷人比富人更加珍惜信贷机会，其还贷信用高于富人，应该建立针对穷人的信贷体系。"尽管穷人的经济状况很不稳定，但他们依然注重信用，即使不存在没收抵押品的约束，穷人依然会按时归还贷款。"① 由于没有合理贷款渠道，穷人被迫转向高利贷者，陷入"越贷越穷、越穷越贷"的怪圈，尤努斯在乔布拉村调研的首个案例就是这一怪圈现象的典型代表：村民苏菲亚靠借高利贷购买编制竹凳的原料，再通过出售竹凳来获得每天2美分的生活资助，如此循环反复而无法摆脱高利贷的魔咒。尤努斯感叹道："在所有高利贷案例中，借款人都极难挣脱贷款的沉重负

① ［孟加拉］阿西夫·道拉、迪帕尔·巴鲁阿著，朱民等译：《穷人的诚信：第二代格莱珉银行的故事》，中信出版社2007年版，第V页。

担。通常，借款人必须再次借款以还清此前贷款，最后的出路只有死路一条。”[①] 高利贷者会精明设计，使得穷人既能勉强糊口，又无法摆脱贷款。

针对认为“穷人因缺乏技能而贫穷”的传统扶贫理念及其强调为劳动者提供技能培训的方法，尤努斯则提出“穷人因缺乏资金而穷”的见解，强调穷人拥有自我生存、改善生活的能力，但其最大的难题是缺乏“启动资金”。他坚信享受贷款应成为一种基本人权，且是消除贫困的最有效办法之一，认为一旦能够从合理渠道获得贷款，穷人就能够拥有改变命运的第一桶金。同时，与传统银行系统的大额度贷款相比，给穷人的信贷额度较小，但受惠范围更广，也因之具有更大的社会效应。经过缜密深入的调研和论证，尤努斯认定如果能建立一个面向穷人提供信贷的银行体系，就可以为该群体提供改善生活的基础经济条件——资金。随着格莱珉银行的创建和顺利运营，尤努斯“彻底颠覆了‘穷人缺乏信用’、‘无恒产者无恒言’、‘贷大不贷小’的传统银行经营观念，建立了适合于金融支持贫困地区的‘草根’信贷理念”。[②] 正因如此，格莱珉银行自身定位就是“专为穷人提供信贷的银行”，而格莱珉在孟加拉语中的意思就是“乡村”，其服务的98%贷款者正是在穆斯林世界处于弱势地位的妇女客户。

（二）倡导重视穷人的“自雇”能力，反对简单施舍式慈善方式

尤努斯认为，与“信贷权”思想一脉相承的是每个人都天生具有企业家精神，都有改善生活的愿望和能力，穷人也不例外。他将穷人比喻为“盆栽树”（Bonsai），认为即使是参天大树的种子，如果只种在花盆里也无法长高，其原因不是种子的问题，而是没有充足生长

① Muhammad Yunus, Alan Jolis, *Banker to the Poor: the Story of the Grameen Bank*, Penguin Books India, 2007, p. 8.

② 林晨曦：“孟加拉乡村银行：对欠发达地区农村金融建设的启示”，《湖北农村金融研究》，2008 年第 8 期，第 48 页。

的土壤。"贫穷不是穷人创造的，而是体系创造的，所以我们要改革体系……改革金融体系。"[①] 为此，尤努斯反对单纯意义上的慈善施舍，认为这等同无视贫困者的自尊心，而且抹杀了其自立自强的愿望与意志。他表示，扶贫应强调重视穷人的自雇（self-employment）能力，让他们学会掌控自己的命运。"显然，自雇拥有自身局限。但在很多情况下，当穷人无法找到就业机会，而纳税人又不愿承担救助压力时，自雇是摆脱贫困、改善命运的唯一途径。"[②] 由此，尤努斯对多边援助机构盲目提供援助的扶贫方式颇有微词，批评"国际援助只关心吸引眼球的基础设施，如桥梁、庞大的工厂、大坝等，却忽视制度建设，无法取代陈旧机制来动员民众、解决自身问题。而强调自助的项目反被批评为'童子军项目'"。[③] 此外，更糟糕的是，传统国际援助模式催生了庞大的培训业、咨询业和官僚机构，但贫困群体受益有限。针对上述传统扶贫弊端，尤努斯强调"造血"而非"输血"，其途径就是鼓励自雇，释放穷人自身潜力。在此思想指导下，格莱珉银行鼓励穷人从事纺织、渔业、养殖等职业，其贷款资助的农村"电话女士"（提供电话租用）更是自雇自立的典型。它组建"信贷小组"，实施"积极的连坐政策"——如果小组中有人无法偿还信贷，整个小组成员都无法获得贷款，从而使小组成员彼此约束、相互激励。即使针对乞丐，该银行也绝非只给予救济，而是启动专门"艰难群体项目"。当孟加拉遭受洪灾、贷款者无法偿还信贷时，格莱珉银行也不是简单地将贷款一笔勾销，而是推出"弹性贷款"的

---

① "危机时代的小额贷款、社会企业与反贫困"，穆罕默德·尤努斯在北京大学的演讲，《经济科学》，2009 年第 3 期，第 8 页。

② Muhammad Yunus, Alan Jolis, *Banker to the Poor: the Story of the Grameen Bank*, Penguin Books India, 2007, p. 223.

③ Muhammad Yunus, Alan Jolis, *Banker to the Poor: the Story of the Grameen Bank*, Penguin Books India, 2007, p. 19.

第二代格莱珉贷款模式，[①] 允许贷款者通过延长贷款期，将分期付款数额减少到可承受程度。此外，格莱珉银行坚持商业化运作，而非无条件地进行无息贷款。

（三）贫困应分级，只有社会最底层的发展才算真正的发展

1975 年，尤努斯在乔布拉村搞“新时代三方共享农业合作社”试点，即尤努斯本人、地主和佃农分别提供资金技术、土地和劳动力，三方平均分享粮食收成。在此过程中，尤努斯对打谷子的贫穷妇女的遭遇感到刺骨心寒：“打谷子这种最廉价的纯体力劳动，落到了赤贫、险些沦为乞丐的妇女头上”，“她们起早摸黑，不停地扭动身体，用赤脚将谷物与稻穗分离，每天十个小时的劳动仅换得 40 美分。”[②] 这种情况迫使尤努斯开始关注最贫困者。他创造性地将贫困人群分为生活在总人口最底层的 20%、35% 和 50% 三个级别，并融入区域、职业、宗教、性别、年龄等要素，建构出多维度的贫困矩阵。经过深入研究，尤努斯指出传统扶贫理论的缺陷，即缺乏对贫困的清晰定义和分层，忽视了一般贫困、中等贫困与赤贫的差别，最终未能使赤贫者受惠于扶贫项目。“在发展项目中，如果将穷人与非穷

---

① 格莱珉传统贷款模式被称为“格莱珉经典系统”（GCS），该制度相对简单，但灵活性不足。在生活实践中，穷人会遭受种种天灾人祸，从而影响其还贷能力，该经典系统未能有效解决此问题。为此，格莱珉银行在 2001 年启动“格莱珉综合系统”（GGS，又称第二代格莱珉银行），2002 年全部转制成功。新体系提出“弹性贷款”，允许贷款者在面临天灾人祸时调整原有还款方式，并通过延长贷款期将分期付款数额减少到可承受程度；允许向贷款者提供量身定做的贷款方式，使还款期限、分期付款数额等方面符合客户实际；设立“贷款保险项目”，贷款者拥有“保险储蓄账户”，确保其意外身亡后利息偿付贷款、余额则归亲人等。详见阿西夫·道拉、迪帕尔·巴鲁阿著，朱民等译：《穷人的诚信：第二代格莱珉银行的故事》，中信出版社 2007 年版，第 226—228 页。

② Muhammad Yunus, Alan Jolis, *Banker to the Poor: the Story of the Grameen Bank*, Penguin Books India, 2007, pp. 68 – 69.

人混在一起，非穷人会排挤穷人，一般贫穷者又会将更贫困人群排挤出去"，其"最终结果就是，非穷人打着穷人的旗号，夺走扶贫项目的利益"。[①] 如此贫困分层理论对改善扶贫工作的有效性大有助益。

同时，尤努斯指出"增长"不等于"发展"，经济增长不意味着穷人生存状况的必然改善，至少不意味着贫富差距缩小。社会各阶层拥有各自的经济增长引擎，速度和方向都不一致，只有确保各引擎朝着同样方向运行，社会才能实现共同发展。否则，如果在社会这辆列车上，只关注前几节车厢（强势群体和既得利益者）的利益，而忽视后面几节车厢（弱势群体）的状况，则整辆社会列车都将被拖垮。因此，"改善社会最底层50%人口的生活质量才是发展的精髓"，"而小额贷款正是通过点燃遭人摒弃、社会最底层、微不足道的弱势群体的经济发动机，进而推动整体经济发展。"[②]

（四）鼓励创建"社会型企业"（Social Business），强调企业利润与社会服务平衡

受西方经济学影响，尤努斯认同资本主义制度的基本精神，强调自由竞争和市场经济的重要性，主张"小政府、大市场"。孟加拉左翼人士曾就此批评尤努斯是"美国的代理人"，"要在穷人中撒播资本主义种子，其真正目的是通过剥夺穷人的绝望与愤怒来摧毁一场革命的前景"。[③] 但是，尤努斯并未全盘接受资本主义制度，对其贪婪、无节制地追求利润颇有微词，称自由市场经济的最大败笔是追求利润最大化。为此，他提出"社会型企业"概念，强调综合平衡地考虑企业利润和社会效益，以取代狭隘的利润最大化理念。当然，其前提

① Muhammad Yunus, Alan Jolis, *Banker to the Poor: the Story of the Grameen Bank*, Penguin Books India, 2007, p. 72.

② Muhammad Yunus, Alan Jolis, *Banker to the Poor: the Story of the Grameen Bank*, Penguin Books India, 2007, p. 220.

③ ［孟加拉］穆罕默德·尤努斯著，吴士宏译：《穷人的银行家》，生活·读书·新知三联书店2006年版，第180页。

是企业利润不能为负值，否则企业将难以为继。尤努斯呼吁全社会通过荣誉表彰、市场认可等手段，鼓励企业采取此类模式。实质上，该模式就是在立足市场经济的基础上，鼓励企业发扬社会责任，在道义与利益之间寻求平衡。“如果将现在的公司称为利益最大化企业（PMBs），新商业模式将被称为社会企业。企业家的目的不仅局限于追求个人利益，还要追求特定的社会目标”，“在组织结构上，这种新型企业模式与现在的利润最大化公司基本相同，但各自追求的目标却大相径庭”，“社会型企业的驱动力是伟大事业（cause-driven），而非简单的利润（profit-driven）。”①

在尤努斯不懈推动下，孟加拉 2007 年成立“格莱珉—达能公司”，向贫穷儿童廉价出售酸奶。该公司考核机制不仅包括利润体现，也加入贫困儿童营养状况改善指标，确保利润和社会效益“两不误”，被视为“社会型企业”的范例。尤努斯表示，在扶贫效益方面，“社会型企业”相比单纯的慈善行为，“治标且治本”。“单纯的慈善行为把钱捐出去后，确实可以满足一定需求。但对慈善企业来说，钱捐出去用掉了，钱的生命也就完结了。而把它变成社会企业后，其捐助的钱就可以无限次地循环下去，社会企业也会持久地存在……与慈善捐款相比，社会企业的救助效率更高。”②

三、享誉世界的银行家

格莱珉银行是尤努斯扶贫思想的实体反映，其小额贷款理念在许多国家（包括发达国家）得到效仿，成为全球扶贫事业的重要范本。

---

① Muhammad Yunus, Karl Weber, *Creating a World Without Poverty: Social Business and the Future of Capitalism*, New York: Public Affairs, 2007, pp. 21 - 22.

② 杨眉：“尤努斯：我不鼓励慈善行为”，《中国经济周刊》，2009 年第 12 期，第 58 页。

"1997 年小额贷款峰会设定目标，要在 2005 年向全球 1 亿最贫困的家庭提供信贷。这是一个雄伟的目标，在亚洲和孟加拉带领下，这个目标最终在 2006 年实现。"① 在实现宏伟目标的过程中，尤努斯本人也获得极大声誉，跃升为全球最有影响力的思想家之一。2006 年，他与创建的格莱珉银行同获"诺贝尔和平奖"，被媒体称为"实至名归"。

（一）艰难起步，创建格莱珉银行

尤努斯痛感于残酷的社会现实，从 1976 年起走上扶贫贷款的曲折路。1977 年尤努斯在孟加拉农业银行总经理阿尼苏扎曼支持下扩大业务；1979 年他辞去大学职务，全身心投入格莱珉银行；1983 年格莱珉银行作为独立银行正式成立，以茅草屋（寓意乡村）作为标志。经过多年发展，格莱珉银行已发展成拥有 2565 个分行、遍布 81379 个村庄、员工 22120 人、贷款者 834 万人、贷款额约 112.1 亿美元的银行，为孟加拉的扶贫事业发挥了重要作用，而且还在不断发展。② 目前，格莱珉银行主要特点有：女性贷款者占 98%，这在作为穆斯林国家的孟加拉来说极其不易；③ 不需要贷款担保，使赤贫者也拥有贷款的资格；股权结构倾向贷款人，贷款人拥有 95% 的股权，政府仅占 5% 的股权；强调推进社会整体福利，包括消除贫困、男女平等、讲究卫生、禁止童婚、向穷人提供教育、医疗与就业等，且利用"五色星评级"激励年轻人蓬勃干劲；衍生出"格莱珉网络"，触

① Alex Counts, *Small Loans, Big Dreams: How Nobel Prize Winner Muhammad Yunus and Microfinance Are Changing the World*, New Jersey: John Wiley & Sons Inc, 2008, p. vii.

② http: //www. grameen-info. org/index. php? option = com_ content&task = view&id = 26&Itemid = 175.

③ 研究显示，给女性贷款能够带来很多社会进步，包括家庭儿童的营养状况、女性地位的提高、家庭消费结构的改善等等。参见：阿西夫·道拉，迪帕尔·巴鲁阿，《穷人的诚信：第二代格莱珉银行的故事》，中信出版社 2007 年版，第 34—52 页。

及渔业、农业、网络等领域；与时俱进完善体系，2001 年推出“格莱珉综合系统”（GGS，又称第二代格莱珉银行），更加适应现实社会的需要。[①]

（二）率领格莱珉银行走向世界

由于格莱珉银行在孟加拉取得巨大成功，尤努斯的小额贷款模式也赢得国际社会的普遍认可，并被许多国家效仿。为向全球推广运营模式，格莱珉银行不仅设立 www. muhammadyunus. org 和 www. grameen-info. org 等网站宣传自身，格莱珉信托每年还举办四次“国际对话项目”（International Dialogue Programmes），指导其他国家复制格莱珉银行的贷款模式。美国前总统克林顿在担任阿肯色州州长期间，就曾与尤努斯合作，将小额贷款模式复制到阿肯色州。日后克林顿竞选总统时，还将之作为与贫困斗争的政绩加以宣传。[②] 目前，“格莱珉银行的信贷模式已经被全球 59 个国家所效仿，既包括发展中国家，也包括发达国家。”[③] 当然，根据尤努斯的标准，复制的小额贷款机构必须严格执行针对最底层民众、必须确保近 100% 的还款率并且不得追求利润最大化等条款。

（三）尤努斯与格莱珉银行在中国

2006 年获得诺贝尔和平奖后，尤努斯的小额贷款模式在中国引起积极响应。2007 年，他获任海南省政府顾问，为海南正在启动的农村信用金融改革提供智力支持。为推广小额信贷模式，海南省农信联社与尤努斯签署《小额信贷项目谅解备忘录》，决定在海南开展小

---

① 详见 www. grameen-info. org。

② ［孟加拉］穆罕默德·尤努斯著、吴士宏译：《穷人的银行家》，生活·读书·新知三联书店 2006 年版，第 158 页。

③ Muhammad Yunus, Alan Jolis, *Banker to the Poor: the Story of the Grameen Bank*, Penguin Books India, 2007, p. 182.

额信贷试点项目并创建尤努斯小额信贷论坛；聘请尤努斯为顾问，指导该省农村信用社的管理和发展；格莱珉银行为海南省农信联社提供人员培训和技术支持等。同年12月，中国（海南）农村小额贷款国际论坛提出著名的《海口宣言》，宣布"人人享有平等的融资权"，标志海南"格莱珉"正式启动。2009年3月11日，由国务院扶贫办、法国达能集团和孟加拉格莱珉信托三方合作成立的"达能小额信贷基金"正式启动，达能集团为扶贫基金提供总额2000万元人民币的项目资金，该项目选择6个县市作为扶贫试点。2009年9月，"年度APEC中小企业峰会"在杭州举办，会议主题为"小企业、大梦想"，与会的尤努斯表示将通过格莱珉银行信托基金参与中国小额信贷。

（四）享誉世界的思想家

随着格莱珉银行获得越来越广泛的认同，尤努斯也逐渐成为享誉世界的思想家。[①] 根据其个人网站介绍，尤努斯不仅拥有全球48所大学的荣誉博士学位，还获得联合国、孟加拉、美国、英国、德国、法国、日本、印度、韩国、巴西、中国、奥地利、斯里兰卡等27国逾百项荣誉，包括1978年孟加拉总统奖、1987年孟加拉独立奖章（最高平民奖）、1998年英迪拉·甘地奖、2006年诺贝尔和平奖、2007年红十字金质奖章、2007年联合国南南合作奖和2009年美国总统自由奖章（最高平民奖）等。除此之外，国际社会还以多种形式表彰尤努斯的杰出贡献，如1999年香港《亚洲周刊》将其列入"20世纪亚洲人"之榜；2002年获任联合国"国际亲善大使"；2006年孟加拉政府发行个人纪念邮票，庆祝其获得诺贝尔和平奖；2007年荣登美国《商业周刊》"最伟大企业家"之列，同年与曼德拉、安南、卡特、李肇星等同列"国际长者会"；2008年，美国休斯顿宣布

① 统计数据主要来自其个人网站和维基百科，详见 http：//muhammadyunus. org；http：//en. wikipedia. org/wiki/Muhammad_ Yunus。

1 月 14 日为“穆罕默德·尤努斯日”；2009 年被美《外交政策》选入“全球最具说服力的百位精英”榜；2010 年，在英国杂志《新政治家》发布的“2010 年全球最具影响力的 50 人”排行榜中位列第 40。[①] 与此同时，尤努斯还曾任或现任世界卫生组织、世界银行、国际危机组织等近 30 个国际组织的顾问或委员。此外，尤努斯在扶贫助困过程中笔耕不辍，著有《乔布拉村的三个农民》（1974 年）、《格莱珉银行：正如我所见的》（1994 年）、《穷人的银行家：小额贷款与抗击全球贫困之战》（2003 年）、《一个没有贫困的世界：社会型企业和资本主义的未来》（2008 年）等著作，向世人推介格莱珉。应该说，尤努斯创造了格莱珉，而格莱珉也成就了尤努斯。

四、功过任评说

2006 年获得诺贝尔和平奖后，尤努斯名望飙升、红极一时。但近些年来，围绕其个人以及小额贷款模式的争议却越来越多。不仅格莱珉银行的商业化运作和扶贫效果遭到诸多质疑，尤努斯本人也因得罪政府而在国内受排挤。2010 年 11 月 30 日，挪威电视台播放纪录片《身陷小额贷款债务》（Caught in Micro Debt），指责尤努斯曾将挪威政府的援助款项私自转到其他机构，而且贷款利息高达 30%—200% 等等。[②] 虽然挪威政府出面证实尤努斯并未做错什么，“透明小

---

① “50 People Who Matter 2010”, September 27, 2010, http: //www. newstatesman. com/2010/09/global-influence-world-2.

② Hafez Ahmed, “Prof Yunus Makes A Strong Defence of GB ‘Fund Transfer’”, December 13 2010, http: //www. thefinancialexpress-bd. com/more. php? news _ id = 120010&date = 2010 - 12 - 13.

额贷款"（MicroFinance Transparency）[①]也指出，格莱珉银行是孟加拉小额贷款利息最低的（最高20%）机构。[②]但是，该纪录片在孟加拉引起轩然大波，成为围绕尤努斯和格莱珉银行一系列争议的导火索。

孟加拉政府借上述事件开始批判尤努斯。2010 年 12 月 1 日，孟加拉最有影响的网络媒体之一 bdnews24. com 转引挪威电视台的报道，次日被孟加拉多数媒体引用，从而使尤努斯这位诺贝尔奖得主深陷非议。孟加拉总理谢赫·哈西娜的批评最为尖刻："没有人能够靠压榨穷人的血而存在。格莱珉银行是压榨穷人血汗钱的典型例子。孟加拉人民被当成试验品，我们对此决不能容忍。"[③] 2011 年1 月 11 日，孟加拉政府宣布重新评估格莱珉银行的活动；2 月 15 日，政府宣布调查结束之前，尤努斯应该选择"回避"，施压尤努斯及早下台；3 月 2 日，格莱珉银行前雇员穆扎梅尔·胡克（Muzammel Huq）在政府授意下，宣布当年 71 岁的尤努斯年龄超过 60 岁法定退休年龄，已被解除格莱珉银行的执行董事长（managing director）一职，[④]但随后遭到董事会否认；次日，尤努斯和另外 9 名董事向法院提起诉讼，要求撤销孟加拉中央银行的决定，但遭到败诉；5 月 12 日，尤努斯宣布

① 非政府机构"透明小额贷款"成立于 2008 年 7 月，总部位于美国宾夕法尼亚州的兰卡斯特（Lancaster），旨在为小额贷款机构提供培训、援助等，促进小额贷款在扶贫领域的作用，并确保小额贷款机构在运营过程中的透明、公正。详见其网站 www. mftransparency. org。

② "Grameen Bank at A Glance", August, 2011, http: //www. grameen-info. org/index. php? option = com_ content&task = view&id = 26&Itemid = 175.

③ Anwar Parvez Halim, "Yunus vs. Awami League", http: //www. probenewsmagazine. com/index. php? index = 2&contentId = 6638.

④ 尤努斯早就认识到过度依赖政府的危险性，曾通过不断努力，争取到由董事会任命"执行董事长"的权力，其斗争过程可参见其英文传记 Muhammad Yunus, Alan Jolis, *Banker to the Poor*: *The Story of the Grameen Bank*, Penguin Books India, 2007, pp. 176 – 178。但是，孟加拉政府始终对格莱珉银行拥有影响力，13 名董事会成员中 4 人由政府任命，而且最高法院可以裁定尤努斯必须退休。

辞去银行执行董事长之职，事件得到短暂平息。

外界普遍认为，孟加拉政府对尤努斯穷追猛打并非因其超过退休年龄，而是将其视为政治对手。2007 年，尤努斯曾试图组建“公民力量党”，虽然该行动最后无果而终，但哈西娜当时就曾表示“你要么站在我这边，要么站在我对立面”。[①] 另据 2011 年 8 月 30 日披露的“维基解密”电文显示，美国驻孟加拉大使馆 2009 年 11 月的电报曾指出，哈西娜及其亲信对尤努斯有不满，不仅对其个人威望有所嫉妒，而且批评他恩将仇报。因为哈西娜曾对格莱珉银行提供巨大帮助，而尤努斯 2004 年在哈西娜遭炸弹袭击入院治疗期间非但未去探望，2007 年还试图组党从政与哈西娜为敌。[②]

当然，尤努斯与西方国家的亲密关系也是其引发争议的重要因素。尤努斯在美国学习期间，不仅生成深厚的美国情结，而且在那里邂逅妻子薇拉·弗洛斯坦科（俄罗斯裔，两人婚姻从 1970—1979 年，仅维持 10 年）。不仅如此，尤努斯获得的国际荣誉奖项中，约半数是美国政府或机构颁发的。此外，他与美国前总统克林顿夫妇交往甚密，克林顿在 1992 年《滚石》杂志的专访和自传《我的生活》中，对格莱珉的感情溢于言表。2002 年，在伯克利加利福尼亚大学的一次演讲上，克林顿将尤努斯描述成“早就应该获得诺贝尔奖的人”，并誓言“将不断予以推动直至他获奖”。[③] 希拉里·克林顿不仅 1995 年访问格莱珉银行，还曾担任 1997 年小额贷款峰会联席主席之一。2011 年尤努斯与孟加拉政府产生争议，希拉里·克林顿以美国务卿身份对事件表示“严重关切”，美国参议员和众议员代表还致信哈西

---

① “US Bargained for Yunus's Grameen Control”, September 3, http://www.bdnews24.com/details.php? id = 204975&cid = 43.

② “Yunus drew wrath of Hasina”, September 17 2011, http://www.theindependentbd.com/national/70831-yunus-drew-wrath-of-hasina-dipu.html.

③ “Transcript of the Jan. 29, 2002 talk by former President Bill Clinton at the University of California, Berkeley”, January 29, 2002, http://www.berkeley.edu/news/features/2002/clinton/clinton-transcript.html.

娜，要求孟加拉政府妥善处理事件，甚至威胁事件"可能对美孟关系造成伤害"。[①]

关于小额贷款运作模式，由于格莱珉银行被许多国家复制，但因各国国情和具体执行情况不一，导致良莠不齐的结果，并最终波及小额贷款的信誉。据报道，印度和墨西哥一些小额贷款公司以牟利为主，采取恐吓、骚扰等手段强迫贷款者还贷，许多贷款人被迫自杀。在印度南部的安得拉邦，小额贷款公司过于强势地推销贷款和收缴利息，使得大量贫困农民深陷债务而无法自拔。[②] 虽然尤努斯痛称"从未想过有一天，小额贷款领域也能出现贷款骗子"，[③] 但其主张的商业化运作模式显然为日后问题的爆发埋下隐患。正如有的学者指出的："小额贷款是极具吸引力的市场，如果无法实现社会发展、环境保护和利润间的平衡，那将等同于一般贷款机构。"[④]

---

① 信函内容参见：http：//www. muhammadyunus. org/images/letter_ from_ us_ senators. pdf。

② "Nobel laureate Muhammad Yunus Lleaves Microfinance Bank", 13 May 2011, http：//www. guardian. co. uk/world/2011/may/13/nobel-laureate-muhammad-yunus-microfinance.

③ "Yunus Centre：Sacrificing Microcredit for Megaprofits", Muhammadyunus. org, http：//www. muhammadyunus. org/Yunus-Centre-Highlights/from-microcredit-to-loan-shark/.

④ "The Ouster of Muhammad Yunus：Can Politics Destroy Grameen Bank?", April 13, 2011, http：//knowledge. wharton. upenn. edu/article. cfm? articleid = 2753.

拉美篇

古巴革命“思想战士”菲德尔·卡斯特罗*

菲德尔·亚历杭德罗·卡斯特罗·鲁斯（Fidel Alejandro Castro Ruz）这位古巴革命及社会主义建设事业的缔造者和领导者，作为屈指可数的仍健在的老一辈革命家代表，是当代世界政坛最具传奇色彩和影响力的领导人之一，被誉为“一个时代最后的神话”。他一生不停地思考，自诩为“思想领域的战士”，并在近60年的革命生涯中形成一套指导古巴革命政权屹立50余年不倒的思想体系，对国际共运也产生深远影响。随着冷战时代远去，卡斯特罗退休后逐渐淡出公众视野，但其深具革命性、战斗性和理想性的思想对古巴以及拉美部分国家仍在发挥潜移默化的重要影响，他对许多事物独辟蹊径的见解一直引人深思，他仍然是不少热血青年的“精神偶像”。

* 杨守国，中国现代国际关系研究院拉美研究所副所长，副研究员。

一、一个时代“最后的神话”

卡斯特罗集执著与务实、大胆与细腻、铁腕与温情等多重特质于一身，是一位魅力超凡的跨世纪领导人，至今仍在用生命书写着属于自己的传奇。

（一）波澜壮阔的革命人生

卡斯特罗1926年8月13日生于古巴奥尔金省比兰镇。其父自西班牙移居古巴后，靠种植甘蔗发迹，成为富裕庄园主。卡斯特罗先后就读于拉萨列学校、多洛雷斯学校和哈瓦那的贝伦学校等教会学校，耶稣会所推崇的个人尊严感、正义感和责任感以及强调为人正直、富于牺牲精神等道德规范深刻影响着少年卡斯特罗。尽管出身富裕家庭、衣食无忧，但他从小就性格叛逆，对贫苦农民怀有深切同情，发誓要努力改变社会上的种种不公。13岁时，他曾组织蔗糖工人罢工，反抗自己的老板父亲。

卡斯特罗青年时代正值拉美民族运动风起云涌，各国民主爱国力量苦苦探索争取自由、民主和解放的道路。当时古巴独裁势力把持政权，帝国主义势力横加干涉，国家政局动荡不定，政变频仍。他十分关心祖国和民族的前途与命运，对政治产生极为浓厚的兴趣。1945年，因为喜欢与人辩论，他考入哈瓦那大学法律系，并带着各种难以解答的政治和社会问题，阅读了大量政治经济学著作，逐渐认识到资本主义社会的种种弊端，从而对这一制度产生怀疑。在接触到马克思主义理论后，他领悟到资本主义的本质，实现了自身从空想社会主义者向科学社会主义者的转变。与此同时，他积极投身于反对巴蒂斯塔独裁政权的爱国学生运动。获得法学博士学位后，他常深入基层为贫苦大众辩护，并开始酝酿武装革命。1953年7月26日，27岁的卡斯特罗率领134名爱国青年攻打圣地亚哥的蒙卡达兵营，拉开反独裁武装斗争序幕。由于双方力量悬殊，起义失败，大部分起义者惨遭杀害。卡斯特罗兄弟等人幸免于死，被捕入狱。在法庭上，他慷慨陈词："我知道我会沉默多年，我知道现政权将用尽一切手段掩盖事实真相……判决我吧，无关紧要，历史将宣告我无罪！"① 这就是卡斯特罗著名的自我辩护词《历史将宣判我无罪》。1955年5月，巴蒂斯塔为"竞选"总统而笼络人心，大赦政治犯，卡斯特罗及其战友意外获释。出狱后，他流亡美国、墨西哥，并在墨西哥创建"七·二六运动"，筹划回国开展长期武装斗争。

1956年11月24日深夜，在隆冬的绵绵细雨中，一艘名为"格拉玛"号的游艇载着卡斯特罗及81名战友，悄然驶出墨西哥图斯潘港，向祖国古巴进军。12月2日清晨，游艇在奥连特省登陆时，遭到政府军袭击，大部分战友牺牲。卡斯特罗自任起义军司令，率领12名幸存者进入马埃斯特腊山区开展游击战。起义军将武装斗争同农村土改相结合，受到穷人拥戴，队伍迅速壮大，并多次挫败数以万计的政府军围剿。在短短3年间，起义军就推翻巴蒂斯塔独裁政权，取得革命胜利。卡斯特罗出任临时革命政府总理（后改称部长会议主席）和革命武装力量总司令。此后，他长期担任古巴共产党第一书记、国务委员会主席、武装部队总司令等最高领导职务，领导社会主义古巴渡过一道道难关。2006年7月，因肠道出血紧急入院治疗，他临时交权给弟弟劳尔。2008年，他辞去国家和军队最高领导职务，随后于2011年在古共"六大"上辞去党的最高领导职务。至此，卡斯特罗"全面退休"。

（二）演绎"老兵不死"的传奇

半个多世纪来，面对强权、战乱、暗杀、病魔，卡斯特罗依靠过

① ［古］菲德尔·卡斯特罗：《历史将宣判我无罪》，世界知识出版社2003年版，第110页。

人胆识，屡屡化险为夷，创造了一个又一个奇迹。巴西传记作家克劳迪娅·福丽娅蒂在《卡斯特罗传》中曾这样描述他："很多人曾先后断言，古巴不可能发生社会主义革命，不可能在美国的全面封锁下生存，不可能在苏东剧变后继续存在。然而，在卡斯特罗领导下，这些不可能都成为了可能。"巴西前总统卢拉则赞誉卡斯特罗是"人类历史活着的神话人物，而且这一神话仍在继续"。

卡斯特罗自1959年执政以来，以小抗大、以弱抗强，先后与艾森豪威尔、肯尼迪、约翰逊、尼克松、福特、卡特、里根、老布什、克林顿、小布什和奥巴马11位美国总统周旋。1961年，在抗击美国策划的"猪湾"入侵中，他指挥军队、民兵与1200名古巴流亡者组成的美国雇佣军展开殊死搏斗，经过72小时激战而取得胜利，挫败了美国颠覆古巴革命政权的图谋。面对美国长达50余年的严酷封锁，他一面鼓励人民发扬团结奋斗精神，一面揭露"美国的封锁对古巴人民犯下灭绝罪行"，赢得国际社会广泛同情与支持。至2011年，联合国大会已连续20年通过谴责美国对古封锁的决议，要求美国解除对古巴的封锁。

据统计，卡斯特罗一生遭遇的暗杀多达600余次，其中绝大部分为美国中情局所为。这些暗杀手段五花八门，包括雪茄炸弹、真菌感染的潜水服、"黑手党"刺杀等。最惊心动魄的一次是利用卡斯特罗的旧情人对他实施暗杀。该女子将毒药藏在面霜瓶中，待下定决心动手时，发现药片已在面霜中融化，最终她选择坦白。卡斯特罗曾自嘲道："假如躲避暗杀是奥林匹克项目，我将肯定获得金牌。"美国前总统小布什曾感慨"美国唯一能做的就是等待卡斯特罗有一天自然老死"。

2006年，卡斯特罗突发肠胃出血，不得不紧急入院治疗。在最虚弱时，这位1.90米的大个头，体重只剩下66公斤，外界纷纷传言他已死或濒临死亡。但是，年过八旬的他依靠顽强的求生意志和乐观豁达的心态，经过长期治疗，一步一步走向康复，再次创造了生命奇迹。愈后接受墨西哥记者采访时，他平静地讲述自己在"鬼门关"

前走了一遭，表示一直未对战胜疾病失去信心。当年患病之初，有人送给他一只加拉帕格斯乌龟作为八十大寿礼物，他在病床上幽默地说道：“送我这个干什么？你要知道，养宠物很麻烦，好不容易跟它培养出感情，它却总是死在你前头。”患病以来，他仍坚持撰写文章针砭时弊，豪言“将继续为革命奉献一切，乃至生命”。2010 年 7 月，4 年未公开露面的卡斯特罗在哈瓦那大学发表长达 35 分钟的公开演讲，思维敏捷，风采不减当年。台下听众多达万人，掌声雷动。当卡斯特罗被问及为何永不倦怠时，他说：“世界正处在最微妙、最危险时期，我与即将发生的事情息息相关，我还有很多事情没有做完。”[①]有评论称，卡斯特罗一生总是在对抗紧张、困难和危险，这一斗争需要“两个心脏”，或者说要有“一个备用心脏”，普通人根本无法负荷。[②]

（三）执著不乏务实的风格

卡斯特罗传承了古巴人特有的坚韧与执著。他一生提倡“英雄主义”，认为“人生来需要一场伟大事业”。在攻打蒙卡达兵营 14 周年纪念大会上，他誓言“只要有一寸土地被侵略者占领，就绝不要说停火。在革命的词典中，绝不能有‘失败’和‘投降’这样的词汇”。对于革命和共产主义理想，他从未放弃追求，哪怕只是“乌托邦”式的梦想。在长期艰困的处境中，他必须时刻警惕风险，不断思考问题并做出最佳选择，按他自己的话说就是要随时“寻找可替代的选择，并优中择优”。[③]

卡斯特罗的思想并不教条、僵化，曾反复强调“没有比教条主

① 徐世澄：“菲德尔·卡斯特罗：活着的传奇”，www. renminnet. com。

② 毛相麟：“卡斯特罗的思想和他对古巴革命的功绩”，《古巴社会主义研究》选摘之二，《环球视野》，2006 年，总第 101 期。

③ ［古］伊格纳西奥·拉莫内：《菲德尔 100 小时访谈录》，哈瓦那：起义青年报社，2006 年版，第 8 页。

义更反马克思主义的，也没有比思想僵化更反马克思主义的”。[1][2] 为引领古巴在复杂多变的国际局势中生存发展，他也能审时度势地展现务实风格。1959 年革命胜利后，他并未立即与美国“摊牌”，还曾出访过美国。直到 1961 年 4 月，他才正式宣布在古巴实行“社会主义革命”，为新生革命政权赢得宝贵时间。此后，他利用美苏冷战格局，在“古巴导弹危机”的惊涛骇浪中，一举奠定革命政权长期生存的基础。苏东剧变后，他又及时调整内外政策，对内实施部分经济改革，对外争取一切支持力量，使古巴在失去苏联这座最大“靠山”后仍得以生存。

卡斯特罗也勇于做自我批评，曾不止一次地对上世纪 60 年代末的过激经济政策做出自我批评。1982 年，他在一次卫生会议上发表讲话时，被一位卫生部专业人员当场指出统计数字有误，他立即表示歉意，并承诺今后要特别注意。上世纪 90 年代，卡斯特罗所领导的经济改革，在某种意义上是革新其过去所倡导的观念和体制，如亲自下令重新开放关闭达八年之久的自由市场。这种敢于自我否定的魄力和勇气，在世界杰出的政治家中并不多见。[3] 外界高度评价他“善于巧妙结合理想主义和实用主义”，总能使自己立于不败之地。

（四）威严而不失个人魅力

卡斯特罗崇尚“在逆境中变得强大，在战斗中得到成长，在困难中获得发展”，这堪称古巴民族刚毅性格的经典写照。他敢与美国“叫板”，对“反动派”毫不手软，惩治贪腐雷厉风行，被外界誉为

---

① 卡斯特罗 1968 年 1 月 12 日在哈瓦那文化大会闭幕式上的讲话，《菲德尔·卡斯特罗：5 月 5 日营地》，载《1965～1968 年讲话文集》，哈瓦那：古巴图书协会，1968 年版，第 211 页。

② 《1959～1986 年意识形态、觉悟和政治工作》，哈瓦那：政治出版社，1986 年版，第 102 页。

③ 毛相麟：“卡斯特罗的思想和他对古巴革命的功绩”，《古巴社会主义研究》选摘之二，《环球视野》，2006 年，总第 101 期。

“吓不怕、压不垮、打不倒的大胡子”。他博览群书，常常冷静思考，称“一战壕思想比一战壕的石头更有用”。身为国家最高领导人，他曾引述古巴独立先驱何塞·马蒂的名言“世间一切荣耀实乃沧海一粟”来勉励自己，淡泊名利，为政清廉，生活极为俭朴，不搞特殊化。土改时期，他曾率先把家族1.3万公顷土地全部无条件交公。日常生活中，卡斯特罗亦是相当低调。他曾经有过一段短暂的婚姻，外传此后又有数段感情经历，但其生活伴侣从未在公众面前曝光。他的9个子女现在都是普通百姓，身份也一直未对外公开。卡斯特罗一贯反对突出他个人，不喜欢搞个人迷信。在其倡议下，古共中央明确规定，不给活着的人（包括他本人）建立塑像等。因此，在古巴见不到卡斯特罗的塑像，也没有学校、街道或城镇以他的名字命名。

留大胡子、穿绿军装、喝朗姆酒、吸古巴雪茄曾是卡斯特罗的四大嗜好，也是其独特标志。据他讲，留大胡子是为了在革命岁月中防蚊虫，而一身绿军装能让他感到浑身自在。他一度成为古巴雪茄代言人，经过几十年努力而使古巴COHIBA牌雪茄烟成为世界著名品牌。

高尚人格、迷人个性和深邃思想，赋予卡斯特罗超强的感染力。他口才极佳，语言生动活泼，说理深入浅出，演讲经常长达数个小时，让听众如醉如痴。他的朋友三教九流，遍布天下，既有世界政要、文体明星，也有市井小民。外界评论他“兼具英雄主义浪漫情怀与政治家特有的冷峻，处处散发出讨人喜欢的顽皮气质”。无论是朋友还是对手，都对他怀有深深敬意，就连反对者都称他为“迷人的政治强人”。

二、“革命”和“战斗”思想

半个多世纪以来，卡斯特罗领导古巴革命历经夺取政权、民主主义和社会主义建设三个阶段。在长期的革命和建设实践中，他逐步形成被称为“菲德尔主义”的思想理论体系，其影响穿越时空，不断在世界范围内传播。

1997 年 10 月，古共在“五大”中心文件《团结、民主和捍卫人权的党》中，首次称“古巴共产党是以马列主义、马蒂学说和菲德尔思想为指导的政党”，这也是古共官方首次提出卡斯特罗思想。然而，卡斯特罗本人反对个人崇拜，从未对自己的思想进行系统总结和归纳，其不断发展的理论主张散见于他的大量讲话、访谈录、政策文件和为数不多的公开出版著作中。近年来，有关卡斯特罗的书籍不断问世，使人们对其思想有了更多了解。其中较为著名的包括，2007 年法国记者伊格纳西奥·拉莫内撰写的《和菲德尔在一起的 100 小时》访谈录，2008 年出版的收录卡斯特罗轶事的《这就是菲德尔》，以及卡斯特罗本人所著的《哥伦比亚和平》等。2009 年，古巴官方出版《菲德尔·卡斯特罗思想词典》，该书收录了卡斯特罗 1978 条语录，概括了他对政治、经济、社会、文化等领域 400 多个问题的看法，堪称汇集了卡斯特罗思想的精华。古共机关报《格拉玛报》称该书为当今意识形态争辩和古巴社会主义建设的“有用工具”、卡斯特罗“思想的样本”。

（一）一以贯之的革命思想

有评论认为，古巴民族与拉美其他国家民族相比，处于少有的恶劣生存环境之中，难以奢望享有温文尔雅的安逸生活，也不具备发展的多样选择，更多情况下只有非此即彼的命运：或屈从，或抗争，这决定了古巴走革命而非改革或改良的道路。[①] 上世纪 50 年代，卡斯特罗分析了古巴所处的内外环境，明确提出革命是“一场未来与过去间你死我活的斗争，只有彻底革命才能动摇旧社会的基础和支柱”。但革命不能“一蹴而就”，要根据不同进程采取不同措施。他意识到，革命如果得不到多数人支持，就很容易被摧毁；必须发动群

① 宋晓平：“古巴革命的历史意义和成就”，《拉丁美洲研究》，2009 年第 1 期，第 29 页。

众广泛参与，从古巴人的力量和智慧中获得革命的动力。正是卡斯特罗这一坚定的革命思想，引领古巴走上一条有别于其他拉美国家的发展道路。

50多年来，面对种种逆境，卡斯特罗一直坚持其革命理想。1989年，在庆祝古巴革命30周年大会上，他发出“誓死捍卫社会主义、誓死捍卫马列主义”的号召，并多次发表讲话，批判苏东的改革。1990年2月，古共中央第一次提出“和平年代的特殊时期”概念，号召全民同心协力渡过难关，坚持社会主义道路不变。针对古巴不少年轻人革命信仰淡化的现象，他反复告诫“革命是一个原则，是一个理想，是一个纲领，为了它们在任何情况下都必须进行斗争”。[①]

（二）与时俱进的古巴特色社会主义理论

卡斯特罗继承了革命先驱何塞·马蒂反对外来压迫、争取民族独立和社会正义的基本思想，并从马克思主义高度加以阐述。在漫长的革命历程中，他时刻都在思考，并不断付诸实践，不仅逐步形成一套完整的、符合古巴实际的社会主义理论体系，自己也成为具有敏锐思想和非凡实践能力的革命家。其中，马蒂思想赋予卡斯特罗灵感和激情，他称赞马蒂是“拉美思想界的玻利瓦尔”；而马克思主义则赋予他世界观和方法论。在接受采访时，他曾经表示：“马克思主义向我揭示了社会的真实面貌，我当时就像是森林中辨不清方向的一头鹿、一个行路人……打那以后，我如饥似渴地阅读马克思主义著作。这些著作越来越吸引我，我开始掌握了马克思主义的思想。”[②] 在马克思主义指引下，卡斯特罗结合古巴实际，提出革命的目的是使国家真正

① ［古］菲德尔·卡斯特罗：《忠于事实》，1991年12月27日在第3届全国人民政权代表大会第10次会议闭幕式上的讲话，哈瓦那：政治出版社，1992年版，第8页。

② ［古］伊格纳西奥·拉莫内：《卡斯特罗访谈传记：我的一生》，中国社会科学出版社，2008年版，第104页。

获得独立，要维护独立地位就必须走社会主义道路。他主张政治、经济和社会平等，即政治上强调群众参与、经济上实行公平分配、社会上反对种族和性别歧视。

与此同时，卡斯特罗强调古巴是个小国，时刻面临近邻美国的巨大威胁，因此必须走符合自身国情的社会主义道路。50 多年来，他致力于推动马克思主义的“古巴化”和“本土化”，不断更新和完善自己的社会主义理论。他在 2007 年写给委内瑞拉总统查韦斯的信中指出：“21 世纪的社会主义必须适应 21 世纪的条件。”在卡斯特罗支持下，继任的劳尔自 2006 年上台后，开启古巴经济改革进程，在平等基础上更加强调效率，如逐步取消供应制度、裁减企业冗员、适当放开私营经济等，进一步完善了卡斯特罗的社会主义思想体系。

（三）践行公正平等的民主观

卡斯特罗对民主有其独到见解，认为民主是对自由和信仰的尊重，但它不是无条件的。忘记人的需要就不存在民主，忘记人的需要的任何学说都不能称为民主，因此，不存在没有社会正义的民主。[①]而在社会分裂为富人和穷人的情况下，也不会有真正的民主。为了实现真正的民主，必须消灭人剥削人的现象。[②]他长期致力于批判西方民主的虚伪性，指出西方多党制名为多数人的统治，实则被某个精英阶层统治。因为利益集团选举候选人是以得到好处作为交换条件的，而只有社会主义民主才能维护穷人的利益。他在古共“五大”上指出：“美国的体制本质上是非民主的，因为它是剥削、压制和排斥大多数人的民主。为了愚弄人民，他们提到代议制民主，其实是仅代表

① 卡斯特罗 1959 年 5 月 8 日从国外归来后的讲话，《1959～1986 年意识形态、觉悟和政治工作》，哈瓦那：政治出版社，1986 年版，第 360 页。

② “1992 年 4 月 18 日卡斯特罗与托马斯·博尔赫的谈话”，《一颗玉米粒》，哈瓦那：国务委员会出版局，1992 年版，第 112、117 页。

统治阶级的利益。”①

卡斯特罗在各种场合反复强调古巴坚持一党制，反对多党制和政治多元化。他坚持认为，马蒂思想是正确的，即古巴只需要一个政党去赢得独立并保持独立发展；单一政党不一定成为独裁的工具，相反能实现古巴大多数人的成功联合。在国内，他推行公平、公正、民主的治国方略，力争公平分配社会财富，人人共享资源。即使在最困难时期，政府也未减少对社会福利和公共事业的投入。迄今，古巴一直推行全民免费教育、医疗制度，婴儿死亡率、国民人均寿命、成人识字率等指标均不输于发达国家水平。这些古巴人引以为傲的成绩正是卡斯特罗“民主观”的实践结果。

（四）反战而不惧战的战争观

卡斯特罗清醒地指出，战争会对民族独立、经济主权和发展前景构成巨大危害，因此绝不能轻易挑起战争。② 在坚定反战的同时，他也强调一旦战争爆发，就必须敢于面对，“战争不胜毋宁死”。③ 他强调人在战争中的作用，指出“聪明地使用武器和人是一切战争的基本要素”，革命战争只有与人民结合才是可能的和有理的。他崇尚游击战，认为游击战是进行初期斗争的主要形式，但也并不排斥其他武装斗争形式。近年来，卡斯特罗尤为关注中东和朝鲜半岛等热点地区的形势发展，忧心人类面临核战威胁，认为美国出兵伊朗可能导致一场“核战”。而一旦发生核战，“现有秩序将顷刻坍塌，世界会陷入万劫不复的境地”，因此，他强烈反对发展核武，积极筹组“世界反

---

① 参见毛相麟：“古巴共产党的前身及其独特的建党历程”，《拉丁美洲研究》，2000 年第 6 期。

② “1983 年 3 月 7 日卡斯特罗在印度新德里第七届不结盟国家首脑会议上的讲话”，《第七届不结盟国家首脑会议讲话文集》，哈瓦那：政治出版社，1983 年版，第 18 页。

③ “卡斯特罗于 1991 年 3 月 13 日在纪念攻打总统府 34 周年大会上的讲话”，古巴《格拉玛报》，1991 年 3 月 16 日，第 5 版。

核联盟”，呼吁人们以实际行动维护世界和平。

（五）构建“拉美命运共同体”的地区观

卡斯特罗丰富和发展了“我们的美洲”思想，认为“美洲是个整体，是为自由、尊严和正义而战的战场。拉丁美洲国家因同一种命运连结在一起，拉美一体化和团结只能以独立方式、根据自身利益加以思考和设计。除了经济一体化，拉丁美洲没有其他有尊严、体面和独立的替代性选择”。①

20 世纪，卡斯特罗主张拉美各国互相支援彼此的革命斗争。在求学时期，他就以实际行动参与拉美国家的反独裁运动。1947 年，他加入旨在推翻多米尼加独裁者特鲁西略的远征行动，但遭古巴海军拦截未能成功，最后不得不冒着被鲨鱼吞噬的危险游回国。1948 年，他出席在哥伦比亚首都波哥大举行的反帝反殖学生大会，并参加反对寡头政治的武装行动。古巴革命胜利后，他积极支持阿根廷人收回马尔维纳斯群岛、波多黎各争取独立和巴拿马收回运河的斗争。近年来，他致力于推动与委内瑞拉、厄瓜多尔、玻利维亚、尼加拉瓜等国组成“玻利瓦尔美洲联盟”，寻求通过拉美一体化来实现民族英雄马蒂所憧憬的地区“解放和发展”。随着拉美左翼运动复兴，其“拉美命运共同体”的主张已引起越来越多的共鸣。

（六）逐步修正的无产阶级国际观

冷战时期，卡斯特罗把援助贫穷国家和民族视为实现“全人类解放”的手段，把承受民族牺牲、奉行国际主义义务看作是高尚的道义行为，认为独立民族应支援未独立民族的斗争，强调爱国主义和

① “1992 年卡斯特罗与博尔赫的谈话”，《一颗玉米粒》，哈瓦那：国务委员会出版局，1992 年版，第 169 页。

国际主义的统一性，革命者应该"先人类，后祖国"。[①] 在这一理念指导下，古巴在上世纪向拉美和非洲输出"革命"，并为此付出巨大代价。冷战结束以来，卡斯特罗逐渐认识到"革命是一系列经济、社会、历史和文化因素的产物，强行对外输出革命不可能成功"。[②] 但古巴可以发挥自己的优势，给予落后国家力所能及的医疗、教育援助。新世纪以来，古巴向拉美、非洲部分国家派出大批医疗、扫盲援助队，积极对遭受大地震的海地进行人道救援，为古巴国家形象加分不少。

（七）反"全球化"与"新自由主义"的先锋

批判帝国主义、霸权主义、资本主义是卡斯特罗思想的核心。他认为，国际形势的缓和是各国人民长期斗争的结果，并不意味着帝国主义失去侵略本性。帝国主义没有前途并终将消失，而资本主义向社会主义过渡仍是时代主题。[③] 新世纪以来，他一改口号式的传统批判方式，抓住资本主义在现阶段所暴露出来的种种弊端，集中火力批判西方主导的全球化及在第三世界推行的新自由主义。针对全球化，卡斯特罗首先肯定它是一种客观历史进程，认为"全球化早在500年前葡萄牙和西班牙航海家地理大发现时代就开始了"，承认"全球化并非个人发明创造或异想天开，而是科学、技术和生产力发展的产物，是一个历史规律"，因此他个人并不反对全球化。但是，他坚决反对帝国主义主导下的全球化，认为这种全球化是造成水土流失、自然资源枯竭、气候异常的元凶，其实质是"发达国家控制市场的竞争舞

① 宋晓平："从马蒂到卡斯特罗，古巴革命的实践与思想轨迹"，《拉丁美洲研究》，2008年第3期，第6页。

② 卡斯特罗1985年1月30日同美国《华盛顿邮报》记者卡伦·德杨、吉米·霍格兰和伦纳德·唐尼的谈话。参见《革命文献》杂志1985年第1期，哈瓦那：政治出版社，1987年版，第40页。

③ 毛相麟："卡斯特罗的思想和他对古巴革命的功绩"，《古巴社会主义研究》选摘之二，《环球视野》，2006年，总第101期。

台、富国统治的工具、对第三世界的殖民化”。[1] 在他的理想中，全球化是“马克思所设想的全球化世界，即一个对财富公平分配的世界”，指出“这样的世界远未到来”。而对新自由主义，他则强烈抨击，指明该学说并非一种“发展理论”，而是对发展中国家人民的“掠夺工具”，是帝国主义在世界霸权阶段的意识形态。他认为，市场是一头疯狂、野蛮的野兽，谁也无法驯服它，新自由主义倡导全面自由化、市场化会带来巨大灾难。[2] 他明确提出，反帝国主义、反资本主义就是要反新自由主义、反西方主导的全球化，告诫古巴要警惕新自由主义“毒药”，决不能掉进这一“巧妙设置的陷阱”。

卡斯特罗是发展中国家较早和最坚定反对新自由主义和全球化的领导人之一。20 世纪 90 年代初，在诺贝尔经济学奖得主施蒂格利茨《全球化的烦恼》和美国金融家索罗斯《全球资本主义的危机：处境危险的公开社会》发表之前，卡斯特罗就大胆预测“我们将耐心等待全球化的崩溃”。基于对新自由主义在全球的泛滥和拉美现实的观察，他敏锐地指出新自由主义全球化的弊端和危害，进而提出社会主义全球化这一替代方案。为此，卡斯特罗积极参加不结盟运动、77 国集团等国际会议，在各种场合谴责现代资本主义和帝国主义的罪恶，号召发展中国家团结起来抵制不合理的国际政治经济秩序。在他的推动下，古巴多次举办“全球化和发展问题”国际研讨会。

近年来，卡斯特罗对全球化导致的环境问题忧心忡忡，连续发文谴责美国推行从农作物中提炼乙醇作为汽车燃料的计划，认为“用庄稼生产乙醇燃料会剥夺发展中国家所需的粮食供应，使发展中国家粮食储备枯竭，全球超过 300 万人将因饥饿而死亡，这是一种世界性大屠杀”。尽管卡斯特罗的思想有偏激成分，但随着 2008 年世界金融

---

① “2003 年 2 月 14 日卡斯特罗在第四届全球化与发展问题经济学家国际大会闭幕会议上的讲话”，古巴《起义青年报》特刊。

② ［古］菲德尔·卡斯特罗：“当前的资本主义：特点和矛盾，新自由主义和全球化”，《1991—1998 年主题文集》，哈瓦那：政治出版社，1999 年版，第 162 页。

危机爆发，资本主义弊端集中暴露，他的观点引发了世人对未来更深层次的思考。

（八）卡斯特罗思想影响犹存

在冷战特定历史条件下，卡斯特罗革命斗争思想得以迅速传播，对拉美、非洲等地区的民族独立和革命运动产生深远影响。随着冷战结束，国际共运进入低潮，武装斗争土壤不复存在，卡斯特罗以革命为主体的思想不再风行，其思想光芒也因年华老去而逐渐褪色。然而，作为拉美左翼"精神领袖"，他的思想仍在发挥潜移默化的重要影响，他的一言一行仍为世界所关注。委内瑞拉总统查韦斯、厄瓜多尔总统科雷亚、玻利维亚总统莫拉莱斯、尼加拉瓜总统奥尔特加等激进左翼领导人，继续追随卡斯特罗的社会公正、平等思想，在各自国家掀起了具有本国特色的"社会主义运动"。如今，退休后的卡斯特罗仍以一名"思想战士"的身份，不断撰写"卡斯特罗同志的思考"，用经验和思想影响古巴改革进程。他在致古巴人民的信中写道："我不再期望或接受国务委员会主席和革命武装部队总司令的职务"，"亲爱的同胞们，我并不是对你们说再见，我唯一的意愿是作为一名战士在思想领域战斗"。比如，他对当前某些国际问题的观点和评论非常有力量和针对性，被认为是国际社会不可忽视的声音。古巴国务主席劳尔在2011年古共"六大"报告中，称卡斯特罗为"革命永远的总司令和思想战士"；阿根廷历史学家何塞·加夫列尔认为"卡斯特罗倡导的古巴革命为拉美改革树立了一个榜样，即变革是可能的"；哥伦比亚著名作家、诺贝尔文学奖得主加西亚·马尔克斯评价卡斯特罗的部分思想"对研究和解决拉美国家当前遭遇的挑战仍有借鉴作用"；[①] 而拉美学界也给予卡斯特罗很高的历史定位。

① "卡斯特罗思想词典热销拉美"，《人民日报》，2009年8月11日。

三、中古友好关系“推手”

卡斯特罗对华友好，钦佩中国改革开放成就，期待崛起的中国给予古巴全方位支持。

卡斯特罗十分推崇华人在古巴独立战争中表现出的“英勇献身精神”，对中国革命胜利评价甚高，认为“没有1949年中国的解放，就没有古巴革命的成功”。1960年9月2日，他在哈瓦那百万群众集会上举起中国代表的手，以独特方式宣布与新中国建交，使古巴成为第一个与中国建交的拉美国家。他研究中国革命史、中国对外政策、邓小平改革开放战略，对中国有较深入了解。他与中国历代领导人都有很深渊源，曾自言认真研读过毛泽东的《论持久战》，并曾赠送过他一把刻有“毛泽东”西语名字的手枪。他对未能与神交已久的毛泽东谋面而“十分遗憾”，也感慨未能见到中国改革开放的“总设计师”邓小平。他与江泽民、胡锦涛等新一代领导人也保持着密切交往。2004年接待胡锦涛主席访问古巴，当现场奏响中国国歌时，大腿骨折的卡斯特罗忍痛拄着拐杖从轮椅中艰难站起，高呼“中国万岁”，深厚的对华情谊溢于言表。2008年5月，中国汶川发生特大地震后，他第一时间亲自派遣“亨利·利弗”医疗队赶赴灾区救援。半个多世纪以来，中古两国在包括卡斯特罗在内的几代领导人精心培育下，友好关系不断巩固和深化，两国已经成为相互信任的“好朋友、好同志、好伙伴”。

卡斯特罗多次表示钦佩中国改革开放成就，称赞中国是“第三世界国家的希望和榜样”。他在中文版自传《卡斯特罗访谈传记：我的一生》中，亲自撰写名为“致中国人民”的序言，表示“在21世纪的世界形势下，应该依靠中国。没有中国根本性的积极参与，人类将无法应对很多挑战”。2011年10月19日，他在《古巴辩论》网站撰文称，“中国、俄罗斯和其他第三世界国家或有能力挽救世界免遭迫在眉睫的灾难”。他主张“中国担当起第三世界领袖的责任，为建立更为公正、合理的国际新秩序做出更大贡献”。当然，他也强调“古巴不能照搬他国经验，必须走适合本国国情的社会主义道路”。

苏东剧变后，古巴因失去苏联的支持而陷入困境，卡斯特罗将对华关系视为最重要的双边关系之一，希望中国秉持“国际共产主义”精神，对“社会主义兄弟”古巴给予更多经济援助和政治支持。为此，他不遗余力地推动对华关系，曾于1995年和2003年两次访华，使中古关系在经历上世纪60至70年代的波折后，重新步入健康稳定的快速发展轨道。

拉美“依附—发展论”创始人 费尔南多·卡多佐

费尔南多·恩里克·卡多佐（Fernando Henrique Cardoso）是巴西和拉美最具声望的社会学家、经济学家、理论家和政治家之一，涉猎广泛、学识渊博、视野开阔、儒雅谦逊、处世严谨、著作等身、知行合一。作为学者，他深入分析和大胆开拓曾风靡拉美和全球的“依附论”，创新性地提出了“依附—发展论”，为拉美上世纪90年代全面吸收新自由主义发展模式奠定理论基础；作为政治家，他8年总统任内（1995—1999年，1999—2003年）以治国理政著称于世，凭“学者总统”享誉全球。因理论贡献突出，2005年他被英国《前景》杂志评选为“当代存世的一百位最伟大学者”之一，[①] 2009年在美国《外交》杂志评选的“全球最重要思想家”榜中位列第十一。[②]

① http：//noticias. uol. com. br/midiaglobal/prospect/2005/11/01/ult2678u34. jhtm/.

② http：//www. foreignpolicy. com/articles/2009/11/30/the_ fp_ top_ 100_ global_ thinkers.

一、壮丽起伏的精彩人生

现年81岁的卡多佐出身将军家庭，为人儒雅低调，早年是左翼知识分子和社会主义者，对拉美和巴西的发展前途充满忧思。中年之后，多年游历拉美各国和欧美经历，助他充分吸收西方先进经济和社会理论思潮；长年博览群书和善于思考的习惯，促他深邃分析和判断拉美现代化进程……迄今，这位“学者总统”以思想扬名，以治国立世，堪称“学而优则仕”典范。

（一）出身政治名门的“叛逆愤青”

卡多佐1931年6月18日生于巴西里约热内卢一个传奇般的名门世家。祖上为西班牙后裔，曾祖父在巴西帝国时期曾任戈亚斯省（GOIAS）省长；祖父为元帅，曾发动政变，成为推翻王室、建立共和制的“功臣”；父亲是陆军上将，曾参与上世纪30年代瓦加斯发动的军事政变，后以“反叛罪”遭政敌陷害而两度入狱；叔父和堂兄先后在瓦加斯政府中担任国防部长。[①]

生活在与巴西政治发展密不可分的将军世家，卡多佐从小就对政治活动耳濡目染，而优越的家庭条件又确保他自幼接受良好而严格的教育。他勤奋好学，成绩优良，擅长诗歌，喜爱运动，深受同学和老师器重。1949年，卡多佐年满18岁时，并未继承家传军人职业，而是怀着“消除巴西社会中的贫富不均和贫困状态”的远大理想，考入巴西最著名高等学府圣保罗大学文学院。受二战后席卷全球的社会主义浪潮影响，血气方刚、充满学术报国热情的卡多佐，立志启发民

① 其成长经历参见：《卡多佐：一个可能的巴西》（Fernando Henrique Cardoso：o Brasil do Possível），1997年版；《巴西意料之外的总统：回忆录》（The Accidental President of Brazil：a Memoir），公共出版社，2006年版。

智、改造社会，开始对马克思主义产生兴趣。他仔细研读《资本论》，热心政治活动，积极参加争取学生权利的斗争，成为学校引人注目的学生积极分子。

（二）渐趋温和的社会主义者

1952年卡多佐大学毕业，凭借优异成绩留校任教。此后，他组织学生们成立理论学习小组，周六定期聚会，探讨包括《资本论》在内的社会主义、社会团体及社会学问题。这一时期，他加入巴西共产党，很快就成为党内活跃分子。1960年为到访巴西的存在主义大师保罗·萨特（Jean-Paul Sartre）和女性主义理论先驱西蒙·波娃（Simone de Beauvoir）当过即席翻译①。1961年，他获社会学博士学位，其论文题目就是《巴西南方的奴隶制》，充分显示其对底层社会的关注。1964年巴西军人集团发动政变，推翻民选古拉特政府。卡多佐因共产党员身份已经公开，不但在党刊《碎片》（Fragmentos）上发表过多篇文章，还曾多次发表反对军事政变的演说，遭到军政府追捕，借出国任教之机出走国外。1970年返回巴西后，他在母校圣保罗大学任教，并与人合办巴西计划和研究中心，意欲专心从事巴西和拉美社会问题研究。但军方仍旧将其监禁，卡多佐被迫再次流亡。②

两次流亡期间，卡多佐先后在墨西哥、智利、阿根廷、美国、法国等国生活并任教。由于能力出众、学识渊博，他先后出任拉美经济委员会（总部在智利）所属社会和经济计划研究所的社会部副主任、美国社会学研究理事会理事，并在巴黎大学、剑桥大学、斯坦福大学等欧美著名学府教授拉美发展课程，成为蜚声国际的著名教授。

---

① 参见“巴西前总统卡多佐在接受克鲁格奖时发表的演讲”，http://www.loc.gov/loc/kluge/prize/cardoso-speech.html.

② http://www.agenciabrasil.gov.br/noticias/2009/02/27/materia.2009-02-27.8179909032/view.

在多年的海外磨砺中，卡多佐对拉美“依附论之父”劳尔·普雷维什[①]和拉美经济委员会[②]提出的传统“拉美依附论”进行深入剖析和思辨。通过与智利第一位信奉马克思主义的民选总统阿连德（Salvador Allende）的观点切磋，以及经历了上世纪60—70年代许多重要国际大事，如1968年巴黎学生风潮，卡多佐过激的政治观点开始变得温和，尽管仍然坚持社会主义立场，但更倾向于民主社会主义。[③]

（三）名震拉美的社会学教授

凭借扎实的理论功底、丰富的现实经验以及在国际学术圈的声望，卡多佐从20世纪60年代开始，先后发表数十部专著和数百篇论文，至今仍笔耕不辍。他的主要代表作包括《人类与社会》、《资本主义与巴西南方奴隶制》、《拉丁美洲的社会变革》、《拉丁美洲的依附性与发展》、《依附性社会的政治与发展》、《专制与民主》、《思潮及其地位》、《民主的构筑》、《工业化：拉丁美洲的职业结构及社会阶层》、《社会学的发展问题》、《新世界经济及信息时代》等。[④] 其中，他与恩佐·法勒托（Enzuo Faletto）合著的《拉丁美洲的依附性与发展》一书，被译成包括中文在内的7种语言在全球出版。该书集中反映了卡多佐对发展中国家在全球政治和经贸体系中处于不公正

① 劳尔·普雷维什（1901～1986）是阿根廷著名经济学家、20世纪拉美历史上“最有影响的经济学家”，被公认作“发展中国家的理论代表”。作为拉美发展主义理论创始人，他率先提出旨在探讨发展中国家与发达国家深层关系的“依附论”。

② 拉丁美洲和加勒比经济委员会（简称“拉美经委会”，Economic Commission for Latin America and Caribbean，ECLAC）成立于1948年，是联合国经社理事会下属五个区域性分支机构之一，主要职能是促进拉美和加勒比国家经济与社会发展，推动本地区各国之间经济合作。总部设在智利首都圣地亚哥。

③ 参见［巴］卡多佐：《巴西意料之外的总统：回忆录》，公共事务出版社，2006年版。

④ http：//pt. wikipedia. org/wiki/Fernando_ Henrique_ Cardoso.

地位的深刻思考，堪称其理论的代表性著作。通过对巴西和拉丁美洲社会问题的长期研究，他也逐渐成为巴西乃至全球著名的社会学家和依附论学者。

（四）“雷亚尔之父”

远大的政治抱负、深厚的学术涵养、崇高的社会声望，以及血管里流淌的家族政治血脉，使得卡多佐不仅成为象牙塔中的学者，同时更是能够务实处理国家大事的政治家。

20 世纪 70 年代末，巴西政治环境趋于宽松，卡多佐载誉回国，继续执教圣保罗大学。与此同时，他坚持“民主化”和“走议会道路”的政治信条，追随祖辈的足迹步入政坛。1978 年，他当选候补参议员，1980 年参与创建巴西最大的反对党民主运动党，1982 年起任参议员。1988 年，卡多佐自立家门，创建巴西社会民主党（PSDB）并长年担任党主席。即使退休后，他仍是该党的精神领袖。1992 年 10 月，他获任外交部长，凭借与国外政界、企业界和知识界的广泛联系，积极推行务实外交政策，为巴西重新活跃于国际舞台做出贡献。

1993 年，卡多佐迎来人生的一次重大考验——出任财政部长。在 20 世纪 80 年代债务危机冲击下，巴西经济在 90 年代初面临崩溃，1993 年通货膨胀高达 2500%，市场价格一日一变，民众苦不堪言。时任弗朗哥政府短短七个月内换掉三位财政部长。抱着最后的希望，弗朗哥致电卡多佐，亲自邀请他“拯救巴西经济”，并授予他全权制定经济和货币政策，“用你想用的人，撤你想撤的官。只要能控制通货膨胀，一切听你的。”[①]

尽管卡多佐不是经济专家，但他临危受命后迅速组建专家团队，经过详尽分析，明确提出本国经济危机和超级通胀的主因在于公共赤

---

① 参见［巴］卡多佐：《巴西意料之外的总统：回忆录》，公共事务出版社，2006 年版，第七章。

字失控。为此，卡多佐1994年初砍出“三板斧”稳定经济，日后被称为“雷亚尔计划”：第一，发行新货币雷亚尔（Real），并在一定区间紧盯美元，货币发行权只归属央行。第二，控制政府开支，砍掉近五分之一政府预算；减少赤字，遏制通膨的根源；加快私有化步伐和提高税收以增加收入。第三，强制市场在雷亚尔发行前半年，让所有商品实施旧币和雷亚尔双重报价，一方面稳定物价，另一方面提升新货币接受度。经过短时间整改，巴西年通胀率大幅下降。1994年3月通胀率为45%，7月新货币发行当月，通胀率猛降到1%，民众购买力大大提升。受益最大的穷人能够购买各种肉类和生活必需品，中产阶级更是疯狂买入冰箱、电视和房地产，巴西经济呈现一片欣欣向荣景象。卡多佐也因成功控制天文数字的通胀率、创立巴西史上最坚挺货币雷亚尔而荣膺“雷亚尔之父”称号，名震拉美。

（五）奠定经济奇迹的学者总统

在巨大赞誉和期盼中，声望如日中天的卡多佐顺势参加1994年总统竞选。当时的选举似乎注定是“卢拉之年”，因为这位工人领袖自1990年大选失败后，一直没有停止竞选。4年间，他不知疲惫地搭乘货车，从一个城镇奔赴另一个城镇，车顶上架着扩音器，不停地宣传自己的主张。从1994年上半年的多项民调看来，卢拉拥有40%的支持率，而其他候选人没有一个能够达到两位数支持率。

然而，“雷亚尔计划”的成功改变一切。至大选投票前的9月，巴西物价只上涨1%，卡多佐的支持率“就像气球升上了天”，最终毫无悬念地当选总统。1998年，他再次击败卢拉获得连任，成为巴西历史上第一位民选连任总统。

就任总统后，卡多佐致力于打造一个高效、廉洁的政府。他不搞任人唯亲，挑选内阁成员是以政治基础和技术才干为标准，而不以党派划线；强调“官员必须为大众服务。如果谋私利，人民不答应，国家也不允许”。他坚持同各政党对话，宣布“与我对话的大门一直敞开着”；认为在民主制国家中反对派是必要的，主张邀请反对派在内的社会各界组成新政府或监督政府；计划建立一个多党议员集团，以保证对政府的必要支持。而针对社会治安逐步恶化的趋势，他设立国家公共安全秘书处，协助地方治安机构；建立武装部队、联邦警察局协同地方警察打击犯罪集团机制，重点打击走私、贩毒、偷漏税及腐败等犯罪。巴西报纸就此评论，巴西很少有总统在任时获得如此广泛的支持。

与此同时，卡多佐着手推动多项重要的社会改革，包括让许多无地农民拥有土地的土地改革；实施积极政策来解决族群问题，提高黑人的社会和经济地位；推动教育改革，大幅降低失学人口；以强硬姿态向美欧药厂施压，让国内为数众多的艾滋病患者获得平价医疗服务。在第一任期内，卡多佐凭借风采傲人的学者气息领导国家，外资持续涌入，市场活跃，经济增长，税收增加，本币雷亚尔长时间保持强势，民众生活水平明显提升，巴西经历了难得的“黄金四年”（1995—1998 年），卡多佐也赢得国际同行和国内中产阶级与知识分子的折服。

第二任期内，卡多佐继续大力推行以经济市场化、企业私有化、贸易自由化为核心的经济改革。巴西的大型国有企业，如淡水河谷矿业公司、巴西石油公司、巴西电信公司都向私人和国际投资者出售股份，转制成为公开上市的股份公司。随后，巴西市场也开始向国际跨国公司敞开大门，不断下调对外关税，吸引国际资本纷纷投资巴西的汽车、矿业、通讯等行业。但是，这种依托新自由主义模式的经济改革开始引发“水土不服”病灶，严重削弱了政府对经济的掌控。伴随经济增长周期的结束，卡多佐“小政府、大市场”的管理模式无力推行“反周期”的经济政策。1999 年，巴西爆发金融危机，此后经济一直在低水平徘徊，卡多佐的“掌舵能力”开始遭到质疑。但是，在执政最后时期，他依然向顽固的“赤字财政”开战。2000 年，他敦促国会批准《财政责任法》，以法律形式限制中央、州和市政府发行债务的权利，将各级政府的公共支出限制在收入范围内。此举被认作继“雷亚尔计划”之后，对巴西经济最具历史意义的改革措施。

回顾卡多佐的政治历程，他堪称巴西史上极为特殊的政治家，出身政治世家、拥有社会学博士学位，也曾被政治评论家戏称"此生如果不当总统，就会当布道者"。执政8年，他领导巴西战胜一波波严峻挑战，民主体制日趋牢固，宏观经济体系不断稳固，社会民生获得巨大发展，这些成就为巴西今日迈向"金砖"之路打下坚实基础。由此，他任内也获得国际合作领域的西班牙"阿斯图里亚斯王子奖"（2000年）、联合国开发计划署的"马赫布卜·哈克人类发展的杰出贡献奖"（2002年）等诸多国际荣誉。[①]

（六）永不退休的"无冕领袖"

在2002年总统大选中，卡多佐力推的本党候选人败给四次参选的左派领袖卢拉，凸显其主张的"中间偏右"执政纲领的支持率已大不如昔。面对左翼力量东山再起和清算新自由主义的浪潮，卡多佐黯然出国，先后在美国布朗大学、南加利福尼亚大学讲学，同时成立卡多佐研究所，不断针砭时政。同时，他凭借巨大的国内外声望，当选由数百名各国退休政要组成的"马德里俱乐部"主席（2003—2006年）。由于卡多佐是巴西最大反对党巴西社会民主党的精神领袖，而且对知识分子阶层和新闻媒体影响力巨大，劳工党政府认为他是"最不可忽视的政治力量"。前总统卢拉和现任总统迪尔玛都对卡多佐毕恭毕敬，2011年卢拉甚至亲自出席卡多佐的"八十寿宴"为其祝寿。[②]

与此同时，不甘寂寞的卡多佐积极奔走国际舞台，不断就国际热点问题指点江山。他不但是罗马俱乐部荣誉会员、"长老集团"（ELDER GROUP）成员、美洲对话组织高级研究员，还获得美国、委内瑞拉、智利、葡萄牙、西班牙、德国、法国、意大利、英国、斯

① http：//pt. wikipedia. org/wiki/Fernando_ Henrique_ Cardoso.

② 参见巴西各界人士为卡多佐80寿辰专门设立的网站：http：//www. fhc80anos. com. br/fhc. html。

洛伐克、俄罗斯、以色列和日本等国多所大学的荣誉博士称号和富布赖特奖（2003）,[①] 2009 年和 2010 年连续被巴西《时代》杂志评为“巴西最具影响力的 100 名政治人物”之一。[②]

（七）美满伉俪比翼双飞

卡多佐夫人露丝·科雷亚·卡多佐 1930 年出生于圣保罗，1949 年与卡多佐同时考入圣保罗大学社会学系。两人各自忙于学业，认识两年后才正式建立情侣关系，并于 1953 年结婚。婚后露丝并未放弃学习，于 1959 年和 1972 年相继获得硕士和博士学位。在卡多佐流亡期间，她一直陪伴在丈夫身边，不仅充当贤内助，而且还闯出自己的“一片天”。她先后在拉美经委会和智利大学从事研究和教学工作，此后又在美国伯克利加利福尼亚大学和哥伦比亚大学教授拉美社会学。她不仅是著名的人类学家，还是研究性别和民族问题的重要学者，也是巴西的日本移民研究先驱。担任“第一夫人”期间，她把消除贫困、促进种族和谐作为自己的首要任务，设立多个扶贫项目，为巴西日后推行的“零饥饿计划”画出雏形。凭借在扶贫方面的杰出贡献，她 1998 年获得联合国粮农组织颁发的塞雷斯奖章。

卡多佐夫妇多年来一直同甘共苦、相濡以沫，露丝的学识和思想总是能帮助丈夫创造灵感。2008 年露丝因癌症不幸去世后，卡多佐倍受打击，多日足不出户，被媒体形容为“一夜苍老”。[③] 他们有一子两女，均已事业有成。

---

① http：//pt. wikipedia. org/wiki/Fernando_ Henrique_ Cardoso.

② 参见巴西《时代》杂志网站：http：//revistaepoca. globo. com/Revista/Epoca/1，，EMI108920－17445，00. html。

③ http：//revistadehistoria. com. br/secao/arquivo-morto/ruth-correa-leite-cardoso-1930－2008.

二、主要思想主张

卡多佐一直重点研究巴西和拉丁美洲社会问题，尝试利用各种理论解释拉美国家发展落后的原因，并尝试寻找出路。他的思想体系经历了一个激进—改良—妥协的发展过程：青年时期信奉马克思主义，力图借助共产主义实现理想；中年时态度转趋保守，倾向改良的民主社会主义；流亡欧美期间大量吸收西方理论后，大胆剖析和创新拉美传统依附理论，最终构建自己的“依附—发展理论”。

（一）激进的社会主义思想

20 世纪 50 年代，卡多佐被二战后世界社会主义运动高潮所感染，希望从马克思主义中找到拉美国家的新出路。他努力钻研《资本论》和列宁的《俄国资本主义的发展》等经典著作，深入解读马克思关于殖民主义、资本主义和帝国主义垄断阶段与殖民地的关系等内容，相信社会主义是拉美“自我解放”之路。结合分析拉美国家现状，他得出自己思考结论：不发达国家对发达国家的经济附属导致了其成为政治附庸，只有通过激烈手段迫使发展中国家与发达国家“脱钩”，才能彻底摆脱这种依附。

（二）温和的改良主义思想

仍然是在上世纪 50 年代，拉美部分国家尝试以“进口替代模式”打破对欧美国家的依附关系，但到了 60 年代则出现不同程度的失败。卡多佐经过冷静的思考，认识到“中心国家”与“附属国家”之间存在着复杂而千丝万缕的联系，生硬“切割”不仅导致发展中国家自身经济受损，而且会引发发达国家的“反扑”。比如，美国就曾在 60—70 年代通过支持拉美军政府来控制这一地区。因此，卡多佐主张一方面与发达国家“和平相处”，另一方面渐进而缓慢地“脱钩”。

（三）妥协性的“发展—依附论”

在流亡智利和欧美期间，卡多佐充分吸收了普雷维什等传统依附论学者的观点，在其关于中心国家与附属国家具有本质矛盾论述的基础上，敏锐地捕捉到国际资本流动的大趋势，并形成如下认识：国际资本并不是发展中国家“天敌”，外国资本、国家资本、国内私人资本可以形成“联盟”，这一趋势导致的发达国家与不发达国家之间的资源配置，有利于不发达国家的发展；不发达国家可以有条件接受依附关系。由此，他构建了自己独创的“发展—依附论”，并提出诸多理论观点。该理论颠覆了传统意义上的发达国家与发展中国家剥削与被剥削、压迫与被压迫的关系，大大影响了拉美经济学界和社会学界。但对于自己的思想立场，正如卡多佐本人所言，多数人因为他过去左倾的世界观而认为其“意识形态左倾”，其实，“我的结论一点也不左派”。

第一，发达国家不是发展中国家衰落的元凶。传统依附论认为，第三世界国家社会经济的持续衰弱，正是由于对发达国家的经济和政治渗透完全开放而导致的。[①] 但卡多佐通过对阿根廷、秘鲁、智利和巴西等拉美国家的不发达情况进行深入分析，得出发展中国家经济同时具有两种属性的结论，即对发达国家的依附性和自身的发展性。依附和发展这两种属性不是对立关系，而是可以相互结合的。随着发展中国家民族经济不断发展，它们对发达国家的依赖性会越来越低，直至过渡到独立发展阶段。[②]

---

① 参见［巴］特奥多尼奥·多斯桑托斯：“‘依附论’的历史与理论总结”，《全球化与世界体系》，社会科学文献出版社2003年版，第52—53页。

② 参见［巴］卡多佐、恩佐·法勒托：《拉美的依附性及发展》，世界知识出版社2000年版，第53—54页。

第二，全球化的“依附—发展关系”将成为趋势。卡多佐指出，随着跨国公司蓬勃兴起和工业资本对巴西经济持续渗透，以及劳动力国际分工产生，一个新局面将会出现。外国企业利益在某种程度上与巴西等发展中国家的内在繁荣是相互依赖的。从这种意义上说，依附关系促进了发展中国家的发展，因为外国企业的利益至少与依附国家的一些重要部门的发展目标相一致。由此，发展意味着技术、资金、组织和市场的结合，而这种结合只有跨国公司才能实现。①

第三，内部因素对国家发展更为重要。传统依附论认为，拉美贫困都是外部殖民者和资本家造成的。而卡多佐一针见血地指出，拉美国家缺乏适宜的现代化观念，同时在社会结构、人力与财富分配体系方面充满缺陷，不发达主要源于内部机制问题。而在社会政治领域，阶级对立、群体冲突和政治运动对于现代化具有更为明显的负面影响。因此，拉美国家必须建立民主政体，它是确保经济发展的“必需品”。

第四，东亚模式是“发展—依附论”的最佳案例。传统依附理论认定，第三世界欠发达或极不发达国家未能走向现代化的原因是发达世界的剥削。卡多佐则认为，这一说法可以解释拉美及非洲地区的经济迟滞不前，但无法解释亚洲四小龙的崛起。而传统“依附论”给予发展中国家的处方——切断与发达世界的互动，这是将自己与世界割裂的做法。他发现，即使在既存的资本主义体系内部，部分第三世界国家和地区，如东亚的台湾、韩国和新加坡以及拉美的巴西、阿根廷和智利等国，仍有机会通过正确的发展政策及利用外资而达到经济增长目的。“发展性依附”成功的最主要原因是通过“威权领导”，成功地压低“民间部门”的工资和福利要求，为跨国企业创造出有利的投资环境，促成发展中国家的繁荣。这样，发展中国家不再是世界体系的边缘，但也无法成为核心，而是处于半边缘的位置。

---

① 参见徐世澄主编：《拉丁美洲现代思潮》，当代世界出版社2010年版，第300—302页。

卡多佐的“依附发展论”不仅是对传统拉美发展主义和依附论的创新，更是一种理论颠覆。他指出第三世界长期衰弱主要源于自身机制，而且在一定程度上撇清了国际资本主义压榨发展中国家的“恶名”。这一理论通过拉美国家的政策实践和美国等西方国家大力传播，为上世纪 90 年代拉美新自由主义改革奠定理论基础。其中，卡多佐主张对跨国公司“打开大门”的观点，影响了很多拉美国家，巴西、阿根廷等国私有化浪潮正是该思想牵引的结果。与此同时，卡多佐“加强民主体制建设”的观点也大大影响了拉美知识界，有力地推动了 80 年代拉美军事独裁体制垮台和文人政府的回归。尽管本世纪以来，拉美左派政府开始调整新自由主义政策，但卡多佐强调加强巩固民主政体、强化宏观经济控制等观点，仍为大多数拉美国家所采用。据分析，近年来巴西经济稳定增长也与这一思路吻合。

三、“世界应该是多元的”

卡多佐作为国际知名学者，曾游历多国，精通英、法、西、意等多国外语，而且担任数年外交部长和两任总统，国际交往经验丰富，有自己独特的国际观。

（一）支持多极化世界

卡多佐指出，在后冷战时代，不发达国家完全有能力和条件发展壮大。苏联解体和美国战略重心转移，使拉美等发展中国家不再担心外来军事干涉。因此，在有利的外部环境下，拉美国家应全力推动国内经济和社会发展，保持外交独立，最终推动建立有利于第三世界的国际政治和经济新秩序。巴西在一些重大国际问题上应该有自己的判断，不能只限于说“是”或“同意”，应利用联合国改革的机会发挥应有作用。尤其是面对气候变化、恐怖主义、粮食安全等当今世界跨国性问题，一个国家无论如何强大都无法独立解决。而正确的办法是努力加强各国政府和民众之间的信任，并积极进行国际合作。[①]

（二）警惕成为"南美老大"的风险

卡多佐曾指出，巴西现阶段的任务是发展经济、巩固民主化和提高民生，在国际领域应保持低调和合作态度。他尤为警惕巴西可能成为或被视为"南美老大"所带来的风险："巴西应该非常小心，不要变成地区霸权大国，这并不适合我们。"他虽然不认为巴西有能力在南美建立某种形式的"帝国主义"，但也承认，随着巴西经济力量和影响力扩大，它可能以"自己的方式"占据美国因伊拉克、阿富汗战争和自身问题而放弃的全球空间。[②]

（三）重视发展对外关系

卡多佐注重发展巴西与美国的关系，认为美国是巴西最大的投资国和贸易国，与其"脱钩"或对抗都不利于自身的经济和贸易发展。而且，在主要贸易伙伴中，美国对巴西"兴趣最大"。因此，他曾指出："必须同美国保持良好关系，不与其对立。"[③]

卡多佐也颇为重视亚太发展前景，曾表示"拉美和亚太是世界上最活跃的两个地区"，尤其是以中国为首的亚太区域将在世界经济舞台扮演重要角色。在20世纪90年代初任外交部长后，他开始注重拓展亚太经济外交，多次出访亚洲国家。

与此同时，卡多佐主张加强巴中大国间合作，认为两国有很多共

① 参见卡多佐在2005年3月联合国主办的"民主、反恐和安全"国际峰会（西班牙马德里）上的讲话，http://cumbre.clubmadrid.org/conferencias/sesin-plenaria-extraordinaria.html。

② "西班牙报纸：拉美担心巴西走上'霸权'路"，http://news.xinhuanet.com/world/2011-11/26/c_122338094.htm。

③ 贺双荣："布什政府对巴西的政策"，《拉丁美洲研究》，2001年第4期。

同点，在许多重大国际问题上看法一致，加强相互间磋商是对世界和平的贡献。同时，他认为巴中经济互补性强，两国合作意义重大，希望加强同中国的经贸与科技合作，多次表示“巴西不能失去拥有13亿消费者的市场”。1995年12月，他首次访华并在中国社会科学院发表演讲，表示要在国际问题上与中国等发展中大国携手发挥重大作用。[①] 在卡多佐执政时期，中巴初步建立了“战略合作伙伴关系”。

卡多佐由衷赞赏中国发展的新成就，多次表示中国发展迅猛，值得巴西学习。2010年5月他第二次访华，曾以私人身份访问新疆、上海和北京。在回国后公开发表的专栏文章中，他积极评价中国的民族政策、基础设施建设、民众生活水平和精神面貌，更对中国领导人亲自指挥抗震救灾“印象深刻”。[②]

四、纵论国内外名人

卡多佐作为前巴西国家领导人和国际知名学者，经常在国际舞台与各国政要接触，也常入木三分地评点热点政治人物。

对于古巴革命领袖卡斯特罗，卡多佐观察到，表面上他是位“发表6小时重复、枯燥演讲的男人”，但私下却“可以如此有礼、好奇、幽默且言语温柔”，而且有时会对自己的地位感到无奈：“你们（拉美国家的总统）每个人的权力都比我大，我几乎不知道古巴现在怎么了。你们这些人都知道是怎么回事，而我们的政府是集体统治，任何事我都是最后一个知道，我真是可怜。”卡多佐曾表示，古巴不是一个经济强国，但它对拉美有一种象征性价值，因为它抵抗了

① 1995年12月卡多佐首次访华，并于13日在中国社会科学院发表演讲，题为《巴西和中国在2000年国际舞台上的作用》。

② ［巴］卡多佐：“民众的中国”（A China das Pessoas），http：//www. gazetadopovo. com. br/colunistas/conteudo. phtml？ id = 774023。

美国的强权。[①]

关于老朋友前美国总统克林顿，卡多佐描述道：“他能同时处理一千个议题，即便在他个人麻烦缠身时。”卡多佐特别欣赏克林顿可以让所有人都感到倍受重视和宾至如归的能力。对于奥巴马作为黑人当选总统，他认为意味着一种美国精神的变化，而且他的身份让其更加敏感，能助其以多样视角看世界。

对于老对手和老朋友卢拉，卡多佐形容他是位“不容轻视的政治人物……拥有天生的冲劲与政治本能”，永远“敦厚、率真、不装腔作势而又亲切……可以大胆说出旁人说不出的真话”。尽管两人后来分道扬镳并两次对决总统宝座，但始终保持深厚情谊。政权交接之后在送卡多佐离开总统府时，卢拉曾泪流满面地拍着卡多佐的背说：“放心交给我吧，放心交给我吧！”[②]

对于当今政坛人物，卡多佐也有独到见解。他认为巴西现总统迪尔玛谨慎有余、勇气欠缺，过于注重保持平衡，但她显示出的执政能力令人大吃一惊。对于欧盟“三巨头”萨科奇、卡梅伦和默克尔，他称萨科奇“反应很快”，但意志不坚定，很难成为伟大领导人；默克尔意志坚定，但是她个人作用有限；卡梅伦则缺乏坚定的政治决断力，关键时刻“总会掉链子”。因此，欧盟目前的困局“主要是缺少坚定的政治领导核心”。[③]

---

① 参见林志懋译：《巴西如斯壮丽：传奇总统卡多佐回忆录》，早安财经出版社，2010 年版，第六章。

② 参见林志懋译：《巴西如斯壮丽：传奇总统卡多佐回忆录》，早安财经出版社，2010 年版，第六章。

③ 见卡多佐 2011 年底接受巴西环球电视台采访节目，http：//g1. globo. com/globo-news/noticia/2011/12/manhattan-connection-tera-entrevista-com-fernando-henrique-cardoso. html。

五、结束语

卡多佐被认为在巴西历史中功绩永存，主要在于他的四大贡献：第一，作为打着“左翼”烙印的社会学家，他没有成为全球资本主义理论的挑战者，反倒是变成巴西和拉美融入世界经贸体系的重量级推手。他用智者和思想家的战略眼光，前瞻性地把握冷战结束、全球化来临的时代风向，摆脱传统理论束缚，勇敢地引导巴西走向开放与改革之路。第二，他坚持以民主化为施政保证，确保政治制度和社会环境的基本稳定，同时推动以民主治理解决国际纷争。第三，他致力于拉美团结和自主发展，让世界和美国相信，拉美自主发展与发达国家的利益以及全球发展方向一致。第四，在对内经济和社会改革上，虽然被左派政治盟友批评“放弃了当年的社会主义理想”，但他依然坚定地推动了“雷亚尔计划”和《财政责任法》两大改革方案，并提出诸多社会改革计划雏形，力图改善穷人处境及缓和阶级与族群矛盾。这些政策被继任的卢拉和迪尔玛政府吸收、扩大和完善，从而使巴西成为名闻全球的“经济—社会改革样板”。

近10年来，巴西经济和社会一直保持着稳定增长，国际社会评价积极，这正得益于卡多佐任内打下的坚实基础。正如美国前总统克林顿所言：“没有卡多佐，就没有今日的巴西经济奇迹。”而卡多佐曾在回忆录中表白心声：“我在历史上的真正定位可能要在50年后才得以知晓。如果那一刻到来之际，人们回顾往昔，能视我为当代历任巴西总统中，协助国家实现繁荣昌盛梦想的第一人，那将是我所能想到最正面的贡献了。”①

---

① 参见林志懋译：《巴西，如斯壮丽：传奇总统卡多佐回忆录》，早安财经出版社，2010年版，第八章。

“依附论”创始人之一
特奥托尼奥·多斯桑托斯

特奥托尼奥·多斯桑托斯（Theotonio Dos-Santos）是巴西著名左派经济学家、“依附论”创始人之一。通过百余部专著，他全面论述了不发达国家与发达国家之间的“依附”关系，提出改变这一状况的政策主张，并从拉美视角深刻批判了新自由主义。其思想为拉美左翼复兴、各国探索经济发展道路、制定发展战略和经济政策以及发展中国家争取合法权益提供了系统的理论依据。

一、经历丰富的左派学者

1936年11月11日（官方登记为1937年1月11日），多斯桑托斯出生在巴西米纳斯吉拉斯州的卡拉贡拉市。他1961年毕业于米纳斯吉拉斯联邦大学社会学、政治学与公共管理专业，获得社会学和政治学学士学位。此后，他先后获得巴西利亚大学政治学硕士和米纳斯吉拉斯联邦大学、里约热内卢联邦大学经济学博士学位。此外，他还被授予秘鲁里卡多·帕尔马大学、阿根廷布宜诺斯艾利斯大学的名誉博士学位。[①]

20 世纪 60 年代初，多斯桑托斯积极参加学生运动，系统学习了马克思主义理论，曾创办《资本论》讲座，并加入 1961 年成立的波洛尔（POLOR）组织，对斯大林主义进行系统的批判。1964 年巴西军人政变后，他因从事反抗军政府的活动而被军事法庭判刑。1966 年，多斯桑托斯与其他一些巴西知识分子一起流亡智利，并在智利大学经济系担任教授。至 70 年代初，他与其他“依附论”学者共同参与制订智利阿连德政府和“人民团结阵线”[②] 的激进政策。1972—1973 年，在任智利大学经济系社会—经济研究中心主任时，他展示非凡的领导能力和号召力，再次举办《资本论》讲座以及探讨当代资本主义和社会主义议题的研讨会，吸引了来自世界各国的《资本论》最杰出研究者，使所在研究中心成为“依附论”发源地和“依附论”学者的荟萃之地。[③]

1974 年，因遭到政变上台的智利军政府迫害，他被迫流亡墨西哥，在墨西哥国立自治大学经济研究所任研究员，后任该大学政治系、经济系和哲学系教授，以及经济系研究生部主任。1980 年巴西大赦后，他得以回国并成为巴西民主劳工党创始人之一。此后，他在巴西多所大学任教，并兼任联合国教科文组织顾问、拉美经济体系顾问、拉美社会学协会主席等职。期间，多斯桑托斯数度欲迈入政坛都未能成功，如 1982 年竞选米纳斯吉拉斯州州长、1986 年竞选联邦众议员均告失利。

上世纪 90 年代以来，凭借享誉国内外的学术知名度，多斯桑托斯出任巴西里约热内卢州政府国际事务秘书、里约联邦大学世界经济

① http://pt.wikipedia.org/wili/Theotonio-dos-Santos.

② 为参加 1970 年 9 月 4 日智利大选，智利社会党、共产党、激进党、统一人民行动、社会民主党和独立人民行动等组成“人民团结阵线”，亦称“人民联盟”。

③ 徐世澄：《拉丁美洲现代思潮》，当代世界出版社 2010 年版，第 308 页。

及地区一体化和劳工市场研究小组协调员等职，也曾是智利、墨西哥、美国、法国、日本、秘鲁等国多所大学争相聘请的客座教授。他现为巴西里约热内卢联邦大学教授，主讲经济学、政治学和国际关系，也是《商务参考报》编辑部成员，兼任联合国大学教授和联合国"全球经济与可持续发展"课题组协调人。目前，他正以联合国教科文组织—联合国大学所属全球经济与可持续发展网络（REGGEN）协调人身份，积极推动各国之间建立学术交流网络，包括巴西、南非、印度、俄罗斯、中国等国家。①

多斯桑托斯把学术研究植根于拉美现代化的发展实践，主要研究经济、政治、社会学、国际关系、全球化与新自由主义。迄今，他已出版个人专著38部、合著78部，在学术杂志上发表学术论文150余篇。他的著作被翻译成16种文字在40多国出版，包括《依附的新特点》、《社会主义或法西斯主义：拉美1969年的艰难选择》、《美国的危机与拉美》、《依附与社会变化》、《帝国主义和跨国公司》、《民主与社会主义》、《霸权与反霸权》、《拉丁美洲的文化与依附》、《依附帝国主义中的民主和社会主义》、《科技革命与现代资本主义》、《依附论：总结与前瞻》、《世界经济、区域一体化与可持续发展》、《从恐惧到希望：新自由主义的兴衰》等。其中，1975年出版的《帝国主义与依附》堪称他的代表作。1996年，联合国还出版纪念文集《全球化与世界体系》，专门为多斯桑托斯庆贺60寿辰。②

多斯桑托斯不愿意人们把他当成一位知名学者或社会活动家，而更喜欢被称作"社会科学家"。他讲演或接受采访时喜欢做手势；语气坚定，语调富有激情，讲英语时带有浓重的葡萄牙语口音。他具有强烈的民族文化自豪感，曾表示"要做世界公民，首先要做本国公民。只有对自己的文化有密切接触和深刻认识，才能成为全球化文化的一分子"。

---

① http：//www. reggen. org. br.

② http：//theotoniodossantos. blogspot. com/.

二、突出的理论贡献

多斯桑托斯全面回顾和总结了“依附论”的历史、发展、现状，并描述了该理论的发展前景。他权威性地提出“依附论”理论概念，不仅解决了这一理论发展中长期存在的概念缺失问题，还发展、完善了依附思想的理论体系，并对世界资本积累历史中不同依附阶段的周期性、依附性国内结构特性和依附再生产结构进行了确定。他所做的概念诠释得到依附理论学界的普遍认同并被广泛使用，为“依附论”的传播、发展做出贡献，被认作是多斯桑托斯对依附理论所做的最主要贡献之一。① 此外，他作为“世界体系论”的两位主要倡导者之一，对周期性理论、资本主义长期活力论和世界体系理论也有重要贡献，此外曾提出“地球文明”概念。凭借众多理论贡献，他被国际学界称为“巴西具有很高理论威望的马克思主义经济学家”。②

“依附论”是上世纪60年代初期至70年代中期在拉丁美洲产生并发展起来的。该理论产生的历史背景是帝国主义跨国公司的扩张与拉美国家大规模工业化进程的汇合。二战后，原为殖民地、半殖民地的广大亚非拉国家先后获得政治独立，但这些国家在经济上或是欠发达，或是附属于西方发达国家。特别是在拉美地区，上世纪50年代末古巴革命取得胜利，一些独裁政府相继垮台，拉美国家面临着社会主义革命还是资本主义工业化的历史选择。与此同时，资本主义逐渐由金融垄断资本主义过渡到以跨国公司为支柱的跨国垄断资本主义阶段。

面对这种新的历史现实和发展理论危机，一批拉美左派学者在批判当时盛行的民族主义思想过程中，对在帝国主义条件下不发达国家

① “评析多斯桑托斯的依附概念”（中文摘要），www. lunwenbk. com。

② “I GP Wikimedia-Brasil”，http：//pt. wikipedia. org/wili/Theotonio-dos-Santos.

自主发展的可能性提出怀疑，并用“依附”概念来解释拉美国家社会经济结构、政权结构及其同发达国家关系正在发生的变化。他们先后研究了当代资本主义积累运动在不发达国家的特殊表现形式，或者说论述了不发达与发达的关系，“依附论”由此诞生。

“依附论”的一个重要特点是，从资本主义体系外围国家角度来研究帝国主义问题，认为帝国主义现象包括了相互联系、互为条件的两个方面：向外扩展的经济中心和作为扩张对象的附属国。帝国主义理论只研究帝国主义中心的扩张过程及其对世界的统治，而依附理论则研究这种扩张的后果，即垄断资本主义的世界性扩张对外围国家经济和社会结构变化的影响，以及外围的变化对资本主义积累总进程的影响。

“依附论”的另一个重要特点是把依附现象放到帝国主义理论总框架中考虑，同时又把它作为帝国主义总进程的一个特殊现象来研究，以揭示垄断资本主义在世界范围内的扩张与扩张对象国内部经济和社会结构变化之间的辨证统一关系，以及资本主义生产方式的运动规律的外围特殊表现形式。由于上述特点，“依附论”并非孤立或独立的理论体系，而是被看作帝国主义理论的补充和有机组成，这一理论因此也被称为“新帝国主义理论”。①

“依附论”着重分析不发达的外围社会与发达的中心国家的依附关系，认为发达资本主义国家构成世界经济“中心”，发展中国家处于世界经济“外围”，“不发达”和“依附”是资本主义制度的产物，二者形成一种依附关系。依据该理论，在资本主义体系中，拉美国家这样的外围国家不可能按照发达工业国的发展模式进入发达阶段，这是因为拉美社会的不发达不是资本主义发展不足的结果，而是世界资本主义扩张的产物。其中，“外围”国家的发展问题是“依附论”所要解决的中心议题。

---

① ［巴］特奥托尼奥·多斯桑托斯著，袁兴昌译：《帝国主义与依附》，社会科学文献出版社1999版，第1页。

由于该理论建立在中心国家对外围国家实施“剥削”的概念之上，“依附论”学者的基本研究出发点就是认定“不发达”与“依附”的形成与发展在于“世界性的资本主义生产体系及其形成的国际分工格局、国际交换体系和不平等的国际经济秩序”。因为这种理论受到马克思主义资本积累和帝国主义理论的深刻影响，对于如何改变这种不平等的依附状况，多数“依附论”学者倾向于“走社会主义道路”。由此，“依附论”被学术界称为“新马克思主义”。

上世纪60、70年代，“依附论”得到广泛发展。它从资本主义世界体系的运行角度解释了发展中国家贫困的根源，认为只有切断与资本主义的联系，发展中国家才能获得真正发展。但由于该理论仅从不发达国家外部寻找不发达的根源而不断遭到抨击，“依附论”也在不断地修正自身体系。

（一）完善“依附论”理论体系

多斯桑托斯在继承和发展拉美传统的“中心—外围说”基础上，提出“内部结构依附论”，对发展中国家贫困的内因和外因进行调和，明确了依附概念，深刻地分析了新依附形式，最终全面阐释了“依附论”。他认为，“依附是指某些国家经济受到其他国家经济扩张制约的状况，从而形成依附关系，制约一国内部的经济结构，而各国经济结构条件又配合了这种依附型结构的运行。”① 他所定义的“依附论”的背景是，20世纪50—60年代资本主义发展到跨国垄断资本主义阶段，而发展中国家进入一个依靠外资实现工业化的新时期。他进一步说明，依附的基础是国际分工。当有些国家（主导国）能够扩展和自我发展，而另一些国家（依附国）只是这种经济扩展的一种反映，而这种扩展对依附国的发展或产生积极影响，或产生消极影响。这时，两种或两种以上经济形式之间，以及这些国家和世界贸易

① ［巴］特奥托尼奥·多斯桑托斯：《帝国主义与依附》，社会科学文献出版社1999年版，第302—303页。

之间相互依存的关系，就采取了依附形式。

从这一概念出发，多斯桑托斯在"依附论"中探讨了不同国家（主要为中心与外围国家）在依附中的不同结果。如，对发达国家而言，更多的是从这种不平等的依附关系中获得发展和优势；而对于不发达国家而言，则情况相反，即依附的存在是外围国家不发达的根源或主要因素之一。即使是从这种相互依存中获得好处，也只是发达国家对外资本输出的结果。简言之，全球性相互依存关系愈发展，发展中国家对发达国家的依赖就愈加深。

多斯桑托斯将近现代存在的依附形式分为三类：二战前"殖民地依附"、"工业—金融依附"和二战后50—60年代出现的"工业—技术依附"。他指出，在依附条件下存在两种发展模式，一种是资本主义国际体系范围内的国家资本主义模式；另一种是以跨国公司为主角的新国际分工模式，其"基本特点是跨国公司从工业—技术统治，转为向不发达国家内部市场的工业部门投资"。[①] 具体在工业—技术依附模式下，依附国的工业发展将受到三方面限制：第一，依附国家的生产体制为跨国公司利益所决定，从而产生一种畸形的生产结构；第二，依附国必须从国外购买机器和材料，"必将深深受制于帝国主义中心对技术和金融的控制"；第三，由于依附性生产体制造成高度剥削、限制就业机会并抽走部分国内盈余，这将削弱依附国的国内购买力和资本积累力，最终制约其国内市场的发展。[②]

针对依附形式，多斯桑托斯也详细加以阐述，认为它不仅制约不发达国家的国际关系，也制约各国的生产方向、资本积累形式、经济再生以及社会政治结构。在新依附形式下，工业发展受到国际商品和资本市场的各种制约。他进一步指出，依附性生产体系和社会经济结

① ［巴］特奥托尼奥·多斯桑托斯：《帝国主义与依附》，社会科学文献出版社1999年版，第309—310页。

② ［巴］特奥托尼奥·多斯桑托斯：《帝国主义与依附》，社会科学文献出版社1999年版，第317—319页。

构是世界经济关系的组成部分，世界体系的基础为大资本垄断性控制、一些经济金融中心对另一些国家的统治以及对高度复杂技术的垄断。依附性生产体系的依附性在于，再造了一个自身发展受国际关系制约的生产体系，这个生产体系必须只发展某些经济部门，必须在不平等条件下进行竞争，必须强制推行对劳动力的超剥削关系，以便将如此创造的经济剩余在国内和国外统治者之间进行分配。一旦再造了这种生产体系和这种国际关系，依附性资本主义便再会生产出阻碍其在国内和国际上处于有利地位的各种因素，同时也在国内再生产出落后、贫困和社会边缘化。① 多斯桑托斯认为，不能只从外部寻找原因而忽视发展中国家内部的依附性社会经济结构。更为重要的是，他指明对当代不发达问题研究的着重点，应在生产领域而非流通领域。

多斯桑托斯较早地注意到随着跨国公司进入拉美，拉美各国出现了一种“新的依附形态”。他表示，第二次世界大战后，“世界资本主义进入了一体化的新阶段，并开始了以跨国公司为基础的新的漫长增长周期。”“跨国公司构成了统治国经济中一个拥有一定自治权的经济单位，其全部国际活动利益决定了它最近的行为，并造成了一种细胞关系结构……”作为国际经济细胞的多国公司，“它把必然导致技术和经济集中、垄断、集权、多行业联合和国家干预的私人占有、管理和控制等强力手段在世界范围内移植。”跨国公司不仅对依附国的经济造成剥削，也对统治国的经济产生重大影响；跨国公司的海外投资不仅影响到本国工人的就业机会，也对国际收支平衡产生消极影响；跨国公司的发展强化和深化了资本主义垄断，从而加深了小资产阶级的危机。因此，多斯桑托斯指出，“新的国际分工非但不能把资本主义从其最后的危机中解救出来，反而加深了危机，并导致它的细胞形式——多国公司在其内部，在其计划、战略及其组织形式上反映出资本主义不能解决的种种矛盾。”

多斯桑托斯定义的“依附论”是对20世纪60—80年代拉美国家

① 徐世澄：《拉丁美洲现代思潮》，当代世界出版社2010年版，第310—311页。

经济发展的一种完整反映。他认为，由于附属国受国际和国内依附结构影响，其经济结构、产业结构、资本积累、社会政治生态的良性发展都会受到制约，在外交上也不得不倒向发达国家。由此，附属国就会走向更加不发达的地步，而依附性结构也会影响生产率。尽管他也承认不发达国家可以从依附关系中获利，但依然尖锐地指出，从根本上看，依附的存在是"外围"国家不发达的主要原因。而依附性的发展必然导致深刻的政治、军事冲突以及社会矛盾激化。如果不在内部结构和外部关系方面进行重大变革的话，拉美国家对发达国家的依附就不能被克服。因此，他大声疾呼发展中国家打破"这种不平等的依附关系"，走"人民革命"道路，在社会主义条件下寻求发展。而打破依附状态的唯一办法是改变内部结构，而不是将内部与外部隔绝。

（二）"依附论"产生广泛影响

过去数百年来，拉美一直遭受新老殖民主义者的控制与掠夺，除了向工业国家提供原料和市场外，在国际上无足轻重。"依附论"一经提出后，多数拉美国家认为它深刻反映了不发达国家经济发展的状况，有助于相关国家认清帝国主义跨国公司扩张的危害，促使不发达国家在利用跨国公司扩张带来的工业化机会的同时，立足本国国情制定自主发展战略，从而实现真正的发展。

上世纪70—80年代，多斯桑托斯等学者深化完善的"依附论"迸发出持久的生命力，在拉美产生"压倒一切"的影响。拉美多数国家致力于摆脱美欧大国羁绊，发展独立的政治经济，并在南北对话及各种国际会议上带头反对经济霸权主义。1972年，墨西哥提议制定《各国经济权利与义务宪章》，明确提出建立公平合理的国际经济关系。1974年在拉美国家推动下，第六届联合国大会通过《关于建立国际经济新秩序的宣言》及其《行动纲领》，同年联合国大会还通过《各国经济权利与义务宪章》。由此，拉美国家在变革国际经济结构、争取建立国际经济新秩序的斗争中，发挥了日益重要的作用。而拉美的经济发展和国际地位提升，与“依附论”的影响密不可分。与此同时，上世纪60年代后期至70年代初期，拉美“依附论”学者通过学术会议和通信，与美国和欧洲研究当代资本主义问题的学术团体建立了广泛联系，其国际影响也迅速扩大。

2002年，多斯桑托斯在当年出版的《依附论总结与前瞻》一书中，对“依附论”进行了总结。他认为，自20世纪60年代“依附论”诞生以来，世界上所发生的大事“好像在证明依附论突出提及的另一个问题：日益增长的社会排斥倾向，即经济集中的增加和社会不公平的后果。依附的、财富集中的和排斥的特点，这些都是依附论特别指出的，与国际资本勾结的依附性发展的基本特征。这些特征在20世纪80年代，由于国际金融资本指挥下的全球化冲击、‘华盛顿共识’的约束、支付外债、新阶段币值拉高和90年代私有化的冲击而变得严重”。他认为，“在20世纪60年代开始的理论和方法论的变化，作为此前理论和政治的广泛努力的结晶，它所产生的影响比原来想象的要大得多。这些变化指出了，在一个更加广阔的理论范围内，重新思考发展问题的必要性，它使以前在社会科学中占统治地位的模式成为问题。因此，有必要讨论关于依附性的研究产生的国际影响，以便理解其作用和理论局限性。”① 随后，他在书中明确指出：“依附论就这样在拉丁美洲和加勒比地区产生压倒一切的影响；在美国、在非洲和在亚洲，通过解放神学深化其影响范围。在欧洲，这个理论在革命左翼、社会主义左翼和社会民主党左翼中也有了回响。”有学者认为“世界体系论”② 和“依附论”关系密切，融合了“依附论”与“经典现代化理论”，揭示了现代化的全球发展趋势。

---

① ［巴］弗朗西斯科·洛佩斯·塞格雷拉主编：《全球化与世界体系》，社会科学文献出版社2003年版，第676、680页。

② 世界体系理论是20世纪70年代兴起的，其代表人物包括沃勒斯坦和霍普金斯等。该理论是西方学术界继上世纪50、60年代现代化理论之后，出现的一种新理论和新方法，其影响遍及政治学、经济学、社会学、历史学以及地理学等主要社会科学领域。

（三）“依附论”仍具有现实指导意义

苏东剧变使社会主义阵营瓦解，西方学者鼓吹这是“新自由主义在政治经济领域的全面胜利”，“依附论”因此一度被视为“落后的理论”。但进入21世纪，由于新自由主义弊端凸显，特别是2008年美国次贷危机引发全球金融危机，发达国家为摆脱危机而将其转嫁发展中国家，使得后者因遭受更为严重的灾难而陷入发展困境。面对困境，拉美学者再次质疑新自由主义的缺陷并重新思考“依附论”的现实意义。虽然多斯桑托斯的“依附”概念在研究过程中存在理论缺陷，但应该承认，他运用马克思主义的基本方法对新殖民主义下的依附状况进行了深入研究分析，在一定程度上增强了马克思主义理论对新的历史现实的解释力。任何理论的形成都与具体历史条件相联系，具有不可避免的历史局限性。同时，任何思想也都具有存在的价值，需要在不断的批判和质疑中取得新发展。①

在多斯桑托斯本人看来，“依附论”本身就是在左右夹击中不断发展的，这一理论并未终结，其某些观点至今仍然有效。应该指出，“依附论”的分析方法和分析范畴依然有效，它对于认清不发达国家在帝国主义跨国公司扩张进程中所处的地位，认清该进程对不发达国家内部阶级和政治关系的影响，提供了有效方法。同时，它对于正确利用资本主义跨国公司的扩张，如它给“外围”国家工业化创造有利机会和积极因素、限制其消极因素并根据国情制定自主发展战略，也具有重要的理论和现实意义。在多斯桑托斯之后，已经有学者依据其论述提出“不发达国家应充分利用外部条件，实现自身的发展”，推动“依附论”的发展完善。

① “评析多斯桑托斯的依附概念”，www. lunwenbk. com。

（四）提出新自由主义批判理论

新自由主义经济思潮是在20世纪30年代以后反凯恩斯主义过程中逐渐形成和发展起来的当代西方经济学说。自20世纪70年代中期起，新自由主义往往与政治上的新保守主义有更直接联系，这一思潮对智利和阿根廷等拉美国家产生重要影响。如，智利、阿根廷等南美国家代表的一些拉美国家，以新自由主义经济思想体系中的货币主义经济思想为主导，制定稳定本国经济的发展战略。至80年代，在债务危机冲击下，新自由主义以更快速度在拉美扩散。而美国和国际货币基金组织积极推崇的“华盛顿共识”，也成为促使该学说在拉美扩散的主要动力之一。

新自由主义认为，为克服债务危机，拉美国家政府必须减少经济干预，对国有企业实行私有化；进一步开放资本市场和股票市场，放松投资限制，为国内外投资创造更好的投资环境；实现贸易自由化；改革税收体系；改革劳动力市场等。然而，新自由主义在强调市场机制的作用时，贬低了国家干预的必要性；在强调对外开放的同时，贬低了循序渐进的重要性。[①] 上世纪90年代，在冷战结束和经济全球化的背景下，新自由主义经济学取代凯恩斯主义，成为当代资本主义的主流经济意识形态。在该学说影响下和美西方政府及世界银行等国际组织施压下，拉美国家推行国企私有化、市场和贸易自由化，减少国家对经济的宏观控制。新自由主义经济改革虽然使拉美一些国家经济得到一定恢复和发展，但导致多数国家的民族工业遭到致命打击，政府调控经济和金融能力大大削弱，经济安全、民族独立和国家主权不断弱化，与发达国家的经济差距越来越大，特别是由此带来了社会贫困化和收入分配不公、社会矛盾激化等一系列问题。从1982年墨西哥金融危机引发拉美债务危机，1994年墨西哥二次金融危机，

① 徐世澄：“战后拉丁美洲社会科学研究的发展和特点”，中国拉丁美洲研究网 http：//ilas. cass. cn。

1999年巴西金融危机，再到2001年阿根廷爆发金融危机，实行新自由主义改革的拉美地区社会经济危机不断。由此，拉美各国民众抗议新自由主义政策的运动不断兴起，一些积极推行新自由主义政策的政府和政党逐渐失去民众支持，拉美各国学术界对自由主义的批评声音也日益高涨。

在上述背景下，多斯桑托斯出版《从恐惧到希望：新自由主义的兴衰》一书，着重阐述了新自由主义的崛起、高涨、衰落以及再衰落等问题①，抨击西方标榜的"自由贸易、自由金融和自由投资"的欺骗性。针对自由贸易，他指出，曾经有一个阶段，根据新自由主义的引导，世界各国为加强国家间关系，主要通过自由贸易和新自由主义来实现，但这种理论现在越来越值得怀疑。自由贸易可以促进全球贸易的发展，但会导致少数中心国家的影响力处于优势地位，跨国公司也是如此。自由贸易的40%都在跨国公司内部进行，跨国公司靠政府帮助打开其他国家市场，成为自由贸易最大的受益者。

针对自由金融和自由投资，多斯桑托斯认为对发展中国家而言，只有"垄断市场"，没有"自由市场"。在这个垄断市场中，主角就是这些大企业。20世纪70—90年代，全球金融扩展超过了经济生产的发展，金融扩展并非真正的货币自由流通，而是西方大财团单方面控制。发达国家对外投资主要通过国家间债务、国家间金融转移的形式实现，外资这一新自由主义"最重要、最活跃的因素"实际并未发挥多大作用。

多斯桑托斯指出，新自由主义之所以兴起，与上世纪70—90年代的政治、经济、社会条件有关，其中包括金融全球化、拉美军政府、中心国家的保守势力等因素。他认为，新自由主义并不是世界政治经济发展变化的原因，而是一种国家决策的"理论包装"，它只服务于小部分人的利益，这一词汇有时被神圣化了。

---

① "特奥多尼奥·多斯桑托斯分析新自由主义的崛起、高涨与衰落"，中国社会科学网 www. cssn. cn。

在多斯桑托斯看来，新自由主义认为，通过市场的自由发展，可以实现经济繁荣和人人平等，但上世纪80、90年代之后的数据显示并非如此。他称，克林顿政府执政时期，新自由主义的实施在欧洲和拉美造成很多社会不平等现象，它的兴起对拉美国家则是个恐惧。[①]实际上，新自由主义目前已经面临危机，奉行这种政策的国家并未出现“经济繁荣和人人平等”，反而饱受严重的负面影响。在经历70年代的经济增长后，拉美国家普遍在80年代出现经济发展迟缓和社会不公加剧现象，导致经济和政治危机频发，这就是实施新自由主义政策的结果。而90年代上台的拉美左翼政府，根据民意都宣布废止新自由主义政策。因为新自由主义政策的后果，不仅是经济危机，也是政治危机。要与新自由主义决裂，必须采取这样的工业政策：通过技术创新，生产面向中心国家的工业产品，对劳动力资源进行培训教育以促进其发展。[②] 1994年，世界经济开始恢复并走出自1967年以来的衰退期，其中以美国为代表，新经济、新技术在经济复苏中扮演了重要角色。这也为新兴国家，如中国、印度、韩国、亚洲“四小龙”和巴西等国的出口提供了机会。这些国家从“中心”国家获得技术，增强了自身向“中心”国家出口的能力。但是，这种出口的兴盛和增长并不是新自由主义带来的。如果仅仅抱着自由竞争的思路注定要失败，其实，这些国家竞争力提升得益于政府强有力的经济干预和有效的工业化政策。当前，很多国家签署诸多自由贸易协定，但协定本身并不能带来出口增长，它是国家强调经济增长和收入增加所致。可见，新自由主义已步入危机，因为它不能解释世界经济，而实施新自由主义的国家也蒙受重大损失。[③]

---

① “特奥多尼奥·多斯桑托斯分析新自由主义的崛起、高涨与衰落”，中国社会科学网 www. cssn. cn。

② “2003年新京报记者对多斯桑托斯的采访”，www. baidu. com。

③ “特奥多尼奥·多斯桑托斯分析新自由主义的崛起、高涨与衰落”，中国社会科学网 www. cssn. cn。

三、多斯桑托斯看中国

多斯桑托斯是较早关注中国的拉美学者之一，对华了解较多，评价较为客观和正面。他认为"毛泽东对不发达和依附理论做出了决定性贡献"，依附理论渊源除了马克思、恩格斯、列宁等人的论述外，还有毛泽东的论述。他指出，20世纪20年代，毛泽东在中国进行了大量深入调研，其在1926年撰写的《中国社会各阶级的分析》一文中，已经点出后来"落后和依附"研究所涉及的主要问题。此外，毛泽东1940年在题为《新民主主义论》的文章中，反映了中国社会变革的深刻进程，在世界革命运动中引发思考。①

多斯桑托斯五次访华，赞扬"中国社会主义建设道路为世界提供了宝贵经验"，并对中国的经济发展及随之而来的快速变化印象深刻。他多年前就预言"中国将代替日本成为亚洲主要强国"。2003年，他称"七国集团并未包括苏联，这对于它在以后几十年中协调统治世界霸权力量的新作用肯定是个局限。把俄罗斯加进这个集团内，这在某种程度上纠正了这种情况，但是现在怎么能把中国、印度和巴西排除在这种协调之外呢？中国和印度以购买力计算的国内生产总值都在世界五大之列，不用说它们在人口、文明或安全方面的世界分量了。"他细心观察中国发生的变化，包括城市面貌、民众的穿着、人们越来越开放的谈话方式等，认为中国在积极地变化、实实在在地发展。而随着经济发展，人们对自己的能力更加自信。

多斯桑托斯指出，在新自由主义盛行的大背景下，中国发生的这种显著变化，是在一直坚持马克思主义基本原理的中国共产党的领导下进行的。而且，"中国的文化进展已日益使中国站在全亚洲的文化

① ［巴］特奥托尼奥·多斯桑托斯：《帝国主义与依附》，社会科学文献出版社1999版，第354—355页。

前沿，也使中国在全世界其他地区影响增大。”① 他对中国思想领域的变化亦有较深认识，认为中国已经意识到现代化不一定必然走西方道路，而是“明智”地对待过去：认同传统与文化，从中吸收一些东西，用自己的方式对外开放和发展经济。2005 年，他参加主题为“马克思主义与中国模式”的中国人文科学论坛，并发表题为“马克思的科学构想与中国经验”的演讲。他表示，马克思虽然提出了建立社会主义社会的构想，但没有提供一个具体模式，而各国在建设社会主义过程中必然会选择不同模式，中国的社会主义建设道路为世界提供了宝贵经验。“中国经验给予我们在更深程度上重新思考马克思主义的空间，而且是沿着马克思、恩格斯最初设想的方向。这并非是一个凝固不变的理论原则，而是一个科学的、文化的并总是大胆开放的政治探索。”②

多斯桑托斯认为，中国随着自身发展，正在全球社会中起到一种新的作用。全世界对中国的兴趣都在高涨，美国《国际论坛先驱导报》等著名的国际性报纸，有很大版面都是关于中国的报道。拉美同样关注中国，人们都在关注中国企业收购美国公司的事。这是很令人吃惊的变化，意味着中国拥有了某种实力。这种实力既体现为一种支持和了解，也体现为一种相应的责任。因此，他认为中国与外部世界的交往非常重要，而只有与其他国家增加沟通与了解，才能掌握更多信息，更好地认识外部世界。随着力量壮大，中国应该更积极地介入国际事务，更多地从世界角度考虑问题。中国“仍将自己视为发展中国家中一员”很重要，同时，中国应在与其他发展中国家合作上采取更积极的态度。

① ［巴］特奥托尼奥·多斯桑托斯：“单极还是‘分担‘霸权”，《霸权与反霸权》，社会科学文献出版社 2005 年版，第 101、139 页。

② ［巴］特奥托尼奥·多斯桑托斯：“马克思主义理论构想与中国经验”，《教学与研究》，2005 年第 10 期，第 14—16 页。

后　　记

进入21世纪以来，面对当今世界大变革、大调整、大发展的时代，所谓“时势造英雄”，以深邃思想影响世界的风云人物彰显英雄本色。他们或洞察时局、治国理政，或建构理论、预见危机，无论路径左中右，不谈地域小或大——小到国家，大到地区乃至世界，其思想光芒映照出的无一不是化解危机和应对挑战的方案选项。

《影响当今世界的重要思想人物》作为中国现代国际关系研究院世界人物研究中心推出的一项重要研究成果，本院30余位具有研究专长和学术旨趣的学者撰文论人、品茗思想，浓墨淡彩、以飨读者。特此感谢所有作者在繁忙工作之余潜心研究、倾力笔端，在书中展示现代院富有传承、独具特色的人物研究实力。

然而，当今世界重要思想人物的长长榜单无法一一呈现在有限的书幅之中，每位思想者宏大而深刻的思想体系作者也实难全面透彻把握。由此，未纳入本书的思想大家我们将继续追踪研究，并期待陆续推出新成果奉献读者；书内多从国际关系和外交战略视角剖析的思想人物也难免作者一孔之见，并不代表现代院立场；而编辑的失误与不足敬请专家同仁读者不吝赐教。

编　者

2012年8月

图书在版编目（CIP）数据

影响当今世界的重要思想人物/中国现代国际关系研究院世界人物研究中心编. —北京：时事出版社，2013.1
ISBN 978-7-80232-571-5

Ⅰ.①影… Ⅱ.①中… Ⅲ.①名人—人物研究—世界 Ⅳ.①K811

中国版本图书馆 CIP 数据核字（2012）第 273099 号

出 版 发 行：时事出版社
地　　址：北京市海淀区巨山村 375 号
邮　　编：100093
发 行 热 线：（010）82546061　82546062
读者服务部：（010）61157595
传　　真：（010）82546050
电 子 邮 箱：shishichubanshe@ sina. com
网　　址：www. shishishe. com
印　　刷：北京百善印刷厂

开本：787×1092　1/16　印张：36.5　字数：510 千字
2013 年 1 月第 1 版　2013 年 1 月第 1 次印刷
定价：88.00 元